以色列和巴勒斯坦

本书作者

丹尼尔·罗宾逊（Daniel Robinson） 奥兰多·克劳克罗夫特（Orlando Crowcroft）
阿妮塔·伊萨尔斯卡（Anita Isalska） 丹·萨弗里·拉兹（Dan Savery Raz）
珍妮·沃克（Jenny Walker）

中国地图出版社

计划你的行程

欢迎来以色列和巴勒斯坦 4
以色列和巴勒斯坦亮点... 6
以色列和巴勒斯坦Top20.. 8
行前参考 18
新线报 20
如果你喜欢 21
每月热门 23
旅行线路 28
活动 32
安息日 35
穿越边境 37
带孩子旅行 41
国家和地区速览 43

在路上

耶路撒冷及周边.... 48

耶路撒冷周边 115

阿布高希.............. 115
拉特伦................ 116
圣经风物大观园........ 117
所雷克洞穴 117
古伯林玛利沙国家公园 .. 118

特拉维夫-雅法 119

特拉维夫周边 160

特拉维夫城市群.......160
海尔兹利亚 160
霍隆 161
内坦亚................ 162
拉姆拉................163

海法和北部海岸... 165

海法 166
达里亚特卡尔梅尔 184
加尔默罗圣以利亚修道院..............186
艾因霍德..............186
阿特利特 188
济赫龙雅各布 190
梅伊可德姆 192
凯撒利亚..............192
阿卡 195
洛哈梅哈格塔奥特基布兹 202

DYZIO/SHUTTERSTOCK ©

圣凯瑟琳教堂
见279页

DANIEL REINER/SHUTTERSTOCK ©

鹰嘴豆泥
见408页

EFESENKO/SHUTTERSTOCK ©

准备面饼的女人

目录

纳哈里亚...............203
纳哈里亚以北..........203

下加利利和加利利海..........206

拿撒勒...............207
法尔卡纳...............216
齐波里...............216
塔博尔山地区..........217
耶斯列和贝特谢安山谷..........219
太巴列...............223
加利利海..............229
西北岸...............230
东岸...............235
西南岸...............237

上加利利及周边...239

上加利利..............241
采法特...............241
梅龙山区...............250
罗什平纳...............254
胡拉山谷...............255
加利利狭长地带........257
戈兰高地..............261
卡茨林...............262
戈兰高地南部..........264
戈兰高地中部..........265
戈兰高地北部..........268

约旦河西岸........271

伯利恒...............276
拉马拉...............285
塔伊比赫..............289
杰里科...............290
希伯伦...............293
纳布卢斯...............296
杰宁...............299

加沙地带..........302

死海..............307

恩盖迪...............310
西北海岸...............314
梅察达...............315
隐波给...............319
索多玛...............321
诺特哈奇卡............322

内盖夫............324

贝尔谢巴...............326
内盖夫高地............329
密兹比拉蒙............332
阿拉瓦...............339
埃拉特...............342

佩特拉............353

古城...............355
瓦迪穆萨.............358
小佩特拉峡谷（小佩特拉）..........364

了解以色列和巴勒斯坦

今日以色列和巴勒斯坦..............384
历史..............386
以色列和巴勒斯坦的人民.......402
地区美食..............408
日常生活..............412
政府和政治...........415
宗教..............420
艺术..............424
环境..............431

生存指南

旅行安全..............438
出行指南..............441
交通指南..............452
健康指南..............457
语言..............460
幕后..............468
索引..............469
地图图例..............477
我们的作者...........478

特别呈现

圣殿山..............58
佩特拉..............366
宗教遗址...........375

欢迎来以色列和巴勒斯坦

无论从地理还是文化上看，以色列和巴勒斯坦都正好处于亚洲、欧洲和非洲的十字路口，自古以来就是不同文化、帝国和宗教的汇集之地。

圣地

作为犹太教和基督教的摇篮、巴哈伊教徒和穆斯林的圣地，这里能令旅行者沉浸在多种多样的宗教传统之中。古代犹太遗址包括耶路撒冷的西墙（哭墙）和拜占庭时代的犹太会堂。在犹太教徒和基督徒信仰分化之前，加利利海附近的罗马时代的犹太会堂可能为他们共同使用。基督教朝圣者和旅行者都可以探索与耶稣出生（伯利恒）、传道（拿撒勒和加利利海附近）以及受难（耶路撒冷）相关的遗址。对穆斯林来说，只有麦加和麦地那比耶路撒冷的Al Haram Ash Sharif（即犹太人眼中的圣殿山）更圣洁——这可能是世界上最具争议的地方。

特拉维夫

特拉维夫可谓是多元文化的旋涡，这里汇聚了摩天大楼、自行车道、富有情调的咖啡馆、时尚的小酒馆以及沙滩日光浴。按照以色列的标准，它可能还是一座相对较新的城市（创建于1909年），但是也凭借20世纪30年代风格的包豪斯建筑被联合国教科文组织列为了世界遗产。特拉维夫是以色列自诩的“创业之都”，是举世闻名的科技中心，也是该国一些最时兴的公司总部的所在地，还有形形色色的酒吧、酒馆和夜店。

考古

得益于世代考古学家的辛苦工作，现代的旅行者可以探索享有万年历史的杰里科泥砖遗迹，进入耶路撒冷大卫城中大卫和所罗门的世界，拜访梅察达，了解它抵抗强大罗马军团的惊人故事，并且游览贝特谢安依然洋溢着罗马风情的街道和剧院。该国许多最非同寻常的发现都陈列在耶路撒冷的以色列博物馆内。

自然探险

鲜有国家能在如此小的空间里容纳如此丰富多样的地质景观。由于路程很短，你可以第一天在地中海的海滩上放松，第二天到富含矿物质的死海上漂浮，第三天去红海潜水。徒步者可以沿着以色列国家步道跋涉穿越整个国家，蹚过奔腾流往约旦的季节性河流，探索隐秘在死海高处干旱峭壁上被泉水滋养的片片绿洲，并探索拉蒙凹地的多彩砂岩地层。这里还有许多适合骑山地自行车的小道。

我为什么喜欢以色列和巴勒斯坦

本书作者 奥兰多·克罗克罗夫特（Orlando Crowcroft）

在以色列和巴勒斯坦生活可能充满了困难，但是当宣礼的声音在耶路撒冷的街道上响起，香料的味道弥漫在纳布卢斯古城，阳光洒在加利利的丘陵之上时，这个地方又是如此美妙。它既富有吸引力又令人沮丧，既诱人又让人左右为难。但是，只要用正确的眼光仔细观察，你就会发现是什么将生活在约旦河和地中海之间的人们凝聚在了一起：一种乡土难离的情感联系。

更多作者信息见478页。

上图：伯利恒（见276页）

以色列和巴勒斯坦亮点

采法特(赛弗德)
犹太神秘主义的古老中心(241页)
阿卡
十字军的废墟和奥斯曼的围城(196页)
巴哈伊花园
精心规划的草坪和花圃(199页)
凯撒利亚
古老的罗马时代剧院和港口(192页)
特拉维夫
沙滩、咖啡馆和包豪斯风格的建筑(119页)
伯利恒
耶稣的诞生地(276页)
加利利海
蔚蓝色的耶稣传教之地(229页)
拿撒勒
圣地和创意美食(207页)
贝特谢安
引人注目的罗马时代遗迹(219页)
耶路撒冷
古城、圣城和兵家必争之城(48页)
死海
地球表面最低、最咸的地方(307页)
0 50 km
0 25 miles
LEBANON 黎巴嫩
SYRIA 叙利亚
MEDITERRANEAN SEA 地中海
Banias Nature Reserve 巴尼亚斯自然保护区
Kiryat Shmona
Quneitra
Rosh HaNikra
Montfort 德蒙福特
Rosh Pina
Nahariya
阿拉伯区
Peqi'in
Akko 阿卡
Karmiel
Tsfat 采法特(赛弗德)
Capernaum 迦百农
太巴列湖(加利利海)
The Galilee 加利利
Tiberias 太巴列
Haifa 海法
Nazareth 拿撒勒
Atlit
Afula
Megiddo 米吉多
Beit She'an 贝特谢安
Irbid 伊尔比德
Deraa
Caesarea 凯撒利亚
Hadera
Jenin
Netanya 内坦亚
Mt Ebal (940m)
阿拉伯区
Nablus
Mt Gerizim 基利心山 (881m)
Jordan River 约旦河
Mafraq
Tel Aviv 特拉维夫
Jaffa 雅法
West Bank 约旦河西岸
Rishon LeZion 里雄莱锡安
Ramla
Rehovot
Ramallah
Jericho 杰里科
'AMMĀN 安曼
Ashdod 阿什杜德
Abu Ghosh
Jerusalem 耶路撒冷
Nebi Musa
Qumran
Bethlehem 伯利恒
Ashkelon 阿什凯隆
Kiryat Gat
Beit Guvrin 拜特-古林
Herodian
Hebron 希伯伦
巴勒斯坦
Dead Sea 死海
Gaza Strip
Gaza City

梅察达
犹太人抵抗罗马人的堡垒（315页）
拉蒙凹地
内盖夫地区的一座巨大山谷（334页）
1947年11月联合国安理会决议所规定的“犹太国”（以色列）疆域。
++++++ 1949年巴勒斯坦地区以色列和阿拉伯国家的停战界线。根据1947年联合国通过的巴勒斯坦分治决议，耶路撒冷应由联合国托管，目前耶路撒冷由以色列实际控制。
海拔高度
1000m
500m
300m
150m
0
Khan Younis
Rafah
Al-Arish
Be'er Sheva
贝尔谢巴
Tel Arad
特拉阿拉德
Masada
梅察达
Arad
Dimona
Mamshit
马姆希特
Shivta
席伏塔
En Avdat National Park
阿伏达特国家公园
The Negev
内盖夫
Mitzpe Ramon
Makhtesh Ramon
拉蒙凹地
Mt Har Ramon (1035m)
ISRAEL
PALESTINE
巴勒
拉伯区
JORDAN
约旦
Kerak
Petra
佩特拉
Wadi Musa
瓦迪穆萨
Maan
EGYPT
埃及
Eilat
埃拉特
Aqaba
亚喀巴
Taba
塔巴
Red Sea
红海

以色列和巴勒斯坦 Top 20

1

岩石圆顶清真寺

1 第一眼见到耶路撒冷的岩石圆顶清真寺（Dome of the Rock；见62页），尤其是它那蓝绿色的八角形基座上熠熠生辉的金色穹顶时，你总会不禁屏住呼吸。也许这就是1300多年前那些无名建筑师开始建造这座无比华丽的建筑时脑海中所浮现的样子。有人说最好的欣赏点位于橄榄山（Mount of Olives）上，但是也不要错过清晨走到圣殿山上近距离欣赏它的机会。

死海

2 经过写着“海平面”的标志牌后继续驾车往山下走，你才能看到死海（Dead Sea；见307页）钴蓝色的水域，它被雪白的沉积盐、红褐色的悬崖和深绿色的植被围绕着。在恩盖迪绿洲，你可以徒步穿过陡峭的峡谷，前往清澈的水塘和飞流直下的瀑布，然后爬上朱代安沙漠高原，或者下行到海边去尽情嬉戏。在索多玛山的南边，可供选择的户外活动包括骑自行车沿着干涸的河床探险。

MARK MILLAN / 500PX ©

2

RUSLANDASHINSKY / GETTY IMAGES ©

SJ TRAVEL PHOTO AND VIDEO / SHUTTERSTOCK ©

特拉维夫海滩

3 前往特拉维夫的戈登海滩(Gordon Beach;见129页),在沙滩或躺椅上找好位置,看着人们享受日光,将自己晒成古铜色,而更有运动精神的活动还有游泳、冲浪、玩帆船,以及体验激烈的海滩网球(matkot)。找一家提供美食和啤酒的酒吧或餐馆,去沙滩上享用午餐,然后在夜幕降临的时候像当地人那样,在洒满落日余晖的地中海温暖的碧蓝色海边,畅饮冰镇的金星啤酒。

拉马拉

4 拉马拉(Ramallah;见285页)拥有绝大多数约旦河西岸最经济的住处,以及大量的酒吧和夜店,既是旅行者的绝佳大本营,也是一座激动人心、活力十足的国际化城市。从2017年开始,该市还设立了出色的亚西尔·阿拉法特博物馆(Yasser Arafat Museum),就坐落在这位已故的巴勒斯坦领导人在以色列围困下度过最后几年的院落内。此外,这座巴勒斯坦实际上的首都还有一座纪念巴勒斯坦杰出诗人马哈茂德·达尔维什的博物馆。

西墙(哭墙)

5 几个世纪以来,犹太人一直会来圣殿山已有2000年历史的西墙(哭墙;见69页),祈祷并哀悼惨遭破坏的第一和第二圣殿。西墙(哭墙)上巨大的石块因无数次的抚摸而变得光滑,它们似乎拥有磁力,会吸引前来朝圣的忠实信徒们的双手和额头。仔细看看缝隙之间的祷文,它们被写下并塞进了这些古老的石头之间。

圣墓教堂

6 耶路撒冷的圣墓教堂（Church of the Holy Sepulchre；见66页）建在君士坦丁大帝的母亲圣海伦娜认为的耶稣受难和埋葬之处，对许多基督徒来说，这里是世界上最神圣的地方。昏暗的房间里充满了令人难以置信的灵性，基督教的各个教派都在这里传承着古老的信仰。盛装的神职人员和衣着简朴的朝圣者会缓缓经过弥漫着焚香气味的烛光走廊，欢迎游客加入他们的游行队伍。

ROSTISLAV GLINSKY / SHUTTERSTOCK ©

LEONID ANDRONOV / SHUTTERSTOCK ©

巴哈伊花园

7 海法巴哈伊花园（Baha'i Gardens；见199页）的19层平台将宗教象征、惊人的景观和细致的园艺融合在了一起，向游客传达着人类对美好的崇高追求。带有金色圆顶的巴孛陵寝坐落在花园中央，层层叠加的几何形花坛、整洁的草坪、雕塑和沿着卡梅尔山的山坡倾泻而下的喷泉，为朝圣者和游客呈现出一种不可思议的静谧。如果你体力足够好，可以登上海法（Haifa）的制高点，眼前的景色可能会让你忘记自己酸痛的腿。

梅察达

8 在大约1000名犹太教信徒躲在偏远的小山顶上俯瞰死海的时候，罗马人刚刚摧毁耶路撒冷。当你从高耸的堡垒向下俯视时，你仍然可以看到由围墙连接起来的8处罗马营地（见315页），这很容易让人联想起公元73年初发生在这里的悲壮事件。最终，罗马人搭起斜坡攻破了城墙，但他们只找到了几名幸存者——其余人都因为不愿沦为奴隶而自杀了。

古城杰里科

9 在古城杰里科（Jericho；见290页）的废墟中漫步，是任何一名来到约旦河西岸的旅行者的行程中都必不可少的一部分，但是这里并不只有世界上最古老的城市遗迹（据估计已有1万年历史了）。你可以花点儿时间，看看希沙姆宫的镶嵌图案，此外也不要错过乘缆车前往壮丽的四十修道院的旅程。杰里科还有约旦河西岸最好的青年旅舍之一——Sam Youth Hostel。图为希沙姆宫（见291页）的镶嵌图案。

采法特（赛弗德）

10 16世纪的拉比把加利利及以色列海拔最高的城市采法特（Tsfat；见241页）变成了世界上最重要的卡巴拉（犹太神秘主义）中心，他们的精神仍然留存在犹太会堂区的街巷和古老的犹太会堂内，也同样存在于附近的艺术家区里，那里的私人画廊陈列着既富有创意又充满欢乐的犹太文物（犹太仪式物品）。在山坡上的公墓里也可以感受到卡巴拉的氛围，那里埋葬着犹太教最伟大的圣人——阿里（Ari）、伊扎克·吕里亚（Yitzhak Luria）和约瑟夫·卡罗（Yosef Caro）。

凯撒利亚

11 这里极其令人难忘的罗马遗迹（Caesarea；见192页）很容易令人联想到2000年前的城市生活，当时的人们会在圆形剧场里为奴隶与野兽的激烈搏斗呐喊助威，剧院还举办音乐巨匠的表演——今天也依然如此。希律王的宏伟港口建造之初是为了与亚历山大港一争高下，而今其遗迹已经变成了以色列最迷人的地方之一，可以在这里享受海滨大餐或是冰啤酒。如果想潜入港口碧蓝色的海水之中，只需预订初级的水肺潜水。

10

11

阿卡

12 阿卡（Akko；见196页）古城的狭窄小巷、圆顶清真寺和带有柱廊的驿站会把你带回奥斯曼时代，而更加深入的了解又会将你带回十字军时代，当时这座港口城市是地中海东部最富裕的地方，马可·波罗在前往中国的途中也曾在这里驻足。你可以漫步于基督教骑士曾经用餐的拱形大厅，或者追随圣殿骑士团的足迹通过令人惊奇的隧道。被碧蓝色的地中海轻轻拍打的渔港则是吃喝的好地方。

拿撒勒

13 这座村庄是耶稣成长的地方，而今它也得以发展，成了一座繁华的阿拉伯城市。在古城，小巷中藏匿着纪念天使报喜及其他新约事件的教堂，还有奥斯曼时期的宅邸。新一代的餐馆使拿撒勒（Nazareth；见207页）成了以色列美食界的一颗明星。除了以传统的阿拉伯式热情服务奉上的传统特色美食，你还可以品尝到融合东西方元素的菜肴，比如新鲜的本地香草配洋蓟心，或野生加利利松子配牛肉末。

12

SOPOTNICKI / SHUTTERSTOCK ©

PROTASOV AN / SHUTTERSTOCK ©

加利利海

14 在犹太教和基督教各成一派之前，耶稣及其最早的追随者曾和犹太人一起生活在加利利海（Sea of Galilee；见239页）边的村庄中，如迦百农（因引人注目的犹太会堂而闻名）和贝特赛达。如果想欣赏这个地区的壮丽景色，可以沿着山坡登上八福山，这是耶稣布道的地方。Kibbutz Ginosar陈列着一艘保存得十分完好的木船，其历史可以追溯到耶稣生活的时代。想游泳的话，可以前往各种各样的海滩，许多海滩都由自行车道串联在一起。图为迦百农（见232页）。

贝特谢安

15 漫步于贝特谢安（Beit She' an；见219页）古城竖立着圆柱的主街道、石路小巷以及精心设计的公共浴室和公共厕所，你会了解到耶稣时代之后数百年间罗马生活的堕落和显赫。749年的大地震使这座城市和庞贝一样，被突如其来的自然灾难毁于一旦。一座可容纳7000人的剧院和它的拱形入口依旧保持着2世纪举办盛大表演时的面貌（如今这里依然用于举办音乐会）。

拉蒙凹地

16 耶路撒冷经常被描述为“古城”，但若与这个内盖夫沙漠中的地质奇迹相比，它确实是该地区的新人。这座不对称峡谷（见334页）的形成源于2亿年的侵蚀，宏伟的裂谷以粉红色的岩层和镶嵌着菊石化石的砂岩层为特色，还有当地的野生动物出没，包括大羚羊、瞪羚、豹、野山羊和秃鹰。这个有时会狂风呼啸的地方总是神秘莫测，可谓是以色列被严重低估却又引人入胜的景点之一。

伯利恒

17 基督徒认为伯利恒（Bethlehem）是耶稣的诞生地，近2000年来，前往这里的朝圣者一直络绎不绝。在主诞教堂（Church of the Nativity；见278页）和马槽广场周围的街道上，你会看到古老的石砌建筑和狭窄的小巷，它们看起来和几个世纪前没什么区别。然而历史只是伯利恒的一个侧面，这座城市也是在约旦河西岸品尝巴勒斯坦现代和传统美食的最佳去处之一，此外还有相当多的酒吧。

16

17

ALEXANDRE ROTENBERG / SHUTTERSTOCK ©

ALDO PAVAN / GETTY IMAGES ©

特拉维夫的建筑

18 20世纪30年代逃离德国的犹太建筑师为特拉维夫（见119页）带来了全新的建筑风格：包豪斯风格，也被称为国际风格。他们留下的遗产包括大约4000座建筑，它们拥有简洁的线条、圆润的阳台和照亮楼梯井的"温度计"窗户。这些建筑构成了世界上最大的包豪斯建筑群，这就是为什么"白色城市"会在2003年被联合国教科文组织列入世界文化遗产。对特拉维夫包豪斯建筑的维护工作正在进行之中，有些建筑已经得到了很好的复原，但是还有许多亟待修复。

以色列博物馆

19 许多博物馆都宣称自己是"世界一流"，但这里绝对是名副其实。杰出的以色列博物馆（Israel Museum；见89页）开放于1965年，并于2010年进行了扩建，是耶路撒冷两家非凡的文化机构之一（另一个是犹太大屠杀纪念馆），它由一个规模庞大又令人印象深刻的国际文化慈善项目设立。展品包括《死海古卷》、珍贵的考古藏品、满屋子的犹太文物和犹太民族志展品、艺术画廊（凡·高、莫奈和雷诺阿）以及一座雕塑花园。图为圣书之龛（见89页）。

纳布卢斯

20 约旦河西岸的第二大城市（见296页），位于基利心山和以巴路山之间（这两座山分别被称为祝福之山和诅咒之山）。在市场摊位上，巴勒斯坦店主们兜售着形形色色的商品，从水果、蔬菜到昂贵的香水和香辛料，无所不包。如果想拥有更多愉悦的感官体验，可以在阿克萨找找库纳法（kunafeh，一种热乎乎的糖浆奶酪点心），这里有纳布卢斯最著名的美食，还可以去该市对旅行者十分友好的两家土耳其浴室享受一下。基利心山上有一片废墟，撒玛利亚人认为这是上帝创造的第一块土地。

行前参考

更多信息，请参考“生存指南”章节（见437页）。

货币

以色列和巴勒斯坦：以色列新谢克尔（NIS或ILs）；约旦和约旦河西岸：约旦第纳尔（JD或JOD）

语言

以色列：希伯来语和阿拉伯语（官方语言）、英语；巴勒斯坦和约旦：阿拉伯语（官方语言）、英语

签证

去往以色列和巴勒斯坦的中国游客，都需提前向以色列大使馆申请相应签证。中国公民可申请约旦的落地签证。

现金

除了约旦和埃及的边境口岸，自动柜员机随处可见。信用卡使用普遍，但支持银联卡的自动柜员机比较少见。

手机

除了极偏远的区域，所有地方的移动网络和数据覆盖都很好。当地提供预付费SIM卡。

时间

比格林尼治标准时间/协调世界时早2小时，比北京时间晚6小时。

何时去

旺季（7月和8月）

- 此时的耶路撒冷比较暖和，特拉维夫比较闷热，太巴列、杰里科、死海和埃拉特极其炎热。
- 酒店价格飙升，房间稀缺。
- 犹太逾越节、犹太新年和住棚节也属于旺季。

平季（9月至11月和3月至6月）

- 有时多雨，但更多的是暖和的晴天。
- 春季盛开的野花使3月和4月成了理想的徒步季节。

淡季（12月至次年2月）

- 整个北方天寒地冻，尤其是在高海拔地区。
- 朝圣者会涌入伯利恒过圣诞节。
- 是前往埃拉特和死海享受温暖的最好时机。

参考网站

以色列旅游局中文网（Israel Ministry of Tourism; www.visitisrael.cn）介绍文化背景、活动和虚拟旅游。

穷游网（www.qyer.com）中文背包客自助旅行论坛。

以色列自然和公园管理局（Israel Nature & Parks Authority; www.parks.org.il）提供自然保护区和考古遗址信息。

This Week in Palestine（www.thisweekinpalestine.com）提供相关文章和文化活动信息。

ILH-Israel Hostels（www.hostels-israel.com）独立的青年旅舍。

Lonely Planet（www.lonelyplanet.com/israel）目的地信息、酒店预订、旅行者论坛及其他。

重要号码

报警	☎100
救护车	☎101
火警	☎102
以色列国家代码	☎972
巴勒斯坦代码	☎972或970

汇率

		ILS	JOD
人民币	CNY1	0.49	0.10
港币	HKD1	0.45	0.09
新台币	TWD1	0.11	0.02
欧元	EUR1	3.91	0.79
日元	JPY100	3.29	0.66
英镑	GBP1	4.32	0.87
美元	USD1	3.52	0.71

当前汇率见www.xe.com。

每日花费

经济：低于350NIS

- 多人间铺位：100NIS
- 吃炸豆丸子或鹰嘴豆泥以及超市快餐：100NIS（每天）
- 乘坐公共汽车或合乘出租车：50NIS
- 在免费的公共海滩游泳

中档：350~600NIS

- 中档酒店的双人间（每人）：150~220NIS
- 在中档餐馆用餐：100~150NIS
- 单独乘坐出租车：100~150NIS

高档：高于600NIS

- 豪华双人间或民宿（每人）：300NIS起
- 在高档餐馆用餐：300NIS
- 租一辆中型车或者雇一名导游：400NIS

营业时间（以色列）

银行 周一至周四 8:30~12:30，16:00~18:30偶尔也营业。许多支行会在周日营业，有些周五上午也营业。

酒吧和夜店 正午至午夜。

邮局 周日至周四 8:00~12:30，15:30~18:00偶尔也营业，周五8:00至正午营业。节假日期间以及7月和8月关门较早。

餐馆 8:00~22:00，安息日歇业。斋月期间，几乎伊斯兰地区的所有餐馆（除了酒店里的）都会在白天关闭。

大型商场 周日至周四 10:00~21:30，周五营业至14:00或15:00。

商店 周日至周四 9:00~18:00，周五营业至14:00或15:00。

抵达以色列和巴勒斯坦后

本·古里安国际机场（**Ben Gurion Airport; 特拉维夫**）可乘坐出租车到耶路撒冷/特拉维夫（110/300NIS），乘坐合乘出租车到耶路撒冷（64NIS），乘火车到特拉维夫（13.50NIS）。

约旦河/谢赫侯赛因边境口岸（**Jordan River/Sheikh Hussein Crossing; 约旦**）可乘坐出租车去贝特谢安（40NIS；但是得尽力讨价还价）。

艾伦比/侯赛因国王大桥边境口岸（**Allenby/King Hussein Bridge; 约旦**）可乘坐合乘出租车去耶路撒冷（35NIS；30分钟）。

伊扎克·拉宾/阿拉伯谷边境口岸（**Yitzhak Rabin/Wadi Araba Crossing; 约旦**）可乘坐出租车去埃拉特（35NIS；20分钟）。

300检查站（**Checkpoint 300; 耶路撒冷－伯利恒**）从大马士革门附近搭乘公共汽车，再乘出租车进入伯利恒（20NIS）。

Qalandia检查站（**耶路撒冷—拉马拉**）从耶路撒冷的大马士革门附近搭乘公共汽车。

当地交通

以色列拥有广泛的公共交通网络。要了解相关路线和时刻表，可以登录网站www.bus.co.il。在安息日和犹太节日期间，长途汽车和火车会停运。约旦河西岸有班次频繁的长途汽车和合乘出租车提供服务。

长途汽车 服务范围很广。

小汽车 游览乡村的绝佳方式，但是在大城市里停车比较困难。

合乘出租车 一种服务型出租车，人满即开，在主要路线上通常比长途汽车更快。

火车 城际列车和通勤列车沿海岸运行，途经本·古里安国际机场，并抵达耶路撒冷。

要了解**当地交通**的更多信息，见453页。

新线报

高速列车

2016年年底开通了一条连接海法和贝特谢安的新线路，而连接耶路撒冷和特拉维夫的高速列车也已于2018年9月开通，进而将这两座城市之间的距离缩短至半小时。还有传言说会有一条线路连通埃拉特和特拉维夫。

节日

这里从不缺乏娱乐活动，新加入的节日包括把巴尔干音乐带到内盖夫的舒卡音乐节（Shutka Festival），以及把舞曲带到戈兰的崛起音乐节（Rising Spirit Festival）。

阿拉伯以色列美食

在拿撒勒和海法等城市以及加利利地区，阿拉伯-以色列美食变得越来越受欢迎，由当地名厨烹制的巴勒斯坦和黎凡特（地中海东部）美食很受追捧。

隐波给沙滩

死海边位于隐波给的新公共沙滩是以色列仅有的几个可以接触水的地方之一（至少是免费的）。在这里，你还可以利用必不可少的游泳后淋浴设施。（见319页）

特拉维夫科技

特拉维夫的科技行业一直颇为繁荣，近年来在这座沿海城市开放的共享办公空间——包括WeWork和Mindspace——令其更加兴旺发达。

严格素食

在以色列，严格素食餐馆曾经十分罕见，现在却如雨后春笋般在全国各地涌现而出，许多餐馆都贴着“提供严格素食”或“HappyCow”（www.happycow.net）的标签。

5谢克尔面包房

近年来，菜单上的每种商品都只卖5谢克尔的便宜面包房在耶路撒冷很受欢迎，还传播到了其他城市——可谓是享用经济午餐的绝佳去处。

手机软件

从出租车到火箭弹袭击，以色列什么都能追踪的智能手机软件已经在这个国家掀起了狂潮。Waze是一个必不可少的软件，它可以帮司机应对以色列特有的延误问题，比如军事检查站导致的。出租车预约软件则让特拉维夫的生活变得更方便了。

精酿啤酒

和世界上的其他地方一样，以色列也对精酿啤酒痴迷不已。可以在遍布全国的众多啤酒厂中选一家参观，或者到特定的自酿酒吧去体验一下，比如海法的Libira。（见181页）

骑车

以色列每年都会开辟新的自行车骑行路线，无论是在特拉维夫这样的城市里，还是穿过沙漠和森林。要了解有组织的路线，可以查看Israel Ride。

更多推荐和评论，请查看lonely planet.com/israel和lonelyplanet.com/palestinian-territories。

如果你喜欢

海滩

快乐的人们在地中海沿岸享受日光浴，在死海漂浮并糊上泥巴。红海的水下有五花八门的生物等待你的光临。在加利利海则可以享受传统的家庭乐趣。

窥视者海滩 适合家庭的半海湾区，就在特拉维夫港餐饮和夜生活区的南部。（见132页）

珊瑚海滩自然保护区 埃拉特最好的海滩，是浮潜爱好者的乌托邦。（见344页）

隐波给沙滩 宽阔、干净又多沙，是死海最好的免费沙滩。（见319页）

加利利海 既有免费区，也有提供配套设施的收费区，都是炎炎夏日里的消暑好去处。（见229页）

海尔兹利亚 很棒的地中海沙滩，位于小船坞和一些以色列最昂贵的别墅之间。（见160页）

徒步

冬雨过后，以色列的丘陵和山谷很快就会开满鲜花，使春季成为徒步的理想季节。带有标记的徒步路线既有适合全家出游的简单路线，也有需要配备地形图的多日跋涉。

以色列国家步道 以色列最长的步道，连接着黎巴嫩边境和红海。（见33页）

恩盖迪 由泉水灌溉的两片峡谷绿洲，是许多动植物的家园。（见310页）

拉蒙凹地自然保护区 可以徒步穿过这处巨大的沙漠火山口，它以五彩缤纷的砂岩而著称。（见334页）

耶胡迪亚自然保护区 在戈兰西部边缘，有峡谷、瀑布和水塘。（见264页）

耶稣朝圣之路 从拿撒勒步行前往加利利海。（见212页）

亚伯拉罕之路 这条计划从伊拉克前往麦加的路线中有一段穿过了以色列和约旦河西岸。（见275页）

阿伏达特国家公园 藏在内盖夫沙漠深处的一片泉水灌溉的绿洲。（见330页）

品尝葡萄酒

从圣经时代开始，葡萄就生长在这里，以色列千差万别的小气候令它们颇为茁壮，酿出的葡萄酒醇厚浓郁、口感细腻，获得了不少奖项。

济赫龙雅各布 自19世纪末以来，这座拥有典型地中海气候的城镇一直都是葡萄酒酿造中心。（见190页）

戈兰高地 海拔高、气候凉爽、排水性好的火山土壤及一流的技术。（见261页）

拉马特道尔顿 位于上加利利，是"以色列的托斯卡纳"，出产这个国家顶级的葡萄酒。（见254页）

塔伊比赫酒庄 拉马拉附近的山坡上生长着美味的红葡萄和白葡萄。（见290页）

内盖夫高地 白天炎热，夜晚凉爽，再加上来自古纳巴泰人的灵感。（见329页）

古代犹太会堂

全国各地发掘出土的古代犹太会堂都很令人印象深刻，其中有些还装饰着华丽的石雕和漂亮的镶嵌图案。

贝特阿尔法犹太会堂 非凡的十二宫镶嵌画、大烛台、羊角号和律法书柜。（见221页）

哈玛特特夫利亚国家公园 太巴列的镶嵌图案以两个七枝烛台和黄道十二宫图为特色。（见226页）

苛辣匝因国家公园 装饰着极其精美的玄武岩花卉和几何图案雕刻。（见233页）

齐波里国家公园 拜占庭时代的犹太会堂，铺着罕见的镶嵌图案地板。（见216页）

巴安国家公园 在犹太法典晚期

以精雕细刻的石灰岩建造而成，非常坚固。（见251页）

新约遗址

历史上，耶稣在伯利恒出生，在拿撒勒长大，在加利利传道，在耶路撒冷受难。许多和他生平事迹有关的遗址都成了基督徒朝圣的地方。

圣墓教堂 传统上是耶稣受难、死去和复活的地点，是基督教世界最神圣的遗址。（见66页）

主诞教堂 至少从4世纪起就被认为是耶稣的出生地。（见278页）

天使报喜堂 许多基督徒相信圣母在此领报。（见207页）

迦百农 耶稣在加利利传道时的主要基地。（见232页）

犹太人城堡 据说是约翰为耶稣洗礼的地方。（见292页）

塔博尔山 山顶遗址历来被看作耶稣显圣容的地方。（见217页）

夜生活

在海边啜饮加利利葡萄酒，在灯光幽暗的酒馆里慢慢享用当地的精酿啤酒，在老仓库的房梁下观看现场音乐表演，或者在海滩上、夜店里彻夜狂舞。

特拉维夫 海滨咖啡馆、高级餐厅、音乐演出场所和通宵跳舞。（见119页）

拉马拉 有一些约旦河西岸最热闹的咖啡馆和酒吧。（见285页）

Cameri Theatre 在特拉维夫上演当代以色列戏剧，有些晚上配有英文字幕。（见153页）

海法 海法时髦的酒吧和夜店很吸引带着学生气的年轻人群。（见166页）

上图：阿伏达特国家公园的泉水En Akev（见331页）
下图：拿撒勒的天使报喜堂（见207页）

每月热门

最佳节庆

普林节, 3月

火人节, 5月

以色列艺术节, 5月/6月

特拉维夫骄傲游行, 6月

耶路撒冷灯光节, 6月/7月

红海爵士音乐节, 8月

1月

1月是一年中最冷、最潮湿的月份。耶路撒冷及北部地区非常寒冷,沿海地区有时天气晴朗,死海和埃拉特通常阳光明媚,耶路撒冷和采法特偶尔下雪。1月的客房价格属于淡季。

树的新年(Tu Bishvat)

世界各地都会庆祝犹太树木新年,但是在这里,这个节日拥有不同寻常的新鲜感。人们会从各处赶往以色列的国家公园植树,还要吃坚果和干果。这是在耶路撒冷周围的森林里徒步的好理由。要了解犹太国家基金(Keren Kayemet Fund)的植树活动,可以查阅网站www.kkl-jnf.org(2020年2月9日至10日、2021年1月27日至28日、2022年1月16日至17日)。

2月

在以色列和巴勒斯坦,2月标志着春季的到来。杏树会绽放美丽的白色花朵,红色的罂粟花则在耶路撒冷周围的山丘上摇曳。这个月依然寒冷多雨,偶尔还会出现意料之外的沙漠风。

特拉维夫马拉松(Tel Aviv Marathon)

特拉维夫马拉松是一年一度的大型赛事,在2月下旬的一个周五上午举行,会在这座城市持续一天时间。上万名运动员将沿着海滨、城里的大街和雅孔公园比赛。许多道路都会因此而禁行,所以建议步行或骑自行车在市内活动。

3月

多亏了冬雨,山坡和山谷才能绿意盎然,野花盛开,此时正是徒步的好时节。耶路撒冷可能寒冷而潮湿,不过沿海地区的天气通常都很棒。

普林节(Purim)

普林节不同于其他的犹太节日。重点并非食物,而是奇装异服和酒。届时全国各地的人都会穿上稀奇古怪的服装走上街头。深受孩子们欢迎的最盛大的普林节游行,在特拉维夫南边的霍隆(Holon)举行。而对成年人来说,特拉维夫的普林节街头派对是最棒的,通常在Kikar HaMedina或弗劳兰丁(Florentin)一带进行,DJ会在那里为人们打碟(2020年3月9日至10日、2021年2月25日至26日、2022年3月16日至17日)。

4月

春天的野花漫山遍野地绽放,到处都生机勃勃——这是最好的徒步月份。逾越节期间以及复活节前后,基督教场所附近的住宿价格会飙升。沿海的天气仍然很棒。

登霄节(Lailat Al Miraj)

该节日纪念的是先知穆罕默德从麦加赶往耶路撒冷,并从那里到天堂的"夜行登霄"。这是伊斯兰教最神圣的日子之一,会有数千人涌向耶路撒冷的岩石圆顶清真寺,以及阿克萨院内的一个地方,人们认为穆罕默德在那里留下了足迹。圣殿山不对

宗教历

犹太节日遵循的是希伯来历，这是一种阴阳合历，与格里高里历（西历）相比，其闰年会比正常年份每年多不到4周的时间。一些节日在犹太移民聚居地会庆祝两天，在以色列则只有一天。

伊斯兰历是阴历，所以每年节日的日期会比格里高里历提前11或12天。最终日期由月相而定，所以可能跟本章列出的稍有不同。

犹太人和穆斯林的假期从日落开始，持续到下一个日历日的日落，因此这里给出的日期包括节日前夕。

东正教使用儒略历，计算复活节时，则使用逾越节周期。

游客开放（2020年3月21日至22日、2021年3月10日至11日、2022年2月28日至3月1日）。

逾越节(Passover)

逾越节（希伯来语为Pesach）会举行长达一周的庆祝活动，纪念以色列人摆脱埃及的奴役。几乎所有商店和公共服务都会在第一天和第七天休息。面包及其他小麦制品被禁止，超市则会把它们藏在塑料布后面，不过你会发现反常的特拉维夫咖啡馆仍会出售三明治。如果你在以色列，可以尝试接受逾越节家宴（seder）的邀请，席间人们会阅读《出埃及记》的故事、唱歌，并喝很多葡萄酒。很多以色列人会去度假，导致客房价格飞涨（2020年4月8日至15日、2021年3月27日至4月3日、2022年4月15日至22日）。

耶稣受难日（Good Friday）

这个节日纪念耶稣在耶路撒冷受难。在耶路撒冷，这是一段极其忙碌却又激动人心的时间。一过正午，成千上万的朝圣者就会挤满狭窄的街道，沿着十字架苦路（Via Dolorosa）开始“十字架之路游行”，晚上，你还可以到圣墓教堂去看看烛光摇曳的“送葬游行”。该节日在复活节前的周五举行（新教和天主教的庆祝日期：2020年4月10日、2021年4月2日、2022年4月15日；东正教：2020年4月17日、2021年4月30日、2022年4月26日）。（见66页）

复活节（Easter）

这个节日纪念耶稣在受难后的第三天复活，标志着大斋期（40天的苦修和禁食）的结束。耶路撒冷、伯利恒和拿撒勒的主要教堂都会庆祝复活节。在耶路撒冷，最引人注目的活动是复活节周六亚美尼亚行进乐队的游行，会演奏风笛并打鼓，此外还有花园坟墓（Garden Tomb）的晨拜。对天主教徒和新教徒而言，庆祝日期为2020年4月12日、2021年4月4日、2022年4月17日；而对东正教徒而言，则为2020年4月19日、2021年5月2日、2022年4月24日。

佐尔巴节（Zorba Festival）

佐尔巴节(www.desertashram.co.il/en)是一年一度在内盖夫沙漠南部的沙漠修行(Desert Ashram)营地举行的音乐灵性节，为期5天。白天会提供一系列瑜伽、绘画和冥想研习班，以及适合孩子的活动，太阳落山后则会变成星空下的大型舞蹈派对。

5月

阳光明媚，天气还不太热，白天很长。在以色列、欧洲和北美，学校正在上课，所以很少有家庭外出旅行。最后几场雨经常会在5月初下完。

斋月（Ramadan）

斋月期间，穆斯林从黎明一直斋戒到黄昏。庆祝开斋的晚餐要在天黑后享用。在东耶路撒冷（包括老城区）、约旦河西岸和以色列的阿拉伯城镇，许多商店和餐馆都会在白天关门，但是到了日落时分，穆斯林外出用餐的时候，又是一派生气勃勃的景象。在阿拉伯地区，人们用灯装饰房子。因为很多人要前往其他城镇去跟家人团聚，交通流量可能有所增加（2020年4月23日至5月23日、2021年4月12日至5月11日、2022年4月2日至2022年5月2日）。

以色列独立日（Israel Independence Day）

庆祝以色列在1948年宣布独立的日子，是主要的公共假日之一。商店、餐馆和公共汽车都照常运营。

独立日（2020年4月28日至29日、2021年4月14日至15日、2022年5月4日至5日）的前一天是阵亡将士纪念日（Remembrance Day），全国各地都会举行纪念阵亡将士的仪式。日落时分，当所有大城市的市中心，比如特拉维夫的拉宾广场（Rabin Sq），开始举办街头派对并燃放焰火的时候，气氛会彻底改变。

特拉维夫纪录片电影节（DocAviv）

特拉维夫纪录片电影节曾经是一个规模不大的边缘节日，现在却成了该市的重要活动，而且是中东地区最全面的纪录片电影节。特拉维夫的综合影院Cinematheque会上映各种题材的英语、希伯来语和阿拉伯语电影。（见152页）

火人节（Midburn）

在以色列的火人节（www.midburn.org/en）期间，成千上万人会涌向内盖夫，在那里庆祝艺术、音乐，彻底地表达自我。和在美国首创的节日一样，届时人们会在斯德伯克（Sde Boker）附近的沙漠里建造一座为期6天的临时城市，其间任何离奇美妙的事情都有可能发生。

以色列艺术节（Israel Festival）

5月下旬和6月上旬，在耶路撒冷及周边地区会举行持续3周的音乐、戏剧和舞蹈表演，其中一些是免费的。此时前往老城区可以享受一段美好的时光，仿佛在那里的每个角落里都能发现不同的乐队或某种表演。（见95页）

6月

阳光明媚，天气温暖，白昼时间长。沿海地区不像7月和8月那么炎热潮湿。6月很少下雨，可以预见一些地方的客房价格为旺季标准。

开斋节（Eid Al Fitr）

斋月的结束意味着可以和家人及朋友举行1~3天的庆祝活动（2020年5月23日至24日、2021年5月12日至13日、2022年5月2日至3日）。阿拉伯地区的大部分商店都会关门，公共服务停止，因为穆斯林通常会在此时外出度假。

七七节（Shavu'ot）

七七节是夏季到来之前的最后一个大型犹太节日。身处以色列的旅行者会注意到，前往海滩和主要旅游景点的当地人数量激增。此时要吃乳制品（包括各种奶酪蛋糕），特拉维夫的拉宾广场上有一个农贸市场。这是庆祝西奈山上帝启示的宗教节日，所以商店会关门，公共交通服务会停止，就像安息日一样。此时住处紧缺，客房价格居高不下（2020年5月28日至29日、2021年5月16日至17日、2022年6月4日至5日）。

特拉维夫骄傲游行（Tel Aviv Parade）

6月的第二周，特拉维夫会装饰彩虹旗，以庆祝以色列规模最大、内容最丰富的同性恋盛会。不管你是不是同性恋、双性恋或跨性别者，特拉维夫都是令人难以置信的骄傲之地，酒吧里摩肩接踵，海滩上人山人海，还有来自世界各地的游客。（见140页）

白夜节（White Night）

到特拉维夫参加有免费现场音乐表演的通宵街头派对。白夜节（希伯来语为Laila Lavan）在每年6月的最后一个周四晚上举行，届时特拉维夫的大街、广场和海滩都会成为当地乐队、DJ和古典钢琴家即兴表演的舞台，偶尔还有大型演出。（见141页）

耶路撒冷灯光节（Lights in Jerusalem）

完全免费的耶路撒冷灯光节是6月下旬和7月上旬举行的激动人心的活动，届时这座古城会被五彩缤纷的视频投影和3D灯光设备点亮。旅行者可以探索他们以前从未见过的老城区城墙。（见96页）

7月

沿海地区闷热难耐，耶路撒冷却十分干燥（尽管依然炎热）。温暖的海洋也意味着这是水母的季节。加利利海、死海和埃拉特都很热。住宿费用昂贵，特别是北部的民宿。

耶路撒冷电影节（Jerusalem Film Festival）

首届耶路撒冷电影节举办于1984年，现在这个节日在每年7月中旬开幕，上映来自世界各地的电影和纪录片。除了放映，还会组织研讨会、见面会以及一场激动人心的颁奖典礼。需要提前订票。（见96页）

公园歌剧节（Opera in the Park）

将近10万人会在盛夏时

节涌向特拉维夫的雅孔公园，欣赏以色列歌剧团的免费演出。最好早点儿去，在绿草如茵的山丘上找个位置，成千上万的当地人都会聚集在那里，一边享受演出，一边野餐喝酒。

8月

一年中最热的一个月。沿海地区非常闷热，耶路撒冷稍微凉爽一些，加利利海、死海和埃拉特宛如地狱。住宿费用昂贵，尤其是北部的民宿。

古尔邦节 (Eid Al Adha)

古尔邦节（即宰牲节）期间，穆斯林纪念的是甘愿献祭自己的儿子伊斯玛仪的易卜拉欣（即亚伯拉罕），这也标志着一年一度的麦加朝圣的结束。如果进出约旦河西岸，你会遇到交通堵塞，因为很多巴勒斯坦人都在度假（2020年7月30日至8月3日、2021年7月20日至24日、2022年7月9日至13日）。

采法特克莱兹默国际音乐节（Tsfat Klezmer Festival）

当采法特成为来自全国各地的音乐家的舞台时，东欧犹太人的灵魂乐会响彻加利利地区。音乐会从21:00开始，并一直持续到午夜过后。为了享受3晚的音乐节，人们可以露营。（见248页）

红海爵士音乐节 (Red Sea Jazz Festival)

8月的最后一周，埃拉特会因最酷的爵士音乐而激情四射。这个持续4晚的音乐节已经举办了31届，会有许多艺术家登台献艺，比如阿尔·麦凯（Al McKay）的Earth Wind & Fire Experience、布赖恩·布莱德（Brian Blade）与伙伴乐队（The Fellowship Band）等。（见347页）

耶路撒冷葡萄酒节 (Jerusalem Wine Festival)

以色列博物馆每年都会为耶路撒冷葡萄酒节开放它的艺术花园。这个为期4天的节日常与以色列情人节（Tu B' Av）的犹太历日期重合。门票包括无限量品尝以色列一流酿酒厂出品的葡萄酒，以及现场音乐表演。（见96页）

9月

当地的孩子返校学习，所以鲜有家庭外出旅行，然而在犹太新年和住棚节期间，住宿价格会飞涨。犹太新年和赎罪日前后，航班经常爆满。

犹太新年 (Rosh HaShanah)

犹太新年是一项大型家庭活动。几乎所有商店和餐馆都会从节日的第一个晚上开始停业，因此旅行者需要自备食物或应邀去参加家庭聚餐。许多当地人会外出度假，或者到外地看望家人（2020年9月18日至20日、2021年9月6日至8日、2022年9月25日至27日）。此时不会组织大型街头派对，不过近年来，夜店会举办特别的DJ之夜，比如特拉维夫的Block。

10月

秋季开始了，不过这个月的大部分日子依然干燥而晴朗。如果住棚节假期在这个月，住宿价格就会飙升。北方和耶路撒冷可能很冷。

赎罪日 (Yom Kippur)

赎罪日是犹太历中最庄严的日子，传统上要进行忏悔并斋戒25个小时，犹太会堂全天开放供信徒祈祷，最后会吹响羊角号（shofar）以示结束。在特拉维夫，由于这一天没有汽车行驶，孩子们会在空旷的道路上骑车，旅行者则可以体验罕见的寂静时刻。赎罪日会对旅行者产生巨大的影响：在犹太地区，一切商业活动都会停止（就连便利店也不例外），交通工具也会彻底停运。要把行程安排在该节日之前或之后，因为以色列的机场和陆路边境同样会关闭（2020年9月27日至28日、2021年9月15日至16日、2022年10月4日至5日）。

住棚节（Sukkot）

如果你在为期一周的住棚节期间来到以色列，会看到很多临时用植物搭建在街角的小屋或帐篷，你可以进去拜访，甚至用餐。这些帐篷纪念以色列人在沙漠中游荡的40年。这也是主要的秋收节日，所以第一天和第七天是公共假日，商店都会停业（2020年10月2日至9日、2021年9月20日至27日、2022年10月9日至16日）。最后一天的诵经节（Simhat Torah）标志着犹太人每年阅读《摩西五经》的结束，可以看到人们在犹太会堂跳舞，特别是在耶路撒冷。因为以色列人在住棚节期间不用上班，所以会举办许多特别展览和音乐节。

Tarmar Festival

Tarmar是以色列规模最大的音乐节之一，在住棚节放假的一周内举行，每年都会聚集一些该地区最知名的艺人。现场音乐会在梅察达山顶举行，从深夜一直持续到日出，可以欣赏红岩沙漠和死海的风光。音乐节的参加者可以露营，或者在隐波给海滩沿线的酒店中留宿。（见312页）

内盖夫独立音乐节（InDNegev Festival）

内盖夫独立音乐节（Indie Negev的昵称，www.indnegev.co.il）是每年10月中旬举行的大型音乐节，为期3天，地点在内盖夫贝尔谢巴（Be' er Sheva）以西30公里处的Mitzpe Gvulot，节目单包括由以色列最好的地下音乐团体带来的100多场现场演出。顾名思义，这里有很多独立摇滚乐队献艺，但是也有嘻哈乐、迷幻乐、电子乐等多种类型的演出。

特拉维夫自行车赛（Sovev TLV）

在特拉维夫自行车赛的前几天，这座城市会为自行车而疯狂。活动的高潮是在10月中旬一个周五的上午举行的自行车赛，比赛从拂晓开始，赛程为42公里。市中心的许多道路和公路都会因主要赛事而限行，比赛欢迎骑自行车的人参加，还会为儿童和滑板爱好者提供路线。

11月

有时多雨寒冷，但经常阳光明媚，特别是在沿海地区、死海和埃拉特。耶路撒冷及高原地区可能很冷，白昼时间也比较短。此时为淡季价格。

伊扎克·拉宾纪念日（Yitzhak Rabin Memorial Day）

每年11月，特拉维夫的拉宾广场都会举行大型和平集会，以纪念1995年11月4日以色列总理伊扎克·拉宾被一名极右分子刺杀身亡的事件，凶手因这位领导人努力推进与巴勒斯坦人的和解而感到愤怒。活动包括希伯来语演讲和音乐表演。纪念日的气氛带有挑衅性却也十分悲伤，对很多人来说，和平似乎是一个遥远的梦。

耶路撒冷国际乌德琴音乐节（Jerusalem International Oud Festival）

这是献给乌德琴的音乐节，这种中东乐器类似于吉他。耶路撒冷国际乌德琴音乐节（www.confederationhouse.org）在民族音乐和诗歌联合中心（Confederation House Centre for Ethnic Music and Poetry）及该市的其他演出场所举行，为期十多天。

12月

有时多雨寒冷，但时有晴天，甚至很暖和。圣诞节期间，基督教地区可能很难找到房间，但其他地区为淡季住宿价格。白昼时间较短。

光明节（Hanukkah）

在犹太教的光明节期间去旅游可以享受一段美好时光。犹太人会一连8晚用九枝烛台点起蜡烛，进行庆祝。在大多数市中心都有点亮烛台的服务，面包房会摆满各种各样的甜甜圈。商店和企业在节日期间照样营业（2019年12月22日至30日、2020年12月10日至18日、2021年11月28日至12月6日）。

圣日节（Holiday of the Holy Days）

在12月的最后3个周末，海法的瓦迪尼萨斯（Wadi Nisnas）街区会用艺术、儿童戏剧演出和音乐庆祝光明节、圣诞节和当季的伊斯兰节日。除了参加通常在阿拉伯-犹太文化中心举办的音乐会，旅行者还可以逛逛独特的阿拉伯式圣诞市场。

圣诞节（Christmas）

对基督徒来说，圣诞节时的伯利恒之旅是最重要的朝圣活动之一。主要亮点是主诞教堂以及马槽广场上巨大的圣诞树。而在以色列和巴勒斯坦的其他地方，这只是一个平常的工作日（除非正好赶上安息日），所以所有商店都会营业，交通工具也照样运营。朝圣者也可以前往耶路撒冷和拿撒勒的教堂参加仪式。近年来，以色列的一些商店也会进行圣诞装饰，咖啡馆有时会提供热葡萄酒。东正教在1月上旬庆祝圣诞节。

旅行线路

2周 精彩以色列

打卡般地体验以色列最重要的历史、宗教和自然景点。

首先在**耶路撒冷**及周边待4天，包括花两天时间到老城区的小巷漫步，探索西墙（哭墙）和邻近的圣殿山，并沿着十字架苦路前往圣墓教堂。然后带上你的泳衣和登山鞋，花一整天的时间游览**死海**和众所周知的**梅察达**要塞。之后前往地中海沿岸，在**特拉维夫**停留3天，你可以散步、骑自行车、在海滩消磨时间、享用美食或静静地欣赏熙熙攘攘的世界。接下来去海边看一眼罗马帝国时期的**凯撒利亚**，再赶往**海法**。登上卡梅尔山和巴哈伊花园，在高处将风光尽收眼底，然后到带有城墙的城市**阿卡**和**罗斯哈尼卡拉**的洞穴一日游。在**拿撒勒**逗留一天，品尝令舌头发麻的“混合式”美食，再去**太巴列**待一天，探索传奇的加利利海沿岸。最后驱车返回耶路撒冷，并顺道拜访**贝特谢安**的罗马遗迹。

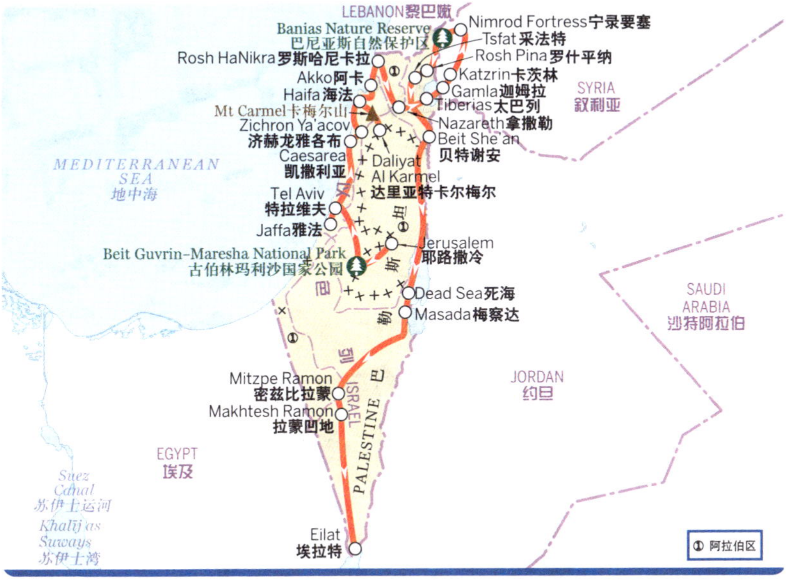

4周 以色列史诗之旅

要体验最棒的以色列，必须从黎巴嫩边境前往红海。

首先在**耶路撒冷**及周边待上四五天，包括花两天时间探索老城区，用半天时间参观以色列博物馆，然后去**古伯林玛利沙国家公园**游览奇妙的石窟，并顺道拜访葡萄酒厂。接着在**特拉维夫**激情燃烧几日，可以沿着海滨大道漫步前往古老的**雅法**，在亚克河畔骑车，在地中海享受日光浴。北上**海法**的途中，可以顺道拜访**凯撒利亚**的罗马遗迹，以及因葡萄酒酿造而闻名的古色古香的老城**济赫龙雅各布**。游览完海法壮丽的巴哈伊花园后，去拜访卡梅尔山和德鲁兹村庄**达里亚特卡尔梅尔**。次日继续北上到达**阿卡**，探访迷人的十字军遗迹和奥斯曼帝国遗迹。接下来在条件许可的情况下尽可能向北走，去看看**罗斯哈尼卡拉**的地下石窟，然后在内陆城市**拿撒勒**停留两天，探索基督教场所，品尝传统的阿拉伯美食和融合了东西方风味的菜肴。之后到**太巴列**待几天，在加利利海周围放松心情，可以浏览古代犹太会堂和基督教场所，享受安静的海滩，或者在约旦河上体验激浪漂流。然后向东前往戈兰高地，参观山顶的**迦姆拉**遗迹、**卡茨林**的戈兰考古博物馆和高耸的**宁录要塞**。转向西行进，穿过**巴尼亚斯自然保护区**郁郁葱葱的植被，到达深受候鸟喜爱的胡拉山谷湿地，逛逛**罗什平纳**别致的鹅卵石街道，还有弥漫着卡巴拉（犹太神秘主义）灵性的**采法特**。最后向南穿过约旦河谷，漫步于**贝特谢安**带有列柱的罗马大道。在**死海**岸边享受星光璀璨的夜晚，然后早早起床，到**梅察达**的山顶观赏日出。继续向南，花一两天感受**密兹比拉蒙**附近的内盖夫沙漠，包括徒步进入**拉蒙凹地**。最后一站是到**埃拉特**享受大海、阳光和浮潜。

ANDREW V MARCUS / SHUTTERSTOCK ©

上图：耶路撒冷马哈耐耶胡达市场（见85页）里的香料

下图：拉马拉的亚西尔·阿拉法特墓（见285页）

10日 美食之旅

从简单的鹰嘴豆泥，到深受阿拉伯和法国风味影响的佳肴，这趟美食之旅将带你体验圣地最可口的菜肴。

旅程始于**耶路撒冷**，你可以在老城区找到“最佳鹰嘴豆泥”这一称号的竞争者，马哈耐耶胡达市场周围的美食也很值得探索。想品尝这个国家最软糯热乎的奶酪甜点库纳法（kunafeh），请北上前往约旦河西岸城市**纳布卢斯**，然后去**杰宁**尝尝特级初榨橄榄油。之后径直去往**拿撒勒**，这里流行融合式创意菜。沿着**加利利海**的海岸继续你的美食之旅，来一份用圣彼得的鱼烹制的午餐，之后前往**戈兰高地**，品尝火候正好的牛排——当然还要佐以当地产的红酒。向西环形行进，到**吉什**享用加利利风格的阿拉伯菜，或者拜访**阿姆拉姆**，尝试这个全素食定居点的素食料理。最后前往地中海沿岸，在**阿卡**品尝海鲜和鹰嘴豆泥，在**海法**体验阿拉伯创新菜肴，在**特拉维夫**享受以色列现代美食——在这里，名厨经营的迷人餐馆与提供鹰嘴豆泥、炸豆丸子及本地畅销快餐sabich三明治的传统饭馆同台竞争。

1周 欢迎来约旦河西岸

该路线将带你游览巴勒斯坦的主要城市和景点。

先参观**拉马拉**的亚西尔·阿拉法特博物馆，然后跳上一辆合乘出租车去往**塔伊比赫**，花一两个小时参观约旦河西岸最古老的啤酒厂。第一晚可以在拉马拉泡吧，也可以到Manara Sq附近的咖啡馆和当地人一起消磨时光。第二天乘长途汽车去**纳布卢斯**，花一天在迷人的市场里购物，在古老的土耳其浴室中沐浴，并拜访**基利心山**上的撒玛利亚人。次日一早赶往**杰宁**参观自由剧院，之后可以返回拉马拉，或者在北部村庄布尔根（Burqi’in）附近跟农民们待一天。然后去**杰里科**观光一整天（如果你想把所有东西看遍，可能需要两天）。最后去**伯利恒**待两晚，欣赏蜿蜒的小巷和古老的教堂，再去是非之地**希伯伦**进行一日游，这座城市对犹太人和穆斯林来说都极为神圣。

计划你的行程
活动

以色列国土面积小，地形却多种多样，这使它成了从事各项活动的好地方，从沙漠骑行到登山，再到水上运动，应有尽有。以色列人大都很喜欢户外活动，所以这里的基础设施及设备都是一流的。

最佳短途徒步

恩盖迪自然保护区（见311页）

有两座峡谷俯瞰着荒芜的死海，在常年不断的泉水的滋养下，这里的草木颇为茂盛，是发现野山羊的好地方。

巴尼亚斯自然保护区（见268页）

有喷涌的泉水、瀑布和树荫掩映的溪流，以及一座罗马宫殿。

马佳萨自然保护区（见235页）

在加利利海的东北角徒步穿越水域和茂密的芦苇。

瓦迪凯尔特（见292页）

徒步穿过泉水流淌的峡谷，前往5世纪修建在悬崖上的圣乔治修道院。

耶胡迪亚自然保护区（见264页）

各种各样的单日徒步路线可以带你从两个公园入口出发，穿过戈兰高地上令人印象深刻的干谷。

蒙福尔城堡（见203页）

这座令人赞叹的十字军城堡俯瞰着西加利利地区和地中海。

考古发掘

要了解欢迎带薪志愿者的考古发掘活动的详情，可查阅下列网站：

圣经考古学协会（Biblical Archaeology Society; http://digs.bib-arch.org/digs）

耶路撒冷希伯来大学（Hebrew University of Jerusalem; http://archaeology.huji.ac.il/excavations/excavations.asp）

以色列外交部（www.mfa.gov.il）搜索"考古发掘"（archaeological excavations）。

观鸟

地中海沿岸、加利利的胡拉山谷和埃拉特地区都是世界上最重要的观鸟场所。观鸟者的聚会包括胡拉山谷观鸟节（Hula Valley Bird Festival）和埃拉特观鸟节（Eilat Bird Festival; www.birds.org.il）。

骑车

近年来，山地自行车骑行在以色列很受欢迎。许多自行车道都会穿过由犹太国家基金（Jewish National Fund; www.kkl.org.il）管理的森林。要了解详情，请点击网站上的"Cycling Routes"（骑车路线）。Shvil Net

从恩盖迪的山上眺望死海

(www.shvilnet.co.il)出版的希伯来语骑行指南上刊有详细的地形图。

竞速赛定期在死海等地举行，其中许多都是以色列自行车联合会(Israel Cycling Federation; www.israelcycling.org.il)赞助的。也有各种各样的年度长途骑行比赛，比如Arava Institute & Hazon Israel Ride(https://israelride.org)和ALYN医院国际慈善自行车赛(ALYN Hospital International Charity Bike Ride; www.alynactive.org)。Israel Spokes(www.israelspokes.com)是一个运营团队骑行活动的自行车组织。还有一些公司及自行车团体可以组织以色列境内的骑行活动和团队游：

Cyclenix(www.cyclenix.com)

EcoBike Cycling Vacations(www.ecobikes.co.il)

Genesis Cycling(www.genesiscycling.com)

Israel Cycling Tours(www.israelcycling.com)

Israel Pedals(www.israelpedals.co.il)

特拉维夫拥有长达130公里的专用自行车道，所以该市的自行车运动非常发达。

徒步

以色列极其多样的地形提供了一些真正出色的徒步机会。这个国家至少有半年的时间很少甚至没有降水，所以以色列人计划出行的时候不必担心会下雨。不管你什么时候出发，不要忘记带上帽子和足够的水，并做好在天黑前赶回来的准备。

在许多国家公园和自然保护区(www.parks.org.il)，支付门票费用的时候都会拿到配有英文文本的基本步行地图。而在其他地区，最好的地图是以色列自然保护协会(Society for the Protection of Nature in Israel，简称SPNI)制作的比例尺为1:50,000的地形图——部分原因是它们会显示地雷区和用于军事训练的实弹区的精确边界，书店、以色列自然保护协会的专业学校以及一些自然保护区有售。

www.tiuli.com网站用英文介绍了全国

各地徒步选择的详情。

在巴勒斯坦，出于安全原因，孤身一人在乡村地区闲逛通常不是个好主意。可以联系当地组织，比如Walk Palestine（www.walkpalestine.com），找一名导游，并获取安全地区的最新信息。杰里科及周边地区往往是不错的选择。

受欢迎的长途徒步路线（从北至南）包括：

以色列国家步道（Shvil Yisra' el；www.israelnationaltrail.com）长940公里，从北部的Kibbutz Dan出发，穿过以色列人口最稀少、景色最优美的地区，直至红海附近的塔巴（Taba）。

海至海的徒步路线（Masa MiYam l' Yam；www.touristisrael.com/yam-lyam-hike）这条路线长70公里，从地中海（Achziv Beach）通往加利利海（Ginnosar附近）。

耶稣朝圣之路（Jesus Trail；www.jesustrail.com）该路线从拿撒勒的天使报喜堂通往加利利海附近的迦百农，总长65公里。

福音小道（Gospel Trail；www.goisrael.com）以色列旅游局推出的耶稣朝圣之路，全长63公里，从拿撒勒的Mt Precipice通往迦百农，途中避开了建筑物密集的地区。

加利利海环线（Shvil Sovev Kineret，Kinneret Trail）环绕加利利海延伸的路线。在计划的60公里中，目前已有45公里的路上有白色-紫色-白色相间的标志。

耶稣降生之路（Nativity Trail）全长160公里，从拿撒勒延伸至伯利恒，必须有导游陪同。要了解详情，请联系Hijazi Travel（http://hijazih.wordpress.com）、Walk Palestine（www.walkpalestine.com）或Green Olive Tours（www.toursinenglish.com）。

亚伯拉罕之路（Masar Ibrahim Al Khalil；www.abrahampath.org）该路线可能要过很多年才能完整投入使用，不过其中的一部分已经开放了，可以带你从纳布斯（Nabus）经杰里科前往希伯伦。

耶路撒冷之路（Jerusalem Trail）这条总长42公里的环线连接着以色列国家步道和耶路撒冷，会蜿蜒穿过耶路撒冷山区并环绕老城区。

水肺潜水

红海拥有一部分世界上最壮观、物种最丰富的珊瑚礁。埃拉特能提供性价比很高的水肺潜水课程和潜水套餐，如果越过埃及边境，位于西奈（Sinai）的水下世界更令人眼花缭乱。然而，美国、英国和澳大利亚都建议旅行者避开所有去往西奈的旅程，除非是乘飞机前往沙姆沙伊赫（Sharm El Sheikh）。地中海的海洋世界并没有那么丰富多彩，但是在凯撒利亚这样的地方，可以探索宛如亚特兰蒂斯的古代遗迹。

风帆

帆板运动员盖尔·弗里德曼（Gal Fridman）在2004年的雅典奥运会上为以色列赢得了历史上唯一的一枚奥运金牌，因此这个国家能提供世界一流的帆船运动条件并不奇怪。大受欢迎的地点包括地中海沿岸、红海乃至加利利海。

计划你的行程
安息日

对犹太人来说，安息日是家人共度的时间，不管其是否笃信宗教。在以色列各地，犹太人在周五的晚上都会坐在一起，点燃蜡烛，享用祝福的葡萄酒和节日晚餐。对旅行者而言，安息日可能会带来轻微的不便（找不到吃饭的地方），甚至是潜在的灾难（发现自己无法乘公共交通工具返回住处）。然而这也是旅程之中令人难忘的一部分。

安息日奉行度

安息日从周五日落前18分钟开始（耶路撒冷为36分钟），在周六晚上日落后1小时结束（如果严格依据犹太律法，要等到可以在天空中看见三颗星星）。在此期间，很多以色列城市——包括通常都颇为世俗的特拉维夫——街道上的车辆都会显著减少，但是很少有以色列犹太人遵从安息日戒律，除非是正统的教徒。

由于以色列的宗教和文化都非常多样化，所以安息日的影响因地而异。在特拉维夫，周五是外出用餐、进行文化活动和泡吧最盛行的夜晚之一。阿拉伯人占大多数的城市和地区，比如拿撒勒、阿卡和雅法，则不受影响（不过周五是穆斯林的休息日，所以会比平常更安静），阿拉伯人居多的东耶路撒冷同样如此。

最奉行安息日传统的地方是采法特和耶路撒冷，在那里会有回荡于全城的长长号声来预示这个日子的到来。在老城区，这是一段很有吸引力的时光——到了做晚祷的时间，极端正统派（Haredi）的男人和男孩会穿着黑色套装，梳着长鬓发，匆匆赶往西墙（哭墙）。

因为安息日的影响在各地并不相同，所以我们对每个地区遵守安息日的严格程度进行了

安息日律法

在安息日，遵守教规的犹太人不可从事39种“创造性活动”，包括生火或灭火、用电、乘坐机动车、写作、烹饪、烘焙、缝纫、收割、经商、处理钱财，以及在私人和公共空间之间运送物品。

机场和公共交通工具

以色列的机场在安息日照常运营。然而，绝大多数城际及市内公共汽车和火车——包括往返于机场的交通工具——会从周五下午至周六下午的某个时候停运（公共汽车服务通常在日落前的几个小时开始恢复）。有些当地公共汽车在犹太人和阿拉伯人混居的城市里会继续运营，比如海法。

边境口岸和约旦河西岸检查站

以色列和约旦河西岸之间的检查站，以及以色列与约旦和埃及的边境口岸在安息日仍然开放，然而由于交通拥挤，可能相当繁忙（特别是在约旦河西岸的Jalameh）。连接约旦的艾伦比边境口岸（Allenby Crossing）会在周五和周六的下午提早关闭，所以要早点儿去，以免被困在边境的一侧。

打分，其中5分为最严格，1分则是最不严格。

耶路撒冷

在耶路撒冷，安息日是供应犹太食物的餐馆和不符合犹太教规定的餐馆之间的差异真正显现出来的时候：前者会在周五15:00左右关门，有时直到周日才恢复营业。西耶路撒冷的大多数餐馆皆包含在内，还有Jaffa St的餐馆，尽管也有一些例外。一些酒店的前台会歇业（以遵守避免工作和处理钱财的戒律），工作人员可能会要求你在周五日落前结账。

安息日不提供公共汽车服务，不过合乘出租车依然运营。出租车相当多，但是官方价格将比工作日高出25%，司机使用计价器的可能性甚至比平时还要低。为了得到合理的价格，在该市的东部乘坐出租车才是明智之举。连接耶路撒冷和本·古里安国际机场的Nesher服务在安息日运营，去往特拉维夫的合乘出租车同样运营，但是都从Jaffa St出发，开往特拉维夫的Jerusalem Hostel以西。

需要注意的是，在安息日驾车穿过正统派社区不但很不明智，还可能十分危险：许多街道都会设置路障，年轻人还会向汽车投掷石块。

得分：5/5

特拉维夫

虽然这座城市以非宗教化而自豪，但是前往特拉维夫的旅行者仍然会感受到安息日带来的影响。街道明显安静了许多，一些公交线路也会被合乘出租车所取代。去机场通常需要乘坐出租车（250NIS），如果你订了周六的航班，最好记住这一点。

大多数酒吧和餐馆仍然营业，雅法几乎完全不受影响。

得分：2/5

安息日的营业场所

要了解在耶路撒冷和以色列各地应对安息日的实用信息，请参见101页和445页。

北部海岸

一方面，在海法和阿卡，你甚至不会注意到安息日，海法的夜生活仍在继续，而阿卡穆斯林人口众多，这意味着公共服务受到的干扰很小。另一方面，在济赫龙雅各布，你会可以强烈地感受感觉到安息日的影响，洛哈梅哈格塔奥特基布兹（Kibbutz Lohamei HaGeta'ot）的犹太大屠杀纪念馆也会关闭。

得分：2/5

下加利利

拿撒勒的各项服务都照常运营，太巴列则不同，除了少数几家餐馆，其他的都会关门。加利利海附近的所有旅游景点（基督教景点、国家公园、自然保护区、付费和免费海滩）都开放，不过海滩可能拥挤不堪。在周五晚上到拿撒勒去吃晚餐是个不错的选择，然而交通堵塞可能是一场噩梦。

得分：3/5

上加利利及周边

采法特在安息日会彻底停摆，道尔顿高原的葡萄酒厂也是如此。罗什平纳通常开门营业，胡拉山谷和黎巴嫩边境沿线的自然保护区也照常开放。大多数餐馆都营业。在戈兰，卡茨林会关门，只有两家餐馆例外，不过许多自然保护区、几乎所有的旅游景点以及德鲁兹村庄都开放。

得分：3/5

死海

几乎一切都照常营业，包括自然保护区、餐馆、商店和海滩。

得分：1/5

内盖夫

在埃拉特，几乎一切都营业（以色列人几乎不会把海滩派对当成休息时间的重要活动），游客也不太可能在红海沿岸注意到安息日。在贝尔谢巴，虽然大部分旅游景点都开放，但城市本身，包括商店、公共交通工具和一些餐馆，都会停业。周五晚上和周六，在密兹比拉蒙有很多事情可做。自然保护区照常开放。

得分：2/5

计划你的行程

穿越边境

以色列可能与四个阿拉伯邻国之中的两个（埃及和约旦）和平相处，但其边境口岸仍然高度军事化，进出该国时可能令人生畏，并富有挑战性。你的经历也可能很离奇：比如，在与约旦接壤的艾伦比大桥边境，旅行者要乘巴士穿越一片荒凉的无人区，通过布满了被炸毁的建筑和废弃军用车辆的地雷区。出境管理（尤其是从以色列进入约旦）经常发生变化，在前往边境之前，最好先跟你入住的酒店或青年旅舍确认一下情况。乘飞机、经陆路或海路越过边境进入黎巴嫩或叙利亚是不可能或者不可取的。

计划你的边境穿越

签证、安检和护照戳

办理以色列和约旦签证的详细信息见441页。关于以色列的旅行安全问题见438页。

以色列现已取消护照盖章制度，改为向游客发放一张纸牌大小的卡片（活页签证）。如果弄丢了这张纸，离开这个国家的时候可能困难重重。持有多枚阿拉伯国家护照戳的旅行者在进出该国时，可能会受到严厉的盘问。

陆路过境：你的选项

以色列—约旦边境口岸：约旦河/谢赫侯赛因边境口岸位于加利利海南边；伊扎克·拉宾/阿拉伯谷边境口岸在埃拉特/亚喀巴（Eilat/Aqaba）北部。

约旦河西岸—约旦口岸：艾伦比/侯赛因国王大桥边境口岸位于杰里科（以色列控制区）东部。

以色列—埃及口岸：塔巴边境口岸位于红海边，就在埃拉特南边。

陆路边境口岸的费用（不包含签证费用）

和平的边界

以色列与签署了和平条约的两个国家——埃及和约旦之间的边界对旅行者和当地人开放。需要注意的是，因为最近伊斯兰激进分子会针对旅行者发动袭击，所以大多数西方政府都劝告旅行者不要前往西奈北部旅行。

蓝线、紫线和绿线

联合国认证的以色列和黎巴嫩之间的国际边界被称为“蓝线”，1974年划定的以色列和叙利亚之间的停火线被称为“紫线”，而1967年以前划定的以色列和约旦河西岸之间的边界被称为“绿线”。

边界历史

英国和法国在1916年秘密签署的赛克斯-皮科协定划定了巴勒斯坦、叙利亚、黎巴嫩、外约旦（约旦）和伊拉克的未来边界。

如下：

国家	到达	离开
以色列	无	101NIS（经艾伦比/侯赛因国王大桥边境口岸需付175NIs）
埃及西奈	无	无
埃及其他地区	签证费US$25	无
约旦	JD42	经约旦河/谢赫侯赛因边境口岸需付JD8，经艾伦比/侯赛因国王大桥口岸需付JD10

边境关闭情况

赎罪日 以色列所有的陆路边境口岸和机场全部关闭。

伊斯兰教新年 约旦之间的陆路口岸关闭。

古尔邦节 埃及之间的塔巴边境口岸，以及艾伦比/侯赛因国王大桥边境口岸的巴勒斯坦一段关闭。

斋月 所有口岸的关闭时间可能都会提前。

北部边境

除非你是联合国维和人员，否则以色列与叙利亚及黎巴嫩之间的边境口岸均已彻底关闭。

抵离约旦

尽管以色列与约旦间的两处陆路口岸快捷而高效，但约旦和位于以色列控制区内的约旦河西岸之间的艾伦比/侯赛因国王大桥边境口岸并不总是那么畅通。

在以色列边境口岸缴纳出境费可以使用多种货币或者用信用卡支付。而提前在以色列的任意一家邮局（只收现金）或在线（http://borderpay.co.il）缴纳出境费，还可以省去5NIS的手续费。

约旦河和谢赫侯赛因边境口岸

通常情况下，该口岸远远不及艾伦比/侯赛因国王大桥边境口岸那样热闹繁忙。它地处约旦河谷（Jordan Valley）内，位于贝特谢安以东8公里、加利利海以南30公里、特拉维夫东北135公里、安曼西北90公里的地方。约旦对许多国家的公民发放落地签证。该口岸的开放时间为周日至周四的7:00~20:30，以及周五和周六的8:30~18:30，但是在赎罪日和伊斯兰教新年期间关闭。

该口岸的以色列一侧没有自动柜员机，不过，只要货币兑换窗口营业，就可以在那里预支现金。

前往约旦的旅行者通常可在半小时内办完以色列边境的通关手续。过境后必须乘巴士越过约旦河到达约旦一侧（禁止步行穿越边境）。

抵离口岸

守候在边境口岸外面的出租车可以把你送到贝特谢安（40NIS，但是要尽力讨价还价）以及以色列境内的其他地方，包括太巴列、耶路撒冷和特拉维夫。Kavim的16路公共汽车连接着贝特谢安和Kibbutz Ma' oz Haim（7NIS，10分钟，周日至周五每天5班或6班），后者位于边境口岸以西3公里处。

而在约旦一侧，有提供常规服务的出租车往返于伊尔比德（Irbid）的西长途汽车站。

Nazarene Tours（见215页）连接着分别位于约旦河/谢赫侯赛因边境口岸两侧的拿撒勒与安曼。周日、周二、周四和周六的8:30从拿撒勒办事处出发，这个办事处在耶路撒冷银行（Bank of Jerusalem）和Nazareth Hotel附近（不要与位于市中心的Nazarene Transport & Tourism的办事处搞混），14:00从安曼的Royal Hotel（位于University St）出发。至少要提前两天通过电话预订。

伊扎克·拉宾及阿拉伯谷边境口岸

该口岸位于埃拉特东北方向3公里处，从这里去往亚喀巴、佩特拉（Petra）和月亮峡谷（Wadi Rum）都十分方便。但是这里已不再发放约旦落地签证，因此要提前办好。埃拉特的大部分酒店和青年旅舍都提供佩特拉的一日游行程。该口岸的开放时间为周日至周四6:30~20:00，周五和周六则从8:00开放。

抵离口岸

乘坐出租车往来于埃拉特（35NIS，20分钟）只需10分钟。如果你是从北部（比如耶路撒冷、特拉维夫或死海）乘长途汽车过来，可在Rte 90通向边境口岸的岔路口或者Kibbutz Eilot下车，不过之后还得沿着Rte 109步行2公里穿过沙漠才能到达口岸。

到了约旦，即可搭出租车前往亚喀巴，再从那里乘坐小巴，经过120公里的颠簸到达佩特拉；小巴于6:00~7:00以及11:00至正午发车，人满即走。也可以跟出租车司机讲好价，从边境直接打车到佩特拉。

艾伦比及侯赛因国王大桥边境口岸

这个繁忙的边境口岸连接着以色列控制下的约旦河西岸与约旦，它位于耶路撒冷以东46公里、杰里科以东8公里及安曼以西60公里处。这是唯一允许持有巴勒斯坦官方旅行文件的人（包括约旦河西岸的巴勒斯坦人）往返于约旦和外面世界的边境口岸，所以进出境流量巨大，特别是在周日、节假日前后及工作日的11:00~15:00。

由于供旅行者通关的时间有限且延误状况频发，建议你在进出境当日尽早抵达口岸办理相关手续。以色列公民（包括双重国籍持有者）不能通过该口岸进出境。

约旦不在艾伦比/侯赛因国王大桥边境口岸办理落地签证——你必须提前到约旦大使馆办理签证，在特拉维夫附近的拉马特甘（Ramat Gan）就有一个。不过，如果你从约旦前往巴勒斯坦或以色列，那么经由艾伦比/侯赛因国王大桥边境口岸回到约旦时无须重新办理签证，只需持在有效期内的约旦签证并出示盖了章的出境卡片即可通关。

跨越边境的长途汽车收费JD7，对每件行李加收JD1.50。约旦已将约旦签证的费用翻了一倍，从JD30涨到了JD60。

请携带充足的现金（约旦第纳尔最实用），并确保自己备有零钱。口岸没有自动柜员机，但边境两侧均设有货币兑换处。

令人沮丧的延期情况在这个口岸时有发生，特别是准备前往约旦河西岸或以色列的时候。嘈杂的队列、扰人的安保措施、行李的X光扫描（你可能会和你的包分开），以及不耐烦的口岸官员，这一切都是常态。如果护照上出现了黎巴嫩等地的护照戳，或者显示你去过约旦河西岸某些罕有旅行者造访的区域，那就等着以色列的安保人员好好盘问你吧。该口岸为申请通关的巴勒斯坦人和游客设置了各自的手续办理区域。

该口岸的（官方）开放时间为周日至周四的8:00至午夜，以及周五和周六的8:00~15:00，但是在18:00之后抵达口岸存在无法过境的风险。

以色列护照戳

对于那些护照显示曾经到访过以色列的旅行者，不同的阿拉伯和伊斯兰国家所采取的准入政策也各不相同。与以色列签订了和平条约的埃及和约旦允许此类旅行者入境，这同样适用于土耳其、突尼斯、摩洛哥和许多海湾地区酋长国，以及马来西亚和印度尼西亚。

而另一方面，黎巴嫩和伊朗对待此类旅行者的态度也是人尽皆知。即使发现的只是间接证据，比如刚刚在安曼补办的护照，或者写着希伯来文的口香糖纸，也会勒令游客搭下一班飞机出境。沙特阿拉伯有时也会对此采取严格措施。

在使用某本护照期间，如果你有可能前往阿拉伯或伊斯兰国家，最好确保这本护照上没有显示你去过以色列的迹象。以色列现已不在游客的护照上盖戳，改为发放活页签证，约旦方面也通用此法，这些措施使问题得以简化。然而埃及并没有那么灵活，其塔巴边境口岸的出入境章正是你曾到访以色列的确凿证据。如果你需要从埃拉特前往西奈且不被加盖塔巴的章，可以先过境到约旦，再从亚喀巴坐渡船去往西奈。

包括美国在内的一些国家允许本国公民同时持有一本以上的护照——一本专门用于以色列及其邻国，另一本则用于游览其他国家。

抵离口岸

在11:00前随处可见由Abdo（02-628 3281）和Al Nijmeh（02-627 7466）这两家公司营运的合乘出租车，它们往返于口岸和耶路撒冷大马士革门对面的蓝白色汽车站之间（40NIS，30分钟），每个手提箱收费5NIS。乘坐私人出租车的花费可能高达300NIS，酒店的接送服务也是一种选择。

Egged营运的948路、961路和966路长途汽车从西耶路撒冷的中央长途汽车站开往贝特谢安（及以北地区），在Rte 90通往艾伦比桥的岔路口停车（12.50NIS，40分钟，大约每小时1班）。下车地点距口岸仅几公里远，但仍需乘坐出租车（50NIS），因为这里禁止步行。

使用往返于口岸和耶路撒冷的班车服务，比如Amman 2 Jerusalem（www.amman2jerusalem.com），可以减少一些安排上的麻烦（换乘4/7座小客车US$250/350），尽管同样要经过耗时的安检和边检。

如果要往返于口岸与安曼的Abdali汽车站或南长途汽车站，可以搭乘合乘出租车（servees）或小巴（JD8，45分钟），乘坐出租车大约要花费JD22。JETT（www.jett.com.jo）运营从Abdali开往边境口岸的长途汽车（JD8.50，1小时，7:00发车），每天1班。

抵离埃及

塔巴边境口岸

塔巴口岸位于红海边，在埃拉特以南10公里处，是以色列与埃及之间唯一向游客开放的边境口岸。该口岸24小时开放。在埃及一侧设有货币兑换处。由于西奈半岛的安全局势变化无常，请在出行前确认相关的旅行建议。

你将在口岸领取一份有效期为14天且仅限西奈地区的入境许可证，可游览从塔巴至沙姆沙伊赫的红海景区，以及圣凯瑟琳修道院（St Katherine's）。

由于安全局势，现在已不可能从陆路经西奈半岛前往开罗。一种选择是先去沙姆沙伊赫，再乘飞机到开罗，但是要提前办理埃及签证，可在埃及驻埃拉特的领事馆或埃及驻特拉维夫大使馆办理。

抵离口岸

15路地区长途汽车自埃拉特的中央长途汽车站开往塔巴口岸（30分钟，周日至周四8:10～21:10、周五8:10～16:10和周六9:10～19:10，每小时1班）。该线路的车自口岸返回埃拉特时改称16路，在抵达口岸50分钟后返程。乘坐出租车大约要花费30NIS。

以色列边境管制

对于以色列严苛的入境流程，有些人感到厌烦至极，有些人却觉得轻而易举。当被问到为什么要旅游、近期游览过哪些地方、职业、在以色列和巴勒斯坦有哪些熟人，以及宗教信仰或家庭背景时，你大可不必感到惊奇。

如果是来探望朋友或家人，应该把所探望者的全名、地址和电话号码备在手边（最好提供可以证实你将与这些人待在一起的信函）。此外，打印好的酒店预订文件也能派上用场——尽管有时根本不会用到。

当边境官员怀疑你入境是为了参加支持巴勒斯坦的政治活动，或者发现你使用阿拉伯或穆斯林姓名时，便会进行更为深入的询问，有时甚至会搜查你的笔记本电脑。有时一些官员会对护照上黎巴嫩或伊朗等地的护照戳一探究竟，但这通常不会发生。回答若是闪烁其词或有自相矛盾之处，便会遭到更严厉的质询——要知道，这些安检人员可是诱导你说错话的高手。不论出现什么状况，都要保持冷静有礼。

以色列的机场安检是整个边境管制事务中最严格的。尽管会公然采用透视分析技术，但未必是你想象的那种。1986年，怀有身孕的爱尔兰女子Anne Mary Murphy在伦敦某机场准备登上以色列航空公司的一架747航班时，被检查出行李箱中藏有塑料炸弹，这枚炸弹竟是其约旦籍男友Nezar Hindawi偷偷放进去的，该男子至今仍被关押在英国的监狱中。从那之后，不论是本-古里安国际机场还是境外机场的以色列航空安检人员，都会格外警惕并着重搜查那些可能被利用为自杀式炸弹袭击者却毫不知情的旅客，而单身的年轻西方女性在这一数据的排名中几近榜首。

计划你的行程
带孩子旅行

带孩子在以色列和巴勒斯坦旅行是一件很轻松的事：美食种类丰富，旅途距离短，处处都有适合儿童的活动，并且当地人特别喜欢孩子。常规建议参见Lonely Planet的《带孩子旅行》。

孩子们的以色列

以色列社会以家庭为重，孩子在所有地方都非常受欢迎。你的孩子到处都会碰见与父母一起出行的当地孩子，在周六、犹太节假日以及7月和8月尤为多见。

以色列的海滩通常干净舒适，而且配备了咖啡馆甚至游乐场。防晒霜必不可少，尤其是在夏天，要避免在烈日当头的晌午外出。（因为死海远低于海平面，所以被晒伤的风险较小，但是要特别注意，别让海水进到孩子的眼睛里。）

大多数自然保护区都很适合孩子，年纪大些的孩子会喜欢徒步（有轻松的，也有更具挑战性的），徒步路线遍布全国。因近年来公园无障碍通道的覆盖率提高，推着婴儿车在附近逛逛变得轻而易举。

特拉维夫、耶路撒冷、密兹比拉蒙和埃拉特都为孩子们提供了各种他们喜爱的东西，不过耶路撒冷老城区的小巷不太适合推婴儿车。

计划行程

一次性尿布（chitulim）、湿巾（maga-vonim）、婴幼儿配方奶粉（formoola）、奶瓶（bakbukim l' tinok）和橡胶奶嘴（mot-zetzim）在超市和药房均有售，但是价格比西方国家的贵。如果你的孩子比较挑剔，从家里

最适合孩子的活动

水下观测海洋公园（见344页）不用被打湿就可以欣赏潜水时才能看到的珊瑚礁美景，还有一个触摸池。

罗斯哈尼卡拉石窟（见204页）孩子会爱上悬崖缆车和被海水冲刷形成的碧蓝石窟。

水中徒步 炎热干旱的夏日里，沿着由泉水汇成的小溪徒步并且穿行其中是再美好不过的事（恩盖迪、巴尼亚斯、耶胡迪亚和马佳萨自然保护区都值得一去）。

沙漠骑车 青少年可以尽享骑山地自行车沿着干涸的河床穿越沙漠的乐趣。朱代安沙漠（Judean Desert）中有许多骑行路线，不过最好参加有组织的团队游。

澳大利亚甘加若公园（见221页）在耶斯列山谷（Jezreel Valley）里抚摸袋鼠，再喂喂吸蜜鹦鹉。

迷你以色列（见117页）这座公园位于耶路撒冷与特拉维夫中间，园内汇集了以色列350个最著名景点的微缩模型。

商场游乐区 大多数购物中心都有为婴幼儿设置的游乐区（meeschakiya），这是接触当地孩子的好地方（有时可能会被他们传染感冒），特别是在下雨天。

儿童折扣

4岁以下的儿童通常可以免费进入自然保护区、考古遗址和博物馆，5岁至17岁或18岁的孩子能享受相当大的折扣。幼儿乘坐长途汽车和火车可以享受适当的折扣。在主要面向孩子的地方，比如游乐园，一般3岁以上的孩子都要买全价票。

带一些熟悉的奶粉更好。罐装婴儿食品也可以买到，不过没有那么多种口味；有机婴儿食品在一些地方可以买到。儿童药品很容易购买，大多数药剂师都会讲英语，并且非常乐意帮忙。

对旅行而言，重量轻、可折叠的婴儿车（伞式）很方便，但是对耶路撒冷老城区、阿卡和采法特等地狭窄的鹅卵石小巷和楼梯来说，一个穿戴式婴儿背袋更实用。

住宿

除了少数专门供夫妻居住的民宿（tzim-merim；比如在罗什平纳），几乎所有地方都欢迎孩子入住。在绝大多数酒店、客栈和民宿，婴幼儿与父母住在一起是免房费的（如果需要一张小床，可以提前告知管理人员）；有时，大一些的孩子需要额外收费。大多数国际青年旅舍联盟旗下的客房和以色列自然保护协会校舍内的房间都至少有4张床，是家庭旅行的理想住处。

就餐

几乎所有餐馆都欢迎孩子入内，服务员和其他用餐者并不介意与孩子在一个餐厅。几乎所有餐馆都有儿童吃饭用的高脚椅，有些餐馆还提供儿童价位的儿童餐。除了那些高档餐厅，大多数餐馆都是全天营业的，所以吃饭时间比较灵活。以色列的早餐以丰富多样而闻名，通常至少会有几种早餐麦片。

许多孩子都会立刻喜欢上炸豆丸子、鹰嘴豆泥、sabich（用皮塔饼卷上茄子、煮鸡蛋、土豆和沙拉）和沙威玛（shawarma），但是这些快餐（包括酱汁和沙拉）带回家后比其他食物更有可能滋生细菌。如果你想一切从简，至少先考虑一下这个问题。

乘车旅行

- 1岁以下（建议不超过2岁）或体重不足9公斤的婴儿，必须使用面向后方的儿童座椅（moshav b' tichut）。可以固定在车座上和儿童车上的便携式儿童座椅在希伯来语里叫salkal。
- 2岁和3岁的幼儿（4岁以内都建议）需要使用儿童座椅（向后的或向前的都行）。
- 8岁以下的儿童必须使用幼儿加高座位。
- 乘坐出租车时，孩子不一定必须使用儿童安全座椅。
- 儿童座椅切勿安装在有安全气囊的乘客座椅上。

孩子们的巴勒斯坦

在约旦河西岸，孩子非常受欢迎，经常会被带去与当地孩子碰面，或者享受到蛋糕和饼干之类的款待。但是在该区域旅行也有它独特的挑战性。在拉马拉、纳布卢斯和伯利恒等约旦河西岸城市附近，推婴儿车可能很累人，而且还有过检查站的问题。

切记要带好你和孩子的护照。

国家和地区速览

耶路撒冷及周边

历史
宗教
文化

老城区

探索老城区的基督徒、亚美尼亚人、犹太人和穆斯林居住区，包括大卫塔博物馆和十字架苦路。

宗教圣地

西墙（哭墙）、圣墓教堂、岩石圆顶清真寺……耶路撒冷有许多宗教场所，可供你参观数周。

多样性

在耶路撒冷充满了多样性的街道上，你可以偶遇戴着皮帽的极端正统派犹太人、穿着短裤和背心的世俗犹太人、前往阿克萨清真寺的巴勒斯坦穆斯林、身着长袍的基督教牧师、持女权主义观点的正统派犹太人、同性恋人权斗士以及无拘无束的艺术家。

见48页

特拉维夫-雅法

美食
购物
夜生活

饕餮盛宴

特拉维夫确实拥有极好的海滩，但是这座城市真正能点燃人们热情的还是美食。从出售炸豆丸子的小摊和鹰嘴豆泥小店，到冰激凌店、欧式咖啡馆、寿司吧和名厨经营的餐馆，你在这里永远不会饿肚子。

精品店

特拉维夫是以色列最棒的购物天堂。你可以在集市、现代购物中心和位于Sheinken St、Dizengoff St及Shabazi St的设计师精品店里尽情购物。

夜生活

前往超级时尚的Rothschild Boulevard，或者特拉维夫的两条主干道Ben Gurion St和Dizengoff St沿线的酒吧及夜店，感受这座城市举世闻名的夜生活。

见119页

海法和北部海岸

历史
宗教圣地
美景

古代港口

凯撒利亚是古代著名的港口之一，1000年后，它成了建有围墙的十字军据点。马可·波罗在前往中国的途中到访过阿卡，这座城市洋溢着中世纪和奥斯曼帝国时代的历史气息。

心灵花园

海法惊人的巴哈伊花园是所有具有信仰的人的心灵寄托，而海法的以利亚洞穴则是犹太人、基督徒和穆斯林的圣地。

海蚀石窟

罗斯哈尼卡拉的海蚀石窟因前所未见的蓝色而闻名遐迩。要欣赏地中海极具吸引力的全景，可以前往海法的鹰眼海滨大道，它在卡梅尔山山顶，视野极佳。

见165页

下加利利和加利利海

基督教
考古
美食

耶稣传道

据说玛利亚是在拿撒勒领受了天使报喜，耶稣也在此度过了童年。人们相信主显圣容就发生在塔博尔山上，而耶稣曾在加利利海周围传道。

罗马遗址

顶级的发掘遗址包括保留着罗马和拜占庭帝国风貌的城市贝特谢安、贝尔沃的十字军城堡，以及Hamat Tverya、苛辣匝因、迦百农和齐波里的古代犹太会堂。

世界美食

拿撒勒以贯通东西的美食而闻名，其老城区里有许多出色的餐馆。最棒的是AlReda，它坐落在一栋已有200年历史的奥斯曼时代的大宅内。

见206页

上加利利及周边

徒步
鸟类
葡萄酒

野外步道

这里的徒步路线可以满足各类身体素质的人，从赫尔蒙山的顶峰（海拔2000米）至约旦河岸（海拔-200米），还可以穿过巴尼亚斯和耶胡迪亚自然保护区悬崖林立的峡谷。

迁徙

有5亿只鸟会迁徙穿过胡拉山谷。你可以在胡拉自然保护区和阿噶蒙哈胡拉的湿地上看到当地的和迁徙的鸟类，春秋两季尤为壮观。

参观葡萄酒厂

在戈兰和采法特西北部的道尔顿高原上的卡茨林、恩泽万和奥德姆，你可以参观许多该地区顶级的葡萄酒厂，其中有些堪称精品酒厂。

见239页

约旦河西岸

购物
美食
宗教

集市

约旦河西岸的城市常以热闹的集市为中心。在希伯伦、纳布卢斯和伯利恒琳琅满目的市场上，可以买到新鲜的水果、可口的糖果，并为手工艺品而讨价还价。

当地美食

曾经很难在约旦河西岸的餐馆里见到的传统巴勒斯坦美食，如今在伯利恒和拉马拉的菜单上已经相当常见了。如果你在纳布卢斯，不要错过当地著名的甜点库纳法。

圣地

对犹太人和穆斯林而言，麦比拉洞是非常重要的朝圣地点。基督教的圣地包括主诞教堂和试探山。而如果不去基利心山拜访撒玛利亚人，约旦河西岸的精神探索之旅就不够完整。

见271页

加沙地带

不可到达

加沙地带目前确实不是旅游目的地。除非你是记者、救援人员或外交官，否则几乎不可能进入此地，这块狭窄的土地依旧是危险区域。即便在2014年与以色列的战争结束后，数十亿美元被用于加沙重建，但是要让饱受战火摧残的城市和瘫痪的基础设施供养180万人，仍然需要很多年——更别说接待游客了。在那之前，除了少数人以外，我们依然见不到其充满政治色彩的城市、美丽的海滩、历史遗址以及独特的文化。

见302页

死海

海滩
考古
徒步

死海

仰面漂浮在水面上看报纸——听上去有点儿老套，但是在盐度极高的死海里绝对可以做到。这里不仅可以放松神经，还能滋润皮肤。

梅察达

罗马人摧毁了耶路撒冷，但是在梅察达山顶，1000名犹太人顽强地抵抗第十军团的围剿，宁死不屈。

沙漠绿洲

泉水常年滋养着恩盖迪和隐波给地区引人入胜的沙漠绿洲，在那里，徒步者会遇上凉爽的小溪、茂盛的植被、伊甸园般的瀑布和珍稀的野生动物，比如努比亚野山羊。

见307页

内盖夫

徒步
潜水
考古

沙漠徒步

内盖夫沙漠生机勃勃。徒步穿过拉蒙凹地、斯德博克或Ein Avdat的荒野，你有可能看见骆驼、野山羊和在空中翱翔的猛禽。

珊瑚礁

想探索珊瑚礁并和成群的热带鱼一起游泳吗？那就去红海潜水吧。将脑袋潜入水下便可将美景尽收眼底。

纳巴泰遗迹

这里有特拉贝尔谢巴和特拉阿拉德等《圣经》中描述的遗迹，以及阿夫达特、席伏塔和马姆希特这样的纳巴泰古城，这片沙漠正在缓缓向人们揭开神秘的面纱。

见324页

佩特拉

古迹
徒步
美景

玫瑰之城

古城佩特拉堪称世界奇观。你要确保有足够的时间在清晨到达卡兹尼神殿，中午在高祭坛野餐，傍晚在修道院欣赏落日，晚上则伴着烛光漫步于西克峡谷。

沙漠徒步

佩特拉拥有一些约旦最好、最容易进入的徒步路线。聘请一名当地的贝都因导游，他会把佩特拉的近代史变得栩栩如生。

自然装饰

色彩斑斓的砂岩、风蚀悬崖和点缀着夹竹桃的干河床，使佩特拉的景色足以和这里的古老建筑相媲美。

见353页

在路上

Upper Galilee & Around
上加利利及周边
239页
Haifa & the North Coast
海法和
北部海岸 165页
Lower Galilee & Sea of Galilee
下加利利和
加利利海 206页
Tel Aviv-Jaffa
特拉维夫-雅法
119页
West Bank
约旦河西岸
271页
Jerusalem & Around
耶路撒冷及周边
48页
The Gaza Strip
加沙地带
302页
Dead Sea
死海 307页
The Negev
内盖夫 324页
Petra
佩特拉
353页

耶路撒冷及周边

☎02/人口：865,721

包括 ➡

景点……55
课程……94
团队游……95
节日和活动……95
住宿……96
就餐……102
饮品和夜生活……107
娱乐……110
购物……110
耶路撒冷周边……115

最佳餐饮

- Machneyuda（见106页）
- Abu Shukri（见103页）
- Modern（见107页）
- Pinati（见104页）
- Anna Cafe（见105页）

最佳住宿

- American Colony Hotel（见98页）
- Abraham Hostel（见99页）
- Austrian Hospice（见97页）
- Post Hostel（见99页）
- YMCA Three Arches Hotel（见100页）

为何去

对犹太人、穆斯林和基督徒来说，耶路撒冷的老城区是圣地，也是精神寄托。因敬畏而瞪大了眼睛的朝圣者们源源不断地涌入城墙内的城市，膜拜与他们的信仰根基相连之地。教堂钟声、伊斯兰宣礼以及犹太羊角号的声音不绝于耳，交织成令人陶醉甚至是和谐动人的旋律。焚香、咖啡和蜡烛的香气弥漫在熙熙攘攘的集市里，穆斯林、基督徒、犹太人和亚美尼亚人的居住区各具特色。然而耶路撒冷的多样性是在数千年的血腥围攻和权力交替中形成的，这也留下了深深的创伤。

老城区的西部聚集着许多世界一流的景点，包括以色列博物馆和犹太大屠杀纪念馆。酒吧和餐馆则挤满了耶路撒冷的闹市区。另一方面，东耶路撒冷却因前途未卜而承受着不小的压力。东耶路撒冷被称为未来巴勒斯坦国的首都，然而以色列的定居点和建设项目也在向前推进。

何时去

耶路撒冷

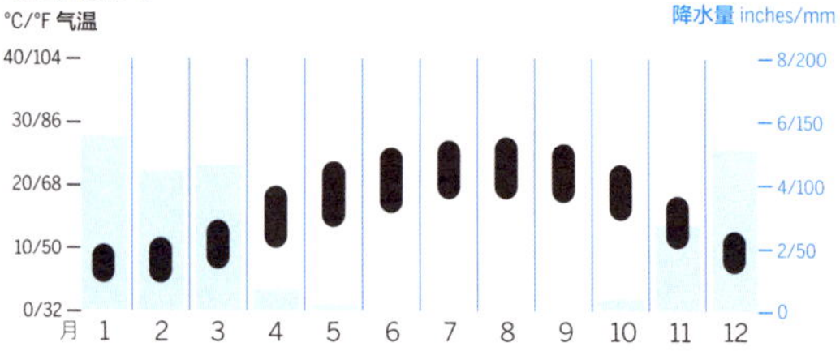

4月和5月 舒适宜人，阳光明媚，但是要为拥挤的人群和高昂的酒店价格做好心理准备。

7月 可以欣赏老城区的灯饰，体验电影节，但是非常炎热。

9月和10月 天气绝佳，人也不算太多，不过一些犹太节假日会增加消费成本和参观人数。

历史

第一圣殿

耶路撒冷最早的定居点围绕在基训泉(Gihon Spring)附近，就在现在的犹太区东南方的汲沦谷(Kidron Valley)。公元前20世纪的埃及文献中提过一座迦南(Canaanite)小城，据《圣经》中的资料所言，此城在公元前1000年前后被大卫王(King David)率领的以色列人占领，他将这座城市定为自己的都城。

据《圣经》记载，在大卫的儿子所罗门王(King Solomon)统治期间，城市的边界向北扩展，直到将如今圣殿山(Temple Mount/Al Haram Ash Sharif)所在的地方围了起来。第一圣殿于公元前950年前后开始兴建。

所罗门王去世大约17年后，以色列的10个北方部落分裂出来，形成了独立的以色列王国(Kingdom of Israel)，耶路撒冷则成了犹大王国(Kingdom of Judah)的首都。公元前586年，耶路撒冷被巴比伦国王尼布甲尼撒(Nebuchadnezzar)征服，这座城市和第一圣殿一同被摧毁，耶路撒冷的居民被流放到了巴比伦。历经三代之后，波斯国王居鲁士二世(Cyrus Ⅱ)允许他们返回故土，甚至出资重建圣殿，并希望被流放的犹太人能成为他的盟友。

第二圣殿

第二圣殿始建于公元前516年。公元前445年，在犹大省省长尼希米(Nehemiah)的领导下，人们开始了长达数十年的城墙重建。

公元前332年，亚历山大大帝(Alexander the Great)征服了耶路撒冷，这座城市迎来了历史上的一大著名时期。公元前323年，亚历山大大帝去世，城市被塞琉古王国(Seleucids)接管，直到30年后马加比起义(Maccabean Revolt)爆发。自此哈斯摩王朝(Hasmonean)建立起来，公元前165年，饱受塞琉古王国亵渎的圣殿恢复了神圣。

罗马人

公元前63年左右，耶路撒冷被庞培将军(General Pompey)率领的罗马人包围并占领。公元前37年，大希律王(Herod the Great)进军耶路撒冷，统治这片而后被划为罗马犹太行省(Judaea, Iudaea)的地方。大希律王是暴君中的暴君，他将自己的妻儿以及反对他统治的犹太拉比全都处死了。但他也因雄伟的建筑和基础设施建设而闻名于世，其中就包括圣殿山的扩建。

大希律王去世后，罗马帝国委派了一名行政长官来管理这座城市，恢复了对它的直接控制。本丢·彼拉多(Pontius Pilate)是第5任行政长官，因公元30年前后在耶路撒冷判处耶稣被钉上十字架而为人所知。

反抗罗马人统治的犹太人大起义(Great Jewish Revolt)始于公元66年，但是经过4年的抗争，最终获胜的是罗马将军(后来称帝)提图斯(Titus)。罗马的提图斯凯旋门(Arch of Titus)就是为了庆祝这次胜利而建造的，其著名的雕带上描绘着从圣殿掠夺战利品的罗马士兵。

随着第二圣殿被破坏、耶路撒冷被烧毁，许多犹太人沦为奴隶，更多的人被迫流亡。被毁的城市继续作为罗马犹太行省的行政和军事总部；与此同时，耶路撒冷也渐渐成为早期基督教的中心。

公元130年前后，哈德良皇帝(Emperor Hadrian)决定重建耶路撒冷——但不是作为犹太城市(他担心犹太人的民族精神复苏)来建，而是将其建成了一座保留异教徒圣殿的罗马城市。这激起了血腥的巴尔·科赫巴起义(Bar Kochba Revolt, 132~135年)。起义由西蒙·巴尔·科赫巴(Simon Bar Kochba)领导，以失败告终。起义被镇压后，耶路撒冷被命名为“埃利亚加比多连”(Aelia Capitolina)，犹太行省则改为“叙利亚巴勒斯坦”。罗马人重建了耶路撒冷，但是将犹太人赶出了城市。

拜占庭帝国和穆斯林

313年，西罗马皇帝君士坦丁(Constantine)和东罗马皇帝李锡尼(Licinius)在米兰会晤，同意颁布法令停止宗教迫害。11年后，君士坦丁在内战中击败李锡尼，成了唯一的罗马帝国(后来称为拜占庭帝国)皇帝。他使基督教合法化，而他的母亲海伦娜(Helena)还在326~328年来到这个地区寻找基督

耶路撒冷亮点

1 **圣殿山**（见55页）凝视建在这个穆斯林和犹太人圣地上的宏伟建筑。

2 **西墙**（哭墙；见69页）在犹太教最神圣的祈祷场所感受宗教力量。

3 **圣墓教堂**（见66页）参观基督教最神圣的圣殿之一，为高耸的拱顶和烛光摇曳的小教堂而赞叹。

4 **马哈耐耶胡达市场**（见85页）在一堆出售新鲜水果、芝麻牛轧糖的小摊和小咖啡馆之间穿梭。

5 **犹太大屠杀纪念馆**（见91页）思考悲剧、罪恶，感叹人类坚韧和谅解的力量。

6 **以色列博物馆**（见89页）欣赏非凡的艺术和手工艺藏品。

7 **穆斯林区**（见72页）逛逛老城区香气扑鼻、丰富多彩的集市。

8 **大卫塔博物馆**（见63页）在耶路撒冷历史博物馆了解这座城市悠久而沧桑的历史。

9 **十字架苦路**（见64页）追随耶稣的足迹。

10 **大卫城**（见79页）进入地下，参观隧道交织的考古遗址。

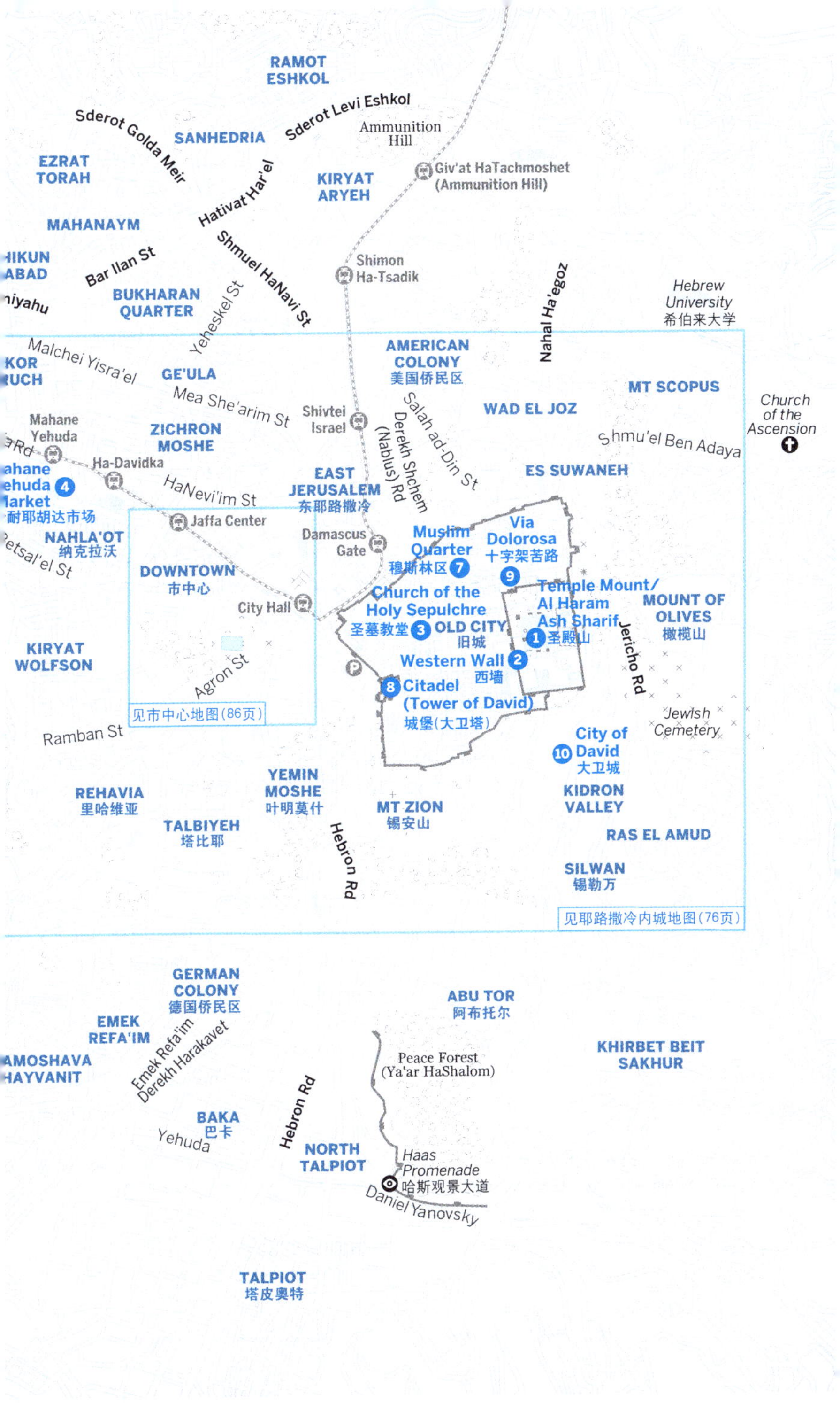
RAMOT ESHKOL
Sderot Golda Meir
Sderot Levi Eshkol
SANHEDRIA
Ammunition Hill
EZRAT TORAH
Hativat Har'el
KIRYAT ARYEH
Giv'at HaTachmoshet (Ammunition Hill)
MAHANAYM
Shmuel HaNavi St
Bar Ilan St
Shimon Ha-Tsadik
BUKHARAN QUARTER
Yeheskel St
Nahal Ha'egoz
Hebrew University
希伯来大学
Malchei Yisra'el
GE'ULA
AMERICAN COLONY
美国侨民区
MT SCOPUS
Church of the Ascension
Mea She'arim St
Shivtei Israel
Salah ad-Din St
Derekh Shchem (Nablus) Rd
WAD EL JOZ
Shmu'el Ben Adaya
Mahane Yehuda
ZICHRON MOSHE
Ha-Davidka
EAST JERUSALEM
东耶路撒冷
ES SUWANEH
HaNevi'im St
Jaffa Center
NAHLA'OT
纳克拉沃
Damascus Gate
Muslim Quarter
穆斯林区
Via Dolorosa
十字架苦路
DOWNTOWN
市中心
City Hall
Church of the Holy Sepulchre
圣墓教堂
OLD CITY
旧城
Temple Mount/ Al Haram Ash Sharif
圣殿山
MOUNT OF OLIVES
橄榄山
KIRYAT WOLFSON
Agron St
Western Wall
西墙
Jericho Rd
Citadel (Tower of David)
城堡(大卫塔)
见市中心地图(86页)
Jewish Cemetery
Ramban St
City of David
大卫城
REHAVIA
里哈维亚
YEMIN MOSHE
叶明莫什
MT ZION
锡安山
KIDRON VALLEY
TALBIYEH
塔比耶
Hebron Rd
RAS EL AMUD
SILWAN
锡勒万
见耶路撒冷内城地图(76页)
GERMAN COLONY
德国侨民区
ABU TOR
阿布托尔
EMEK REFA'IM
Emek Refa'im
Derekh Harakavet
Peace Forest (Ya'ar HaShalom)
KHIRBET BEIT SAKHUR
BAKA
巴卡
Yehuda
Hebron Rd
NORTH TALPIOT
Haas Promenade
哈斯观景大道
Daniel Yanovsky
TALPIOT
塔皮奥特

教圣地，并声称发现了"真十字架"（True Cross），也就是钉死耶稣的十字架。这引发了建造宗座圣殿和教堂的热潮，城市也迅速扩张到了大希律王统治时期的规模。

614年，拜占庭帝国被波斯人击败，耶路撒冷被占领。他们的统治只持续了15年，拜占庭帝国就成功夺回了城市。然而胜利是短暂的，在接下来的10年里，一支由哈里发奥马尔（Caliph Omar）领导的阿拉伯军队，以伊斯兰的名义席卷了巴勒斯坦。688年，岩石圆顶清真寺建在了被毁圣殿的遗址之上。在早期伊斯兰人统治时期，耶路撒冷是犹太人、基督徒以及穆斯林的朝圣中心，但是这种受保护的地位在10世纪终结。在反复无常的法蒂玛王朝哈里发哈基姆（Al Hakim）的统治下，非穆斯林遭到迫害，基督教堂和犹太会堂被摧毁，这些行为最终引发了十字军东征。

从十字军到马穆鲁克再到奥斯曼

1099年，十字军从法蒂玛王朝手中夺取了耶路撒冷，在此之前法蒂玛王朝刚从塞尔柱王朝（Seljuks）手中夺回控制权。在近90年的统治后，信奉基督教的拉丁王国于1187年被萨拉丁（Saladin，Salah Ad Din）击败，引发了两年后的第三次十字军东征。英格兰国王理查一世（Richard Ⅰ，即"狮心王"）在此次东征中从萨拉丁手中夺回了圣地。理查打了许多胜仗，但是并没有征服耶路撒冷。

在此期间，萨拉丁允许穆斯林和犹太人在这座城市重新定居。13~16世纪，马穆鲁克王朝（Mamluks）建造了大量杰出的建筑用于宗教研究。

尽管成了穆斯林的学术中心，但耶路撒冷却是一潭死水。1517 年，奥斯曼土耳其人击败了马穆鲁克王朝，把巴勒斯坦纳入了他们庞大的帝国。虽然他们因在地方管理方面效率低下被人铭记，但是他们对这座城市的影响至今仍令人赞叹。16世纪中期，苏莱曼一世（Sultan Süleyman，即苏莱曼大帝）下令修筑举世瞩目的老城区城墙，这道城墙如今仍备受推崇。但在苏莱曼的统治结束后，城市的统治者却让它像这个国家的其余地方一样日渐沉沦。建筑和街道缺乏维护，当局贪污严重。

土耳其苏丹于1856年颁布了针对所有宗教的《宽容法令》（*Edict of Toleration*），犹太人得以在耶路撒冷城墙外建立最早的居民区。当时这座城市的人口大约为25,000人，大多数都是犹太人。第一批项目开始于19世纪60年代，灵感和资金皆来自意大利裔英国人摩西·蒙蒂菲奥里爵士（Sir Moses Montefiore）。随着犹太移民的迅速增加，社区逐渐发展成了现在的市中心。

英国统治和分区

埃德蒙·艾伦比将军（General Edmund Allenby）指挥的英国军队在1917年末从土耳其人手中夺取了耶路撒冷，把这座城市变成了英国托管时期巴勒斯坦的行政首都。在阿拉伯和犹太民族主义狂热时期，该市成了政治局势紧张的温床和恐怖主义势力盛行的舞台，偶尔又是犹太人与阿拉伯人、阿拉伯各派系之间[比如纳沙希比（Nashashibi）的支持者和侯赛尼（Husseini）家族的支持者]以及犹太复国主义者与英国之间公开斗争的战场。

联合国在1947年提出的分治计划将巴勒斯坦分成了两个国家——一个是犹太人的，另一个是阿拉伯人的，并将耶路撒冷国际化。犹太复国主义领导者原则上同意了该计划，但阿拉伯和巴勒斯坦领导人拒绝接受。1948年的阿以战争吞噬了这座城市和这个国家，分治计划被搁置。

在1948年的战争中，老城区、东耶路撒冷以及约旦河西岸被约旦占领，而犹太人占据了现在市中心的大部分地区。无人区把它们隔开，以色列新政府宣布耶路撒冷的一部分为其首都。

19年间，耶路撒冷像柏林一样成了一座分裂的城市。曼德尔鲍姆门（Mandelbaum Gate）位于老城区西侧边缘的北部，是东、西耶路撒冷之间唯一的官方过境处，只有少数人被允许借此通行。在1967年的六日战争中，以色列从约旦手中夺取了老城区，开始进行大规模的修复、翻新、景观美化和建设。

饱受争议的首都

围绕耶路撒冷的归属问题，争议一直不断，因此所有国家的驻以色列大使馆都位于特拉维夫。但2017年12月，美国总统唐纳

在耶路撒冷……

四日游

第一天先参加8:45开始的由**Sandemans**（见95页）组织的免费徒步游，纵览丰富多彩的老城区。先在Saleh El Din St漫步，然后拿瓶水，去**圣殿山**（见55页；非穆斯林每天只有两个有限的时段可以进入）排队。之后到**Abu Shukri**（见103页）尝尝美味的鹰嘴豆泥，再漫步前往壮丽威严的**圣墓教堂**（见66页）。最后经**雅法门**（Jaffa Gate；见63页）离开老城区，去Jaffa Rd一带泡吧。

第二天先去**西墙**（哭墙；见69页；预订西墙隧道游）。然后到富有情调的**Armenian Tavern**（见103页）吃午餐。下午逛逛**犹太区**迷宫般的小巷，在**胡瓦会堂**（Hurva Synagogue；见72页）驻足欣赏惊人的全景，再到**穆斯林区**的集市去购物。

第三天搭乘轻轨到发人深省的**犹太大屠杀纪念馆**（Yad Vashem；见91页）参观。返回时在**马哈耐耶胡达市场**（Mahane Yehuda Market；见85页）下车，逛逛各种各样的中东农产品，一边啜饮冰咖啡或啤酒，一边观看来来往往的行人。晚上可以到**大卫塔博物馆**（Citadel；见63页；需要预订）参加**声光秀**。

第四天一大早去参观包罗万象的**以色列博物馆**（见89页），然后去时髦的**Modern**（见107页）享用午餐。返回市中心，乘公共汽车前往**大卫城**（City of David；见79页），参观那里的考古发掘。最后到Horkanos St附近的酒吧为美好的一天干杯。

德·特朗普（Donald Trump）承认耶路撒冷为以色列首都，并宣布美国大使馆会在将来的某个时候迁往耶路撒冷。

以色列和巴勒斯坦都认为耶路撒冷是自己的首都。目前，巴勒斯坦民族权力机构的总部设在附近的拉马拉，但是他们希望有一天能搬到东耶路撒冷。以色列政府则认为耶路撒冷是以色列不可分割的首都，并以安全为由修建了隔离墙，实际上却把这座城市与约旦河西岸隔开，并不顾国际社会的谴责继续扩大定居点。

大约有30万巴勒斯坦耶路撒冷人居住在包括老城区在内的东耶路撒冷社区、橄榄山上的At Tur、老城区南边附近的锡勒万（Silwan）和拉斯阿穆德（Ras Al Amud），以及老城区以北的谢赫杰拉（Sheikh Jarrah）和舒阿法特（Shuafat）。联合国贸易和发展会议在2013年的一份关于东耶路撒冷巴勒斯坦地区经济的报告指出，以色列当局推行的政策在物质、政治和经济上将东耶路撒冷与约旦河西岸隔离开来，使当地居民面临着住房、教育、就业、税收和参政的官方阻碍。报告还指出，东耶路撒冷在市政服务上，如供水、排污、道路维修、邮政服务和垃圾处理等方面，所占的份额极低。

以色列已经极大地扩张了耶路撒冷的城市边界，将约旦河西岸的部分地区并入了城市，还在东耶路撒冷发展了许多以色列定居点。这种吞并被普遍认为是非法的，巴勒斯坦人、部分以色列人和几乎整个国际社会都谴责定居点是和平进程的阻碍。现在大约有20万以色列人居住在东耶路撒冷。

各种和平计划提议将城市分区，即犹太人居住区属于以色列，阿拉伯人居住区属于巴勒斯坦。然而具体到如何对待老城区，尤其是圣殿山（见55页）——这是犹太教圣地以及仅次于麦加和麦地那的伊斯兰教圣地，则几乎没有达成共识。

不幸的是，近年来两个群体的极端派别之间的暴力事件相当普遍，而且通常都是灾难性的对抗冲突。2017年7月，两名以色列警察被杀后，阿克萨清真寺（见63页）的入口处便加装了金属探测器。在普遍的抗议和暴力冲突中，几名以色列人和巴勒斯坦人丧生，金属探测器随之拆除，所提出的替代性安全措施引发了激烈的争论。以色列政府剥夺了巴勒斯坦袭击者（甚至他们的家人）在耶路撒冷的居住许可，这一备受争议的措施遭到了国际社会的谴责。

以色列人和巴勒斯坦人在耶路撒冷旅

Old City 老城区

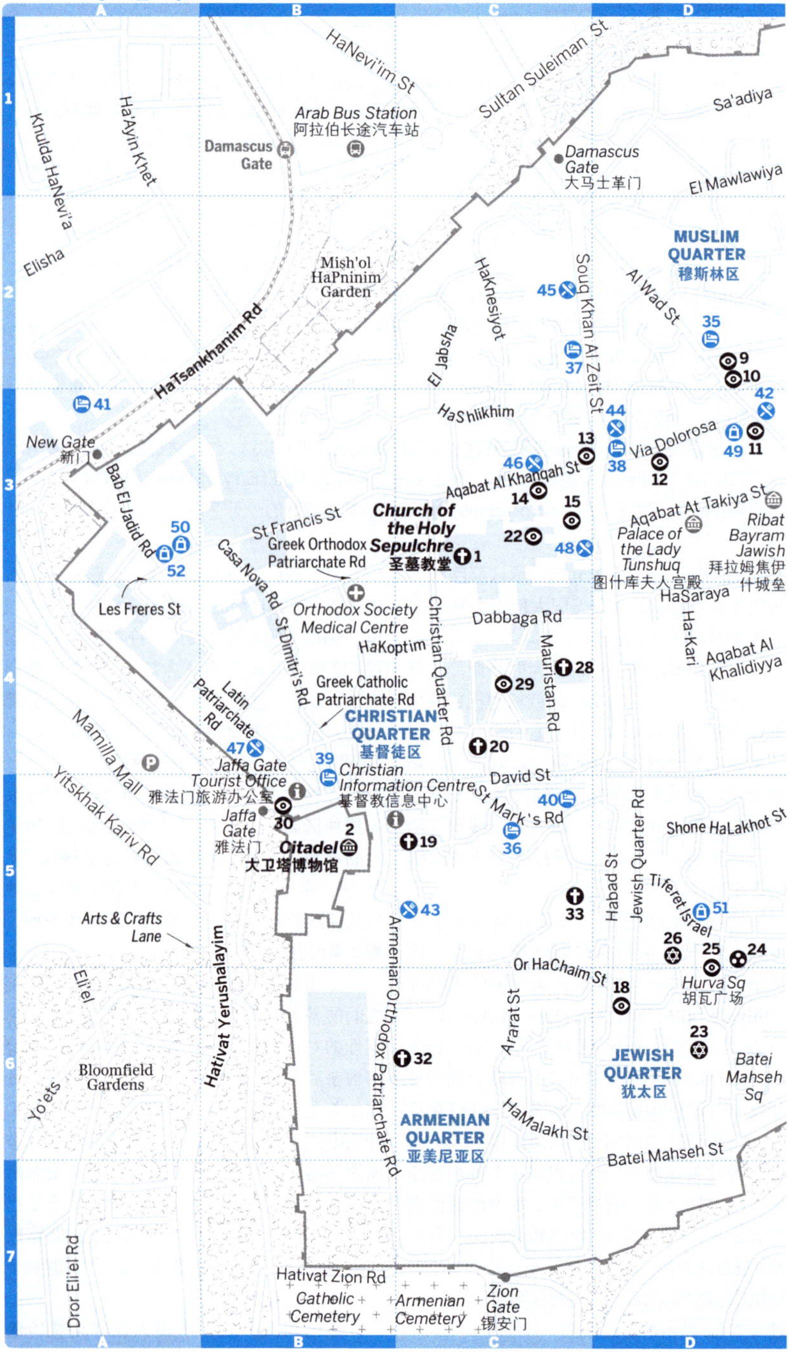
HaNevi'im St
Sultan Suleiman St
Sa'adiya
Arab Bus Station
阿拉伯长途汽车站
Damascus Gate
Damascus Gate
大马士革门
El Mawlawiya
Khulda HaNevi'a
Ha'Ayin Khet
Elisha
Mish'ol HaPninim Garden
HaTsankhanim Rd
MUSLIM QUARTER
穆斯林区
HaKnesiyot
Soug Khan Al Zeit St
Al Wad St
El Jabsha
HaShlikhim
Via Dolorosa
New Gate
新门
Bab El Jadid Rd
Aqabat Al Khanqah St
St Francis St
Church of the Holy Sepulchre
圣墓教堂
Greek Orthodox Patriarchate Rd
Casa Nova Rd
Aqabat At Takiya St
Palace of the Lady Tunshuq
图什库夫人宫殿
Ribat Bayram Jawish
拜拉姆焦伊什城垒
HaSaraya
Les Freres St
Orthodox Society Medical Centre
Dabbaga Rd
HaKoptim
St Dimitri's Rd
Christian Quarter Rd
Muristan Rd
Ha-Kari
Aqabat Al Khalidiyya
Greek Catholic Patriarchate Rd
Latin Patriarchate Rd
CHRISTIAN QUARTER
基督徒区
Mamilla Mall
Jaffa Gate Tourist Office
雅法门旅游办公室
Christian Information Centre
基督教信息中心
David St
St Mark's Rd
Yitskhak Kariv Rd
Jaffa Gate
雅法门
Citadel
大卫塔博物馆
Shone HaLakhot St
Habad St
Jewish Quarter Rd
Tiferet Israel
Arts & Crafts Lane
Armenian Orthodox Patriarchate Rd
Or HaChaim St
Hurva Sq
胡瓦广场
Eli'el
Hativat Yerushalayim
Ararat St
Bloomfield Gardens
Yo'ets
JEWISH QUARTER
犹太区
Batei Mahseh Sq
ARMENIAN QUARTER
亚美尼亚区
HaMalakh St
Batei Mahseh St
Dror Eli'el Rd
Hativat Zion Rd
Catholic Cemetery
Armenian Cemetery
Zion Gate
锡安门
1
2
9
10
11
12
13
14
15
18
19
20
22
23
24
25
26
28
29
30
32
33
35
36
37
38
39
40
41
42
43
44
45
46
47
48
49
50
51
52

游、手工艺、宗教“交流”和社交俱乐部等不同领域提出了合作倡议，试图以此来治愈创伤，但是东、西耶路撒冷居民之间的分歧似乎仍然在扩大。

景点

耶路撒冷的主要景点可以从地理位置上加以划分，其中老城区的密度最高。从东耶路撒冷的市中心、大卫城和锡安山（Mt Zion）步行前往老城区都很轻松。

西耶路撒冷的市中心有不少景点，而以色列博物馆、赫茨尔山（Mt Herzl）、犹太大屠杀纪念馆和隐基林（Ein Kerem）等景点则相当分散，最好乘坐耶路撒冷轻轨（Jerusalem Light Rail，简称JLR）、公共汽车或出租车前往。

老城区

围绕着老城区的繁忙道路喧嚣不断，但是在它雄伟的城墙内，延续了几个世纪的生活在很多方面依旧如初。清晨，当来自世界各地的朝圣者到西墙（哭墙；见69页）、岩石圆顶清真寺（见62页）或圣墓教堂（见66页）祷告时，熙攘的一天便开启了。游客可以探索老城区的四个居住区（基督徒、穆斯林、犹太人和亚美尼亚人），在集市上以物易物（或者认为他们在以物易物），一直逗留到邻近傍晚。此时的老城区最迷人：石墙将沐浴在一片紫铜色的阳光下。黄昏之前，市场会关闭，商店会关门，只有少数餐馆继续营业。

耶路撒冷的老城区有四个主要入口：雅法门（见63页）、大马士革门（Damascus Gate；见72页）、粪厂门（Dung Gate）和狮门（Lions' Gate，又名圣斯蒂芬门；见74页）。大部分游客从雅法门进入，可直接前往基督徒区和亚美尼亚区，从那里走一小段下坡路就可以到达老城区的其他地方。大马士革门直接通往穆斯林区，狮门通往十字架苦路（Via Dolorosa）的起点，粪厂门则通往犹太区（西墙）以及圣殿山的游客入口。老城区内的大部分街道只允许步行（还相当湿滑）。

圣殿山

★ 圣殿山　　宗教遗址

（Temple Mount/Al Haram Ash Sharif；见

Old City 老城区

重要景点

1	圣墓教堂	C3
2	大卫塔博物馆	B5
3	岩石圆顶清真寺	F4
4	圣殿山	F3
5	西墙（哭墙）	F4
6	西墙隧道	E4

景点

7	十字架苦路第1处	E2
8	十字架苦路第2路	E2
9	十字架苦路第3处	D2
10	十字架苦路第4处	D2
11	十字架苦路第5处	D3
12	十字架苦路第6处	D3
13	十字架苦路第7处	C3
14	十字架苦路第8处	C3
15	十字架苦路第9处	C3
16	阿克萨清真寺	F5
17	烧毁的房子	E5
18	南北大街	D6
19	基督堂	C5
20	施洗约翰教堂	C4
21	大卫城	F6
22	埃塞俄比亚修道院	C3
23	塞法迪四会堂	D6
24	希律王时代住所博物馆	D5
25	胡瓦广场	D6
26	胡瓦会堂	D5
27	耶路撒冷考古公园和大卫森中心	E6
28	路德会救赎主堂	C4
29	莫里斯坦	C4
30	老城城墙游	B5
31	棉花市场	E4
32	圣雅各主教座堂	C6
33	圣马可小教堂	C5
34	十字架苦路	E2

住宿

35	Austrian Hospice	D2
	Christ Church Guesthouse	（见19）
36	Citadel Youth Hostel	C5
37	Golden Gate Inn	C2
38	Hashimi Hotel	D3
39	Hotel New Imperial	B5
40	Lutheran Guesthouse	C5
41	Notre Dame Guest House	A3

就餐

42	Abu Shukri	D3
43	Armenian Tavern	C5
	Christ Church Cafe	（见19）
44	Family Restaurant	D3
45	Ja'far Sweets	C2
46	Lina Restaurant	C3
	Notre Dame Cheese & Wine Restaurant	（见41）
47	Rossini's Restaurant	B4
48	Zalatimo	C3

饮品和夜生活

	Versavee	（见39）
	Viennese Café	（见35）

购物

49	Alan Baidun	D3
50	Bint Al Balad Workshop & Café	A3
51	Heifetz	D5
52	Sandrouni Armenian Art Centre	A3

54页地图；⏲4月至9月 周日至周四 8:30~11:30和13:30~14:30，10月至次年3月 周日至周四7:30~10:00和12:30~13:30）**免费** 世界上很少有地方像此处一样神圣，或者说充满争议：对穆斯林来说，它是Al Haram Ash Sharif（崇高圣所），而对犹太人来说，它是Har Ha Bayit（圣殿山）。一座宏大的广场位于老城区东南角，是伊斯兰教最神圣的两大建筑——岩石圆顶清真寺（见62页）和阿克萨清真寺（Al Aqsa Mosque；见63页）的所在地，也是犹太人尊崇的第一圣殿和第二圣殿的所在地。要早早排队，并穿着得体。

需要注意的是，这里对非穆斯林开放的时间有限，安检也相当严格。

据犹太法典记载，正是在摩利亚山（Mt Moriah）山脊突出的一大块岩石上，上帝用泥土创造了亚当，而亚当、该隐、亚伯和诺亚这些《圣经》人物都曾在此举行祭祀仪式。最知名的记载出现在《创世纪》（22:1-19）里：作为对信仰的考验，上帝指示亚伯拉罕献祭他的儿子以撒，但是在最后时刻天使出现了，将祭品换成了公羊。《圣经》上说，大卫后来在这里设立了一座祭坛（《撒母耳记》24:18-25）。

虽然在原地没有发现任何考古线索（并且不太可能发现——由于宗教敏感性，发掘是不可能的事），但是据说所罗门是在大卫祭坛的旧址上建造的第一圣殿。据犹太法典记载，所罗门的圣殿花了7年半就建成了，却不知为何13年内一直未曾使用。在圣殿最终接受祝圣的时候，所罗门将约柜安放在殿内，并举行了7日盛宴进行庆祝。

圣殿历经多次劫掠之后，在公元前587年被巴比伦的尼布甲尼撒二世摧毁。起初所罗巴伯（Zorobabel）曾下令进行重建，他是在波斯打败巴比伦后，由居鲁士二世任命的犹大行省省长。后来在大希律王（公元前39年至公元前4年在位）的命令下，近乎全新且规模大得多的第二圣殿取代了它。希律王在山的周围建了一道墙，并填充碎石来加固地基，建成了我们今天所看到的巨大广场。撑起圣殿山的最大石块（如哭墙中的）重量超过500吨。

犹太人从南部走近圣殿山。朝圣者被要求在踏上陡峭的台阶之前先进入浸礼池（mikveh，犹太仪式沐浴）净化自己，其中的一个池子就保存在附近的耶路撒冷考古公园（见71页）内。石头上的铭文警告，任何进入圣殿山的异教徒都会痛苦地死去。只有大祭司才能进入圣殿的内室，而且只能在每年的赎罪日进一次。

然而，随着公元70年第二神殿几乎完全被罗马人摧毁，希律王所做的任何市政改善举措都化为了泡影。

尽管造成了破坏，但罗马人也对圣殿山产生了一种精神上的亲近，于是为宙斯建立了一座神庙，后来这座神庙变成了基督教堂。

快进到7世纪中叶的麦加，那里的人们相信先知穆罕默德曾告知他的追随者，他在一个晚上就到达了“最遥远的清真寺”，并带领其他先知在那里祈祷。尽管穆罕默德没有提到耶路撒冷这个名字，但“最遥远的清真寺”被解释为Al Haram Ash Sharif，从而使耶路撒冷成了穆斯林的圣地（事实上是仅次于麦加和麦地那的伊斯兰教第三大圣地）。这个地方在拜占庭人占领时期颇为荒凉，对他们来说，它的宗教意义日渐衰弱。但是，当哈里发奥马尔在638年接受这座城市的投降时，他对圣殿山的兴趣显而易见，开始着手建造一座简单的清真寺。这座清真寺后来被岩石圆顶清真寺（约691年）和阿克萨清真寺（约705~715年）取代了。

19世纪的探险家们在路面下发现了30多个蓄水池，其中一些深15~20米，长达50米。因为宗教禁忌，如今不允许任何人进入。

1967年的六日战争过后，以色列指挥官摩西·达扬（Moshe Dayan）立即把圣殿山的宗教控制权移交给了耶路撒冷的穆斯林领导者。他们对圣殿山的管理并未被狂热的犹太民族主义者认同，进而发生了多起抗议和暴力事件，包括20世纪80年代早期炸毁穆斯林圣地未遂的阴谋。许多正统派犹太机构都禁止犹太人前往圣殿山，因为他们可能会无意（下接内容62页）

参观圣殿山

有9道门连接着圣殿山与周围的狭窄街道，但是非穆斯林只被允许从摩尔之门（Bab Al Maghariba/Sha' ar HaMugrabim）进入，可经西墙广场南面的一条有顶的木制人行道到达该门。早点儿去排队（如果晚了，你可能进不去），而且切记：这座广场在伊斯兰节假日期间关闭，斋月期间仅上午开放。你需要随身携带护照才能通过安检。需要注意的是，从这里出去可以选择所有开着的大门，并非只能从摩尔之门出去。

广场的看门人会强迫所有他们认为衣着不够得体的游客购买披肩，并让他们像穿纱笼那样穿戴披肩。不用说，这些披肩的价格很高，也不会提供收据。为了避免这种情况，男女游客都应该穿长裤或长裙（绝对不能穿短裤），并把肩膀、肘部、后背和胸部所有袒露的地方包裹严实。

入口处的包袋检查很严格，会翻得很彻底，任何被视为非伊斯兰教物品的东西都不允许带进去。不要携带宗教文本或佩戴宗教符号，就连西墙（哭墙）的小册子也会被没收。

非穆斯林不可能进入阿克萨清真寺或岩石圆顶清真寺。非要尝试进入是既失礼又不明智的。

注意：在政治动荡时期，广场通常会对游客关闭。

圣殿山

圣殿山之旅

圣殿山包括多个景点，其跨越地区的面积相当于城市的一两个街区。到此地游览需要稍作计划，所需时间可能要两三日。

从西墙广场那个摇摇晃晃的木头坡道可走到圣殿山的入口摩尔之门(Bab Al Maghariba)。穿过该门继续向前，可看到❶**阿克萨清真寺**(Al Aqsa Mosque)朴素的外立面和❷**岩石圆顶清真寺**(Dome of the Rock)的奢华细节。缓缓绕行岩石圆顶清真寺，瞻仰其周围的建筑，包括奇异的❸**铁链圆顶**(Dome of the Chain)和优雅的❹**凯特巴喷泉**(Sabil of Qaitbay)。透过名为❺**灵魂天秤**(Scales of Souls)的石拱门能看到橄榄山的绝美景色，不要错过。

从❻**羊毛商人之门**(Bab Al Qattanin)离开圣殿山，返回西墙广场，你可以在❼**西墙**(Western Wall)边稍作逗留，并参观❽**耶路撒冷考古公园和大卫森中心**(Jerusalem Archaeological Park & Davidson Centre)。

重要贴士

➜ 圣殿山的开放时间有限制，夏季旅游旺季期间会排长队，所以要尽早到(大门7:30开放)。

➜ 到达耶路撒冷考古公园有一个很有趣的方式是走地下通道，起点在大卫城(这里也出售公园门票)600米外。

EFESENKO/SHUTTERSTOCK ©

灵魂天秤
穆斯林相信从石柱支撑的拱顶上会垂下天秤，以衡量死者的灵魂。

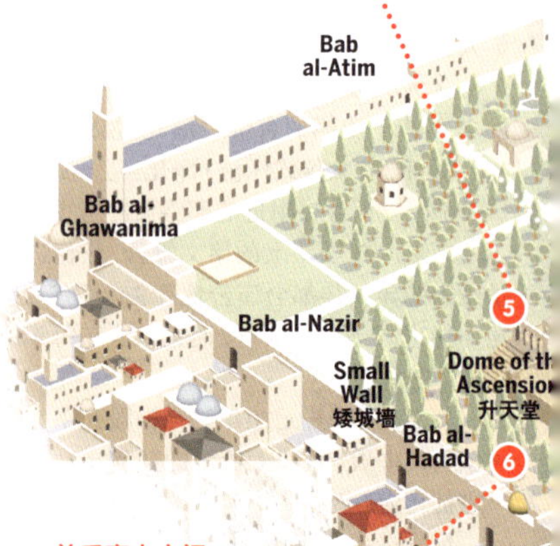

羊毛商人之门
这是圣地最壮观的一座大门，表示从这里可进入马穆鲁克时代的羊毛商人集市(棉花市场)。

EFESENKO/SHUTTERSTOCK ©

凯特巴喷泉
这座13米高的建筑分3层，是圣殿山最精美的建筑之一。喷泉是埃及人1482年建造以献给真主的，也是开罗以外唯一的石雕圆顶建筑。

ALEKSANDAR TODOROVIC/SHUTTERSTOCK ©

铁链圆顶

有人认为这座建筑是为了给岩石圆顶清真寺做模型。传说中所罗门在圆顶悬挂了一条铁链，手执铁链而发了假誓的人将被闪电击中。

岩石圆顶清真寺

岩石圆顶清真寺是耶路撒冷建筑遗产之中的瑰宝，其著名之处包括巨大的基石，犹太人认为这里是地球的中心，穆斯林认为这里是穆罕默德的登霄之处。

阿克萨清真寺

阿克萨清真寺（意为“最遥远的清真寺”）是世界上最古老的清真寺之一，长75米，能容纳5000多名信徒。十字军称这里是所罗门神庙，将之作为皇宫和马厩。

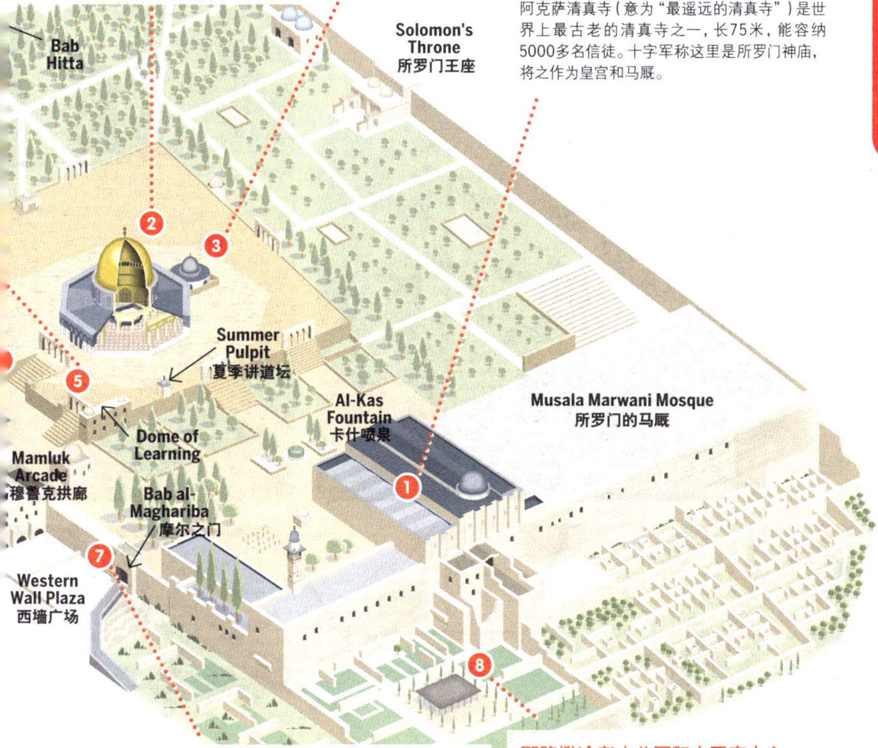

西墙

如今这里对犹太人来说是地球上最神圣的地方，与安息日在文化上有紧密联系，届时全城犹太人都会聚集到西墙边唱歌、跳舞和祈祷。

耶路撒冷考古公园和大卫森中心

在这里能看到罗宾逊拱门（Robinson's Arch），这里的台阶能通往圣殿山和古代的浸礼池（犹太人的仪式沐浴处），朝圣者先在那里洗净身子，再进入圣殿。

净地前来

位于阿克萨清真寺和岩石圆顶清真寺之间的卡什喷泉（Al Kas Fountain）是供祈祷前的仪式清洁用。

KOBBY DAGAN / SHUTTERSTOCK ©

IVOHA / SHUTTERSTOCK ©

西墙（哭墙；见69页）

堵已有2000年历史的墙壁是犹太人最神圣祈祷之地。

岩石圆顶清真寺（见62页）

座金光闪闪的圆顶因保存着先知穆罕默德登所踏的岩石而备受穆斯林尊崇。

圣墓教堂（见66页）

堂所在地被认为是耶稣受难、下葬并复活的方，是基督教最神圣的圣地之一。

马哈耐耶胡达市场（见85页）

以在这个活力十足的市场里品尝当地农产品中东美食。

KYRYLO GLIVIN / SHUTTERSTOCK ©

圣殿山：由谁管理？

对犹太人和穆斯林来说，圣殿山的行政管理权和安全控制权是一个敏感话题。1967年的六日战争后，以色列将圣殿山综合区的行政控制权交给了约旦控制的耶路撒冷伊斯兰宗教基金（Jerusalem Islamic Waqf），这是一个由耶路撒冷大穆夫提（Grand Mufti）和穆斯林最高委员会（Supreme Muslim Council）监管的信托机构。

1994年，以色列和约旦签署了《阿拉伯谷和平条约》（*Wadi Araba Peace Treaty*），规定将耶路撒冷所有伊斯兰遗址的行政管理权都交给约旦。尽管以色列保持着对穆斯林区和圣殿山的总体安全控制权，但本协议仍然有效。按照以色列的规定，非穆斯林不得在圣殿山综合区祈祷（这激怒了推崇极端民族主义的犹太人）；而且在安全形势被判定为不稳定时，45岁以下的男性穆斯林也不得进入该区域。约旦河西岸的巴勒斯坦人需要持有以色列签发的许可证方可进入，在伊斯兰节假日期间更容易进入，但即使是在这些时候，也只有35岁以上的男人和所有年龄段的女人可以进入。以色列在2017年7月采用金属探测器安检的举措引发了强烈的抗议，甚至激起了致命冲突。虽然这项措施很快取消，但又一次点燃了关于这片圣地控制权的棘手问题。

（上接内容57页）
中践踏圣殿最深处的至圣所曾经矗立过的神圣土地。非穆斯林不能在此祈祷。

对未被卷入该地区政治活动的游客来说，圣殿山是一个令人肃然起敬的地方——当然是在经过了开始的排队等候和安检之后。这个铺砌过的区域很平坦，占地140英亩，周围到处是吸引人的马穆鲁克建筑，岩石圆顶清真寺大致处于中心位置。漫步于这个历史悠久的地方，你能感觉到它与周围嘈杂拥挤的小巷所形成的鲜明对比。现在，这里是东耶路撒冷最大的公共空间，所以除了祈祷，孩子们也会来踢足球，大人们则会来此休闲放松。

★岩石圆顶清真寺 宗教遗址

（Dome of the Rock, Qubbet Al Sakhra; 见54页地图）镀金的岩石圆顶清真寺是圣殿山皇冠上的明珠，是这座城市永恒的象征，也是地球上被拍摄次数最多的建筑物之一。顾名思义，其圆顶覆盖着一块对穆斯林和犹太教徒来说都很神圣的岩石。根据犹太人的传统说法，亚伯拉罕就是准备在这里献祭他的儿子的。伊斯兰传统则认为，先知穆罕默德是从这里登霄的。

只有穆斯林才能进入清真寺，不过只要穿着得体，任何信仰的游客都可以在广场上漫步，从外面欣赏它。

该建筑是688~691年由倭马亚王朝的哈里发阿卜杜勒·马利克（Abd al Malik）赞助建造的。他的动机是精明的，也是虔诚的——哈里发想给当地穆斯林灌输自豪感，让他们忠于伊斯兰教。他也想向犹太人和基督徒表明：伊斯兰教是公正且全能的，穆斯林有能力建造一座比任何基督教堂都更加辉煌的建筑，而且使其就坐落在犹太教的至圣所所在的位置，从而取代这两种宗教。

阿卜杜勒·马利克让他的拜占庭建筑师把圣墓教堂的圆形大厅当作模型，但没有采用对穆斯林来说感觉昏暗、阴郁的内部装饰或质朴的石头外墙——这些是基督教建筑的特点。相反，清真寺内外都装饰着明亮而精致的镶嵌图案，镌刻着《古兰经》经文，而由纯金装饰的高高圆顶闪闪发光，如同指引穆斯林的灯塔。

清真寺内放置着一块纪念阿卜杜勒·马利克的牌匾，上面记载了建造日期。200年后，阿拔斯王朝的哈里发马蒙（Al Mamun）为了居功擅自修改了牌匾，却忘了修正原始日期。十字军统治期间，它被暂时改造成了教堂，而12世纪在萨拉丁的统治下，又迅速恢复成了伊斯兰教的圣地。1545年，苏莱曼大帝下令将风化严重的外墙镶嵌图案拆除，更换为瓷砖。20世纪的大修期间，瓷砖再次被更换。原来的纯金圆顶在很久以前就消失了，今天你看到的圆顶上覆盖的是由已故的约旦国王侯赛因（Hussein）捐赠的5000块金板。这些黄金重达80公斤，价值820万美元——他为此卖了伦敦的一处房子。

从本质上说，如今你看到的建筑是基于阿卜杜勒·马利克的构想建造的。在20米高的穹顶的正下方，有一块被木栅栏环绕着的石头，据说这就是穆罕默德夜行登霄（miraj）的地方。据《古兰经》记载，穆罕默德用脚踩石头的时候，留下了一个脚印（应该还能在某个位置看见）。犹太人传统上也认为这里是全世界的中心。岩石下面的台阶会引你来到被称为灵魂之井（Well of Souls）的山洞，根据中世纪的传说，在这里可以听到逝者落入天堂之河求得永恒的声音。圣殿中的米哈拉布（mihrab，指示麦加方向的壁龛）据说是伊斯兰世界里最古老的壁龛。

需要注意的是，在政治动荡时期，整个圣殿山通常会对游客关闭。

阿克萨清真寺 清真寺

（Al Aqsa Mosque；见54页地图）岩石圆顶清真寺更像圣地，而不是清真寺，阿克萨清真寺则是还在使用的礼拜堂，可同时容纳5000名礼拜者。阿克萨这个名字意味着“最遥远的清真寺”，与穆罕默德登霄接受安拉指示的经历有关。这里不允许非穆斯林入内，不过游客可以从外面欣赏它。

阿克萨清真寺最早由倭马亚王朝的哈里发瓦利德一世（Al Walid；705~715年在位）下令修建，十字军认为清真寺所在地就是第一圣殿的原址，其他人则认为这里是圣殿边一个市场的所在地。一些基督徒认为这里可能是耶稣掀翻桌子赶走商人的地方（《马太福音》21:13），因此也备受基督徒崇敬。

在被地震夷为平地之后，这座清真寺至少经历过两次重建。1099年十字军占领城市之后，这里曾被改造成耶路撒冷国王的住所。1131年，鲍德温二世（Baldwin Ⅱ）去世后，该建筑被移交给一个僧侣士兵团管理，其成员很快就开始打着新总部的名号自称为圣殿骑士（Templar）。他们还进一步扩大建筑面积，其中包括广场南墙边一直保留至今的食堂。十字军建造的其他建筑都被信奉逊尼派的阿尤布王朝的第一位苏丹萨拉丁（1137~1193年）摧毁了，他为清真寺添加了精雕细刻的米哈拉布（指示麦加方向的圣龛）。

在20世纪，这座清真寺曾多次发生悲剧性事件。约旦国王阿卜杜拉一世（King Abdullah，1882~1951年）在这里参加周五祈祷仪式时遭到暗杀。1969年，一名澳大利亚游客的纵火袭击给价值连城的宗教物品造成了不可挽回的损失。2017年7月，以色列在阿克萨清真寺的入口处临时设置了金属探测器，以此作为对两名以色列警察遭枪击事件的回应；这一举动引发了流血冲突，导致几人丧生。

雅法门

雅法门 大门

（Jaffa Gate；见54页地图）雅法门是苏莱曼大帝下令建造的城里最早的六道大门之一，大门入口通道令人印象深刻：在你进入后，要走一个非常突然的直角转弯（这样的设计是为了让冲锋的敌人减慢速度）。墙上的缺口开于1898年，当时是为了让德国皇帝威廉二世（Kaiser Wilhelm Ⅱ）能够大张旗鼓地骑马入城；不过如今从这里通过的是出租车，而不是皇家列队。

★大卫塔博物馆 博物馆

（Tower of David；见54页地图；☎信息咨询02-626-5333，旅游预订02-626-5347；www.tod.org.il；Omar Ibn Al Khattab Sq；成人/学生/儿童40/30/18NIS；⊙周六至周四 9:00~16:00，7月和8月 至17:00，周五 9:00~14:00）有一点得先说清楚：尽管这里被称为“大卫塔”，但是在你进入雅法门后，主要景观其实是大希律王的宫殿。罗马人和十字军也使用过这座建筑，马穆鲁克人和奥斯曼人对其进行过大规模的改建。现在这里是令人难忘的**耶路撒冷历史博物馆**（Museum of the History of Jerusalem），该馆按年代顺序布置的展览讲述了这座城市从公元前2000年直至1948年的历史。

作为一个野心勃勃的建筑狂，大希律王为他的宫殿建造了三座巨大的塔楼，其中最大的一座据说是仿照古代世界七大奇迹之一的亚历山大灯塔而建的。一座较矮的塔楼上凿刻的建筑遗迹仍然是大卫塔主楼的基座。希律王死后，这座宫殿曾被罗马的地方行政官使用过，所以这里很可能就是本丢·彼拉多审判耶稣的地方（《约翰福音》18:28-19:16）。公元66年，这栋建筑被犹太起义者严重破坏。大约250年后，拜占庭人来到这里，他们误认为废墟是锡安山，并推断这里是大卫王的宫殿，因此这里得名大卫塔。他们还在遗址上建造了一座新堡垒。

随着耶路撒冷不断易主，大卫塔也在不断更换主人，先是被移交给了伊斯兰军队，后又换成了为其开凿护城河的十字军。1310年，在马穆鲁克苏丹马利克·纳西尔（Malik an-Nasir）的统治下，大卫塔基本具备了现在的雏形。1531~1538年，苏莱曼大帝又对其进行了扩建。现在进入大卫塔的大门就是苏莱曼下令建造的。直到19世纪，这里还与大卫有错误的关联，当时欧洲人误以为这里的奥斯曼帝国宣礼塔是大卫塔。1917年12月9日，艾伦比将军在该建筑的台阶上接受了这座城市的投降，至此结束了奥斯曼帝国长达400年的统治。

大卫塔可以让你360度纵览耶路撒冷的全景，博物馆中的展览是了解这座城市的绝佳开端；若你第一次来耶路撒冷，这里非常值得拜访。博物馆提供的免费语音导览很实用，你也可以在去之前，从博物馆网站下载一个手机应用程序（iOS和安卓系统都有）。花园庭院里有一家咖啡馆（营业时间为周日至周四9:00~16:00，周五至14:00），提供Wi-Fi。

备受欢迎的Night Spectacular（成人/学生和儿童55/45NIS）是一场关于耶路撒冷历史的声光秀，时长45分钟，舞台设在大卫塔的内部庭院，生动的投影就打在古老的石头上。每晚两次，每周5晚，表演开始的时间取决于当天的日落时间。详细信息请参阅网站。残障旅行者可以方便地观看Night Spectacular，以及博物馆的部分展览。

老城城墙游 古迹

（Ramparts Walk；见54页地图；成人/儿童18/8NIS；⏲两段城墙 10月至次年3月 周六至周四9:00~16:00，4月至9月 至17:00，南段城墙 全年周五 9:00~14:00）顶着正午的太阳在没有阴凉的老城区城墙上步行相当累人，不过若天气适宜，这个城墙游很受欢迎。沿着两段古老的城墙可以纵览这座永恒的城市，这两段分别是从雅法门（见63页）向南直至粪厂门，以及从雅法门向北并向西直至狮门（即圣斯蒂芬门，见74页）。圣殿山的城墙禁止入内。在雅法门旅游局（见113页）购票。

一张票可让你在一天之内进入两段城墙。北段在周五关闭，而向南延伸的部分在7月和8月会开放至22:00。雅法门和大马士革门之间的一段视野最佳，不过从大卫塔博物馆（见63页）和路德会救赎主堂（Lutheran Church of the Redeemer；见69页）能欣赏更加迷人的全景（而且防晒），一些青年旅舍和餐馆的屋顶露台也可以看到不错的全景。

◉ 基督徒区

占地0.18平方公里的基督徒区很吸引人，这里狭窄的街道上布满了纪念品商店、工匠作坊、朝拜旅客招待所、青年旅舍以及隶属20个基督教教派的宗教机构。基督徒区中心位置矗立着庄严的圣墓教堂——世界上最重要的朝圣目的地之一。如果你通过雅法门进入老城区，向左延伸的前两条街道——Latin Patriarchate Rd和Greek Catholic Patriarchate Rd——可通往围绕着新门的一个安静区域，那里居住着当地的基督徒。

从雅法门径直穿过Omar Ibn Al Khattab广场，你会发现一条通往David St狭窄的通道。David St是一个专门向游客出售标价很高的旅游纪念品（很难讨价还价）的旅游集市。大约走到街的一半，向左转会来到Christian Quarter Rd——另一条排满了纪念品商店的狭窄通道。从这里继续往前走即可到达圣墓教堂。

David St在一个混乱的交叉路口终止，从交叉路口向左可前往Souq Khan Al Zeit St，这是穆斯林区的主要大道之一；向右则可以到达南北大街（Cardo Maximus；见71页），可通往犹太区。继续下坡，经过一个急转弯就是Bab Al Silsila St，这条街通往西墙（哭墙；见69页）和圣殿山（见55页）的Al Silsila入口。

每逢周五，方济会的神父们便会沿着十字架苦路（见54页地图）背负十字架游行，他们于15:00（10月至次年3月）或16:00（4月至9月）从狮门内300米处的朝圣者接待中心（Pilgrims Reception Centre）出发。不过到时人群拥挤，不会有什么满意的体验，所以你

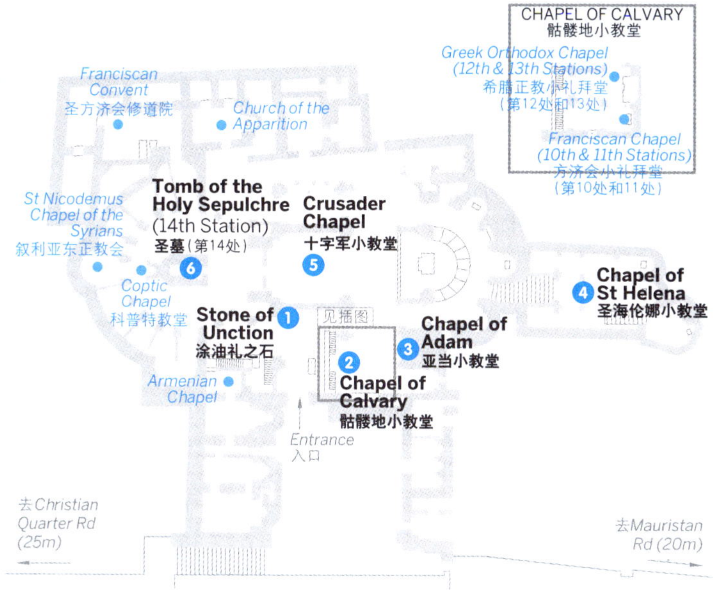

教堂之旅
圣墓教堂

起点: 涂油礼之石

终点: 圣墓

时长: 1小时

一进入教堂，正前方就是❶**涂油礼之石**。这是纪念耶稣下葬之前神父为他的身体涂油的地方。现在这块石头的历史可以追溯到1810年，常常有情绪激动的朝圣者躺在上面。

爬上陡峭的楼梯直接来到前门入口的右侧。顶部的❷**骷髅地小教堂**被划分成两个中殿。苦路第10处据说是耶稣被剥去衣服的地方，它位于第一个（方济会）小礼拜堂的入口处。第11处据说是耶稣被钉在十字架上的地方，也位于此。第12处在第二个（希腊正教）小礼拜堂内，据说是耶稣受难的地方；其中心是骷髅地之石（Rock of Calvary），上面建了一座圣坛（圣坛上有一个洞，朝圣者可以触摸下面的石头）。干练的服务人员能让等候的队列保持移动。位于圣坛左侧的苦路第13处据说是耶稣圣体被放下来并交给圣母玛利亚的地方。

沿着面向希腊正教小礼拜堂的楼梯走下，然后右拐。你的右边便是❸**亚当小教堂**，这是前两次十字军的将领——布永的戈弗雷（Godfrey de Bouillon）和鲍德温一世（Baldwin Ⅰ）最初的墓地（1809年，他们的坟墓被移走）。向前走下楼梯，是❹**圣海伦娜小教堂**。传说就是在这里，海伦娜从地下挖掘出了三个十字架。病人触摸了其中一个十字架后被治愈了，这个十字架因此被认为是真十字架（True Cross）。

在中央的❺**十字军小教堂**（我们到访时正在翻修）的东墙附近继续参观，最终会到达一座木头圆形大厅，即苦路第14处——❻**圣墓**的所在地。朝圣者会排队进入狭小的空间，看门的神父只允许他们在里面停留片刻。

最好选择其他时间段沿着十字架苦路步行游览（见本页）。

可查阅网站www.cicts.org获取基督教景点的实用指南。

★圣墓教堂 教堂

（见54页地图；☎02-626-7000；⏲复活节至9月 5:00~21:00，其间周日 至20:00，10月至次年复活节 4:00~19:00）四道宏伟的拱门，门楣上装饰着十字军的十字架，预示着你已经来到了基督教最神圣的场所之一。很多基督徒都相信这座教堂就建在《圣经》中耶稣被钉在十字架上、死亡并复活了的骷髅地（Calvary或Golgotha）之上。在过去的16个世纪里，朝圣者一直从远处来这里祷告；不过除非早点儿到，否则这里根本不是你想象的那种安静的冥思，而是嘈杂的人群。经Christian Quarter Rd到达这里是最方便的。

这座教堂挤在基督徒区和穆斯林区边缘处的一座庭院内，仿佛是凭空冒出来的。这里常年挤满了游客和朝圣者，主要是因为这里有苦路的最后5处，即十字架苦路的第10处到14处。

据说于耶稣受难300年后在这里建造教堂的决定，是君士坦丁大帝的母亲海伦娜游说的结果。在圣城朝拜时，她注意到哈德良修建的祭拜维纳斯的异教徒神庙和神殿（建于135年），认为它在这里会妨碍早期的基督徒朝圣。她跟耶路撒冷的主教Macarius一起请求皇帝拆除神庙，挖出耶稣的坟墓，并建造一座教堂来安置坟墓。

发掘出的3座十字架使海伦娜断言这里就是骷髅地。君士坦丁的教堂始建于326年，并在9年后完工。如果你对耶稣受难地竟然位于城市中央这一点表示怀疑，请想想，2000年前这里不过是从前城墙外面的一块空地。从4世纪起，这里才开始建造神殿和教堂，偶尔会被入侵的敌人摧毁，之后会再重建。

在哈里发奥马尔的军队于638年夺取这座城市后，他被邀请到这座教堂祈祷，但是他拒绝了，并慷慨地指出，如果他那样做，他的穆斯林同胞就会把它变成一座清真寺。然而，1009年，疯狂的哈里发哈基姆摧毁了圣墓教堂。

城市徒步
十字架苦路

起点： 十字架苦路第1处

终点： 圣墓教堂

路程： 600米

时长： 1~1.5小时

人们认为十字架苦路是耶稣背负十字架去往骷髅地所走的路。其历史可以追溯到最早的拜占庭朝圣者时代，他们会在耶稣升天节那天沿着这条路从客西马尼（Gethsemane）走到骷髅地。

8世纪，朝圣者开始在各处停下脚步并举行仪式，以纪念苦路14处（那些与受难相关的事件发生之地）。中世纪，随着拉丁基督教分裂为东西两个阵营，十字架苦路也随之分裂，形成了两条不同的路线。14世纪，方济会设计了一条虔诚之路，其中的一些站点与今天的相同，但出发地点是圣墓。之后近两个世纪，这条路一直被当作标准路线，但最终按照欧洲朝圣者的意愿进行了修改，即遵循福音书的事件顺序，将终点改成了耶稣受难的地点。今天，人们普遍认可的站点都有圆形金属板标记。

❶**第1处**据说是本丢·彼拉多给耶稣定罪的地方，位于狮门（圣斯蒂芬门）附近仍在使用的Islamic Al Omariyeh学校里面。入口是十字架苦路南侧一处斜坡顶端的棕色大门，就在Ecce Homo Arch的旁边。入口并不总是开放（如果你被要求离开，不必感到惊讶），许多朝圣者只是在外面祈祷。要进去的最好时机是放学后的15:00~17:00。

❷**第2处**位于街对面的方济会谴责教堂（Franciscan Church of the Condemnation），进入教堂的院子后往左走就到了。人们认为耶稣就是在这里背上了十字架。右边的鞭笞小教堂（Chapel of the Flagellation）据说是耶稣受鞭笞的地方。小教堂建于1929年，祭坛上方的穹顶天花板上的设计包含了荆棘王冠，祭坛周围的窗玻璃上绘着目睹了事件的暴民。多花15NIS，即可观看讲述整个故事的多媒体演示。

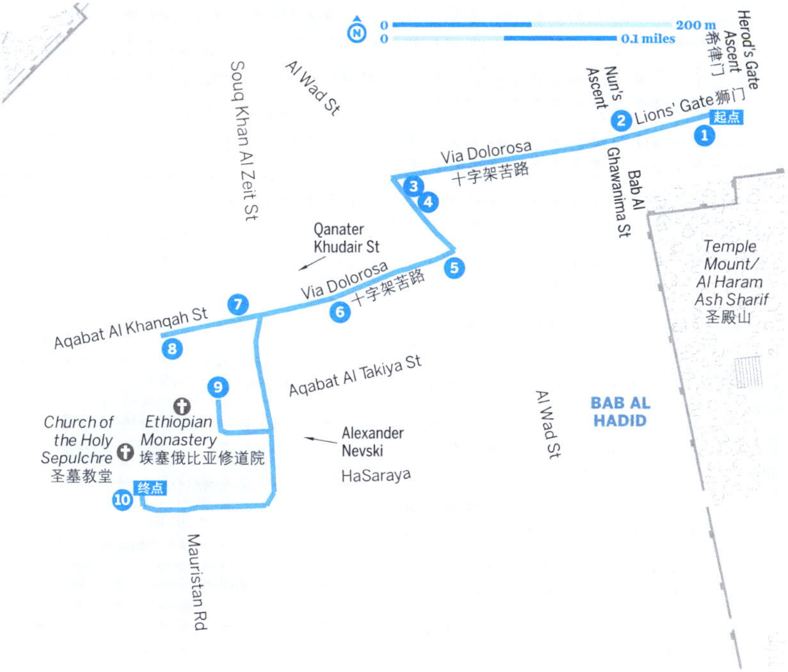

继续下山，直到Al Wad St。在Al Wad左转，再走几步就会来到❸**第3处**，据说这里是耶稣第一次跌倒的地方。这一处位于一座小教堂内，在亚美尼亚天主教宗主教区救济院（Armenian Catholic Patriarchate Hospice）大门的左边，可以走下去进入教堂地下室。❹**第4处**是在小教堂入口处发现的一个铺着石头的区域，据说是耶稣在围观人群中看到了他母亲的地方。

沿着Al Wad St继续向南往西墙（哭墙）的方向走，十字架苦路在中途会转向西边并朝山上延伸。拐角处就是❺**第5处**，据说是罗马人命令古利奈人西蒙（Simon the Cyrene）帮耶稣背负十字架的地方。这处的标记是石头门框上面的拉丁铭文。

沿着这条路继续前行，左手边的一扇棕色木门便是❻**第6处**的标记。据说这是维罗妮卡（Veronica）用面纱为耶稣擦脸的地方。

再往前走，就到了熙熙攘攘的Souq Khan Al Zeit St。❼**第7处**是一座小礼拜堂，据说这里是耶稣第二次跌倒的地方，集市的围墙上有相关标记。早在1世纪，这里应该是城市的边缘，而此处的大门可以通往乡下，这个事实支持了圣墓教堂就是耶稣受难、下葬和复活的真正地点的说法。

径直穿过Souq Khan Al Zeit St，沿Aqabat Al Khanqah St往上走。只需走一小段距离，就会看到嵌在左边石墙中的红色标识，这里的石头和拉丁式十字架标记着❽**第8处**。据说，耶稣在这里告诉一些妇女要为她们自己和孩子哭泣，而不是为他哭泣。

回到Souq Khan Al Zeit St，然后右转（向南），走上右手边的阶梯，并沿路来到科普特（Coptic）教堂。教堂门内一根立柱的遗迹纪念着❾**第9处**，据说耶稣在这个地方第三次跌倒。

折回主街，或者穿过埃塞俄比亚修道院来到❿**圣墓教堂**（见66页），十字架苦路最后的5处都在这里。

修复工程始于1010年，但是由于资金缺乏，进展缓慢。最终，20多年后拜占庭帝国提供了一笔补贴。这笔资金并不足以使教堂完全恢复原貌，于是大部分建筑结构都被放弃了。不过圆形大厅增建了上层画廊，还在东侧增加了半圆后殿，也算是种补偿。1099年7月15日，作为城市新统治者的十字军进驻的就是这座教堂。他们进行了重大的改建，所以你今天看到的教堂多少是起源于拜占庭的十字军建筑。当时教堂的正门有两个入口：一个是现在的入口；另一个位于外面十字军时期的楼梯顶部，通向一座小礼拜堂，那里有通往骷髅地遗址的正式入口。1187年十字军失败后，这座小礼拜堂被围墙圈了起来；如今它精雕细琢的门楣在洛克菲勒博物馆（Rockefeller Museum；见84页）内展出。

1808年的一场大火和1927年的地震给这里造成了大面积的破坏，加之各基督教派别（天主教、希腊正教、亚美尼亚正教、叙利亚人、科普特人和埃塞俄比亚人）分权而意见不统一，直到1959年，大修计划才达成一致。关于最近一次在2016年的修缮工作，也是花费了数十年才达成一致的，当时耗资400万美元对圣墓进行了加固。为了避免控制权方面的冲突，自萨拉丁时代起，教堂的钥匙一直由努赛贝（Nusseibeh，被认为是耶路撒冷最古老的穆斯林家族）保管。直到今天，每天早上开门并在晚上关好门仍然是他们的工作。

这座教堂一直保存着各类文物，其中很多都是朝圣者梦寐以求的宝贝。海伦娜发现的那些十字架最初也展出过，但是某些狂热的朝圣者无法按捺自己想拿一块（甚至咬下一块）留作纪念的强烈欲望，十字架被藏了起来。今天，朝圣者只能把油倒在涂油礼之石（Stone of Unction）上，然后用一块手帕擦掉并将其带回家，作为纪念品。

游客在这里应该穿着得体——警卫会拒绝那些裸露腿、肩或后背的游客进入。主要入口在Christian Quarter Rd上，但是也可以经Dabbaga Rd（从Souq Khan Al Zeit St或Mauristan Rd到达）或从屋顶上的埃塞俄比亚修道院（Ethiopian Monastery）进入。

埃塞俄比亚修道院　　宗教遗址

（Deir Es Sultan；见54页地图；⊙白天）这座修道院坐落在圣墓教堂的屋顶上，里面居

耶路撒冷综合征

每年都有数百万名游客来到耶路撒冷追随先知的脚步，其中少数人会从旅程中获得一种想法，认为自己就是先知。这种医学上公认的小病被称为耶路撒冷综合征，当游客被圣城形而上的意境迷得不知所措时就会发病。

这种疾病首次被记录是在20世纪30年代，记录者是耶路撒冷的精神病医师海因茨·赫尔曼（Heinz Herman）。各种信仰的人都有可能发病，在逾越节和圣诞节前后病例还会激增。患者的症状一开始往往是焦虑和迷惑，最后会发展成对神圣使命的妄想。近年来曾有游客认为自己是《圣经》中的参孙（Samson），有人相信自己是怀有身孕的圣母玛利亚，还有很多人自以为是《启示录》中的骑士。

大多数患者都是无害的，只是忙于一时兴起的布道和反常行为。但是1969年发生了一起史上最严重的事件，一名发病的澳大利亚基督徒前往阿克萨清真寺纵火，他认为自己肩负着上帝的使命，要清除圣殿山上的非基督教建筑，为弥赛亚的再临做准备。

医生估计每年有超过50人患上耶路撒冷综合征。尽管很多人之前就有精神健康问题，但是也有一些人没有精神病史——被称为“Ⅱ型”。

大多数患者会被送往国家精神病院，即位于西耶路撒冷郊区的Kfar Shaul。病人先是受到监控，然后通常会被送回家，前提是他们不会给自己或他人带来危险。

耶路撒冷老城区那种仿佛被时间束缚的特质被认为是综合征的诱因，这种特质会给到达此地的游客带来一种高深莫测的感受。神经科学家将这种现象解释为边缘系统受到过度刺激，使大脑的情感中心进入了过度兴奋的状态。综合征的症状通常会随着患者离开耶路撒冷而迅速好转。

住着一些来自埃塞俄比亚教堂的修道士，他们生活在十字军建造的一座中世纪回廊的遗迹中。阳光可通过屋顶中央的圆顶照到下面的圣海伦娜地下室。经东南角的一扇门穿过小礼拜堂，再走下楼梯即可到达圣墓教堂的庭院。

回廊的墙上绘着埃塞俄比亚圣徒、圣家族以及访问耶路撒冷的示巴女王（Queen of Sheba）。在埃塞俄比亚的传说中，示巴女王正是在这次访问期间，与所罗门王一起为两个皇室家族诞下了后裔，其中一人后来把约柜带到了埃塞俄比亚。

这座修道院实际上在科普特教区里。在埃塞俄比亚教堂于20世纪初成为自治组织时，这里的修道士被赶出了科普特修道院，搬进了这里的屋顶小屋。

可从Souq Khan Al Zeit St走楼梯到达该修道院（找找一个果汁摊和通往著名糕点店Zalatimo的歪歪斜斜的入口；见103页）。走上楼梯时，你会看到主教小礼拜堂就在你的面前，右边是一个蓄水池的入口。修道院在左边。

莫里斯坦 古迹

（Mauristan；见54页地图）莫里斯坦在波斯语中的意思是“医院”或“济贫院”，如今这里商店林立，其中心是一座19世纪的喷泉。莫里斯坦可通往两个与David St相连的集市（其中一个布满了肉店）。这座广场曾是罗马人统治下的城市市场。十字军在这里建立了附带济贫院的教堂，其中**施洗约翰教堂**（St John the Baptist）仍然存在，不过济贫院早就不复存在了。今天，五彩缤纷的服装和纪念品摊位令此处依旧生机勃勃。

路德会救赎主堂 教堂

（见54页地图；☎02-626-6800；Mauristan Rd；地下室和塔楼 成人/14岁以下儿童 15/7.50NIS；⊙周一至周六 10:00~17:00）这座新教教堂是在耶路撒冷建造的第二座教堂，其正方形钟楼自1898年以来一直装饰着老城区的天际线。救赎主堂由德国皇帝威廉二世委托建造，坐落在一座11世纪圣所的旧址之上。买张票登上塔楼（屏住呼吸，螺旋楼梯非常拥挤）相当值得，能让你360度欣赏老城区的全景。

基督堂 教堂

（Christ Church；见54页地图；☎02-627-7727；www.cmj-israel.org；Omar ibn al Khattab Sq）这座哥特风格的圣公会教堂建成于1849年，其彩色玻璃窗上装饰着犹太人的象征图案。与耶路撒冷所有的犹太会堂一样，基督堂面向圣殿山。犹太教和基督教之间的界限模糊是有意为之：基督堂的创建者相信犹太人会回到曾经被称为土耳其巴勒斯坦的地方，而且许多人都承认耶稣基督就是弥赛亚。如今，基督堂仍旧小心翼翼地坚持它的使命是不同宗教之间的对话，而非大规模皈依。

周日9:30、19:00举行英语的礼拜活动。

犹太区

犹太区（占地0.12平方公里）在1948年的战斗中遭到了阿拉伯军团的猛烈炮击，后来约旦人彻底摧毁了这里，所以犹太区的大部分建筑不得不在1967年后全部重建。令人赏心悦目的石头街道以**胡瓦广场**（Hurva Sq；见54页地图）为中心向四周延伸，其间生活着2000多位居民——大约是20世纪初该区人口的十分之一。这里的街面之下有许多有趣的考古发现，其中一些据说可以追溯到第一圣殿时期（约公元前1000年至公元前586年）；希律王时代住所博物馆（Herodian Quarter Museum；见72页）展出了一些精品。

犹太区是老城区中最方便轮椅使用者探索的地区之一。这里有一条带有标识的路线，起点是胡瓦广场南边的停车场。可从旅游局（见113页）获取更多信息。要了解犹太景点的详情，可参阅网站www.rova-yehudi.org.il。

★西墙（哭墙） 犹太教遗址

（Western Wall；见54页地图；www.thekotel.org；⊙24小时）犹太教最神圣的祈祷场所令人心潮澎湃，信徒们会在这里背诵经文，把手放在已有2000年历史的石头上，满怀激情地祈祷。西墙（哭墙）是支撑圣殿山外围部分的挡土墙，第二圣殿曾经矗立在这座山上。建造此墙的人从来都没有想到过他们的作品会成为如此重要的宗教圣地。希伯来语的资料坚持认为，神圣存在（Shechina）从未遗弃墙壁。西墙（哭墙）全年365天向持有各种信仰的人

犹太区联票

用联票（成人/儿童60/45NIS）游览犹太区的四处景点可以省钱。持联票可以进入希律王时代住所博物馆、胡瓦会堂（见72页）、烧毁的房子以及考古公园和大卫森中心。可在四处景点中的任意一处购票，有效期为48小时。

开放，不过要注意穿着得体。

公元70年圣殿遭到破坏，此后，犹太人被流放，圣殿的精确位置也遗失了。当犹太人返回时，他们有意避开了圣殿山，因为担心可能会践踏至圣所；除了大祭司，圣殿内部的古老圣所禁止任何人进入。因此，他们开始在这个保存着原始结构痕迹的地方祈祷。

奥斯曼时期，西墙成了朝圣的地方，犹太人会来这里哀悼并痛惜圣殿的毁灭——这就是为什么这里又被称为哭墙，但犹太人往往很避讳这个名字。今天，房子越来越多，只给祈祷者留下了一条狭窄的小巷。

1948年，约旦人占领老城区，犹太区的居民遭到驱逐，犹太人失去了接近西墙的机会。19年后，在六日战争中，以色列伞兵袭击时直接打通了这里。他们保卫老城区的第一个行动就是推倒了附近的阿拉伯房子，建立了今天我们看到的倾斜广场。

现在西墙前面的区域就像是一座宽阔的露天犹太会堂，即便是对不信奉宗教的游客而言，也很有吸引力。会堂分为两个区域：南边的一小部分为女性区，而北边更大的部分为男性区。在这里，穿着黑衣的极端正统派男人会来回走动，摇头祈祷，偶尔中断一下，贴近墙面去亲吻石头。而女人则在自由地敬拜西墙这一点上受到很大挑战，因为正统派的看管人对女性在这里背诵的声音深感不快。关于在西墙设立男女混合敬奉区的计划仍在进行激烈争论。Women of the Wall是一场反对性别隔离及抗议西墙女性敬奉区偏小的运动，会组织祈祷和抗议活动。西墙的性别隔离问题对美国犹太人尤为重要，但是以色列犹太人却很少关注。以色列政府最近放弃了创造平等祈祷空间的折中方案，本来该方案广受赞誉。

为了庆祝安息日的到来，周五太阳落山时总有一大群人来到这里。犹太人喜欢在这座广场举行成年礼，通常在安息日或者周一和周四的早上举行仪式。这是参观的好时机，你会看到载歌载舞的犹太家庭，整个地区都充满了活力。

注意组成西墙的不同风格的石雕。巨大的底层由希律王时期的石头砌成，而上面的石头的历史可以追溯到阿克萨清真寺建造时期。近距离观察，你会看见石缝之间塞着大量纸团。一些犹太人相信，把祈祷文和请愿书塞进石缝比其他做法更有机会获得回应。塞进石缝的祈祷文永远不会被扔掉，西墙的看管者会定期把落在祈祷广场上的所有纸条都收集起来，与下一位死者一起葬在橄榄山上。数字形式的祈祷也同样可以接受：在西墙（Kotel）网站的表格中填写祈祷文，西墙的管理员会把它打印出来并带到那里。

在西墙的男性区一侧，有一条狭窄的通道穿过威尔逊拱门（Wilson's Arch），祭司曾于此进入圣殿。向下能看到两个被照亮的竖井，可以使你了解西墙最初的高度。女人不允许进入这个区域。

建议游客穿戴端庄整齐（如果拿不准，就保证从肩膀到膝盖都不能裸露），男性要求戴帽子（如果没有，这里提供纸基帕——犹太人男性佩戴的一种头饰）。安息日禁止拍照，其他时候拍照要注意礼貌。如果你在安息日到访，并且想在墙上塞一张祈祷用的纸条，要在到达之前写好，因为在此期间广场上不允许书写。

★西墙隧道 考古遗址

（Western Wall Tunnels；见54页地图；☎02-627-1333；www.thekotel.org；成人/学生和儿童35/19NIS；⏲仅限团队游 8:30~17:00）西墙隧道导览游可以带你从一个全新的视角了解希律王的宏伟建筑：游客可以跟着导游走过沿着西墙北段延伸的通道，总长为488米。隧道深挖至原来的街道水平，游客因此可以和古人踏上相同的地面。希律王的石匠凿出的石块长达14米，而且每块几乎都有600吨重。关于这些坚固的墙壁是如何建造的，导游给出了极具吸引力的深刻见解。

你只能通过导览游参观隧道（一天有多次希伯来语和英语讲解，法语、西班牙语和俄语讲解仅限夏季且不定期），全程大约需要75分钟，必须预订。西墙隧道游览非常受欢迎，很快就会满员——至少要提前一周预订。

耶路撒冷考古公园和大卫森中心 古迹

（Jerusalem Archaeological Park & Davidson Centre；见54页地图；☎02-627-7550；www.archpark.org.il；成人/学生和儿童 30/16NIS，导览游 160NIS，语音导览器 5NIS；⏲周日至周四 8:00~17:00，周五 至14:00）这个考古遗址靠近粪厂门，可以来参观街道、柱子、大门、墙壁、广场和浸礼池（mikve' ot）的遗迹。在遗址的露天部分参观时，语音导览非常实用；游客中心播放的视频（希伯来语和英语）也概述了20世纪70年代的主要发掘现场，并且重现了遗址2000年前的样子。

进入公园时，你会发现左边是曾经的耶路撒冷主街的遗迹，其长度与圣殿山的西墙不相上下。请注意希律王墙壁上有一道凸出的拱门遗迹，这是**罗宾逊拱门**（Robinson' s Arch，以19世纪美国探险家的名字命名），是曾经连接圣殿山和城市主要商业区的大桥的一部分。拱门下面，希律王时期街道上的一堆堆石头据说是西墙的一部分，是公元70年罗马士兵摧毁圣殿的时候被他们扔下来的。附近有一段楼梯一分为二，向下通往源自同一时期的浸礼池；一边供去洗浴的人走，另一边则是为已经洗好了的人而设的。

在这片古迹的后面（即最靠近橄榄山的地方）是**户勒大门**（Huldah Gates），也是在第二圣殿时期建造的。这些门最初能供人进入隧道，隧道通往圣殿山的外围。附近有一段经过了大规模重建的楼梯，它曾是朝圣者前往圣殿山的主要入口。在楼梯底部附近可以看见更多的浸礼池。

如果想参加导览游，请预订。

南北大街 古迹

（Cardo Maximus；见54页地图）起初，南北大街是一条22米宽、带有柱廊的大街，侧翼设有带顶的拱廊，是罗马和拜占庭时期耶路撒冷的主街。在1975年经过发掘后，这条宽阔大道南边的一段（比现在的街面低2.5米）得以重建，其他部分则被改造成了艺术精品店林立的拱廊。

曾经有一段时间，南北大街穿过整座城市，延伸至今天的大马士革门。但是现在它仅从David St旅游集市的南边起始，而且被当作从穆斯林区和基督徒区进入犹太区的主要入口。这里的井能让游客看到街道下面自第一圣殿和第二圣殿时期起的墙体层次变化。

塞法迪四会堂 犹太会堂

（Four Sephardi Synagogues；见54页地图；☎02-628-0592；2 Mishmerot HaKehuna；成人/儿童 10/7NIS；⏲周日至周四 9:30~15:30，周五 至13:00）这片犹太会堂建筑群能让你一下体验四处礼拜场所，各礼拜场所位置紧密，只需一张门票就可以参观。其中两座最古老的会堂可以追溯到16世纪晚期。阿以战争后，四座会堂全都成了废墟；后来在1967~1972年得以修复。19世纪晚期之前，这几座犹太会堂及附属的研究场所和慈善机构，一直是当地塞法迪犹太人社区精神和文化生活的中心。

今天，这些会堂依然是祈祷和举行庆祝活动的活跃场所。

依照当时法律的规定，犹太会堂不能比邻近的建筑物高（当然也不能比清真寺高），所以这片建筑深深地“嵌入”地下——这一特点使它们在1948年犹太区遭到轰炸时免受摧毁。然而，约旦人洗劫了会堂，还把这里用作羊圈。后来，人们用“二战”期间损坏的意大利犹太会堂的碎片来修复这些会堂。

这里的第一座犹太会堂（离售票处最近的）是**先知以利亚会堂**（Eliahu Hanavi），是四座中最古老的会堂，其拱门和穹顶参考了拜占庭建筑风格。17世纪初的**约哈难拉比会堂**（Yokhanan Ben Zahai）得名自一位著名的犹太圣人，人们相信他的第二圣殿自修室就坐落于此。细长的**中会堂**[Emtza' i（Middle）Synagogue]是四座会堂中最小的一座，18世纪中叶两座犹太会堂之间的庭院上方建造了一个屋顶，进而建成了这一座夹在中间的会堂。

中会堂有门通往一个关于这些犹太会堂历史的小型展览，以及**伊斯坦布尔会堂**（Istanbuli Synagogue），后者是四座会堂中规模最大的，也是最后建成的一座。18世纪60年代，来自土耳其同名城市的移民建造了这座会堂。

烧毁的房子 博物馆

（Burnt House, The House of Kathros；见54页地图；☎02-626-5921；Tiferet Israel St；成人/优惠 29/15NIS；⊙周日至周四 9:00~17:00，周五 至13:00）公元70年罗马人将这座城市付之一炬，这座房子也被烧毁。几个世纪以来它一直被埋在瓦砾之下，直到最近才被发掘出来。这里展出的考古遗物有在遗址中发现的罗马时代的硬币、石碑、烤炉、做饭用的锅和一支长矛等，还有一个刻着"Kathros"字样的石砣（Kathros是当时住在这座城市里的一个祭司家庭）。

为了把这栋房子的历史拼凑完整，博物馆设计了带多种语言解说（包括英语）的多媒体演示。影片时长25分钟，每40分钟播放一次，放映时间不定，所以要做好等候的准备。烧毁的房子含在60NIS的犹太区联票内，持联票还可以进入胡瓦会堂的塔楼和希律王时代住所博物馆。

希律王时代住所博物馆 考古遗址

（Wohl Archaeological Museum；见54页地图；☎072-393-2833；1 HaKara' im St；成人/优惠 20/10NIS；⊙周日至周四 9:00~17:00，周五 至13:00）在这座小型地下博物馆里可以看到耶路撒冷的古代遗骨。考古遗址完整得令人印象深刻，其中有一座占地600平方米的希律王时代的宅邸，而且带有洗礼设施，可能是一位大祭司的住所。其他展览则能让你一瞥神秘迷人的过去：一幅镶嵌画提供了火灾损坏的证据，人们认为其历史可以追溯到第一圣殿的那场大火。推荐在参观时拿一个语音导览器（5NIS）。

胡瓦会堂 犹太会堂

（Ruin Synagogue；见54页地图；☎02-626-5900；www.rova-yehudi.org.il；Hurva Sq；成人/学生 20/10NIS；⊙冬季 周日至周四 9:00~17:00，周五 至13:00，夏季 周日至周四 至19:00，周五 至13:00）对当地的犹太社区而言，经过重建的胡瓦会堂是坚韧不拔的象征。这个地方最早的一座犹太会堂在18世纪初被摧毁，而19世纪重建的那一座又在1948年的阿以战争中倒塌了。今天矗立于此的颇为宏伟的宽阔圆顶建筑是2010年落成的，到访这里的最大亮点在于爬上塔楼欣赏犹太区屋顶无与伦比的美景。

锡安门 大门

（Zion Gate；见54页地图）这座饱经风霜的大门位于老城区的南墙，在1948年的阿以战争期间是一个关键位置，从它挨过子弹的外墙就能了解战争的残酷。留意门柱上的门柱圣卷（mezuzah，装着《律法书》摘录内容的经文盒），它是用战后收集的弹壳制作而成的。对犹太人来说，这扇大门是锡安门（Sha' ar Tziyon），而在阿拉伯人眼里，它是犹太区之门（Bab Haret Al Yahud）。

穆斯林区

作为老城区最大的街区（占地0.3平方公里），穆斯林区有能力在一分钟内令你兴奋和恼怒。朝圣者沿着十字架苦路14处列队行进，小贩招呼人们前往他们的摊位，其间还有孩子跑来跑去，踢着足球。空气中飘散着焚香、香料和新鲜糕点混合而成的独特气味。

这个区从常年拥挤的大马士革门一直延伸到圣殿山（见55页）附近的Bab Al Silsila St，常住人口有22,000人。街道在大门内约100米处分叉，向左是Al Wad St，路旁商店林立，商品琳琅满目，从肚皮舞头巾到穆斯林女性穿的罩袍，从糕点到石榴汁，更不必说数不胜数的巴勒斯坦主题纪念品了，不论是老式的旅游海报还是带有标语的T恤，应有尽有。Al Wad St横穿十字架苦路（见64页）直达西墙（哭墙；见69页）。从岔路口向右是Souq Khan Al Zeit St，这条街甚至比Al Wad St还要拥挤，在这里你会看到售卖水果、蔬菜、糖果、服装、香料和坚果的商店。

若想从有趣的角度了解这个区域，不妨在周五的正午前后来逛逛。在大马士革门附近或者靠近Aqabat Al Takiya St底部的地方，你会看到穆斯林像洪流一般涌过这个区域前往圣殿山祈祷。

大马士革门 大门

（Damascus Gate；见54页地图）大马士革门位于老城区的北墙，越是接近这里，穆斯林区的景象便越发鲜明。门上的一个个三角形垛口使大马士革门好似一顶王冠；要获得最好的观赏视角，可以穿过大门，步行来到一座小型石头

马穆鲁克建筑

穆斯林区拥有大量建于伊斯兰建筑黄金时代的建筑。其中的大部分都已破旧不堪，但是保留下来的遗迹足以彰显曾经的辉煌。

老城区的这部分建筑在马穆鲁克时代（1250~1517年，一个由从前的奴隶组成的统治埃及的军事王朝）发展起来。他们将十字军从巴勒斯坦和叙利亚驱逐之后，展开了同样蔚为壮观的大兴土木运动，修建了大量清真寺、宗教学校（madrassas）、青年旅舍、修道院和陵墓，巩固了伊斯兰教在黎凡特（Levant）的地位。马穆鲁克建筑的特点是深色和浅色石头的交错拼接（一种被称为“ablaq”的工艺），并在窗户周围和内嵌式大门里面装饰精美的雕刻和图形。

图什库夫人宫殿（Palace of the Lady Tunshuq; Aqabat Al Takiya St）很好地体现了上述所有特点。这座宫殿建于1388年，位于Aqabat Al Takiya的中间。虽然外观遭到了严重侵蚀，但三大门廊的最高处仍然保留着漂亮的大理石镶嵌工艺，第三道门还装饰着一个马穆鲁克标记，即被称为壁龛（muqarnas）的“钟乳石”。你只能从外面欣赏，因为这座贵妇人的宫殿现在成了一所孤儿院学校。宫殿对面是建于1398年的**图什库夫人墓**（Tomb of the Lady Tunshuq）——寻找那块雕刻门匾，就在上锁的绿色大门上方。

一路下山，朝着与Al Wad St交叉的路口走，你会在右边发现耶路撒冷最后一座引人注目的马穆鲁克建筑——建于1540年的**拜拉姆焦伊什城垒**（Ribat Bayram Jawish; Aqabat Al Takiya），其正面采用了漂亮的ablaq工艺，带有浅层壁龛。你可以把它与Tariq Bab an-Nazir St（横穿Al Wad St）上的建筑比较一下：那些建筑是耶路撒冷最早的马穆鲁克建筑，建于13世纪60年代，那时ablaq工艺还没有普遍使用。Tariq Bab an-Nazir St这条街的名字取自街道尽头的大门，这扇门通往圣殿山（仅允许穆斯林进入）。

沿着Al Wad St继续向南，会经过棉花市场（Souq Al Qattanin），在市场同侧有一个公共喷泉（sabil），这是苏莱曼喷泉（Sabil Suleyman），其年代可以追溯到奥斯曼帝国时期。这座门形喷泉是奥斯曼帝国长期在位的统治者苏莱曼大帝下令修建的，由十字军（甚至更早的）建筑的遗迹精心改造而成，其基座是一具罗马石棺。Al Wad St的尽头是一个警察检查站，设在一个通往西墙广场的隧道口。而沿着左边的楼梯可以到达繁华的Bab Al Silsila St和Bab Al Silsila大门（通往圣殿山）。大门前有一座小巧的凉亭式建筑，是建于1352年的**可敦公主墓**（Tomb of Turkan Khatun; Bab Al Silsila St），其外立面装饰着罕见的非对称几何雕刻图案。Bab Al Silsila St还有其他许多宏伟的马穆鲁克建筑，它们都带有壁龛和木格雕饰凸肚窗户（mashrabiyyas）。

广场观看。广场上有荷枪实弹的以色列士兵看守，对面是Derekh Shchem（Nablus）Rd。

大马士革门现在的样子要追溯到苏莱曼大帝时期，但在这些土耳其人到来之前，这里已经有门了。早在公元前1世纪阿格里帕（Agrippa）统治时期，这里就是城市的主要门户。在罗马皇帝哈德良统治时期，大门还得到了进一步扩建。在20世纪60年代的发掘工作中，发现了一座带有三重拱形结构的罗马大门的遗迹。

曾经被哈德良竖立在广场上的圆柱已经消失很久了，这就是为什么这扇大门在阿拉伯语里被称为“圆柱门”（Bab Al Amud，Gate of the Column）。在希伯来语中，它被称为大马士革门（Sha'ar Shchem）。

今天，这里是一处观看人来人往的好去处。小贩向路人叫卖他们的商品；当地人和旅行者进行物物交换，从蔬菜到SIM卡，无所不易；上了年纪的巴勒斯坦妇女速度飞快地穿梭于大门内外。

圣亚纳堂 教堂

（St Anne's Church；见76页地图；Sha-ar HaArayot Rd；成人/学生和儿童 10/8NIS；⌚4月至9月 8:00至正午和14:00~18:00，10月至次年3月

周一至周六 至17:00）于1138年完工的圣亚纳堂是耶路撒冷十字军建筑风格的最佳范例，其所在的位置据说曾是圣母玛利亚的父母约阿希姆（Joachim）和亚纳（Anne）的家。从教堂院落的后面进来有一个下沉的水池，传统上被认为是《圣经》里的**毕士大池**（Pool of Bethesda），据说耶稣曾在这里治愈了一名病人（《约翰福音》5:1-18）。

在这座神秘的罗马式建筑内部，细长的拱顶吸引着人们的目光，教堂知名的音响效果令无数参观者（尤其是基督教朝圣者）情不自禁地放声歌唱。

这个地方最早的痕迹暗示着这里曾有一座罗马时代的异教神庙，在圣亚纳堂的花园里仍然能看到残垣断壁。在耶路撒冷受控于萨拉丁的军队时，圣亚纳堂成了一所伊斯兰神学院——教堂入口上方的铭文证明了这一点。后来的几任统治者任由教堂日趋衰败，以致到了18世纪，教堂建筑被埋在了垃圾之中。1856年，奥斯曼土耳其为了感谢法国在抗击俄国的克里米亚战争中所给予的支持，把这座教堂赠给了法国，它这才得以从垃圾堆中重生。今天它仍然属法国所有。

狮门 大门

（Lions' Gate, St Stephen's Gate；见76页地图）耶路撒冷老城区的东门朝向橄榄山和客西马尼。最初狮门被称为"约旦河谷之门"（Bab Al Ghor），但是在一个基督教殉道者在附近被石头砸死之后，大门就以他为名，变更为圣斯蒂芬门。狮门是其希伯来语名字"Sh 'ar Ha 'Arayot"，指的是雕刻在拱门外侧的两对狮子。

人们认为这些猫科动物图形（实际上是豹）起源于苏莱曼大帝，他把自己梦见可怕的野兽一事解读为加强耶路撒冷老城区防御的警告。历史学家认为这些雕刻的猫科动物比大门出现得更早，是从一栋历史更久远的马穆鲁克建筑上拆改而来的。

这扇大门也是以色列伞兵于1967年6月7日冲入老城区的地方。

在棕枝主日（Palm Sunday），由基督徒排成的队伍会从橄榄山出发，经狮门进入老城区。

棉花市场 市场

（Souq Al Qattanin, Cotton Market；见54页地图；⊙白天）在这个14世纪中叶的商店街里，高耸的拱顶长廊下挤满了食品和服装摊贩。最靠近Al Wad St的那一段可以追溯到十字军时期，马穆鲁克在14世纪中期对其进行了扩建。这里曾经有一个棉花市场，不过现在出售的是灯具、纪念品、小吃和小摆设，为穆斯林区的游客带来了一份富有情调的消遣。

亚美尼亚区

亚美尼亚区（占地0.1平方公里）隔绝在高墙和巨大的木门之后，这里的生活悄无声息地缓缓展开，在近2000年的时光中一如既往。

在公元300年前后国王皈依基督教之后，亚美尼亚成了第一个正式信奉基督教的国家。在接下来的一个世纪中的某个节点，亚美尼亚人开始在耶路撒冷定居。4世纪末亚美尼亚王国消失，耶路撒冷被当成了亚美尼亚的精神首都。从那时起，亚美尼亚人便始终徘徊于此，曾一度达到了25,000人。

最初，他们纯粹是为了宗教信仰而定居于此。但是在20世纪初，迫于强大的世俗原因，他们来到这里修复岩石圆顶清真寺（见62页），以及摆脱奥斯曼土耳其的迫害。许多居民都不遗余力地向游客宣传1915~1918年奥斯曼帝国统治下亚美尼亚人民所遭受的暴行，你会看到大量详述亚美尼亚种族灭绝事件的多语海报。尽管许多学者和政府都如此描述，但一些政府，比如土耳其，仍反对"种族灭绝"一词。今天这个社区的人数不到2000人，依然很保守，在带有大门的亚美尼亚大院（不对游客开放）内，他们有自己的学校、图书馆、神学院和住宅区。

圣雅各主教座堂 教堂

（St James' Cathedral, Couvent Armenien St-Jacques；见54页地图；☎宗教服务信息 02-628-2331；https://armenian-patriarchate.com；Armenian Orthodox Patriarchate Rd；⊙晨祷 6:30，晚祷 15:00，弥撒 周六8:00和周日8:30）这座12世纪的教堂只有做礼拜的时候开放，内部烟雾缭绕。墙壁上装饰着蓝白图案的瓷砖和闪闪发光的圣像，地上铺着图案丰富的地毯。在

亚美尼亚陶瓷

1919年，宏伟的岩石圆顶清真寺（见62页）的修复工作催生了亚美尼亚人在这座城市的第一个陶瓷作坊，这一手工艺传统一直蓬勃发展至今。

17世纪和18世纪，亚美尼亚的陶瓷技术在土耳其达到高峰，当时许多亚美尼亚家庭都在重要的陶瓷中心屈塔希亚（Kütahya）和伊兹尼克（İznik）开办陶瓷作坊。1915~1918年的一系列事件发生之后，由于土耳其亚美尼亚人被大规模杀害、没收财产并驱逐出境，一批亚美尼亚陶瓷工匠及他们的家人被大卫·奥哈尼森（David Ohannissian, 1884~1953年）带到了耶路撒冷。奥哈尼森是一名亚美尼亚陶瓷大师，他曾在屈塔希亚工作，后来于1919年逃离土耳其来到耶路撒冷。一到这里，他就在Pro Jerusalem协会的帮助下，在十字架苦路上建立了陶瓷作坊。这个协会成立于1918 年，发起人是罗纳德·斯托尔斯爵士（Sir Ronald Storrs）和查尔斯·罗伯特·阿什比（Charles Robert Ashbee），前者是耶路撒冷的军事总督，后者是建筑师和工艺美术运动（Arts and Crafts Movement）的主要设计师。奥哈尼森和他的亚美尼亚工匠们继续生产新的瓷砖，把岩石圆顶清真寺上面破损的那些替换一新。

当地的工匠声称，耶路撒冷是目前世界上唯一仍在生产正宗亚美尼亚陶瓷的地方。几个世纪以来，古老的手绘技术几乎没有改变，以花卉、动物和几何图案为特色的彩色陶瓷工艺得以传承。

要想看到精美的亚美尼亚陶瓷，可以去圣雅各主教座堂参加礼拜仪式，那里装饰着很多蓝白图案的瓷砖；也可以去更容易参观的圣安德烈教堂（St Andrew's Church；见87页），教堂入口处及住宿区里都铺着瓷砖。如果要购买陶瓷制品带回家，可以逛逛老城区的Sandrouni Armenian Art Centre（见111页）、东耶路撒冷的Armenian Ceramics（见111页）或者西耶路撒冷的Arman Darian Ceramic（见112页）。

其他时间，你可以进入院子参观教堂外部，上面装饰有环绕着精美花饰图案的亚美尼亚十字架石（khatchkars）及瓷砖壁画，后者描绘的是最后的审判和使徒。

其实，是格鲁吉亚人最先在这里建造了一座纪念圣雅各的教堂，他们相信这里就是圣雅各被斩首并成为第一位殉教信徒的地方。12世纪，在当时执政的十字军的支持下，亚美尼亚人接管了这座教堂，对其进行了修复。教堂内部的瓷砖可以追溯到18世纪。

参加礼拜仪式必须衣着得体，妇女需佩戴头巾。

圣马可小教堂 教堂

（St Mark's Chapel；见54页地图；⏲4月至9月 周一至周六 9:00至正午和14:00~17:00，10月至次年3月 周一至周六 7:00~16:00，周日 11:00~16:00）这座中世纪的小教堂是耶路撒冷为数不多的叙利亚正教信徒集会的地方，他们认为这里曾是圣马可的母亲玛丽的家。据说，彼得被天使从监狱里释放之后曾经来过这里（《使徒行传》12:12-17）。

在12世纪的小圣所里面，可以看到圣母和圣子的皮革画，人们认为这是圣路加（St Luke）的作品。

锡安山

锡安山有一间屋子备受基督徒崇敬，他们认为这里是耶稣和他的门徒共进最后晚餐的房间。这里还有一间小小的祈祷室，许多犹太人认为这是大卫王的埋葬之地。对信仰犹太教和基督教的人来说，锡安山是重要的朝圣地点。锡安山曾经还包括老城区上部（包括大卫塔博物馆）所在的整个山脊，但现在的锡安山指的是锡安门外老城区南边的山丘。

大卫墓 宗教遗址

（King David's Tomb；见76页地图；⏲周日至周四 8:00~17:00，周五 至13:00）**免费** 这座在大卫王去世2000年后由十字军修建的地下坟墓的真实性仍然受到质疑，但不妨碍它成为犹太人和基督徒的圣地。祈祷大厅分为男女

Inner Jerusalem 耶路撒冷内城

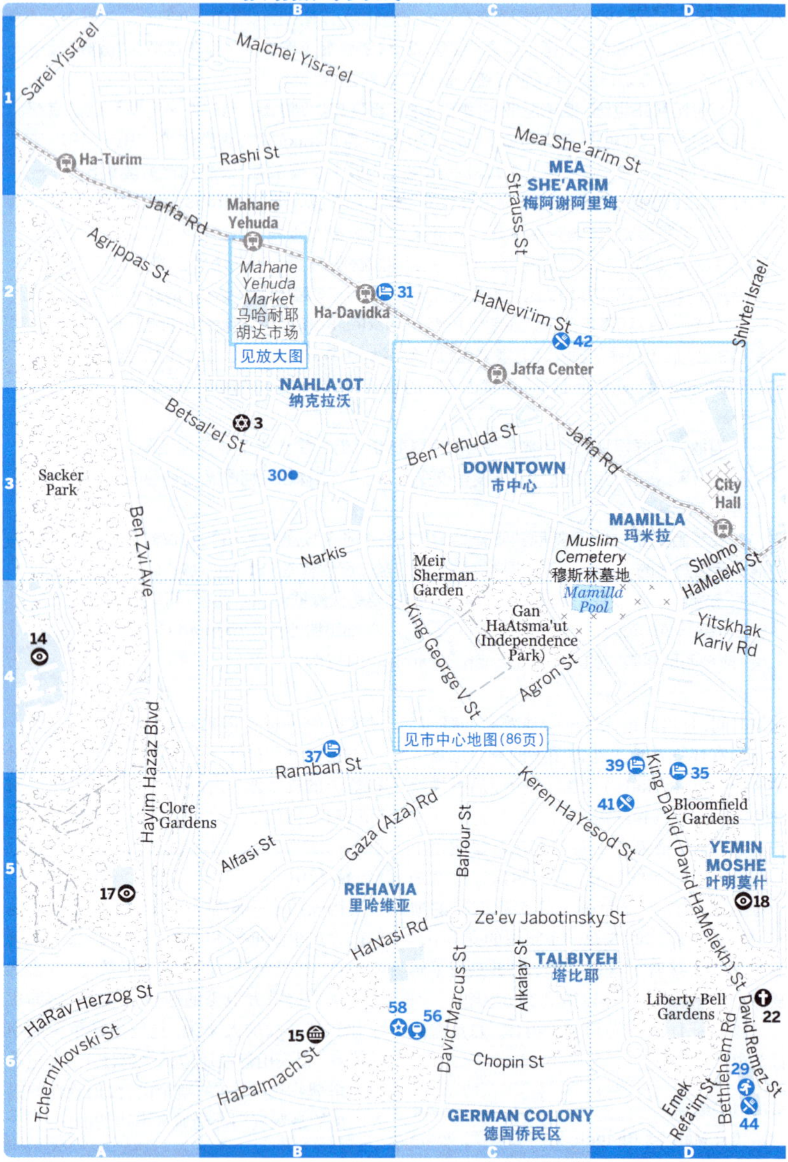

两个区域，都可以到达天鹅绒覆盖的坟墓。人们认为后面的凹室是一座历史可以追溯到5世纪的犹太会堂。

《圣经》提到大卫和他的祖先都葬在大卫城（《列王纪1》2:10），大多数考古学家和历史学家认为，大卫王很可能葬在原来的锡安山下，在大卫城（见79页）的东部。

坟墓紧邻方济会修道院前面的院子，通过左手边的门道可以到达主区，穿过一道拱门后走楼梯，即可来到最后的晚餐厅。

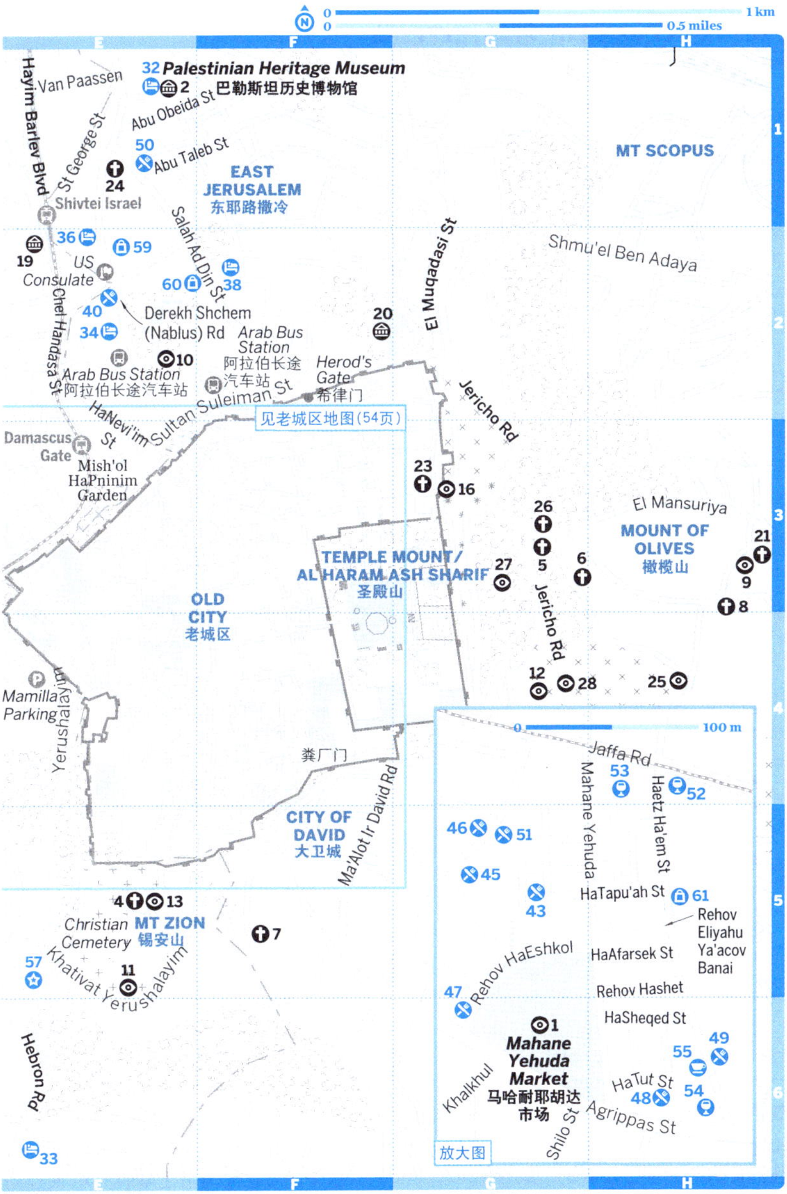

最后的晚餐厅

基督教遗址

（Room of the Last Supper, Cenacle, Coenaculum; 见76页地图; ⏲8:00~18:00）**免费**

中世纪关于最后晚餐举行地点的说法已经将"Coenaculum"（拉丁语的"餐厅"）这一概念深深融入了基督教的传统。大多数历史学家都认为，这间大厅不大可能建于耶稣吃最后晚餐的地方，但这个带有尖顶肋拱的优雅房间（以前是4世纪的圣锡安教堂的一部分）还是常常挤满了朝圣者。14世纪的十字军建

Inner Jerusalem 耶路撒冷内城

重要景点

1 马哈耐耶胡达市场 G6
2 巴勒斯坦历史博物馆 E1

景点

3 阿德斯犹太会堂 B3
4 圣母安眠教堂及修道院 E5
5 万国教堂 G3
6 抹大拉的玛利亚教堂 G3
7 鸡鸣堂 F5
8 天主经堂 H3
9 升天堂 H3
客西马尼园林花园 .... （见5）
10 花园坟墓 E2
11 奥斯卡·辛德勒墓 E5
12 圣雅各洞 G4
13 大卫墓 E5
14 以色列议会 A4
15 伊斯兰艺术博物馆 B6
16 狮门 G3
17 十字架修道院 A5
18 蒙蒂菲奥里风车 D5
19 边线博物馆 E2
20 洛克菲勒博物馆 F2
最后的晚餐厅 .... （见13）
21 俄罗斯耶稣升天堂 H3
22 圣安德烈教堂 D6
23 圣亚纳堂 G3
24 圣乔治主教座堂 E1
25 先知墓 H4
26 圣母墓 G3
27 撒迦利亚墓 G3
28 约沙法山谷 G4

活动、课程和团队游

29 Smart Tour D6
30 Ulpan Beit Ha' Am B3

住宿

31 Abraham Hostel B2
32 American Colony Hotel E1
33 Dan Boutique Hotel E6
34 Jerusalem Hotel E2
35 King David Hotel D4
36 Legacy Hotel E2
37 Little House in Rehavia B4
38 National Hotel F2
圣安德烈教堂苏格兰客栈 .... （见22）
St George's Guesthouse .... （见24）
39 YMCA Three Arches Hotel D4

就餐

Adom .... （见44）
40 Al Mihbash E2
41 Angelica D5
42 Anna Cafe C2
43 Azura G5
44 第一车站 D6
45 Ishtabach G5
46 Machneyuda G5
47 Mousseline G6
48 Pasta Basta H6
49 Sabayos H6
50 Sarwa Street Kitchen E1
51 Yudale G5

饮品和夜生活

52 Beer Bazaar H4
53 Casino de Paris H4
54 Etrog Man H6
55 Roasters H6
56 Talbiye C6

娱乐

57 Cinematheque E5
58 耶路撒冷剧院 C6

购物

59 Armenian Ceramics E2
60 Educational Bookshop & Cafe E2
61 Halva Kingdom H5

筑结构取代了原来的教堂，这座建筑保留了下来。在奥斯曼帝国时期，这里被改造成了一座清真寺。

该建筑以彩色玻璃和16世纪的米哈拉布（指示麦加方向的壁龛）为特色，这些与哥特式的基督教框架构成了非常有趣的对比。

关于这个地方，人们普遍接受这样一个观点：这是耶稣的门徒在圣灵降临节（Pentecost）时领受圣灵的地方，他们于此获得了讲外语的能力（《使徒行传》2），进而得以传播基督教。

这个厅室在大卫王之墓的上方，可经附近的楼梯到达。

圣母安眠教堂及修道院 教堂

（Church & Monastery of the Dormition；见76页地图；☎02-565-5330；www.dormitio.net；⏲周一至周六 9:00~17:00，周日 10:00起）**免费** 圣

母安眠教堂拥有圆形的砂岩塔楼和优雅的罗马式拱门，是耶路撒冷最知名的地标之一。传统上人们认为此处是圣母玛利亚去世的地方（名字中“dormition”这个词意味着平静的沉睡或无痛苦的死亡）。目前的教堂和修道院由德国本笃会管理，于1906年祝圣。进入教堂后左转，沿楼梯往下到达昏暗的地下室，那里带有雕刻的柱子环绕着圣母玛利亚的圣坛。参观要求着装得体。

这个地方的拉丁名字是“Dormitio Sanctae Mariae”（圣母安眠）。在1948年和1967年的城市保卫战中，建筑遭到了损坏。在1967年的战争中，以色列士兵占领了教堂的塔楼，俯瞰下面老城区城墙上的约旦军队阵地。士兵们给塔楼取了个绰号叫“警察”（bobby），因为它跟伦敦警察所戴的头盔很像。

教堂内部的亮点是半圆形殿上部圣母怀抱幼年耶稣的金色镶嵌画像，下面还有以色列的先知像。大厅周围的小礼拜堂内供奉着圣人，包括圣维利巴尔德（St Willibald，一位在724年造访了圣地的英国本笃会修士）、三贤士（Three Wise Men）、圣约瑟夫（St Joseph，他的小礼拜堂里满是大勋章，表明犹大诸王是耶稣的先辈）和施洗者圣约翰（St John the Baptist）。地板上装饰着圣人和先知的名字，以及星座符号。

奥斯卡·辛德勒墓 纪念地

（Grave of Oskar Schindler；见76页地图；⏲周一至周六 8:00至正午）奥地利实业家奥斯卡·辛德勒（1908~1974年）获得了“国际义人”（Righteous Among the Nations）的尊称，这是以色列人授予大屠杀期间冒着生命危险拯救犹太人的非犹太人的称号。辛德勒的工厂雇用了1200多名犹太人，使他们逃脱了送入毒气室处死的命运。辛德勒埋葬于锡安山的基督教公墓。从锡安门直走，然后下坡即可到达公墓，进入后下到第三层（最底层）。辛德勒的墓穴很容易找到，因为上面覆盖着许多小石头（一种犹太人的习俗，表示尊重）。

由史蒂文·斯皮尔伯格导演的奥斯卡获奖电影《辛德勒的名单》（*Schindler's List*，改编自托马斯·肯尼利的历史小说《辛德勒方舟》）讲述了辛德勒的故事。在那份著名的“名单”上登记了名字的“辛德勒犹太人”被安排运往布瑞恩利兹（Brünnlitz），从而脱离了险境。

鸡鸣堂 教堂

（Church of St Peter of Gallicantu；见76页地图；☎02-673-1739；www.stpeter-gallicantu.org；成人/儿童 10/5NIS；⏲周一至周六 8:30~17:00）这座教堂耸立于岩石高台上，位置险峻。此处据说是耶稣被他的门徒彼得拒绝的地方（《马可福音》14:66-72）——“鸡鸣以前，你要三次不认我”（教堂名字中的“gallicantu”在拉丁语中的意思是“鸡鸣”）。在这里可以欣赏大卫城和巴勒斯坦村庄锡勒万（Silwan）的迷人风光。

这座现代建筑是在之前的拜占庭和十字军教堂的基础上建造的，隆起的圆顶和宽大的拱形结构（完工于1930年）借鉴了拜占庭建筑风格。教堂内部有一些与众不同的彩色玻璃窗，下面露出了早期教堂的基础结构和镶嵌图案（包括发现了三个拜占庭时代十字架的地方）。鸡鸣堂由一个法国天主教会管理。

沿着从锡安山向下并转弯通往苏丹池（Sultan's Pool）的路向东拐，就可以到达这座教堂。从教堂的花园出来沿着罗马阶梯向下走，会到达位于汲沦谷的基训泉。

汲沦谷

位于老城区东部的汲沦谷及其西侧的斜坡构成了耶路撒冷最古老的部分，这里的考古遗迹和坟墓可以追溯到4000多年前。这里是传说中的大卫城的所在地，但其实早在大卫投掷石头之前，这里就是一座城市。这个地区还有不少墓穴和陵墓，特别是在约沙法山谷（Valley of Jehoshaphat）。陡峭的地形将山谷与城市其他部分隔开了（最好是从粪厂门或狮门进入）。对穿着结实休闲鞋的考古学爱好者来说，这里绝对值得徒步探索。

大卫城 考古遗址

（见54页地图；☎信息咨询02-626-8700，旅游预订077-996-6726；www.cityofdavid.org.il；成人/儿童 29/15NIS，电影 13NIS，圣经之城团队游成人/儿童 60/45NIS；⏲10月至次年3月 周日至周

四 8:00~17:00，周五 至14:00，4月至9月 周日至周四 至19:00，周五 至16:00；🚌1路、2路、38路）大卫城是耶路撒冷最热门的考古遗址之一，如神秘的古代史一般充满了争议。作为耶路撒冷最古老的一部分，这里曾是迦南时期的一个定居点。据说大卫在3000年前占领了这座城市，并将约柜带到了此地。19世纪50年代开始进行发掘工作，目前仍在继续。但围绕该遗址（位于东耶路撒冷的锡勒万）的开发和扩展而产生的争论未曾停止。至少要留出3小时参观。

从粪厂门向东（下坡），沿着右侧的道路走，然后你会在左边看到入口。在游客中心，你可以买水（在夏天你会需要的），也可以花15分钟观看关于这座城市的3D电影。如果你想步行穿过希西家水道（Hezekiah's Tunnel；强烈推荐），可以在浴室换上泳衣，把自己的衣物锁在柜子里（10NIS），或者穿短裤也行。你还需要合适的鞋子（人字拖或者防水鞋）。售票处出售钥匙扣灯，不过最好带一个手电筒。

请注意，门票涵盖了遗址的地下区域，比如沃伦竖井（Warren's Shaft）、希西家水道、西罗亚池（Pool of Siloam）和圣殿上坡路（Temple Road Ascent）；如果你只探索地上区，门票应该是免费的。这里的发掘工作仍在进行，因此可能很难认出你正在看的是什么，所以很多游客都觉得导览游很有帮助。

到达山脚后，你可以走圣殿上坡路，或者经由穿过巴勒斯坦锡勒万村的道路步行返回。

争议不断

耶路撒冷的许多古代遗址都存在争议，不过围绕大卫城的争论尤其激烈。游客会注意到，这片遗址感觉像是一座犹太人的孤岛，周围大部分都是巴勒斯坦街区。大卫城由一个促进耶路撒冷旅游业和资助考古发掘的组织Elad管理。该组织提倡将以色列定居点扩张到东耶路撒冷，因此其对大卫城管理的合理性饱受批评。历史学家也对将大卫城的考古发现用于证实圣经故事的客观性提出了质疑。游客可能会发现，大卫城一些指南上的官方介绍较为片面，带有犹太中心倾向。

➡ 皇家区（G区）[Royal Quarter（Area G）]

G区也被称为皇家区，最早建于公元前10世纪，很可能是为山脊上的一座宫殿所修的防御工事墙。在第一圣殿时期，这里倚墙建了一座贵族的家宅（Achiel's House），但是公元前586年，它跟圣殿一起被摧毁了。在皇家区的一个房间里发现了犹太人和巴比伦人的箭头，这个房间被称为烧毁的房间（Burnt Room），因为它覆盖着灰烬，这些细节生动地证明了这里曾有过血战。考古学家还确定了51枚皇室印章（古希伯来文字）的准确位置，其中一枚被认为是先知耶利米（Jeremiah）的抄写员基玛利雅·本·沙番（Gemaryahu Ben Shafan，《耶利米书》36:10）的所有物。

➡ 沃伦竖井

1867年英国工程师查尔斯·沃伦爵士（Sir Charles Warren）重新发现了这个长长的呈倾斜状的竖井，因此这里得名"沃伦竖井"。这条隧道从大卫城底下通往基训泉，在围城时期，迦南人不必暴露在危险中就可以取到水。竖井位于城市的防御墙内，可能就是《撒母耳记下》第5章中描述的让大卫的士兵进入并占领了这座城市的那条隧道。然而，现代考古学家质疑这个说法，他们认为入侵者使用的是另一条隧道。从沃伦竖井出发，你可以一直走到山脚下的希西家水道。竖井在大卫城正式关闭前1小时关闭。

➡ 希西家水道

这条500米长的地下水道的终点是西罗亚池，据说一位盲人听从耶稣的话在池中洗浴后就重见光明了。水道的用处是从基训泉引水。基训泉作为水源地变幻无常，就像是一个虹吸管，有时会在30分钟内涌出大量的水，有时却数小时滴水不见。

基训的意思是"滔滔不绝"，迦南人之所以选择住在山谷里而不是住在临近的高地上，主要的原因便是泉水。这条水道于公元前700年前后由希西王下令建造，目的是把基训泉的水引入城市并储存在西罗亚池里，这样可以防止入侵者（特别是亚述人）找到城市的供水点后切断水源补给（《历代志下》

32:30记录的一个故事）。

虽然水道狭窄，有的地方还很低，但你依然可以涉水通过。水深通常为50厘米至1米。隧道的宽度有时仅有60厘米。进入隧道约20米处，洞穴内有个左急弯，有一道齐胸高的墙堵住了通往沃伦竖井的另一条通道。走到水道的末端，顶部会变得更高，这是因为挖掘工作从两端开始，其中一个团队稍微误判了对面的高度。为此，他们不得不降低地面，以便水流通过。水道里发现了希伯来文铭文（在以色列博物馆里可以看到副本，见89页），由希西的工程师篆刻，讲述了水道的构造。

步行穿过希西家水道大约需要20分钟（如果人很多，可能要40分钟）。如果你不想弄湿自己，还有一个无水隧道可以走，走完大约需要15分钟。在希西家水道入口前左转，就可以找到无水隧道的入口。大一些的孩子可以走希西家水道，但是要在进去之前询问一下水位。最晚必须在大卫城正式关闭前1小时游览水道。

➡ 西罗亚池

从希西家水道出来后，你会看到一个水里有圆形石头的小水池。拜占庭人在5世纪建造了这座水池，以铭记耶稣治愈盲人的传说（《约翰福音》9）。当时他们没找到希洛奇池（Shiloach Pool），它被埋在了废墟之下。

➡ 希洛奇池

从拜占庭式的西罗亚池沿着楼梯上行，来到一个露天区域，从那里破败的石阶向下可来到一个池塘——希洛奇池。这个池子建于第二圣殿时期，在2004年被发现，曾用于举行净化仪式。考古学家和历史学家推断，这个水池就是传说中耶稣治愈盲人的地方。

➡ 东部步行街（Eastern Stepped Street）

从希洛奇池走上一段木头台阶，可以到达东部步行街。步行街是一段古老的石阶，每一对短台阶之间有一个长间隔，这种模式被认为是为动物设计的，以便献祭的时候可以将动物轻松地领上去。石阶下面有一条排水沟。在这里，考古学家发现了罗马时代的硬币和陶器，因此历史学家认为，公元70年这座城市被洗劫时，这条排水沟曾是犹太人的藏身之处。

➡ 圣殿上坡路

这条最近发现的650米长的隧道是一条排水沟，用于把水引出圣殿山区域。隧道底端靠近希洛奇池，从这里步行上坡可以回到老城区，出口在粪厂门附近。隧道的顶部较低，通道的一些地方也颇为狭窄，所以如果你特别高或特别胖（或者患有幽闭恐惧症），还是放弃吧。

约沙法山谷　　宗教遗址

（Valley of Jehoshaphat；见76页地图；Jericho Rd；捐赠进入；⏲白天）约沙法（希伯来语为yehoshafat）这个词的意思是"上帝已审判"。这个狭窄的山谷位于圣殿山和橄榄山之间，据说最后审判日会在这里发生（《约珥书》3:12），万民皆会受到审判。山谷南端有很多第二圣殿时期的墓穴。最北边是**约沙法墓**（Jehoshaphat），这个1世纪的墓穴因入口上方精妙绝伦的雕带而引人注目。就在它的前面是**押沙龙柱**（Absalom's Pillar），传说是大卫儿子的坟墓（《撒母耳记下》18:17）。押沙龙柱的另一边是**圣雅各洞**（Grotto of St James），人们认为耶稣在附近被捕时，圣雅各就藏在这里。洞穴旁边，是在岩石上开凿而成的**撒迦利亚墓**（Tomb of Zechariah），犹太传统认为先知撒迦利亚埋葬于此（《历代志下》24:25）。

这些墓的名字虽如此，但其实它们更可能是第二圣殿时期富有贵族的墓穴。

橄榄山

根据《撒迦利亚书》（14:4）的记载，当弥赛亚在最后审判日归来时，伴随着隆隆巨响，上帝将在这里开始救赎死者。许多犹太人选择葬在这里，迄今为止约有15万人被安葬在这些斜坡上（有传言说，最好的墓地价格在10万美元以上）。这个地区可能是世界上最古老的仍在使用的墓地，除此以外，这里还有大量教堂和遗址，用来纪念导致耶稣被捕的事件，以及信徒们深信的耶稣升入天堂事件。

耶稣升天堂　　教堂

（Church of the Ascension；www.evangelisch-in-jerusalem.org；Anbar St和Martin Buber St交叉路口；5NIS；⏲周一至周六 8:00~13:00；🚌275路）1898年，奥斯曼帝国把橄榄山上的8公

实用建议：游览橄榄山

徒步攀登橄榄山很辛苦，尤其是在夏天。如果你想给自己安排一次导览游，橄榄山是不错的选择；Sandemans（见95页）可提供精彩的3小时旅程（€21，包含转车）。如果要独自游览，可以从东耶路撒冷Sultan Suleiman St上希律门（Herod's Gate）对面的公共汽车站乘坐阿拉伯275路公共汽车（5NIS），或者在大马士革门外招手上车。当你看到"Augusta Victoria Hospital"的指示牌时，即可下车参观耶稣升天堂。或者再多坐几站，那便更接近橄榄山最知名的景点：往山下走，能参观**俄罗斯耶稣升天堂**（Russian Church of the Ascension；见76页地图；☎02-628-4373；⏲时间不定，通常为9:00至正午）、升天堂、天主经堂以及先知墓。当你朝着狮门（见74页）和老城区的方向往上走的时候，还会经过客西马尼园林花园（见83页）和圣母墓（见83页）。

大多数教堂和花园都在上午开放，正午时分至少关闭2小时，并在下午3点左右再次开放。

顷土地授予德国，用以建立教堂和救济院，并以德皇威廉二世的妻子奥古斯塔·维多利亚（Augusta Victoria）的名字命名。教堂在1910年建成，装饰着镶嵌图案和壁画，还有一座60米高的钟楼可供游客攀登（有203级台阶）。"一战"期间，土耳其军队占领了这里的救济院，后来英国把它改造成了一家军事医院——今天它仍然是一家医院。

升天堂 宗教遗址

（Dome of the Ascension/Chapel of the Ascension；见76页地图；⏲7:30~10:30和13:30~14:30）人们很容易忽视这座又破又小的教堂。由于相信这里就是耶稣升天的地方（《路加福音》24:50-51），拜占庭时代的人们修建了这座教堂，十字军对其进行了改造，后来在1198年，萨拉丁把它改成了一座清真寺。目前这座教堂是位于八角形大院里的一座圆形建筑，大院的外墙处有一座比较矮的石头宣礼塔。开放时间不定，但是通常早晨有人来开门。

教堂内部的石头地板上留有一个印记，据说是耶稣的足迹。今天，这种说法不能令人信服，可能是因为拜占庭时期的朝圣者是允许带走印记的一部分碎片的。现在只能看到右边的足迹，左边的足迹在中世纪被带到了阿克萨清真寺（见63页）。

天主经堂 教堂

（Church of the Pater Noster；见76页地图；☎02-626-4904；8NIS；⏲4月至9月 周一至周六 8:30至正午和14:30~16:30，10月至次年3月 周一至周六 8:00起）这座教堂和回廊的墙壁上嵌着带有主祷文（Lord's Prayer）的瓷砖镶板。君士坦丁大帝的母亲海伦娜认为这里是耶稣向门徒传授主祷文的地方，于是安排在这里建造一座教堂。最初的教堂被摧毁了，不过十字军于1152年在这个地方重建了一座教堂（后又被马穆鲁克王朝夷为平地）。目前的建筑是拜占庭教堂的不完全复原，并带有一座19世纪建造的回廊。瓷砖上装饰着132种语言的主祷文，不过到底有多少种也取决于你如何计算：一些语言也以盲文表示。

先知墓 坟墓

（Tomb of the Prophets；见76页地图；捐赠进入，每人5NIS；⏲周一至周四 9:00~15:00）朝着全景视角下段的公墓走去，通过楼梯就可以找到这组古老的石刻墓。在犹太传统中，人们认为这里是生活在公元前5世纪和公元前6世纪的先知哈该（Haggai）、撒迦利亚和玛拉基（Malachi）的坟墓，但是现代考古学家对这种说法持怀疑态度，认为这些坟墓始于后几个世纪。

抹大拉的玛利亚教堂 教堂

（Church of Mary Magdalene；见76页地图；⏲周二和周四 10:00至正午）这座外形优美的教堂是按17世纪俄罗斯东正教教堂的风格建造的，在橄榄山上闪耀着圣彼得堡般的光辉。这座教堂是亚历山大三世（Alexander Ⅲ）为了纪念他的母亲于1888年修建的，现在是一座女修道院，守护着两位俄罗斯圣徒的遗物。教堂的7个金色洋葱形圆顶是耶路撒冷最吸引人的地标之一。

万国教堂

教堂

（Church of All Nations，Basilica of Gethsemene；见76页地图；⏲4月至9月 8:00~17:50，10月至次年3月 至16:50）这座方济会宗座圣殿建在两座先前教堂的遗迹之上，人们相信它所在的位置正是耶稣在被出卖前夜进行晚间祷告的地方（《马太福音》26:36）。这座教堂也被称为耶稣苦难圣殿（Sanctuary of the Agony of Jesus），彩色玻璃窗和缀满了星星的拱形天花板使内部的光线十分柔和，营造了耶稣夜间在客西马尼园林花园祈祷的氛围。

据说，靠近圣坛的裸露岩石就是耶稣祷告的地方。

客西马尼园林花园

花园

（Garden of Gethsemane；见76页地图；⏲周一至周三、周五和周六 8:30至正午和14:30~17:00，周日和周四 至16:00）**免费** 据说在经过了一晚热忱的祷告之后，耶稣就是在这座花园里被捕的（《马可福音》14:26、32-50）。现在这座花园附属于万国教堂。园中拥有几株世界上最古老的橄榄树（在希伯来语中，gat shmanim的意思是“榨油机”），不过检测化验并不能确切证明这些树就是耶稣在下面祷告、他的门徒在下面睡觉的树。有一道围栏保护着剩余的树木不受游客伤害（防止朝圣者折断树枝）。可由通往橄榄山的狭窄小巷进入。

圣母墓

基督教遗址

（Tomb of the Virgin Mary；见76页地图；⏲4月至9月 5:00至正午和14:30~17:00，10月至次年3月 6:00起）**免费** 这座地下圣殿是基督教最神圣的圣地之一，数百年来的蜡烛已熏黑了这里的墙壁。按照传统说法，这是耶稣的生母玛利亚的安息地。尽管这里挂着无数的灯笼，塞满了价值数百万谢克尔的圣像，但是整个空间还是光线昏暗。中央的神龛盖着天鹅绒，朝圣者可以弯下身钻进去。

第一座在此地修建的纪念建筑出现在5世纪，但是屡遭破坏。现今建筑的立面可以追溯到12世纪的十字军时期，不过地下墓室是拜占庭时代修建的。地板下面还有一个古老的蓄水池。

圣殿里悬挂的油灯上面的彩蛋并不是复活节的装饰，这些彩蛋给想要爬下链子的老鼠设置了障碍。

东耶路撒冷

阿拉伯人居多的东耶路撒冷面临着激烈的争端。阿以战争后，作为1949年停战协议的一部分，这片土地被划分给约旦。以色列和约旦辖区之间的绿线（Green Line，1948~1967年分界线）沿Chel Handasa St（现在耶路撒冷轻轨线路的一部分）延伸。1967年的六日战争后，东耶路撒冷被以色列控制，国际社会大多认为东耶路撒冷是被以色列占领的领土。

令新来的人感到困惑的是，“东耶路撒冷”可以指老城区北部、东部和南部的街区。老城区周围的东耶路撒冷地区，是人数占主导地位的阿拉伯人和无所不在的以色列安全部队之间对立甚至产生暴力的冲突热点。

探索这片区域时，不妨歇一会儿来喝一杯，或者到历史上著名的American Colony Hotel（见98页）吃顿饭。传说当本属于奥斯曼帝国的整座城市向英国投降时，耶路撒冷的土耳其长官曾从一张床上扯下床单当作投降旗帜（当时这是一家医院）。这面“旗帜”现在收藏在伦敦的帝国战争博物馆里。

危险和麻烦

大多数到耶路撒冷游览的旅行者都可以平安无事地享受旅行，但是要小心：有时持续紧张的局势可能迅速升级，有时甚至会造成暴力事件。

- 犹太人和阿拉伯人的示威游行很常见。其中许多都是和平的，但是要避开抗议活动。大马士革门、狮门和圣殿山通常是冲突热点。
- 许多旅行者表示感觉在橄榄山一带不安全。据报道，一些女性旅行者曾经被冒犯。如果可能，尽量结伴游玩。
- 极端正统派犹太人团体有时会向公共汽车投掷石块，并在梅阿谢阿里姆（Mea She'arim）区域与警察发生冲突。游客（尤其是那些被认为衣着不够得体的游客）在这里漫步也会引发敌意。

★ 巴勒斯坦历史博物馆 博物馆

（Palestinian Heritage Museum, Dar Al Tifel Al Arabi Foundation; 见76页地图; ☎02-627-2531; www.dta-museum.org; American Colony, Al Jarrah St; 成人/儿童 20/10NIS; ⏲周一至周四和周六 8:00~16:00）这座博物馆在美国殖民地综合区内的一栋19世纪的建筑内，简单地介绍了古代和现代巴勒斯坦文化，内容颇为实用。刺绣、篮子编织和农具方面的展览令人得以一窥古老的乡村传统。该馆还详细展示了巴勒斯坦人流离失所的情况，包括前阿拉伯村庄的名单，以及一些纪念性事件，比如1948年的代尔亚辛（Deir Yassin）大屠杀。

圣乔治主教座堂 教堂

（St George's Cathedral; 见76页地图; www.j-diocese.org; Derekh Shchem/Nablus Rd; ⏲开放时间不定; 🚉Shivtei Israel）圣乔治主教座堂以英格兰守护神的名字命名，传统上认为圣乔治是4世纪初在巴勒斯坦遇害的。这座教堂于1898年祝圣，会众中有说阿拉伯语的，也有说英语的。教堂所在的院子是一块永久性英国托管地，是英国在耶路撒冷存在的象征。

边线博物馆 画廊

（Museum on the Seam; 见76页地图; ☎02-628-1278; www.mots.org.il; 4 Chel Handasa St; 成人/学生 30/25NIS; ⏲周一、周三和周四 10:00~17:00，周五 至14:00，周二 14:00~20:00; 🚉Shivtei Israel）这座画廊位于东耶路撒冷和西耶路撒冷之间的"接缝"（边界）之上，馆内当代艺术流动展览通常都与身份认知、多样性和宗教信仰主题有关。你会看到从霓虹灯多媒体装置到圣经场景再现等各种各样的展品，不管展出的是什么，都很耐人寻味。建筑本身在1948~1967年是以色列军队的军事前沿，至今仍留有战争的疤痕。

这里有一家屋顶咖啡馆，楼下还有一家礼品店。需要注意的是，这里展示的一些作品可能不适合小孩子参观。

花园坟墓 花园

（Garden Tomb; 见76页地图; ☎02-539-8100; www.gardentomb.org; East Jerusalem; ⏲周一至周六 8:30~17:15; 🚉Damascus Gate）**免费** 这个宁静的绿色空间避开了Derekh Shchem（Nablus）Rd的喧嚣，其托管基金协会认为这里不但是亚利马太的约瑟（Joseph of Arimathea）的花园和墓地，可能也是耶稣复活的地方。这个说法引来了强烈的争议，不过这个围墙内的空间景色宜人，和拥挤不堪但被普遍认为是耶稣受难之地的圣墓教堂（见66页）相比，这里更适合静心沉思。此外这里还有一些有趣的考古发掘。

1883年，查尔斯·戈登将军（General Charles Gordon，又名喀土穆的戈登）第一次为这个地方赋予了《圣经》意义。戈登不相信圣墓教堂所在的位置是骷髅地，因此他开始以大马士革门（见72页）正北方头盖骨形状的山丘为标志进行挖掘。他在土丘下发现的古墓里有一个以滚石封闭的房间，这进一步坚定了他的信念，即这里才是真正的遗址。

考古学家对这个理论提出了质疑，他们认为这些古墓可以追溯到公元前7世纪至公元前5世纪，支持者则反驳道，圣地的古墓经常被重复使用。少数愤世嫉俗者认为，捍卫花园坟墓更大程度上是因为它是耶路撒冷唯一与其所有者——新教徒存在利害关系的圣地。

从Sultan Suleiman St沿Nablus Rd往北走，然后在Schick St向右拐就可以到达，该景点就在公共汽车站对面。这里设有无障碍设施。

洛克菲勒博物馆 博物馆

（Rockefeller Museum; 见76页地图; ☎02-670-8074; 27 Sultan Suleiman St, East Jerusalem; ⏲周日、周一、周三和周四 10:00~15:00，周六 至14:00; 🚉Damascus Gate）**免费** 洛克菲勒博物馆在耶路撒冷必看景点名单上的排名并不靠前，但是这里安静、不拥挤，而且从希律门走一小段路就可以到达。这里的氛围和内容都令人愉快，可以去回廊（Cloisters）看看，那里的人造水景周围布置了很多罗马时代的古物。

市中心

耶路撒冷的市中心位于老城区的西北部，中轴线是Jaffa Rd，这条路从塔扎哈尔广场（Tzahal Sq）一直延伸到马哈耐耶胡达市场。位于广场和市场之间的是锡安广场（Zion

Sq)，它是便于识别的地标和集合地点。虽然这片区域是耶路撒冷的市中心，但很容易辨认方向，便于步行。

★马哈耐耶胡达市场 市场

（见76页地图；www.machne.co.il；Jaffa Rd，Downtown；⏲周日至周四 8:00~19:00，周五 9:00~15:00；🚊Mahane Yehuda）所有在耶路撒冷的人都会聚集在马哈耐耶胡达市场，不管是初次到访的游客，还是不断往手推车里装水果和蔬菜的当地居民。市场摊位上堆满了轮子状的芝麻牛轧糖（halva）、比拇指还大的橄榄、白花花的罂粟籽糕点，以及几乎所有能在当地生产或种植的东西。夜幕降临后，这里又会摇身一变，成为餐馆和酒吧中心，当地的美食家和游客都会在此尽情享乐。

该市场有两条主要街道：Mahane Yehuda St是露天市场，更适合向肉贩和菜贩购买农产品；Etz Chayim St是室内市场，有大量可以品尝糕点、烤饼、果汁等美食的地方。

从奥斯曼时代起，这里一直有一个市场。英国托管期间，当局想精简这里的布局，但以失败告终，马哈耐耶胡达市场散乱的特色保留到了今天。曾经市场内小巷的名字与其间售卖的商品有关，然而如今这里充满了流动的乐趣：HaAfarsek（"桃子街"）有亚麻制品，HaTut（"浆果街"）有一间肉铺，Ha' Egoz（"胡桃街"）则因出售糖果、咖啡和鲜花而热闹非凡。

周四和周五是市场最繁忙的时候，那是安息日前的抢购时间，不过到时你会和逛街的人摩肩接踵。

俄国大院 古迹

（Russian Compound；见86页地图；Shivtei Israel St，Downtown；⏲圣三一堂 4月至9月 周一至周六 9:00~13:00，10月至次年3月 周一至周五 9:00~13:00，周六 至正午；🚊City Hall）**圣三一堂**（Church of the Holy Trinity）的绿色圆顶俯瞰着这个大院。1860年大院由俄罗斯东正教会购得，用来彰显俄罗斯帝国在圣地的存在。在英国托管时期的最后几年，这个地方及附近的一些街道变成了设防行政区，巴勒斯坦犹太人用被世人谴责的英国外交大臣欧内斯特·贝文（Ernest Bevin）的名字将整个区域称为"Bevingrad"。如今，耶路撒冷的中央警察局和法院坐落于此。

意大利犹太艺术博物馆 博物馆

（Museum of Italian Jewish Art；见86页地图；☎02-624-1610；http://ijamuseum.org；25 Hillel St，Downtown；成人/儿童 25/15NIS；⏲周日、周二和周三 10:00~17:00，周四 正午至21:00，周五 10:00~13:00；🚊Jaffa Center）这座被忽视的博物馆中的焦点是一座巴洛克风格的犹太会堂，金色的葡萄叶和装饰性拱门把博物馆点缀得熠熠生辉。1951年，这座犹太会堂被一块一块地从其诞生地威尼托大区科内利亚诺（Conegliano Veneto）运出，跨越地中海来到这里进行重建。同一栋建筑内还收藏着与意大利犹太人生活相关的物品，时间跨度从文艺复兴时期一直到现在。

阿德斯犹太会堂 犹太会堂

（Ades Synagogue；见76页地图；Be' ersheva St和Shilo St交叉路口；⏲开放时间不定）这座犹太会堂是来自叙利亚阿勒颇的犹太人于1901年修建的，得名自资助了该项目的阿勒颇兄弟奥瓦迪亚（Ovadia）和约瑟夫·阿德斯（Yosef Ades）。这座教堂后来迅速成了叙利亚犹太人礼拜仪式领唱（hazzanut）的中心，并且见证了许多耶路撒冷领唱者的训练。今天，这里还保持着罕见的巴卡谢特（bakashot）传统，即在冬季安息日的清晨，循环唱诵一套卡巴拉诗歌。

这座犹太会堂主要供礼拜者使用（尽管也有一些游客来参观）。这里会主持两次晨祷和一次综合的下午/晚间礼拜，参观者可以参加，时间安排张贴在外面。

大卫王街

老城区以外最令人梦寐以求的住宅区位于大卫王街（David HaMelekh St）沿线，在雅法门西边的山坡上。以King David Hotel（见101页）为主导的这片区域配有公园、花园和高档餐馆。毗邻的**玛米拉**（Mamilla）有一排排新建的豪华公寓，很多公寓的所有者都是多数时间住在海外的犹太人，从这里可以俯瞰老城区的城墙。重要地标建筑有改革运动派的**希伯来联合学院**（Hebrew Union College；Beit Shmuel；见86页地图；www.beitshmuel.co.il；6 Eliyahu Shama St），这里的部分建筑是摩西·萨夫迪（Moshe Safdie，其

Downtown 市中心

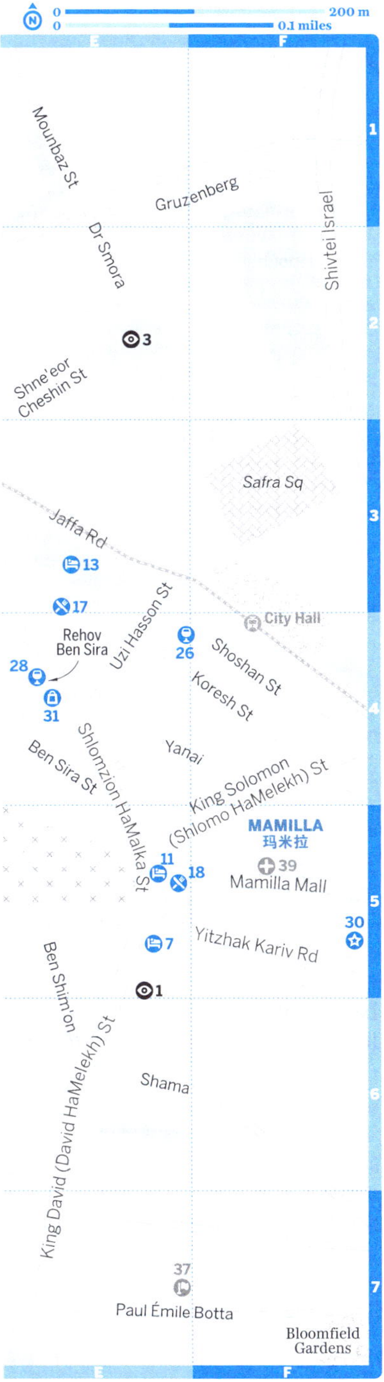

建筑设计也为Mamilla Mall和犹太大屠杀纪念馆增色不少）设计的；以及1933年的基督教青年会（YMCA）建筑，后者是纽约帝国大厦的建筑师阿瑟·卢米斯·哈蒙（Arthur Loomis Harmon）设计的。

蒙蒂菲奥里风车 地标

（Montefiore Windmill, Yemin Moshe Windmill；见76页地图；☎02-625-1258；Yemin Moshe；⊙博物馆 周日至周四 9:00~16:00，周五至13:00）**免费** 这个社区被称为Mishkenot Sha'ananim（"平安居所"），主要由英国犹太慈善家摩西·蒙蒂菲奥里爵士（Sir Moses Montefiore）开发建设。这里1857年的风车是在老城区的安全范围以外建造的第一批建筑。

圣安德烈教堂 教堂

（见76页地图；☎02-673-2401；www.standrewsjerusalem.org；1 David Remez St, German Colony；⊙教堂 周日至周四 9:00~16:00，周五 至13:00）高耸的圣安德烈教堂就像是一座高地城堡，自1927年铺下第一块石头以来，它一直是属于苏格兰的小小角落。这座教堂也被称为"苏格兰教堂"，修建它是为了纪念"一战"期间在圣地阵亡的苏格兰士兵。"二战"期间，苏格兰人继续使用该教堂，不过现在很多国家的人都会来到此地，尤其是为了这里绝佳的住宿环境（见100页）而停留。

建筑融合了东西方特色：留意观察十字军风格的教堂窗户，上面镶着蓝色的希伯伦玻璃，还有亚美尼亚瓷砖和宽阔的拜占庭式穹顶。

里哈维亚和塔比耶

这些街区建于20世纪初，是这座城市中较为时尚的居住地——塔比耶（Talbiyeh）是富有的阿拉伯基督徒建造的，里哈维亚（Rehavia）则出自犹太知识分子之手。目前，总理和总统的官邸也设在这里。Gaza（Aza）Rd是通往加沙的老路，路的上段（东北部）以及Ramban St一带特别繁华，遍布各种酒吧和咖啡馆。

这两个地区都在Bezalel St的南侧，King George V St和Keren HaYesod St的西侧。

Downtown 市中心

景点

1 希伯来联合学院 E5
2 意大利犹太艺术博物馆 C3
3 俄国大院 E2

住宿

4 7 Kook Hotel & Suites C1
5 Arthur Hotel B2
6 City Center Hotel A2
7 David Citadel Hotel E5
8 Harmony Hotel C3
9 Jerusalem Hostel & Guest House C2
10 Jerusalem Inn D2
11 Mamilla Hotel E5
12 Palatin Hotel A1
13 Post Hostel E3
14 Shamai Suites B2

就餐

15 Darna D2
16 Focaccia Bar B3
17 Hamarakia E3
18 Mamilla Rooftop Restaurant E5
19 Pinati A2
20 T'mol Shilshom C2
21 Village Green D2

饮品和夜生活

22 Barood D3
23 Cassette Bar D2
24 Jabotinski D4
25 Kadosh D3
26 Mazkeka E4
27 Mike's Place D2
28 Sira E4
Videopub （见23）

娱乐

29 Bimot B3
30 时光穿梭机 F5

购物

31 Arman Darian Ceramic E4
32 Danny Azoulay C2
33 Greenvurcel C3
34 Kippa Man B2
35 Lametayel C2
36 Steimatzky D2

实用信息

37 法国领事馆 E7
38 Jerusalem Open House for Pride and Tolerance D3
39 Super-Pharm F5

伊斯兰艺术博物馆 博物馆

（LA Mayer Museum for Islamic Art；见76页地图；☎02-566-1291；www.islamicart.co.il；2 HaPalmach St, Rehavia；成人/学生/儿童40/30/20NIS；⏲周一至周三 10:00~15:00，周四至19:00，周五和周六 至14:00；🚌13路）这座艺术馆位于里哈维亚的南部边缘，在这里可以近距离欣赏华美的艺术品。该馆展示的是伊斯兰艺术世界的瑰宝：11世纪的玻璃制品和马穆鲁克陶器很值得关注，不过最抢风头的是伊朗的瓷砖作品。这座博物馆的展览是伊斯兰艺术主题和发展的入门指南，你可以花上一个小时，参观分布在三层楼里的镶嵌木和装饰着珠宝的武器。

该馆于1974年开馆，还设有一个多媒体“伊斯兰教介绍”大厅，不但把伊斯兰艺术融入了宗教信仰的背景，而且深入地探讨了穆罕默德的生平和苏非派神秘主义等主题。

此外，该馆的钟表收藏举世闻名，其中包括许多1983年在以色列最惊人的抢劫案中失窃的钟表，这些钟表于2008年被追回。

如有需要可提供英语导览游（提前打电话预约）。

德国侨民区

尽管叫德国侨民区（German Colony），但是在这个古朴而文雅的社区里，你听到的英语、法语和希伯来语会跟德语一样多。这个社区就位于奥斯曼帝国时代的第一车站（见107页）南边。只是偶尔会看到哥特体德文字母，显露出它的德国根源。德国侨民区由圣殿骑士（新教的一个小派别）创建于19世纪80年代。在这个精致的国际化区域，在咖啡馆的露台上一边读《国土报》（*Ha'aretz*），一边啜饮咖啡，似乎就是日常活动的中心。晚上来这里散步是件令人愉快的事，这里有许多餐馆和咖啡馆可供消磨时间。

7路和34路公共汽车从市中心的King George V St开往Emek Refa' im St。

塔皮奥特

哈斯观景大道

观景点

（Haas Promenade; Talpiot）哈斯观景大道可以让你欣赏柏树相接的耶路撒冷风光：老城区与后方升起的高楼大厦，还有点缀着村庄的山谷绵延至远方。几条步行道为这片开阔的景色提供了各种各样的视角。可以在下午晚些时候前往，届时如画的美景会沐浴在紫铜色的光辉中，非常迷人。

从中央长途汽车站（Central Bus Station）乘78路公共汽车，在Daniel Yanovski St和HaAskan St的交叉路口下车即到。

吉瓦特拉姆区和博物馆街

以色列政府的政治中心和两座重要的博物馆就位于这个中央长途汽车站以南的政府和大学街区——吉瓦特拉姆区（Givat Ram）。

★以色列博物馆

博物馆

（☎02-670-8811; www.imj.org.il; 11 Ruppin Blvd, Museum Row; 成人/学生/5~17岁54/39/27NIS; ⏲周六至周一、周三和周四 10:00~17:00，周二 16:00~21:00，周五 10:00~14:00; 🚌7路、9路、14路、32路）庞大的以色列博物馆的室内外展区藏有许多超过5000年历史的文化宝藏。亮点是考古展厅（Archaeology Wing）的巨大雕像，美术展厅（Fine Arts Wing）则展示了20世纪的以色列艺术，从地毯编织到雕塑，应有尽有。刚开始接触犹太文化的人会喜欢生活节奏展厅（Rhythm of Life Room），这里有关于出生、结婚和死亡仪式的盛大展览。镇馆之宝是保存在一个独特神龛中的《死海古卷》（*Dead Sea Scrolls*），这是世界上最古老的圣经手稿之一。

开始游览前（参观博物馆至少需要半天时间），一定要去游客中心拿一个免费的语音导览器。如果你决定像大多数游客那样，花一整天的时间参观，可以去出色的餐馆Modern（见107页）享用午餐。这里还有两家（价格更便宜的）咖啡馆。

➡ 圣书之龛（Shrine of the Book）

这座展馆独特的盖子形屋顶象征着保存《死海古卷》的罐子。第一批于1947年发现的《死海古卷》共计900多卷，其历史可以追溯到巴尔·科赫巴起义（132~135年）时期。古卷的内容涉及世俗和宗教问题，据说是由一个名叫艾赛尼派（Essenes）的苦行犹太团体所著，他们在这个地区生活了300年左右。最重要的书卷是《以赛亚古卷》（*Great Isaiah Scroll*），内容量最大（7.3米），保存也最完好——馆内有逼真的摹本。展览可以让你了解古卷和艾赛尼派的故事，还能看到一些原始文献。

➡ 考古展厅

这里的展品是世界上最全面的《圣经》和圣地考古收藏。考古展厅按时间顺序展示从史前时期到奥斯曼帝国时期的历史。在第一个展厅里迎接参观者的是一组公元前13世纪的人形黏土棺材，其他展品同样令人印象深刻，包括一块来自纳布卢斯的3世纪的镶嵌图案地板，上面描绘了阿喀琉斯（Achilles）生平重大事件。同样值得关注的还有“大卫的家”胜利石碑（‘House of David’ Victory Stele），这块在但丘（Tel Dan）发现的石碑可以追溯到第一圣殿时期，碑文虽不完整，但这是目前唯一不以《圣经》为参考的大卫王朝的相关考古发现。

➡ 犹太艺术和生活展厅（Jewish Art & Life Wing）

这里的珍贵展品是四座完整的犹太会堂，它们来自不同地方，都经过了修复。一座是18世纪的维托里奥威尼托犹太会堂（Vittorio Veneto Synagogue）用镀金和石

纳克拉沃

纳克拉沃（Nahla'ot）建立于19世纪60年代，位于马哈耐耶胡达市场的南部，由迷宫般的窄巷组成，里面隐藏着不少古老的犹太会堂和犹太教神学院（yeshivas），许多都坐落在带有石墙的大院里。最有趣的街道是HaGilboa，在那里你会发现大量颇具历史意义的住宅；每栋住宅都有一块牌匾，上面记述着建造者的家庭情况。穿过一条街，在HaCarmel寻找引人注目的犹太会堂Hased veRahamim，它的银色大门非常显眼。

梅阿谢阿里姆

从Jaffa Rd沿着Strauss St向北走，很快就会进入一个街区，这里有立面以石头砌成的低矮建筑、挂着晾晒衣服的阳台、一袭黑衣的长须男子，以及穿着长裙的母亲，后面跟着一群着装正式的孩子。如果你觉得自己好像闯进了19世纪80年代的东欧犹太社区（shtetl），那你很可能正站在安息日广场（Kikar Shabbat）附近。这座广场是耶路撒冷最古老的极端正统派犹太人[哈雷迪（Haredi）]社区梅阿谢阿里姆（Mea She' arim）的重要路口。

极端正统派的东欧移民根据他们记忆中的波兰、德国和匈牙利的家的样子，打造他们在耶路撒冷的家，努力回归旧时代，梅阿谢阿里姆就这样发展了起来。尽管身处圣地，但是这里的居民依然保持着19世纪东欧的风俗、习惯和穿着。他们的服饰非常保守：男人穿黑色西装、戴帽子，女人着拖地长裙；即便是在中东的盛夏，许多哈西德派（Hasidic）男人也保留着在安息日和假期戴毛皮帽子（shtreimels）的习惯。

生活在这里的家庭通常都有很多成员，这意味着梅阿谢阿里姆是耶路撒冷人口增长最快的街区之一，同时也使这座城市的宗教性不断加强。日常街头的首选语言是意第绪语（Yiddish），因为极端正统派认为希伯来语是神圣的语言，只作宗教用途。人们每天主要花时间在祈祷上，经营买卖是次要的——宗教研究通常由以色列政府补贴和国外极端正统派团体资助。

在极其保守的家庭里，已婚妇女要剃光头，并用头巾或假发遮住头，以保持端庄。但是对一些人来说，这样还不够。2011年，极端组织试图在梅阿谢阿里姆的某些人行道上实施隔离措施——男人和女人各走一边。这场运动遭到了许多主流极端正统派犹太人的反对，以色列最高法院也宣布这种做法违宪。

游客的穿着和举止要尽量保守，因为这是一个宗教街区。突兀的大指示牌上写着着装规定，包括要求女性裙子得及膝，而且不论男女都必须遮挡肩膀和手肘以上的部位。不要对着居民拍照（他们讨厌满足游客的好奇心），不要跟孩子及异性说话。走路时不要臂挽臂或手拉手，接吻更是禁忌。违反当地习俗会遭到口头抗议，甚至被扔石头。如果看到当地人与警察要产生冲突的苗头，赶紧避开——本书作者调研期间，警察和当地居民之间发生了大量的挑衅性冲突，有些相当暴力。

周五是最热闹的一天，你会看到许多家庭在市场上来来往往，为安息日做准备。周五晚上，街上全都是吃过安息日晚餐准备稍作休息的人。在安息日，不要开车进入这些地区：市政当局设置的路障会让道路难以通行。如果你要到这些社区漫步，不要拿出手机查看路线或导航，因为这会激怒当地居民，他们认为使用科技是对安息日的侵犯。

从大马士革门或者Jaffa Rd和King George V St的交叉路口步行15分钟即可到达梅阿谢阿里姆。

膏装饰，是1965年从意大利的维托里奥威尼托（Vittorio Veneto）运来的。其他三座分别来自印度的科钦（Cochin）、苏里南的帕拉马里博（Paramaribo）以及德国的美因河畔霍尔布（Horb am Main）。刷了油漆的戴勒（Deller）家族神棚（sukkah，住棚节期间搭建的临时木屋）也值得一看，其历史可追溯到19世纪，是1935年从德国走私到耶路撒冷的。展厅的后面主要展出犹太服装和珠宝。

➡ 美术展厅

这里的亮点是印象派和后印象派画廊，展示着雷诺阿（Renoir）、毕沙罗（Pissarro）、德加（Degas）、西斯莱（Sisley）、莫奈（Monet）、塞尚（Cézanne）等许多画家的作品。现代艺术画廊里陈列着席勒（Schiele）、罗斯科（Rothko）、马瑟韦尔（Motherwell）、波洛克（Pollock）、莫迪利亚尼（Modigliani）和培根（Bacon）的作品，以色列艺术品则在以色列艺术展厅中展示，鲁文·鲁宾

(Reuven Rubin)和优素福·扎里茨基(Yosef Zaritsky)的画作非常引人注目。

➡ 艺术花园(Art Garden)

从圣书之龛沿一条平坦的步道可以来到这座庞大的雕塑花园。花园由日本艺术家及景观设计师野口勇(Isamu Noguchi)设计，园内展示着19世纪、20世纪和21世纪艺术家的作品，包括摩尔(Moore)、卡普尔(Kapoor)、勒维特(LeWitt)、欧登伯格(Oldenburg)、塞拉(Serra)、罗丹(Rodin)和毕加索(Picasso)等艺术家。

出示你的圣经地博物馆门票，在购票时可以享受10%的折扣。

圣经地博物馆 博物馆

(Bible Lands Museum; ☎02-561-1066; www.blmj.org; 21 Stefan Wise St, Museum Row; 成人/学生和儿童 44/22NIS; ⊙周日至周二和周四 9:30~17:30, 周三 至21:30, 周五和周六 10:00~14:00; 🚌7路、9路、14路、35路、66路)这座规模庞大的博物馆试图在考古发现和《圣经》相关事件之间建立联系，馆内藏有大量来自不同古代文明的雕塑和日常物品。展品的布置比较混乱，所以建议使用语音导览，或者参加免费的导览游，时间为周日至周五的10:30(英语)和11:00(希伯来语)、周三的17:30(英语)和18:00(希伯来语)，以及周六的11:30(希伯来语)。

最有趣的展品包括埃及的藏品，比如装饰华丽的石棺和蓝釉珠宝，还有新石器时代的叙利亚丰产雕像，以及一艘刻有文字的船，它能帮助历史学家解读楔形文字。

18岁以下的少年儿童在周六和周三下午可以免费参观。

以色列议会 地标

(Knesset; 见76页地图; ☎02-675-3337; www.knesset.gov.il; Ruppin Rd, Givat Ram; Ⓟ; 🚌7路、7A路、14路、35路)免费 设有120个席位的以色列议会位于一幢建于1966年的建筑中，不过遗憾的是建筑不够美观，有点儿像多层停车场。游客可以参加1小时的免费导览游，参观会议室、全体议员室、夏加尔厅(Chagall Hall，有3张挂毯画和几幅由20世纪伟大的犹太艺术家创作的镶嵌画)以及《独立宣言》展览。该建筑是政府区本-古里安建筑群(Kiryat Ben Gurion)的一部分。

周日和周四会组织希伯来语、阿拉伯语、英语、法语、西班牙语、德语和俄语(以及阿姆哈拉语，需要事先通知)的导览游，可登录网站查询具体时间。以犹太符号和习俗为主题的适合儿童参加的团队游在周日提供，要提前询问。周一和周二16:00起以及周三11:00起，还可以在旁听席上观看议会全体辩论。

游客必须持有护照，衣着要端庄得体(不允许穿短裤、无袖衬衫、带有政治口号的T恤或人字拖)。要做好被简短讯问的准备(即便你只是从这里路过)。

以色列议会对面的公共汽车站旁边是一个巨大的青铜烛台，这是1956年英国工党赠送的礼物，上面装饰的镶板上描绘了犹太历史上的重要人物和事件。

十字架修道院 修道院

(Monastery of the Cross; 见76页地图; ☎054-520-2281; 15NIS; ⊙10月至次年3月 周一至周六 10:00~16:00, 4月至9月 至18:00; 🚌15路)这座带有城墙的修道院的起源一直是个谜。人们相信耶稣的十字架是用这座山谷里生长的树木建造的，进而于4世纪在这里建立了一座修道院；一些历史学家认为修道院的建造与君士坦丁大帝的母亲海伦娜有关。11世纪，格鲁吉亚国王巴格拉特四世(Bagrat Ⅳ)下令修建了现在的建筑，小教堂原汁原味地保留了格鲁吉亚风格。

纪念山

在城市的西部边缘，成排的住宅区和耶路撒冷森林之间，是一片树木繁茂的山坡，景色颇为壮观，那里被称为纪念山(Har Hazikaron, Mount of Remembrance)，是赫茨尔山军人公墓和犹太大屠杀纪念馆的所在地。

★ 犹太大屠杀纪念馆 纪念地、博物馆

(Yad Vashem; ☎信息咨询02-644-3749, 旅游预订02-644-3802; www.yadvashem.org; Hazikaron St, Har Hazikaron; ⊙周日至周三 9:00~17:00, 周四 至20:00, 周五 至14:00; 🚊Mt Herzl)免费 以色列为死于纳粹之手的600万

各式各样的犹太服饰

衣着“端庄”（不暴露）是哈雷迪（Haredi）社区生活中的基本原则，哈雷迪通常被称为“极端正统派”犹太人（尽管有些人更喜欢“传统正统派”这个名字）。女性要穿着长裙或连衣裙（从来没有人穿裤子）、长袖衬衫或长袖上衣。男性通常穿黑色西装和白衬衫，不戴领带。已婚的哈雷迪妇女通常要用假发、发网或头巾遮盖头部。所有哈雷迪男人都要戴帽子，帽子包括以下几种：

无檐便帽（Kippa，意第绪语为yarmulke，英语为skullcap）所有犹太人在犹太会堂和圣地都会戴这种帽子，而最恪守教规的犹太男人更是无时无刻不戴着它。无檐便帽提醒人们上帝时刻与戴帽子的人相随。现代正统派或虔诚的犹太复国主义男人会戴针织或钩针编织的无檐便帽；极端正统派犹太男人会戴黑色天鹅绒或布制无檐便帽，他们常常把它戴在大帽子下面；还有一些团体，比如布拉索瓦（Braslavers），喜欢白色帽子。在近几十年里，改革派和保守派运动中的女性成员也开始戴这种小帽。

什特莱伞（Shtreimel）据说这种帽子起源于鞑靼人，在安息日和假期，已婚的哈西德派（Hassidic）和耶鲁什米（Yerushalmi）犹太人（他们属于本城历史悠久的德系犹太人社区）会戴这些巨大的圆形毛皮帽子。传统的狐狸皮或貂皮做成的什特莱伞值数千美元，因此佩戴者有时会在雨天用巨大的塑料浴帽把它遮盖起来。

斯普迪克（Spodik）这是另一种毛皮帽子，一些哈雷迪派男人会在安息日或假期时戴这种帽子。它同样起源于东欧，但是比什特莱伞更高、更薄。

软呢帽（Fedoras）极端正统派男人在工作日戴这种黑色帽子，它通常是用兔毛制成的宽边软呢帽或者圆形的宽边帽。

其他经常穿戴的宗教服饰有**tallit katan**，这种四边形的披肩上带有打了结的流苏（名为tzitziot，通常是你唯一可以看到的部分）。这些结是按照犹太法典中列出的方法打的，有些要用一种叫t' chelet的特殊蓝色染料染色（《民数记》15:38）。

许多哈西德派和传统的也门男人还会戴叫**帕约特**（payot，意第绪语为peyes）的鬓角卷发。这是对《圣经》中禁止剃去“鬓角”（payot）这一禁令的处理方式（《利未记》19:27），《密西拿》（*Mishnah*）只要求男性遵守该禁令。

犹太人建立的官方纪念馆，发人深省，令人痛心，同时也是一件设计杰作。博物馆的名字取自《以赛亚书》第56章第5节，意思是“有纪念、有名号”。除了纪念死难者的名字，犹太大屠杀纪念馆的研究中心还在孜孜不倦地记录那些无人悼念的受害者的名字。至少要留出3小时参观这个占地18公顷的地方。

纪念馆的主要建筑是一个沉入地下的巨大混凝土方舟，里面是**大屠杀历史博物馆**（Holocaust History Museum）。这座棱柱似的大厅内有9个地下展厅，详细介绍了导致大屠杀的事件，以及在欧洲根深蒂固的、令人不安的反犹太主义历史。展厅按照时间顺序和主题讲述故事，配有历史遗物、电影资料、个人证词视频、照片和装置艺术，说明文字使用英文和希伯来文，引导参观者逐渐走出黑暗，最终来到一处俯瞰耶路撒冷森林的露台。

名字堂（Hall of Names）的天花板上布满了死难者的照片，周围都是写满他们名字的书册。地板上的一个洞象征着失去的未知，并纪念着那些无名的受害者：因为他们、他们的整个家庭、所有朋友以及所有认识他们的人都被杀害了，没有人为他们作证、哀悼或祈祷。

博物馆的出口附近是一座独立的建筑，那是**大屠杀艺术博物馆**（Museum of Holocaust Art），收藏着在聚居区和集中营里创作的作品。附近有一个**展览亭**，用来举办临时展览，还有一座**犹太会堂**，可供游客做私人祷告，那里装饰着从被毁的欧洲犹太会堂移来的物品。

在纪念礼堂（Hall of Remembrance）的底层，永恒的火焰在一座地下墓室附近燃烧，墓室内保存着来自死亡集中营的受害者的骨灰，地板上刻着22个最臭名昭著的集中营的名字。礼堂后面还有一些纪念物，包括家畜车（Cattle Car Memorial），这是把犹太人从社区运送到集中营的火车车厢原物。这里还有国际义人花园（Garden of the Righteous Among the Nations），是为了纪念在大屠杀中冒着生命危险营救犹太人的成千上万的非犹太人而建。

靠近游客中心的是令人心酸的儿童纪念堂（Children's Memorial），这里纪念着死于大屠杀的150万名犹太儿童。这座阴沉的地下纪念堂深入基岩，里面有数百面镜子反射着一束孤单的火焰。录制的声音不停地念着逝去孩子的名字。请慢慢进入，因为需要一段时间让你的眼睛适应黑暗。不远处的华沙犹太区广场（Warsaw Ghetto Square）上有一座令人印象深刻的红砖纪念碑，纪念着1943年在华沙犹太区起义中英勇反抗的战士。

耶路撒冷轻轨的Mt Herzl站离这里只有很短的步行距离，从City Hall坐车需要15分钟。从电车上下来后，穿过马路向森林的方向走，沿着稍有坡度的Hazikaron St步行10分钟。或者，在途中的公共汽车站等待每20分钟一班的免费班车。

需要注意的是，在周四，许多纪念馆会在17:00闭馆（大屠杀历史博物馆、大屠杀艺术博物馆、展览亭和犹太会堂一直开放到20:00）。10岁以下的儿童不允许进入大屠杀历史博物馆。

赫茨尔博物馆 博物馆

（Herzl Museum；☎02-632-1515；www.herzl.org.il；Herzl Blvd，Har Hazikaron；成人/学生和儿童 25/20NIS；⏰周日至周三 8:30~17:00，周四 至19:00，周五 至12:15；🚊Mt Herzl）赫茨尔博物馆详细记述了犹太复国主义者梦想的历史，一段多媒体旅程会带参观者走进现代犹太复国主义之父西奥多·赫茨尔（Theodor Herzl）的生活。1小时的导览游提供包括英语在内的多种语言解说，能让你了解赫茨尔的故事，需要预订。

赫茨尔出生于布达佩斯，曾作为通讯记者在维也纳的一家报社工作，他的复国追求从19世纪末的巴黎开始。在目睹了由1894年德雷福斯（Dreyfus）的叛国罪审判而引发的反犹太主义暴力事件后，他立志建立一个犹太人不会再遭受这种仇视的犹太国家。3年的不懈努力在1897年达到了高潮，当时第一次世界犹太复国主义大会在瑞士的巴塞尔举行。在接下来的7年间，赫茨尔继续奋斗，直到于1904年去世。他的坟墓在博物馆西边的一座小山上，黑色的墓碑上简单地刻着他的名字。附近还有几位以色列总理和总统的坟墓，包括果尔达·梅厄（Golda Meir）和伊扎克·拉宾（Yitzhak Rabin）。

向北走一小段路可以到达军人公墓，沿路继续向西可前往犹太大屠杀纪念馆。

隐基林

这座美丽的村庄隐藏在耶路撒冷西部郊区的一处山谷里，阿拉伯人建造的石头房屋周围环绕着黎巴嫩雪松和本地的松树。这个小社区里有几座与施洗约翰有关的教堂，夏加尔之窗（Chagall Windows）离这里也不远。小镇一直都很普通，直到6世纪中叶才出现了改变：当时的基督徒朝圣者认为这里可能是施洗约翰的母亲以利沙伯（Elizabeth）的家。这块圣地上不可避免地建满了神殿和教堂。1948年的阿以战争使当地的阿拉伯居民逃离了小镇，他们的家园后来被摩洛哥和罗马尼亚的移民占据了。越来越多的学生给这个社区注入了新的活力。

从中央长途汽车站或赫茨尔山乘坐28路公共汽车即可到达这座村庄。

施洗约翰教堂 教堂

（Church of St John the Baptist；☎02-632-3000；Ein Kerem；⏰4月至9月 周日至周五 9:00至正午和14:30~17:00，10月至次年3月 至16:45）由方济会掌管的圣约翰教堂内部装饰着蓝白图案的瓷砖，让人想起欧洲的教堂——这并不奇怪，因为这座教堂本身就是19世纪中叶由西班牙皇室资助的。教堂内的画作出自西班牙艺术家之手，教堂入口上方有一个皇家的盾形纹章。教堂内前方是一个洞穴，据说那里

耶路撒冷的宗教仪式

想要在耶路撒冷体验一下圣洁时刻，可以参加安息日仪式、周五祈祷或周日早上的教堂礼拜仪式。记得要穿着得体。

安息日仪式通常在周五晚上点烛照明后不久（日落前36分钟）以及周六的8:30~9:30开始（西班牙系犹太人，尤其是也门的犹太会堂，可能会更早开始）。每个犹太社区都有各种各样的犹太会堂，其中绝大多数属于正统派或极端正统派。纳克拉沃社区以丰富多样的小型祈祷室而闻名，包括一处遵循阿勒颇（叙利亚）传统的。

耶路撒冷犹太会堂中不属于传统正统派的有：

Har El（www.kharel.org.il）以色列的第一座改革派犹太会堂，建立于1958年。

Kol HaNeshama（www.kolhaneshama.org.il）规模相当大的改革派教会。

Moreshet Yisrael（www.moreshetyisrael.org）保守派/保守的。

Shira Hadasha（www.shirahadasha.org.il）女权主义正统派群体。

欲知教堂礼拜仪式的详细信息，请登录基督教信息中心网站（www.cicts.org），并点击“Masses and Services”链接。

只要没有安全管制，穆斯林就可以参加阿克萨清真寺（见63页）的周五祈祷。关于这一点，可与雅法门旅游局（见113页）核实情况。

正是施洗约翰诞生的地方（《路加福音》1:5-25、57-80），祭坛下面的大理石小圆圈标记着具体地点。

这座教堂位于隐基林主干道东侧的一条街上，朝钟楼方向走即可。

圣母往见堂　教堂

（Church of the Visitation；☎02-641-7291；Ein Kerem；⏲10月至次年3月 8:00~11:45和14:30~17:00，4月至9月 至18:00）这座现代的方济会教堂的地址据说是撒迦利亚和以利沙伯的家的所在之地。教堂名字源自玛利亚拜访以利沙伯一事（《路加福音》1:39-49），当时她们都怀孕了。现在用40多种语言刻在墙上的文字据说是玛利亚所做的祷告（“我心尊主为大”；《路加福音》1:46-56）。

从隐基林的主要交叉路口出发，沿着狭窄的小路往南走。大约10分钟后，你就能看到左边的教堂了。

夏加尔之窗　犹太会堂

（☎02-677-6271；www.hadassah-med.com；Ein Kerem；⏲周日至周四 8:00~13:00和14:00~15:30）**免费** 现代主义艺术家马克·夏加尔（Marc Chagall）为隐基林哈达萨医疗中心（Hadassah Medical Centre，不要与城镇另一端的Hadassah-Mt Scopus Medical Centre相混淆）的犹太会堂创作了12块彩色玻璃镶板，意在向犹太人表达爱与和平。夏加尔参考《创世纪》第49章和《申命记》第33章的内容，以梦幻般的形象描绘了以色列的部落。

要前往这里，可从中央长途汽车站乘有轨电车往西，在终点站下车（Mt Herzl），在那里换乘27路公共汽车，这趟车会把你送到目的地。

课程

Ulpan Or　语言课程

（☎02-561-1132；http://ulpanor.com/hebrew-courses/hebrew-learning-jerusalem；2nd fl，43a Emek Rafa' im St，German Colony）这所希伯来语言学校（ulpan）以拥有“快速语言习得”的教学方法而自豪。确实，据说90分钟的一对一“Cup O' Hebrew”教学（US$116）能让你边喝咖啡边掌握基本的会话技巧。这里也为家庭和团体提供定制课程。

Ulpan Beit Ha' Am　语言课程

（见76页地图；☎02-545-6891，02-624-0034；ulpanbeithaam@gmail.com；Gerard Behar Center，11 Betsal' el St，Downtown；每周上2/3/5

天课，每月394/613/920NIS；⌚周日至周四8:00~12:30）由耶路撒冷市政府管理经营，这个市中心的课程项目采用滚动录取机制，提供希伯来语课程。

希伯来大学语言课程 语言课程

（Hebrew University Ulpan；☎02-588-2603；https://overseas.huji.ac.il/hebprograms；Rothberg International School, Boyar Bldg, Hebrew University of Jerusalem, Mt Scopus；学费US$1730~2385）夏季提供高强度的希伯来语课程（6月下旬至9月下旬），最长可达11周。相比大学之外的语言学校，这里的教学方法更专业。费用不包含住宿费。

Ulpan Etzion 语言课程

（☎02-636-7310, 02-636-7326；www.jewishagency.org/ulpanetzionjerusalem；General Pierre Koenig St；每人 7200NIS）以色列第一所希伯来语言学校，成立于1949年，为22~35岁的大学毕业生提供希伯来语研究课程，会为学生带来欢乐友好的体验。5个月的课程从1月和7月开始。费用包含合住的宿舍和伙食费。

Al Quds Centre for Jerusalem Studies 语言课程

（见54页地图；☎02-628-7517；www.jerusalem-studies.alquds.edu；Muslim Quarter, Old City）该机构在老城区的圣城大学（Al Quds University）颇具氛围的校园里授课。提供60小时和75小时的课程（US$495~860），面向初学者、中级和高级水平的学生，教授阿拉伯语口语和现代标准阿拉伯语。

团队游

市政当局的网站上有免费地图和应用程序，提供了15条步行游览老城区的线路，配有自助导览音频（www.itraveljerusalem.com/trs/old-city-self-guided-audio-tours）。犹太区的5条线路可供乘坐轮椅的游客使用。线路解说有英语、俄语和希伯来语版本，可用苹果和安卓设备下载。

在雅法门外面提供服务的导游通常没有执照，他们可能会说能让你免费进入各种名胜古迹（他们带你参观的古迹本来就不收费）。如果你需要导游，可以让旅游局安排，或者选择声誉好的旅行社，比如Green Olive Tours或隶属Abraham Hostel（见99页）的Abraham Tours（www.abrahamtours.com）。

★ Sandemans New Jerusalem Tours 步行

（www.newjerusalemtours.com；⌚8:45、11:00和14:00）**免费** Sandeman的免费团队游组织有序、亲切友好，导游拥有大量过硬的专业知识，每天安排3次，是了解耶路撒冷老城区的理想选择。通常无须预订（旺季除外）。付小费会更好（每人50NIS为宜）。大多数团队游都从雅法门（见63页）出发，导游会身穿红色T恤。

Green Olive Tours 步行

（☎03-721-9540；www.greenolivetours.com）这家公司口碑很好，由以色列人和阿拉伯人共同经营，提供老城区的每日步行游览（3小时，165NIS）、包括犹太大屠杀纪念馆在内的西耶路撒冷的步行游览（每周两次）和轻轨一日游（260NIS），以及每周一次的东西耶路撒冷分界处步行游览（3小时，140NIS）。此外，旅行社还经营约旦河西岸的团队游项目，包括伯利恒的班克西（Banksy）之旅和探访希伯伦之旅。

Free Saturday Tours 步行

（☎050-593-1450；www.itraveljerusalem.com/free-saturday-tours；⌚周六 10:00~13:00）**免费** 这些由市政府提供的3小时的团队游每周都会探索不同的街区，领队的导游都有执照。起点是Safra Sq（26 Jaffa St），靠近棕榈树林。通常用英语解说。

City Tour Jerusalem 步行

（☎054-930-1499；www.citytourjerusalem.com；US$100起）提供耶路撒冷老城区的导览游，也会组织马哈耐耶胡达市场（见85页）、大卫城（见79页）和以色列博物馆（见89页）的游览。

节日和活动

以色列艺术节 表演艺术节

（Israel Festival；http://israel-festival.org；

⌚5月下旬至6月中旬）这个著名的艺术节是1961年创立的，届时以色列和世界各地的艺术家会在3周时间里献上音乐、舞蹈和戏剧表演。

耶路撒冷电影节 电影节

（Jerusalem Film Festival; www.jff.org.il; ⌚7月中旬）中东地区规模最大的电影节之一，在7月举办，有室内和露天放映室。

耶路撒冷神圣音乐节 音乐节

（Jerusalem Sacred Music Festival; http://en.mekudeshet.com; ⌚9月下旬）这场音乐盛会的主题是保持不同信仰之间的和平，4天的快乐时光里会上演来自世界各地的表演。音乐节期间，大卫塔博物馆会有一场通宵演出。

★耶路撒冷灯光节 艺术节

（Lights in Jerusalem; www.lights-in-jerusalem.com; ⌚6月下旬至7月中旬）巨大的视频投影和3D灯光设施会点亮街道和地标建筑，烘托老城区童话般的气氛，并让古老的城墙沐浴在五颜六色的灯光中。

Balabasta 美食节

（⌚7月，日期不定）似乎觉得马哈耐耶胡达市场（见85页）还不够热闹，这个喧闹的美食节会为耶路撒冷最受人们喜爱的市场带来免费小吃、DJ表演、餐饮比赛和美食之旅，咖啡馆和货摊也会营业到很晚。可向旅游局（见113页）了解具体日期。

耶路撒冷葡萄酒节 葡萄酒节

（Jerusalem Wine Festival; www.imj.org.il; ⌚8月下旬至9月上旬）这个节日将为以色列博物馆（见89页）的花园带来4个美妙高雅的夜晚，也许算得上是一年中最重要的以色列葡萄酒盛会。届时精品酒庄和国际知名品牌都会在高水准的品鉴之夜展示自己的产品，还有奶酪、橄榄、寿司等各种美食可供品尝。

耶路撒冷歌剧节 音乐节

（Jerusalem Opera Festival; http://jerusalem-opera.com; ⌚6月下旬）在这个备受推崇的节日期间，歌剧会在耶路撒冷各处享有盛誉的户外场地上演，需要预订。

耶路撒冷国际乌德琴音乐节 音乐节

（Jerusalem International Oud Festival; www.confederationhouse.org; ⌚11月）在这个为期10多天的冬季音乐节期间，国际和以色列国内的表演者会展示乌德琴（一种传统的中东弦乐器）的魅力。该活动由民族音乐和诗歌联合中心（Confederation House Centre for Ethnic Music and Poetry）组织，在城市各演出场所举行。

耶路撒冷啤酒节 啤酒节

（Jerusalem Beer Festival; www.jerusalembeer.com; 票价 40NIS起; ⌚8月）在这个啤酒盛会上，你可以品尝到超过120种本地和国际品牌的啤酒。在独立公园（Gan HaAtsma'ut）举办。

住宿

市中心和老城区的住宿选择最多，不过像样的中档住处不多。老城区很有情调，然而市中心离餐馆、酒吧、咖啡馆很近，公共交通也很方便。

客房价格会随季节和政治影响大幅波动。旺季涨价通常是在4月至6月和9月至10月，以及复活节、圣诞节和新年期间。

老城区

在老城区，经济型住处和高档酒店比比皆是，然而物美价廉的选择却很少。如果你乘出租车或拼车到达耶路撒冷并在老城区留宿，需要在某个城门处下车然后走到酒店（如果你自己开车，需要把车停在老城区外面）。注意，穆斯林区内的宣礼声对睡眠浅的人来说可能是个问题，最好戴上耳塞。

Citadel Youth Hostel 青年旅舍 $

（见54页地图；☎02-628-5253; www.citadelyouthhostel.com; 20 St Mark's Rd, Armenian Quarter; 屋顶床垫 50NIS，铺 63NIS，双 207NIS，标单/双 带公共浴室 123/177NIS; @📶）离市场极近，历史悠久，但有些破旧，可谓是“尚有无限可能”的青年旅舍中的典型代表。该建筑的一些部分已有700年历史，虽然带石墙的房间很有情调，但是床很旧，浴室维护得也相当差。

Golden Gate Inn 客栈 $

（见54页地图；☎02-628-4317; www.golden

gate4.com; 10 Souq Khan Al Zeit St, Muslim Quarter; 房间 250NIS起; 🛜)这家由家庭经营的客栈感觉有些破旧，在大马士革门(见72页)附近一栋颇有氛围的建筑内，该建筑自1155年以来便以各种形式存在着。这里有双人套房和家庭房，后者的浴室稍微有些发霉，吊扇可能不够使房间凉爽。但是这里很便宜，屋顶可以赏景，而且离集市很近。

需要注意的是，只有大堂能用Wi-Fi，并且店内禁止饮酒。

★Austrian Hospice 客栈 $$

(见54页地图; ☎02-626-5800; www.austrianhospice.com; 37 Via Dolorosa, Muslim Quarter; 铺/标单/双/标三 €32/97/140/198; @🛜)走进这片封闭的建筑群，感觉就像是发现了一处宝藏。这家形似城堡的客栈开业于1863年，花园、拱道和石墙都散发着历史气息。私人房间陈设简单，但十分宽敞，床也很好。宿舍位于地下室，不可男女混住，有非常干净的公用浴室。只留宿一晚要交€7的附加费。可提供半膳，费用为每人€16。

这家客栈坐落在Al Wad St和十字架苦路的交叉路口。按对讲机进入(前台接待时间是7:00~23:00)。

Hashimi Hotel 酒店 $$

(见54页地图; ☎02-628-4410; www.hashimihotel.com; 73 Souq Khan Al Zeit St, Muslim Quarter; 标单/双/标三 US$80/110/280起; @🛜)这家酒店可谓是老城区中的绿洲，位于一栋已有400年历史的建筑内，房间光线充足，还装饰着花卉图案(试试可以观景的拐角房间)。虽然这里有一些规定(如酒店内任何地方都不能饮酒、未婚情侣不能住同一个房间)，但是当你在屋顶上啜饮薄荷茶、俯瞰岩石圆顶清真寺(见62页)的非凡美景时，这些规定就变得微不足道了。

Lutheran Guesthouse 客栈 $$

(见54页地图; ☎02-626-6888; www.luth-guesthouse-jerusalem.com; St Mark's Rd,

孩子们的耶路撒冷

圣经动物园(Tisch Zoological Gardens, Jerusalem Biblical Zoo; ☎02-675-0111; www.jerusalemzoo.org.il; 1 Derech Aharon Shulov, Malcha; 成人/儿童 55/42NIS; ⏲周日至周四 9:00~19:00, 周五 至16:30, 周六 10:00~18:00; 🅿; 🚌26路)是参观考古遗址之余放松的好去处，很受欢迎，适合各个年龄段的游客。动物园围绕一个漂亮的人工湖而建，特别重视《圣经》中提到的物种。

布卢姆菲尔德科学博物馆(Bloomfield Science Museum; ☎02-654-4888; www.mada.org.il; Hebrew University, Ruppin Rd, Museum Row; 成人/5岁以下儿童 49NIS/免费; ⏲周一至周四 10:00~18:00, 周五 至14:00; 👪; 🚌9路、14路)有镜之厅和大量科学主题的游戏，都标出了适合的年龄段，后面还设有游乐场地，并且提供小吃。

时光穿梭机(Time Elevator; 见86页地图; ☎02-624-8381; www.time-elevator-jerusalem.co.il; 6 Yitzhak Kariv Rd, Downtown; 门票 54NIS, 网上预订 46NIS; ⏲周日至周四 10:00~17:00, 周五 至14:00, 周六 正午至18:00; 👪; 🚌City Hall)提供交互式电影体验，适合5岁以上的孩子，有全景屏幕和与电影动作同步的特效。最好预订。

大卫城(见79页)年龄大一些的孩子可以涉水穿过令人毛骨悚然的希西家水道(水位约为70厘米)。

以色列博物馆(见89页)年龄稍大的孩子和青少年可能会喜欢青年馆(Youth Wing)，那里摆满了古老的玩具和儿童艺术家的作品。

Smart Tour(见76页地图; ☎02-561-8056; http://smart-tour.co.il; 4 David Remez St, First Station; 电动自行车 每天199NIS; ⏲周日至周四 9:00~18:00, 周五 至12:30)骑着赛格威平衡车或电动自行车探索耶路撒冷会更加有趣。这家公司还可以为家庭定制带导游的骑行游览。

Armenian Quarter；标单/双/标三/四 €71/109/142/185；)厚重的钢门后面是各种类型的房间、庭院花园以及屋顶阅读室和休息室，这一切都在19世纪中叶的建筑基础上建成。房间相当小，陈设简单但舒适，还会供应丰盛的自助早餐。从雅法门出发，沿着David St走，然后在第一个路口右拐爬上一段狭窄的楼梯，100米后客栈就会出现在你的左手边。

增加午餐或晚餐要额外支付€18。最好预订，这个地方很受欢迎。

Hotel New Imperial 酒店 $$

（见54页地图；02-628-2261；www.newimperial.com；Demetrius Hakadosh和Omar El Hatab St交叉路口，Old City；标单/双/四 US$75/140/240起；）距雅法门只有几步之遥，饱经风霜但不失优雅的外立面会令人回想起19世纪80年代。从前台到早餐室的公共区域是伊斯兰艺术珍品的宝库。然而，房间好不好得碰运气：有些狭小而畸形（浴室上方有一个阁楼式的睡觉空间），有些则装修得颇为整洁。

Christ Church Guesthouse 客栈 $$$

（见54页地图；02-627-7727；www.cmj-israel.org；Omar Ibn Al Khattab Sq，Old City；标单/标双/套/四 430/645/710/985NIS；P@）这家精心维护的客栈因古雅的气氛、会说多种语言的工作人员、绝佳的位置和花园环境而赢得了很高的评价。陈设简洁的房间里铺着石头地板，还有拱顶天花板，床铺十分舒适。有供客人放松的休息室，还有免费的茶和咖啡。

由于这里跟中东地区的第一座新教教堂——基督堂（见69页）属于同一个建筑群，所以大多数客人都是来参加教堂礼拜或进行祈祷沉思的朝圣者。然而咖啡馆则是气氛热闹的集合点，有形形色色的旅行者。

东耶路撒冷

老城区大马士革门以东的地区以巴勒斯坦人为主。东耶路撒冷被认为是被占领土，所以在这里留宿自然有一些额外的注意事项：从西耶路撒冷到东耶路撒冷的话，许多出租车会拒载；这里的街道不像西耶路撒冷那么整洁，而且很多当地人都会劝你天黑后不要在街上漫步。尽管如此，这里还是有不少由阿拉伯人或多个国家的人经营的酒店，从中档（比如舒适的Legacy Hotel）到奢华（比如著名的American Colony Hotel）都有。

★ **American Colony Hotel** 历史酒店 $$$

（见76页地图；02-627-9777；www.americancolony.com；1 Louis Vincent St；标单 US$320起，双 US$320~550，套 US$675~875；P@）东耶路撒冷的贵宾之选便是这处豪华的综合建筑群，酒店是基于一栋19世纪中叶的建筑改建而成。这家酒店保留了大部分历史魅力——镶嵌珍珠母的家具、精致复杂的铺砖，不过房间恰到好处地融入了现代感。标准间颇具古典风格（硬木床、飘逸的窗帘），而一些套房则配有吊灯和四柱床。

National Hotel 酒店 $$$

（见76页地图；02-627-8880；www.nationalhotel-jerusalem.com；As Zahra St；标单/双/标三/家 US$125/185/250/300；P；Shivtei Israel）这家历史悠久的酒店在1948年是一家只有两个房间的客栈，现在就不可同日而语了。约旦国王侯赛因和前美国总统吉米·卡特（Jimmy Carter）都曾在这里下榻，酒店已褪色的魅力依旧令人陶醉。从希律门步行前往酒店只要5分钟，这里有121个房间，均配有漂亮的深蓝色和白色相间的床铺，铺着凉凉的瓷砖地板，还有保险箱和冰箱。员工极其友好。

St George's Guesthouse 客栈 $$$

（见76页地图；02-628-3302；www.stgeorgesguesthouse.org；20 Derekh Shchem/Nablus Rd；标单/双 标准US$110/150，豪华US$150/180；P@；Shivtei Israel）这家宁静的客栈坐落在已有百年历史的圣公会教堂内，自1923年以来，一直都在迎接朝圣者（所在建筑以前是唱诗班学校和神职人员的住所）。双人客房配有干净的亚麻卧具、卫星电视和水壶，位于一座庭院花园之中；豪华客房则以石墙为装饰，空间很大，带有现代化的浴室，值得多花些钱。

Jerusalem Hotel 酒店 $$$

（见76页地图；02-628-3282；www.jrshotel.com；Derekh Shchem/Nablus Rd；标单/

双/家 US$130/160/240; @ 📶; 🚊Shivtei Israel) 这家由家庭经营的小酒店坐落在一栋19世纪的宅邸内，装饰玻璃和盘绕在一起的藤蔓装饰着酒店入口。这里有14个天花板很高的房间，都有绣花家具罩和古董家具（比如巨大的镜子和安达卢西亚边桌），感觉十分独特。一些房间有空调，其他的配有电扇。从大马士革门步行5分钟就可以到达。

Legacy Hotel 酒店 $$$

(见76页地图; ☎02-627-0800; www.jerusalemlegacy.com; 29 Derekh Shchem/Nablus Rd; 标单/双 US$150/185起; P @ 📶; 🚊Shivtei Israel)这家优雅的酒店坐落在以前基督教青年会所在的建筑内，里面的房间皆以雅致的奶油色为装饰。浴室缺少维护，自助早餐也比其他酒店的逊色，不过热情友好、会说多种语言的员工和时髦宽敞的房间足以抵消所有缺点。屋顶露台是欣赏日落美景的绝佳场所，能将熠熠生辉的耶路撒冷尽收眼底。

配套设施有5楼可以纵览老城区美景的餐馆、大堂酒吧和花园咖啡馆。客人还可以免费使用隔壁大楼里的基督教青年会健身房和室内游泳池。

市中心

这里是西耶路撒冷的商业中心，以犹太人为主，有各种价位的住处供你选择，青年旅舍也发展得欣欣向荣。

★ Abraham Hostel 青年旅舍 $

(见76页地图; ☎02-650-2200; https://abrahamhostels.com; 67 HaNevi' im St, Davidka Sq; 铺 85~115NIS, 标单 270~330NIS, 双 300~420NIIS, 家 490~620NIS; @ 📶; 🚊Ha-Davidka) 这家充满活力的青年旅舍人气很高。友善的工作人员可以让旅行者轻松满足基本需求——24小时接待服务、洗衣房(12NIS)、共享厨房，还有惬意的酒吧和休息室、每晚活动以及文化充实之旅。这里有男性、女性或男女混合的宿舍，也有条件普通但干净的套间。你可以和来自世界各地的人打成一片，看着屋顶上的景色长舒一口气：这就是耶路撒冷。

如果你在这里过安息日，青年旅舍可提供多达40人份的晚餐(40NIS)。你也应该试试加入周一举办的语言交流活动，享受酒吧的欢乐时光(18:00~20:00)，或者至少报名参加一次超棒的酒吧之旅或鹰嘴豆泥烹饪课，这些都是不错的选择。

公用浴室24小时供应热水，但是在私人房间里，要用定时器定时20分钟才能让水变热。

青年旅舍的入口在HaNevi' im St，靠近公共汽车站。

★ Post Hostel 青年旅舍 $

(见86页地图; ☎02-581-3222; http://theposthostel.com; 23 Jaffa Rd; 铺 US$24~32, 双 US$105~125, 标三 US$145; 📶; 🚊City Hall) 这家格局通透、经营有方的青年旅舍位于一家老邮局的三楼。大胆的红色和深蓝色装饰以及邮政主题的壁画，向这栋建筑的过去表达了敬意。房间很简单，但一尘不染，从私人房间到宿舍（既有男女分开的，也有混合的）应有尽有。酒吧、屋顶露台和带有台球桌的休闲区营造了轻松、欢乐的氛围。

Jerusalem Hostel & Guest House 青年旅舍 $

(见86页地图; ☎02-623-6102; www.jerusalemhostel.com; 44 Jaffa Rd, Zion Sq; 铺 80~90NIS, 双 240~330NIS; @ 📶; 🚊Jaffa Center) 维护良好的Jerusalem Hostel充满了老式的背包客气氛。房间可能很朴素，但是公共区域的古董、老照片、犹太文物和（入口门厅处）巨大的圆柱为其增色不少。可以选择套间以及男女分开或男女混合的宿舍，这里还有一个公用厨房和带有长沙发的屋顶露台。

City Center Hotel 公寓 $$

(见86页地图; ☎02-650-9494; www.citycentervacation.com; 17 King George St, HaHistadrut St交叉路口; 单间公寓 512~640NIS, 套 695~824NIS; P @ 📶; 🚊Jaffa Center) "颇具特色，但有些陈旧"是人们对古城住所的普遍印象，所以这家崭新的现代化酒店值得由衷的喝彩。酒店包括两幢建筑，位于现代的市中心，交通便利，有38个带有小厨房的舒适房间。

Shamai Suites 公寓 $$

(见86页地图; ☎02-579-7705; www.shamaisuites.com; 15 Ben Hillel St; 单间公寓 US$120~

150，套 US$135~220；Wi-Fi；Jaffa Center）这些套房拥有现代化的生活设备和极简抽象派的设计，对想要自己做饭的人来说是极好的选择。明亮的单间公寓以及带有一间或两间卧室的套房都配备了平板电视、设备齐全的小厨房和阳台，往往还有日常家政服务。细心周到又会说多种语言的工作人员更是锦上添花。

Jerusalem Inn
酒店 $$

（见86页地图；072-256-6964；http://smarthotels.co.il；7 Horkanos St；双 US$110起；Wi-Fi）这家连锁酒店看起来可能有点儿宜家风格，不过里面的小房间配有舒适的床铺、迷你冰箱和玻璃门浴室（不过如果你和旅伴都很害羞，这里不是一个理想选择）。酒店整体感觉很舒适，对吃喝而言，位置也无可挑剔：离Jaffa Rd只有150米远。

Palatin Hotel
酒店 $$

（见86页地图；02-623-1141；www.palatinhotel.com；4 Agrippas St；标单/双/套 US$105/130/180起；Wi-Fi；Jaffa Center）位于耶路撒冷购物和咖啡馆区域的中心附近，舒适自在，由家庭经营。拥有33个很小却相当舒适的房间，都配有书桌，还铺着古老的瓷砖地板（不过浴室有些破旧）。友好的服务和绝佳的地理位置几乎弥补了隔音差和涤纶床单带来的缺憾。

★ Harmony Hotel
酒店 $$$

（见86页地图；02-621-9999；www.atlas.co.il/harmony-hotel-jerusalem；6 Yo'el Salomon St；标单/双 US$180/200起；P @ Wi-Fi；Jaffa Center）我们喜欢Harmony，不仅因为酒店的价值观，还因为房间的优良品质。大堂的天花板上满是代表耶路撒冷不同宗教的照片，工作人员乐于助人，免费的欢乐时光（周日至周五 17:00~19:00）让这里的气氛更加舒适惬意。房间是高贵的紫色和翠绿色系，浴室里超级现代的配件和棋盘式瓷砖相当令人赞叹。

★ Arthur Hotel
精品酒店 $$$

（见86页地图；02-623-9999；www.atlas.co.il/arthur-jerusalem；13 Dorot Rishonim St；双 US$184起；P @ Wi-Fi；Jaffa Center）Arthur Hotel非常怀旧，房间里配有带毛皮衬里的靠垫、绣花床头板和古董家具，令人想起20世纪20年代。精致如珠宝的房间风格各异，不过浴室都很闪亮，维护得也很好，不妨要一个楼后面带有阳台的房间。这里的早餐美味得令人难忘，而且还提供免费小吃和饮品的欢乐时光。

7 Kook Hotel & Suites
精品酒店 $$$

（见86页地图；02-580-8068；http://7-kook-boutique-hotel.jerusalem-hotels-il.com/en；Ticho St；不含早餐 双 US$160~570，单间公寓US$600起；Wi-Fi；Jaffa Center）7 Kook是高档公寓住宅小区的一部分，这里的双人间和单间公寓以干净的镶木地板和白色的墙壁为装饰，都配备了很棒的隔音设备、豪华浴室、咖啡机和水壶。价格变化很大，具体视季节和房间而定：最基础的房间没有窗户，而最豪华的房间非常大，还带沙发床。不过所有房间都很雅致。

Notre Dame Guest House
客栈 $$$

（见54页地图；02-627-9111；www.notredamecenter.org；3 Paratroopers Rd，靠近Old City；双 US$300起，套 US$430起；Wi-Fi；City Hall）这家位置绝佳的客栈隶属梵蒂冈，大部分房间都能欣赏老城区和橄榄山的无敌美景。所在建筑可以追溯到1904年，翻新过的房间给人一种精致、典雅的感觉。这里还有一家地中海餐馆，楼下有一个花园露台，另外屋顶上有一家奶酪配葡萄酒餐馆（见105页）。

玛米拉和叶明莫什

圣安德烈教堂苏格兰客栈
客栈 $$

（St Andrew's Scottish Guesthouse；见76页地图；02-673-2401；www.scotsguesthouse.com；1 David Remez St，Yemin Moshe；标单/双/套 US$135/170/380；P @ Wi-Fi）高耸的位置和石头外墙为客栈营造出了一种教化身心的氛围。这里有一种学校宿舍的感觉，不过房间相当大，天花板很高，浴室干净得一尘不染，而且处处都充满了苏格兰风情（包括花格图案的大量运用）。价格较高的房间带阳台，你可以要一个能欣赏老城区壮观景色的房间。

YMCA Three Arches Hotel
酒店 $$

（见76页地图；02-569-2692；26 King David/David HaMelekh St，Yemin Moshe；标单/标

耶路撒冷的安息日

周五日落前36分钟，你会听到汽笛在耶路撒冷山地上空回响，这意味着安息日开始了，随之而来的是弥漫街头的空灵氛围。在整座城里，你都可以看到耶路撒冷犹太人穿着他们最好的安息日服装涌向西墙，或者背着装满了食物的背包，到朋友或亲戚家参加惯例的周五晚餐。

穿上华服，跟着人群来到西墙，唱歌、跳舞和祈祷仿佛点亮了这个神奇的地方，让你赞叹不已。另外，你也可以去犹太会堂参加周五晚上的卡巴拉安息日（Kabbalat Shabbat）祈祷仪式。

如果有机会，一定要到当地人家享用一顿安息日晚餐。如果你住在市中心的Abraham Hostel（见99页），不妨参加那里的安息日晚餐。不然的话只能提前订好餐馆，因为周五晚上西耶路撒冷的大多数餐馆都会停业。安息日继续营业的餐馆有德国侨民区的Adom（见107页）、市中心的Focaccia Bar（见105页）以及Notre Dame Cheese & Wine Restaurant（见105页）。让极端正统派犹太人懊恼的是，市中心的一些酒吧在安息日傍晚仍会开门营业。

虽然市中心和老城区内犹太区的店铺在周六停业，但是对耶路撒冷的阿拉伯人来说，这不过是普通的一天，老城区的其他地区、锡安山、橄榄山和东耶路撒冷的大多数景点仍然对外开放。

周六，你可以参加两个免费的步行游览：市政府提供的3小时步行游览（见95页），以及Sandemans的老城区团队游（见95页）。

Egged公共汽车和轻轨在安息日停运，但一些出租车会继续运营。阿拉伯公共汽车和Service Taxis小型公共汽车从大马士革门区域发车。在安息日，约旦河西岸城市和平时一样适合游览，比如杰里科或伯利恒。此外，恩盖迪、梅察达和死海都是受欢迎的一日游目的地——市内的旅行社和青年旅舍都会提供丰富多样的旅游项目。你还可以从Neveim St拼车乘坐小巴去往特拉维夫。

双/标三/套 US$137/166/174/200起；P @ 📶 ≋）这家酒店是现代耶路撒冷辨识度最高的地标建筑之一，入住Three Arches一定是件非常开心的事。主建筑位于46米高的钟楼下方，有华丽的天花板和巨大的黄铜色吊灯。房间显得老旧，不过收拾得很好（优质的床上用品、深红色的装饰品和偶尔闪现的金色）。

King David Hotel 酒店 $$$

（见76页地图；☎02-620-8888；www.danhotels.com；23 King David/David HaMelekh St；房间 US$550~800，套 US$1020~2700；P @ 📶 ≋）20世纪30年代的King David是耶路撒冷最宏伟的建筑之一，各个细节都彰显着艺术装饰设计，从天鹅绒沙发到金色的帷幔再到大理石面的桌子，让你从进门的那一刻便惊叹不已。这还只是接待区，房间里更是配有形似宝座的床铺、宽敞的大理石浴室和各种各样的现代生活设备。标准间不太大，豪华客房则摆放着讲究的平绒沙发和写字台。

Mamilla Hotel 设计酒店 $$$

（见86页地图；☎02-548-2222；www.mamillahotel.com；11 King Solomon/Shlomo HaMelekh St；房间 US$400~475，套 US$585~860；P @ 📶 ≋；🚊City Hall）对时尚人士来说，这家豪华酒店的位置再好不过了：东边是步行街Mamilla Mall，西边便是Hillel St（和"市中心三角"）的餐馆和酒吧区。建筑所用的桃红色石材模仿了老城区的风格。酒店内，玻璃墙浴室让宽敞的房间显得更大，而栗色、深蓝色和白色的装饰则带来了一种经典的感觉。住套房可以欣赏老城区的风光。

锦上添花的是酒店还带有土耳其浴室的水疗中心、健身房、室内游泳池、两家酒吧、一家咖啡馆，顶层有家地中海餐馆（符合犹太教教规）。

David Citadel Hotel 酒店 $$$

（见86页地图；☎02-621-1111；www.thedavidcitadel.com；7 King David/David HaMelekh St；房间 US$510~634，套 US$1000；P 📶 🏊；🚊City Hall）大酒店就像是一座迷你城市，让你足不出户就能享受到充足的休闲设施和餐饮选择。David Citadel拥有400间客房，为养尊处优的客人提供了一座城中之城。房间宽敞，布置精美，还有3家餐馆，设施包括贵宾室、室外游泳池、儿童游戏中心、水疗中心和健身房。

里哈维亚

Little House in Rehavia 酒店 $$

（见76页地图；☎02-563-3344；www.jerusalem-hotel.co.il；20 Ibn Ezra St；标单/双/四/家 US$139/153/190/243；📶）Little House坐落在一个漂亮的住宅区内，是中档酒店中的优质之选。酒店在一幢1929年特色石头建筑内，工作人员也同样富有魅力。这里有28个简单但干净的房间，贴着米黄色瓷砖的浴室维护良好。酒店虽然有点儿简陋，但性价比很高，尤其是还带有屋顶露台，提供免费咖啡以及符合犹太教教规的自助早餐，在有猫咪走来走去的花园里吃是最好不过的了。

德国侨民区、阿布托尔和巴卡

Jerusalem Garden Home 民宿 $$

（☎050-524-0442；www.jerusalemgardenhome.com；74 Derech Beit Lehem，German Colony；标单 US$95起，双 US$120~150，标三 US$150起；P 📶；🚌7路、71路、72路、74路、75路）出生于耶路撒冷的店主夫妇Roni和Adi会在自家舒适的民宿里热情地欢迎客人。房间简单但宽敞，古色古香的瓷砖和手绣的家具罩等装饰为其增添了一丝优雅。这里还有漂亮的花园，铺了地砖的露台可供放松。从德国侨民区的主要街道步行5分钟就可以到达。

Ariela's Place 公寓 $$

（☎052-380-7077；49 Hebron Rd，Abu Tor；套 355NIS起；📶）这些古色古香的套房带有小厨房和不错的Wi-Fi，而且比那些离商业区更近的地方要便宜得多。从这里步行20分钟才可以到达老城区，当然去德国侨民区和第一车站（First Station；见107页）的夜生活区会更近。好在宾至如归的接待和温馨的氛围（小阳台、花边装饰、古董瓷砖地板）还是创造了一个舒适的落脚点。

Arcadia Ba'Moshava 精品酒店 $$$

（☎02-542-3000；www.arcadiahotels.co.il；13 Yehoshua bin-Nun St，German Colony；双/家 工作日 US$205/240起，周末 US$255/290起；P @ 📶；🚌14路、18路）这家拥有23个房间的酒店在一栋富有情调的砂岩建筑内，位于德国侨民区住宅区街道上安静的一角。标准间内天花板很高，配有淋浴间和迷你冰箱，还装饰着颇显华贵的镀金窗帘，虽然不大，但又有什么关系呢？不要因为睡懒觉而错过高品质的自助早餐。酒店为客人提供自行车。

Dan Boutique Hotel 酒店 $$$

（见76页地图；☎02-568-9999；www.danhotels.co.il；31 Hebron Rd，Abu Tor；双 US$210起；P 📶）酒店所在的这栋建筑仿佛是一个竖起的混凝土大拇指，辨识度极高。这里有128个现代的房间，配色比较深沉凝重。褐黄色和棕红色的装饰显得有点儿昏暗，但房间设施完善，有咖啡机和松软的床，从酒吧和小健身房还可以欣赏迷人的城市风光。

中央长途汽车站区

Allenby 2 B&B 民宿 $

（☎052-396-3160；http://allenby2.com；Allenby Sq 2，Romema；标单 带公共浴室 US$55，双 US$95起，带公共浴室 US$80起，家 US$130起；@ 📶；🚊Central Station）这是耶路撒冷最受欢迎的民宿之一，优质的服务和温馨欢快的气氛完美结合。共有11个房间，分布在好几栋建筑内，组成了这座城市里规模数一数二的民宿。民宿带公共厨房，地理位置靠近中央长途汽车站和轻轨线路，非常吸引人。这里没有前台接待，所以要提前打电话联系。

就餐

耶路撒冷对各个消费群体的美食家来说都是不同寻常的地方。只要找对地方，在炸豆泥和鹰嘴豆泥小店里体验一次正宗的中东美食只需要15NIS左右，Abu Shukri和Lina是两个最受人们喜爱的餐馆。马哈耐耶胡达市场（见85页）俨然是一本生动有趣的本地农产品入门指南。你也可以花大价钱去屋顶的Notre Dame（见105页）品尝奶酪，试试Yudale（见106页）的融合菜肴或者Modern（见107页）的创意美食。

老城区

老城区的大多数餐馆都只供应鹰嘴豆泥、烤肉串、沙威玛（shwarma）及其他中东食物，只有雅法门周边和犹太区的胡瓦广场例外。雅法门附近有一些地中海风格的餐馆，而胡瓦广场有一些美式快餐连锁店。天黑之后找地方吃饭无异于一种挑战，因为当人群四散回家后，老城区的店铺基本都会关门。

需要注意的是，穆斯林区的很多餐馆在斋月期间都会歇业。

★ Abu Shukri　中东菜 $

（见54页地图；☎02-627-1538；63 Al Wad St, Muslim Quarter；鹰嘴豆泥 20NIS；⏲9:00～16:00；✎）Abu Shukri的高人气使耶路撒冷各地都出现了它的模仿者。标准套餐包括一碗醇厚的鹰嘴豆泥——上面加上鹰嘴豆、芝麻酱（tahina）、炖蚕豆（fuul）或松子，还有爽脆的蔬菜和一篮皮塔饼。一定要加上炸豆丸子做配菜（10NIS）。只收现金。

Lina Restaurant　中东菜 $

（见54页地图；☎02-627-7230；Aqabat Al Khanqah St, Muslim Quarter；鹰嘴豆泥 20NIS；⏲9:00～17:00）大名鼎鼎的Abu Shukri的主要竞争者就是这家出色的中东餐馆，这里的鹰嘴豆泥通常加橄榄油，闪闪发光，令人回味无穷，是耶路撒冷的最佳餐馆之一。在街道两侧有两个就餐区，不过这个低调的地方很容易让人错过。从附近的圣墓教堂（见66页）拥挤的人群中挣扎出来后，这里正是恢复体力的好去处。

Ja' far Sweets　甜品 $

（见54页地图；40-42 Souq Khan Al Zeit St, Muslim Quarter；甜品 15NIS起；⏲周六至周四8:00～19:00）看着从大盘子里切出来的一块块浸透着糖浆的橙黄色库纳法（kunafeh，上面撒着碎糕点的软质奶酪点心），真是让人沉醉。库纳法是这家久负盛名的巴勒斯坦甜品店的招牌甜食。Ja' far包装精美的果仁蜜饼和土耳其软糖同样值得关注（标签上写着固定价格，这可是稀罕事），这样的包装适合打包带走。如果你打算坐下来吃甜品，可以点一杯茶来缓解甜腻。

Zalatimo　甜品 $

（见54页地图；Souq Khan Al Zeit St, Muslim Quarter；mutabbaq 20NIS；⏲时间不定）Zalatimo藏在埃塞俄比亚修道院的一个拱顶地下室里，因mutabbaq而闻名，这种美食按照不断改良的家族秘方制成，已有150年历史了。在精心地按揉后（观看制作过程也是一种乐趣），为油酥面团填入澄清的黄油、肉桂、核桃或者绵羊奶酪，再进行烘烤并淋上糖浆。下单的时候注意确认价格，有时可能会算错。

这里没有明显的店铺招牌，在楼梯（果汁摊后面）中间找找灰色的金属门。店里的营业时间不固定，所以你可能需要多试几次才能碰到它开门营业。

Armenian Tavern　亚美尼亚菜 $$

（见54页地图；☎02-627-3854；79 Armenian Orthodox Patriarchate Rd, Armenian Quarter；主菜 65～80NIS；⏲周二至周日 11:00～22:30）这里的氛围足以把你吸引到店里。在十字军时代的建筑内，饰以珍珠浮雕图案的镜子闪闪发光，铁制吊灯垂挂在房顶上，通往餐桌的路上还摆放着古董。店内的服务并不热情，不过特选葡萄酒很好喝，食物也不错，可以尝尝khagoli derev（葡萄叶包羊肉末，再用酸奶炖）。

Family Restaurant　中东菜 $$

（见54页地图；☎02-628-3435；Souq Khan Al Zeit St, Muslim Quarter；主菜 30NIS起）这家中东烧烤和鹰嘴豆泥餐馆适合众人的口味。正如店名所示，你会看到许多家庭挤在这家穆斯林区内颇具食堂风格的餐馆里。这家店建立于1942年，店内干净整洁，供应的食物始终如一，包括烤串、烤半只鸡以及鹰嘴豆泥、皮塔饼和沙拉，薄荷柠檬饮料配这些再好不过了。这里不提供酒水，也不能使用信用卡。

Christ Church Cafe　咖啡馆 $$

（见54页地图；☎02-627-7727；Omar Ibn Al Khattab Sq, Old City；主菜 20～60NIS；⏲供餐

10:30~15:30，咖啡馆 至20:00；📶）这家咖啡馆位于雅法门附近，店内装饰着《圣经》引语，营造出了一种舒适的大学气氛，而且总是挤满了附近客栈兴致勃勃的旅客。比萨、沙拉和三明治一直供应到15:30，不过我们总是为了这家的软冰激凌、奶酪蛋糕、胡萝卜蛋糕和柠檬面包再三光顾。这里实属老城区中令人愉快的安静去处。

Rossini's Restaurant 各国风味 $$

（见54页地图；☎02-587-7423；www.rossini-rest.com；42 Latin Patriarchate Rd，Christian Quarter；主菜 45~130NIS；⏲正午至23:00；📶；🚊City Hall）这家牛排和意面餐馆相当普通，不过有种种因素让游客直接注意到它：安息日也营业，提供酒水，而且距雅法门只有几步之遥。Rossini's给人的感觉是既现代又热情。在老城区逛了一天之后，这里的多种肉类主菜正好能满足你的需要，包括musakhan（巴勒斯坦菜肴，把鸡肉、洋葱和盐肤木香料放在面包上制成）。

东耶路撒冷

Al Mihbash 中东菜 $$

（见76页地图；☎02-628-9185；www.facebook.com/AlMihbashRestaurantAndCafe；21 Derekh Shchem/Nablus Rd；主菜 50~75NIS；⏲10:00至深夜；🚊Shivtei Israel）坐在外悬阳台的餐桌旁，享用巴勒斯坦风味的菜肴，从烤鱼串和炸豆泥到填馅鸡肉，应有尽有。配上大分量的地中海三文鱼片及牛排组成的大餐，会让想家的外国人变得开心起来。有点儿零散的菜单上也有牛油果泥和杏仁奶昔。这里的服务敷衍了事，但食物和景色很棒。

Sarwa Street Kitchen 咖啡馆 $$

（见76页地图；www.facebook.com/sarwarstreetkitchen；42 Salah Ad Din St；主菜 15~60NIS；⏲11:00~23:00；📶🖉；🚊Shivtei Israel）这个地方很悠闲，适合安静地喝咖啡、吃饭或者喝啤酒。厨房能提供各种菜肴，从自制比萨和墨西哥卷饼，到巴勒斯坦人的最爱，比如makloubeh（将鸡肉、米饭、蔬菜和香料一起烹制，再扣过来上桌），还有素食和严格素食可以选择。这里有Wi-Fi，可以享受充足的自然光，而且想待多久都可以。

Al Diwan Restaurant 中东菜 $$$

（☎02-541-2222；www.jerusalemambassador.com；Ambassador Hotel，5 Derekh Shchem/Nablus Rd；主菜 70~120NIS；⏲正午至23:00；🚊Shimon Ha-Tsadik）如果你一天都在吃街边小吃，觉得很贵，不妨来Ambassador Hotel的餐馆。这是东耶路撒冷数一数二的用餐地点，从炭火烤炉里取出的松软皮塔饼堆在桌上，旁边还有烟熏烤肉、绿小麦汤和美味的比萨，非一般餐厅可比。你可以在阳台上享受这些美食。

市中心

市中心挤满了餐馆和咖啡馆，尤其是Ben Yehuda St步行街及其附近。其中很多都是犹太洁食店，这意味着在安息日和犹太节假日期间，这些餐厅会停业。

Hamarakia 汤 $

（见86页地图；☎02-625-7797；4 Koresh St；主菜 30NIS；⏲周日至周四 12:30至午夜，周六从20:00开始营业；🖉；🚊City Hall）这家店朴实无华，甚至有些简陋，专门提供营养丰富的汤，而且每天都会换样。韭葱、小扁豆和西红柿频繁轮换，通常也有严格素食可以选择。除了流质的午餐以外，Hamarakia也供应茄子沙拉、鹰嘴豆泥和其他素菜。长长的共享式餐桌和开放式厨房打造了社交氛围强烈的空间，屋后还有一处露台。

★Pinati 中东菜 $$

（见86页地图；☎02-625-4540；http://pinati.co.il；13 King George V St；主菜 25~60NIS；⏲周日至周四 8:00~19:00，周五 至15:00；🖉；🚊Jaffa Center）当地人非常喜欢这里的鹰嘴豆泥，会配上皮塔饼和辛辣的蒜蓉辣酱一起吃。不过Pinati味道丰富的主菜也值得品尝：慢炖莫萨卡（moussaka）、炸肉排、豆子汤和北非蛋（shakshuka，烤鸡蛋番茄）。休闲餐饮和令人宽慰的犹太洁食是其制胜之道，所以这里到了午餐时间非常拥挤，要做好准备（留意30年来无数张忠实食客的照片）。

T'mol Shilshom 咖啡馆 $$

（见86页地图；☎02-623-2758；www.tmol-shilshom.co.il；5 Yo'el Salomon St；主菜

40~55NIS；⏲周日至周四 8:30~23:00，周五 至14:00；📶🌱；🚊Jaffa Center）不管你选择布满了书籍的室内，还是阴凉的庭院，T' mol Shilshom都是耶路撒冷最让人放松的早午餐去处之一。这家友好的餐馆供应犹太洁食，最出名的是北非蛋：可提供经典、香辣或奶酪口味的，还会配上大量的新鲜面包、沙拉和橄榄酱。这个地方有点儿难找：跟着指示牌穿过Yo' el Salomon St的石拱，沿着通道走，左转后走到院子的尽头——咖啡馆就在楼上。

Village Green
素食 $$

（见86页地图；☎053-944-3273；www.villayegreen.rest-e.co.il；33 Jaffa Rd；沙拉吧 45NIS起，主菜 30~70NIS；⏲周日至周四 9:00~22:00，周五 至15:00；🌱；🚊Jaffa Center）在营养丰富的素食餐馆净化你的味蕾吧。这家供应犹太洁食的咖啡馆出售汤、乳蛋饼和自助沙拉（从甜菜根和叶菜，到更让人有饱腹感的根类蔬菜和五香鹰嘴豆），就连蛋糕也走健康路线，包括低糖布朗尼、藜麦松饼及其他有益健康的美食。

相比餐馆，Village Green更像是一间食堂；不管你要在店里吃还是点外卖，都要到柜台去。

Focaccia Bar
意大利菜 $$

（见86页地图；☎02-625-6428；http://bar.focaccia.co；4 Rabbi Akiva St；佛卡夏和比萨 30~60NIS，意大利面 45~65NIS，主菜 57~109NIS；⏲9:00至午夜；🌱；🚊Jaffa Center）从土灶里取出的酥脆佛卡夏（focaccia），加上山羊奶酪、茄子和熏鹅肉等配料，就是这个人气餐厅的首选。你也可以享用比萨、意大利面、沙拉或牛排。这里有一个令人愉快的露台。店内十分热闹（甚至有些吵），不过酒吧很适合独自用餐的客人。

★ Anna Cafe
意大利菜 $$$

（见76页地图；☎02-543-4144；www.annarest.co.il；Ticho House，10 HaRav Hagan；比萨和意大利面 50~70NIS，主菜 80~90NIS；⏲周日至周四 9:00~23:00，周五 至14:00；🌱；🚊Jaffa Center）🍃Anna Cafe位于雅致的Ticho House楼上，这里很时髦，是喝咖啡或享用意大利菜的好地方，可以慢慢品尝糕点、白比萨（pizza bianca）或洋蓟煎蛋卷。在这里用餐也是做好事，因为这家咖啡馆雇用并培训处在困境中的当地年轻人。

Darna
摩洛哥菜 $$$

（见86页地图；☎02-624-5406；www.darna.co.il；3 Horkanos St；主菜 75~155NIS，套餐 175~240NIS；⏲周日至周四 正午至15:00和18:30至午夜，周六 安息日结束后至22:00；🚊Jaffa Center）这里香气四溢的菜肴源自摩洛哥，包括大量的塔吉锅（tagine）和蒸粗麦粉。餐厅已经经营了很长时间，供应犹太洁食，店内很有气氛，深受人们喜爱。一定要试试pastilla fassia（用鸡肉和杏仁做馅的酥皮点心），也不妨考虑一下mechoui（慢火烤羊肩肉）。

Notre Dame Cheese & Wine Restaurant
法国菜 $$$

（见54页地图；☎02-627-9177；www.notredamecenter.org；4th fl，Notre Dame Centre，3 Paratroopers Rd，靠近Old City；拼盘 80NIS起；⏲正午至23:00；🚊City Hall）你一走出电梯，来到这家位于4楼的屋顶餐馆，成熟的布里干酪（brie）和味道浓烈的格吕耶尔干酪（gruyère）的气味就会扑鼻而来。餐厅风景令人惊叹不已，背景音乐是教堂的钟声，奶酪拼盘非常出彩，令主菜（从扇贝到羊排等欧洲菜肴）都黯然失色。待到日落时分，何不来一杯开胃酒呢？

马哈耐耶胡达

马哈耐耶胡达市场（见85页）周围的小巷里有一些市里最富有创意也最有趣的餐馆。

Sabayos
法式薄饼 $

（见76页地图；☎050-301-9708；Haetz Ha' em St；法式薄饼 25NIS；⏲周日至周四 8:00至日落，周五 9:00~14:00；🌱；🚊Mahane Yehuda）这家法式薄饼店供应犹太洁食，大大的薄饼填满橄榄、西红柿和各种奶酪等馅料。甜品的选择和馅料一样令人眼花缭乱，配上碎芝麻牛轧糖（halva）和时令水果，美味得让你忘记主食的存在。薄饼可以选择小麦面或荞麦面的。东西都物超所值。

Pasta Basta
意大利菜 $

（见76页地图；http://pastabasta.co.il；8

HaTut Alley；意大利面 25~38NIS；⏲周日至周四 11:00~22:00，周五 至13:30；🚊Mahane Yehuda）马哈耐耶胡达市场里这家供应满满碳水食物的餐厅没有明显的招牌，你会在店里看到通心粉、意式宽面和意式螺旋面，有9种酱汁可选，既能吃饱又非常快捷。

Mousseline　冰激凌 $

（见76页地图；☎02-500-3601；www.mousseline-jerusalem.com；HaArmonim 2；冰激凌15NIS起；⏲周日至周三 10:00至午夜，周四 9:00至午夜，周五 7:30~15:00，周六 安息日结束后1小时至午夜；🚊Mahane Yehuda）这家立等可取的冰激凌店，在靠近马哈耐耶胡达市场边缘的黄金位置，在闪避购物车和投掷塑料筐的摊贩中度过了一个上午之后，可以到这里来让自己放松片刻。天热的时候吃石榴味冰激凌最过瘾，不过黑芝麻或葡萄柚和罗勒冰糕最具独创性。

Azura　中东菜 $$

（见76页地图；☎02-623-5204；Iraqi Market；鹰嘴豆泥 22~40NIS，主菜 22~100NIS；⏲9:30~16:00，安息日停业；✎；🚊Mahane Yehuda）这家深受土耳其风味影响的犹太洁食餐馆紧邻Rehov HaEshkol St，离马哈耐耶胡达市场很近，供应慢火烹制的爽心美食，服务高效，是耶路撒冷最受喜爱的餐馆之一。

奥托兰的耶路撒冷

作为国际烹饪界的宠儿，生于耶路撒冷的厨师、作家兼电视节目主持人约尤塔·奥托兰（Yotam Ottolenghi）是一位非官方但是对这座城市的饮食文化产生了深远影响的大使。他与萨米·塔米米（Sami Tamimi）合著的食谱《耶路撒冷》诠释了他倡导的"属于特定群体但也属于其他人"的组合烹饪文化。事实足以证明这一点：奥托兰是来自西耶路撒冷的犹太人，而塔米米是来自东耶路撒冷的巴勒斯坦人，他们吃着名字相同而味道略有不同的菜肴长大。书中对很多我们最喜欢的传统餐馆和糕点店进行了点评，其中包括Zalatimo（见103页）、Abu Shukri（见103页）和Azura。

炖牛肉和肉丸子的香味足以让人觉得饥肠辘辘，招牌菜是肉桂碎牛肉加松仁酿茄子，很辣，能填饱肚子，而且上菜速度飞快。

Ishtabach　库尔德菜 $$

（见76页地图；☎02-623-2997；Shikma St和Beit Ya'akov St交叉路口；主菜 40~65NIS；⏲正午至次日1:00；🚊Mahane Yehuda）Ishtabach坐落在马哈耐耶胡达市场外围一条餐馆林立的热闹街道上，但是别的地方都无法提供同样美味（量又足）的shamburak，这是一种以各种肉或蔬菜为馅的库尔德糕点，还会配上独特的酱汁（比如大蒜酱）提味。肚子饿的时候可以试试siske馅——慢炖15小时以上的牛肉。

★ Machneyuda　各国风味 $$$

（见76页地图；☎02-533-3442；www.machneyuda.co.il；10 Beit Ya'akov St；主菜 86~175NIS，品尝套餐 295NIS；⏲周日至周四 12:30~16:00和18:30~23:00，周五 至15:00；🚊Mahane Yehuda）是选纽约的爽心美食、意大利大餐还是高级料理？这家一流的餐馆位于马哈耐耶胡达市场附近，以其有趣的创意美食赢得了当地人的赞赏，供应加泰罗尼亚风味的鱿鱼、黑色的意式扁面条配蟹肉，以及美味的老式牛排配土豆。尽早预订，祈祷能吃到粗面粉蛋糕吧。

Yudale　以色列菜 $$$

（见76页地图；☎02-533-3442；11 Beit Ya'akov St；开胃菜 46~71NIS，主菜 77~175NIS；⏲周日至周四 18:30至深夜；🚊Mahane Yehuda）这家店隶属于Machneyuda，像一个夏威夷海滩小屋，供应和老店一样的可口现代融合式创意菜肴——泰式鞑靼牛肉、库尔德糕点、松露玉米粥，但是这里更喧闹，也更快乐。如果你能找到位置，就坐在吧台边吧欣赏厨师们魔法般的厨艺，非常有趣。

这家餐馆在周五会营业到安息日开始前两小时，并在周六安息日结束两三个小时后重新开业。

玛米拉和叶明莫什

Angelica　各国风味 $$$

（见76页地图；☎02-623-0056；www.angelicarest.com；4 George Washington St，Yemin Moshe；主菜 92~158NIS；⏲周日至周四

重生的奥斯曼火车站

餐饮和娱乐设施聚集在宏伟的**第一车站**（见76页地图；02-653-5239；www.firststation.co.il；4 David Remez St, German Colony；小吃 20NIS起，主菜 55NIS起；7:00至深夜；）中，它是一座建于19世纪的火车站，很有氛围，是坐下来用餐或小酌几杯啤酒的好地方。这里有精品店、咖啡馆、一个冰激凌摊以及几家餐馆，包括供应犹太洁食的牛排店（Bread & Meat）、意大利餐馆（Fiori）和亚洲风味餐馆（Station 9）。白天这里很受家庭喜爱，天黑后则会热闹起来。

第一车站建于1892年，是雅法—耶路撒冷铁路线上位于耶路撒冷的终点站，1998年（从特拉维夫通往耶路撒冷的线路关闭）以前，车站几乎一直都处于使用状态。最近第一车站得以修复，并于2013年以现在的面貌重新开放。

普拉提课程、爵士音乐会、单口喜剧和民间舞蹈都在第一车站繁忙的娱乐活动安排中占有一席之地，很多活动都是免费的。夏季的周四，还有一个手工艺市场从16:00开始营业，值得逛逛。这里通常会有小火车和旋转木马等游乐项目，可供2~12岁的孩子玩。可查阅网站了解活动详情，包括很多夏季音乐会。

12:30~22:30，周六 20:30~23:00）砂岩拱门和石框窗户奠定了Angelica的世俗格调，然而菜单却创意十足。开胃菜融合了多种烹饪风格：用墨西哥玉米饼卷上加了蒜泥蛋黄酱的鱼肉沙威玛（shawarma）来唤醒你的味蕾，或者尝尝烟熏杏仁和油桃沙拉浇香槟油醋汁。主菜借鉴了欧洲各地小餐馆的经典菜式，比如鹅胸配豆子、腹肉牛排和蘑菇馅小方饺。

Mamilla Rooftop Restaurant 各国风味 $$$

（见86页地图；02-548-2230；www.mamillahotel.com；11 King Solomon/Shlomo HaMelekh St, Mamilla；主菜 90~186NIS；周日至周四 18:00~23:00，周五 正午至14:30，周六 19:30~23:00；City Hall）不喜欢在老城区的鹰嘴豆泥餐馆里跟其他客人挤来挤去？这家时髦的屋顶法式小馆是个雅致的休息去处。餐食（都是犹太洁食）是为讲究的食客设计的，包括柑橘三文鱼刺身、黑橄榄意式团子以及巧克力焦糖酱烧鹅。需要预订。

德国侨民区

Emek Refa' im St沿途有很多连锁咖啡馆和汉堡店，这里正在逐步改善的餐饮环境以法式小馆和意大利餐馆为特色。

Adom 地中海菜 $$$

（见76页地图；02-624-6242；www.adom.rest/en；First Station, 4 David Remez St；主菜 70~135NIS；12:30至午夜；；71路）这家时髦的小餐馆坐落在第一车站的庭院内，装饰得就像一间富有魅力的火车站候车室。高水准的泛欧洲菜单以诱人的烤肋间牛排和海枣蜜鞑靼三文鱼为特色，素食选择则有意想不到的搭配，比如栗子汤团，或是洋蓟、山羊奶酪和无花果沙拉。这是开启耶路撒冷夜生活的一个不错的热身场所。

吉瓦特拉姆区

★ **Modern** 以色列菜 $$$

（02-648-0862；www.modern.co.il；Israel Museum, Ruppin Rd；主菜 70~120NIS，小吃拼盘 110NIS；周日至周四 11:30~17:00，周二 至深夜；；7路、9路、14路、35路、66路）以色列博物馆（见89页）的主要餐馆和所在环境一样考究，供应的一系列菜肴也十分精致：洋蓟索夫利特酱（sofrito）、带馅的小方饺和鸡肉kadaif（一种土耳其面条），摆盘精巧得足以为杰克逊·波洛克（Jackson Pollock）的油画锦上添花。这里还对当地风味进行了出人意料的改良（以色列小吃、牛肉和杏子烤串），而且都会配上刚刚出炉的面包。

饮品和夜生活

耶路撒冷的市中心有很多酒吧。其中最好的位于马哈耐耶胡达市场区域和锡安广场附近，集中于Rivlin St、Ben Shatah St、Hillel St、Heleni HaMalka St和Dorot Rishonim St。东耶路撒冷的酒吧基本上都在

酒店里，而老城区和内盖夫一样，几乎找不到一家酒吧。

老城区

Viennese Café

咖啡馆

（见54页地图；Austrian Hospice，37 Via Dolorosa；蛋糕 23NIS，主菜 50~70NIS；⏲10:00~22:00）巴洛克音乐和萨赫蛋糕（Sachertorte）试图在耶路撒冷的Austrian Hospice开辟一个属于维也纳的角落。不过可别误会，这是一家餐厅，供应苹果卷、上好的茶和炸肉排。在Austrian Hospice静谧的空间里，这是一种放纵的快乐。

要找到这家咖啡馆，需要在Al Wad St和十字架苦路交叉路口处的大门前按响门铃。进门后，走过客栈美丽的门厅，然后左转，咖啡馆就在走廊的尽头。店里同时设有室内和户外座位。

Versavee

酒吧、咖啡馆

（见54页地图；☎02-627-6160；www.versavee.com；Greek Patriarchate Rd；⏲10:00至深夜；📶）不管你是想喝薄荷柠檬饮料还是想来一杯葡萄酒，都不妨来Versavee。这里有庭院座位，又靠近雅法门，是一个方便的休息场所。它就位于Hotel New Imperial（见98页）隔壁，装修是混合风格，虽陈旧，又颇具19世纪的壮丽感。

市中心

Cassette Bar

酒吧

（HaCasetta；见86页地图；1 Horkanos St；⏲周六至周四 20:00至次日5:00，周五 14:00至次日6:00；🚊Jaffa Center）你可以从街上进入（寻找上面覆盖着老式盒式磁带的金属门），也可以从隔壁的Record Bar后面绕进去。长久以来，这家小型酒吧一直都是潮人经常光顾的地方。人们常常在另类音乐的陪伴下畅饮到深夜。楼上是很受欢迎的男同性恋酒吧Videopub。

Kadosh

咖啡馆

（见86页地图；☎02-625-4210；6 Shlomzion HaMalka St；⏲7:00至次日0:30，安息日停业；📶；🚊City Hall）自1967年以来，Kadosh一直在塑造不可思议的微型巴黎形象，从光亮的色彩搭配和户外座位，到播放的法国香颂到人们的闲聊。香草冰咖啡是浓香的提神饮品，而日落之后，咖啡杯又会换成细长的鸡尾酒杯。

Videopub

同性恋

（见86页地图；https://sites.google.com/site/videopubjerusalem；1st fl，1 Horkanus St；⏲周一至周四、周六和周日 20:00至次日4:00，周五 22:00起；🚊Jaffa Center）当地的LGBT人群会聚在Cassette Bar上面的这个小空间里饮酒、跳舞，偶尔还会举办变装秀（周四和周六是人最多的时候）。这里有怀旧的电子音乐、20世纪80年代的流行音乐，以及欢迎LGBT顾客及其异性恋友人的人群。

Barood

酒吧

（见86页地图；☎02-625-9081；31 Jaffa Rd；⏲正午至深夜；🚊Jaffa Center）这家温馨的酒吧兼餐馆坐落在Jaffa Rd后面的一座庭院内，本地葡萄酒、散装健力士啤酒（Guinness）以及巴尔干和意大利风味碰撞出来的美味小吃是靠谱的选择，能让人心满意足地在这里消磨时间。红格子图案的桌布和装饰着令人怀念的欧洲海报的石墙会让你陷入想象，一瞬间，你会以为自己正身处一家巴黎小馆……何必还去别的地方呢？

Sira

酒吧、夜店

（见86页地图；☎02-623-4366；1 Ben Shatakh St；⏲16:00至次日3:00；🚊City Hall）紧邻Ben Sira St的这家小酒吧昏暗、拥挤而喧闹，总是回响着各种音乐，从爵士乐到电子乐，类型取决于夜晚。这里有一个迷你舞池，DJ会播放各式各样的音乐。啤酒消耗得很快，而且会一直供应到深夜，学生是开怀畅饮的主力军。

Mazkeka

酒吧

（见86页地图；www.mazkeka.com；3 Shoshan St；⏲21:00至次日2:00；🚊City Hall）Mazkeka在周末会热闹到深夜，人们聚在一起喝酒，同时看看这座城市的新兴和独立艺术家。可以登录网站www.facebook.com/Mazkeka，看看这周要放映什么电影，有哪些艺术家来表演，或者只是顺道过来看看耶路撒冷新潮的一面。

Jabotinski 小酒馆

（见86页地图；2 Shim'on Ben Shatah St；⏲周日至周五 19:00至次日2:00，周六 13:00至深夜；📶；🚊City Hall）这家小酒馆得名自俄裔犹太复国主义者泽夫·扎博京斯基（Ze'ev Jabotinsky，1880~1940年），常有旅行者光顾，是Shim'on Ben Shatah St上的众多流行酒吧之一。食物很普通（排骨、汉堡包之类），但啤酒是冰的，还有很多临街的座位。

Mike's Place 体育酒吧

（见86页地图；☎054-799-1220；www.mikesplacebars.com；33 Jaffa Rd；⏲周日至周四正午至深夜，周五 至17:00，周六 21:00起；🚊Jaffa Center）散装健力士啤酒，屏幕上播放的体育赛事，对旅行者十分友好的工作人员……是的，你已经在其他十几家酒吧看到了同样的模式，但是这家以色列连锁酒吧是一个很容易让人在耶路撒冷开始或结束夜生活的地方。可以选择临街的座位，或者旧得让人安心的室内（里面有个沉入地下的巨大空间）。

来此放松的最佳时间是22:00，那时晚上的娱乐活动通常刚好开始：周一是开放麦克风之夜，周二和周四是现场音乐表演，周三则属于爵士乐。

马哈耐耶胡达

Beer Bazaar 精酿啤酒

（见76页地图；☎02-671-2559；www.facebook.com/Beer.Bazaar.Jerusalem；3 Haetz Ha'em St；⏲周日至周四 11:00至深夜，周五 至17:00，周六 20:00起；🚊Mahane Yehuda）这家非常友善的酒吧位于马哈耐耶胡达市场（见85页），在这里可以畅饮100多种精酿啤酒（包括几十种以色列酿造的）。Beer Bazaar是一个特拉维夫微酿啤酒连锁店设在耶路撒冷的分店，人气很高，不但供应散装啤酒，还有各种娱乐活动，从"啤酒瑜伽"到现场音乐演出，应有尽有。

Roasters 咖啡

（见76页地图；☎054-671-0296；Haetz Ha'em St；⏲周日至周四 8:00至日落，周五 9:00~14:00；🚊Mahane Yehuda）这家人气极高的咖啡馆位于马哈耐耶胡达市场最热闹的地方，你可以坐在不太稳的高凳上（或者更加摇晃的金属桶上），啜饮泡沫牛奶下的卡布奇诺或丝般柔滑的冰咖啡，还可以浇上糖浆以增加口感。

Casino de Paris 酒吧

（见76页地图；⏲周日至周四 正午至次日2:00，周六 21:00起；🚊Mahane Yehuda）在英国托管时期，这座建筑是一家专为英国士兵开设的军官俱乐部。1948年，英国人离开后，这个地方很快便破败不堪。后来当地的企业家决定重现这里觥筹交错的昔日辉煌。现在，Casino de Paris是一家室内外酒吧，提供小吃、比萨、以色列精品啤酒，还有以20世纪20年代的全盛时期为主题的怀旧鸡尾酒。

Etrog Man 果汁吧

（见76页地图；www.etrogman.com；Ha'Egoz St；⏲周日至周四 8:00至日落，周五 9:00~14:00；🚊Mahane Yehuda）Etrog Man既是思慕雪吧，又是"药吧"，致力于用一杯冷冻的山羊奶和百香果治愈疾病。你也可以试试

同性恋在耶路撒冷

由于耶路撒冷的宗教性质，这座城市的同性恋者与特拉维夫的相比要低调得多。公开示爱，尤其是同性伴侣之间的示爱，在犹太正统派地区和东耶路撒冷是不受欢迎的。

Videopub（见108页）是一家带有迷你舞池的男同性恋酒吧。提前给**Jerusalem Open House**（见86页地图；☎02-625-3191；www.joh.org.il；1st fl，2 HaSoreg St；🚊City Hall）发邮件，了解相关的团体活动，其中的一些活动很适合讲英语的人。

7月下旬或8月上旬，LGBT群体会走上街头举行**耶路撒冷同性恋骄傲和宽容游行**（Jerusalem March for Pride and Tolerance）。该活动更像人权示威游行，而不是狂欢节，目的是缅怀2009年Bar-Noar枪击事件中的死伤者，以及2015年在游行中被一名极端正统派男子刺死的希拉·班基（Shira Banki），并呼吁人们宽容对待LGBT群体。

"etrogat"，这种饮料有奇妙的保健作用，准能让你在安息日获得内心的宁静。而且一杯5NIS起的价格，实在让你很难对这个既清爽又友好的地方说不。

塔比耶和德国侨民区

Talbiye 葡萄酒吧

（见76页地图；☎02-581-1927；www.talbiye.com；5 Chopin St，Talbiyeh；⊙9:30~16:30和17:00至午夜）在这家波希米亚风酒吧里，可以随意畅饮以色列和世界各地的葡萄酒，店内有古董家具，而且本身店的位置靠近耶路撒冷剧院，吸引了一群世俗、富有的狂欢者和文人。作为前卫的Machneyuda（见106页）的旗下餐厅，Talbiye保准和你期望的一样，提供品质极高的泛欧洲菜，既有小吃，也有全套的大餐。

Coffee Mill 咖啡馆

（☎02-566-1665；23 Emek Refa'im St，German Colony；⊙周日至周四 7:00~23:00，周五至15:00，周六 19:00~23:00；🚌4路、18路、21路）生机勃勃、书卷气十足的Coffee Mill吸引着使用多种语言的人群，他们会在排满了咖啡豆和《纽约客》（*New Yorker*）杂志封面的墙壁间啜饮拿铁咖啡。

☆ 娱乐

戏剧迷、电影爱好者和音乐爱好者在耶路撒冷都会有宾至如归的感觉。这座城市的活动日程在夏季（6月至8月）尤为紧凑。大型国际演出往往会去特拉维夫，然而耶路撒冷市中心的本地音乐圈依旧丰富多样，生机勃勃。可以查看网站www.itraveljerusalem.com或是周五的《耶路撒冷邮报》（*Jerusalem Post*）了解近期活动，并通过**Bimot**（见86页地图；☎02-623-7000；https://tickets.bimot.co.il；8 Shamai St，Downtown；⊙周日至周四 9:00~19:00，周五 至13:00；🚌Jaffa Center）订票。

Cinematheque 电影院

（见76页地图；☎02-565-4333；www.jer-cin.org.il；11 Hebron Rd，靠近Old City；门票 39NIS）Cinematheque既会放映优质的外国电影，也会举办主题多样（从同性恋电影到中国电影）的微型电影节，可谓是真正的电影鉴赏家的聚集地。它是世俗、左倾的耶路撒冷人最爱光顾的地方，也是备受尊敬的耶路撒冷电影节（见96页）的举办场所。

Yellow Submarine 现场音乐

（☎02-679-4040；www.yellowsubmarine.org.il；13 HaRechavim St，Talpiot）中东舞曲或巴尔干半岛的流行音乐听起来像即兴演奏？轻爵士乐、犹太宗教歌曲或（英语）单口喜剧怎么样？在Yellow Submarine上演的音乐和语言类节目丰富得令人难忘，可登录其网站查看最近的活动。

Zappa in the Lab 现场音乐

（☎售票处 03-762-6666；www.zappa-club.co.il；28 Hebron Rd，Abu Tor；⊙售票处 9:00~21:00）这个演出场所由废弃的铁路仓库改造而成，很有工业感，吸引人的酒吧背光与风化的石头相映成趣。Zappa会上演爵士乐、民谣、摇滚乐和流行音乐会，还有为数不多的翻唱乐队演出和喜剧表演。几乎每晚都有活动，可登录其网站了解详细信息（值得预订）。

耶路撒冷剧院 表演艺术

（Jerusalem Theatre，Jerusalem Centre for the Performing Arts；见76页地图；☎02-560-5755；www.jerusalem-theatre.co.il；20 David Marcus St，Talbiyeh；⊙售票处 周日至周四 9:30~19:30，周五 至13:00）这片建筑群包括一座音乐厅、一家电影院、若干剧院和一家咖啡馆。在这里可以欣赏耶路撒冷交响乐团（Jerusalem Symphony Orchestra）的演出，以及喜剧、音乐、儿童剧和舞蹈表演。

其中**Sherover Theatre**是最大的舞台，此处的一些演出配有同步英文字幕。

购物

耶路撒冷是购买犹太装饰品的好地方：可以逛逛老城区的南北大街（见71页）或是市中心的Yo'el Salomon St。尽量不要前往老城区的David St，这里的商品质量通常很差。此外，如果要买精致的亚美尼亚陶瓷制品和美食类纪念品，比如咖啡、香料及包装好的糖果之类的东西，最划算的采购地点是穆斯林区和马哈耐耶胡达市场（见85页）。

老城区

Sandrouni Armenian Art Centre 陶瓷

(见54页地图；☎02-626-3744；www.sandrouni.com；4 HaAhkim St；⏰周一至周六 9:30~19:00）漫步经过新门（New Gate）进入耶路撒冷的老城区后，你会忍不住到亚美尼亚兄弟乔治和多林·桑德罗尼（George and Dorin Sandrouni）五彩缤纷的陶瓷作坊看一看。自1983年成立工作室以来，他们一直都在手工制作传统的亚美尼亚陶瓷制品：石榴形状的装饰品、装饰性盘子，以及带有鱼、花和和平象征图案的瓷砖。

Heifetz 礼品和纪念品

(见54页地图；☎02-628-0061；www.bennyheifetz.com；24 Tiferet Israel Rd；⏰周日至周四 10:00~17:00，周五 至14:00）在本尼·海费茨（Benny Heifetz）的工作室里，传统的犹太仪式用品经过了全新的当代改造。他会在这里手工制作银色的律法书标志、锯齿状的几何形烛台以及一系列犹太主题的可爱首饰（比如闪闪发亮的大卫之星和chai符号的饰品）。

Bint Al Balad Workshop & Café 工艺品

(见54页地图；☎02-627-7333，02-628-1377；www.araborthodoxsociety.com；HaAhkim St；⏰周一至周六 9:00~15:00；🚉City Hall）🍃这是阿拉伯正统派协会（Arab Orthodox Society）经营的店铺，出售带有刺绣的服装、包袋、钱包和枕头，这些商品都是约旦河西岸的妇女制作的，旨在保护巴勒斯坦的手工艺传统。也供应巴勒斯坦风味的糕点和咖啡。

Alan Baidun 古玩

(见54页地图；☎02-626-1469；www.baidun.com；28 Via Dolorosa；⏰周六至周四 10:00~19:00）满腔热忱的古玩爱好者会对他们在老城区的探索搜寻感到失望……直到他们来到Alan Baidun。这里出售的所有古董——从埃及护身符到精美的伊斯兰艺术品——都带有出口证书和货源地证明。

东耶路撒冷

Educational Bookshop & Cafe 书籍

(见76页地图；☎02-628-3704；www.educationalbookshop.com；19 Salah Ad Din St；⏰8:00~20:00；📶；🚉Shivtei Israel）Educational Bookshop是探索东耶路撒冷的理想起点，这里吸引着记者、人道主义工作者、积极分子和艺术爱好者。该店有一系列有关阿以冲突的书籍和DVD，杂志和巴勒斯坦音乐光盘也是不错的选择。还可以在楼上的小咖啡馆里喝杯茶，吃个三明治，或者跟一名会说多种语言的知识渊博的顾客即兴辩论。

Armenian Ceramics 陶瓷

(见76页地图；☎02-628-2826；www.armenianceramics.com；14 Derekh Shchem/Nablus Rd；⏰8:00~17:00；🚉Shivtei Israel）这个家族企业是耶路撒冷历史最悠久的亚美尼亚陶瓷工作室，现在由一位来自土耳其的陶艺大师的孙子Neshan Balian经营。其工厂建于1922年，曾在六日战争中被毁，不过后来得以重振，如今仍在出售漂亮的手绘瓷砖。

工作室位于美国驻东耶路撒冷领事馆的对面。寻找写着“Palestinian Ceramics”的招牌。可能必须按门铃或打电话才能进去。

Sunbula 工艺品

(☎02-672-1707；www.sunbula.org；Derekh Shchem/Nablus Rd和Sheikh Jarah交叉路口；⏰周一至周四和周六 正午至18:00；🚉Shimon HaTsadik）🍃这个非营利性机构通过推广和销售传统手工艺品，包括刺绣、篮筐、编织、雕刻和橄榄油香皂，来帮助巴勒斯坦的手艺人掌握自己的命运。机构在耶路撒冷拥有两家店铺，其中一家位于圣安德烈教堂苏格兰客栈（见100页），另一家便是东耶路撒冷的这家。出售的所有物品都是手工制作的。

市中心

Greenvurcel 礼品和纪念品

(见86页地图；☎02-622-1620；www.greenvurcel.co.il；27 Yo'el Salomon St；⏰周日至周四 10:00~22:00，周五 至14:00，周六 安息日结束后1小时至23:00；🚉Jaffa Center）造型优美的极简抽象派设计是出自多才多艺的艺术家Yaakov Greenvurcel之手的金属制品的特征。他制作的闪闪发亮的白面包托盘和四面陀螺及其他犹太装饰品都在这里出售，以塔希提珍珠、半宝石和抽象设计为特色的首饰给人一种非常现代的感觉。

Arman Darian Ceramic 陶瓷

（见86页地图；02-623-4802；www.facebook.com/arman.darian.ceramic；12 Shlomzion HaMalka St；时间不定；City Hall）出生于埃里温（Yerevan）的阿尔曼·达里安（Arman Darian）可能是以色列最知名的陶瓷艺术家，他的许多设计作品都出现在公共建筑里。装饰精美的陶瓷花瓶、盘子和瓷砖摆满了他1986年建立的作坊和精品店，还有一些更大的物件，比如以亚美尼亚蓝白图案的瓷砖为桌面的桌子。

Danny Azoulay 礼品和纪念品

（见86页地图；02-623-3918；www.ketubahazoulayart.com；5 Yo' el Salomon St；周日至周四 10:00~19:00，周五 至14:30；Jaffa Center）生于摩洛哥的艺术家丹尼·阿祖莱（Danny Azoulay）从欧洲和中东设计中汲取灵感，创作了带有花边剪纸设计的ketubah（犹太婚礼契约）。这里也出售漂亮的陶瓷蜂蜜罐、镶框绘画及其他犹太装饰品。

Kippa Man 时装和饰品

（见86页地图；02-622-1255；5 Ben Yehuda St；周日至周四 时间不定；Jaffa Center）位于Ben Yehuda St步行街边，这家店塞满了各种各样的小圆帽（kippot，圆顶小帽或无檐便帽，15NIS起），数量之多令人眼花缭乱，一度摆到了街头。这里有各种经典图案的（比如大卫之星），但是为什么不在上面加个笑脸或芝加哥公牛队的标志呢？

Steimatzky 书籍

（见86页地图；www.steimatzky.co.il；33 Jaffa Rd；周一至周四 8:30~20:00，周五 至15:00；Jaffa Center）这个连锁书店在城里有几家分店，包括位于Jaffa Rd的这一家，以及位于德国侨民区（43 Emek Refa' im St；周日至周四 8:30~22:00，周五 至15:00，周六 21:00~22:30）的另一家。这里有各种类型的英文书籍。

Lametayel 体育用品和户外用品

（见86页地图；077-333-4504；www.lametayel.co.il；5 Yo' el Salomon St；周日至周四 10:00~20:00，周五 至14:00；Jaffa Center）这里出售地图和旅行指南（包括Lonely Planet），以及优质的露营用品及户外装备。

马哈耐耶胡达

★ Halva Kingdom 食品

（见76页地图；12 Haetz Ha' em St；周日至周四 8:00至日落，周五 至14:00；Mahane Yehuda）自1947年以来，这个小摊便一直在磨芝麻糊，让人难以抗拒。王冠形状的招牌、巨轮般的芝麻牛轧糖，还有发放试吃的服务员，让你很难错过这家店。一旦你尝了，很可能就会上瘾。可以选玫瑰、开心果或巧克力等口味，然后等着加糖。

实用信息

医疗服务

Hadassah Medical Centre Ein Kerem（急诊室 02-677-7222，信息咨询 02-677-6333；www.hadassah.org.il；Kiryat Hadassah）这家历史悠久的医院位于隐基林，设有24小时急诊室，还有会说英语和俄语的工作人员。从中央长途汽车站乘坐西行的列车，在终点站（Mt Herzl）下车，并在那里换乘27路公共汽车。

Hadassah Medical Centre Mount Scopus（急诊室 02-584-4333，信息咨询 02-584-4222；www.hadassah.org.il；19路）这家非营利性医院的Mount Scopus设有24小时急诊室，儿科专家急诊也是24小时的。

正统派协会医疗中心（Orthodox Society Medical Centre；02-627-1958；Greek Orthodox Patriarchate Rd；周一至周五 9:00~14:00，周六 至13:00）正统派协会经营着一家低成本医疗和牙科诊所，位于老城区的基督徒区，对游客开放。

Super-Pharm（见86页地图；077-888-1450；9 Mamilla Mall，Downtown；9:30~22:00，安息日停业）这个药房位于雅法门和市中心之间。

Terem（1-599-520-520；www.terem.com；80 Yirmiyahu St，Romema；24小时；Central Station）一家很有效率的多语言诊所，无须预约，可处理从小伤小病到紧急事件的所有情况。距中央长途汽车站仅有5分钟的步行路程。

现金

兑换外币的最佳选择是位于市中心区（锡安

广场周边）、东耶路撒冷（Salah Ad Din St）和老城区（雅法门）的私人货币兑换处，不收取手续费。需要注意的是，在犹太地区，许多兑换处会在周五提前关门并且周六全天歇业。

自动柜员机遍布全城，包括锡安广场。

旅游信息

可以拨打**旅游热线***3888（注意星号）获取旅游服务方面问题的直接答复，同时还可以得到以色列警察、内政部服务处和机场管理局的协助。每天24小时在线。

基督教信息中心（Christian Information Centre；☎02-627-2692；www.cicts.org；Omar Ibn Al Khattab Sq, Old City；⏰周一至周五 9:00～17:30，周六 8:30～12:30）这个信息中心位于大卫塔博物馆入口处的对面，由方济会经营，提供耶路撒冷基督教场所的相关信息。

雅法门旅游局（Jaffa Gate Tourist Office；☎02-627-1422；www.itraveljerusalem.com；Jaffa Gate；⏰周六至周四 8:30～17:00，周五 至13:30）这是耶路撒冷的旅游总局，可提供免费地图，组织导览游，并提供信息和建议。它是过雅法门以后的第二间办公室。

参考网站

Go Jerusalem（www.gojerusalem.com）方便查阅的旅游网站，包括各类活动、节日、团队游和景点的信息。

i Travel Jerusalem（www.itraveljerusalem.com）市政当局运营的非常有用的网站，包括旅行线路。

Jerusalem.com（www.jerusalem.com）提供城市、景点和活动的概览，还有重要景点的虚拟旅游。

到达和离开

长途汽车

去往以色列各大主要城镇的长途汽车都从**中央长途汽车站**（www.bus.co.il；Jaffa Rd）发车。去埃拉特需要提前订票，因为这条线路经常爆满。

如果你要去约旦河西岸的北部地区，比如拉马拉（18路，7NIS），要去位于Derekh Shchem（Nablus）Rd这条街上的**阿拉伯长途汽车站**（East Jerusalem Central Bus Station；见76页地图）坐车，那条街就在大马士革门的前面。从这里出发的长途汽车是绿白两色的。

目的地	长途汽车线路	费用（NIS）	行程（小时）	班次
贝尔谢巴	446、470	27	1.75	每小时2班
埃拉特	444	70	5	每天4班
海法	940、947	37.50	2.5～3	每15分钟1班
梅察达	444、486	37.50	2.5	几乎每小时1班
特拉维夫（Arlozorov长途汽车站）	480	16	1	每15分钟1班
特拉维夫（中央长途汽车站）	405	16	1	每15分钟1班
太巴列	961、962	37.50	2.5	几乎每小时1班

要去伯利恒，应从大马士革门西边与电车站相邻的**阿拉伯长途汽车站**（Sultan Suleiman St, East Jerusalem）乘坐21路（8NIS）。从这里出发的长途汽车是蓝白两色的。要去希伯伦，可以乘坐21路，然后在Bab Al Zqaq下车并换乘去往希伯伦的长途汽车（5NIS）。

请向东耶路撒冷运输协会（East Jerusalem Transport Association；☎02-627-2881）了解最新信息。一般情况是，蓝白两色的长途车去往约旦河西岸南部，而绿白两色的长途车去往约旦河西岸北部。

合乘出租车

合乘出租车（sheruts）的发车频率比长途汽车要高，而且通常贵不了多少钱。在安息日，这是去往以色列各目的地唯一的公共交通工具。**去特拉维夫的合乘出租车**（见86页地图；工作日每人24NIS起，周末和午夜后每人30NIS）从锡安广场附近的HaRav Kook St和Jaffa Rd的交叉路口出发；在特拉维夫，这些车就停在中央长途汽车站外面。

火车

耶路撒冷的**火车站**（Jerusalem Malcha；☎02-577-4000；www.rail.co.il；Yitzhak Moda'i St, Malcha；⏰售票亭 周日至周四 6:00～10:00和15:15～19:45，周五 8:45～14:00）位于城市西南，在Jerusalem Mall附近。每小时会有一班火车去往特拉维夫的Savidor、HaHagana和HaShalom火车站（20NIS，1.5小时）。本书作者调研期间，发车时间

为周日至周四的6:17~21:17；周五的最后一班车于14:46开出，周六的一班车则于21:45开出。坐火车从海法和海岸出发要在特拉维夫换车。

从King George St乘坐18路公共汽车，或者从中央长途汽车站乘坐6路公共汽车，都可以到达火车站（留出45分钟）。拨打*5770（注意星号）可获取更多详情。

当地交通

耶路撒冷的老城区适合步行，其他街区则由公共汽车和准时的轻轨系统相连接。打表的出租车可以去往公共交通覆盖不到的地方。如果你只打算在大都市区域旅行，就不需要租车，但是去朱代安山（Judean Hills）一日游的话，租车是个有效方式。

抵离机场

本-古里安国际机场（Ben Gurion Airport）位于耶路撒冷西北52公里处，紧邻通往特拉维夫的Rte 1。**Nesher Service Taxis**（☎02-625-7227, 072-264-6059; www.neshertours.co.il）提供从本-古里安去往耶路撒冷的小巴服务，24小时运营，从国际到达大厅前面的车站发车，费用为每名乘客64NIS。合乘出租车客满发车（你可能得等）。告诉司机你要去耶路撒冷的哪个地方，司机会决定乘客下车的顺序（取决于其他乘客要去的地方，可能需要一段时间）。要从耶路撒冷去往本-古里安，可提前一天致电Nesher安排合乘出租车接送。机场合乘出租车的服务可能比较生硬，但很可靠，性价比也很高。

现在也有一趟公共汽车（485路）往返于本-古里安和耶路撒冷的中央长途汽车站（见113页），费用为16NIS，每小时一班。不能预订，只能在汽车站外面路旁显示车牌号的站台处等候。在工作日乘坐私人出租车要花费268NIS，周末则为320NIS。

RAV-KAV智能卡

为了方便环游城市，可以购买可重复使用的Rav-Kav智能卡，在大耶路撒冷地区（但是不包括东耶路撒冷）的轻轨和所有公共汽车上均可使用。花5NIS即可从公共汽车司机那里购买一张"不记名"卡，也可以前往中央长途汽车站22号站台附近的Egged服务台（营业时间为周日至周四7:00~19:00，周五至14:00），出示护照免费领取一张。

可预先设置按乘坐次数缴费（每次5.90NIS，不可换乘），或者购买通票（一日票/一周票13.50/64NIS起），每次乘坐轻轨或公共汽车时刷卡。在电车站的售票机、任何公共汽车上或者中央长途汽车站的Egged服务台充值。每名付费乘客可以带一个5岁以下的孩子免费乘车。

自行车

耶路撒冷有很多陡峭的地区，而且市中心交通颇为繁忙，所以只有经验丰富的自行车手才比较适合在这里骑车。雅法门的旅游信息办公室可以提供自行车租赁和组织骑行游览的公司的名单。**Bike Jerusalem**（☎02-579-6353; www.bikejerusalem.com; 租金 每天90NIS）提供自行车租赁服务，可在市中心取车（包括头盔和维修工具）。Smart Tour（见97页）提供电动自行车出租服务，让你不必在城市的坡路上费力蹬车。德国侨民区的Arcadia Ba' Moshava（见102页）会为客人提供自行车。

公共汽车

耶路撒冷的公共汽车线路网非常完备（每次乘坐5.90NIS），覆盖了西耶路撒冷的所有街区（而且能到达东耶路撒冷的一些地方）。可登录网站www.jet.gov.il获取公共汽车的路线、时刻表和交通地图。

要知道，东耶路撒冷的公共汽车线路都是私营的，Rav-Kav智能卡适用于大耶路撒冷地区的大多数公共汽车，但是不能在东耶路撒冷的公共汽车上使用。本书写作期间，已有将类似Rav-Kav的智能卡引入东耶路撒冷网络的计划。

要去往东耶路撒冷的部分地区，比如橄榄山（75路公共汽车，5NIS），可在希律门附近的**阿拉伯长途汽车站**（见76页地图; Sultan Suleiman St, East Jerusalem）乘车。从这里出发的公共汽车是蓝白两色的。

小汽车

交通拥堵很常见，司机很不耐烦，停车也相当困难，所以请慎重考虑你是否要在耶路撒冷开车。非居民能用的付费路边停车位，其标记是蓝白相间的路边石标记，需要从附近的机器购买停车票（每小时5.70NIS），并把它放在仪表板上。在晚上和安息日，路边停车通常免费。也可以注册Pango（http://en.pango.co.il）来定位地点，然后通过手机上的应用程序支付停车费（在一些地方，只能选择用Pango付费）。违章停车很容易被罚款，而且违章停放的车辆很快就会被拖走。

要在雅法门附近便捷、安全地停车，可以前往**玛米拉停车场**（Mamilla Parking；17 Kariv St, Downtown；第1个小时免费，随后每小时12NIS，全天50NIS；⏲6:00至次日2:00）。

轻轨

耶路撒冷轻轨（Jerusalem Light Rail；www.citypass.co.il）仅开通了一条线路，即从城市西部的赫茨尔山至城市东北角Pisgat Ze'ev的Heyl HaAvir。这条13.9公里长的路线上有23站，包括中央长途汽车站、马哈耐耶胡达市场和大马士革门。差不多每10分钟发一趟车，每天从5:30一直运营到午夜，安息日除外：周五在安息日开始前90分钟停运，周六则在安息日结束1小时后恢复运营。你可以在电车站的售票机上购票（5.90NIS），必须验票上车。多次行程可以加载到一张Rav-Kav智能卡上。

出租车

在城镇中心范围内，花费25~50NIS就可以打到车。一定要让司机使用计程表。5:30~21:00（安息日除外），起步价应为12.30NIS。请致电**Hapalmach Taxi**（☎02-679-2333），或在JerusalemTaxis（http://jerusalemtaxies.com）按街区（和指导价）打车。

在雅法门揽客的司机因拒绝使用计程表且收费过高而被人诟病。如果你想在这个地方打车，可以请附近的旅游信息办公室打电话帮你约车。在橄榄山圣母墓附近揽客的司机风评与之类似。

耶路撒冷周边（AROUND JERUSALEM）

数千年来，朝圣者越过朱代安山来到圣城，在沿途建造并资助修道院、教堂和圣殿。洞穴和坟墓就隐藏在岩石散布的平原、低矮的山丘和山谷之中，对游客来说，可谓是自然奇景和考古财富的完美结合。从耶路撒冷驱车来此进行一日游即可游遍所有主要景点。

阿布高希（Abu Ghosh）אבו גוש ابو غوش

☎02/人口：7000

历史悠久的教堂和丘陵起伏的风景把旅行者吸引到了耶路撒冷以西12公里处的阿布高希这片粗犷之地。经过一条陡峭而繁忙的主干道，即可到达这座活力十足的阿拉伯小镇，可以先去逛逛这里数量众多的鹰嘴豆泥餐馆和咖啡馆，然后再去探索两处主要景点：一座十字军时代的教堂以及一座宏伟壮丽的宗座圣殿。附近一处时间更早的定居点是《圣经》中被称为Kiryat Ya'arim（森林镇）的地方，据说约柜在这里存放了20年，直到大卫把它搬到了耶路撒冷（《历代志上》13:5-8）。

景点

约柜圣母堂 教堂

（Our Lady of the Ark of the Covenant；Notre Dame de l'Arche d'Alliance；Kvish Ha-Shalom和Notre Dame St交叉路口；⏲周一至周六8:30~11:30和14:30~17:00；P）这座山顶教堂的顶上有一尊圣母怀抱婴儿耶稣的雕像，教堂就建在Kiryat Ya'arim的遗址上，很多基督徒都相信，在国王撒母耳、扫罗和大卫统治时期，这里就是安放约柜的地方。在教堂地板上可以看到5世纪的镶嵌画，这个保存完好的部分最初源自被摧毁并重建过多次的拜占庭宗座圣殿。现在矗立在此处的教堂是1924年重建的，属于光彩夺目的装饰艺术风格。

本笃会大修道院 修道院

（Benedictine Abbey；Rashid St；⏲周一至周六 8:30~11:30和14:30~17:30）这个本笃会建筑群的核心是带有拱顶的复活教堂（Church of the Resurrection），其历史可以追溯到12世纪中叶。这座十字军时代的宏伟教堂是全国保存最完整的教堂之一，于20世纪初由法国政府收购。现在修道院被一个小型法国本笃会社区围绕着，你可以在那里购买橄榄油和宗教圣像。

住宿

大多数旅行者都是从耶路撒冷来此一日

Around Jerusalem 耶路撒冷周边

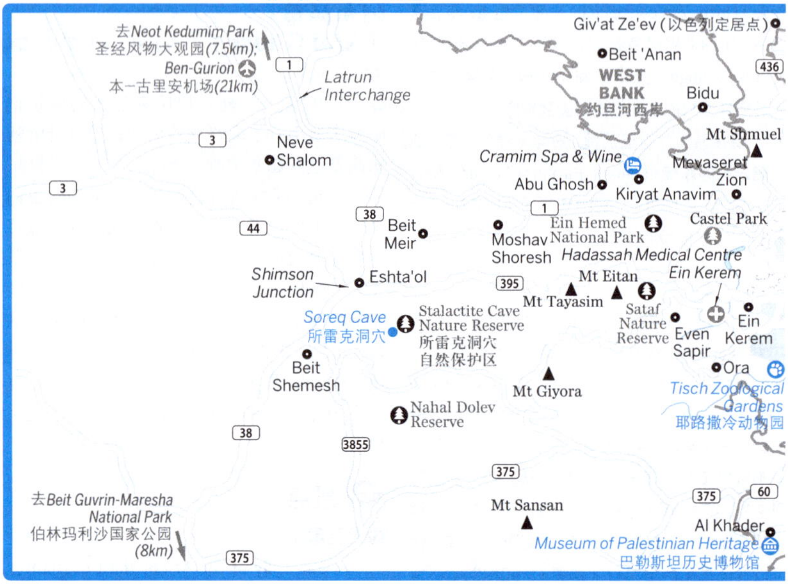

游的游客，不过，如果对小众的体验有兴趣，在阿布高希留宿一晚也很值得考虑。这里不但有非常棒的**Jerusalem Hills Inn**（☎077 557-0948；http://jerusalemhillsinn.com；Rehov HaTut 9；标单/双 US$65/95起；P），还有其他一些高品质的住处。腰包更鼓（或租了车）的旅行者可能想去豪华的**Cramim Resort**（☎08-638-7797；www.isrotel.com/cramim；房US$330起；P@），挥霍一晚，就位于东边2.5公里处的阿纳维姆（Kiryat Anavim）。

就餐

主干道Kvish Ha-Shalom上有几家咖啡馆、小型超市和餐馆，其中包括两家普通的鹰嘴豆泥店，名字都叫"Abu Shukri"（但是与耶路撒冷老城区里那家著名的餐馆没有任何关系）。

★ **Sultan Sweets & Cafe** 甜品 $

（Haj Musa 8；甜点 10NIS起；周一至周六 9:00~20:00）这家气氛欢快的咖啡馆里装饰着乐器，店内播放着阿拉伯流行音乐，很令人放松。可以在这里抽水烟（nargileh），或者尝尝甜品，比如果仁蜜饼（baklava）、楔形的芝麻牛轧糖块或者非常甜腻的库纳法（顶上是细面条的奶酪蛋糕），最好搭配浓咖啡。

到达和离开

阿布高希位于耶路撒冷以西12公里处，在Rte 1沿线。超级巴士185路和189路开往阿布高希，发车地点为Shazar Blvd上的一个车站，就在耶路撒冷国际会议中心（Jerusalem International Convention Center）对面，离中央长途汽车站很近（9.60NIS，30分钟，每半小时1班）。

拉特伦（Latrun） لطرون לטרון

在拉特伦，喧闹和平静各占一半。拉特伦位于连接着特拉维夫和耶路撒冷的Rte 1路段的西侧，与其说是一座城镇，不如说只是一段轰鸣的公路。这里的两侧都是橄榄园和葡萄园，自拉特伦修道院建立以来，当地的修道士就在这里榨油、酿酒。这座修道院以及附近一座名叫"迷你以色列"（Mini Israel）的游乐园是拉特伦的主要景点，从耶路撒冷或特拉维夫来此一日游是非常令人享受的，但是除此以外也就没什么可逛的了。

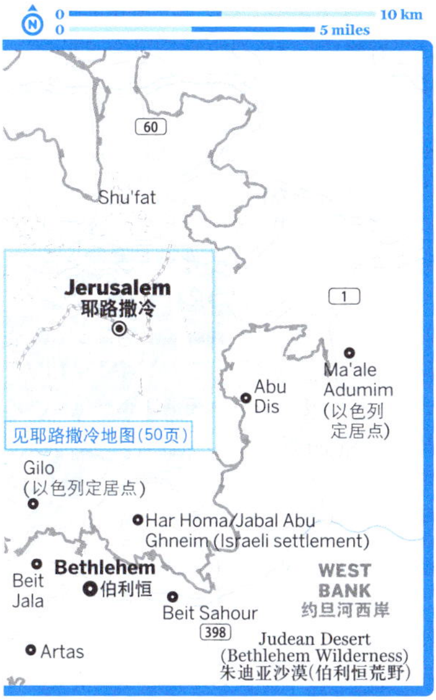

景点

拉特伦修道院 修道院

（Latrun Monastery; www.holy-wine.com; ⏲教堂 冬季 周一至周六 8:30~11:30和14:30~16:00，夏季 周一至周六 8:30至正午和15:30~17:00，商店 冬季 周一至周六 8:00~17:00，夏季 周一至周六 8:30~17:30; P）游客们来到拉特伦修道院，不仅是为了沉思和欣赏教堂，更是来这里买修道士制作的橄榄油和葡萄酒。法国特拉普派（Trappist）的修道士于1890年创建了这个地方，并开始开垦土地。他们在“一战”期间离开了，但是在1926年回来了，建造了如今矗立于此的砂岩修道院建筑群。雅致的拱道、大教堂式的窗户和花园都被高高的砖墙围在里面。礼品店出售的一系列修道士制作的产品都很棒，包括橄榄油、葡萄酒和橄榄油香皂。

迷你以色列 游乐园

（☎1-700-559-559; www.minisrael.co.il; 成人/学生和儿童 69/59NIS; ⏲全年 周日至周四和周六 10:00~17:00，7月和8月 周五 至22:00，9月至次年6月 周五 至14:00; P）在这座充满欢乐又适合儿童的游乐园里，以色列的380多处主要景点都被缩小到了小人国的比例。小路会带你走进特拉维夫和海法等城市的比例模型、凯撒利亚的古代遗迹，以及一家可口可乐工厂（令人费解）。最棒的是，赫尔蒙山（Mt Hermon）上的滑雪者模型和在西墙边晃动的信徒模型都是可以移动的。

到达和离开

404路、433路、434路和435路长途汽车往来于耶路撒冷的中央长途汽车站和拉特伦（16NIS，30分钟，班次频繁）。

圣经风物大观园（Neot Kedumim）

占地2.5平方公里的圣经风物大观园（Biblical Landscape Reserve; ☎08-977-0777; www.neot-kedumim.org.il; 紧邻Rte 443; 成人/儿童 25/20NIS; ⏲周日至周四 8:30~16:00，周五 至13:00; P）是在以色列内了解《圣经》时代的圣地所拥有的自然农业景观的最佳去处。拿上本土动植物的导览机，游客可以沿着4条观景小径自己游览（最长3.5小时），途中会经过古老的榨油机和椰枣树。

大观园位于本-古里安机场东南9公里、拉特伦以北17公里处。

所雷克洞穴（Soreq Cave）

مغارة سوريك מערת שורק

占地4800平方米的所雷克洞穴（Stalactite Cave, Avshalom Cave; ☎02-991-1117; www.parks.org.il; Beit-Shemesh; 成人/学生/儿童 29/25/15NIS; ⏲4月至9月 周六至周四 8:00~17:00，周五 至15:00，10月至次年3月 周六至周四 8:00~16:00，周五 至14:00）内悬挂着数千根细长的钟乳石，蓝色和紫罗兰色的照明更是令洞穴魅力大增。一部短片讲述了这个洞穴的形成以及1967年洞穴被一名采石场工人偶然发现的故事。

沿着洞穴内铺设的小路进行的定时步行团队游大约需要45分钟，可以看到一些更有趣的岩层。

古伯林玛利沙国家公园（Beit Guvrin-Maresha National Park）حديقة وطنية بيت جبرين ماريشا פארק לאומי בית גוברין-מרשה

古伯林玛利沙国家公园（☎08-681-1020；www.parks.org.il；紧邻Rte 35；成人/儿童 28/14NIS；⏲周六至周四 8:00~16:00，周五 至15:00）覆盖了朱代安山5平方公里的土地，这里的岩石山谷和低矮山丘是山瞪羚、鬣狗和鸣禽的家园。但是大多数涌向此地的旅行者都是为了参观《圣经》中的城市玛利沙的遗迹，进入白色石灰岩洞穴中的坟墓。从入口沿逆时针方向驱车而行，需要几个小时才能走完被列入联合国教科文组织世界遗产名录的景点，而且还要再加上在沿途坟墓停留的时间。如果你还想体验步行小径，就要留出半天的时间。

泰勒玛利沙（Tel Maresha）遗址（B停车场附近）在一座30米高的小山上，在这里可以看到从公元前9世纪至公元前1世纪矗立了800多年的城墙的遗迹，以及一座大别墅（其历史可以追溯到公元前1世纪末期）的地基。继续沿着公园的道路前往C停车场，就到达了令人惊叹的西顿人洞穴（Sidonian Caves），这里安葬着古城玛利沙最杰出的一些公民。走进洞穴，你会看到精心修复过的描绘动物、鱼类和骨灰瓮的壁画。在这里许多有趣的考古发现中，有一条铭文备受争议："我和别人睡了，但我爱的是你。"

沿路继续前行，一条步行小径将把你带到十字军时代的圣阿娜堂的废墟，当地阿拉伯人称其为"Sandahanna"。朝向公园出口的是钟形洞（Bell Caves），其迷人的形状是拜占庭时期和伊斯兰统治早期由采石工人凿成的。离开公园，公路对面的西侧有一个加油站，在加油站的附近可以看到两处遭到风侵雨蚀的遗迹——一座罗马圆形剧场和一处占地4000平方米的公共浴室。

Archaeological Seminars 志愿者服务

（www.archesem.com；成人/儿童 US$30/25；⏲预约安排）在尚未开发的洞穴中挖掘、观察甚至爬行是不是听上去特别有趣？在古伯林玛利沙国家公园，志愿者可以参加3小时的"Dig for a Day"体验，尽情过把"古墓丽影"的瘾。该活动由Archaeological Seminars运营，适合大一些的孩子和成人。

特拉维夫-雅法

☎03/人口: 432,892

包括➡

景点……122
活动……139
课程……139
团队游……140
节日和活动……140
住宿……141
就餐……144
饮品和夜生活……150
娱乐……152
购物……154
特拉维夫周边……160

最佳餐饮

- Dalida（见148页）
- Kalamata（见149页）
- Miznon（见144页）
- Ouzeria（见149页）
- Port Sa' id（见146页）

最佳住宿

- Abraham Hostel（见142页）
- Cinema Hotel（见142页）
- Hotel Montefiore（见143页）
- Mendeli Street Hotel（见142页）
- Shenkin Hotel（见143页）

为何去

特拉维夫跟它的兄长耶路撒冷截然不同。它现代、充满活力而且国际化，是时髦热闹的地中海"曼哈顿"。在这里，享乐主义才是主要信仰。在希伯来语中，这座城市名字的意思是"春天的小丘"，而特拉维夫确实四季常春。城市各处鲜花盛开，不断有新餐馆开张，派对不停歇。

特拉维夫最有吸引力的是狭长而美丽的海滩，而且这里还有被联合国教科文组织列入世界遗产名录的景点包豪斯建筑、独具阿拉伯特色的古老城市雅法、安静的尼维泽德克以及时尚的弗劳兰丁。从艺术馆到军事博物馆，从高档小餐馆到简单的鹰嘴豆泥店，从宁静的公园到可以畅饮的酒吧，这里应有尽有。起重机和摩天大楼或许指明了未来的方向，但它仍然是一座脚踏实地的城市。在这里待几天非常有趣，而待上一周可能会有惊喜发现——千万不要错过。

何时去

特拉维夫

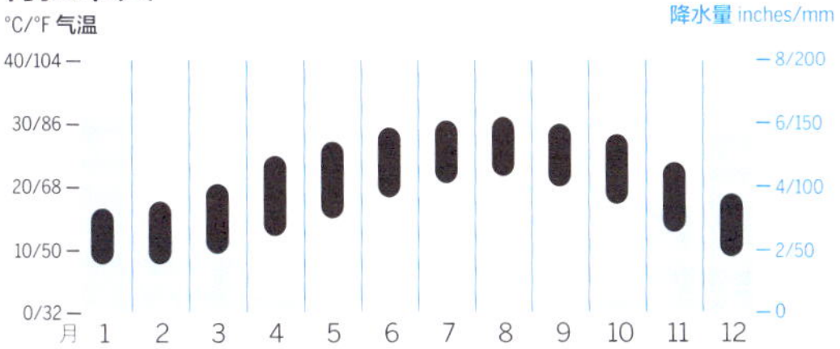

3月至5月 粉红色的三角梅盛放，当地人在咖啡馆室外重新摆上了桌子。

6月至9月中旬 游客可在特拉维夫骄傲游行（6月）期间尽情玩乐，在海滩休息放松。

12月至次年3月上旬 尽管天气寒冷，偶尔还会下雨，但整座城市还是沐浴在冬日阳光中。

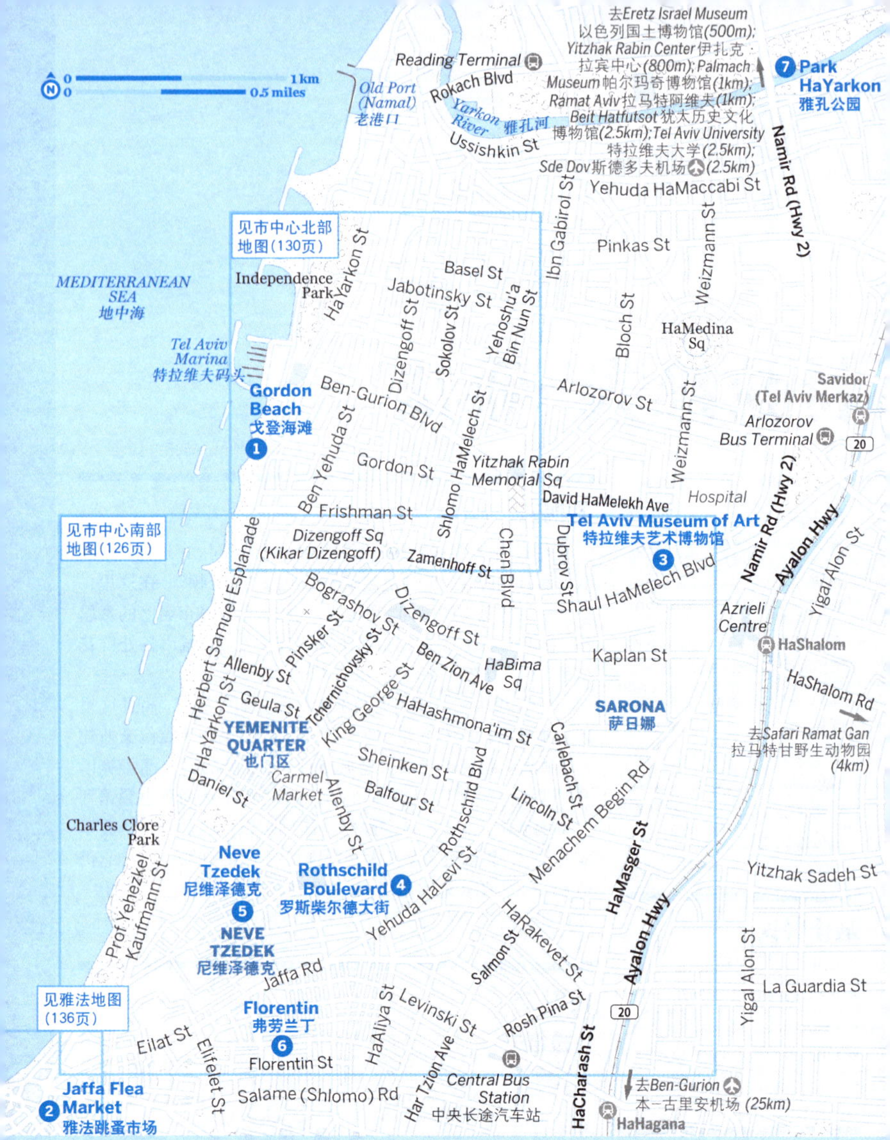

特拉维夫-雅法亮点

❶ **戈登海滩**（见129页）在特拉维夫著名海滩的沙滩上游泳、晒日光浴、玩沙滩排球。

❷ **雅法跳蚤市场**（见137页）探寻放荡不羁的酒吧，欣赏阿拉伯的古董。

❸ **特拉维夫艺术博物馆**（见123页）欣赏印象派大师的杰作和前沿的当代艺术作品。

❹ **罗斯柴尔德大街**（见125页）看看时尚的咖啡馆以及被联合国教科文组织列入了世界遗产名录的包豪斯建筑。

❺ **尼维泽德克**（见128页）在这座城市最古老的街区里探索宁静的狭窄街道。

❻ **弗劳兰丁**（见129页）在这个时尚人士聚集的地方发现地下酒吧和街头艺术。

❼ **雅孔公园**（见134页）在这片广阔的绿色空间里散步、慢跑或骑车。

历史

古代雅法

数千年来，特拉维夫不过是沙丘，而雅法则是地中海伟大的港口之一。根据考古学家的研究，至少在公元前18世纪，雅法就是一座军事港口了。根据一份公元前1470年左右的埃及文献，这座城市曾被法老图特摩斯三世（Pharaoh Thutmose Ⅲ）征服。

古代以色列港口“Joppa”（即雅法，《希伯来圣经》中提到过）在所罗门王统治时期声名鹊起，当时耶路撒冷的圣殿还在建造之中。之后的几个世纪里，雅法被亚述人（公元前701年）、巴比伦人（公元前586年）、亚历山大大帝（公元前332年）、埃及人（公元前301年）和马加比家族（公元前1世纪中期）征服过，但是被罗马人忽略了，罗马人在凯撒利亚的海岸上修建了自己的港口。希腊神话中，公主安德洛墨达（Andromeda）被铁链锁在了雅法海岸附近的一块岩石上。

拜占庭统治下的雅法于636年落入阿拉伯人之手。1100年，十字军占领了这座城市并一直控制着它，直至1268年埃及的马穆鲁克到来——其间只有1187~1191年是例外，那时萨拉丁（Salah Ad Din）夺取了该城，而后又被英格兰的“狮心王”理查一世（Richard Ⅰ）夺走。接下来是奥斯曼帝国统治的4个世纪（1515~1917年），其间被拿破仑短暂打断过，他在1799年征服了这座城市。

19世纪的复兴

19世纪早期，雅法只是一座村庄，在穆罕默德·阿布·纳布特（Muhammad Abu Nabbut）的领导下，重建工作于1807年开始。19世纪20年代，犹太人陆续返回，到了19世纪末，雅法已经成了犹太朝圣者和移民进入的主要门户。巴勒斯坦农民培育了一种新橙子，后来被称为雅法橙，也叫沙莫蒂橙（Shamouti），1845~1870年，雅法出口量显著增长。

19世纪后半叶，几个新街区在雅法带有城墙的城市的东北部建立起来。1866年，一群来自缅因州的美国基督徒建立了美国侨民区；随后是来自德国极富热情的新教徒——圣殿骑士，他们是最早给橙子贴上了标签的人。19世纪末，一群厌倦了雅法老城区拥挤环境的犹太人在沙丘上建立了两个新社区：尼维泽德克（Neve Tzedek；1887年）和Neve Shalom（1890年）。

特拉维夫新城

1906年，60个来自基什尼奥夫（Kishinev）和敖德萨（Odessa）的犹太家庭在雅法碰面，他们在犹太复国主义先驱和该市的首任市长——活跃的梅厄·迪岑哥夫（Meir Dizengoff，1861~1936年）带领下，制订了建立一座全新犹太城市的计划。他们在城市北部购买了12.8公顷的沙丘空地，将其中的大部分划分为60块，然后在1909年以用贝壳抽签的方式来分配现在Herzl St和罗斯柴尔德大街（Rothschild Blvd）交叉路口周围的土地。他们以英国的“花园城市”（按计划建设独立的社区，拥有大量公园和开放空间）为模型打造新城。1914年第一次世界大战爆发时，这里已经有了140户人家。

特拉维夫（意为“春天的小丘”）这个新城的名字来源于西奥多·赫茨尔（Theodor Herzl）的乌托邦小说《特拉维夫》（*Altneuland*）的希伯来语书名，这个名字也在《以西结》（*Ezekiel*）的第3章第15节中提到过。

托管时期

“一战”期间，特拉维夫的发展趋于停滞。1917年春季，奥斯曼统治当局将特拉维夫和雅法的所有犹太人都驱逐了。然而“一战”后，英国在巴勒斯坦地区的托管统治使这座城市恢复了快速发展。1921年，雅法的阿拉伯骚乱迫使很多犹太人向北逃往特拉维夫，到了1925年，新城的人口达到了34,000人左右。

20世纪30年代迎来了新的移民浪潮，很多人从纳粹德国逃到了这里。1936年，雅法阿拉伯港口的工人开始抵制犹太乘客和货物，迫使特拉维夫建立了自己的港口。到了1939年，特拉维夫的人口已增至16万，与此同时，在东北方几公里外的圣殿骑士定居点萨日娜（Sarona），爱国的德国居民升起了纳粹的旗帜。

从纳粹德国逃离的犹太建筑师开始设计线条简洁、现代主义的包豪斯风格的公寓楼，这种风格很快就成了这座城市的标志。

1939年第二次世界大战爆发，很多当地的犹太人自愿加入了英国军队，特拉维夫为同盟国的军队提供驻扎基地，同时也成了犹太复国主义者反对英国反移民政策的中心。墨索里尼的空军在1940年轰炸了这座城市。

在1947年末至1948年，当英国准备撤出巴勒斯坦时，犹太人和阿拉伯人之间的紧张关系加剧，阿拉伯狙击手从海滨地区哈桑贝克清真寺（Hassan Bek Mosque）的宣礼塔向犹太社区射击，而哈嘎那（Haganah）和伊尔贡（Irgun，犹太人的地下军队）则以围攻雅法作为回应。1948年4月，雅法被犹太军队占领，7万阿拉伯居民中的绝大多数遭到驱逐或被迫逃离，其中大多数逃到了加沙或贝鲁特。

从城市到大都市

1948年5月14日，戴维·本-古里安（David Ben-Gurion）在罗斯柴尔德大街上的梅厄·迪岑哥夫故居宣布以色列国独立。1949年4月，特拉维夫和雅法合并成立单一直辖市。之前的阿拉伯居民被禁止返回他们的家园，雅法的许多闲置房产被犹太移民占有，他们中的很多人来自巴尔干。20世纪50年代，雅法老城再次被忽视，沦为退化的犯罪区，绰号“荒原”。

但是，在以色列建国之后的数十年间，大都市特拉维夫不断向各个方向扩张，邻镇拉马特甘（Ramat Gan）和吉夫阿塔伊姆（Givatayim）等地变成了东部地区，南部的巴特亚姆（Bat Yam）和霍隆（Holon）则成了熙熙攘攘的近郊。这座城市作为以色列报纸出版业、希伯来文学、戏剧和艺术的主要中心而日趋繁荣。早期对建筑物高度的限制不得不调整，因为政府意识到唯一可以选择的就是向高处发展。

在第一次海湾战争（1991年）期间，大特拉维夫遭受了约36枚伊拉克飞毛腿导弹的袭击，成千上万的住所被毁。1995年11月4日，总理伊扎克·拉宾（Yitzhak Rabin）在现在的拉宾广场参加和平集会时，被右翼正统派犹太人暗杀。次年，市中心又受到巴勒斯坦自杀式炸弹袭击浪潮的冲击。奥斯陆和平进程时期的自信乐观荡然无存。

进入21世纪

新千年的开始带来了更多苦难。在第二次巴勒斯坦大起义期间，特拉维夫市中心发生了十几起自杀式炸弹袭击。但是在21世纪初，高科技创新也在很大程度上推动了经济复兴。2003年，该市的“白城”包豪斯建筑群获得了世界文化遗产称号；这些建筑的修复工作正在进行，尽管进展缓慢。年轻的以色列人开始返回特拉维夫，尼维泽德克等老街区和雅法的部分地区也进行了高档化改造。

2011年夏季，由于“阿拉伯之春”持续占据媒体的头条，特拉维夫成了抗议浪潮的中心，人们走上街头，要求社会正义和经济适用房。但是抗议活动逐渐减弱，近年来，特拉维夫甚至进一步向高档化发展。老火车站和萨日娜之类的废弃区域被改造成了豪华的购物娱乐区。特拉维夫的基础设施也在更新和扩展，包括计划中的轻轨系统、新的海滨步行大道和极其新潮的摩天大楼。今天，特拉维夫严重依赖旅游业，“世界上最时尚的海滩城市之一”这样的称号也越来越稳固。

景点

最好通过步行或骑车探索这座城市。大部分时间你应该会在市中心及周边丰富多彩的街区中徜徉，在城市西部边缘美妙的沙滩上放松。夏天，这里的惯例是：白天在海滩上游玩，晚上搜罗中东地区最好吃的美食。而到了冬天，数量众多的博物馆和购物场所会让你在白天应接不暇，而晚上的餐饮场所又如温暖时节般充满了活力。

市中心

从Arlozorov St向南延伸到Sheinken St的区域通常被称为市中心（Merkaz ha-Ir或Lev ha-Ir），包括了HaBima Sq周边的文化区，该市最受喜爱的步行大道——罗斯柴尔德大街的上段；迪岑哥夫中心（Dizengoff Centre）、萨日娜（见132页）和卡梅尔市场（Carmel Market；见125页）购物中心；以及Dizengoff St、Allenby St和King George St沿线受欢迎的零售店和咖啡馆区。

拉宾广场（Rabin Square） 广场

这片铺着石板的宽阔区域是近年重新

在特拉维夫……

两日游

如果你仅有两天的时间，必须早点动身！先到**Benedict**（见146页）或罗斯柴尔德大街附近的其他咖啡馆吃早餐，然后在附近游览，欣赏包豪斯建筑。接下来在古老的**尼维泽德克**（见128页）逛逛精品店，再前往历史更加悠久的雅法。你可以先去那里的**跳蚤市场**（见137页）吃午餐，之后再探索雅法老城。晚上，可以去嘈杂的**Port Sa' id**（见146页）或是高档的**North Abraxas**（见147页）尝试一些新式以色列菜肴。

第二天，先去**Ali Caravan**（见149页）吃一碗热乎乎的、世界上最棒的鹰嘴豆泥，然后沿着滨海大道散步，经**卡梅尔市场**（见125页）前往市中心，去参观美妙的**特拉维夫艺术博物馆**（Tel Aviv Museum of Art；见本页）。晚上，去**Ouzeria**（见149页）吃希腊菜，再到超酷的**Kuli Alma**（见151页）绿树遮盖的露台上喝几杯。

四日游

多待两天会体会到天壤之别，你可能会发现自己正在融入休闲的特拉维夫生活。可以在北边的**希尔顿海滩**（Hilton Beach；见132页）度过一个上午，并在南边的**阿尔玛海滩**（Alma Beach；见133页）享受另一个上午。从**O-Fun**（见158页）租一辆自行车，或者在**SmartTour**（☎02-561-8056；http://smart-tour.co.il；每人 195NIS）预订赛格威平衡车之旅，从雅法港开始沿着海滨游览，路上可以在咖啡馆歇脚。去特拉维夫大学参观包罗万象的**犹太历史文化博物馆**（Beit Hatfutsot；见134页），然后步行穿过绿意盎然的**雅孔公园**（Park HaYarkon；见134页）回到城里，去**Tamara**（见144页）享受冻酸奶。如果时间有余，还可以去重新开发的**萨日娜**（见132页）中心闲逛，参加**Delicious Israel**（见140页）的步行游览，然后只需放松悠闲地体验深夜酒吧和咖啡馆文化。

铺砌并升级过的，是这座城市最大的公共广场。广场上有一个满是荷花和锦鲤的生态池塘，喷泉在晚上会变亮，广场周围还有一些很有魅力的咖啡馆。耸立在北部边缘处的市政厅，看起来像是一栋20世纪60年代共产主义风格的大楼（尽管被激光束照亮的时候并非如此）。

拉宾广场原名以色列国王广场（Malchei Israel Sq），但是在1995年总理伊扎克·拉宾在此遇刺之后改了名。这里也是特拉维夫大多数大型活动的举办地，从5月的独立纪念日庆祝活动，到大规模抗议及和平守夜活动，都会在此进行。紧挨着市政厅的Ibn Gabirol St上有一座小纪念碑，纪念着拉宾被枪杀的地方。

本-古里安博物馆　博物馆

（Ben-Gurion Museum；见130页地图；☎03-522-1010；www.bg-house.org；17 Ben-Gurion Blvd；⏲周日和周二至周四 8:00~15:00，周一 至17:00，周五 至13:00，周六 11:00~14:00）**免费** 这栋建于1930~1931年的朴素房子位于通往海滨的路上，是以色列第一任总理戴维·本-古里安在特拉维夫的家。该建筑位于工人社区内，之所以能保留下来，或多或少是因为这位伟人的逝世。在楼下，参观者会看到本-古里安会见尼克松、肯尼迪和爱因斯坦等知名人物的照片，而楼上是这位前总理的书房，里面有数千本不同语言的书籍。

★ 特拉维夫艺术博物馆　艺术馆

（见126页地图；☎03-607-7020；www.tamuseum.com；27 Shaul HaMelech Blvd；成人/学生/15岁以下儿童 50/40NIS/免费；⏲周一至周三和周六 10:00~18:00，周二和周四 至21:00，周五 至14:00；P ♿；🚌7路、9路、18路、38路、42路、70路、82路）这座令人难忘的艺术馆位于市中心的东部边缘，由美国建筑师普雷斯顿·斯科特·科恩（Preston Scott Cohen）设计的现代"围封"建筑是来此参观的众多理由之一。这里可看的东西非常多（包括适合孩子的艺术活动），然而最大的亮点无疑是博物馆主楼一层出色的印象派和后印象派藏品，其中包括雷诺阿（Renoir）、高更（Gauguin）、德加（Degas）、毕沙罗（Pissarro）、莫奈（Monet）、毕加索（Picasso）、塞尚（Cézanne）、凡·高（Van Gogh）、维亚尔（Vuillard）、马蒂斯（Matisse）、苏丁（Soutine）和夏加尔（Chagall）等人的作品。

赫莲娜馆 艺术馆

（Helena Rubenstein Pavilion；见126页地图；☎03-528-7196；www.tamuseum.com；6 Tarsat Blvd；10NIS；⊙周一、周三和周六 10:00～18:00，周二和周四 至21:00，周五 至14:00）**免费** 由同名化妆品企业家捐赠修建，这座当代艺术空间是特拉维夫艺术博物馆的附属建筑。顶层是装饰艺术的永久收藏，然而主要的吸引力来自楼下的临时展区，那里陈列着以色列和国际艺术家的作品。这座国际风格的建筑于1959年开放，紧挨着HaBima Sq，那里是以色列国家剧院的所在地。

扎博京斯基研究所 博物馆

（Jabotinsky Institute；见126页地图；☎03-528-6523；www.jabotinsky.org；38 King George St；⊙周日至周四 8:00～16:00）**免费** 这个历史研究组织在一楼有一座小型博物馆，用于展示伊尔贡（Etzel，Irgun）的历史和活动情况，伊尔贡是泽夫·扎博京斯基（Ze'ev Jabotinsky）于1931年建立的地下民兵组织。展品集中展示了扎博京斯基的政治、文学和新闻活动，还记录了犹太军团（Jewish Legion，“一战”期间在英国部队服役的5个营的犹太志愿者）的创建过程。

梅尔公园 公园

（Gan Meir Park；见126页地图）要逃离城市的喧嚣，可以前往位于King George St西侧的梅尔公园。遛狗的人会带他们的狗狗朋友到公园中专用区域里玩耍，家长也会让他们的孩子在游乐场里嬉戏。这里有许多绿树成荫的地方和可供午餐时间休息的野餐长椅。

公园中央坐落着特拉维夫同性恋中心（见151页）和Landwer Cafe的一家分店。

市政厅 文化中心

（Beit Ha'ir，Town House；见126页地图；☎03-724-0311；http://beithair.org；27 Bialik St；成人/学生和儿童 20/10NIS，含比亚利克博物馆成人30NIS；⊙周一至周四 9:00～17:00，周五和周六 10:00～14:00）这个文化中心位于Bialik St尽头的一处僻静之地，那里到处是典型的包豪斯风格的建筑。中心由两个举办临时展览的画廊组成，还包括一个展示该市历史照片和相关文献的常设展览。这座建筑修建于1925年，在1965年以前一直被用作特拉维夫的市政厅，游客可以看看复原了的梅厄·迪岑哥夫的办公室。

比亚利克博物馆 博物馆

（Bialik Museum；见126页地图；☎03-525-3403；http://eng.shimur.org/Bialik；22 Bialik St；成人/学生和儿童 20/10NIS，含市政厅 成人30NIS；⊙周一至周四 11:00～17:00，周五和周六 10:00～14:00）以色列民族诗人哈伊姆·纳赫曼·比亚利克（Chaim Nachman Bialik）曾居住在这座建于20世纪20年代的漂亮别墅内，别墅的建筑风格是工艺美术运动时期的。楼下内饰装饰得富丽堂皇，包括定制家具、鲜艳的色彩搭配和代表着以色列12个支派、大卫之星以及黄道十二宫的瓷砖。楼上是比亚利克的私人图书室、书房和卧室。别墅还有一个地下室，用于存放他的文件资料。

鲁宾博物馆 艺术馆

（Rubin Museum；见126页地图；☎03-525-5961；www.rubinmuseum.org.il；14 Bialik St；成人/儿童 20NIS/免费；⊙周一、周三、周四和周五 10:00～15:00，周二 至20:00，周六 11:00～14:00）出生于罗马尼亚的鲁文·鲁宾（Reuven Rubin，1893～1974年）有时也被称为“巴勒斯坦的高更”，但是他更容易让人想起马蒂斯。鲁宾于1923年移民巴勒斯坦，用画笔画下这里美丽的风景和当地的生活场景。在他的故居里，有许多雅法场景的画作以及大量的肖像，生动地诠释了犹太移民和早期的以色列。

市中心南部

特拉维夫是一座充满活力和文化氛围的城市，拥有很多艺术馆、咖啡馆、酒吧和精品店。然而，位于市中心南部边缘的此处，是文化氛围最浓郁的地方，聚集着该市前卫的潮人社区。

虽然Allenby St的主要路段略显肮脏，但与之毗邻的街道遍布高档餐馆、时尚咖啡馆和精品酒店。罗斯柴尔德大街的下段坐落着很多包豪斯风格的建筑（见134页）和豪华的新摩天大楼。周末，特拉维夫人会成群结队地到这儿来跟朋友聚会，欣赏充满社交趣味的街景。

★卡梅尔市场 市场

（Shuk HaCarmel；见126页地图；⏲周日至周四 8:00至傍晚，周五 至15:00左右）特拉维夫最繁忙的街市挤在也门区（Yemenite Quarter）散乱的街道和Nahalat Binyamin St的步行街之间，从许多方面来看，都是这座城市的中心。和城中其他地方带有空调但毫无个性的购物中心及超市截然不同，这是一个拥挤喧嚷的地方，摊贩们叫卖着各种各样的商品，从价格低廉的海滩服装到山寨大牌配饰，应有尽有，当地人则会来这里采购橄榄、泡菜、坚果、水果、蔬菜、奶酪和新鲜出炉的面包。

以色列独立厅 古迹

（Independence Hall, Beit Haatzmaut；见126页地图；☎03-510-6426；http://eng.ihi.org.il；16 Rothschild Blvd；成人/学生/儿童 24/18/16NIS；⏲周日至周四 9:00~17:00，周五 至14:00）这里最初是这座城市的创建者之一、第一任市长梅厄·迪岑哥夫的家，所在的建筑如今还需要一些修复。1948年5月14日，戴维·本-古里安就是在这里宣布成立以色列国的。入口处放映着一部简短的介绍影片，游客还可以参观签署《以色列独立宣言》的房间。

哈嘎那博物馆 博物馆

（Haganah Museum；见126页地图；☎03-560-8624；http://eng.shimur.org/hagana；23 Rothschild Blvd；成人/学生和儿童 15/10NIS；⏲周日至周四 8:00~16:00）这座博物馆坐落在罗斯柴尔德大街上，外观颇为华丽。以时间顺序展出准军事组织哈嘎那的成立和活动，这个组织是今天以色列国防军（Israel Defence Forces，简称IDF）的前身。20世纪二三十年代，哈嘎那是一支保护基布兹（kibbutzim，犹太人农场和合作社）免受攻击的平民游击队。1939年英国政府发布限制移民的白皮书之后，它曾协助10多万犹太人偷渡进入巴勒斯坦。“二战”后，哈嘎那战士开展了反英行动。

切劳奇画廊 画廊

（Chelouche Gallery；见126页地图；☎03-620-0068；www.chelouchegallery.com；7 Mazeh St；⏲周一至周四 11:00~19:00，周五 10:00~14:00，周六 11:00~14:00）这座当代艺术画廊位于新古典主义风格的“双子屋”（Twin House）——一栋20世纪20年代的建筑，有两个完全相同的侧翼，是约瑟夫·贝尔林（Joseph Berlin）为自己和兄弟设计的住所。友好热情的Tola’at Sfarim（Book Worm）咖啡馆兼书店位于一楼。

缅因友谊屋 博物馆

（Maine Friendship House；☎03-681-9225；www.jaffacolony.com；10 Auerbach St；⏲周五 正午至15:00，周六 14:00~16:00）19世纪60年代，一群美国基督徒创立了美国侨民区，这是雅法城墙外的第一个社区。而极富魅力的缅因友谊屋博物馆便向游客讲述他们命途多舛的定居历史（也有人认为是草率之举）。破败但富有魅力的侨民区以Auerbach St和Be’er Hoffman St的交叉路口为中心，就在雅法老城区东北1公里处。

博物馆一周只开放两天，不过游客可以提前致电，工作人员会特地为你开门。

以马内利教堂 教堂

（Immanuel Church；www.immanuelchurch-jaffa.com；15 Be’er Hofman St；⏲周二至周五 10:00~14:00）这座小而迷人的教堂起初属于德国圣殿骑士，现在则归路德教会所有，其历史可以追溯到1904年。教堂内优质的管风琴常用于举办音乐会。和特拉维夫的其他建筑截然不同的是，这座教堂是中东地区为数不多的欧洲基督教建筑。该教堂在周六11:00和周日10:00举行礼拜仪式。

莱文斯基香料市场 市场

（Levinski Spice Market，Shuk Levinski；见126页地图；www.shuktlv.co.il；Levinski St，Herzl St和HaAliya St之间）这个香气四溢的市场摆满了食品储藏柜，到处是香料商店，深受名厨们喜爱。市场位于Levinski St沿线（HaAliyah St和Herzl St之间的街区），是巴尔干半岛的移

South City Centre 市中心南部

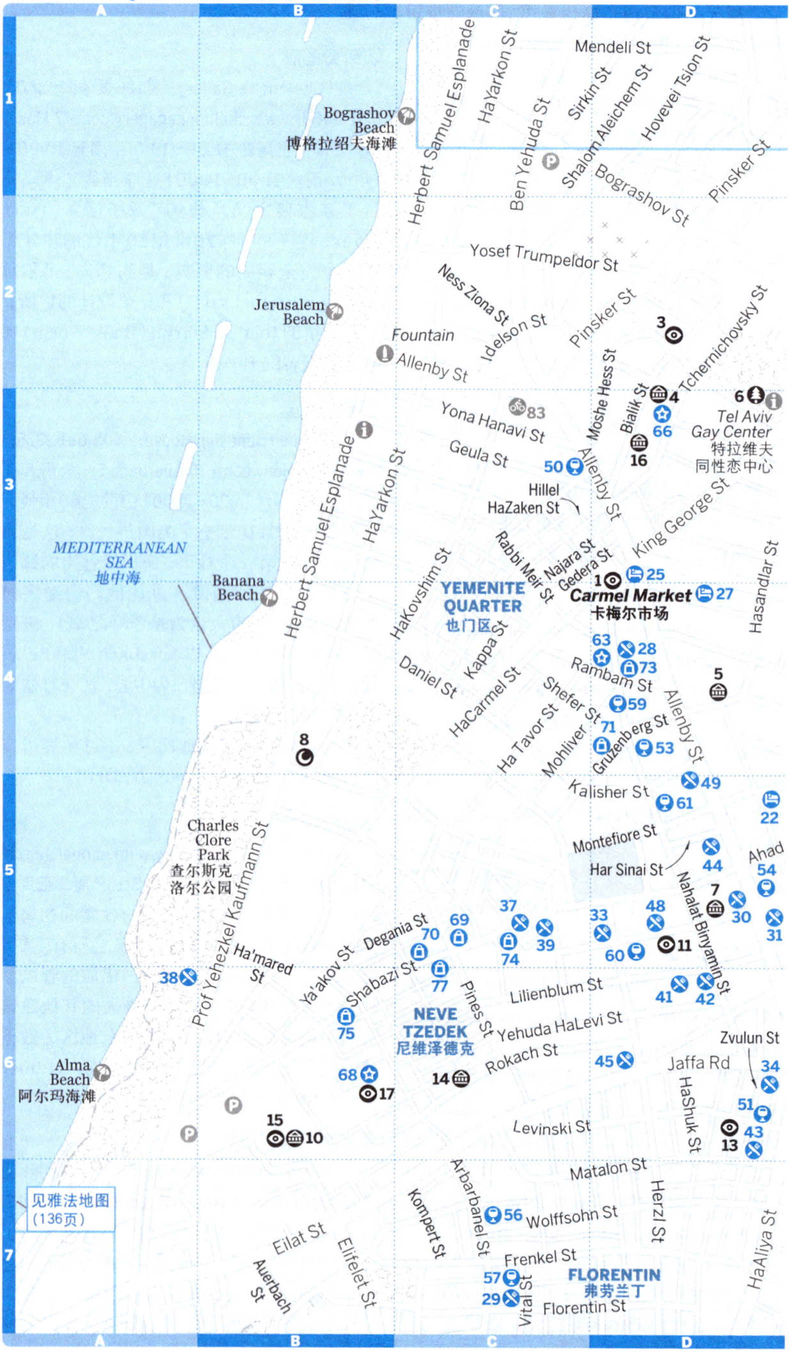

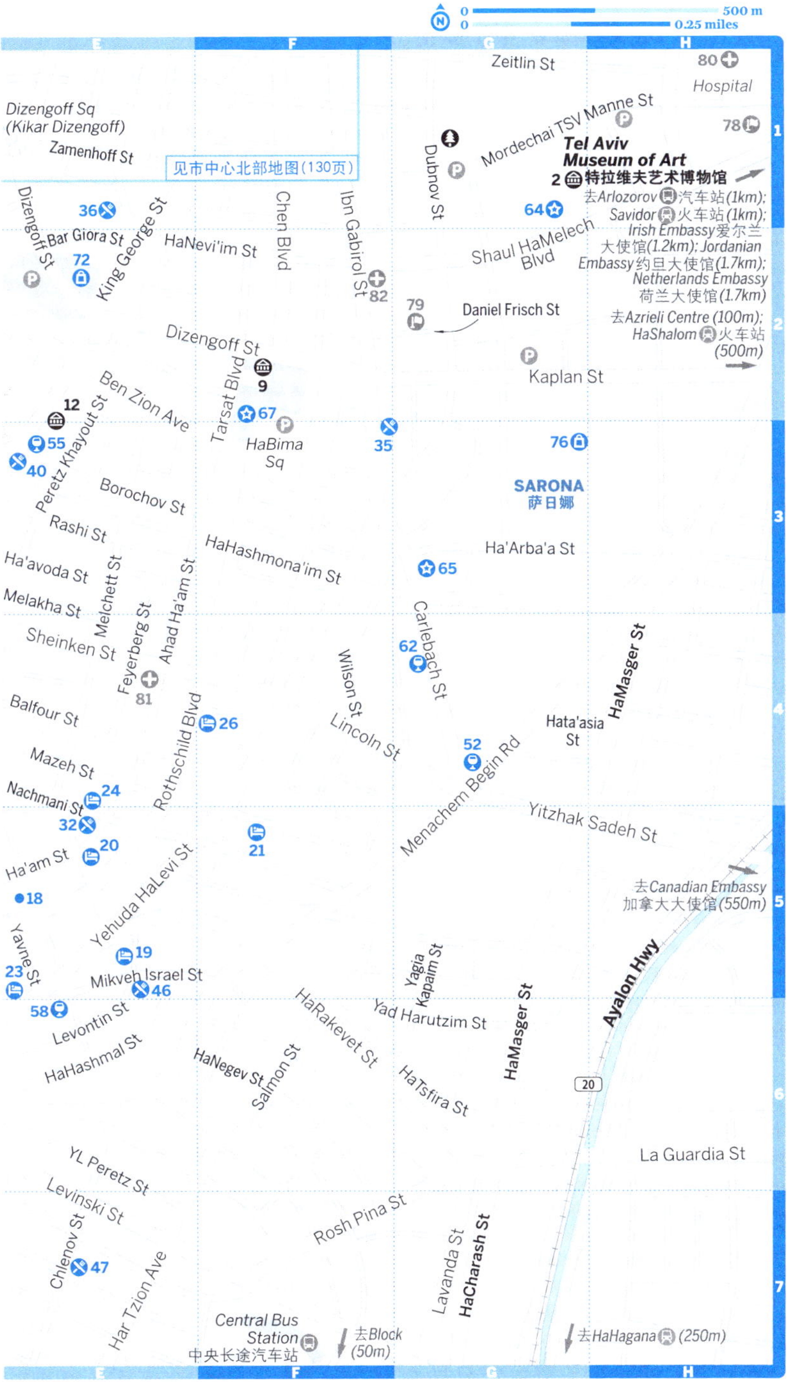
0 500 m
0 0.25 miles
Zeitlin St
80
Hospital
78
Dizengoff Sq
(Kikar Dizengoff)
Zamenhoff St
见市中心北部地图(130页)
Mordechai TSV Manne St
Tel Aviv
Museum of Art
2 特拉维夫艺术博物馆
Dubnov St
去Arlozorov汽车站(1km);
Savidor火车站(1km);
Irish Embassy爱尔兰大使馆(1.2km); Jordanian Embassy约旦大使馆(1.7km);
Netherlands Embassy荷兰大使馆(1.7km)
64
36
Dizengoff St
Bar Giora St
King George St
HaNevi'im St
Chen Blvd
Ibn Gabirol St
72
82
Shaul HaMelech Blvd
79
Daniel Frisch St
去Azrieli Centre (100m);
HaShalom火车站
(500m)
Dizengoff St
Tarsat Blvd
9
Kaplan St
Ben Zion Ave
12
Peretz Khayout St
67
HaBima Sq
35
76
55
40
SARONA
萨日娜
Borochov St
Rashi St
HaHashmona'im St
Ha'Arba'a St
Ha'avoda St
Melchett St
Ahad Ha'am St
65
Melakha St
Sheinken St
Feyerberg St
Carlebach St
62
Wilson St
HaMasger St
81
Balfour St
Rothschild Blvd
26
Lincoln St
Hata'asia St
52
Menachem Begin Rd
Mazeh St
Nachmani St
24
32
Yitzhak Sadeh St
21
Ha'am St
20
18
去Canadian Embassy
加拿大大使馆(550m)
Yehuda HaLevi St
Yavne St
23
19
Mikveh Israel St
46
Yagia Kapaim St
Ayalon Hwy
58
Levontin St
Yad Harutzim St
HaRakevet St
HaMasger St
HaHashmal St
HaNegev St
Salmon St
HaTsfira St
20
La Guardia St
YL Peretz St
Levinski St
Rosh Pina St
Chlenov St
47
Har Tzion Ave
Lavanda St
HaCharash St
Central Bus Station
中央长途汽车站
去Block (50m)
去HaHagana (250m)
E F G H
1 2 3 4 5 6 7

South City Centre 市中心南部

重要景点

1 卡梅尔市场 ... D3
2 特拉维夫艺术博物馆 ... G1

景点

3 市政厅 ... D2
4 比亚利克博物馆 ... D3
5 切劳奇画廊 ... D4
6 梅尔公园 ... D3
7 哈嘎那博物馆 ... D5
8 哈桑贝清真寺 ... B4
9 赫莲娜馆 ... F2
10 以色列国防军历史博物馆 ... B6
11 以色列独立厅 ... D5
12 扎博京斯基研究所 ... E2
13 莱文斯基香料市场 ... D6
14 纳楚姆·古特曼艺术博物馆 ... C6
15 老火车站 ... B6
16 鲁宾博物馆 ... D3
17 苏珊·德拉尔中心 ... B6

活动、课程和团队游

18 Citizen Cafe ... E5

住宿

19 Abraham Hostel ... E5
20 Alma Hotel ... E5
21 Diaghilev ... F5
22 Hotel Montefiore ... D5
23 Little Tel-Aviv Hostel ... E5
24 Norman Hotel ... E4
25 Poli House ... D3
26 Rothschild Hotel ... F4
27 Shenkin Hotel ... D4

就餐

28 Arte ... D4
29 Beit Lechem Hummus ... C7
30 Benedict ... D5
31 Bunny Chow ... D5
32 Café Noir ... E5
Casbah Cafe ... （见29）
33 Da Da & Da ... D5
34 Dalida ... D6
35 Ha'achim ... F3
36 HaKosem ... E1
37 Lulu ... C5
38 Manta Ray ... A6
39 Meshek Barzilay ... C5
40 Miznon ... E3
41 Nanuchka ... D6
42 North Abraxas ... D6
43 Ouzeria ... D6
44 Port Sa'id ... D5
45 Romano ... D6
46 Taqueria ... E5

民在20世纪20年代建立起来的。当地的厨师们会来此购买新鲜的香辛料、干果、填馅辣椒、橄榄油、奶酪和其他好吃的东西。

尼维泽德克

特拉维夫第一个街区的氛围别具一格。与市里其他喧嚣混乱的地方有所不同，尼维泽德克仿佛是一块自由不羁的飞地，静静地任时光流淌。

尼维泽德克建于1887年，是新城中最古老的部分。该区以Shabazi St这条向山下延伸直至特拉维夫海滨大道（Tel Aviv Promenade）的街道为中心，由狭窄街道交织而成，极具情调，其间古老石墙的酒吧、咖啡馆和前卫的工匠精品店鳞次栉比，苏珊·德拉尔中心（Suzanne Dellal Centre）也坐落于此。

苏珊·德拉尔中心 艺术中心

（见126页地图；☎03-510-5656；www.suzannedellal.org.il；5 Yechiely St，Neve Tzedek）这栋绿荫环绕的1892年建筑是雅法城墙之外建立的第一所学校，后于1984~1989年被改造成文化中心，进而促使以前破败不堪的尼维泽德克街区进行升级改造。这个备受欢迎的节日和文化活动举办场所专注于舞蹈艺术，而且是享有国际声誉的巴特谢娃（Batsheva）舞蹈团的大本营。即使你没有购票观看演出，仅是到美丽恬静的庭院里逛逛，也同样不虚此行。

纳楚姆·古特曼艺术博物馆 博物馆

（Nachum Gutman Museum of Art；见126页地图；☎03-516-1970；www.gutmanmuseum.co.il；21 Shimon Rokah St，Neve Tzedek；成人/儿童 24/12NIS；⏲周一至周四 10:00~16:00，周五至14:00，周六 至15:00）这座博物馆坐落在尼维泽德克区一条风景如画的安静街道上，馆内陈列着20世纪的以色列艺术家纳楚姆·古特曼（1898~1980年）的200件作品。古特曼

47 Tenat....................E7
48 Vong....................D5
49 Zakaim....................D5

饮品和夜生活
50 Apolo....................C3
51 Beer Bazaar....................D6
52 Beit Maariv....................G4
53 Bicicletta....................D4
54 BuXa....................D5
55 HaMaoz....................E3
56 Hoodna Bar....................C7
57 Jackson Bar....................C7
58 Kuli Alma....................E6
59 Prince....................D4
60 Rothschild 12....................D5
61 Shpagat....................D5
62 The Cat and the Dog....................G4

娱乐
63 Beit HaAmudim....................D4
64 Cameri Theatre....................G1
65 Cinematheque....................G3
66 Felicja Blumental Music Centre....................D3
67 Habima National Theatre....................F2
68 苏珊·德拉尔中心....................B6

购物
69 Agas & Tamar....................C5
70 Chomer Tov....................C5
71 Contour....................D4
72 迪岑哥夫中心....................E2
Lametayel....................（见72）
73 纳哈拉特·本雅明手工艺品市场....................D4
74 Orit Ivshin....................C5
75 Ronit....................B6
Rothschild-Allenby Market....................（见31）
76 萨罗纳....................G3
77 Sipur Pashut....................C6

实用信息
78 澳大利亚大使馆....................H1
79 德国大使馆....................G2
80 伊希洛夫医院....................H1
81 Superpharm....................E4
82 Superpharm....................F2

交通
83 O-Fun....................C3

家族是在特拉维夫定居的第一批犹太家庭之一，而纳楚姆成了该国最著名的画家和儿童读物插画家之一。

弗劳兰丁

弗劳兰丁（Florentin）得名于在20世纪20年代购买了这片土地的希腊裔犹太人大卫·弗劳兰丁（David Florentin），是该市老旧而雅致的艺术街区，居住着设计师、音乐家、摄影师以及一些才华横溢的涂鸦艺术家。可以去Vittal St的酒吧或咖啡馆逛逛，感受潮人聚集的氛围。

特拉维夫海滩和港口

天气炎热的时候，特拉维夫人会成群结队地拥向城市海滩。这片长达14公里的金色沙滩分为几个不同部分，每个部分都有自己的特点。你会看到无论男女老少都在沐浴着地中海的阳光，或游泳或玩颇为激烈的沙滩板手球（matkot）。

这里水质清澈，沿岸零散分布着更衣室和淡水淋浴间。不过天气状况不好的时候，游泳者必须注意救生员的警告：黑旗表示禁止游泳，红旗表示游泳危险，而白旗表示这个区域是安全的。海滩在5月至10月有专人巡逻到18:00前后。

夏日的海滩异常拥挤，特别是周六，人们会早早来到这里占一个好位置。海滩装备的出租价格由政府统一管理：海滩椅6NIS、阳伞6NIS、沙发床12NIS。市政府为海滩上的人们提供免费Wi-Fi。留意偶尔大喊“Arctic”的人，他没疯，他只是在卖冰棍。

★ 戈登海滩 海滩

（Gordon Beach；见130页地图；P）位于希尔顿海滩以南，是特拉维夫的主要海滩。这里设施齐全，配有日光浴躺椅、冰激凌店、户外健身房和海滩餐馆，在特拉维夫人、游客和沙滩板手球运动员中都很受欢迎。周六，你也许会看到一群人在木板路上跳土风舞。戈登游泳池（Gordon Swimming Pool；见139页）位于附近的小码头。

古港 港口

（Old Port, Namal; www.namal.co.il; P）古

North City Centre 市中心北部

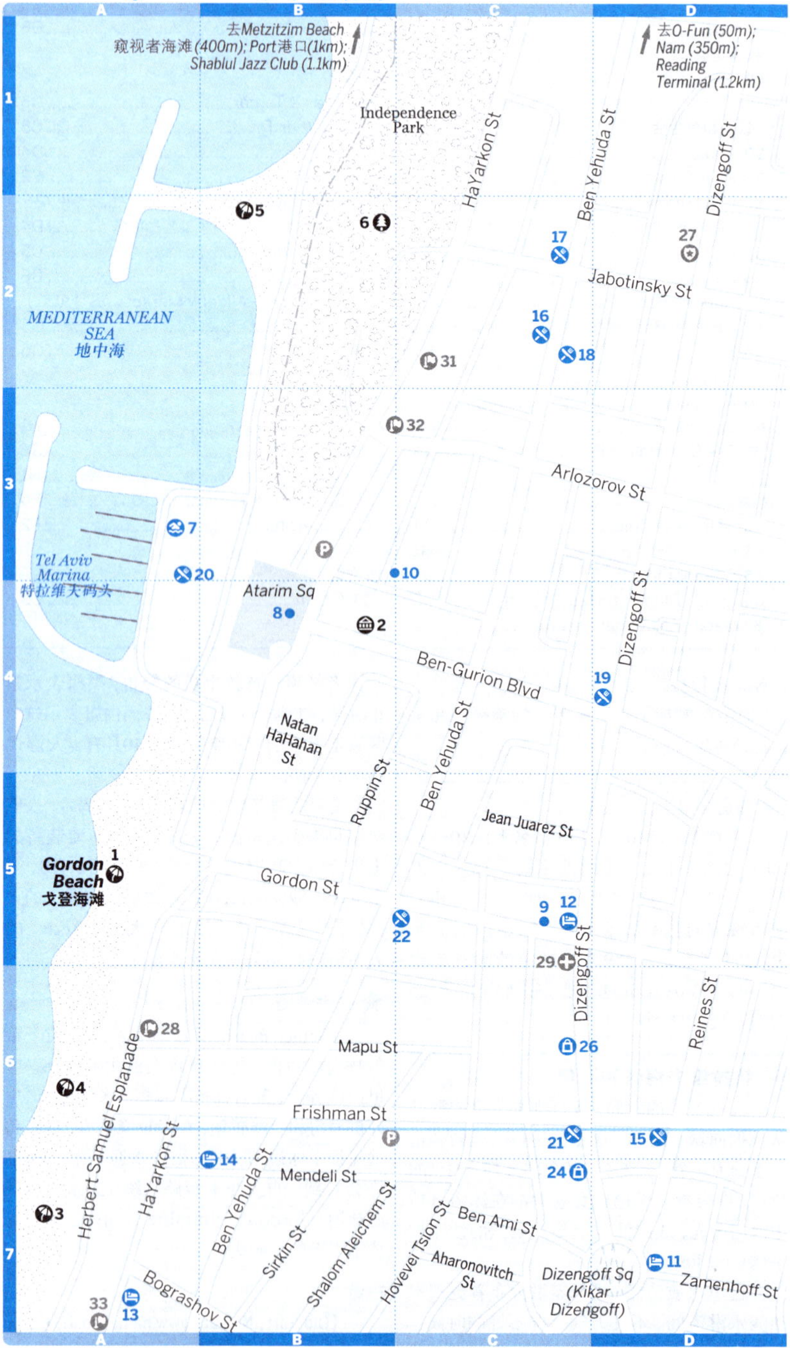

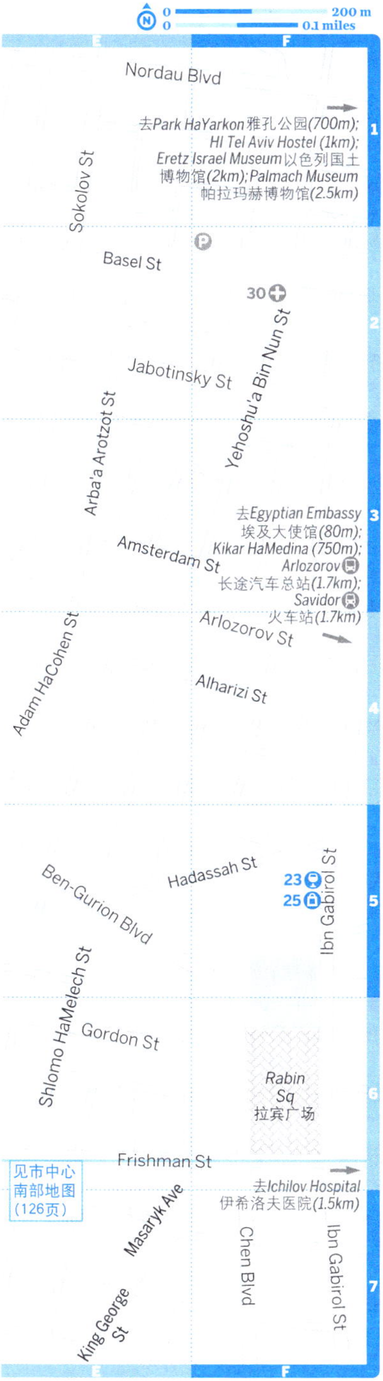

North City Centre
市中心北部

重要景点

1 戈登海滩 A5

景点

2 本-古里安博物馆 B4
3 博格拉绍夫海滩 A7
4 渔人海滩 A6
5 希尔顿海滩 B2
6 独立公园 B2

活动、课程和团队游

7 戈登游泳池 A3
8 Surf House B4
9 Tel Aviv Art Studio C5
10 Ulpan Gordon B3

住宿

11 Cinema Hotel D7
12 Dizengoff Avenue Hotel C5
13 Lusky Hotel A7
14 Mendeli Street Hotel B7

就餐

15 Anastasia D6
16 Barbunia C2
17 Benedict C2
18 Dosa Bar C2
19 Goocha D4
20 Landwer Café A3
21 Sabich Frishman C6
22 Tamara C5

饮品和夜生活

23 Kanta F5

购物

24 包豪斯中心 C7
25 Gan Ha'ir Mall F5
26 Steimatzky C6

实用信息

27 迪岑哥夫警察局 D2
28 法国大使馆 A6
29 Superpharm C5
30 特拉维夫诊所 F2
31 土耳其大使馆 C2
32 英国大使馆 B3
33 美国大使馆 A7

港深受家庭喜爱，他们会在海滨商店、餐馆和咖啡馆一带闲逛，而身后飞机俯冲到低空，降落在附近的斯德多夫（Sde Dov）机场。这里有个室内有机农贸市场（见155页），吸引着当地人前来购买新鲜蔬菜、意大利面和海鲜。天黑以后和周末，成群的夜店常客在午夜之后拥向酒吧和夜店聚集的地带。

特拉维夫的港口最早开放于1936年，然而随着20世纪60年代在阿什杜德（Ashdod）建造了一座更深、更好的港口，这里开始衰落。21世纪初，特拉维夫市政府终于对这里进行了彻底整改，搭建了一条宽阔的木板路，增加了游乐场地和自行车道，还将废弃的仓库改造成了名牌店铺（Crocs、Levi's、Steve Madden等）云集的商业中心，吸引本地的购物者。

窥视者海滩（Metzitzim Beach） 海滩

这片海滩得名自1972年的一部喜剧电影Hof Metzitzim（意为“窥视者沙滩”，听着有些龌龊），但实际上，这是一处很适合家庭出游的海湾，设有供儿童玩耍的小型游乐场地。在夏天，每个周五下午还会举办海滩派对。

希尔顿海滩 海滩

（Hilton Beach；见130页地图）希尔顿海滩以附近的酒店命名，分为三部分：市里非官方的同性恋海滩在中间，遛狗者海滩在北边（这是唯一一处官方允许带狗进入的海滩），而冲浪者会在南边靠近防浪堤的地方冲浪。这里的海湾也用于举办皮划艇和风帆活动及课程。

独立公园 公园

（Independence Park；Gan Hatzma'ut；见130页地图）虽然名为“独立公园”，但是与城市另一边的以色列独立厅可没关系。这是一座美丽的海滨公园，可以欣赏地中海风光，还有大片草坪供人们跑来跑去、扔飞盘或野餐。和特拉维夫的大多数公共场地一样，这里也很受遛狗的人欢迎，在周末还会成为孩子生日派对的举办场所。旁边的希尔顿酒店（Hilton Hotel）也有精心布置的儿童游乐场地，里面有秋千、滑梯和攀爬架。

萨日娜，过去和现代

1871年，一群来自德国西南部、被称为“圣殿骑士”（不要与中世纪的圣殿骑士团混淆）的虔信派基督徒在雅法东北4公里处的阿亚隆河（Ayalon River）沿岸建立了一个小型农业区，并将其命名为萨日娜。他们带来的农业及其他方面的技术对早期的犹太复国主义者产生了深远的影响，双方建立了良好的关系。“一战”结束时，他们被英国人流放到埃及，后于1921年返回，开始建造包豪斯风格的建筑。

随着德国纳粹政党上台，一些萨日娜的居民变成了狂热的支持者。不出所料，这导致了他们与犹太邻居之间的摩擦。“二战”爆发时，圣殿骑士被宣布为“敌对的外来人”，萨日娜也变成了一个拘留营；1943年，大多数圣殿骑士被驱逐到了澳大利亚。

战争结束后，这个坚固的营地成了英国军队的军事基地，也因此成了各种犹太地下组织（哈嘎那、伊尔贡和莱希）的攻击目标。1947年12月，当英国人将要离开之际，他们把这个营地移交给了犹太人的领导层。1948年后，以色列政府将圣殿骑士的老建筑改造为政府办公地点。

近年来，30多处侨民区的历史建筑都被修缮并改建成了商业中心。被郁郁葱葱的绿色植被环绕着的萨日娜包括办公室、餐馆、酒吧、咖啡馆、时装店、艺术画廊，以及一个游客中心，那里讲述着这个侨民区迷人的历史故事。今天，这里最有吸引力的是室内的**萨日娜市场**（Sarona Market；☎中心 03-609-9028，市场 03-624-2424；http://saronamarket.co.il/en；Eliezar Kaplan St，Sarona；⊙周日至周四 9:00~22:00，周五 8:00~17:00，周六 9:00~23:00；📶👪），这条拱廊商店街汇集了全球各地的街头小吃摊、名厨餐馆以及出售鲜肉、鱼类、奶酪等众多商品的商店。

萨日娜位于Eliezer Kaplan St，在迪岑哥夫中心以东1公里处，就在HaBima Sq的东侧。

孩子们的特拉维夫

虽说特拉维夫的派对名声在外，但其实这里也是非常适合家庭游玩的城市。近些年，随着婴儿数量的激增，越来越多带孩子的家庭居住在这座城市。海滩、公园和林荫大道使特拉维夫成为带孩子游玩的首选目的地。

大多数孩子在特拉维夫的海滩（见129页）上能愉快地玩上几个小时，那里有救生员，而且还有冰激凌摊贩和海滩咖啡馆。如果你想去草木繁茂的广阔区域，可以前往雅孔公园（见134页），园内设有小农场、脚踏船和游乐场。附近的**梅马迪翁水上乐园**（Meymadion Water Park；☎03-642-2777；www.meymadion.co.il；Ganei Yehoshua Park，Rokah Ave；117NIS，13:00之后97NIS；⏰6月至8月 9:00~16:30，9月上半月的周六也开放）提供水上游乐设施，小孩子会很喜欢，不过青少年会觉得比较无聊。街对面的**月神公园**（Luna Park；☎03-642-7080；www.lunapark.co.il；Rokach Ave；成人/2岁以下儿童 117NIS/免费；⏰7月和8月 10:00~20:00，其他月份仅周六 10:00~18:00；🚌113路、48路、47路、28路、27路、21路）是一个小型主题公园，有适合青少年和小孩子的游乐设施。这座公园的开放时间每个月都不同，所以请提前致电确认。**拉马特甘野生动物园**（Safari Ramat Gan；☎03-632-0222；www.safari.co.il；Sederat Hatsvi St，Ramat Gan；成人/学生/2岁以下儿童 70/63NIS/免费；⏰5月至8月 周六至周四 9:00~17:00，周五 至14:00，9月至次年4月 时间缩短；P；🚌67路、55路）是你在以色列所能找到的离塞伦盖蒂平原（位于坦桑尼亚）最近的地方，在这里既可以体验免下车的观赏动物之旅，又可以在带有宠物农场和儿童工作室的大型动物园里游玩。

然而，最棒的是各种带有秋千、滑梯和攀爬架的游乐场。全城各处都设有小型游乐场，也有一些规模较大的，例如独立公园（Independence Park）、梅尔公园（见124页），还有位于古港北端、特拉维夫艺术博物馆（见123页）后面的Dubnov St，以及尼维泽德克街区内Shabazi St尽头处的那些乐园。

包括Gan Ha' ir Mall（见155页）和迪岑哥夫中心（见155页）在内的很多大型购物中心都设有很受欢迎的婴幼儿软式游乐场所（mischakiyot）。

城外，位于霍隆很有教育意义的以色列儿童博物馆（见161页）和**亚米特2000水上乐园**（Yamit 2000；☎03-650-6500；www.yamit2000.co.il；66 Mifratz Shlomo St；成人/2岁以下儿童 106NIS/免费；⏰周日至周四 9:00~16:00，周五和周六 至16:30；🚌Dan 89，96，163，172，201）能让孩子们开心地玩上一天。

带孩子一起吃饭，在一天中的任何时间都非常容易。很多餐馆和咖啡馆都有迎合小顾客需求的设施，配有高脚椅。**Landwer Café**（见130页地图；☎03-681-8699；www.landwercafe.co.il；14 Eliezer Peri St，Marina；早餐和主菜 52NIS起；⏰8:00至午夜；☎）的大多数分店提供彩色蜡笔和填色菜单。孩子和父母共进晚餐到深夜也很常见。

渔人海滩　海滩

（Frishman Beach；见130页地图；P）渔人海滩可能是特拉维夫最宽阔的一片沙滩。这里的沙滩非常大，进入游泳区域格外方便。就位于Dan Hotel彩虹色的大楼前面，有大大的木头凉亭可以遮阴。

博格拉绍夫海滩　海滩

（Bograshov Beach；见130页地图）博格拉绍夫是特拉维夫最受欢迎的海滩之一，和戈登海滩及渔人海滩都属于派对云集的地带。在工作日里，这里相对安静，而到了周五和周六，则会挤满了古铜色皮肤的当地人以及有点儿晒黑了的游客。

阿尔玛海滩　海滩

（Alma Beach，Charles Clore Beach；见136页地图；P）这可能是市里最具吸引力的海滩，与雅法隔海相望，景色极为壮观。这里是备受追捧的Manta Ray（见148页）餐馆的所在地，在安息日，总是被在海滩上享受金星啤酒的时尚人士挤得水泄不通。

雅孔公园和拉马特阿维夫

雅孔公园（Park HaYarkon）的广阔绿地和拉马特阿维夫（Ramat Aviv）郊区的高档住宅区位于市中心北部，横穿雅孔河，这里是特拉维夫大学以及众多博物馆和文化机构的所在地。

★ 雅孔公园 公园

（Ganei Yehoshua；www.park.co.il；Rokach Blvd；P）特拉维夫的雅孔公园足以媲美中央公园（纽约）或海德公园（伦敦）。慢跑者、骑行者、轮滑爱好者、足球运动员和玩飞盘的人应该都会前往雅孔河畔的这片绿草如茵的公共绿地，它占地3.5平方公里，是特拉维夫最大的绿地。这里的Sportek Centre有攀岩墙、篮球场、轮滑场地和蹦床。这座公园从特拉维夫的古港开始伸展，变得开阔，在靠近拉马特甘的地方有一个很大的湖。

犹太历史文化博物馆 博物馆

（Museum of the Jewish People；☎03-745-7808；www.bh.org.il；Gate 2, Tel Aviv University, 2 Klausner St, Ramat Aviv；成人/5岁以下儿童45NIS/免费；⏰周日至周三 10:00～19:00，周四 至22:30，周五 9:00～14:00，周六 至15:00；P；🚌Dan 7路、13路、25路、45路）犹太历史文化博物馆坐落在特拉维夫大学树木繁茂的校园内，曾被称为大流散博物馆（Diaspora Museum），最近才改成了犹太人博物馆。该

特拉维夫的包豪斯遗产

特拉维夫中心区拥有世界上最多的20世纪30年代的包豪斯风格建筑，这也是以“白城”（White City，主要是城市中心及市中心南部的街道）闻名的地区在2003年被列入联合国教科文组织世界遗产名录的原因。

特拉维夫的白城虽然在过去70年里经历过改建，但是还是很好找的。只要寻找那些拥有水平线条、平屋顶、白墙、几乎毫无装饰的建筑就行了。

包豪斯学院由建筑师沃尔特·格罗皮乌斯（Walter Gropius）创立，之后由路德维希·米斯·范德尔罗厄（Ludwig Mies van der Rohe）领导，是一所具有重大影响力的艺术和设计学院，于1919～1933年活跃在德国城市魏玛、德绍和柏林。纳粹反对包豪斯风格，认为它代表着“大都市”和“堕落”，因此纳粹上台后学院就被迫关闭了。

包豪斯的现代主义理念和理想是由逃离纳粹迫害的德国犹太建筑师带到巴勒斯坦的；他们中有19人曾在包豪斯学院学习，2人曾与埃里希·门德尔松（Erich Mendelsohn，一位简约现代风格的领军人物）一起工作，另外至少还有2人与伟大的现代派建筑师勒·柯布西耶（Le Corbusier）共事过。20世纪30年代，随着特拉维夫的逐渐发展，该市根据苏格兰裔城市规划师帕特里克·格迪斯爵士于20世纪20年代末制定的街道计划图，建造了约4000座白色的包豪斯建筑，这些建筑成为20世纪中期现代主义的精髓。其中大约1000座被列入联合国教科文组织的世界遗产名录。

如今，很多包豪斯建筑因年久失修，情势不容乐观（高温和沙漠风对混凝土尤为不利），但是也有数百座得到了修缮，而且每年都有更多的建筑重现昔日辉煌。沿着罗斯柴尔德大街以及与之交会的街道（如Mazeh St和Nahmani St），还有梅尔公园附近的Bialik St，都可以找到包豪斯风格建筑的绝佳范例。

包豪斯中心（Bauhaus Centre；见130页地图；☎03-522-0249；www.bauhaus-center.com；99 Dizengoff St；⏰周日至周四 10:00～19:30，周五 至14:30；📶）出售各种建筑相关书籍以及城市详图。中心还提供两种包豪斯步行游览：一种是租耳机在中心区的街道上进行包豪斯主题的自助步行游览，另一种是参加每周五10:00开始的游览同样街道的步行导览游，耗时2小时。每种的费用都是每人80NIS。还有一种选择是参加由特拉维夫旅游局提供的免费**包豪斯导览游**，用英语解说。该活动每周六11:00从罗斯柴尔德大街46号（Shadal St的拐角处）出发。

馆于1978年开放，通过实物、照片、视听演示和数据库，讲述了犹太人被流放并散落全世界的史诗般的故事。全新的永久性展览包括“英雄”（Heroes）——关于爱因斯坦等犹太伟人的互动式展览（适合孩子参观），以及“哈利路亚！”（Hallelujah!）——展示过去和现在的犹太会堂的精致模型。

博物馆有：费赫尔犹太音乐中心（Feher Jewish Music Centre）、道格拉斯·E.戈德曼犹太家谱中心（Douglas E Goldman Jewish Genealogy Centre，游客可以在这里注册自己的家谱图）和可视化档案中心（Visual Documentation Centre，世界上规模最大的犹太人生活数据库）。大厅内设有临时展览，核心展览同样正在更新（预计于2020年开放）。

犹太历史文化博物馆证明了数个世纪以来坚守犹太信仰的信念和勇气，是以色列内容最翔实的博物馆之一，游客需要几个小时才能参观完。乘火车到特拉维夫大学，走Gate 2即可到达该馆。

以色列故土博物馆 博物馆

（Eretz Israel Museum，Land of Israel Museum；☎03-641-5244；www.eretzmuseum.org.il；2 Chaim Levanon St，Ramat Aviv；成人/学生 52/32NIS，18岁以下免费，含天文馆 成人/儿童 84/35NIS；⏲周日至周三 10:00~16:00，周四 至20:00，周五 至14:00，周六 至15:00，天文馆展览周日至周四 11:30和13:30，周六 11:00 和正午；Ⓟ；🚌Dan 7路、13路、24路、25路、45路、127路）这座博物馆收藏着古代港口城市Tel Qasile（可追溯至公元前12世纪）的考古发掘，馆内展品极多，而且丰富多样，值得花上至少半天时间进行参观。亮点包括摆满玻璃制品和硬币的展区、重建的磨坊和橄榄油榨油厂、人种学和民俗学收藏，以及围绕着华丽的拜占庭式鸟类镶嵌画作品修建的花园。天文馆等也十分吸引人。

帕拉玛赫博物馆 博物馆

（Palmach Museum；☎03-643-6393；www.palmach.org.il；10 Haim Levanon St，Ramat Aviv；成人/儿童 30/20NIS；⏲周日至周五 仅限预约；Ⓟ）这座多媒体博物馆的焦点是帕拉玛赫从1941年建立直至1948年阿以战争结束期间的故事。说希伯来语的导游会从纪念帕拉玛赫为以色列建国而牺牲的成员们的纪念厅开始讲解，带领游客参观了解与哈嘎那的精英突击部队并肩作战的每名成员的故事。导览耳机提供其他语言的翻译。

伊扎克·拉宾中心 博物馆

（Yitzhak Rabin Centre；☎03-745-3358；www.rabincenter.org.il；14 Chaim Levanon St；自助导览游 成人/学生和儿童 50/25NIS，导览游 成人/学生和儿童 60/35NIS；⏲周日、周一和周三 9:00~17:00，周二和周四 至19:00，周五 至14:00；Ⓟ；🚌Dan 7路、85路、29路）该中心创办于1997年，旨在推广民主价值观，缩小社会经济差距，并且解决社会分裂问题，同时这里也是以色列人博物馆（Israeli Museum）的所在地，该馆用150部电影和1500张照片讲述了现代以色列人为争取和平而与邻国斗争的故事。游客可以通过支持多种语言的音频导览器自助参观，或者预约参加希伯来语或英语的导览游。这座博物馆讲述的主要内容与前总理伊扎克·拉宾（1922~1995年）的生平交织在一起。前总理因制定并执行了“奥斯陆协议”被一名激进的右翼正统派犹太人暗杀身亡。这一协议创建了巴勒斯坦民族权力机构，并授予该机构对加沙地带和约旦河西岸部分地区的部分控制权。

和当地人一起健身

这座城市的公园和海滨大道每天都会变成大型健身房，所以不妨加入特拉维夫人的行列，跟他们一起健身吧。

戈登游泳池（见139页）位于特拉维夫码头的大型露天海水游泳池。

戈登海滩（见129页）打排球、在海滨大道上骑车或者在户外健身房锻炼的主要海滩。

雅孔公园（见134页）篮球场、攀岩墙、足球场等。

希尔顿海滩（见132页）能让冲浪和风帆爱好者享受海浪的海湾。

Kayak4All（见140页）位于雅法老城港口的皮划艇中心。

雅法

雅法是一块有古老历史的“飞地”，这儿有更多阿拉伯居民，氛围也和特拉维夫截然不同。雅法三大最具吸引力的地方分别是：雅法的地标性建筑——1903年的钟楼附近的跳蚤市场（见137页）、山顶老城，以及老雅法港口的购物和娱乐中心。

老城区和港口南部是阿贾米区（Ajami），在这里，奥斯曼时代的房屋依然与摇摇欲坠的渔民棚屋并存。其滨海区曾因犯罪和贩毒而臭名昭著，现在则变成了大型的绿色公园，还有一条连接雅法老城和巴特亚姆的木板路。从市中心开来的大多数公共汽车在Sderot Yerushalayim停靠，这是海滨地区Herbert Samuel Esplanade的向南延伸部分。

钟楼 地标

（Clock Tower；见本页地图；Yefet St）这座奥斯曼帝国的钟楼虽说比不上大本钟，但它是当地居民为纪念苏丹阿卜杜勒-哈米德二世（Abdulhamid Ⅱ，1876~1909年）在位25周年出资修建的。该钟楼是奥斯曼统治下的巴勒斯坦建造的7座钟楼之一，于1903年完工，当时苏丹的臣民几乎都没有表。对旅游团来说，这是很棒的集合地点。

雅法老城游客中心 考古遗址

（Old Jaffa Visitors Centre；见本页地图；☎03-603-7686，03-603-7000；www.oldjaffa.co.il；Kedumim Sq，Old Jaffa；成人/学生 30/15NIS；⊙夏季 周六至周四 9:00~20:00，周五 至17:00，冬季 周六至周四 9:00~17:00，周五 至15:00）这个小游客中心有时也被称为“雅法故事”（Jaffa Tales），实际上，这是位于Kedumim

Jaffa (Yafo) 雅法

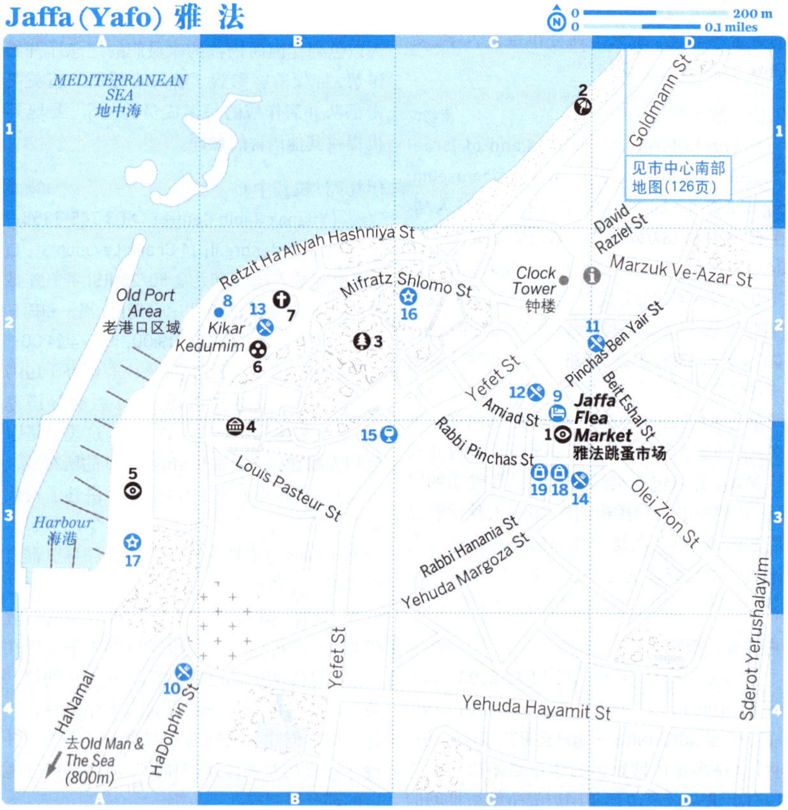

Sq底下一个房间内的考古发掘现场。在这里，你可以看到源自古希腊和古罗马时代的部分发掘遗迹，还可以通过虚拟体验了解雅法超过4000年的丰富多彩的历史。

圣伯多禄修道院 教堂

（St Peter's Monastery；见136页地图；Kedumim Sq；⏲10月至次年2月 8:00~11:45和15:00~17:00，3月至9月 至18:00）这座漂亮的奶油色方济会教堂是雅法最著名的建筑，于19世纪90年代在十字军堡垒的遗迹基础之上建造，如今仍然被用作礼拜场所。每逢12月，这里是市内为数不多的能找到巨大圣诞树的地方之一。

哈比萨花园 公园

（HaPisgah Gardens；见136页地图）这座绿草如茵的宜人小山丘，可以欣赏以特拉维夫的海滨为背景的壮观全景。位于公园中心的小型**圆形剧场**，在7月和8月每个周六的21:00后，会上演免费音乐会。矗立在一座小山上的颇为奇异的新玛雅式白色雕塑，展现了耶利哥（Jericho，《圣经》中杰里科的译法）的陷落、以撒的牺牲和雅各的梦想。

伊拉娜·古尔博物馆 画廊

（Ilana Goor Museum；见136页地图；☎03-683-7676；www.ilanagoormuseum.org；4 Mazal Dagim St；成人/学生/儿童 30/25/20NIS；⏲周日至周五 10:00~16:00，周六 至18:00；🚌Dan 10路、18路、25路、41路）这栋雄伟壮观的石头建筑位于Kedumim Sq正南方，建于18世纪，起初是来到雅法的犹太朝圣者的旅舍，后来被改造成了一家肥皂和香水厂。现在这里是当地艺术家伊拉娜·古尔的住所，作为画廊向公众开放。这里的藏品不一定符合所有人的品位，主要是古尔自己创作的部落艺术和作品，但是内部空间和全景露台极其吸引人。

雅法港口 港口

（Jaffa Port；见136页地图；www.namalyafo.co.il；⏲周一至周三 10:00~22:00，周四 至23:00，周五和周六 9:00~23:00；🅿；🚌Dan 10路、18路、25路、41路）雅法港口是世界上最古老的知名港口之一，《圣经》也有所提及（被称为"Joppa"），它曾是朝圣者去往圣地的登陆地点。直到近几十年，这里还是雅法橙的储存地，并从这里将其出口到世界各地。如今，雅法港口主要是一个娱乐场所，包括一条木板路、仓库酒吧、鱼类餐馆、商店，以及非营利组织Nalaga'at Centre（见154页）的盲聋剧团总部。

夏夜的港口最热闹，此时会上演免费的娱乐活动，木板路餐馆里也会挤满当地的食客。港口南边有一个很大的免费停车场。

★雅法跳蚤市场 市场

（Jaffa Flea Market，Shuk HaPishpeshim；见136页地图；⏲货摊 周日至周五 10:00~15:00，周四 至深夜；🚌Dan 10路、18路、25路、41路）近

Jaffa (Yafo) 雅 法

重要景点

1	雅法跳蚤市场	C3

景点

2	阿尔玛海滩	C1
3	哈比萨花园	B2
4	伊拉娜·古尔博物馆	B3
5	雅法港口	A3
6	雅法老城游客中心	B2
7	圣伯多禄修道院	B2

活动、课程和团队游

8	Kayak4All	B2

住宿

9	Old Jaffa Hostel	C2

就餐

10	Ali Caravan	A4
11	Dr Shakshuka	D2
12	El Jamila	C2
13	Kalamata	B2
14	Puaa	C3

饮品和夜生活

15	Anna Loulou Bar	B3

娱乐

16	Jaffa Theatre	C2
17	Nalaga'at Centre	A3

购物

18	Shelley Dahari	C3
19	Zielinski & Rozen	C3

年来，在旅游业发展的驱动下，雅法的老城经历了许多美化和改造，也确确实实变得更美了。然而，这个地区真正的魅力所在要散乱不羁得多。深受人们喜爱的雅法跳蚤市场（pishpeshuk或shuk ha-pishpeshim）就在钟楼南边纵横交错的街道中，那儿有许多精品店、悠闲舒适的咖啡馆、时尚酒吧和出售复古服饰、杂物、家具的丰富多彩的街边小摊。

这里出售的一些物品没什么价值（比如旧电视或熨斗），但是在废物当中也能淘到真正的古董、木制手工艺品、阿拉伯鼓等有意思的东西。需要注意的是，周六街边小摊和商店不营业，不过咖啡馆、酒吧和餐馆继续营业。夏夜，小摊集中的主要区域有时也会上演户外娱乐活动。每逢周四，市场会营业至深夜。

希伯来语的复兴

很多以色列人都认为，犹太复国运动最大的文化成就之一就是希伯来语的复兴，几千年来，这种语言从未被用于日常生活。

在大流散时期（Diaspora），犹太人逐渐适应当地的文化，无论在何地定居，他们都会学习当地的语言，将其与希伯来语结合起来，创造出一种独特的犹太语言，如意第绪语（Yiddish，以中世纪的德语为基础）和拉迪诺语（Ladino，以中世纪的西班牙语为基础）。古典的希伯来语在神圣的经文和犹太会堂的祷文中得以保存，但是很少在街上听到。

19世纪中期，早期的犹太复国主义者开始用希伯来语出版世俗文学，19世纪后半叶，他们定居巴勒斯坦，至此，局面逐渐发生了转变。艾利泽·本·耶胡达（Eliezer Ben Yehuda）便是其中一员，他于1858年出生在立陶宛，是报刊编辑以及第一本现代希伯来语字典的作者。和同时代的大多数犹太儿童一样，他接触圣经希伯来语也是因为那是宗教教育的一部分。1881年他来到巴勒斯坦，决心将希伯来语变成日常交流的世俗语言工具，进而让全世界的犹太人能够相互交流（现代犹太复国主义的创始人赫茨尔从来没有明说他认为犹太国家应该讲哪种语言，但他似乎认为应该是德语）。

当本·耶胡达开始在生活中使用希伯来语时，他发现在试图描述现代发明，比如火车和灯泡时会词穷。他开始更新这种语言，同时将其作为一种口语在同龄人中传播。

本·耶胡达的坚持，以及为新移民设立的希伯来语语言学校连续几代人的努力工作换来了回报，如今世界上大约有900万人讲希伯来语，其中包括不少巴勒斯坦阿拉伯人。相比之下，在第二次世界大战前夕，大约有1100万人讲意第绪语，如今已经少于100万了。力求保存正在消失的少数民族语言的人经常从希伯来语的发展中寻找灵感——这是唯一一种完全复活了的"退役"语言。

在过去几十年里，希伯来语文学也变得丰富多彩，从早期的以色列诗人比亚利克，到现代小说家，比如阿摩司·奥兹（Amos Oz）、大卫·格罗斯曼（David Grossman）和埃特加·凯雷特（Etgar Keret）。仅一个世纪，希伯来语就从一种《律法书》语言变成了拥有儿童故事、歌曲和日常语言的完整体系。

和古代一样，当时希腊语、亚拉姆语、波斯语和埃及语的各种词汇逐渐融入了希伯来语，而近代的全球化也带来了英语、德语、法语、俄语和阿拉伯语等语言的词汇及概念的大量涌入。采纳新兴单词的一个经典例子是@这个符号，以色列人称之为"shtrudel"，因为它看起来像一种奥地利糕点。

特拉维夫自豪地宣布自己是"第一座希伯来语城市"，在街道你可能会听到一些"希伯来式英语"，因为以色列人更愿意在希伯来语的句子中掺杂英语词汇（包括脏话）。很多以色列俚语来自阿拉伯语，例如，你经常会听到"sababa"（酷，好）以及"achla"（棒极了）这两个词。人们说再见时经常使用一个经典的希伯来语、阿拉伯语、英语混合词，即"Tov, yallah, bye"（好了，走了，再见）。

哈桑贝清真寺 清真寺

（Hassan Bek Mosque，Hasan Bey Mosque；见126页地图）由雅法与之同名的奥斯曼帝国总督修建于1916年，这座白色的石灰岩清真寺位于特拉维夫和雅法的交界地带，对雅法的阿拉伯人来说一直很有象征意义。在1948年的阿以战争中，这里的宣礼塔被阿拉伯狙击手所用。这座清真寺是该市保存最完好的老建筑之一，但不对游客开放。

老火车站 古迹

（Old Railway Station，HaTachana；见126页地图；www.hatachana.co.il；Neve Tzedek；周六至周四 10:00~22:00，周五 至17:00；P；18路、10路、100路）这座火车站曾是耶路撒冷—雅法火车线路的终点站，位于滨海大道的南端尽头附近，从1892年使用至1948年，随后被以色列国防军用作仓库，后来又被改造成了集零售和娱乐于一体的综合设施。现在这里聚集着商店、咖啡馆和酒吧，还有一家颇受欢迎的冰激凌连锁店Vaniglia的分店。当地人称这里为"HaTachana"（即车站）。这里的停车场也为游览尼维泽德克（见128页）街区提供了便利。需要注意的是，咖啡馆和餐馆在周五晚上营业，但是楼内的商店会在17:00关门。

以色列国防军历史博物馆 博物馆

（IDF History Museum；见126页地图；03-517-2913；http://eng.shimur.org/batey-osef；Prof Yehezkel Kaufmann St，Tel Aviv Promenade；成人/学生和儿童 15/10NIS；周日至周四 8:00~16:00）免费 位于老火车站内，有13个展厅和展室，展出以色列国防军自1948年成立以来所用过的坦克、装甲车、高射炮、步枪和机枪。大多数孩子似乎喜欢对着车辆兴奋地大声叫喊。由于标志和解说牌只有希伯来语，对那些非军事装备爱好者的游客来说，可就头疼了。可通过老火车站中心旁的停车场进入。

活动

戈登游泳池 游泳

（Gordon Swimming Pool；见130页地图；03-762-3300；www.gordon-pool.co.il；Tel Aviv Marina；成人/学生和儿童 周日至周五 69/59NIS，周六 79/70NIS；周一至周四 6:00~21:00，周五 至19:00，周六 7:00~18:00，周日 13:30~21:00；）露天的戈登游泳池最初于1956年开放，2009年进行了重建。棕榈树环绕的游泳池邻近港口，有一个50米长的海水池，池水经常更换，还设有儿童和幼儿专用游泳池。还有付费使用的桑拿、热水浴缸或健身房。

课程

Tel Aviv Art Studio 艺术课程

（见130页地图；052-786-3483；www.telavivartstudio.com；31 Gordon St；课程 120NIS起；）由受过专业培训的艺术治疗师及教师娜塔莎（Natasha）和米哈尔（Michal）经营，这个独特的地方欢迎单身人士、情侣和儿童来参加不同的英语绘画课程。Paint Night（周四19:00~21:00）提供了既能发挥创造力，又能享受葡萄酒的机会，非常有趣。

Citizen Cafe 语言课程

（见126页地图；www.citizencafetlv.com；45 Rothschild Blvd；课程 3320NIS起）Citizen Cafe是一所新型希伯来语语言学校（ulpan），为那些希望能像当地以色列人那样说话的人们提供课程。学校设在一个超级时尚的共享办公空间Mindspace，位于罗斯柴尔德大街。这里提供为期10周的课程，一周授课2次，而且令人开心的是，没有教科书！如果你要在城里待一段时间，这是学习一些"街头"希伯来语的有趣途径，比如"Yalla"（"赶快"的阿拉伯语）。

Surf House 水上运动

（见130页地图；09-957-4522；www.surfhouse.co.il；169 HaYarkon St；课程训练 250NIS起；周日至周四 10:00~19:00，周五 10:00~15:00）这所学校位于戈登海滩附近，位置便利，会为初学者提供风筝冲浪、风帆、桨板和冲浪课程。可登录其网站了解课程详情。

Tel Aviv University Ulpan 语言课程

（03-640-8639；www.international.tau.ac.il；Ramat Aviv）一所城市里最具声望的大学所设希伯来语语言学校，为学生提供提升希伯来语水平的机会。课程包括为期7周的希伯来语课程以及4周的强化课程。学校提供住宿。

Ulpan Gordon 语言课程

（见130页地图；☎03-522-3181；www.ulpangordon.co.il；7 LaSalle St）特拉维夫最受欢迎的希伯来语语言学校，面向游客的收费是每月750NIS左右；一天上课2.5~4.5小时，一周授课2次或3次。

团队游

特拉维夫的官方旅游局（www.visit-tel-aviv.com）提供免费的步行游览路线。一条以萨日娜为主题，每周五11:00从Kaplan St的34号出发。另一条集中游览该市的包豪斯建筑遗产，每周六11:00从罗斯柴尔德大街46号出发。也提供雅法老城的团队游。不需要预订，但是可以联系雅法旅游信息办公室（Jaffa Tourist Information Office；见157页）了解详情。如果要为大型或小型团体安排该市的高端定制团队游，可以联系Pomegranate Travel（https://pomegranate-travel.com）。

Delicious Israel 步行

（☎052-569-9499；www.deliciousisrael.com；每人 US$110起）美国出生的因巴尔·鲍姆（Inbal Baum）于2009年移民以色列，很快她便开启了一个成功的项目，即全国美食之旅。她提供的旅程包括步行游览雅法和市中心4.5小时、步行游览莱文斯基香料市场（见125页）2.5小时、短暂地体验卡梅尔市场（见125页）、品尝鹰嘴豆泥和街头小吃。

Alternative Tel Aviv 步行

（www.hasayeret.co.il；2/6人的私人团队游800/1200NIS）Alternative Tel Aviv提供各种各样的欣赏街头艺术和当代画廊的步行游，大部分位于弗劳兰丁区。特拉维夫有一些非常精彩的街头艺术，你可以通过游览了解那些符号背后的人。游览时间大约为一个半小时。这家旅行社有时还会在周五11:00临时组织步行游，费用就看着给。

Sandemans Tours 步行

（www.newtelavivtours.com）**免费** 这家备受推崇的公司和自由职业的导游合作，设有两种团队游——一个是每天11:00的雅法老城之旅，另一个是周一、周三和周六14:00的雅法和新城之旅。第一个团队游免费但是收取小费（标准是每人50NIS），第二个每人收费76NIS。可登录其网站获取更多信息。

Kayak4All 皮划艇

（见136页地图；☎054-775-7076；www.kayak4all.com；团队游 150NIS起）Kayak4All为经验丰富的划船者和新手提供海上皮划艇之旅，店面位于雅法老城港口。其官网列有活动和价格的完整列表，不妨看看。

节日和活动

特拉维夫骄傲游行 LGBT

（Tel Aviv Pride；www.visit-tel-aviv.com；⏲6月）在6月第二周举办，这个以色列同性恋、双性恋和跨性别者（LGBT）群体的庆祝活动吸引着

艺术生活

特拉维夫是一个富有创造力的地方，这里生活着很多艺术家和艺术生，而且有很多精品画廊。

Alternative Tel Aviv（见本页）这里的步行游览可以带你欣赏弗劳兰丁区优秀的涂鸦作品，定能令你大开眼界。

切劳奇画廊（见125页）设在美丽的包豪斯建筑中，是特拉维夫当代艺术的最佳展馆之一。

纳楚姆·古特曼艺术博物馆（见128页）位于尼维泽德克，收藏着这位20世纪的以色列画家兼插画家的作品。

鲁宾博物馆（见124页）摆满了地中海大师鲁文·鲁宾创作的油画，极富吸引力。

特拉维夫艺术博物馆（见123页）拥有世界一流的现代艺术、设计和建筑收藏。

Tel Aviv Art Studio（见139页）在放松的环境里学习绘画，轻松有趣。

特拉维夫的科技力

很久以前，旅行者要上网通常得去网咖。但是在特拉维夫，这些所谓的网吧正在迅速消失，因为Wi-Fi在咖啡馆、酒店甚至海滩上都可以快捷地使用。

于是，"数字游民"诞生了，这些经验更老道的科技旅行者想在路上赚些钱。一夜之间，远程办公不再只局限于那些乘商务舱到处飞的人，自由设计师、开发人员、博主及各行各业的创业者皆可远程办公了。

响应支持创业的国家精神，特拉维夫是最早建立共享办公空间的城市之一。这些科技中心提供了不同价位、可随到随用的办公桌和可以租用的会议室，为与志同道合的人合作提供一个创意环境，还有最重要的一点，咖啡是免费的。下列是城里最棒的几家共享办公空间：

Mindspace（http://mindspace.me/tel-aviv）在罗斯柴尔德大街和Ahad Ha'am St有两栋建筑，彼此间的距离很近。由超酷的设计师设计装潢，是真正的潮人中心。

Urban Place（http://urbanplace.me）城里最新的共享办公空间，位于罗斯柴尔德大街3号，拥有很大的开放式办公室。

WeWork（www.wework.com/l/tel-aviv）在特拉维夫开设了4处，其中一处位于萨日娜，正迅速成为以色列的新创业中心。

大量国际游客，可谓国内规模最大的盛会。核心活动是以梅尔公园为起点的骄傲游行，其他活动包括希尔顿海滩（见132页）的派对以及LGBT国际电影节（LGBT International Film Festival；www.tlvfest.com）。

★白夜节　文化节

（White Night，Laila Lavan；www.visit-tel-aviv.com；⌚6月）每年6月，这座城市都会有一个不眠之夜，届时市内的文化场所不会打烊，而且城市各处都会举办免费的音乐活动，比如在老火车站、萨日娜侨民区、雅法港口、海滩、HaBima Sq和Nachalat Binyamin Market。可以去罗斯柴尔德大街感受热闹的气氛。

公园歌剧节　音乐节

（Opera in the Park；www.israel-opera.co.il；Park HaYarkon，Rokach Ave；⌚7月/8月）公园歌剧节是特拉维夫活动一览表中的一大亮点，届时会有近10万人从全国各地前来参加这个免费活动。每年7月或8月，以色列歌剧院都会完整地演出一部经典歌剧，而观众可以带着葡萄酒和食物，到雅孔公园中央绿草如茵的山丘上一边野餐一边欣赏。可在歌剧院的网站上查看详情，一定要早点儿去占位置。

特拉维夫纪录片电影节　电影节

（DocAviv；www.docaviv.co.il/org-en；5 Ha'Arba'a St；⌚5月）这个电影节是中东地区首屈一指的纪录片电影节，每年5月在特拉维夫Cinematheque（见152页）举办，为期10天。届时会上演以色列和国际的最佳纪录片，内容涵盖全面，有英语和希伯来语可选。如果你正好在城里，一定不要错过。

特拉维夫爵士音乐节　音乐节

（Tel Aviv Jazz Festival；www.visit-tel-aviv.com；⌚11月）每年11月底开幕的爵士音乐节通常在Cinematheque和Zappa的一家俱乐部举办。特拉维夫爵士音乐节仅次于红海爵士音乐节，有顶级的以色列和国际爵士乐表演，而且将持续三晚。

以色列啤酒节　啤酒节

（Israeli Beer Festival；www.hatachana.co.il；Neve Tzedek；门票 含品酒活动 70~100NIS；⌚6月）以色列啤酒节在6月第二周举行，会持续2天，现在已经成了老火车站（见139页）的定期活动。啤酒节上会有200多种以色列精酿啤酒，爱喝酒的人可以在圣地细细品尝顶级啤酒。

住宿

要找别具魅力的精品酒店？最佳去处是罗斯柴尔德大街一带。不过雅法极具阿拉伯风情的街头生活充满了活力，也是很棒的住宿区域。在Yehuda HaLevi St附近能找到几家颇受欢迎的青年旅舍，这片区域目前正为了轻轨而进行改造。几家大型连锁酒店基本位于繁忙的HaYarkon St沿线，酒店高楼能俯瞰海滩。不过酒店自带的停车场非常少，所以大多数酒店与附近的停车场有协议，每天的停车费约为70NIS。

一年中的大多数时候需要预订，特别是周末，还有7月、8月和犹太新年、住棚节、光明节及逾越节等节日期间。在特拉维夫骄傲游行期间，城里的所有酒店都会爆满，记得要尽早预订。

市中心

★Mendeli Street Hotel 精品酒店 $$$

（见130页地图；☎03-520-2700；www.mendelistreethotel.com；5 Mendeli St；双 US$250，高级/豪华 US$300/360；@ 📶）夏天，入住这家靠近渔人海滩的迷人酒店让人惬意。大堂和餐馆都像设计杂志中的一样时髦，房间也很有格调，而且拥有各种现代配件，设施齐全。标准间不大，因此可以考虑选择豪华房或高级房。员工年轻、迷人，还非常乐于助人。

Dizengoff Avenue Hotel 精品酒店 $$$

（见130页地图；☎03-694-3000；www.d-avenue.co.il；133 Dizengoff St；标单/双 550/732NIS；📶）这家漂亮的城市酒店就位于主要购物街之一——Dizengoff St的中央，然而你要是错过这家酒店的话也是情有可原的。这家精品酒店门前是一条简单的门道，由侧门进入，比同类酒店稍微便宜一些。锦上添花的元素包括前台的免费冰棒，以及为客人准备的欢乐时光，可以品尝以色列葡萄酒。

Cinema Hotel 酒店 $$$

（见130页地图；☎03-520-7100；www.atlas.co.il；1 Zamenhoff St；标单/双/套 US$196/216/300起；P 📶）这是一家经过了改造的包豪斯时代的电影院，影迷们定会喜欢这里的内部装饰。公共空间里摆放着老式放映机和电影纪念品，83个房间中都装饰着电影海报以及用三脚架做成的灯具。整体感觉偏向实用，不是特别迷人，不过傍晚时分会在屋顶露台上提供免费的开胃酒，营造了一种好莱坞格调。这里能免费停车，也出租自行车。

Lusky Hotel 酒店 $$$

（见130页地图；☎03-516-3030；www.luskyhtl.co.il；84 HaYarkon St；标单/双/套 US$165/180/300；P 📶）这家由家庭经营的酒店提供设施齐全的房间，房间里的大窗户采光极佳。大部分房间有小厨房，很多还带有海景阳台——最好的选择无疑是带一间卧室的顶层公寓，那里的大阳台可以俯瞰海滩。自驾的游客一定很喜欢免费的地下停车场。

市中心南部

★Abraham Hostel 青年旅舍 $

（见126页地图；☎03-624-9200；https://abrahamhostels.com；21 Levontin St；铺/标单/双/套 95/460/470/520NIS起；📶）这家规模非常大的青年旅舍是结识其他旅行者的最佳场所之一。旅舍的房间非常干净，维护完备，也向夫妇或家庭提供带有浴室、小厨房和电视的套房，非常不错。来自多种文化背景的员工会说多种语言，态度非常友好（我们遇到了巴勒斯坦和瑞士的接待员）。此外，旅舍还会组织特拉维夫及以色列各地的团队游。空间很大的餐厅（通常很吵闹）也是现场乐队和喜剧表演的场所。

Little Tel-Aviv Hostel 青年旅舍 $

（见126页地图；☎03-559-5050；www.littletlvhostel.com；51 Yehuda HaLevi St；铺/双 130/450NIS；📶）这是一家高标准的青年旅舍，虽名字带有"Little"的字眼，但进去后会发现其实并不小。旅舍坐落在活动区中心地带一栋修葺一新的建筑内，提供男女混合或女性专用的宿舍，也有非常干净的私人房间。客人可以随意出入青年旅舍可爱的花园、共享厨房和酒吧。住宿舍的旅客年龄限制在35岁以下。

Florentine Hostel 青年旅舍 $

（☎03-518-7551；www.florentinehostel.com；10 Elifelet St, Florentin；铺/双 94/280NIS起，双 带公用浴室 240NIS；@ 📶）乍一看，这家青年旅舍所在区域普普通通，没什么可游览的地方。不过背包客们很快就会发现这里其实地理位置相当优越，这里离尼维泽德克区、弗劳兰丁区、雅法和海滩都很近。旅舍能提供8间带有6个床位的宿舍以及9个私人房间（都很小），还有一个屋顶酒吧和热闹的娱乐节目。请注意：这家青年旅舍的年龄限制为18~40岁。

★ Poli House 设计酒店 $$$

（见126页地图；03-710-5000；http://thepolihouse.com；1 Nahalat Binyamin St；标单/双900/1300NIS起；）2017年拥有40个房间的Poli House酒店开业，是Brown酒店集团旗下的最新一家，高调地成为特拉维夫的酒店一景。Poli跟其他Brown酒店稍有不同，这里空间更大，色彩更多更亮。期待这里黄色、蓝色和绿色的墙壁，以及黑白两色的斑纹地板和霓虹灯吧——皆出自设计师卡里姆·拉希德（Karim Rashid）之手。

★ Norman Hotel 精品酒店 $$$

（见126页地图；03-543-5555；www.thenorman.com；23-25 Nachmani St；豪华/阁楼/套 US$570/840/1090起；）Norman是特拉维夫最具皇家风范的精品酒店（房间包括King Albert套房），由两栋经过修复的20世纪20年代的包豪斯建筑组成。这里无处不精致；从阁楼公寓到花园套房，有多种房型可以选择。设施包括健身房、康体区和屋顶无边际游泳池，而且会在图书馆和餐馆里供应美食。

★ Rothschild Hotel 精品酒店 $$$

（见126页地图；03-957-8888；www.rothschild-hotel.co.il；96 Rothschild Blvd；双/套/标三 US$272/382/510起；）酒店外部有一座由Ofra Zimbalista创作的唱诗班歌手雕像，而这只是这家堪称典范的精品酒店所拥有的众多古怪元素之一。该精品酒店的落成早于特拉维夫最近出现的精品酒店热潮，装饰保存得极为完好，服务也处于同行业的领先水平。内部餐厅提供的菜品被描述为“带有法式特色的犹太复国主义菜肴”。

★ Hotel Montefiore 精品酒店 $$$

（见126页地图；03-564-6100；www.hotelmontefiore.co.il；36 Montefiore St；标单/双1420/1560NIS；）Montefiore是一处真正有品位的精品酒店，位于一栋列入了遗产名录的20世纪20年代的别墅，该别墅坐落在横贯罗斯柴尔德大街和Allenby St的一条林荫道上。这里有12个优雅的房间，天花板都很高，铺着木地板，还配有扶手椅、摆满了书的书架、双层玻璃窗以及宽敞的浴室。与楼下时尚的酒吧和餐馆一样，房间的墙上也装饰着现代以色列艺术品。

★ Shenkin Hotel 精品酒店 $$$

（见126页地图；03-600-9400；www.shenkinhotel.com；21 Brener St；标单/双 US$196/270起；P @ ）Shenkin打出的旗号是“当地人最懂”，热情的员工给游客的推荐都很良心，确实也证明了这一点。这家酒店位于Sheinkin St后面，地理位置绝佳，地方虽小却很时尚，提供4种吸引人的客房，公共区域展示着当地的当代艺术品，有屋顶露台和可爱的后院平台，那里会供应免费的茶水、咖啡和饼干。

Alma Hotel 精品酒店 $$$

（见126页地图；03-630-8777；www.almahotel.co.il；23 Yavne St；标单/豪华/贵宾 US$260/280/550起；）这家精品酒店紧邻罗斯柴尔德大街，20世纪20年代建造的迷人的浅绿色建筑、剧院风的装饰、餐馆和餐前小吃吧都是酒店的魅力所在，而屋顶酒吧和漂亮的后方花园庭院则更是锦上添花。提供的两种房间都很宽敞，有大床、咖啡机以及可爱的浴室，里面备有奢华的Sabon洗漱用品。

Diaghilev 商务酒店 $$$

（见126页地图；03-545-3131；www.diaghilev.co.il；56 Mazeh St；双/套 不含早餐 US$235/340起；）这家“现场艺术酒店”（Live Art Hotel）公共空间的每一面墙壁都用油画、版画和雕塑装饰着。酒店位于紧邻罗斯柴尔德大街的一栋包豪斯风格的宏伟建筑中。宽敞的房间有客厅、小厨房和独立的卧室。加分项是安静的环境、停车场以及乐于助人的前台工作人员。也提供家庭套房。

雅法

Beit Immanuel 青年旅舍 $

（03-682-1459；www.beitimmanuel.org；8 Auerbach St，American Colony；铺/标单/双

225/285/410NIS；P 📶）这家修道院式的青年旅舍在一栋1884年的建筑内，其对面是一座漂亮的路德教堂。旅舍由一个福音派教会管理，房间干净而舒适，还带有私人花园和免费停车场。虽然步行前往雅法老城或时髦的弗劳兰丁街区只需要10分钟，但这附近极其宁静。

这栋建筑以前是一家时尚酒店——德皇威廉二世曾于1898年在此下榻——为演员彼得·乌斯蒂诺夫（Peter Ustinov）的祖父普拉托·冯·乌斯蒂诺夫男爵（Baron Plato von Ustinov）所有。建筑就坐落在紧邻Eilat St（Jaffa Rd的延伸）的一条幽静街道上。

Old Jaffa Hostel 青年旅舍 $

（见136页地图；☎03-682-2370；www.telaviv-hostel.com；13 Amiad St；铺/标单/双90/250/280NIS；@📶；🚌Dan 10路、18路、25路、41路）这家青年旅舍位于跳蚤市场内一栋奥斯曼时代的建筑内，以这个价位来说是特拉维夫最有氛围的住所，不过并不是最舒服的。宿舍的床铺收费合理，这里还有很多公用浴室，一间公用厨房，以及可以欣赏海景的屋顶大露台。

特拉维夫港口

Port Hotel 精品酒店 $$

（☎03-544-5544；www.porthoteltelaviv.com；4 Yirmiyahu St；标单/双 US$175/185；P 📶）这家自封的"迷你酒店"位于古港附近，价格不高，风格时尚——这在特拉维夫非常少见。尽管有点儿小也没有风景可看，但是房间干净而舒适。主要优点是屋顶露台和靠近海滩的位置。

雅孔公园

HI Tel Aviv Hostel 青年旅舍 $

（☎02-594-5654；www.iyha.org.il；36 B'nei Dan St；铺/标单/双 162/321/410NIS，儿童94NIS；@📶）这家干净而宽敞的青年旅舍以前被称为B'nei Dan Guest House，最近才翻新过。这是位于安静的雅孔公园旁边的唯一一家客栈，而且可以步行前往古港，不过搭乘合乘出租车（5号）或者租一辆自行车进城会更好。

就餐

特拉维夫到处都是美食。由于地处中东地区的中心，这里融合了地中海、巴尔干、阿拉伯和亚洲风味的影响，而这里也是世界上对严格素食者最友好的城市之一。

市中心

★ **Miznon** 以色列菜 $

（见126页地图；www.facebook.com/miznon；30 King George St；皮塔饼 25~49NIS；🕐周日至周四 正午至次日1:00，周五 至15:00，周六 19:00起；✍）这里气氛热闹，价格也（很）合理，服务员不但友好，而且充满活力。最关键的是食物非常可口：一大张皮塔饼卷着你选择的蔬菜、鸡肉、下水等，而且还有炸鱼薯条、五香烤甘薯和烤菜花（好吃极了！）。

需要排队点餐并报上姓名，然后选择芝麻酱、浓缩酸奶（labneh）、青辣椒酱和泡菜，再找个位子，等服务员叫你取餐。饮料有柠檬水、啤酒和亚力酒。

★ **Dosa Bar** 印度菜 $

（见130页地图；☎03-659-1961；www.facebook.com/Dosabar；188 Ben Yehuda St；主菜 35NIS起；🕐周日至周四 正午至23:00，周五 11:00~16:00；✍）印度菜、犹太洁食、严格素食和无麸质食物——在Dosa Bar，应有尽有。这家小餐馆的服务员很友好，该店专门供应印度薄饼（dosa），既有甜味的也有咸味的。马萨拉卷饼（masala dosa）尤其美味。如果你想用香料开启周末生活，这里也在周五提供印度早餐。

★ **Tamara** 冰激凌 $

（见130页地图；96 Ben Yehuda St；小/中/大杯 22/27/32NIS，西米 15NIS；🕐周日至周五 9:30至次日0:30，周六 10:30起）不太健康但非常美味！戈登海滩附近的Tamara供应城里最棒的冻酸奶（也有一些店能与之相匹敌）。可以选择原味的，也可以放纵自己，选择各种其他浇头。除了酸奶，这里也出售令人神清气爽的水果西米（tapioca）和墨西哥水果冰棒（paletas）。大人排队买酸奶的时候，孩子们可以坐在秋千上玩耍。

尽享特拉维夫美食

特拉维夫确实拥有能满足各种口味的美食，既有美味的海鲜又有希腊风味的餐馆，最近亚洲餐馆又迅速发展了起来，**Nam**（03-670-8050; www.facebook.com/namrest; 275 Dizengoff St; 主菜 67~75NIS; 12:30~17:00和18:00至午夜; ）的泰国菜以及Vong（见147页）的越南菜就是典型的例子。要体验真正的全球美食，可以前往萨日娜（见132页）和Rothschild-Allenby的室内街头小吃市场。

随着这座城市正在进行精致改造，这里名厨餐馆也在不断涌现，豪华餐厅的数量也日益增加。这些烹饪名人中最知名的是埃亚勒·沙尼（Eyal Shani）。作为简单应季菜肴的推崇者，他在开设休闲的时髦餐馆方面似乎拥有一种魔力——他创办了Miznon、Port Sa' id、Romano（见149页）和North Abraxas（见147页）。在他的餐馆里，玩乐和享受美食一样重要。

如果你的预算不多，这里也有很多便宜的街头小吃店和售货亭可以选择。经典菜肴包括以色列的国菜炸豆丸子和sabich（用皮塔饼卷上煮鸡蛋、炸茄子和芝麻酱）。鹰嘴豆泥或许是阿布高希或阿卡（Akko）地区的代名词，但是雅法的Ali Caravan（见149页）更加坚持自己的特色美食。

如果你想自己做饭，卡梅尔市场（见125页）出售城里最新鲜的水果和蔬菜。供应精选产品、价格公道而且营业到深夜的超市，在全市随处可见。

从周日至周五，许多餐馆都会提供"工作午餐"，客人在点主菜的时候可以获得一份免费的前菜，有时甚至是一份前菜和一杯葡萄酒。

HaKosem 中东菜 $

（见126页地图；1 Shlomo HaMelech St；炸豆丸子 18NIS起；周日至周四 10:30~23:30，周五至15:00；）HaKosem是城内最好客的炸豆丸子摊位之一，位于King George St的拐角处，非常受欢迎。除了标志性的皮塔饼卷绿色的炸鹰嘴豆泥丸子，这里还提供sabich（皮塔饼卷鸡蛋、茄子和沙拉）和沙威玛（shawarma，从烤肉叉上切下一片肉，将其和西红柿及装饰菜一起夹进大面包里）。

Sabich Frishman 中东菜 $

（见130页地图；42 Frishman St；sabich 18NIS；周日至周四 9:00~23:30，周五 至16:00，周六 20:00起；）这个小摊专门出售sabich，这种小吃来自伊拉克，由皮塔饼卷炸茄子、水煮蛋、卷心菜、沙拉、土豆、鹰嘴豆泥和辣味芒果（amba）酱制成。小摊位于Dizengoff St和Frishman St的交叉路口，寻找排起的长队和旁边的炸豆丸子小摊就行。

Ha' achim 以色列菜 $$

（见126页地图；03-691-7171; www.facebook.com/haachim; 12 Ibn Gabirol St；主菜 39~62NIS；周日至周四 正午至午夜，周五和周六 9:00起；）Ha' achim在希伯来语中是"兄弟"的意思。这里很明显是地中海菜式，主要供应鹰嘴豆泥、浓缩酸奶、芝麻酱、橄榄以及免费的橄榄油皮塔饼。然而这不只是一家鹰嘴豆泥店，也有主厨特餐、烤肉和烤鱼，以及工作午餐套餐，选择工作午餐套餐的话，食客可以挑选两种沙拉（比如甜菜根或茄子）来搭配主菜。

Goocha 海鲜 $$

（见130页地图；03-522-2886; www.goocha.co.il; 171 Dizengoff St；主菜 64~92NIS；正午至次日1:00；）不要把这家店跟其兄弟餐馆——位于Ibn Gabirol St的Goocha Diner搞混，Goocha更早，而且更棒。当地人和游客都会聚集在这里享用各种菜肴，比如贻贝配薯条、虾肉汉堡包以及海鲜烩饭。餐厅位于Ben-Gurion Ave的拐角处，而且得益于这个绝佳的位置，店里总是人满为患，建议预订。

Barbunia 海鲜 $$

（见130页地图；03-527-6965; 163 Ben Yehuda St；主菜 58~86NIS；正午至23:00）

Barbunia比特拉维夫的大多数居民都要老，近30年的时间里一直势头强劲。经济实惠的纸桌布为这个家庭鱼类餐馆增添了魅力。所有主菜都会配上一套似乎吃不完的小份沙拉、油炸蔬菜、一篮面包和鹰嘴豆泥。这里的海鲷或混炸虾和鱿鱼赢得了我们的喜爱，记得配上当地的啤酒。

Benedict 早餐 $$

（见130页地图；☎03-686-8657；www.benedict.co.il；171 Ben Yehuda St；早餐 69NIS起；⏲24小时；📶✍）在17:00或者早上，对那些热爱蓝莓烤饼、熏肉煎鸡蛋、shakshuka（西红柿烤蛋）或是火腿蛋松饼的人来说，这个一直都很热闹而且通宵营业的早餐地点是再适合不过的。带上好胃口：一份菜的量很足，还会配上一篮面包。其他分店位于**罗斯柴尔德大街**（见126页地图；29 Rothschild Blvd；早餐 62NIS起），还有一家在**海尔兹利亚**（Herzliya；☎09-958-0701；1 Haetzel St；早餐 45～98NIS）。

Anastasia 严格素食 $$

（见130页地图；☎03-529-0095；www.facebook.com/cafeanastasia；54 Frischmann St；三明治/早餐 39/52NIS起；⏲周日至周四 8:00～23:30，周五 至17:00，周六 9:00～23:00；✍）Anastasia俨然就是严格素食主义者的梦想，这里应有尽有——早餐、沙拉、汤、三明治等。餐厅就位于Frischmann St和Reines St绿树成荫的交叉路口，同时也是一家卖严格素食产品的商店。菜单上有玉米饼和鹰嘴豆泥、自制的无麸质面包，素食蛋糕和饼干。仅仅为了香蕉、椰枣、可可和杏仁奶昔也值得前往。

SHAKSHUKA

多个不同文化背景的地区都声称"shakshuka"这道菜是他们原创的（突尼斯是主要的竞争者），但是只有在以色列，这道菜获得了国宝的地位。Shakshuka的做法是鸡蛋加入丰富的西红柿酱、洋葱和调味料（通常是红辣椒、孜然和辣椒粉）进行烘烤，有时还会配上胡椒粉、香肠、奶酪、菠菜或其他原料。

这道菜要用平底的铁锅、铜锅或陶土锅烘烤，然后连锅端出，并搭配脆皮白面包食用。在什么时候吃都很美味，不过早餐和早午餐时吃最受欢迎。城里最著名的店是雅法的Dr Shakshuka（见150页）。

市中心南部

★ Port Sa'id 中东菜 $

（见126页地图；5 Har Sinai St；小盘 22～52NIS，主菜 34NIS起；⏲正午至深夜；✍）作为城中潮人的最爱，该餐厅酒吧位于Great Synangogue旁边，餐厅酒吧的木架子上摆满了唱片作为装饰，这里经常有满是文身的常客出没。餐厅提供非常可口的中东风格的食物（没有英语菜单，所以你需要咨询服务员），还有多种饮料可供选择。

早点来占一个位子，试试青豆做的鹰嘴豆泥。

★ Arte 意式冰激凌店 $

（见126页地图；☎055-895-4868；http://arteglideria.com；11 Nahalat Binyamin St；冰激凌 22NIS起；⏲3月至10月 11:00～23:00，11月至次年2月 周日至周三 13:00～19:30，周四至周六 至23:00；✍）🍃Arte可不是普通的冰激凌店，它位于纳哈拉特·本雅明手工艺品市场（Nahalat Binyamin Crafts Market；见155页）的中心，专门做正宗的意式冰激凌。这家店由来自托斯卡纳和西西里岛的专业冰激凌制作者——厨师斯特凡尼娅·帕加尼（Stefania Pagani）和马可·卡莫拉利（Marco Camorali）经营。这家店尽量秉持可持续性理念，不会使用食用色素或化学制品，而且会尽可能地使用本地食材。

Bunny Chow 南非菜 $

（见126页地图；☎054-260-8850；www.facebook.com/bunnychowtlv；36 Rothschild Blvd；主菜 35NIS起；⏲正午至深夜）尽管店名叫"Bunny Chow"（兔粮），但这里可并不供应兔子的食物。这里专卖美味的南非街头小吃，招牌菜肴当然是"Bunny Chow"——在掏空的面包里填入咖喱。这里也供应用自制的白面包做成的牛肉三明治。

不断变化的城市

无论你走到特拉维夫的什么地方，你准会看见一些大型建筑工程。特拉维夫是一座不断变化的城市，市政当局一直在修复升级破旧的包豪斯建筑，其中大多数"年龄"都超过了50年，急需整修。

为了缓解交通堵塞和停车的老大难问题，一条充满未来感的轻轨系统正在建设之中，第一条线路从佩塔提克瓦（Petah Tikva）通往巴特亚姆，暂定于2021年开通。但是别期望太高——以色列的交通建设项目固然雄心勃勃，但他们老是无法按期完成。在城里，隧道施工给Savidor火车站（见157页）和Yehuda HaLevi St附近的地区带来的影响最大。

还有一些其他地区正在进行大规模改造，例如迪岑哥夫广场（Dizengoff Sq）和部分海滨大道。

用作豪华公寓和高科技公司办公室的摩天大楼正在拔地而起，尤其是在萨日娜（见132页）一带。实际上，整座城市的天际线都布满了起重机。然而不知为何，这样的场景特别激动人心——这是一座永不止步的城市。实际上，特拉维夫-雅法的变化如此之快，就连当地人都很难跟紧它的步伐。

以前这家店只是卡梅尔市场中的一个摊位，现在则搬进了室内的**Rothschild-Allenby市场**（36 Rothschild Blvd；⏲8:00~23:30）。

Tenat　埃塞俄比亚菜 $

（见126页地图；☎054-749-9538；www.facebook.com/tenatvegan；27 Chlenov St；主菜 35NIS；⏲周一至周四 11:00~23:00，周五 至16:00；✍）在这家时髦的埃塞俄比亚素食小餐馆里来一次非洲之旅吧。虽然小店处在市里一个破败的地区，但这里的食物很值得你前往尝试。特色菜有英杰拉（injera，具有海绵质感的埃塞俄比亚面饼）拼盘，会配上沙拉、蚕豆和调味料，还有鲜榨甜菜根和胡萝卜汁。

Taqueria　墨西哥菜 $

（见126页地图；☎03-600-5280；www.taqueria.co.il；28 Levontin St；主菜 29~39NIS；⏲周日至周二 正午至午夜，周三至周六 至次日1:00；📶）Taqueria在特拉维夫很受年轻人的欢迎，这是一家接地气的墨西哥餐馆，供应价格非常合理的墨西哥塔可饼（tacos）和卷饼（burritos），而这里的烤干酪辣味玉米片（nachos）很可能是城里最好的。不接受预订（周五晚上除外），所以你可能得跟其他人一样，举着一杯提神的冰镇玛格丽塔鸡尾酒在外面等候空位。

Vong　越南菜 $$

（见126页地图；☎03-633-7171；www.vong.co.il；15 Rothschild Blvd；主菜 57~65NIS，越式三明治 42NIS起；⏲正午至午夜；📶✍）如果你想找大碗越南菜，那么Vong正符合你的需要。Vong位于罗斯柴尔德大街，就在以色列独立厅对面，现在成了一家独具特色的餐厅。菜肴有大白菜（bok choy）、香辣面条和越式三明治（bahns），还有牛肉、鱼肉、咖喱或豆腐馅的春卷。试试以名人命名的鸡尾酒，比如Forrest Jump和Lady Ga。

Zakaim　严格素食 $$

（见126页地图；☎03-613-5060；20 Simtat Beit Hashoeva；主菜 49~62NIS；⏲周日至周四 18:00至深夜，周五和周六 正午至深夜；✍）虽说这里的菜肴属于100%的严格素食，但大厨Harel Zakaim的手艺对非素食主义者来说同样是味觉的盛宴。这家餐馆隐藏在靠近Allenby St第98号的一条小巷内。菜肴种类丰富，从波斯米饭（上面加了酥脆的土豆）到蔬菜和扁豆馅的红辣椒、素食比萨以及装在牛皮纸袋中的薯条，应有尽有。这里甚至还有鸡尾酒和松露巧克力。

North Abraxas　以色列菜 $$

（见126页地图；☎03-516-6660；40 Lilienblum St；小盘 22~52NIS，主菜 34~120NIS，比萨 54NIS；⏲周日至周四 正午至午夜，周五和周

六 13:00起)在这家华丽的餐馆,食物是相对次要的——最重要的是感觉。坐在吧台边,看厨师和服务员们切菜、为食材浇上白兰地并点燃、装盘、唱歌以及与客人们畅饮亚力酒,真的非常有趣。包含比萨、五颜六色的素菜以及美味炖肉的现代以色列菜深受大多数客人的喜爱。

Nanuchka 严格素食 $$

(见126页地图;☎03-516-2254;http://nanuchka.co.il/en/;30 Lilienblum St;主菜 49~68NIS;⏲正午至深夜;✎)如果用纯素食主义的格鲁吉亚餐馆来界定这家店的风格,其实有些不准确,但这家曾经传统的格鲁吉亚餐馆Nanuchka确实变成了这种风格。这里有种不受拘束的喧闹,偶尔还有现场音乐助兴,所以这家餐厅大受欢迎。菜肴有菠菜、豆腐和大葱馅的酥皮点心,扁豆和根茎菜蒸饭,以及芝麻酱烤茄子。

★ **Dalida** 创意菜 $$$

(见126页地图;☎03-536-9627;http://en.dalidatlv.co.il;7 Zvulun St;主菜 84~142NIS,拼盘 159NIS;⏲周日至周四 17:00至次日2:00,周五和周六 正午起;📶✎)Dalida是弗劳兰丁区最棒的餐馆之一,其店名和灵感皆来自前埃及小姐、20世纪60年代的著名歌手Dalida,她很喜欢这里融合了阿拉伯、意大利和法国风味的美食。这家餐馆很高档,却又简单舒适,在周日至周四 17:00~19:00还提供半价菜单。不妨来这里尝尝阿拉伯风味的卷心菜搭配烤鱿鱼或羊肉、开心果及哈罗米奶酪烤肉串。

Café Noir 法国菜 $$$

(见126页地图;☎03-566-3018;www.cafenoir.co.il;43 Ahad Ha'am St;早午餐 34~64NIS,主菜 70~128NIS;⏲周日至周三 正午至午夜,周四 至次日1:00,周五 8:00至次日1:00,周六 9:00至午夜;📶)这家热闹的法式餐馆在当地因两点而闻名:周末的早午餐以及招牌炸肉排。我们超级喜欢这里的早午餐,而且比起炸猪排,更喜欢这里一向美味的沙拉或意大利面。多花些钱买一篮面包也非常值得。

Manta Ray 早餐、海鲜 $$$

(见126页地图;☎03-517-4773;www.mantaray.co.il;Tel Aviv Promenade南部;早餐 39~45NIS,主菜 75~175NIS;⏲9:00~23:00;📶)时尚精致、休闲随意、位于海滩——Manta Ray完美地汇集了特拉维夫的三大优势。这家店位于阿尔玛海滩正上方的斜坡之上,对当地人和游客来说,是在夏天吃早餐和午餐的绝佳选择,因此一定要预订(要特别说明订一张可以观景的户外餐桌)。尝尝早餐时的煎蛋卷,还有其他时间供应的鱼类菜品。

尼维泽德克

Meshek Barzilay 咖啡馆 $$

(见126页地图;☎03-516-6329;www.meshekbarzilay.co.il;6 Ahad Ha'am St, Neve Tzedek;早餐 38~64NIS,主菜 46~68NIS;⏲周日 7:00~16:00,周一至周五 至午夜,周六 9:00起;📶✎)在特拉维夫,素食者和严格素食主义者可以享受到美食,不过这家餐厅能让他们更加心满意足。我们仅找到了两家供应有机放养鸡蛋的餐馆(棒极了),而这里便是其中之一。这里供应很多有趣的印度和亚洲风味的菜肴,还有一些很棒的早餐选择。常客们对这里符合严格素食标准的农场早餐推崇备至。

Lulu 咖啡馆 $$

(见126页地图;☎03-516-8793;www.lulucafe.co.il;55 Shabazi St, Neve Tzedek;早餐 38~58NIS,三明治 44~48NIS,主菜 64~96NIS;⏲7:30~23:30;📶)这家咖啡馆、酒吧兼餐馆略带些艺术氛围,提供地中海式菜肴,食客打扮入时,可谓是绝妙地诠释了尼维泽德克悠闲却细致入微的风格,与一般的咖啡馆相比,这里的食物要高出一两个档次,室内和室外都设有座位,任何天气都方便来坐坐。

弗劳兰丁

Beit Lechem Hummus 中东菜 $

(见126页地图;5 Florentin St;鹰嘴豆泥 18NIS;⏲周日至周四 10:00~21:00,周五 至16:00;✎)免费的自助薄荷茶(tshai nana)是个吸引点,但是弗劳兰丁的常客都是被鹰嘴豆泥引来的。可以选择fuul(配五香蚕豆泥)或者masabacha(配鹰嘴豆和热芝麻酱),还可以考虑在上面加个蛋(2NIS)。Beit Lechem是伯利恒城的名字,在希伯来语中的意思是"面包之家"。

Casbah Cafe

咖啡馆 $

（见126页地图；☎03-518-2144；3 Florentin St；主菜 34NIS起；⏰周一至周六 8:00至次日2:00，周日 至午夜；📶✍）Casbah是时尚的弗劳兰丁街区最受欢迎的平价餐馆之一，老板还经营着同样富有魅力的Hoodna Bar（见152页），后者就在街角附近。这里的氛围慵懒而悠闲，还有很多素菜，比如巴尔干shakshuka、菜花咖喱或素食汉堡包配红薯条。

Ouzeria

希腊菜 $$

（见126页地图；☎03-533-0899；44 Matalon St，Florentin；小吃 35~60NIS；⏰周日至周五 正午至午夜；✍）这家熙熙攘攘的街角餐馆位于莱文斯基香料市场的外围，在当地各个年龄层和风格的人群当中都很受欢迎。这里每晚都很热闹，而当每周五市场关门之后则更是热闹非凡。不接受预订，所以你可能需要排队等候。希腊小吃包括蔬菜和海鲜，都非常可口而且价格公道。

Romano

创意菜 $$

（见126页地图；☎054-317-7051；www.facebook.com/romanotlv；9 Jaffa Rd；主菜 41~74NIS；⏰周一至周六 18:00至次日2:00；📶）这是一个隐秘的时尚去处，餐厅入口不好找。在涂鸦和大门背后，穿过庭院并走上楼梯，这才来到这家特拉维夫南部最热门的餐厅之一。Romano算得上是名厨埃亚勒·沙尼的另一件奇特"作品"，店内的墙上装饰着李小龙的电影海报，年轻食客大快朵颐地享用各种创新菜肴和经典菜肴。

雅法

★Ali Caravan

中东菜 $

（Abu Hassan；见136页地图；1 HaDolphin St；鹰嘴豆泥 20NIS；⏰周日至周五 8:00~15:00；✍；🚌Dan 10路、18路、25路、41路）如果鹰嘴豆泥也是一种信仰，那么这里很可能就是它的麦加。这家位于雅法港口附近的小餐馆只提供三种鹰嘴豆泥：原味、fuul（配五香蚕豆泥）以及masabacha（配鹰嘴豆和热芝麻酱）。这里总是很热闹，所以可能需要排队。

★Kalamata

希腊菜 $$

（见136页地图；☎03-681-9998；www.kalamata.co.il；10 Kedumim Sq；主菜 62NIS；⏰周日至周三 17:00至深夜，周四至周六 正午起；📶）这家可爱的餐馆是正宗的特拉维夫餐馆（taverna），位于雅法的主要旅游广场上一栋已有500年历史的房子里。这里主要供应希腊和塞浦路斯菜肴，不过带有一定的以色列式改良。每道菜都很美味，可口的开胃小吃包括葡萄叶包馅和阿拉伯式酸橘汁腌鱼；主菜种类颇多，从黑色的海鲜意面到烤羊肉串或鱼肉串，应有尽有。

Casino San Remo

地中海菜 $$

（☎03-504-2003；2 Nehama St；主菜 46~58NIS；⏰8:00至次日2:00；📶✍）Casino San Remo位于雅法的边界，属于时髦的诺加区（Noga），是一家悠闲舒适的咖啡馆、酒吧兼餐馆。这里不仅有吸引人的音乐，菜肴也丰富多样，从番茄肉酱和汉堡包，到全素的韭葱馅饼和沙拉，无所不包。搭配薄荷叶、芝麻酱和茄子的炸豆丸子拼盘，可谓是最受喜爱的街头小吃美味的高级版。

Puaa

咖啡馆 $$

（见136页地图；☎03-682-3821；www.puaa.co.il；8 Rabbi Yohanan St；早餐 39~48NIS，三明治 38NIS，主菜 44~58NIS；⏰周日至周五 9:00至次日1:00，周六 10:00起；📶；🚌Dan 10路、18路、25路、41路）这家咖啡馆不仅装修成旧货商店风格，而且每件家具和装饰性的小物件都是出售的。在跳蚤市场最热闹的时候，氛围轻松的Puaa提供全天早餐，在周末特别繁忙。shakshuka、sabich和bundash（配有果酱和芝麻牛轧糖，或搭配酸奶油和黄瓜的煎白面包）是必点的美食。

V：严格素食标志

一些报告称，以色列的纯素食者的人口比例是全世界最高的。尽管这可能很难证明，但特拉维夫确实很有严格素食的氛围。由以色列为主的索引Vegan Friendly（www.vegan-friendly.co.il）以及国际线上社区HappyCow（www.happycow.net）认可的严格素食餐馆，都可以通过贴在窗户上的标签进行辨认。

El Jamila
中东菜 $$

（见136页地图；☎03-550-0042；4 Olei Zion St, Jaffa；主菜60~120NIS；⏰正午至午夜；🚌Dan 10路、14路、25路、41路）这家阿拉伯人经营的餐馆位于跳蚤市场内，提供阿贾米区的传统鱼类菜肴。石墙包围的就餐空间有高高的天花板以及漂亮的瓷砖地板，是在集市里忙碌了一个上午之后放下购物袋休息的绝佳地点。尝尝ta'ashima（鱼片烤面包配杏仁芝麻酱）。

Dr Shakshuka
中东菜 $$

（见136页地图；http://shakshuka.rest.co.il；3 Beit Eshal St, Jaffa；shakshuka 38~45NIS，蒸粗麦粉45~58NIS，沙威玛52~58NIS；⏰周日至周五 8:00至午夜；✎）这家餐馆位于跳蚤市场中一栋富有情调的奥斯曼帝国时代的建筑内，店主自1991年以来一直在研制美味的鸡蛋菜肴shakshuka，而且没有丝毫放弃的迹象。同名的鸡蛋菜肴当然非常棒（秘诀是大量的香料，特别是辣椒），但是当地人更喜欢这里的沙威玛和蒸粗麦粉。可以在室内或者阴凉的庭院里就餐。

★Old Man & the Sea
海鲜 $$$

（☎03-681-8699；85 Kedem St；主菜99NIS起；⏰11:00至次日1:00）和海明威的同名小说一样经典，这家餐馆在同行中依然独占鳌头。这里宽敞的露台足以让几十名服务员为数百人提供服务，而且可以俯瞰雅法南部的大海。大份的鱼类或海鲜会配上约20种小吃，比如炸豆丸子和鹰嘴豆泥。

饮品和夜生活

这座城市的酒吧氛围相当浓郁，各种各样的饮酒场所满足各种口味、风格和预算。有些酒吧是潮人们的流连之所，有些则形形色色，从葡萄酒吧到精酿啤酒厂，从屋顶酒吧到超级放松的社区酒吧，应有尽有。

至于逛夜店，舞厅酒吧和带有现场演出的酒吧是主流。这里没有太多的大型会所。着装要求很随意——穿着运动鞋或凉鞋也可以进入几乎所有的酒吧或夜店，在夏季看到人们穿着背心、短裤或比基尼外出并不稀奇。

市中心

★Kanta
屋顶酒吧

（见130页地图；http://kanta.co.il；71 Ibn Gabirol；⏰20:00至次日3:00；📶）时髦的Kanta位于拉宾广场后面的城市花园（Gan Ha'Ir）购物中心的屋顶之上，是特拉维夫最棒的户外露台之一。这座被植物环绕着的城市花园在晚上灯火通明，不但是夏季的绝佳去处，也很适合冬季，因为它是封闭的，冬季会使用户外取暖设备。可以尝尝以色列名厨亚龙·马勒卡（Yaron Malka）烹制的佳肴，也可以享受鸡尾酒，例如锡安之狮（Lion in Zion），这种奇特却又别具一格的酒是用杜松子酒、酸橙汁和鲜罗勒调制的。如果购物中心关门了，可以从Ben Gurion Blvd爬上城市花园巨大的户外阶梯到达这里。

HaMaoz
酒吧

（见126页地图；☎03-620-9458；32 King George St；⏰周日至周四 17:00至深夜，周五和周六 正午至次日3:00；📶）当地人和游客都很喜欢HaMaoz，这里有3个主要区域——户外花园平台、室内酒吧以及一间后屋，后者故意装饰得很像某人的公寓。在周五下午及晚上尤为受欢迎，客人们喜欢在此观看King George St上经过的游行队伍。

BuXa
酒吧

（见126页地图；☎058-511-1558；http://buxatlv.com/bar；31 Rothschild Blvd；⏰21:00至次日6:00）BuXa是个独一无二的地方，既是展示设计师玩具的艺术画廊，又是高档的鸡尾酒吧，还是地下室DJ舞台。酒吧地下室的舞池定期举办现场音乐活动，而顶层的阳台则是充满艺术气息的年轻人聚集的地方。这里也供应亚洲创意菜，比如孟买牛肉酱三明治（Bombay Sloppy Joe）。

The Cat and the Dog
夜店

（见126页地图；☎03-561-5595；www.facebook.com/thecatandthedog；23 Carlebach St；入场费50NIS起；⏰周四和周五 23:00至次日7:00）多年来，The Cat and the Dog一直引领着这座城市的地下舞蹈界，这里节奏强劲、能令人汗流浃背的迷幻音乐和前卫的浩室音乐总是最棒的。这家店位于特拉维夫的中心

地带，曾邀请来最大牌的国际和本地DJ，包括约翰·迪格威（John Digweed）、斯文·瓦特（Sven Vath）、萨莎（Sasha）和蘑菇乐队（Infected Mushroom）。可在其Facebook页面上了解最新活动的信息。

市中心南部

★ Bicicletta 啤酒花园

（见126页地图；☎03-643-3097；www.facebook.com/BiciclettaTLV；29 Nahalat Binyamin St；⏲周日至周四 18:00至次日1:00，周五和周六 正午起；📶）Bicicletta（意大利语中意为"自行车"）位于Nahalat Binyamin St，是一家活力十足的年轻酒吧，而且拥有城里最棒的露台花园之一。食物很不错，菜肴独具风味，有烟熏火鸡三明治配布里干酪、椰枣蜜菜花炖五花肉，以及标志性的自制茄子薯条。欢乐时光为17:30~20:00。看到窗户上有自行车的店就到了。

★ Kuli Alma 酒吧

（见126页地图；☎03-656-5155；http://kulialma.com；10 Mikveh Israel St；⏲22:00至次日5:00；📶）充满神秘感又魅力十足的Kuli Alma是特拉维夫的一个以艺术和音乐为重点的夜生活去处。进入不起眼的入口后，当地人和其他客人都聚集在摆着植物、饰有涂鸦的露天画廊兼露台上。这里提供素食，还有DJ混合现场音乐的演出。

★ Prince 屋顶酒吧

（见126页地图；☎058-606-1818；www.facebook.com/theprincetlv；18 Nahalat Binyamin St；⏲周六至周四 17:00至深夜，周五 正午至18:00）多年来，这个地方一直是特拉维夫藏得最深的秘密之一：纳哈拉特·本雅明手工艺品市场的拐角处一家相当惊艳的屋顶酒吧。但是现在秘密已经泄露，Prince（希伯来语中为HaNasich）总是人满为患。和特拉维夫所有出色的酒吧一样，这里的入口也幽暗而脏乱（还有一些相当怪异的涂鸦）。

但是爬上楼梯后，迎接你的将是气氛无与伦比的屋顶酒吧。这里不浮夸，轻松低调，没有什么豪华设计，是真正的嬉皮士文化，而非只是嬉皮风格。

★ Rothschild 12 酒吧

（见126页地图；☎03-510-6430；www.rothschild12.co.il；12 Rothschild Blvd；⏲7:00至深夜）这是我们最喜欢的早餐店之一（法式酥皮糕点和面包非常美味），而这里的午餐（汉堡包、sabich、烤三明治）、午后咖啡、开胃酒和深夜饮品也同样美妙。白天会播放爵士乐唱片，晚上有现场乐队和DJ表演。网站上只有希伯来语。

同性恋生活

特拉维夫是世界上LGBTIQ旅行者重要的旅游目的地之一。6月，这里会举办长达一周的特拉维夫骄傲游行（见140页），这是该地区规模最大也最绚丽夺目的同性恋节日。在咖啡馆和海滩上随处可见彩虹旗，市里的酒店几乎都对LGBT人群非常友好。

同性恋集中的地方包括时尚的男同性恋酒吧**Shpagat**（见126页地图；☎03-560-1785；43 Nahalat Binyamin St；⏲周六至周四 19:00至深夜，周五 正午至17:00），以及只允许男性进入的酒吧兼夜店**Apolo**（见126页地图；☎03-774-1106；www.apolo.co.il；46 Allenby St；⏲22:00至次日4:00）。要了解最新动态，可以浏览网站Atraf（www.atraf.com）或下载配套手机应用程序，还可以登录官方网站Tel Aviv Gay Vibe（www.visit-tel-aviv.com/gayvibe）了解信息。

喜欢去海滩的游客也可以去希尔顿海滩（见132页），这是特拉维夫的非官方同性恋海滩。计划行程的时候，可以通过网站www.gaytelavivguide.com了解相关活动和夜店之夜（很多都在Arbarbanel St的HaOman 17举办）。

特拉维夫同性恋中心（Tel Aviv Gay Center；见126页地图；☎03-525-2896；www.gaycenter.org.il；Gan Meir Park）紧邻King George St，会组织同性恋主题活动、讲座、运动会以及野餐。

★Block
夜店

(www.block-club.com; 157 Shalma/Salame Rd, Neve Sha'anan; 早到 50~70NIS, 晚到 70~90NIS; ⏲周四至周六 23:00至深夜) Block位于中央长途汽车站的大楼内，以特拉维夫最好的夜店而著称，而且确实名副其实。这里常有国际大牌DJ主持，从放克乐、嘻哈乐和非洲节奏音乐，到鼓与贝斯、浩室音乐和迷幻音乐，各种类型应有尽有。音响系统相当先进，还提供吸烟室。

Beit Maariv
夜店

(见126页地图; www.facebook.com/BeitMaariv; 51 Menachem Begin Rd; 入场费 70~100NIS; ⏲周四至周六 23:30至深夜; 🚌26路、89路、189路) Beit Maariv是该市地下舞蹈界最棒的夜店之一，专注于音乐。激光灯和巨大的扬声器营造出星空氛围。夜店所在的建筑以前是以色列报纸《晚祷报》(*Maariv*)的所在地，现在则是当地及国际上一些顶级浩室音乐DJ的常驻地。

弗劳兰丁

Beer Bazaar
精酿啤酒

(见126页地图; ☎03-917-4590; https://beerbazaar.co.il; 13 Zvulun St; ⏲周日至周四 正午至午夜，周五 至18:00，周六 20:00至午夜) 起初只是卡梅尔市场里的一个精酿啤酒摊，现在则成了一个啤酒帝国。或者说，是个小帝国。Beer Bazaar在特拉维夫有4家分店，在耶路撒冷的马哈耐耶胡达广场里也开了一家。在这家酒吧里，有100种以色列精酿啤酒供试喝，然后再选择你的酒。商店出售瓶装酒。

Jackson Bar
酒吧

(见126页地图; 6 Vital St, Florentin; ⏲19:00至深夜; 📶) 周三晚上，只有一个真正时髦的跳吧去处，那就是这里。Jackson是著名的特拉维夫说唱歌手Axum(又名Mr Jackson)开的，这家街头艺术装饰风格的酒吧每晚都有DJ驻场，不过周三的效果最震撼。

Hoodna Bar
酒吧

(见126页地图; 13 Arbarbanel St, Florentin; ⏲周日至周四 18:00至深夜，周五和周六 13:00起; 📶) Hoodna(阿拉伯语中意为"停战")白天是一个木匠作坊，但是到了晚上就会把桌子和沙发拖到街上，制造一个舒适休闲的饮酒空间。室内几乎每天都有现场演出或DJ打碟。在2月的最后一周，这里还会举办Southern Wind独立摇滚音乐节。

雅法

Anna Loulou Bar
酒吧

(见136页地图; www.annaloulou.com; 1 HaPninim St, Old Jaffa; ⏲周一至周六 21:00至次日3:00; 🚌Dan 10路、18路、25路、41路) 这家对同性恋者和吸烟者都很友好的时髦酒吧，自称是地下酒吧和文化中心的结合体。音乐以阿拉伯、非洲或中东电子乐为主，不过偶尔也会举办主题随机的活动(乡村音乐、嘻哈乐、扮装秀)。周三是派对之夜。

☆ 娱乐

许多大型活动的门票都可以在网站Eventim(www.eventim.co.il/en)上预购。

★Cinematheque
电影院

(见126页地图; ☎03-606-0800; www.cinema.co.il/english; 1 Ha'Arba'a St; 30NIS起; ⏲周日至周五 10:00至午夜，周六 11:00起) 这是以色列连锁电影院中的旗舰店，会放映经典、复古、外国、前卫及实验电影。这里经常举办电影节，比如特拉维夫纪录片电影节(见141页)。

★Barby
现场音乐

(☎03-518-8123; www.barby.co.il; 52 Kibbutz Galuyot St) 这个位于特拉维夫市区最南端的地方是雷鬼乐、电子乐、放克乐和另类乐队爱好者们的最爱，有时还有大牌演出，气氛总是非常热闹积极。可登录其网站了解演出阵容。

Goldstar Zappa Club
现场音乐

(☎03-762-6666; www.zappa-club.co.il; 24 Raoul Wallenberg St, Ramat HaChayal) 本地和国际音乐界的大牌人物会在这家座无虚席的夜店演出，店名源自大名鼎鼎的弗兰克·扎帕(Frank Zappa)。这家店位于特拉维夫市中心东北方向8公里处，最好开车或乘出租车前往。可以提前打电话或者看一下节目单，看看

最棒的密室逃脱游戏

对一些人来说，困在陌生的房间里长达60分钟听起来像是虐待，但是对特拉维夫的很多年轻人来说，这是一种非常有趣的夜生活。没错，"密室逃脱"热潮是特拉维夫娱乐活动中不可或缺的组成部分。这些密室在熟悉高科技的千禧一代中很受欢迎，更像冒险游戏、探索和解谜，玩家必须破解提示才能离开并"拯救世界"。

这里的很多密室自然都带有高科技和军事化的味道。这座城市到处都有激动人心的密室逃脱项目，而密室所处的建筑看起来很普通。下面是3个主要的英语游戏。门票为每人80~120NIS，具体取决于团体的人数。

Brainit' s（https://brainit.co.il/en）密室逃脱包括雅法老城的连环杀手医生主题、虚拟现实枪战主题以及一个宇宙空间站。在海尔兹利亚和内坦亚（Netanya）也有游戏密室。

Escape Rooms（www.escaperoom.co.il/en/tel-aviv）列出了适合2~6人参加的密室逃脱游戏，主题从世界末日到超自然事件，从摩萨德（Mossad，以色列情报机关）到《泰坦尼克号》，应有尽有。

Locked Games（www.locked-games.com/english）有两家分店——Tchernihovsky St的26号（在梅尔公园附近）和HaPelech St的3号（在南边）。价格200NIS起。

你去的时候是谁在演出。

Shablul Jazz Club 爵士乐

（☎03-546-1891；www.shabluljazz.com；Hangar 13, Old Port）这个温馨的地方位于古港，美妙的爵士乐、蓝调、萨尔萨舞曲和世界音乐是其舞台上的焦点。每晚都有现场音乐演出。可查看其Facebook页面（www.facebook.com/shabluljazz）获取活动日程安排。

Beit HaAmudim 爵士乐

（见126页地图；☎03-510-9228；www.facebook.com/BeitHaamudim；14 Rambam St；⊙周日、周一、周三和周四 正午至次日2:00，周二和周五 9:00至次日3:00，周六 19:00至次日3:00）特拉维夫舒适宜人的爵士乐现场表演场所欢迎各种不同的人群前来欣赏几乎每晚都会举办的现场演出，从21:30开始。现场演出的入场费为每位音乐家5NIS，所以如果你要看5人乐队的演出，就得付25NIS。这里离卡梅尔市场很近，白天是一家咖啡馆。详细信息可浏览其Facebook页面。

Felicja Blumental Music Centre 古典音乐

（见126页地图；☎03-620-1185；www.fbmc.co.il；26 Bialik St）因纪念出生于波兰的巴西钢琴家费利奇娅·布卢门塔尔（Felicja Blumental）而得名，这座豪华而舒适的音乐厅拥有115个座位，会举办古典音乐、爵士乐以及室内音乐会。

苏珊·德拉尔中心 舞蹈

（Suzanne Dellal Centre；见126页地图；☎03-510-5656；www.suzannedellal.org.il；5 Yechieli St）Suzanne Dellal是以色列最好的舞蹈学校，位于尼维泽德克一栋始建于1892年的建筑内，这里同时也是一家剧院。在1989年由伦敦的Dellal家族开办，会组织各种表演艺术，包括现代舞、音乐和芭蕾，而且是世界著名的Bat Sheva舞团的大本营。

Cameri Theatre 剧院

（见126页地图；☎03-606-0960；www.cameri.co.il；30 Leonardo da Vinci St）上演一流的希伯来语戏剧，有的晚上配有同步英语翻译或英文字幕。

Habima National Theatre 剧院

（见126页地图；☎03-629-5555；www.habima.co.il；2 Tarsat Blvd, HaBima Sq）Habima是以色列国家剧团的大本营，所在的穹顶形建筑经过修复后变得摩登而宏伟，每周都会举办演出。多数时候都配有同步的英语字幕。

Jaffa Theatre 剧院

（Arab-Hebrew Theatre；见136页地图；www.arab-hebrew-theatre.org.il；10 Mifratz Shlomo St）

特拉维夫的安息日

如果你体验过安息日期间耶路撒冷万籁俱寂的情形——几乎整个24小时公共交通停运、自动柜员机停止使用、餐馆和商店打烊，犹豫自己究竟该做些什么——不要绝望，干脆去特拉维夫，以世俗的方式度过安息日吧。

在这里，绝大多数商店在周五下午停止营业，而且在周六晚上或周日早上之前都不开门，但这似乎就是这座城市向神圣的休息日致敬的程度。在周五晚上，酒吧、餐馆和夜店都人满为患，直至黎明。周六，当地人会拥向海滩，在咖啡馆里消磨时间，在餐馆用餐，通常整天都非常活跃。同时，虽然城市法律规定，零售商店在安息日营业是非法的，但是还有很多AM:PM、Tiv Ta' am、Super Yuda和迷你超市继续一周24小时营业。

你会注意到街上很少有噪声，因为没有公共汽车，不过如果你想去周围转转，可以乘坐合乘出租车或者出租车。

这座舞台建于1998年，位于雅法老城的一栋带有多个拱形结构的建筑内。剧院的宗旨是将两种文化融合在一起。这里会上演希伯来语和阿拉伯语戏剧，有时配有英语翻译。该剧院敢于上演解决巴以冲突的戏剧，也会举办音乐演出和节日活动，比如阿拉伯—希伯来妇女节（Arab-Hebrew Women's Festival）。

Nalaga' at Centre 剧院

（见136页地图；☎03-633-0808；www.nalagaat.org.il；Jaffa Port）Nalaga' at（意思是“触摸”）是全世界唯一的盲聋剧团，这个独特的非营利性组织位于一个装修过的航运飞机库内。在这里观看演出的时候，很容易忘记舞台上的演员看不见或听不见，因为他们会讲故事、演奏乐器，甚至表演精心编排的舞蹈。除了剧院，这里还有一家BlackOut餐馆，客人要在盲人服务员的协助下，在黑暗中用餐。

购物

市中心

Lametayel 体育用品和户外用品

（见126页地图；☎077-333-4501；www.lametayel.co.il；顶层，50 Dizengoff St，Dizengoff Center；⏲周日至周四 10:00~21:00，周五 至14:30）以色列最大的露营和旅行装备用品商店，拥有全系列的Lonely Planet旅行指南，而且是以色列背包客们的首要信息来源。如果你有露营的打算，比如沿着耶稣朝圣之路在加利利海周边或死海区域内露营，值得来这里购买装备或获取建议。

Steimatzky 书籍

（见130页地图；☎03-522-1513；www.steimatzky.co.il；109 Dizengoff St；⏲周日至周四 9:00~20:00，周五 至16:00）这是一家连锁书店的分店，店员很乐于助人，拥有种类繁多的英文书籍和儿童读物。

市中心南部

Contour 珠宝

（见126页地图；☎03-654-2270；www.contour-studio.com；25 Gruzenberg St；⏲周日至周四 10:00~18:00，周五 至15:00）Contour是两名获奖的以色列设计师莉奥尔·舒莱克-哈伊（Lior Shulak-Hai）和加莉特·巴拉克（Galit Barak）在2015年创办的。店面位于纳哈拉特·本雅明手工艺品市场附近，可以定制手工制作的珠宝首饰，样式大胆而漂亮。

尼维泽德克

Sipur Pashut 书籍

（见126页地图；☎03-510-7040；www.sipurpashut.com/english；36 Shabazi St，Neve Tzedek；⏲周日至周四 10:00~19:00，周五 9:30~16:00）没有比这里更可爱的书店了。Sipur Pashut（意思是“简单故事”）是一家小商店，从地面到天花板都堆满了高品质的希伯来文和英文文学作品。书店位于尼维泽德克区的中心地带，也会举办诗歌朗诵、新书发布会和儿童故事等活动。还出版了以色列版的世界知名杂志《格兰塔》（*Granta*）。

Chomer Tov 陶瓷

（见126页地图；☎03-516-6229；www.chomertov.co.il；27 Shabazi St, Neve Tzedek；⊙周日至周四 10:00~20:00，周五 至17:00）由15位陶瓷艺术家组成的合作性组织Chomer Tov（意思是"优质材料"）既是一家小画廊，也是商店。这个充满活力的空间以兼顾实用性（比如碗和杯子）和富有想象力的设计为特色，也有现代犹太文物。

Agas & Tamar 珠宝

（见126页地图；☎03-516-8421；www.agasandtamardesign.com；43 Shabazi St, Neve Tzedek；⊙周日至周四 10:00~19:00，周五 至16:00）穿过一扇老旧的金属门，你就会发现Einat Agassi和Tamar Harel-Klein的工作室兼零售店，他们用黄金和白银来打造"讲故事的珠宝"，创作灵感或是出自一个主题，或是源自一件历史文物（硬币、图钉、印章等）。

Orit Ivshin 珠宝

（见126页地图；☎03-516-0811；www.oritivshin.com；54 Shabazi St, Neve Tzedek；⊙周日至周四 10:00~19:00，周五 至15:00）珠宝商Orit Ivshin在他位于尼维泽德克的工作室用19K金制作精美的手工艺品，其中许多都镶着钻石，极其漂亮。

Ronit 珠宝

（见126页地图；☎03-516-2721；http://ronitjewelry.com；20 Shabazi St, Neve Tzedek；⊙周日至周四 10:00~19:00，周五 至15:00）在罗妮特·科亨（Ronit Cohen）的工作室出售的许

市场和商场

当地人喜欢购物，而特拉维夫拥有数不胜数的街市和购物中心。可以去卡梅尔市场（见125页）购买新鲜的农产品和便宜的衣服，去雅法跳蚤市场（见137页）购买旧货（Altezachen，意第绪语）和古玩，去德国圣殿骑士建设的历史悠久的萨日娜（见132页）购买世界高档品牌的商品和厨师风格的街头小吃。如果你还有体力和财力，也可以考虑去以下几个地方：

Gan Ha'ir Mall（见130页地图；⊙周日至周四 8:00~20:00，周五 8:00~16:00）位于拉宾广场北部的中心位置，这家高档商场拥有一些著名品牌的精品店和一个有机食品市场。周五有熟食摊。

Ramat Aviv Mall（www.ramat-aviv-mall.co.il；40 Einstein St, Ramat Aviv；⊙周日至周四 9:30~21:30，周五 至15:00）该市最大、最奢华的购物中心，拥有很多顶级设计师品牌。在特拉维夫大学附近。

Kikar HaMedina（HaMedina Sq）这个宽阔的圆形广场可以满足你对古驰（Gucci）、泰格豪雅（Tag Heuer）和范思哲（Versace）的所有需求。

迪岑哥夫中心（见126页地图；☎03-621-2400；Dizengoff St和King George St交叉路口；⊙周日至周四 9:00至午夜，周五 至16:00，周六 20:00至午夜；👪）以色列的第一家商场，遍布咖啡馆、快餐店、手机摊位和商业街零售商店。在安息日到来之前，每周五从9:00开始还有一个备受欢迎的以色列熟食市场。

纳哈拉特·本雅明手工艺品市场（见126页地图；www.nachlat-binyamin.com；⊙周二 10:00~17:00，夏季 至18:00或19:00，周五 10:00~16:30）周二和周五，这条卡梅尔市场旁的步行街上会摆出很多出售艺术品和手工艺品的街边小摊。是淘淘创意犹太文物（犹太仪式用品）的好地方。

古港农贸市场（Old Port Farmers' Market；☎077-541-1393；http://shukhanamal.co.il/english；Hangar 12, Old Port；⊙周日 9:00~16:00，周一至周四和周六 至20:00，周五 7:00~17:00）这个以有机食品为主的市场开在一个装修过的飞机库内，虽然不大，但是有很多美味。

多手工制品中，有一些以树叶和船为主题的项链。大多数是24K镀金，并非纯金打造，换句话说，多数客人都买得起。

雅法

Shelley Dahari 时装和饰品

（见136页地图；☎03-620-8004；www.shelleydahari.com；14 Rabbi Yohanan St，Jaffa；⌚周日至周四 9:30~20:00，周五 至16:00）热爱海滩的时尚达人应该到这家位于雅法跳蚤市场的精品店来采购以色列品牌Ugly Duckling的设计师泳装，以及由卡伦·沙维特（Karen Shavit）设计的时尚galabiya（宽松的全身长袍），可以跟泳装搭配外穿。

Zielinski & Rozen 化妆品

（见136页地图；☎054-774-0566；10 Rabbi Pinchas St；⌚周日至周四 10:30~19:00，周五 9:30~16:00；🚌Dan 10路、18路、25路、41路）散发着芬芳香气的茉莉花装饰着店门，这家别致的店铺不论外观还是氛围，都像是一家老式药房。可以买到香水、洗手液、房间香薰以及沐浴液等，也可以预约咨询服务，定制适合自己的个性化香水。

实用信息

危险和麻烦

特拉维夫是一座非常安全的城市。尽管有时会出现令人痛心的头条事件，但特拉维夫人通常不会被恐怖主义的威胁所干扰。不论白天还是晚上，在街上走都非常安全。

要上报自行车被偷或其他罪行，可以去**迪岑哥夫警察局**（Dizengoff Police Station；见130页地图；☎03-545-4444；221 Dizengoff St）。为了防盗，应该用重负荷链条锁把自行车锁上，并尽可能停在视线范围内。此外，下海的时候不要把贵重物品留在海滩上，不然就让别人帮你看着包。

上网

特拉维夫是世界上最科技化的城市之一，因此在大多数咖啡馆、餐馆和酒店里都可以快捷地使用Wi-Fi，而在主要的林荫大道及海岸沿线也设有免费热点。

医疗服务

特拉维夫有一流的医疗服务，紧急情况下酒店能联系医生或医院。

伊希洛夫医院（Ichilov Hospital，Tel Aviv Sourasky Medical Centre；见126页地图；☎03-697-4444；www.tasmc.org.il；6 Weizmann St；⌚急救 24小时）靠近市中心，是这座城市的大型中央医院，有24小时急诊室和一个用于接种疫苗的旅行者诊所（Malram Clinic）。

Superpharm 这个便利的连锁药店在城内有很多分店，包括129 Dizengoff St（见130页地图；☎077-888-0730；⌚周六至周四 8:00至午夜，周五 至18:00）、62 Sheinkin St（见126页地图；☎077-888-0830；⌚周日至周四 8:00~23:30，周五 至17:30，周六 20:00至午夜）以及4 Shaul HaMelech Blvd（见126页地图；☎077-888-0390；⌚周日至周四 24小时，周五 18:00至周六20:00关闭）。位于Dizengoff St的分店在安息日营业。

特拉维夫诊所（Tel Aviv Doctor；见130页地图；☎054-941-4243，免费电话 1-800-201-999；www.telaviv-doctor.com；46 Basel St，靠近Basel Sq）一家设施齐备的医疗诊所，有会说多种语言的医生。提供体检、实验室检查和X光检查，也有急诊。

网络资源

DIY Tel Aviv（www.diytelavivguide.com/blog）关于饮食、夜生活、购物以及文化的指南。

Midnight East（www.midnighteast.com/mag）聚焦于艺术和文化的有趣博客。

Secret Tel Aviv（www.secrettelaviv.com）排行榜和当地人的建议，看看Facebook群组。

Time Out Israel（http://timeout.co.il/en）大量的特拉维夫排行榜和专题文章。

Tel Aviv Nonstop City（https://tel-aviv.gov.il/en）市政当局的优秀网站。

Visit Tel Aviv（www.visit-tel-aviv.com）官方旅游网站。

现金

如果你要找货币兑换处，Allenby St、Ibn Gabirol St和Dizengoff St都有很多。绝大多数的营业时间为周日至周四9:00~21:00，周五则营业至14:00。

自动柜员机很容易找到，但是在周五晚上或周六柜员机不会补充货币，所以有时会出现现金不足的情况。银行的营业时间比较分散，手续费率通常比兑换处更高。

旅游信息

特拉维夫主要的**旅游信息办公室**（tourist information office；见126页地图；☎03-516-6188；www.visit-tel-aviv.com；46 Herbert Samuel Esplanade；⊙11月至次年3月 周日至周四 9:30~17:30，周五 至13:00，4月至10月 周日至周四 至18:30，周五 至14:00）的工作人员非常乐于助人，能提供地图、实用手册和很多建议。

雅法旅游信息办公室（Jaffa Tourist Information Office；见136页地图；☎03-516-6188；www.visit-tel-aviv.com；2 Marzuk Ve-Azar St，Jaffa；⊙4月至10月 周日至周四 9:30~17:30，周五 至13:00，周六 10:00~16:00，11月至次年3月 周日至周四 9:30~17:30，周五 9:00~14:00）在钟楼附近，这里的工作人员既友善又乐于助人，能提供很多建议，还会免费给你一份雅法地图。

到达和离开

长途汽车

大多数城际长途汽车都从特拉维夫规模巨大、标识不清且脏乱混乱的中央长途汽车站（见126页地图）的6层发车，那里还有一个咨询台。郊区和市内公交使用的是4层和7层。可以从司机处或者在售票亭购买车票。需要注意的是，安息日期间只能乘坐合乘出租车。

Egged的长途汽车（www.egged.co.il）开往耶路撒冷（405路，16NIS，1小时，每20分钟1班）、海法（921路，27NIS，1.5小时，每25分钟1班）、太巴列（836路，37.50NIS，2.5小时，每30分钟1班）、拿撒勒（826路；34NIS，2.75小时，每45分钟1班）以及埃拉特（393路、394路和790路，70NIS，5.5小时，每小时1班）。去往埃拉特的车票必须预订（拨打*2800或者登录网站www.egged.co.il），因为这些车经常爆满。Metropoline的长途汽车往返于特拉维夫和贝尔谢巴（353路、369路和370路，15NIS，1.5小时，每30分钟1班）。

特拉维夫的第二个长途汽车站是露天的Arlozorov Bus Terminal，该站毗邻位于市中心东北部的特拉维夫Savidor Merkaz火车站。乘坐61路公共汽车可以到达（6.90NIS），这趟车沿Allenby St、King George St、Dizengoff St和Arlozorov St行驶；也可以乘坐10路公共汽车，这趟车沿Ben Yehuda St行驶。如果在市中心或者城北，Egged运营的480路长途汽车（16NIS，1小时，每10分钟1班）是去往耶路撒冷最方便的车，发车地点是总站停车场。

合乘出租车

合乘出租车（大多数情况下是黄色小巴）从中央长途汽车站外的Tsemach David St发车，开往耶路撒冷（26NIS，安息日36NIS）和海法（30NIS，安息日45NIS）。

从Arlozorov Bus Terminal发车的合乘出租车在Namir Rd候客，并向北开往海尔兹利亚（15NIS）和内坦亚（20NIS）。

本-古里安国际机场（Ben Gurion International Airport；www.iaa.gov.il）有合乘出租车驶往耶路撒冷（42NIS起）、海法（78NIS起）和阿卡（90NIS起）。工作日和安息日的票价相同，最多允许携带两件行李。

火车

特拉维夫有4个火车站：Savidor [Arlozorov（Mercaz）Station]、HaHagana、HaShalom以及University。

从Savidor出发，你可以乘坐经过内坦亚（13.50NIS，25分钟）的火车去往海法（27.50NIS，1小时），每30分钟一班，这趟车会继续开往阿卡（35.50NIS，1.5小时）和纳哈里亚（39.50NIS，1.75小时）。火车在周日至周四 6:00~20:30每30分钟发出一班，在20:33~23:33则为每小时一班。火

特拉维夫地图

英语版地图《特拉维夫-雅法旅游》（*Tel Aviv-Jaffa Tourist*）信息丰富，可以从旅游信息办公室获取。大多数酒店也提供免费的城市旅游地图。Abraham Hostel（见142页）有地图特别棒，上面有各种推荐。

车在周五16:00前后停运，并在周六21:00之后重新开始运营。这个车站位于海滩以东2.7公里，Ibn Gabirol St以东1.5公里处，是Arlozorov St的最东端。该车站有时也被称为Tel Aviv Merkaz（特拉维夫中央火车站）、Tel Aviv Tzafon（特拉维夫北站）或者Arlozorov。

向南，你可以沿着海岸到达阿什凯隆（22NIS，1小时）以及更远的贝尔谢巴（27NIS，1.25小时），都是每小时一班。从市中心到Savidor，可以从Allenby St或Dizengoff St北边乘坐61路公共汽车到Arlozorov Bus Terminal，再走2分钟即可到达火车站。

当地交通

抵离机场

从本-古里安国际机场到特拉维夫最简单的方法是坐火车——火车站入口就在国际航站楼的外面，往左边走。除了安息日或犹太节假日，火车5:35~23:35每30分钟发出一班，而且会在特拉维夫的4个火车站停靠，在0:53、1:53、2:53、3:53和4:53提供仅到Savidor火车站的路线，票价为14NIS。可登录以色列铁路的网站（Israel Railway；www.rail.co.il/en）获取更多信息。

出租车的价格是受管制的，按里程收费或按预设的官方价格收费，国际航站楼外就有整齐排列的出租车。根据交通状况，乘出租车到达特拉维夫市中心大约需要20分钟，费用应为160NIS（白天）或200NIS（21:00至次日5:30）。通常每件行李要额外收费5NIS。

从斯德多夫机场乘出租车到市中心，费用应低于50NIS。

自行车

在特拉维夫出行最方便快捷的方式是骑自行车，这要归功于沿着罗斯柴尔德大街、Chen Blvd、Ben-Gurion Blvd和Ibn Gabirol St等大道设置的总长120公里的专用自行车道。想要远途骑行，可以去雅孔公园（见134页），然后向东骑，或者沿着10公里长的海岸大道骑行。如果想租自行车，试试位于Ben Yehuda St的**O-Fun**（☎03-544-2292；http://ofun.co.il；197 Ben Yehuda St；每小时/24小时/周末 25/75/130NIS；⏲周日至周四 9:30~19:00，周五 至14:00），或者位于Allenby St的另一家**O-Fun**（见126页地图；☎03-522-0488；http://ofun.co.il；32 Allenby St；⏲周日至周四 10:00~19:00，周五 至14:00）。

自行车热

特拉维夫是一座布局紧凑的城市，所以最好的游览方式是骑车。如今，这座城市有大约120公里长的自行车专用道，沿着很多主要街道伸展，穿过雅孔公园，并从斯德多夫机场北部沿着海岸线向南，经过雅法，直至巴特亚姆郊区。在旅游信息办公室可以免费获取自行车线路网的地图。

要注意，骑车的人应尽量在指定的自行车道上骑行，在人行道上骑车可能被罚款。本-古里安、Chen、罗斯柴尔德及海滨大道等主要大道都与自行车道相连。

由市政当局运营的**Tel-O-Fun**（www.tel-o-fun.co.il）是一个覆盖全市的自行车租赁系统，与巴黎或伦敦的自行车租赁系统类似，不要把它跟O-Fun搞混（后者是自行车租赁店）。

Tel-O-Fun可让骑行者在超过75个停靠站租用和归还绿色的自行车。一张日租卡的费用为17NIS（周五14:00至周六19:00是23NIS），周卡的费用为70NIS。

使用自行车的前30分钟是免费的；之后费用会逐渐提高，开始为每30分钟5NIS，然后一下增至每小时20NIS、40NIS、80NIS，到100NIS封顶。为了避免产生费用，只需把自行车还回去，然后等10分钟以上再租用另外一辆。游客不需要开户，可以在任何一个Tel-O-Fun站点用信用卡付费。

电动自行车在特拉维夫的年轻人中很受欢迎，这种车明显速度更快。如果想租电动自行车，请注意骑行者必须年满16岁，戴好头盔，而且不能超过每小时25公里的法定限速。

公共汽车和合乘出租车

特拉维夫的市区公共汽车由Dan合作企业（www.dan.co.il）运营，其线路网效率很高，运营时间为5:30至午夜，安息日除外。

单程票价为6.90NIS，允许在特拉维夫市区及郊区无限制乘坐公共汽车的日票（hofshi yomi）售价13.50NIS，周卡（hofshi shavoui）售价64NIS。

可以从公共汽车司机处购买日票或周票，也可以办理一张私人的Rav Kav（可充值）旅行卡。这些卡票可在中央长途汽车站或Arlozorov长途汽车总站的Dan服务台免费获取，服务台工作时间为周日至周四8:00~18:00，周五至13:00。你需要填好申请表，然后携带申请表、一张护照照片以及护照原件前往办理。更简单的办法是从公共汽车司机处购买一张不记名的Rav Kav卡（不需要照片和身份证明）。

这里有3个主要的公共汽车总站：中央长途汽车站（位于HaHagana火车站附近）、Arlozorov长途汽车总站（位于特拉维夫北站/ Savidor火车站附近）和Carmelit Terminal总站（位于卡梅尔市场的下端）。在中央长途汽车站，本地公共汽车从第4层和第7层以及Levinsky St驶离。

现在很多公共汽车站都会显示候车时间，而非常便利的应用程序Moovit（https://moovitapp.com）会实时更新所有线路的运行状况。

以下是特拉维夫目前的主要公共汽车线路：

4路公共汽车 从中央长途汽车站出发，经由Allenby St和Ben Yehuda St到达雅孔河（Yarkon River）北部的Reading总站。从第4层发车。

5路公共汽车 从中央长途汽车站（地面层）外面出发，沿Allenby St，经过罗斯柴尔德大街，再沿着Dizengoff St、Nordau Ave、Ibn Gabirol St、Pinkas St、Weizmann St和HaMaccabi St行驶，然后返回。对前往HI Hostel、埃及大使馆、HaBima Sq和迪岑哥夫广场的游客来说非常有用。

10路公共汽车 从Savidor火车站出发，经由Arlozorov St、Ben Yehuda St、Allenby St、Herbert Samuel Esplanade、Yerushalayim Ave（雅法）直至巴特亚姆。

18路公共汽车 从Savidor火车站去往伊希洛夫医院、拉宾广场、King George St、Allenby St、Yerushalayim Ave（雅法），一直到巴特亚姆。

25路公共汽车 从特拉维夫大学开往**Reading总站**，然后到拉宾广场、King George St、Allenby St以及卡梅尔市场，再到雅法和巴特亚姆。

4路合乘出租车 与4路公共汽车线路相同；安息日照常运营。

5路合乘出租车 与5路公共汽车线路相同；安息日照常运营。

城市游览车（100路公共汽车） Dan还提供全景开放式旅游专线公共汽车服务。从古港始发，在所有主要的博物馆及雅法老城停站。运营时间为周日至周四9:00~16:00，周五至13:00，每小时一班。

小汽车

在特拉维夫市中心找到街边停车位是非常困难的。汽车仅允许停在蓝白相间的路缘划出的区域内。大多数街边停车位在白天收费（每小时6.20NIS），安息日除外（即周五13:00至周日9:00），而17:00至次日9:00则要预留给拥有停车许可证的当地居民。

令人头疼的是，路边解释规则的黄色标志许多不是用英语写的。把车停在红白相间的区域属于违章——如果你停在了这类区域里，你的车会被拖走。

私营停车场和车库（通常有电子信息牌显示是否还有车位）的收费标准是每24小时60NIS以上。公共停车场的费用要便宜得多（通常为7:00~19:00收费20NIS，或者每小时收费8~10NIS）。Herbert Samuel Promenade的老火车站（见139页）前以及雅法港口（见137页）南侧都有便利的大型公共停车场。

该市最大的停车场是Reading总站，位于特拉维夫市郊，在雅孔公园附近。因为位置出众，乘公共汽车又十分便利，通常是“停车转乘”的地方。

在安息日（周五晚上至周六下午）停车往往比较容易，因为很多特拉维夫人会在白天离开城市外出游玩，而且大部分停车场会开放。位于Ben Saruk St（靠近Arlozorov St）、萨日娜（Kaplan St）、Basel St和HaBima（罗斯柴尔德大街）的停车场都很实用。

大多数主要的租车公司在HaYarkon St设有办事处。

出租车

市中心范围内的大部分行程费用为40~50NIS。市内最受欢迎的出租车应用程序是Gett Taxi（https://gett.com）。

特拉维夫周边（AROUND TEL AVIV）

特拉维夫城市群（Gush Dan） גוש דן غوش دان

人口：370万

特拉维夫城市群是以色列中部的一大片地区，以特拉维夫和内坦亚之间绵延的金色海滩而闻名。除了海滩，这个地区还是以色列的经济中心，有高科技商业园区、购物中心以及与之相配套的道路交通。

该地区得名自《圣经》中的部落Dan，据说他们曾在这个沿海地区居住，而且这个地区由大特拉维夫地区和周围的郊区及自治市网组成。较为富裕的郊区，比如海尔兹利亚，主要位于特拉维夫北部，而不太富裕的郊区，例如拉姆拉（Ramla），则位于南部，不过里雄莱锡安（Rishon LeZion）是个例外。现代以色列超过40%的人口都居住在特拉维夫城市群，这里可谓是现代以色列生活的核心。

Around Tel Aviv
特拉维夫周边

0 5 km
0 2.5 miles

海尔兹利亚（Herzliya） הרצליה هرتسليا

☎09/人口：92,000

海尔兹利亚是特拉维夫富裕的北部邻居，因优美而干净的海滩、码头以及成片的海滨咖啡馆而广受欢迎。海尔兹利亚就位于特拉维夫以北13公里处，海岸却安静得多，不过该镇本身没什么值得游览。

海尔兹利亚得名自现代犹太复国主义创始人西奥多·赫茨尔，小镇由1924年的一个小型农业社区发展而来，如今由两个被Hwy 2隔开的主要区域组成。海尔兹利亚皮图亚赫（Herzliya Pituach，位于公路西侧）是大多数餐馆、商店和海滩的所在地，而位于公路东侧的海尔兹利亚中心区主要是住宅区和商业区。

海尔兹利亚皮图亚赫居住着一些最富有的以色列人和外国大使（显然在别墅区内）；这里也是以色列领先的高新技术产业中心之一，苹果、微软和亚马逊等公司都在此办公。顺便提一句，皮图亚赫的意思就是“发展”。

景点

★海尔兹利亚海滩 海滩

（Herzliya Beach；P）从码头延伸至阿波罗尼亚国家公园的长长的白沙滩是吸引人们来到海尔兹利亚的主要原因。这里非常宽阔，比特拉维夫时而拥挤不堪的海滩可宽敞得多，而且排满了海滨酒吧、酒店和零散的冲浪小屋。

海滩的南端是码头，那里有稍显陈旧的Arena购物中心；而北侧是迷人的沙丘和嶙峋的阿波罗尼亚悬崖。对那些不想只晒日光浴的人来说，还可以尝试沙滩排球、皮划艇或者沿着海岸冲浪。

阿波罗尼亚国家公园 国家公园

（Apollonia National Park；☎09-955-0929；成人/儿童 22/9NIS；⏲4月至9月 8:00~17:00，10月至次年3月 至16:00，周五和节假日 提前1小时关门；P）这座风景如画的海滨公园里有一处十字军城堡的废墟，每逢夏季周末，这里就会成为露天音乐会的场地。在这里可以眺望整个地中海的绝美风光，在附近还可以看到一栋罗马别墅的遗迹以及保存完好的建于13世纪的西德尼阿里清真寺（Sidni Ali Mosque）。

沿Wingate St步行3公里可以到达公园，从Hwy 2开车过来也很简单（Kfar Shemaryahu交叉路口），就在小镇诺夫亚姆（Nof Yam）的另一边。邻近的霍夫沙龙国家公园（Hof Hasharon National Park）也有野餐场地和绿草如茵的山丘——很适合带孩子去玩一天。

就餐

在码头附近、海滩上以及更深入内陆的商业区有很多餐馆，足以满足不同的消费群体。

★ Zozobra　亚洲菜 $$

（☎09-957-7077；www.zozobra.co.il；7 Shenkar St；主菜 49~83NIS；⊙正午至午夜）Zozobra不仅是一家面馆，更是靠着以色列顶级厨师阿维·孔福尔蒂（Avi Conforti）的理念和他对东方美食的热爱而发展起来的。这里供应常见的木瓜沙拉和泰式炒河粉，但是也融入了韩国、印度和日本的特色。食客要坐在公共长餐桌旁用餐。

Derby Bar　海鲜 $$$

（☎09-951-1818；http://derbybar.co.il；Arena Mall；意大利面 69~89NIS，主菜 99~135NIS；⊙正午至午夜；📶）如果你喜欢一边吃虾一边欣赏昂贵的游艇，这家餐馆正好适合你。Derby隶属有时颇为吵闹的Arena购物中心，有一个宽敞的滨水露台，那里供应海鲜、鱼类以及意大利面。通常配有啤酒——有6个品牌的散装啤酒可选。

饮品和夜生活

Yam Bar　酒吧

（☎09-959-7102；www.facebook.com/YamBarHerzliya；100 Ramat Yam St；⊙17:00至次日2:00）Yam Bar位于海尔兹利亚的北端，能让你尽享海滨位置所能带来的一切美好。酒吧坐落在离沙滩只有几米远的木制平台上，是喝着冰啤酒欣赏地中海日落的悠闲去处。欢乐时光为17:00~20:30。

到达和离开

Metropoline运营的90路长途汽车从特拉维夫的Carmelit Terminal总站和Arlozorov St发车，每20分钟一班（9NIS，30分钟）。Egged运营的501路、502路、524路、525路和531路长途汽车从特拉维夫中央长途汽车站发车（10.90NIS，30分钟）。火车每20分钟一趟（10NIS，10分钟）。火车站离海滩非常远，因此需要搭乘出租车或29路公共汽车（7NIS）前往码头。

霍隆（Holon）　حولون　חולון

☎03/人口：188,834

工人阶级的城市霍隆位于雅法东南大约7公里处，这座城市正努力转变为国家的文化中心，设计博物馆及其周围文化中心的开放无疑令这座城市重新焕发了活力。在霍隆，有数个公园和一座儿童博物馆，是全家一起一日游的欢乐好去处。于20世纪30年代在沙丘上建立起来的霍隆，是世界上仅存的800名撒玛利亚人中400人的居住之地（其余的居住在约旦河西岸的纳布卢斯附近）。

景点

★ 霍隆设计博物馆　博物馆

（Design Museum Holon；☎073 215-1500；www.dmh.org.il；8 Pinhas Eilon St；成人/11~17岁/5~10岁儿童 35/30/20NIS；⊙周一和周三 10:00~16:00，周二、周四和周六 至18:00，周五 至14:00；P；🚌89路、71路）罗恩·阿拉德（Ron Arad）设计的红色的、纤长的钢筋混凝土旋涡造型极其优雅，是大特拉维夫最吸引人的当代建筑之一。博物馆内有两个展区，用于举办定期更新的展出时装、家具及其他设计作品的临时展览。藏品涵盖了来自世界各地的当代和历史设计。这里还有一家咖啡馆和设计商店。

以色列儿童博物馆　博物馆

（Israel Children's Museum；☎03-650-3000；www.childrensmuseum.org.il；Mifratz Shlomo St, Peres Park；每次体验 50~65NIS；⊙周日、周一和周五 9:00~13:00，周二、周三和周四 9:00~13:00和16:00~20:00，周六 10:00~13:30；P 👪；🚌Dan 89路、96路、163路、172路、201路）儿童博物馆是一座适合2.5~11岁大的孩子的体验、互动和教育博物馆，包括"魔法森林"（体验情感）、时间王国（了解成长和改变）

以及为幼童而设的蝴蝶围场，还有很酷的外星人体验（在一艘宇宙飞船里），后者适合大一些的孩子。需要预订。

到达和离开

从特拉维夫去往霍隆的长途汽车很多，包括从Allenby St发车的Dan公司的3路长途汽车，从Ibn Gabirol St或特拉维夫中央长途汽车站发车的Dan公司的89路长途汽车，或者从Arlozorov Terminal总站发车的Egged运营的71路长途汽车。要从里雄莱锡安过来，可以搭乘2路长途汽车。或者从特拉维夫市中心乘出租车15分钟也可以到达，费用约为70NIS。不过霍隆的沃尔夫森火车站（Wolfson Train Station）离镇中心非常远。

内坦亚（Netanya） נתניה نتانيا

☎09/人口：192,160

内坦亚拥有以色列最宽阔、最干净也最棒的海滩。这座城市自称为“以色列的蔚蓝海岸”，尽管内坦亚本身可能很像一处古老的欧洲海滨度假胜地，但是这里的海滩比南边的那些要安静得多。内坦亚曾经深受老年游客欢迎（尤其是法国人、英国人和俄罗斯人），现在则开始吸引更加年轻的人群。宽阔的滨海大道设有儿童公园、花坛和水景，镇里的广场上还会举办现场音乐演出，再加上一些气氛活跃的酒吧，这一切都为内坦亚带来了新的生机。

景点

以色列人从四面八方赶来享受内坦亚宽阔的金色海滩。这里有执勤的救生员，还设有更衣室、淋浴间、躺椅和遮阳伞。位于海滩上方的悬崖HaRishonim Promenade是散步和欣赏海景的绝佳地点。

★内坦亚海滩 海滩

内坦亚是以色列保存最完好、最美丽的海滩之一，实际上，这是一串绵延了12公里的沙滩。你走得离市中心越远，海滩上的人就越少。在工作日，这些海滩比较空旷，但是周末人会很多。滨海大道上装饰着花坛和喷泉式饮水器，还有一条很棒的自行车道。Herzl St的尽头处有下降到主海滩的电梯。

米克莫拉特海滩 海滩

（Mikhmoret Beach；P）米克莫拉特是一片壮观迷人的海滩，这里有沿着地中海海岸线绵延了数英亩的沙丘。海滩区域是一个住宅区合作定居点，是个安安静静地消磨一天时间的好地方。海滩设施齐全，设有淋浴间和出售食物的小屋。阵阵海风使这里深受放风筝的人们喜爱。该海滩位于内坦亚以北9公里处。

亚历山大溪国家公园 国家公园

（Alexander Stream National Park；☎09-866-6230；www.parks.org.il；⏲4月和10月 8:00~17:00，5月和9月 至18:00，7月和8月 至19:00；P）**免费** 这个自然保护区设在广阔的白沙丘上，亚历山大溪在此处汇入地中海。你知道吗？这里的浅溪栖息着以色列最大的软壳龟群。龟的数量正在减少，不过你仍然能在“龟桥”（Turtle Bridge）上看到这些可爱的动物，这绝对是孩子们的最爱。

该公园还包括坐落在小山上的一座19世纪奥斯曼帝国瞭望台的遗迹，以及贝特亚奈（Beit Yanai）海滩，那里有一处露营地（每车每晚48NIS）。没有公共交通工具可以到达公园，可以驱车从内坦亚沿着Hwy 2向北行驶15分钟到达。

住宿

Hotel Orit 酒店 $$

（☎09-861-6818，054 657-9212；www.hotelorit.com；21 Sderot Chen St；标单/双 300/370NIS）与内坦亚其他的大多数酒店不同，Orit是一个令人宾至如归的可爱去处，位于市中心稍微往外一些的一个安静的住宅区内。由一个友善的瑞典家庭经营，酒店会提供美味的北欧-以色列式早餐——穆兹利（muesli），还会提供鸡蛋、奶酪、沙拉和鹰嘴豆泥。简单而舒适的房间配有冰箱，有些还带有小阳台。

这家酒店有一座精心打理的花园。从市中心步行400米即是，而且走50米就可以到达海滩。

就餐

通往Ha’Atzmaut Sq和海滨区的主要商

魏茨曼科学研究学院

世界闻名的**魏茨曼科学研究学院**（Weizmann Institute of Science；☎08-934-4499；www.weizmann.ac.il；234 Herzl St，Rehovot；游客中心免费，花园 成人/儿童30/20NIS，故居 20/15NIS；⏰游客中心 周日至周四 9:00~16:00，花园 周一至周四 10:00~16:00，周五 至13:00）是一座向公众开放的教育校园，包括游客中心、生态花园以及魏茨曼故居。对游客来说，**克罗尔科学花园**（Clore Garden of Science）是这里的亮点之一，这是一座拥有玻璃生态圈的户外科学博物馆，该馆的亲身实践型展览探索了太阳能、水能及其他自然现象。**莱文森游客中心**（Levinson Visitors Centre）有关于学院研究工作的多媒体展览，还会组织园区内以英语或希伯来语解说的免费步行游览。

学院用以色列首任总统哈伊姆·魏茨曼（Chaim Weizmann）的名字命名，他是一位杰出的化学家和政治家。该机构于1934年建立在合作定居点（moshav）的土地上，如今它在生物、化学、生物化学、物理和计算机科学等领域开展尖端研究工作。

在哈伊姆·魏茨曼及他的夫人薇拉（Vera）的坟墓旁边，是魏茨曼故居（Weizmann House）。这栋建筑建于1936~1937年，设计者是因纳粹而被迫逃亡的德国建筑师埃里希·门德尔松（Erich Mendelsohn）。故居内的博物馆展出了魏茨曼个人收藏的照片、书籍和纪念品，特别是他的护照（以色列的第一本护照）。“一战”期间，魏茨曼的科学研究对协约国取得的战争成就极具价值，他的贡献可能还影响了英国在1917年批准《贝尔福宣言》（*Balfour Declaration*）。

如果你想参观学院内的景点，最好提前打电话联系。

园区位于雷霍沃特（Rehovot），在特拉维夫以南25公里处。你可以从特拉维夫的任意一个火车站乘火车前往那里，从火车站步行10分钟即可到达学院。你也可以从中央长途汽车站乘坐Egged运营的201路或301路长途汽车（12.40NIS，45分钟，班次频繁）到达那里。

业街Herzl St上咖啡馆和餐馆林立。

Marrakesh 摩洛哥菜 $$

（☎09-833-4797；5 David Hamelech St；主菜 60~125NIS；⏰周日至周四 正午至午夜，周五正午至15:30，周六 20:00至午夜）这家提供犹太洁食的摩洛哥餐馆位于海滨附近，可以到这儿来享用美味的塔吉锅、蒸粗麦粉以及肉类菜肴。餐馆的建筑既像巨大的塔吉锅又像贝都因帐篷；室内装饰着颇具异国情调的灯笼以及舒适的坐垫。

ℹ 实用信息

帮助很大的**旅游局**（☎09-882-7286；www.gonetanya.com；Ha' Atzmaut Sq 12；⏰周日至周四 8:30~16:00，周五 9:00至正午）坐落在Ha' Atzmaut Sq西南角的一座小亭子里。

ℹ 到达和离开

Nateev的快车（600路、601路和605路，11NIS，30分钟）往返于特拉维夫的中央长途汽车站并沿Namir Rd（Hwy 2）行驶，大约每15分钟发出1班。往返于特拉维夫的火车每小时2班（13.50NIS，25分钟），但是只停在市中心以西2.5公里处、位于Hwy 2西侧的**火车站**。前往内坦亚的最佳方式之一，是在Namir Rd乘坐从Arlozorov长途汽车总站发出的合乘出租车（黄色小巴，20NIS，25分钟）。

拉姆拉（Ramla） الرملة רמלה

☎03/人口：73,686

拉姆拉不像附近的雅法那么古老——其历史“仅仅”能追溯到1300年前，但是繁华的市场、地下水池以及破败的伊斯兰古建筑，使这里成为非常有趣的半日游去处。尽量在周三来，此时市场最热闹。

拉姆拉（“沙之地”）是倭马亚王朝（Umayyid）哈里发苏莱曼于716年建立的，起初是从埃及到大马士革路上的一处驿站。

Ramla 拉姆拉

在11世纪十字军到来之前，它是巴勒斯坦的首都，在中世纪仍然作为去往耶路撒冷的朝圣者在雅法登陆后的第一站而发挥着重要的作用。1948年的阿以战争之后，大多数阿拉伯人遭到驱逐或逃离，贫穷的犹太移民取而代之，他们主要来自亚洲和北非。如今，这里的人口由信奉伊斯兰教的阿拉伯人（16%）、信奉基督教的阿拉伯人（4%）和犹太人（80%）组成。

景点

★ 阿尔-安扎大池 古迹

（Pool of Al Anazia, Breichat Hakeshatot; 08-921-6873; www.goramla.com; HaHaganah St; 成人/优惠 14/12NIS; 周六至周四 8:00~16:00，周五 至14:00，6月至8月 周三和周四 至18:00; P）这座建于8世纪的地下蓄水池名叫“拱池”（Pool of Arches），被古老的石头建筑遮蔽着。它是阿拔斯王朝（Abbasid）时期留下的最重要的建筑结构，有时也被称为圣海伦娜池（Pool of St Helena）——根据基督教的说法，这座蓄水池是君士坦丁一世的母亲海伦娜皇后下令建造的。游客可以坐划艇游览此处，该项目含在票价内。

拉姆拉博物馆 博物馆

（Ramla Museum; 08-929-2650; 112 Herzl Ave; 成人/优惠 12/10NIS; 周日至周四 10:00~16:00，周五 至13:00）这座小型博物馆位于一栋英国托管时期修建的建筑内，里面的展览讲述了该镇的历史。展品包括本地出土的8~15世纪的金币、20世纪初阿拉伯肥皂生产的一系列传统产品，以及反映1948年阿以战争期间拉姆拉市及周边情况的展品。

白塔 古迹

（White Tower; 08-921-6873; Danny Mass St; 成人/优惠 10/9NIS; 周六至周四 8:00~16:00，周五 至14:00; P）对于这座建于14世纪的高塔到底是宣礼塔还是瞭望塔，专家们仍然存有异议。不过一个不争的事实是，这座30米高的建筑附属于8世纪的白色清真寺（White Mosque，又称Jamaa Al Abiad），后者如今只留下了部分遗迹。遗址包括3个现在已经干涸了的水池，还有《古兰经》中提到过的古代先知沙里哈（Nabi Salih）的圣殿。

到达和离开

从特拉维夫开往拉姆拉（11NIS，25分钟）的火车全天运营，每20分钟发出一班。从老城步行几分钟就可以到达拉姆拉火车站（Ramla Train Station）。450路和451路长途汽车从特拉维夫的中央长途汽车站出发，每20分钟一班（15NIS，40分钟），开往位于Herzl Ave的拉姆拉长途汽车站（Ramla Bus Station）。

海法和北部海岸

包括➡

海法......166
达里亚特卡尔梅尔......184
加尔默罗圣以利亚修道院......186
艾因霍德......186
阿特利特......188
济赫龙雅各布......190
梅伊可德姆......192
凯撒利亚......192
阿卡......195
洛哈梅哈格塔奥特基布兹......202
纳哈里亚......203

最佳餐饮

- Uri Buri（见201页）
- Ma'ayan HaBira（见179页）
- Ein El Wadi（见180页）
- Helena（见195页）
- Nili Restaurant（见191页）

最佳住宿

- Villa Carmel（见177页）
- Bat Galim Hotel（见178页）
- Port Inn（见178页）
- Efendi Hotel（见200页）
- Grushka Country Accommodation（见195页）

为何去

在以色列的北部海岸，古老的历史在棕榈树间散发着魅力。与钴蓝色的地中海平行的沙滩，将冲浪者和享受日光浴的人吸引到海岸上。但是在这个历史悠久的地区，海滩生活只是历史长河的一瞬：在凯撒利亚，希律王规模空前的港口的遗迹保存完好；而在阿卡古城里有数百年历史的小巷间，生活仍在继续。

这片地区最大的城市是海法，这座生机勃勃的港口城市居住着犹太人和阿拉伯人，该地区著名的景点巴哈伊花园就位于这里。横跨卡梅尔山，海法拥有艺术、文化氛围，也有快节奏的夜生活。深入内陆，去贝特沙瑞姆的地下墓穴或《圣经》中的末日之地米吉多探险。如果你更倾向于艺术和葡萄酒，艾因霍德和济赫龙雅各布都值得一游。空闲的时间可以去罗斯哈尼卡拉闪闪发光的海上石窟，或者阿赫泽夫的金色海滩，回味你游览过的种种美景。

何时去

海法

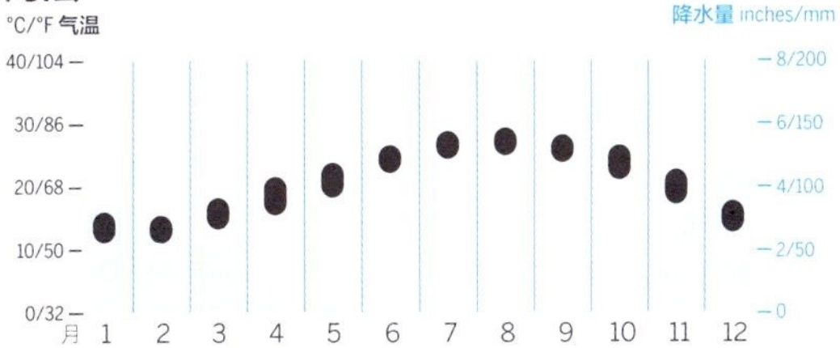

4月和5月 气温舒适宜人，巴哈伊花园中百花盛放。

7月和8月 在艺术气息浓厚的艾因霍德或者济赫龙雅各布阴凉的酒吧里，躲避炎炎夏日。

12月 周末，参加海法由犹太人、基督徒和穆斯林共同庆祝的狂欢活动。

海法（Haifa） حيفا חיפה

☎04/人口：278,900

海法的街区组成了一个引人入胜的万花筒：时髦的德国侨民区、熙熙攘攘的阿拉伯基督徒区和前卫的梅察达大街，都为这座港口城市注入了自己的活力。在喧嚣的车流和忙碌的码头邻区之上，是海法最著名的景点——巴哈伊圣地和几座热带花园。热带花园沿着卡梅尔山（Mt Carmel，546米）的侧面伸展而

海法和北部海岸亮点

❶ **巴哈伊花园**（见168页）惊叹于朝着地中海铺陈的精致完美的花园。

❷ **阿卡**（见195页）在这座城墙围绕的海滨城市里，探访十字军留下的拱顶大厅和隐蔽的隧道。

❸ **罗斯哈尼卡拉**（见204页）在闪闪发光的石灰岩洞窟里，感受海水涨落带来的平静。

❹ **凯撒利亚**（见192页）漫步于希律王宏伟港口城市的圆形剧场，想象观众的欢呼和喊叫。

❺ **济赫龙雅各布**（见190页）这座19世纪的雅致村庄位于卡梅尔山侧面，可以来此享用当地的美酒。

❻ **米吉多国家公园**（见189页）在这个充满独特氛围的《圣经》遗址，环顾四周寻找大决战的迹象。

❼ **贝特沙瑞姆**（见185页）弯腰进入已有数百年历史的墓穴，那里仍然涂有神秘的铭文。

❽ **艾因霍德**（见186页）在兼作露天画廊的村庄里，和当地的艺术家一起体验另类艺术。

下，为这座复杂的城市带来了光彩照人的对称之美，仅在几级台阶的空间里，氛围就能从宁静转变为快节奏。

英国的规划者本想把海法打造成黎凡特（Levant）的主要港口和交通枢纽。但这一想法于1948年破灭，当时海法的很多阿拉伯人遭到驱逐或被迫逃离。如今，这座城市为作为犹太人与阿拉伯人和谐共存的典范而深感自豪。

海法是探索加利利地区的绝佳基地，这里与凯撒利亚（Caesarea）、拿撒勒（Nazareth）和罗斯哈尼卡拉石窟（Rosh HaNikra Grottoes）三地之间的距离几乎相等（走公路不到45公里）。

历史

至少在公元前14世纪，在今日海法的所在地就有过一座港口。到了罗马时代，在第二圣殿被摧毁（公元70年）之前及之后，海法是一座犹太人与非犹太人混居的城镇，这一事实在犹太法典中被提到了不下100次；由于这里的居民不能准确地读出带喉音的希伯来语字母het和 'ayin，所以没有被要求在公共场合背诵《律法书》（*Torah*）。卡梅尔山的名字意为"上帝的葡萄园"，从古代起就被认为是神圣的。

1000年前，海法是一座以犹太人为主要居民的要塞城镇。1100年，在落入十字军之手后，守卫海法的犹太人和埃及人遭到屠杀。附近的阿卡很快就取代了海法的重要地位。直到16世纪奥斯曼帝国征服巴勒斯坦地区时，海法还是一座无足轻重的村庄。老城被摧毁并在靠近海湾的地方重建，成为"新海法"（Haifa Al Jadida），而后逐渐发展成了巴勒斯坦主要的出口中心。

到了19世纪初期，海法的工业与塞法迪犹太社区一起发展了起来。1868年，德国圣殿骑士搬到这里。在这个世纪后期，这座城市作为巴哈伊信仰的中心而闻名，因为其核心人物巴孛（Báb）的遗体被重新安葬在了这里。海法的现代复兴直到1905年才正式开启，这一年连接海法和大马士革的铁路线开始动工，三年后又修建了海法通往麦地那（Medina）的铁路。1918年9月，在英军向北推进时，三个仅仅装备了长矛的印度骑兵排战胜了奥斯曼帝国的机枪部队。

英国托管时期，海法迅速成为巴勒斯坦地区的重要港口、海军中心、铁路交通枢纽和原油码头。而成立于1924年的以色列理工学院（Technion-Israel Institute of Technology）的毕业生和教授获得过四次诺贝尔化学奖。20世纪20年代至50年代，对许多坐船而来的犹太难民来说，海法是他们首先看到的"应许之地"，他们逐渐把海法的人口从穆斯林占大多数变成了几乎一半都是犹太人。阿以的紧张局势引发了双方极端分子的袭击。1948年4月，就在英军撤退的前夕，海法被犹太势力控制，该市65,000名阿拉伯居民逃离或被迫逃离。

在接下来的30年里，海法一直是无产阶级重地，尽管社会主义意识形态在20世纪80年代就已基本于此消退。今天，这座城市的发展重心从重工业转向了技术和电子；位于海法-霍夫哈卡梅尔（Haifa-Hof HaCarmel）车站附近的信息技术产业园已经成了谷歌、英特尔、IBM及其他国际高科技巨头驻以色列分支机构的所在地。

目前，大多数世俗犹太社区与这座城市的阿拉伯人（总人口的10%）关系良好。在这些阿拉伯居民中，基督徒占了大多数。

景点

卡梅尔中心

卡梅尔山的山脊线上分布着高档住宅和松树掩映的公园，向西可以眺望地中海，而向东北方向可以欣赏海法湾（Haifa Bay）的风光。该地区视野最棒的地方是Yefe Nof St，这条通往巴哈伊花园的街道大致与HaNassi Ave平行。

这片区域的中心是沿HaNassi Ave（又称Sderot HaNassi）分布的卡梅尔中心（Merkaz HaCarmel），餐饮、夜生活和商业尤为发达。这里海拔高，温度总是比海拔较低的港口一带低上一些。

海法地铁（Carmelit，调研期间正在维修）连接着卡梅尔中心与哈达尔（Hadar）和市中心[巴黎广场（Paris Sq）]，在卡梅尔中心的停靠站名为Gan HaEm。要从德国侨民区出发，可以搭乘28路、37路或37א路公共汽车。

Haifa 海 法

Haifa 海 法

重要景点

1 秘密移民与海军博物馆 B1
2 圣母修道院 B1

景点

3 巴特格里姆海滩 B1
4 以利亚洞穴 B1
5 国家海洋博物馆 B1

活动、课程和团队游

6 Ulpan Aba Hushi C2

住宿

7 Bat Galim Hotel B1
8 Villa Carmel C4

★ 巴哈伊花园 　花园

（Baha' i Gardens；见170页地图；04-831-3131；www.ganbahai.org.il；全景游在45 Yefe Nof St；下花园 9:00~17:00，巴哈伊节假日和赎罪日关闭；P）免费 这些布置井然的花园沿着19级陡峭的阶梯式平台向下延伸，直至一座华丽的圆顶圣祠，那里是巴哈伊信仰的先知及先驱的最终安息之地——这就是海法最吸引人的景点。位于顶部的**平台**（见170页地图；61 Yefe Nof St；9:00~17:00）可以鸟瞰全景，但我们强烈推荐你参加时长45分钟的免费**全景游**（Panorama Tour）。希伯来语的团队游于每天（周三除外）11:30开始，而英语的团队游从正午开始。先到者先入团，所以最好提前半小时到达。不论男性和女性，着装必须盖住从肩膀到膝盖的部位。

这座花园由**巴哈伊世界中心**（Baha' i World Centre），即该宗教的全球总部管理。翠绿的草坪和色彩鲜艳的花坛一直伸展到巴孛陵寝（Shrine of the Báb；见169页），在深蓝色的海法湾背景的映衬下，更令人目眩神迷。这座闪闪发光的穹顶落成于1953年，里面安置着巴孛的遗体——他是巴哈伊信仰的主要先知巴哈乌拉（Baha' ullah）的精神前身。在遭到迫害和监禁后，巴孛于1850年在波斯被处决，他的遗体则被信徒秘密保存了起来。1909年，遗体被运回海法，巴哈乌拉把这里选为巴孛的安葬之地。巴孛陵寝将欧洲建筑的风格和比例，与受东方传统启发的图案纹饰融合在了一起，由一位加拿大建筑师设计，以意大利石材修建，并以葡萄牙的瓷砖为装饰。

1989~2001年，在卡梅尔山的山坡上布局建造的花园构成了巴孛陵寝的框架。2008年，这座花园连同阿卡的巴哈乌拉陵寝（Shrine of Baha' ullah；见199页），一并被联合国教科文组织列入了世界遗产名录。花园内精心照料的平台严格对称，相当令人震撼，还带着一种帝王般的气派：汩汩流淌的喷泉、花坛、石鹰、修剪成八角星的树篱，以及几乎没有一根杂草的草坪。（突然之间，严格的行为准则——禁止饮食、禁止吸烟、禁止踩踏草坪——变得很有意义。）花园整晚灯火通明，这是对巴孛多年被监禁在近乎黑暗的环境中的精神慰藉；你可以从德国侨民区欣赏这片闪闪发光的景色。

分布在花园周围的建筑（不对公众开放）包括：**世界正义院**（Universal House of Justice），人们在这座带有拱顶和科林斯式圆柱的新古典主义风格的建筑里处理巴哈伊的精神和行政事务；位于一座绿色屋顶建筑内的**Archives**，这幢建筑看上去与帕特农神庙十分相似，里面保存着巴哈伊信仰的圣书《亚格达斯经》（*Kitáb-i-Aqdas*）的100多种不同译本。

要从卡梅尔中心（海法地铁的Gan HaEm站）前往参加全景游的起点，可以沿Yefe Nof St向北步行1公里，沿途可以欣赏全城最棒的海湾风光。或者从巴特格里姆（Bat Galim）出发，乘坐Egged运营的136路公共汽车曲折地经Ben Gurion Blvd去往HaNassi Ave（跟Yefe Nof平行）。游览的终点位于HaTziyonut Blvd，然后从这里返回卡梅尔中心，通常可以搭乘合乘出租车（10NIS）；乘出租车要花费30NIS左右。115路公共汽车连接着位于HaTziyonut Blvd的底部入口与海法-霍夫哈卡梅尔车站及塔皮奥特（Talpiot）市场。

需要注意的是，如果有游轮或美国海军的舰船停泊在港口，排队参加全景游的人会非常多。不过全景游仅限60人同时入场参观（如果有两名导游，则为120人）。可查看其网站，了解每月不定期的俄语和阿拉伯语团队游的日程安排。

巴孛陵寝　圣陵

（Shrine of the Báb；见170页地图；www.ganbahai.org.il；80 HaTziyonut Blvd；⌚9:00至正午，巴哈伊节假日和赎罪日关闭）虽然这里主要是一个朝圣地，但是衣着得体的游客也可以进入这座带有圆顶的圣祠，里面安置着巴孛的遗体，他是巴哈伊信仰的主要先知巴哈乌拉的精神前身。加拿大建筑师威廉·萨瑟兰·马克斯韦尔（William Sutherland Maxwell）设计了这座圣祠，融合了中东和欧洲风格。圣祠建于1953年，采用了意大利石材，并且覆盖着葡萄牙产的釉面砖。

在遭受迫害和监禁后，巴孛于1850年在波斯被处决，他的遗体一直由信徒保管直到在这里被重新安葬，安葬地点是由巴哈乌拉选择的。

Louis Promenade　观景点

（见170页地图；Mt Carmel）Louis Promenade与Yefe Nof St平行，这条15分钟的步行道提供了从高处纵览海法湾的绝佳视角，而且与其他穿行于海法各处的小道相互连通，很值得拍摄一览众山小的美景；最好在日落时分前往。

季科京日本美术馆　博物馆

（Tikotin Museum of Japanese Art；见170页地图；☎04-838-3554；www.tmja.org.il；89 HaNassi Ave；成人/儿童 35/23NIS；⌚周六至周四10:00~19:00，周五 至13:00）这座光线昏暗的小画廊是艺术收藏家费利克斯·季科京（Felix Tikotin）于1959年创办的，能让参观者沉浸于对日本艺术的狂热与痴迷。该馆非常适合日本艺术爱好者参观，与海法的其他主要博物馆相比，19世纪的挂画、釉面碗和书法营造的平静氛围正好可以让人换换口味。楼上有一家舒适的食堂，出售自制蛋糕。

Central Haifa 海法市中心

玛内卡茨博物馆

博物馆

（Mané-Katz Museum；见170页地图；www.mkm.org.il；89 Yefe Nof St；成人/儿童 35/23NIS；⏲周日至周三 10:00~16:00，周五 至13:00，周六至15:00，周四 16:00~19:00）出生于乌克兰的艺术家伊曼纽尔·玛内卡茨（Emmanuel Mané-Katz，1894~1962年）是20世纪初巴黎画派的一位颇具影响力的成员，他凭借对东欧地区犹太小村庄（shtetls）的生动描绘而为世人所熟知。20世纪50年代末，作为其作品遗赠的回报，海法市当局将这座房子赠给了他。馆内展出了数百幅玛内卡茨的画作，还有一些古董和犹太文物。

博物馆在临时展览之间关闭，不过花园咖啡馆仍然营业。在前往这里之前，请先查看其网站了解相关详细信息。

母亲公园

公园

（Gan Ha' Em；见170页地图；HaNassi Ave；⏲6:00~21:00，周四和周五彻夜开放）这座绿树成荫、适合儿童玩耍的公园坐落在卡梅尔山的山顶上，建于1913年。园内设有动物园、游乐场和一座圆形剧场，夏季夜晚有时会在剧场举办免费音乐会。公园位于海法地铁线山上终点站的对面。

动物园

动物园

（Haifa Educational Zoo；见170页地图；www.haifazoo.co.il；HaNassi Ave；成人/学生 38/25NIS；⏲4月至10月 周六至周四 9:00~18:00，周五 至14:00，11月至次年3月 周六至周四 9:00~16:00，周五 至13:00；Ⓟ）母亲公园下方绿树成荫的斜坡上，有一座面积不大的动物园。园内有放养的孔雀，还是猴子、狐獴、野山羊、鹿等动物的栖息地，还有鸟舍、爬行动物馆。不过熊和孟加拉虎等大型动物的围场看起来相当小。

德国侨民区

本-古里安大街（Ben-Gurion Ave）位于巴哈伊花园的正下方（与其成一直线），这条街上排列着一幢幢建于19世纪的宏伟房屋：倾斜的红色木瓦屋顶，大门上还有以德语书写的《圣经》中的名言。这个地方是德国侨民区，是圣殿骑士（不要和十字军时代的圣殿骑士团混淆）于1868年建立的。圣殿骑士是一

Central Haifa 海法市中心

重要景点

1 巴哈伊花园 A4

景点

2 母亲公园 A6
3 海法市博物馆 C1
4 海法艺术博物馆 C3
5 国家科学博物馆 D5
6 玛内卡茨博物馆 B6
7 不设墙博物馆 C3
8 巴孛陵寝 A3
9 季科京日本美术馆 A5
10 平台 A5
11 动物园 A6

活动、课程和团队游

12 阿拉伯-犹太文化中心 C3
13 Louis Promenade A5

住宿

14 Art Gallery Hotel E5
15 Beth Shalom Hotel A6
16 Colony Hotel Haifa B2
17 Crowne Plaza B6
18 Haddad Guesthouse B1
19 Hotel Theodor E6
20 Loui Hotel E4
21 Molada Guesthouse A5
22 Port Inn D2
23 Saint Charles Guesthouse C1

就餐

24 Abd Al Hadi C2
25 Al Diyar B2
26 Douzan B2
27 Ein El Wadi C3
28 El Kheir A7
29 Faces B2
30 Felafel HaZkenim C3
31 Felafel Michelle C3
32 Gal's Bakery A6
33 HaMis'ada Shel Ima D4
34 Ma'ayan HaBira D2
35 Mandarin A7
36 Shtroudl B2
37 Souq C3

饮品和夜生活

38 Cafe Masada C5
39 Café Puzzle C5
40 Elika C5
41 Eli's Pub D2
42 Libira E2
43 Oak Bar B2
44 Pundak HaDov A7
45 Syncopa D2

娱乐

46 Beat Club A7
47 Haifa Auditorium A7
48 Haifa Cinematheque A7
49 Matnas Tverya 15 .... B4

购物

50 跳蚤市场 F4
51 土耳其市场 E3

群来自德国西南部的虔信派新教徒，力求通过迁入圣地来加速“基督复临”。在19世纪的后几十年中，圣殿骑士在巴勒斯坦地区建立了7处侨民区，他们带来了交通、科技和农业的改良方法并因此受到赞誉。

德国侨民区（希伯来语中为Moshava Germanit）给巴哈伊信仰的创始人巴哈乌拉留下了深刻的印象。1898年，德皇威廉二世还访问过这里。圣殿骑士一直居住在侨民区内，直到1939年，英国人把他们作为敌国侨民扣押起来（很多人在20世纪30年代加入了纳粹党）；后来又将其中大多数人驱逐到了澳大利亚。

而今，德国侨民区是海法最好的餐饮区之一。在这里，抬头望向山顶能看到巴哈伊花园（见168页），而俯瞰山下通常会看到停泊在港口里的货船。Metronit的1号线和2号线公共汽车就在附近停站。

海法市博物馆　　博物馆

（Haifa City Museum；见170页地图；☎04-911-5888；www.hcm.org.il；11 Ben-Gurion Ave；成人/儿童 35/23NIS；⏲周日至周三 10:00~16:00，周四 16:00~19:00，周五 10:00~13:00，周六 至15:00）市博物馆占据两栋建筑，讲述海法上个世纪的历史，以这里当代生活的循环展览为特色。最有趣的展览是20世纪40年代海法出现坚定的社会主义意识形态之后的几十年里，那些把海法刻画成“红色城市”的一些展览。

瓦迪尼萨斯

村庄模样的、以信奉基督教的阿拉伯人为主的瓦迪尼萨斯（Wadi Nisnas），坐落在哈达尔和德国侨民区中间的一座小山谷内。这里有狭窄的小巷、石砌建筑，以及一处热闹嘈杂的食品市场，依旧保留着古代中东的独特氛围。

阿拉伯-犹太文化中心 文化中心

（Beit HaGefen Cultural Center；见170页地图；☎04-852-5252；www.beit-hagefen.com；2 HaGefen St；团队游 40NIS起；⏲画廊 10:00~15:00，周五和周六 至14:00）**免费**这个画廊兼社交场所坐落在一栋古老的石砌建筑内，与现代的Beit HaGefen阿拉伯-犹太中心隔街相望。这里支持跨信仰的社会文化活动；提前致电可以安排2小时的团队游，会带你游览街头艺术、社区和精神活动场所。

楼上的画廊举办的展览与跨文化共存以及共享空间和共同价值观有关。

不设墙博物馆 公共艺术

（Museum Without Walls；见170页地图；www.mwwart.com；HaWadi St）**免费**60余件露天壁画和雕塑作品组成了一条穿过瓦迪尼萨斯众多小巷的路线，从超级英雄的壁画到混合媒介雕塑和流行艺术，内容丰富多彩。有的作品体积庞大、非常引人注目，有的则很小，以致你一不留神就会走过去。可以在其网站上找张地图，会很有帮助。

海法艺术博物馆 博物馆

（Haifa Museum of Art；见170页地图；☎04-911-5997；www.hms.org.il；26 Shabtai Levi St；成人/儿童 45/30NIS；⏲周日至周三 10:00~16:00，周五 至13:00，周六 至15:00，周四 16:00~19:00）这座富有挑战性的当代艺术博物馆分为三个展区，展出了以色列及国际艺术家的混合媒介和摄影作品。如果你喜欢对抗式艺术作品和激烈辩论，这个富于幻想的画廊很值得探索（你还可以观察当地的艺术团体，他们会成群结队地来此闲逛、欣赏并思考作品）。

哈达尔

哈达尔哈卡梅尔（Hadar HaCarmel，简称哈达尔）是1920年作为"花园城市"建立起来的，在20世纪30年代成了海法繁华的商业中心，当时这里兴建了一些一流的包豪斯建筑。Beit HaKranot是这一地区建筑之中的精品，就坐落在Balfour St和Herzl St交叉路口的西北角。这栋宏伟的办公楼可以追溯到1939年。附近的店铺销售中低档服装、配饰和鞋子，以及俄文书籍。

哈达尔是这座多元化城市中最多元化的街区之一。这里超过三分之一的居民是来自苏联（特别是乌克兰）的移民，还有四分之一是阿拉伯人；哈达尔区也居住着少量的极端正统派犹太人和菲律宾裔居民。

哈达尔位于卡梅尔山较低的山坡上；主要街道Herzl St位于巴黎广场以南大约1公里、卡梅尔中心东北约1.6公里处。海法地铁的HaNevi' im站位于Herzl St西北方向的尽头，这条街和平行的HeHalutz St都通过115路公共汽车连接着中央长途汽车站，通过112路公共汽车连接着海法-霍夫哈卡梅尔。

国家科学博物馆 博物馆

（MadaTech，National Museum of Science；见170页地图；☎04-861-4444；www.madatech.org.il；25 Shemaryahu Levin St，Hadar；成人/儿童 75/65NIS；⏲周日至周三 10:00~15:00，周四和周六 至17:00，周五 至13:00；P 👪）这座1912年建造的雅致建筑内充满了适合孩子参观的科学展览，包括天文学展厅中可亲身实践的展览、视错觉展览以及一间镜厅（展览标明了适合的年龄段）。该建筑是以色列理工学院最初的所在地，高耸的拱门和回音走廊是漫步时的乐趣所在。阿尔伯特·爱因斯坦（Albert Einstein）于1923年来访时种下的棕榈树，仍

海法博物馆门票

博物馆迷可以购买套票（成人/学生60/30NIS）以节省一部分开支。套票的有效期为一周，可在海法的6座博物馆使用：玛内卡茨博物馆、季科京日本美术馆、海法艺术博物馆、海法市博物馆、国家海洋博物馆（National Maritime Museum；见175页）以及赫尔曼·施特鲁克博物馆（Hermann Struck Museum）。套票在上述6座博物馆均有销售。

巴哈伊信仰

创立于19世纪中叶的巴哈伊信仰（www.bahai.org）认为，在历史长河中出现过许多先知，包括亚伯拉罕、摩西、佛陀、克利须那（Krishna）、琐罗亚斯德（Zoroaster）、耶稣和穆罕默德。其核心信仰包括“上帝唯一”“宗教同源”和“人类一体”，这里所说的“人类”包含男人和女人（这在19世纪中叶的伊朗是真正具有革命意义的思想）。

巴哈伊信仰的起源可以追溯至阿里·穆罕默德（Ali Muhammad，1819~1850年），他出生于伊朗的设拉子（Shiraz）。1844年，他宣称自己是使预言得以揭示的“巴孛”（Báb，即“大门”）。蒙受神恩的阿里迅速获得了大批追随者，这些追随者被称为巴孛信徒（Babis），但他最终被当成了反对伊斯兰教的“异端”而遭到逮捕，被监禁数年后，他在伊朗的大不里士（Tabriz）被行刑队执行枪决。

巴孛的预言之一是“上帝的显示者”即将到来。1866年，一个名为米尔扎·侯赛因·阿里（Mirza Hussein Ali，1817~1892年）的巴孛信徒宣布自己正是巴孛所说的那位先知，并且获得了“巴哈乌拉”的称号；他说自己被关押在德黑兰声名狼藉的黑坑监狱中时接受了神的启示。

与巴孛一样，巴哈乌拉的声明使他在波斯遭到排挤，他先是被驱逐到巴格达，而后是君士坦丁堡、阿德里安堡，最终被驱逐到了奥斯曼帝国的流放地阿卡。在阿卡的牢房里，巴哈乌拉投身于制定巴哈伊这一新兴信仰的教义和原则之中，“巴哈伊”这个名字来源于阿拉伯语单词baha（“荣耀”之意）。

巴哈乌拉在自己的著作中写道，一个人不可能生来就信奉巴哈伊教；但是在15岁时，他就要选择是否承担巴哈伊教规定的各项义务。他还谈到了性别平等、人类统一、世界和平、普及义务教育的必要性，以及宗教与科学的和谐发展。

巴哈伊世界中心（该宗教的全球总部）坐落在海法的卡梅尔山上，因其花园（见168页）而闻名于世。而巴哈伊的圣地——巴哈乌拉陵寝（见199页）位于阿卡附近。这两处都有来自世界各地的志愿者为其工作。巴哈伊不信任劝诱改宗行为，所以不会在以色列寻求皈依者，以色列也没有官方的巴哈伊社区。

据估计，目前巴哈伊信仰在全球拥有500万至600万追随者。传统规定，有能力的巴哈伊信徒应当前往阿卡和海法朝圣。

然立在博物馆的前面。

斯特拉马里斯

★圣母修道院 教堂

（Stella Maris Carmelite Monastery；见168页地图；⏲6:30~12:30和15:00~18:00）加尔默罗会（Carmelite Order）创建于12世纪末，当时十字军时代的朝圣者们在先知以利亚（Elijah）的启发下，选择在卡梅尔山的山坡上过着与世隔绝的隐逸生活。今天，该修会仍然活跃于世界各地，并在这座被称为“海洋之星”（Star of the Sea）的修道院内代代相传，现在的建筑是1836年在卡梅尔山北面的山顶上建造的，可以饱览壮美的海景。需要穿着能遮盖膝盖和肩膀的服装；男士应该摘掉帽子。

教堂内部，绘制精美的天花板和圆屋顶展现了以利亚和烈火战车，据说他是驾驶着这辆战车升上天堂的；此外还有怀抱竖琴的大卫王、修会的圣徒们、先知以赛亚、以西结和大卫，还有圣家族及其下方的4位福音传道者。

在通往教堂入口的小径上，有一座顶端带有锻铁十字架的金字塔式建筑，这是为在此处接受治疗的200名伤病法军建立的纪念碑，1799年在拿破仑返回巴黎后，他们被奥斯曼人屠杀了。

可以从巴特格里姆的海滨大道乘缆车到达修道院；也可以从哈达尔或海法-霍夫哈卡梅尔搭乘115路公共汽车，从卡梅尔中心搭乘30路和31路公共汽车，或者从附近的以利亚洞穴（Elijah's Cave）步行前往这里。

海洋博物馆和以利亚洞穴

从德国侨民区、瓦迪尼萨斯和哈达尔乘坐111路和112路公共汽车可以到达城市的这个区域，其中111路公共汽车也去往海法-霍夫哈卡梅尔。

★ 秘密移民与海军博物馆 博物馆

（Clandestine Immigration & Naval Museum；见168页地图；☎04-853-6249；http://eng.shimur.org/clandestine-immigration；204 Allenby Rd；成人/儿童 15/10NIS；⏲周日至周四 10:00~16:00；P）这座极具吸引力的博物馆通过一系列有感染力的视频，展示了1934~1948年犹太复国主义运动为将犹太难民从欧洲送入被英国人封锁了的巴勒斯坦所付出的努力。最重要的展品是一艘被重新命名为"Af-Al-Pi-Chen"（希伯来语中的意思是"不顾一切"）的"二战"登陆舰，它在1947年将434名难民运往巴勒斯坦；被英国人拦截后，这些难民被送往位于塞浦路斯的收容所。博物馆由国防部运营，所以你需要出示护照才能进入。

最引人入胜的是关于这些超载的战舰舰上生活的证明；幸存者描述了艰苦的条件和过度拥挤的状况，不过进入圣地的希望让他们十分乐观。很多人未能到达圣地，例如"Exodus"上的那些乘客：1947年，这艘超载严重的轮船载着4500余名大屠杀幸存者驶向巴勒斯坦，但是途中在英国人的强制要求下返回了欧洲。

国家海洋博物馆 博物馆

（见168页地图；☎04-853-6622；www.nmm.org.il；198 Allenby Rd；成人/儿童 35/23NIS；⏲周日至周三 10:00~16:00，周五 至13:00，周六 至15:00，周四 16:00~19:00；P）这座博物馆创建于1953年，遍布三层楼的展览涵盖了5000年的海事历史，从附着藤壶的双耳陶罐到以色列的近代海军历史，无所不包。地面层轮换展出的临时展览的主题从海盗到海战皆有涉及，而考古珍品则属于楼上的永久性收藏——埃及的卡诺匹斯罐，以及在海法湾重新发现的罗马遗迹。皆配有英文和希伯来文的说明。

以利亚洞穴 宗教遗迹

（见168页地图；Allenby Rd；⏲周日至周四 8:00~18:00，冬季 至17:00，周五 至13:00，周六和犹太节假日关闭）**免费** 这个洞穴是犹太人、基督徒、穆斯林和德鲁兹派共同的神圣之所，人们认为先知以利亚在迦密山上挑战巴力（Ba'al）的祭司之前曾在这里祷告（《列王纪上》18），后来他又在这里躲避盛怒的耶洗别王后（《列王纪上》19:1-3）。进入洞穴后，按照指示牌分为不同的区域参观——男性在右边，女性在左边；洞穴在一道天鹅绒帘子的后面。这里没什么可看的，除非你对犹太教的朝圣地很感兴趣。注意着装要得体。

根据基督教传统，这座洞穴是玛利亚和约瑟携耶稣自埃及返回途中的藏身之地。穆斯林则将此地与阿尔-希德尔（Al Khidr，绿人）联系在一起，后者有时被视为伊斯兰版的以利亚，又或者是他的伙伴。

要从国家海洋博物馆前往以利亚洞穴，可以寻找一条从Allenby Rd上山的沥青小路。从斯特拉马里斯（Stella Maris）通往洞穴的小路，以教堂街对面的停车场为起点，沿着以色列海军基地的围墙伸展。

海法大学

海法大学（University of Haifa）坐落在卡梅尔山的山顶上，位于卡梅尔中心东南6.5公里处，沿其山脊分布。阿拉伯人占该校学生总数的30%以上，这一比例远远高于以色列的其他任何一所大学。

在大学学期内，从周日至周四仅限持有停车许可证的人员在校园内泊车，不过赫克特博物馆（Hecht Museum）的参观者通常可以免费进入校园。

要前往海法大学，可以从哈达尔或卡梅尔中心搭乘37路或37א路公共汽车，从海法-霍夫哈卡梅尔搭乘46路公共汽车，或者从Haifa-Merkazit HaMifratz搭乘141路或171路公共汽车。

★ 赫克特博物馆 博物馆

（Hecht Museum；☎04-825-7773；http://mushecht.haifa.ac.il；199 Abba Hushi Blvd，Haifa University；⏲周日、周一、周三和周四 10:00~16:00，周二 至19:00，周五 至13:00，周六 至

14:00；P）免费这座大学校园博物馆展出了引人入胜的考古发现，比如修复得很好的镶嵌画和古钱币收藏，不过最重要的展品是马阿甘米哈埃勒沉船（Ma'agan Mikhael Shipwreck），这艘已有2400年历史的商船是1985年发现的。它原本有12.5米长，可装载15吨货物，还配有一支罕见的单臂木锚。

在别处，艺术展区内的藏品以印象派和后印象派的作品为主（创始人鲁本·赫克特博士本人收藏品的一部分），包括凡·高（Van Gogh）和莫迪利亚尼（Modigliani）等大师的作品。

"奥斯卡·盖兹的收藏"（Oscar Ghez Collection）展示了18位在大屠杀中遇难的巴黎艺术家的作品，相当令人感伤。而临时艺术展则聚焦于年轻艺术家、肖像画、以色列的艺术聚居区及其他众多主题。

赫克特博物馆位于埃什科尔大楼下方；跟着标识走到建筑较低的楼层，然后沿着走廊前行，直到你看见双耳陶罐。

埃什科尔大楼 观景点

（Eshkol Tower；www.haifa.ac.il；199 Abba Hushi Blvd，Haifa University；时间不定；P）免费埃什科尔大楼是海法大学最高处的摩天大厦，十分惹眼。大楼电梯会颠簸着把你送到位于30层的观景台。这栋大楼于1978年建成，设计者是著名的巴西建筑师奥斯卡·尼迈耶（Oscar Niemeyer）。尽管现在已经不是海法的最高建筑，但景色依然是非凡的——毕竟谁会想到庞大的海法从高处看竟然会像个小人国呢？参观完赫克特博物馆之后，值得来此拍一张照片。

活动

巴特格里姆海滩 海滩

（Bat Galim Beach；见168页地图；www.batgalim.org.il；游泳 8:00~18:00）轻柔的海浪拍打着这片沙滩的小海湾。这里有专人巡逻，位于海法北部，在下方缆车站东北方向几个街区处。这片沙滩很小，但是在晒日光浴的人和瑜伽爱好者中很受欢迎，通常还有阵阵海浪足以让人们享受冲浪乐趣。设有小吃摊和厕所。

这片海滩位于中产阶级街区巴特格里姆，在Metronit运营的2号线的终点，距离兰巴姆医院（Rambam hospital）几百米远。

达多海滩 海滩

（Dado Beach；见168页地图；紧邻David Elzara St；Carmel Beach）这片长长的沙滩上有很多冲浪点。达多是海法岬角西边沿线的优质海滩之一，就在海法-霍夫哈卡梅尔车站附近。

扎米尔海滩 海滩

（Zamir Beach；见168页地图）这片很棒的沙滩位于海法西侧，附近有几家咖啡馆，后面还有一条漂亮的海滨大道。

课程

University of Haifa Ulpan 语言课程

（04-824-0766；http://overseas.haifa.ac.il；University of Haifa）这里提供了一些以色列最受推崇的大学语言课程。希伯来语强化学习班安排在7月和8月的暑期课程，周日至周四上课，每天要学习5或6小时（1/2个月US$1400/2000），8月也提供与之类似的速成阿拉伯语课程（US$1400）。

可以安排在校园内的宿舍住宿（每月US$320起）。

Ulpan Aba Hushi 语言课程

（见168页地图；04-605-5149；131 HaMeginim Ave）提供为期5个月、每周上课5天的希伯来语强化课程。

团队游

Free Tours Haifa 步行

（058 604-8428；www.facebook.com/freetourshaifa；大多数周三 10:30）免费参加免费的3小时步行游览，一名热情的当地导游会带领你，给你关于海法主要景点的有趣介绍。团队游大多在周三组织，不过请提前确认Facebook页面上的消息，或者使用网站上的"RSVP"（敬请回复）功能。

节日和活动

海法国际电影节 电影节

（International Film Festival；www.haifaff.co.il；142 Hanassi Ave，售票处；每场电影 45NIS；

⌚10月中旬）自1983年以来，以色列历史上的第一个国际电影节一直势头强劲。届时全城各处的相关场地都会在室内及户外放映电影，而该节日也是举办手工艺品集市和音乐会、设置小吃摊，以及延长酒吧营业时间的绝佳借口。在放映电影的各个场地或售票处购买电影票。

节中之节 街头活动

（Holiday of the Holidays；www.haifahag.com；⌚12月）节中之节将海法的多元化社区真正融合在了一起。节日期间会在瓦迪尼萨斯和德国侨民区举办户外狂欢节、集市、美食品尝和音乐会，以庆祝这个季节的犹太教、基督教和伊斯兰教节日。在12月的3个周五和周六举行。

住宿

卡梅尔中心

★ Molada Guesthouse 客栈 $

（见170页地图；☎04-838-7958；http://molada.org.il；82 HaNassi Ave；标单/双/标三200/350/525NIS；Ⓟ📶）对那些想要获得比一般背包客旅舍更加安静的体验的年轻住客来说，简朴但一尘不染的Molada很有吸引力。这家大学宿舍风格的客栈有16个双人间和三人间，都带有贴了瓷砖的宽敞浴室。有些房间可以俯瞰松树林；而最好的房间能欣赏海景（14号或16号房间）。要提前打电话或者在线预订，以便提前安排钥匙领取。

这家客栈位于紧邻HaNassi Ave的一条私人车道边。接待处（开放时间不定）位于沿街的鲁滕贝格青年教育学院（Ruthenberg Institute for Youth Education；77 HaNassi Ave），那里也供应早餐。可以提前要求使用封闭式停车场（免费）。

Beth Shalom Hotel 酒店 $$

（见170页地图；☎04-837-7481；www.beth-shalom.co.il；110 HaNassi Ave；标单/双/标三US$85/110/140；Ⓟ📶）这家性价比很高的客栈由一个瑞士家庭经营，管理有些一板一眼，不过非常高效。白色墙壁的房间带着一些松木装饰，小巧紧凑但一尘不染，而且配有足以满足需要的浴室，还有保险箱和吹风机等额外惊喜。适合家庭入住的便利设施包括有海洋球的小型游乐场地、乒乓球台、图书馆，以及提供免费热饮的休息区。

Crowne Plaza 酒店 $$

（见170页地图；☎04-835-0801；www.crowneplaza.com；111 Yefe Nof St；双 US$145~185；Ⓟ@📶🏊）这家Crowne Plaza时髦漂亮、经营有序，符合你对这所连锁酒店的期望。房间里配有大床，铺着抛光木地板，房间内还可以欣赏海法湾的壮丽美景。这里有种商务酒店的感觉，但是在享受过桑拿浴室或室内游泳池之后，就不会这么觉得啦。

★ Villa Carmel 精品酒店 $$$

（见168页地图；☎04-837-5777；www.villacarmel.co.il；30 Heinrich Heine St；房间 US$167~237；@📶；🚌136路）留声机和古董为这家独一无二的酒店营造了怀旧的氛围。房间很有品位，装饰着原创艺术品、挂钟、鸢尾花图案和带有典故的壁画。步入式淋浴间以及屋顶的按摩浴缸和桑拿浴室吸引着会享受的周末游客，不过真正让这家酒店在竞争中脱颖而出的还要数这栋建于1942年的建筑所拥有的复古感（和恰如其分的礼貌服务）。

德国侨民区

Colony Hotel Haifa 精品酒店 $$

（见170页地图；☎04-851-3344；www.colonyhaifa.com；28 Ben-Gurion Ave；双 US$90~245；@📶）这座改造后颇为雅致的圣殿骑士风格的建筑，是感受德国侨民区的历史和氛围的理想去处。这里有40个房间，都有宽大的窗户、高高的天花板、大理石浴室以及古董主题的家具，比如四柱大床。再加上屋顶露台、出色的地中海式自助早餐和瑞典式按摩（160NIS起），简直无可挑剔。

Haddad Guesthouse 客栈 $$

（见170页地图；☎077 201-0618；www.haddadguesthouse.com；26 Ben-Gurion Ave；双/标三 360/460NIS起；Ⓟ📶）这家由家庭经营的酒店位于德国侨民区的中心，可谓是位于黄金地段，酒店在一栋经过了改造的19世纪建筑内。地面层有4个带有松木装饰的简单房间，另外7个包含小厨房的房间位于2楼（两层之

间有办公室）。有的浴室显露出了老化的迹象，不过房间里的设备很齐全，有吹风机、水壶和电视。

哈达尔

Loui Hotel

酒店 $

（见170页地图；☎054 837-1342，04-432-0149；www.louihotels.com；35 HeHalutz St；双 不含早餐 US$65~85；📶）Loui一切从简，服务态度非常友好。这里的19个房间既舒适又实用，每间都带有小厨房。这家酒店感觉像是经过了多次翻修的嘎吱作响的老房子（事实上它建于1948年），但是考虑到这里竭尽全力的服务和一流的露台，这些问题都不大。在露台上，你可以坐在藤椅上眺望大海。

Art Gallery Hotel

酒店 $$

（见170页地图；☎04-861-6161；www.hotelgallery.co.il；61 Herzl St；标单/双 336/450NIS；P@📶）这家酒店在一座包豪斯建筑内，出自当地艺术家之手的原创作品装饰着这里的公共空间和40间客房。房间以红褐色和奶油色为装饰，有些房间感觉有点儿狭窄，但是都配备了冰箱、水壶和保险箱；选择“高级”（Superior）客房可以享受更大的窗户和更加豪华的家具。可以到5楼的平台去欣赏港口风光。

这里的健身房24小时开放，还可以享受按摩服务（200NIS起）。位于Metronit的Talpiyot Market车站附近。

Hotel Theodor

酒店 $$

（见170页地图；☎04-867-7111；www.theodorhotel.co.il；63 Herzl St；标单/双/标三 US$125/155/215；@📶）拥有90个房间的Hotel Theodor位于一家购物中心上方23层的大楼内，感觉更偏向于商务而非休闲。尽管如此，房间干净而现代，饰以淡雅的色调，并且带有单色的瓷砖浴室，窗户也很大（大多数房间能欣赏海湾风光）。

步行穿过铺着棋盘格图案地砖的商场，上一层楼，即可来到酒店的接待处。

市中心和港口区

★ Port Inn

客栈 $

（见170页地图；☎04-852-4401；www.portinn.co.il；34 Jaffa Rd，Port Area；铺/标单/双/标三/四 100/290/340/450/550NIS，双/标三 带公共浴室 260/300NIS；@📶）预算有限的旅行者理所当然地会拥向这家迷人的客栈。这里的图书馆和休息室内铺有土耳其地毯，装饰着古怪的艺术品和攀缘植物，后面的花园有一张贴着瓷砖的桌子，你可以在上面写日记，房间很简朴，但非常干净。男女混住的宿舍可以睡5人或9人，而男女分开的宿舍是9人的。

Saint Charles Guesthouse

客栈 $

（见170页地图；☎04-855-3705；https://saintcharlesguesthouse.wordpress.com；105 Jaffa Rd，Port Area；标单/双/家 180/300/390NIS；📶）安静的Saint Charles有点儿像寄宿学校，这里的主人是那些身穿长袍、动作缓慢的修女。这家客栈由拉丁礼宗主教区玫瑰经修女会（Latin Patriarchate Rosary Sisters）经营，提供的房间在一栋建于1880年的建筑内，房间内的天花板很高（显得有些空荡）。古老的地砖和内部花园颇有让人沉思冥想的气氛，不过共享厨房和位于港口的位置有效地提升了性价比。通常在22:00宵禁。只收现金。大门常常是锁上的——按下门铃就好。

★ Bat Galim Hotel

精品酒店 $$

（见168页地图；☎04-603-7800；www.batgalim-boutique-hotel.co.il；10 Yonatan St，Bat Galim；双 US$114起；P📶）这家极其悠闲的精品酒店坐落在海法北部一个普普通通的住宅区内，离巴特格里姆海滩很近。海洋系的色调搭配、具有矫形功能的床垫和房间里的花草茶能帮助客人安然入睡，早上还有罂粟籽酸奶和新鲜糕点等早餐。员工非常友善。

就餐

德国侨民区

德国侨民区内优雅的本-古里安大街上有十几家非常优秀的餐馆，以中东菜、欧洲菜或是这两种菜系的融合为特色。几乎所有餐馆都是一周营业7天。

Al Diyar

中东菜 $$

（见170页地图；☎04-852-8939；55 Ben-Gurion Ave；主菜 55~98NIS；⏲正午至午夜；✍）

这家迎合家庭用餐的大型餐馆在海法的阿拉伯社区很受欢迎。这里供应一系列常见的中东经典菜肴，包括各种各样的地中海蔬菜、中东蔬菜沙拉（fattoush）、烤肉串——还有意大利面和蒜蓉虾之类的海鲜。

Shtroudl 甜品 $$

（见170页地图；☎053 934-4986；www.shtroudl.rest.co.il；39 Ben-Gurion Ave；主菜 42~89NIS，甜品 25~39NIS；⏲周日至周五 8:00至次日1:00）Shtroudl把德国和中东对甜食的理解结合在了一起。这里的环境会让人想起古怪阿姨的凉亭：垂下的常春藤、发出清脆声响的风铃，还有餐叉没入奶酪蛋糕和苹果卷的声音。如果点了库纳法（kunafeh）——一种加了大量糖浆的非常甜的奶酪糕点，会配上一球开心果冰激凌——最好把腰带放松一点儿。

Douzan 中东菜 $$$

（见170页地图；☎04-852-5444；35 Ben-Gurion Ave；主菜 55~110NIS；⏲9:00~23:00或更晚；📶✎）这家店位于德国侨民区，是黎巴嫩餐馆，也是带有嬉皮士精神又颇具法国风情的咖啡馆，很有创意，而且服务真诚友好。特色菜种类丰富，从sfeeha（上面加了牛肉末、洋葱和松子的开口馅饼）到墨西哥番茄酱大虾，以及rolettini（炸茄子片卷奶酪），范围很广。再点一杯冰镇的罗望子果汁，伴着店里的吉他乐慢慢啜饮。

最好留点儿肚子给这里的中东甜点，比如水煮梨或浇了玫瑰水的牛奶布丁。

Faces 地中海菜 $$$

（见170页地图；☎04-855-2444；www.faces.rest-e.co.il；37 Ben-Gurion Ave；主菜 60~135NIS；⏲9:00至午夜或更晚；📶✎）酸奶油小牛肉、蓝带风格的鸡肉排和茴香酒贻贝，构成了不拘一格的菜单，其中的菜品借鉴了多种地中海美食。风味的组合有时并不成功，但菜肴通常都很新鲜，摆盘也富有品位。可以选择户外露台上的餐桌，或者在时髦的餐馆内用餐，那里红黑两色的搭配显得十分神秘。

卡梅尔中心

在卡梅尔中心，高档餐馆、时尚咖啡馆和外卖食品店美妙地组合在一起。

★Gal's Bakery 咖啡馆 $

（见170页地图；☎04-836-2928；http://galsbakery.rest.co.il；HaNassi Ave和HaTishbi St交叉路口；糕点 15~25NIS，主菜 25~50NIS；⏲周日至周四 7:00~22:00，周五 至15:00；📶✎）Gal's Bakery忠于欧洲各地的传统食谱，这里供应罂粟籽巴布卡蛋糕（babka）、蛋奶糕切块（cremeschnitte）、苹果酥皮馅饼（chausson aux pommes）及其他各种撒了糖霜的美食。温室风格的用餐区内摆着藤椅，还装饰着仙人掌，是慢慢享用咖啡或者早午餐——比如shakshuka（辣番茄酱烤蛋）——的惬意之所。属于犹太洁食（乳制品类）。

El Kheir 中东菜 $$

（见170页地图；☎04-850-0090；139 HaNassi Ave；沙拉 40NIS，主菜 59~98NIS；⏲周日至周四 正午至16:00和18:00~22:00，周五和周六 正午至22:00；✎）这家由德鲁兹派信徒经营的家庭餐馆服务体贴周到，有许多黎巴嫩和叙利亚菜肴可供选择：油炸海鲷、撒满辣椒粉的烤肉串配硬小麦，以及特色菜shishbarak（酸奶泡肉馅饺子）。素食者可以尝尝炸菜花配芝麻酱、奶酪和石榴糕点，还有填馅葡萄叶。

Mandarin 咖啡馆 $$

（见170页地图；☎04-836-3554；129 HaNassi Ave；主菜 45~74NIS；⏲8:00至午夜，周五和周六 更晚；📶✎）这家连锁咖啡馆隐藏在热闹的HaNassi Ave后面，供应各种各样的东西合璧菜肴——获得了不同程度的成功。从泰式肉馅配饭（pad ka pao）到炒哈罗米干酪（halloumi）、素食汉堡包和菜炖牛肉，菜品十分丰富。舒适的咖啡馆和户外的木头平台都很悠闲，可以先来这儿喝一杯思慕雪，再去游览巴哈伊花园。

市中心和港口区

在这个逐渐复苏的街区里，几家烹饪界的极品餐馆熠熠生辉。

★Ma'ayan HaBira 东欧菜 $$

（见170页地图；☎04-862-3193；www.facebook.com/MaayaNHabira；4 Nathanson St，

Downtown；主菜 30~120NIS；周日至周五 10:00~17:00，周二 至23:00，周四 至20:00）由于创立时是一家肉铺，Ma'ayan HaBira的东欧传统食物菜单依然延续着肉食主题。店内装饰着老照片和巴伐利亚的大啤酒杯，装潢和所用的菜谱一样怀旧。Kostiza（肥美的猪肉片）会配上多得足以消灭吸血鬼的新鲜大蒜。同样丰盛的还有一碗碗熏豆、小牛蹄肉冻和菜炖牛肉。

尽量留点儿肚子（这并不容易），尝尝撒了巧克力的巴伐利亚奶油甜点。

大多数周四的晚上都有现场吉他乐演出。

瓦迪尼萨斯

在HaWadi St，竞争激烈的炸豆丸子店隔街相望。往北3个街区，在Allenby Rd与HaZiyonut Blvd的交叉路口周围会找到一些沙威玛（shawarma）店铺。该地区几乎所有的店铺都在周日关门歇业。

Felafel HaZkenim 炸豆丸子 $

（见170页地图；18 HaWadi St；炸豆丸子15NIS；周一至周六 8:00~19:30；）门外的长队将把你引向海法最棒的炸豆丸子。这里的环境不太讲究，但服务员会面带微笑。用皮塔饼卷上热气腾腾、酥脆可口的炸豆丸子（食谱是1950年的），再加上一小口芝麻酱——只要吃了第一口，你就会忘记之前漫长的等待。

Felafel Michelle 炸豆丸子 $

（见170页地图；21 HaWadi St；炸豆丸子16NIS；周一至周六 8:00~19:30；）这家鹰嘴豆泥和炸豆丸子店铺是瓦迪尼萨斯最受当地人喜爱的小店之一。一定要饿着肚子来。

Abd Al Hadi 甜点 $

（见170页地图；3 Sh'hadah Shalach St；甜点 10NIS起；9:00~23:00）诱人的中东糕点在这家糕点店的橱窗里堆得高高的，包括库纳法和多种塞满了果仁的蜜饼。浓浓的土耳其咖啡可以消除甜腻的不适感。

Souq 市场 $

（见170页地图；Yochanan HaKadosh St；周一至周六 6:30~17:00）在海法购买新鲜水果蔬菜的最佳去处，这里也有适合野餐的美食，比如甜点、鹰嘴豆泥和糕点。

★ **Ein El Wadi** 黎巴嫩菜 $$

（见170页地图；04-855-3353；26 HaWadi St；主菜 55~80NIS；周一至周六 10:00~20:00；）这家堪称典范的家庭餐馆所供应的菜肴，跟其古老的石拱建筑一样正宗。体会到这里宾至如归的热烈欢迎之后，可以尝尝这里的黎巴嫩和巴勒斯坦特色菜，例如菠菜馅饼（fatayer）、漆树粉鸡肉烤饼（musakhan）或者我们最喜爱的makloubeh（在一层香米饭上加上一层炖鸡肉和菜花）。

甜点非常腻，一份加了大量糖浆的库纳法，或者玫瑰口味的粗面粉布丁（semolina）足够两个人吃。

菜单上标出了素食和无麸质选项。

哈达尔

Herzl St西北路段沿线分布着炸豆丸子、沙威玛及其他廉价小餐馆，梅察达大街有一些前卫的咖啡馆（是吃早午餐和便餐的好去处）。

HaMis'ada Shel Ima 埃塞俄比亚菜 $

（Mother's Restaurant；见170页地图；20 HaNevi'im St，Shabtai Levi交叉路口；主菜 35~40NIS；周日至周五 正午至22:00，周六 日落至22:00或23:00；）走进这家朴实低调的小饭馆，就像是来到了亚的斯亚贝巴（Addis Abeba），就连里面刺耳的音乐也不例外。辣得令人满足的埃塞俄比亚菜肴要搭配英杰拉（injera，用苔麸粉制作的海绵状埃塞俄比亚面饼）食用——而且要用这种面饼舀菜。主菜包括doro（辣椒洋葱鸡肉）、kitfo（生的或稍加烹制的腌牛肉），以及适合素食者及严格素食者的beyaynetu（扁豆、土豆、胡萝卜和菠菜拼盘）。

在Amisragas大楼的庭院里寻找招牌。

饮品和夜生活

海法的夜生活可以很慵懒，也可以很疯狂，随你选择。卡梅尔中心有很多咖啡屋和一些酒吧，但是开启夜晚的最佳起点是富有情调的德国侨民区，那里有许多餐馆兼酒吧。梅察达大街附近时尚的左翼咖啡馆有点儿吵

闹；相比之下，前卫的港口区（市中心）的那些现场音乐演出场所和小酒馆则要在23:00之后才会活跃起来。

市中心

Syncopa 酒吧

（见170页地图；5 Khayat St；⏲21:00至次日2:00）这家夜总会有两层，楼下是一家拥有棕红色墙壁的廉价酒吧，楼上是演出空间。这里能听到软摇滚、垃圾摇滚及其他风格的吉他演奏，还有鼓打贝斯、DJ打碟、喜剧甚至语言类艺术表演；活动日程表贴在门上。有些演出免费。

Eli's Pub 酒吧

（见170页地图；☎054 635-4696；www.facebook.com/elis.pub；35 Jaffa Rd；⏲20:00至次日3:00或更晚）在这家令人放松的小酒馆里，学生会跟水手们混在一起。店内共有11种可随时享用的啤酒（24NIS起）供你选择。这个地方在奥斯曼帝国时代曾是一间土耳其浴室，而今在周一（即兴演奏会）、周三（现场爵士乐表演）和周六（当地乐队演出），到了22:30或23:00，这里才会真正随着音乐摇摆起来。

Libira 啤酒馆

（见170页地图；☎04-374-0251；www.libira.co.il；26 HaNamal St；⏲正午至次日1:00）这家令人愉快的啤酒馆很有工业感，是港口区深受人们喜爱的去处。酒水单的上面是自制啤酒：白啤酒、苦啤酒、双倍比尔森啤酒、熏制黑啤酒和烈性麦芽啤酒。店主列昂尼德·利普金（Leonid Lipkin）用自己的独门配方酿造未经过滤和高温杀菌的啤酒，偶尔也会有一些其他酿酒厂的啤酒，比如巴勒斯坦圣诞啤酒。Libira也很适合享用大餐，会供应丰盛的中欧美食，比如炸肉排和熏鹅脯，还有汉堡包等主要食物（主菜28~90NIS）。

梅察达大街地区

在过去的几年里，梅察达大街（Masada Street）及其周边地区已经作为一片不拘于传统的“飞地”而名声大振。在这条涂鸦遍布的街道上，出售另类服装的店铺、文身店，以及供应早餐和酒精饮料而且对左翼政治十分宽容的咖啡馆与日俱增。要从哈达尔的Herzl St前往这里，沿着山坡向上走大约500米即可（西南方向），或者先搭乘海法地铁到梅察达（Masada）站，再往东走。

Cafe Masada 咖啡馆

（见170页地图；16 Masada St；⏲8:00至次日2:00，周六 9:00起；📶）这个生气勃勃的地方徘徊着很多猫咪，还有同样多的艺术爱好者和积极分子，他们总是喝着咖啡“拯救世界”。可以在旁边偷听关于shakshuka和三明治的激烈辩论，或者和当地人一起喝杯啤酒——这里很开明，有一群喜欢闲聊的人。

Café Puzzle 咖啡馆

（见170页地图；☎04-866-0879；21 Masada St；⏲周日至周五 10:00至午夜，周六从16:00开始营业；📶）Puzzle深受非主流年轻人、学生和青年艺术家喜爱，这里提供由美味的咖啡、良好的氛围和不错的Wi-Fi组成的三位一体式服务。感觉饿了？选择包括早午餐（48NIS）、汤和三明治（28~38NIS）或者芝麻牛轧糖（halva）和自制蛋糕（32NIS），可以一边享用美食，一边欣赏经典摇滚。

Elika 咖啡馆

（见170页地图；☎052 443-3755；24 Masada St；⏲7:00至次日1:00）在海法是人们喜爱的常去的阿拉伯社交圈，尤其是艺术界，Elika成功地用纯粹的乐趣（偶尔放映体育节目，还有一个备货充足的吧台）混淆了左派的怀旧之情（老照片、切·格瓦拉的版画）。可以尝尝浓稠的土耳其咖啡或啤酒，吃点儿小拼盘，同时沉浸在店内播放的爵士乐和世界音乐中。

德国侨民区

Oak Bar 酒吧

（见170页地图；www.facebook.com/oakbarhaifa；24 Ben-Gurion Ave；⏲正午至深夜）这家悠闲的酒吧位于德国侨民区的主要街道旁，阿拉伯流行音乐和棋类游戏噼里啪啦的声音构成了店内的配乐。是喝着啤酒观察路人的绝佳去处。

卡梅尔中心

Pundak HaDov 酒吧

（Bear Inn；见170页地图；www.pundak

hadov.rest-e.co.il; 135 HaNassi Ave; 主菜 55~90NIS; ⊙17:00至次日1:00或更晚，周五 正午起）这家无拘无束的爱尔兰风情小酒店兼餐馆，为大量的外籍人士供应斯达诺拉曼啤酒（Staropramen）和健力士黑啤酒（Guinness），也提供可口的酒吧食物——鸡翅、热狗、香肠拼盘——最好坐在经常播放体育节目的大屏幕前，用手拿着吃。

☆ 娱乐

在12月的节中之节（见177页）期间可以享受很多活动，不过富有创意的国际化学生社区也确保了全年不断的丰富活动。可浏览海法市政府运营的网站www.ethos.co.il了解文化活动的详细信息。

Beat Club　　现场音乐

（见170页地图；☎04-810-1961; www.ethos.co.il; 124 HaNassi Ave, Carmel Centre; 门票50~100NIs）这个顶级演出场所附属于当地的音乐学校，偶尔兼作夜总会，以色列国内和海外的乐队会在此献艺。可浏览其网站了解即将举办的活动。

Haifa Cinematheque　　电影院

（见170页地图；☎04-833-8888; www.haifacin.co.il; 142 HaNassi Ave, Carmel Centre; 票价 35NIs）有两个放映厅，会放映先锋、另类和艺术电影。是海法国际电影节（见176页）的主要举办场所。

Matnas Tverya 15　　现场音乐

（Gould-Shenfeld Community Center; 见170页地图；☎04-850-7785; tveria15@hadarhaifa.org.il; 15 Tiberias St）这个社区活动中心经常举办业余爱好者的音乐会、表演活动和培训课程（包括瑜伽、普拉提和探戈舞）。艺术展览每月都会更换。这个既友善又富有创意的空间是跟当地人交流的绝佳去处。115路和133路公共汽车途经此地，你也可以乘坐海法地铁到梅察达。可以致电或发邮件了解正在进行的活动；该中心充满活力，员工能使用多种语言，而且很欢迎游客。

Haifa Auditorium　　演出场所

（见170页地图；☎04-835-3506; www.ethos.co.il; 140 HaNassi Ave, Carmel Centre）拥有1100个座位的海法礼堂，是海法市内最主要的芭蕾舞、现代舞和音乐表演场所之一，海法交响乐团（Haifa Symphony Orchestra）及其他著名演奏家都会在此献艺。

购物

跳蚤市场　　市场

（Flea Market, Shuk Pishpeshim; 见170页地图；www.facebook.com/shukpishpeshim.haifa; Kibbutz Galuyot St, Wadi Salib; ⊙9:00~15:00）这个跳蚤市场位于巴黎广场东南700米处。在这里，你可以漫步经过出售皮包和画框的摊位，在放着褪色明信片的盒子里翻找，从一堆垃圾中淘宝。对古董收藏家来说，这里是抄底收购的绝佳去处；而对其他人来说，漫步经过古董店和路边摊也十分有趣。

这个市场在周六和周日最热闹，摊贩也最多，不过整个星期你都可以享受稍显冷清的市场体验。

土耳其市场　　市场

（Turkish Market, HaShuk HaTurki; 见170页地图；Paris Sq, Downtown; ⊙周五 10:00~16:00）早在20世纪30年代，来自塞萨洛尼基（Thessaloniki）的码头工人就建立了这座市场，但是最终缩小到几近消失。过去十年间，市中心的复兴使它作为一个小型手工艺品集市重新焕发了生机，很多当地的手工艺品卖家都会到这儿来做生意。

方位

在海法要按照高度来辨别方位：这里的街区都分布在卡梅尔山的山坡上，而且越往上就越时尚。这座城市位于一片舒适的滨海土地上，主要道路沿海岸贯穿东西，不过其间又有陡峭的街道将道路和公共汽车路线变成了之字形。大多数酒店和海法旅游局提供免费的街道地图。

多沙的市中心（Ir Tachtit）和毗邻的港口区位于邻近海法港和铁轨的平地。从这里向西大约1公里是本-古里安大街，就在巴哈伊花园的正下方，它是德国侨民区（见171页）的主要大街，非常雅致。以阿拉伯人为主的街区瓦迪尼萨斯（见173页）位于巴黎广场和德国侨民区中间的一座小山谷内。往西北方向，越过铁轨，便来到了巴特格里姆，这里是兰巴姆医院和一片海滩的所在地。从巴特格里姆的海滨大道乘坐空中缆车可以到达斯特拉马里斯(见174页)。而巴黎广场以南(上坡)约1公里处是Herzl St,这是哈达尔哈卡梅尔(通称哈达尔;见173页)的核心。

海法地铁顶部终点站Gan HaEm的周边是卡梅尔中心(见167页),这是沿卡梅尔山的山脊伸展的富裕街区的商业中心。

实用信息

医疗服务

兰巴姆医疗中心(Rambam Medical Centre, Rambam Health Care Campus;见168页地图;☎1-700-505-150,急诊室 04-777-3300;www.rambam.org.il;8 HaAliya HaShniya St, Bat Galim;⏲24小时)以色列北部最大的医院,也是这个国家设备最好的医院之一。乘坐开往巴特格里姆方向的公共汽车(从霍夫哈卡梅尔车站搭乘43路,从Lev HaMifratz搭乘16路或136路,或者从大学搭乘24路或36路)即可到达。

现金

哈达尔有多家银行,而卡梅尔中心一带的银行更多。

旅游信息

旅游局(Haifa Tourist Board;见170页地图;☎04-853-5606;www.visit-haifa.org;48 Ben-Gurion Ave, German Colony;⏲周日至周四 8:30~18:00,周五 至13:00)位于本-古里安大街顶端附近。提供免费的地图。

到达和离开

飞机

海法机场(Haifa Airport,简称HFA;☎03-975-8337;www.iaa.gov.il;Derech Yigael Yadin)位于巴黎广场东南7.5公里处,阿基亚以色列航空公司(Arkia;www.arkia.com)的航班从这里飞往埃拉特,也有飞往希腊岛屿的包机。Egged运营的58路公共汽车从中央长途汽车站开往机场。

船

渡船连接着**海法港**(见170页地图;www.haifaport.co.il;Kdoshei Bagdad St)和阿卡的老码头,工作日每天发出2班,周六则为3班;行程45分钟,具体取决于海况。在出发前1小时内购票。

长途汽车

海法有两个中央长途汽车站。海法-霍夫哈卡梅尔位于卡梅尔山的地中海(西)一侧,供沿着海岸线向南行驶(即特拉维夫方向)的长途汽车使用。该站距离卡梅尔山脚下的德国侨民区大约8公里,位于海法-霍夫哈卡梅尔火车站附近。搭乘火车是去往特拉维夫及其他沿海城市最快的方式。

其他目的地包括:阿特利特拘留营(Atlit Detention Camp;221路,25分钟,每小时2班)、耶路撒冷(Egged的940路,37.50NIS,2小时,每30~90分钟1班,周五晚至周六日落停运;Egged的947路要多花1小时)以及济赫龙雅各布(Zichron Ya'akov;Egged的202路和921路,14.50NIS,1小时,至少每小时1班,周五下午至周六夜晚停运)。

Haifa-Merkazit HaMifratz汽车站位于卡梅尔山的海法湾一侧,大多数开往海法北边和东边目的地的长途汽车从这里发车。该站位于德国侨民区东南8公里处,距Lev HaMifratz火车站几百米远——需要穿过巨大的Lev HaMifratz购物中心。搭乘火车是去往阿卡和纳哈里亚最快的方式。目的地包括:

阿富拉(Afula;Nateev Express的301路,40分钟,每20分钟1班,周五下午至周六日落停运)频繁发车的长途汽车连接着阿富拉和贝特谢安。

阿卡(Nateev Express的271路和361路,16NIS,35~45分钟,每10分钟1班)271路长途汽车会继续向北行驶,去往巴哈伊花园、洛哈梅哈格塔奥特基布兹(Kibbutz Lohamei HaGeta'ot)和纳哈里亚。

贝特沙瑞姆(HaShomrim Junction;Nateev Express的301路,13.50NIS,15分钟,每小时3班)

耶路撒冷(Egged的960路,37.50NIS,2小时,每小时1或2班,周五下午至周六日落停运)

谢莫纳城(Kiryat Shmona;Egged的500路和505路,37.50~44NIS,2小时,每小时2班,周五下午至周六日落停运)

拿撒勒(331路和332路,由拿撒勒旅游交通局和GB Tours共同运营;19~26NIS,1小时,周日至周五每小时2班,周六全天每小时1班)

太巴列(Egged的430路和434路,21.50NIS,1.25小时,每小时3班,周五下午至周六日落停运)

采法特(Nateev Express的361路,1.75小时,每小时2班)途经阿卡(45分钟)。

Metronit的1号线连接着这两座中央长途汽车站(30分钟),其环形路线经过德国侨民区和港口区;101路公共汽车(20分钟)会穿过卡梅尔山下方需要收费的卡梅尔隧道(Carmel Tunnels)。

所有前往海法的城际长途汽车的车票都包括从其中一座中央长途汽车站前往市内的费用——只要你在购票时（例如从司机处）要求购买kartis hemshech（即换乘票）。唯一需要注意的是，你一定要有一张可充值的Rav-Kav智能卡（司机处有售）。

合乘出租车

去往**阿卡**（见170页地图；☎04-862-2115）、**纳哈里亚和采法特**（见170页地图；☎04-862-2115）以及**特拉维夫**（见170页地图；☎04-862-2115）的合乘出租车整周运营，从哈达尔以及Herzlia St和HaNevi' im St交叉路口周围的各个地方出发（工作日/安息日 30/45NIS）。

去往本-古里安机场的合乘出租车（Amal Taxi；☎04-866-2324）需要提前一天预约，从他们的中央发车点出发（Herzlia St和HaNevi' im St交叉路口周围；77NIS），或者从你住的酒店出发（119NIS）。

火车

海法有4座火车站：

海法-霍夫哈卡梅尔距离德国侨民区8公里远，在卡梅尔山山脚下西边偏南；靠近海法-霍夫哈卡梅尔长途汽车站。

Haifa Merkaz-HaShmona（Haifa Center-HaShmona；Derech HaAtsmaut，Haifa port）位于市中心（港口区），在巴黎广场西北700米、德国侨民区以东700米处。

海法-巴特格里姆（Haifa-Bat Galim；见168页地图；HaHayil St）位于海边的巴特格里姆街区，靠近兰巴姆医院，在斯特拉马里斯缆车东南方向1公里处。

Lev HaMifratz（HaHistadrut）位于德国侨民区东南8公里处，距离Merkazit HaMifratz长途汽车站几百米远（需要穿过巨大的Lev HaMifratz购物中心）。

在海法上述各站（10~20分钟1班）之间乘火车旅行需要花费7.50NIS。从所有这4座主要火车站出发的列车去往本-古里安机场（35.50NIS，1.25~1.75小时，每小时2班）、阿卡（13.50NIS，30分钟，每小时4班）、纳哈里亚（13.50~17.50NIS，35分钟至1小时，每小时3班）以及特拉维夫（27.50~32.50NIS，1~1.25小时，每小时2或3班）。

火车在周五下午至周六日落前停运。

ℹ 当地交通

公共汽车

海法地铁很适合上山和下山，但是，如果要沿着卡梅尔山的两侧游览，就需要乘坐公共汽车了（由Egged、Nateev Express和Omni Express运营）。Metronit的速度要快得多，这3条线路的公共汽车服务是2013年开通的，和轻轨一样快，因为有专用通道和同步交通信号灯。与普通公共汽车不同，你必须在上车前购票（5.90NIS，90分钟内有效）；各站都设有自动售票机。

Metronit的1号线连接着Haifa-Merkazit HaMifratz和海法-霍夫哈卡梅尔这两座中央长途汽车站，并会经过港口区和德国侨民区；该线路一周运营7天（是的，包括安息日！），每天运营24小时，每小时至少2班（高峰期每5分钟1班）。2号线则连接着巴特格里姆（兰巴姆医院）与Haifa-Merkazit HaMifratz，同样会经过德国侨民区和港口区。

小汽车

在海法，几家大型汽车租赁公司都在Haifa-Merkazit HaMifratz长途汽车站附近的小街上设置了代理机构。

地铁

本书作者调研期间，共6站的海法地铁（Carmelit；www.carmelithaifa.co.il）在2017年2月发生的一场火灾后停运，目前已恢复运营。这是以色列国内唯一的地铁系统（严格来说，其实是一种缆索铁路），连接着市中心（港口区）的巴黎广场（Kikar Pariz）、哈达尔（HaNevi' im站）以及卡梅尔中心（Gan HaEm站）。地铁全长约2公里，可以飞快地把乘客带上垂直高度达268米、仰角达17.5度的斜坡。平常的运营时间为周日至周四6:00至午夜，周五至15:00，周六则从20:00以后恢复运营；可查看其网站或者在当地打听一下。

达里亚特卡尔梅尔（Daliyat Al Karmel） دالية الكرمل דלית אל כרמל

☎04/人口：16,780

达里亚特卡尔梅尔破旧不堪，而且没什么大景点，然而这个地方依然很有吸引力，能让你一窥紧密团结的德鲁兹文化：这是伊斯兰教的一个分支，其教义受了伊斯兰教、希腊及其他哲学思想的影响，他们禁止与外族通婚，也不可皈依其他宗教。这座城镇是来自黎巴嫩的德鲁兹人于17世纪建立的，是世界上最南端的德鲁兹定居点，也是以色列境内规模最大的一处。

达里亚特卡尔梅尔是坐落在卡梅尔山顶上的一座庞大的城镇，位于海法以南约16公里处；多年的发展壮大使它几乎与北面不远处的另一座规模较小的德鲁兹村庄伊斯菲亚（Isfiya，Usfiyeh）融为了一体。

200米长的主街Rte 672贯穿城镇，是这里的"中心城区"。该镇在安息日和犹太节假日最为忙碌。当你经过时，会看到好奇的目光和友好的微笑。

景点

奥列芬特故居（Beit Oliphant） 古迹

路标上名为Beit Druze，这是基督徒及早期犹太复国主义者劳伦斯·奥列芬特爵士（Sir Laurence Oliphant）和他的妻子爱丽斯（Alice）在1882~1887年居住的地方。奥列芬特夫妇是为数不多的与该社区保持着紧密关系的非德鲁兹人，曾为他们提供过很多帮助。纳夫塔利·赫茨·因贝尔（Naphtali Herz Imber）在当时是奥列芬特的助手，他是以色列国歌《希望》（*HaTikva*）的词作者，这首歌最初发表于1886年。

矗立在建筑前方的古罗马圆柱是为了纪念爱丽斯，她逝世时年仅36岁——据说因贝尔曾为她爱而痴狂。这座房子现在成了**德鲁兹纪念中心**（Druze Memorial Center），用以纪念自1948年起为以色列国防军效力而献出了生命的398名德鲁兹战士。本书写作期间，游客不能入内。

值得一游

贝特沙瑞姆

迷人的**贝特沙瑞姆国家公园**（Beit She' arim National Park；☎04-983-1643；www.parks.org.il；成人/儿童 22/10NIS；⊙夏令时 8:00~17:00，冬季 至16:00，周五提前1小时关闭，最后入园时间为关门时间前1小时；Ⓟ）坐落在卡梅尔山和下加利利之间，这里散布着古老的地下墓穴，其中很多你都可以进入。2世纪，这座城镇发展成了充满生机的《律法书》研究中心，一些颇具影响力的宗教人物便葬在这里。步道连接着修复得颇为完美的洞穴式坟墓；其中最令人赞叹的是带有三重拱形结构的**哈-纳西拉比墓**（Tomb of Rabbi HaNassi），他曾负责处理犹太人与罗马统治者之间的政治事务。可以从游客中心拿一份路线图。

在2世纪末的一段时间里，贝特沙瑞姆曾是古犹太最高评议会（Sanhedrin，当时由拉比组成的最高议会）的召开地点。这些会议由犹太·哈-纳西拉比（Rabbi Yehuda HaNassi）领导，他曾在齐波里（Tzipori）集合犹太学者编纂《密西拿》（*Mishnah*，最早编纂的犹太法典），但是他要求把自己葬在这里，并鼓励其他人也这样做。4世纪，大概是在镇压犹太人起义的过程中，该镇被罗马人摧毁。在这之后的600年间，很多坟墓被洗劫一空，并被落石所掩埋。直至1936年，考古学家才偶然发现了贝特沙瑞姆的遗迹。

在驱车前往公园入口的路上，一处2世纪的**犹太会堂**遗迹就在左侧。在这片庞大的遗迹中仍有洞穴坟墓在不断被发现；规模最大的地下墓穴包含24个独立的墓室，里面有超过200具石棺。留意刻在石棺上的各种符号和铭文，其中包括以希伯来语、阿拉姆语、巴尔米拉语和希腊语所写的称号。有人认为，这里埋葬的一些人来自遥远的波斯和也门。

国家公园内的另一处遗址是带有6个墓室的**烛台洞穴区**（Menorah Caves Compound），只能事先通知并参加导览游才能参观。这里精美的石雕值得一看，包括一座大烛台和妥拉柜（Torah Ark）。

贝特沙瑞姆位于海法东南方约23公里处，基本在Rte 75沿线。你可以从Haifa-Merkazit HaMifratz汽车站搭乘Nateev Express运营的301路长途汽车（13.50NIS，30分钟，至少每小时2班）；告诉司机你要去贝特沙瑞姆，他们会让你在HaShomrim Junction下车，这个地方位于公园以北1公里处，在Rte 722沿线。

阿布·易卜拉欣神殿 伊斯兰教圣地

（Shrine of Abu Ibrahim；时间不定）免费 这座方形小建筑的正面以耶路撒冷石砌成，顶上有一座红色的小穹顶。这座神殿供奉的是阿布·易卜拉欣，德鲁兹人相信他是以利亚的灵魂转世。无论男女都必须衣着得体，包括穿长袖服装，而且必须脱鞋（放在门口的架子上）。要到达那里，请跟随去往"Holy Place"（圣地）的指示牌。

在你沿着主要的购物街（Rte 672）往南走时，道路会成90度直角转向左侧，即东南方；向右（西）转——走大约600米即可抵达神殿。

就餐

Andarin 中东菜 $$

（Rte 672；主菜 55~120NIS；10:00~22:00）热情友好的服务和真正可口的烤肉串，使一尘不染的Andarin成了达里亚特主街上的最佳选择。烤肉包括鸡肉和羊肉末，还会配上各式各样的沙拉，此外还有一些意想不到的配菜，从朝鲜泡菜到糖醋胡萝卜，种类丰富。

Abu Anter 中东菜 $$

（04-839-3537；Rte 672；主菜 45~140NIS；10:00~17:00）这家热情的餐馆很受当地人喜爱，供应的是标准的中东主食，比如烤肉串、炸豆丸子、填馅葡萄叶和浓缩酸奶（labneh）。

购物

在餐馆内以及餐馆之间，你会发现一些商店售卖当地生产的德鲁兹纺织品、色彩鲜艳的披肩和裤子，还有手鼓、陶器和古董——但是要注意，这些好东西会跟国外制造的特百惠塑料容器以及来历不明的纪念品混在一起。

到达和当地交通

37א路长途汽车将达里亚特卡尔梅尔和伊斯菲亚与海法大学、德国侨民区、巴哈伊花园及巴特格里姆连接了起来（5.90NIS，1~1.25小时，每小时2或3班）；周五下午至周六日落前停运。

在达里亚特拥挤的主要街道上很难找到停车位，但是有一座私营**停车场**（紧邻Rte 672；每辆车15NIS）离景点和餐馆都很近。服务员会来收费。

加尔默罗圣以利亚修道院（Carmelite Monastery of St Elijah）

دير المحرقة

מנזר כרמליתי של אליהו הקדוש

加尔默罗圣以利亚修道院 修道院

（Muhraqa；www.muhraqa.org；4NIS；夏季 9:00~17:00，冬季 至16:30；P）壮观的美景和庸常世俗的艺术作品在这座高高耸立的修道院迎接游客的到来。加尔默罗圣以利亚修道院被以色列的阿拉伯人和犹太人视为Muhraqa（燃烧），人们认为这是以利亚献祭求神从天降火的地方——450名巴力的先知提出的比赛就这样被无视了（《列王纪上》18）。修道院的花园里"居住"着做工精巧的青蛙雕塑和花园小矮人像，以及一尊挂满了彩色小灯的圣母像。修道院内还有一座礼拜堂（建于1883年），以及来自赤足加尔默罗会（Discalced Carmelite Order）的修道士们的住所。

登上修道院的屋顶（由商店进入），从地中海至赫尔蒙山（Mt Hermon，天气晴朗时）的所有景色全都清晰可见。修道院前方宁静的小花园中矗立着一尊以利亚雕像，那里还有一条步行小径。

这座修道院位于达里亚特卡尔梅尔中心地区以南5公里处，在设有路标的Y字形路口向左转即可到达。

艾因霍德（Ein Hod & Ayn Hawd）

عين هود عين حوض　עין הוד ועין חוד

在艾因霍德错综复杂的小巷里，青铜像从巨大的沙丁鱼罐头里向外凝视，体态丰满的石雕则在鲜花盛开的树下吸引着人们。这个小型艺术家社区风景优美、离奇而梦幻，很值得探索，这里也是感受当代以色列艺术脉搏的绝佳去处。

在这些迷人的砂岩艺术家工作室背后，却隐藏着一段黑暗的历史：这里以前是一座阿拉伯村庄，后来阿拉伯居民遭到驱逐，他们在山上的新艾因霍德（Ayn Hawd）重建了社区，并一直延续到了今天。不论是从海法来此进行一日游，还是更长时间的停留，探访艾因霍德及其周边地区都很发人深省。

景点

几十名艺术家都在艾因霍德生活和工作。很多工作室不允许偶然来访的参观者进入，而关于游客是令当地的创作者高兴还是使他们分心的争论亦趋于激化。不过你可以参观的各式各样的工作室和画廊在不断增加，通过预约，还可以参加陶艺、水彩和油画、印刷术和摄影等多个领域的讲习班。可以浏览艾因霍德的官方网站www.ein-hod.org或私营的www.ein-hod.info，了解更多信息。

杨科达达艺术博物馆 博物馆

（Janco-Dada Museum；04-984-2350；www.jancodada.co.il；成人/儿童 24/12NIS，含达达实验室 25/30NIS；周日至周四 10:00~15:00，周五 至14:00，周六 至15:30，达达实验室周六和节假日 11:00~14:00；）这座1983年建立的博物馆致力于介绍马塞尔·杨科（Marcel Janco）的生平和作品，能让你一瞥这位艺术家的创意思维。正是杨科构思建立了这个艺术家社区。在永久性收藏中，你能看到这位以色列最著名的达达主义艺术家的艺术作品，此外也有当地艺术家的特邀展览。楼下的达达实验室（Dada Lab）是一个非常奇特的亮点，这个为孩子们准备的超现实动手空间可以让他们发挥创意、穿上盛装，痛快玩一番。

该馆偶尔也会被当成演出场地。

艾因霍德画廊 画廊

（Ein Hod Gallery；周日和周二至周四 10:00~16:00，周五 10:00~14:00，周六 11:00~16:00）这座展出当地雕塑和绘画作品的画廊，是对艾因霍德艺术家社区的出色介绍。其展览空间可以追溯到1953年，当时这个创意社区才刚刚起步。

马加尔工作室 画廊

（Studio Magal；04-984-2313；10:00~17:00）展出陶瓷制品（包括一些犹太文物）、镶嵌工艺品以及表现主义画作（油画和水彩画），后者出自本-齐翁·马加尔（Ben-Tzion Magal，1908~1999年）之手。

尼斯科博物馆 博物馆

（Nisco Museum；052 475-5313；成人/儿童 30/20NIS；周一至周六 10:00~17:00）出生于纽约的尼桑·科亨（Nisan Cohen）收集了这些标新立异的机械乐器，他也很喜欢用老式的维克多牌（Victrola）手摇留声机播放收藏的意第绪语音乐。团队游整点开始。这座博物馆坐落在山下（朝Rte 4方向）距离通往艾因霍德的城门几百米远的地方。

团队游

Shuli Yarkony Tours 步行

（052 645-6072；shuliyarkony@gmail.com）持有执照的导游Shuli Yarkony的步行游览可以带你参观一些在通常情况下去不了的艺术家工作室，她跟当地艺术家的家庭关系很好，往往能给你带来一次激动人心的体验。费用因步行的长度和团队规模而异，舒莉会用英语或希伯来语进行讲解。尽早预订。

就餐

Makolet 超市 $

（9:00~17:00或更晚）艾因霍德唯一的小型超市，出售新鲜农产品。

★HaBayit 中东菜 $$

（Al Beyt；053 944-2990；http://albeet.rest.co.il；Ayn Hawd；套餐 110NIS起；正午至18:00；）这家由家庭经营的餐馆位于艾因霍德山上4公里处的新艾因霍德，这里供应地道的阿拉伯菜肴。套餐包括各式各样的沙拉、汤、酿馅鸡肉、慢火烤羊肉、自制面包和秋葵，所有菜肴都会用采自卡梅尔山的香草调味。没有菜单，由厨师全权负责——但是他们会满足素食者的需要。

周五和周六需要预订。

Nof Hvade 中东菜 $$

（04-671-2560；http://nofmulhavadi.co.il；Ayn Hawd；主菜 50~80NIS；9:00至最后一位客人离去；）这家友好而热情的家庭餐馆位于高处的新艾因霍德，从艺术家村庄沿

不要错过

北部海岸的海滩

以色列北部地中海沿岸分布着一连串沙质优良、绵延不绝的海滩。下列是其中最漂亮的一些去处，自南向北依次是：

贝特亚奈（Beit Yanai；停车 每辆车24~33NIS）这片很棒的海滩与特拉维夫和海法的距离相同，这里有免费的淋浴间和厕所、带专人巡逻的游泳区以及小吃摊。有足够的空间供你伸展四肢，还可以看冲浪爱好者挑战海浪。

高架渠海滩（Aqueduct；见194页）如其名，这片金色海滩就在凯撒利亚的一段罗马人修建的高架渠旁边。不收门票。位于凯撒利亚古城以北、距公路2.5公里的地方。

多尔（Dor）一片长长的细沙海滩从多尔村向南伸展，附近有带专人巡逻的游泳区、潮汐池以及可供探索的遗迹。古代的多尔是《旧约》中反复提及的重要港口城市。位于济赫龙雅各布西北方10公里处。

阿特利特（Atlit）阿特利特拥有红糖似的沙滩，海风稍显凛冽。这里通常无人管理，不过很适合享受日光浴和放风筝。

霍夫哈卡梅尔海滩（Hof HaCarmel beaches）达多（见176页）和扎米尔（见176页）这两片细沙海滩沿着海法岬角的西边伸展，就在海法-霍夫哈卡梅尔车站附近。

巴特格里姆（见176页）这片宜人的小海滩深受当地人喜爱，位于海法底部缆车站东北方几个街区处（Metronit运营的2号线的终点）。

阿尔加曼（Argaman；见199页）阿卡的城市海滩，位于阿卡老城东南方1.5公里处。

阿赫泽夫国家公园（Akhziv National Park；见204页）位于纳哈里亚以北约4公里处，阿赫泽夫的两片海滩很受家庭欢迎，而且风景如画。

着陡峭的道路往山上走4公里可以到达，在这里可以欣赏壮丽的山景。美味的烤肉会配上腌菜花和芝麻酱等装饰菜，素食者则可以享用填馅葡萄叶和mujaddara（扁豆炒米饭配上煎洋葱）。

进入新艾因霍德后，跟随餐馆的路牌朝左往山下走，寻找带有鸽子图案的“Ein Hood”镶嵌画；此处的楼梯就通往这家餐馆。

Doña Rosa
阿根廷菜 $$$

（☎053 934-5520；www.donarosa.co.il；主菜 56~88NIS，牛排 94~120NIS；⏲周一至周六 正午至23:00）这家阿根廷牛排餐厅是在艾因霍德享用大餐的最佳去处，这里忠实地呈现了阿根廷风味，从肉和葡萄酒，到以南美牛仔为灵感的装潢，无一例外。试着抢一张阳台上的餐桌。周四晚上、周五和周六最好预订；周六有现场音乐表演。

阿特利特（Atlit） عتليت עתלית

阿特利特拘留营
古迹

（Atlit Detention Camp；☎04-984-1980；http://eng.shimur.org/atlit；成人/儿童 32/27NIS；⏲周日至周四 9:00~17:00，周五 至13:00或14:00，团队游 需事先安排；P）1939年，欧洲犹太人的境遇越发悲惨，此时英国政府发布了一份白皮书，将每年对犹太人发放的向巴勒斯坦移民的“许可证”控制在1万至1.5万份。对于那些不能“合法”进入巴勒斯坦的犹太难民，犹太复国主义运动的领导者决定，帮他们非法进入。尽管成千上万逃出纳粹魔掌的犹太人都闯过了英国的封锁线，但是还有更多的犹太人被捕，并被关押在阿特利特的“非法”移民拘留营中。

1945年10月10日，帕拉玛赫（Palmach，哈嘎那特种部队）攻入拘留营，释放了208名囚犯。由年轻的伊扎克·拉宾（Yitzhak Rabin）领导的这次大胆的潜入行动，迫使英

军关闭了拘留营。1946~1949年，因非法进入巴勒斯坦而被捕的大屠杀幸存者和其他犹太人被送到了塞浦路斯的拘留营。

你可以在这里自行游览，但文字解说并不充分；参观拘留营的最佳方式是参加1.5小时的导览游（提前打电话）。导游会介绍营房（经过重建）；一个恐怖的洗涤间（基本保持原样），在这里，新来的人会被扒光衣服并用DDT消毒；以及一艘34米长的船，很像那些运送偷渡移民（ma' apilim）去往建国之前的以色列地区的船只（这里的船实际上是20世纪70年代在拉脱维亚建造的"Galina"号）。这种尺寸的船可以承载600~800名难民。

阿特利特拘留营在海法以南16公里、济赫龙雅各布以北20公里处。221路公共汽车（每30分钟1班）连接着拘留营与阿特利特火车站（南边3公里处；10分钟），以及海法的霍夫哈卡梅尔汽车站（25分钟）。

十字军城堡（Crusader Castle） 遗迹

这座曾经宏伟壮观的十字军城堡在拉丁语中被称为Castrum Pergrinorum，在法语中叫作Château Pèlerin（即朝圣者城堡），坐落在阿特利特海滩以西约750米处的一座海角上。城堡的遗迹位于一座供以色列海军突击队训练的军事基地内，所以无法游览，不过你可以从海滩上看到它。

米吉多（哈米吉多顿）

圣约翰预言，世界上的最后一场大战将在**米吉多国家公园**（Megiddo National Park, Tel Megiddo; ☎04-659-0316; www.parks.org.il; Rte 66, Megiddo; 成人/儿童 28/14NIS; ⊙夏季8:00~17:00, 冬季 至16:00, 周五提前1小时关闭）内暴晒的山上展开。这里更为人所熟知的名字是"哈米吉多顿"（Armageddon;《启示录》16:16）。如今除了疾走的蜥蜴，这里的一切都很安静。步行小径连接着源自公元前4000年至公元前400年的超过25处不同历史时期的遗址。只能看到祈祷建筑和蓄水池的废墟，不过15分钟的介绍影片和路标提供了吸引人的历史细节。这里还有开阔的视野，你将看到"四骑士"从几公里之外赶来。

古往今来的很多战争都发生在米吉多这片土地上。埃及卢克索（Luxor）卡纳克神庙（Karnak Temple）墙壁上的象形文字，描述了公元前1457年图特摩斯三世（Thutmose Ⅲ）在米吉多镇压叛乱的战斗。米吉多作为埃及的战略据点繁荣了至少100年，后来又顶住了以色列军队（《士师记》1:27），可能只落入了大卫之手。在大卫王的儿子所罗门的统治下，米吉多成了以色列王国的珍宝之一，被称为"战车之城"（Chariot City）——发掘显露的马厩遗迹规模很大，足以饲养成千上万匹马。

米吉多曾是连接埃及与亚述的重要贸易通道上的战略据点，但是到了公元前4世纪，该镇却令人费解地成了荒城。尽管如此，其战略重要性仍旧不可忽视，比如，"一战"时英军就曾在此作战。埃德蒙·艾伦比（Edmund Allenby）将军在被授予爵位时，也因此获得了"米吉多的艾伦比子爵"头衔。在1948年的战争期间，犹太军队和阿拉伯军队也在这里发生过军事冲突。

发掘工作中最真实可触的一个部分，是公元前9世纪修建的水利系统，由向下穿过坚硬的岩石、到达70米长隧道的一口竖井构成。这套水利系统隐藏了整座城市的水源，得以抵御侵略，跟耶路撒冷的希西家水道（见80页）很相似（不过这里现在没有水流过）。最好把隧道留到最后参观，因为183级台阶的坡道会引导你走出遗址，将你带到距离游客中心约600米远的一条小路上。

米吉多位于海法东南方37公里（沿Rte 75、Rte 70和Rte 66前往）、凯撒利亚以东45公里（经Rte 65）以及阿富拉[在耶斯列山谷（Jezreel Valley）内]西南方13公里处。从Haifa-Merkazit HaMifratz长途汽车站出发的300路长途汽车可以到达Rte 66和米吉多国家公园的交叉路口，行程40分钟，班次稀少；从那里走一小段路就是遗址了。从海法、凯撒利亚或者济赫龙雅各布开车来此进行半日游都很容易（车程都不到1小时）。

济赫龙雅各布（Zichron Ya'akov） زخرون يعقوب זכרון יעקב

☎04/人口: 22,500

虽然以住宅区为主，但是济赫龙雅各布很浪漫，这里的每一面被阳光亲吻的石墙都散发着优雅。该镇由来自罗马尼亚的犹太人建立于1882年，坐落在卡梅尔山峦的南端附近，因其在以色列葡萄酒产业中发挥的先锋作用而为人所熟知，最近，又因迷人的老城区和中上阶层的居民区而出名。早年，济赫龙（Zichron）得到过法国银行世家的成员埃德蒙·德·罗特席尔德男爵（Baron Edmond de Rothschild）的资助，其父詹姆斯（James）又叫雅各布（Jacob，即Ya'akov），此地由此而得名。19世纪末修建的建筑仍然排列在街道两旁，其中很多现在都变成了艺术家工作室、精品店和咖啡馆，使老城区成了完美的漫步去处。在周围的乡村，葡萄酒厂进一步成就了轻松悠闲的气氛。

景点

建于19世纪末的主要街道HaMeyasdim现在（大部分）成了步行街，街旁经过了修复的石砌建筑内藏着一家家餐馆、咖啡馆和商店。

镇中心

卡梅尔酒庄 葡萄酒厂

（Carmel Winery；☎04-629-1788；www.carmelwines.co.il；2 Derech HaYekev；品酒会/团队游 每人25/30NIS；⏲葡萄酒商店 周一至周四 9:00~17:00，周五 至14:00，酒窖团队游 周五10:00和正午）该酒庄创立于1882年，可以在这里品味干红、口感丰满的雷司令以及低度的起泡葡萄酒“Buzz”。在店里品酒无须预约，但是要提前致电预订周五的酒窖游览（尤其是如果你想听英语解说的话）。

第一波大回归博物馆 博物馆

（First Aliya Museum；2 HaNadiv St；成人/学生和儿童 20/15NIS；⏲周一至周四 9:00~16:00，周五 至14:00）这里吸引人的展览和短片讲述了早期犹太复国主义先驱们的奋斗：逃离家乡的大屠杀，在去往圣地的途中躲避奥斯曼帝国的追查，以及在不适宜居住的气候下培育农场和葡萄园的重重困难。在埃德蒙·德·罗特席尔德男爵的资助下，济赫龙雅各布这样的农业社区诞生了，而且很快就繁荣了起来。

尼里博物馆 博物馆

（NILI Museum；☎04-639-0120；www.nili-museum.org.il；40 HaMeyasdim St，Jabotinski St路口；成人/儿童 26/20NIS；⏲周日至周四 9:00~15:00，周五 至正午）导览游会带领参观者回顾阿龙·阿龙索赫恩（Aaron Aaronsohn，1876~1919年）动荡的一生。这位著名的农学家及植物学家连同家人一起创立并领导了“一战”期间的亲英间谍网络“尼里”。以希伯来语解说的故居团队游在整点开始，以英语解说的团队游每隔1.5小时组织一次（但是最好提前打电话或者发邮件确认时间）。

济赫龙雅各布周边

★资助者纪念花园 花园

（Ramat HaNadiv Gardens；☎04-629-8111；www.ramat-hanadiv.org.il；⏲周六至周四 8:00~16:00，周五 至14:00；P）免费 这些广阔的植物园位于济赫龙雅各布镇中心西南方4公里处，园内的步行小径在棕榈树林、玫瑰花坛和多肉植物之间迂回穿梭。这些花园是献给埃德蒙·德·罗特席尔德男爵的活的纪念碑，他在以色列早年间协助了农业社区的建立，去世后葬在这里的地下室内。

★提什比酒庄 葡萄酒厂

（Tishbi Winery；☎04-628-8195；www.tishbi.com；品酒会 含/不含团队游 40/35NIS；⏲商店 周日至周四 8:00~17:00，周五 至13:00，团队游 周日至周四 10:00、正午和14:00）这座富有情调的葡萄园位于济赫龙雅各布镇中心以南4公里处，美食家肯定不想错过在这里品尝一杯或几杯葡萄酒的机会。该酒庄由立陶宛移民建立于19世纪末，自那时起一直由家族经营。标准的品酒活动会提供从马尔贝克到霞多丽的入门级指南，不过我们更喜欢葡萄酒加巧克力的体验（45~55NIS），这个活动会为葡萄酒搭配绝佳的巧克力。需要预订。

这里还有一家附属于酒庄的很棒的犹

太洁食餐厅，也可以前往附属的葡萄酒吧（HaMayesdim St和Sderot Nili交叉路口；周日至周四 8:00~22:00，周五 至15:00），后者位于济赫龙雅各布镇中心。

住宿

Beit Maimon Hotel 精品酒店 $$

（04-629-0390；www.maimon.com；4 Tzahal St；标单/双 480/600NIS起；）Beit Maimon很好地平衡了舒适与雅致，这里有硬木家具和铺着石砖的浴室，服务很真诚，在早餐露台上还可以欣赏地中海风光。要享受热水浴缸并欣赏沿海美景，可以选择浪漫的"高级海景房"（需要加付200NIS）。从HaMeyasdim St向西步行15分钟，经过两旁桃树成行的住宅区街道即可到达。安息日至少要住两晚。

附属的Casa Barone是镇上最受欢迎的餐馆之一。

My Place in the Colony 客栈 $$

（054 234-2947；Hanadiv St 32；房间380NIS起；）热情洋溢的迎接为这家令人安心的老式客栈定下了温馨的基调。客栈坐落在一栋19世纪的石砌建筑内，配有实木家具，装饰着祖母式的花卉图案。浴室不太宽敞，但房间本身够大，还带有小厨房。晚上被灯光照亮后，后院会变成迷人的小天地。

就餐

Cucina 意大利菜 $$

（053 427-2527；http://cucina.rest.co.il；41 HaMeyasdim St；主菜 50~95NIS；正午至22:00；）这家吸引人的意大利餐馆供应一系列高档的意式开胃小吃（aperitivi）和地中海风格的小吃，以及最受喜爱的常见菜品：生牛肉片、乳清干酪馅的小方饺，还有比萨和鱼类菜肴。也有一些为孩子准备的选择，包括儿童比萨。

★ **Nili Restaurant** 欧洲菜、海鲜 $$$

（04-629-2899；www.nilirestaurant.com；43 HaMeyasdim St；主菜 60~110NIS；周日至周

另辟蹊径

吉斯尔阿扎尔卡

吉斯尔阿扎尔卡（Jisr Az Zarka）是以色列仅存的一座位于地中海海边的阿拉伯村庄，然而大多数沿着Rte 2（特拉维夫—海法高速公路）开车的司机在快速经过这里的时候几乎都不会看上一眼。社会问题和犯罪活动使吉斯尔恶名在外，但是当地的积极分子和一家简朴的客栈在努力改变这座昔日渔村的命运。进展缓慢但确有成效，背包客开始来到这里享受当地的阿拉伯文化，并在安静的海滩上欣赏日落。

19世纪30年代，跟随埃及统治者穆罕默德·阿里（Muhammad Ali，1769~1849年）的军队从埃及迁往巴勒斯坦地区的家族建立了吉斯尔。它得名自横跨于附近的Al Wadi Az Zarka（即蓝色之河）之上的一座石桥，这座桥是1898年为德皇威廉二世（Wilhelm Ⅱ）的来访而建造的。得益于与附近的犹太村庄一直维系着良好的关系，吉斯尔在1948年的战争中未受损害。

尽管存在缺点，但**Juha's Guesthouse**（052 862-2088，058 588-5589；www.zarqabay.com；Markaz Al Qarya，Rte 6531；铺 85NIS，房间 320NIS，带公共浴室 250NIS；）在偏离以色列观光路线绕道而来的背包客中却出乎意料地备受追捧。这家客栈由吉斯尔本地人艾哈迈德（Ahmed）和以色列犹太人妮塔（Neta）经营，能提供一间可以睡8个人的宿舍、带公共浴室和私人浴室的双人间（后者在一栋偏僻的独立附属建筑内），以及舒适的休息室和与之毗邻的厨房。

通往吉斯尔阿扎尔卡的公路是Rte 6531，这条路可以经由Rte 4（即旧特拉维夫—海法公路）到达，但是无法经Rte 2（即新特拉维夫—海法公路）前往。Kavim运营的69路长途汽车连接着吉斯尔阿扎尔卡与宾亚米纳（Binyamina）的火车站（12分钟，周日至周四每天4或5班，周五2班）。

四 8:00~23:00）这家经营有方的犹太洁食餐馆供应几乎所有你能想象到的鱼类菜肴：自制寿司、味道浓郁的酸橘汁腌鱼、烤鲻鱼和海鲷，或是把大块三文鱼卷入意式扁面条。每道菜的烹制和摆盘都令人满意，而且服务热情，当地出产的葡萄酒也令人流连忘返。

购物

HaMeyasdim St沿线的很多石砌建筑都被改造成了精品店和珠宝店。这条街是购买独特的女装、配饰、手工制作的纪念品和化妆品的好去处。进入庭院还能找到一些最有趣的发现。

到达和离开

长途汽车站位于HaNadiv St，在第一波大回归博物馆和HaMeyasdim St的步行街区之间。Egged运营的202路长途汽车可以到达海法-霍夫哈卡梅尔（14.50NIS，30分钟，周日至周四每天13班，周五6班，周六晚上1班）。要去特拉维夫，可以搭乘Egged运营的872路长途汽车（21.50NIS，2.25小时，周日至周四每天8班，周五5班，周六晚上3班），这趟车会在中央长途汽车站和Arlozorov长途汽车站停站。

梅伊可德姆（Mey Kedem） מי קדם مي كيدم

梅伊可德姆隧道 考古遗址

（Mey Kedem Tunnel；☎04-638-8622；www.meykedem.co.il；Moshav Amikam；成人/儿童30/25NIS；⊙3月至10月 周六至周二 9:00~16:00，周五 至13:00）为了向凯撒利亚供水，罗马人修建了总长23公里的非凡系统，包括运河、管道和高架渠，以及一条6公里长的隧道。如果你不介意蹚过70厘米深的水，就到这段300米长的隧道来一探究竟吧！要带上手电筒、替换的衣物和不怕弄湿的鞋。门票包含1小时的导览游。如果你带着孩子，尤其是在炎热的夏天，这会是一项非常有趣的活动（但是不适合有幽闭恐惧症的人）。

陆路交通方面，梅伊可德姆位于宗教社区莫沙夫阿米卡姆（Moshav Amikam）附近，属于更大的阿洛娜公园（Alona Park）的一部分，而且距离济赫龙雅各布18公里远。

凯撒利亚（Caesarea） קיסריה قيسارية

☎04/人口：4800

凯撒利亚（又称Qeysarya，希伯来语中的发音为“kay-sar-ee-ya”）坐落在清澈的地中海海岸上，这里散布着年代久远的遗迹。凯撒利亚曾是一座众所周知的港口城市，足以与亚历山大（Alexandria）和迦太基（Carthage）相媲美，现在这里被分成了新老两个部分：古城的遗迹构成了凯撒利亚国家公园，而时髦雅致的住宅区——以及以色列唯一的国际高尔夫球俱乐部——则位于东部。

尽管各个征服者都试图维持这座港口的正常运转，但时间和战争最终还是占了上风。到了14世纪，凯撒利亚的大部分区域因沙丘移动而消失了。考古发掘工作揭示了令人印象深刻的罗马遗址（在以色列，只有贝特谢安可与之相比）。闭上眼睛，想象战车绕着圆形剧场疾驰，喃喃的祈祷声在幽暗的密特拉神殿里回荡；然后睁开眼睛，看看数不胜数的海滨咖啡馆和餐馆，你可以在那里享受美食，直到深夜。

历史

据古代文献记载，凯撒利亚最初是在希腊化时代作为腓尼基人的定居点繁荣起来的。公元前30年，大希律王（Herod the Great）获得了这片土地，几年后，他开始修建当时的人们所能想象到的最宏伟奢华的港口城市，准备把它献给他的庇护人——罗马皇帝奥古斯都·凯撒（Augustus Caesar）。之后的12年，成百上千的建筑工人及潜水员一直夜以继日地工作。为了建造海港的两座防浪堤（南侧的长540米，北侧的270米），大量的石块被投入海洋。

在推进大规模建设工程的过程中，希律王日渐专横残暴，不服从他命令的人通常都会被处死。希律王因“屠杀无辜者”（Massacre of the Innocents，《马太福音》2:16-18）的恶行被记入《圣经》，据说他曾下令杀死伯利恒的所有男婴，以避免他的王位被预言中的犹太人之王夺去。希律王死后，滨海凯撒利亚（Caesarea Maritima）成了罗马犹太行省的首府——当时该城处于鼎盛期，有5万居民。

公元26年至36年，本丟·彼拉多（Pontius Pilate）在这里担任地方行政长官。人们在剧院的遗址中发现的铭文上出现了他的名字，这成了仅有的一项考古证据，证明这位在《圣经》中下令把耶稣钉死在十字架上的人确实存在；铭文的原件现在在耶路撒冷的以色列博物馆（见89页）展出。据《新约》（《使徒行传》10）记载，这里的卫戍部队中有一位名叫哥尼流（Cornelius）的罗马百夫长，他是最早皈依基督教的非犹太人，彼得曾亲自为其施洗。

凯撒利亚被认为是最初的宗教紧张局势的发生地点，所引发的骚乱最终导致了第一次犹太-罗马战争（公元66年至70年），在此次战争中犹太人奋起反抗，最后被罗马人镇压（犹太人因此被驱逐出耶路撒冷）。数千名俘虏在凯撒利亚的露天剧场被处死。大约65年后，在罗马人镇压了巴尔·科赫巴起义后，这座露天剧场再次成为残忍的舞台，包括阿基瓦拉比（Rabbi Akiva；见226页）在内的10位犹太圣人被当众拷打并被处死。

这座城市在640年被阿拉伯人攻占，随后变得破败不堪。1101年，鲍德温一世（Baldwin Ⅰ）率领十字军从穆斯林手中夺取了凯撒利亚，并在城中发现了Sacro Catino，一个六边形的绿色玻璃碗，他们坚信这就是圣杯（Holy Grail，即最后的晚餐中耶稣用过的容器）。这个玻璃碗现在被保存在热那亚的圣洛伦佐主教座堂（Cathedral of St Lorenzo）内。十字军将阿卡和雅法定为他们的主要港口，因此只有部分希律王时期的凯撒利亚得到了重建。

这座城市在十字军和穆斯林之间易手了4次，直到法兰西国王路易九世（Louis Ⅸ）于1251年占领了它。他在这一年兴建了大部分今天依然能看到的防御工事，但事实证明，这完全无法抵御马穆鲁克苏丹Beybars的猛攻，他于1265年突破了十字军的防御，摧毁了这座城市。

随着时间的流逝，废墟仍然被遗忘在那里，并逐渐被不断移动的风沙掩埋。1878年，来自波斯尼亚的穆斯林难民逃离被奥地利占领了的祖国之后，被土耳其人安排定居在这

Ancient Caesarea 凯撒利亚古城

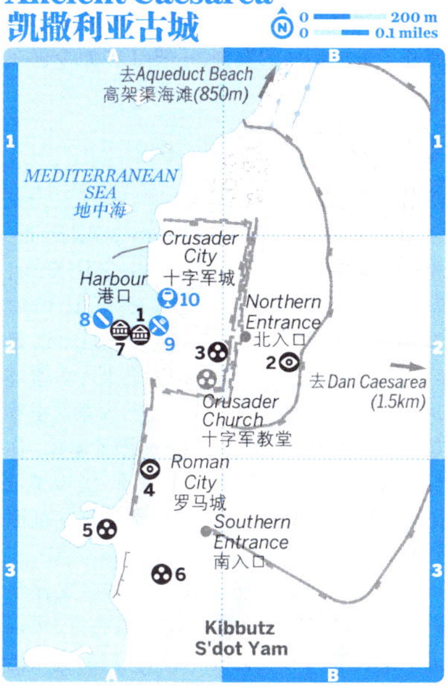

Ancient Caesarea 凯撒利亚古城

景点

1 凯撒利亚历程 A2
2 Cardo B2
3 十字军城 A2
4 希律王露天圆形剧场 A3
5 海角宫殿 A3
6 罗马剧院 A3
7 时间塔 A2

活动、课程和团队游

8 Old Caesarea Diving Centre A2

就餐

9 Helena A2

饮品和夜生活

10 Beach Bar A2

里——靠近港口的清真寺和宣礼塔可以追溯到这一时期。1948年战争爆发，他们的后代逃离或被迫离开了家园。

直到1940年Kibbutz S' dot Yam建立，古老的凯撒利亚才开始重新发展。农民们在耕种的时候发现了古老城市的碎片，很快就

吸引来了考古学家。从20世纪90年代开始，来自美国和以色列各地的考古团队在这里展开了更加彻底的发掘，一些工作如今仍在继续。

景点

凯撒利亚国家公园 考古遗址

（Caesarea National Park；www.parks.org.il；成人/儿童 39/24NIS，仅港口 14NIS；⏲4月至10月 周六至周四 8:00~17:00，周五 至16:00，11月至次年3月 周六至周四 8:00~16:00，周五 至15:00，最后入园时间为关门前1小时）这片大型考古遗址就位于海边，有阵阵海浪拍来，给探索这里罗马和十字军时代遗迹的体验平添了趣味。你可以弯下身通过宏伟的石砌拱顶，漫步于希律王时代庞大的露天剧场，并凝视许多征服者留下的遗迹。

全价票可以进入罗马遗迹和多媒体演示场；仅限港口的门票在北入口有售，可以进入港口区和十字军城。公园关门后进入港口——包括餐馆和酒吧——是免费的。

从北侧的十字军大门进入，你会经过Cardo（发掘出来的拜占庭街道）和一座十字军城的遗迹。南边是神庙祭坛，希律王统治时期，这是献给罗马和奥古斯都的神庙，不过多年来，这里建造又拆毁了一系列的敬奉场所：拜占庭教堂、清真寺以及十字军时代的教堂。在码头上，游客可以进入展现古代凯撒利亚的多媒体展示场，包括时间塔（Time Tower）和凯撒利亚历程（Caesarea Experience，Time Trek；⏲4月至10月 周六至周四 8:00~17:00，周五 至16:00，11月至次年3月 周六至周四 8:00~16:00，周五 至15:00，最后入场时间为关门前1小时）。

继续向南走会来到国家公园的标志性展区——希律王露天圆形剧场（Herodian Amphitheatre），这座能容纳10,000名观众的竞技场是奴隶和囚犯与野兽搏斗的地方，还有战车沿着U形跑道疾驰。在露天剧场南端突出伸入大海的是罗马时代的海角宫殿（Promontory Palace），另外还有一座以色列历史最悠久的剧院罗马剧院（Roman theatre），就位于东侧。

凯撒利亚国家公园有两个入口：北入口（即十字军大门）进去后会穿过十字军城墙到达港口和那里的餐馆；在其南边600米处是南入口（即罗马剧院）。巴士旅游团经常让游客从一个入口下车，然后在另一个入口接他们上车。如果你是自己开车，想玩一圈后回来取车，北入口更合适。

十字军城 考古遗址

（Crusader City；Caesarea National Park）这座由最初建于9世纪的城墙围绕着的坚固的阿拉伯城市，后被法兰西国王路易九世（即圣路易）扩建成了十字军堡垒，他更为人所熟知的是建造了巴黎的圣礼拜堂（Ste-Chapelle）。这里900米长、13米高的护城墙加上9米深的城壕，使通行难上加难。要纵览遗址的全景，可以从港口边的宣礼塔处爬上斜坡。一条小路通向一座13世纪建造的十字军教堂（Crusader Church）的遗迹（有三座圆形后殿），这是在一座更老的拜占庭教堂的原址上修建的。

这座荒废的城位于国家公园的北入口和港口之间，只要公园开放就可以进入。

滨海凯撒利亚博物馆 博物馆

（Caesarea Maritima Museum；☎04-636-4367；www.caesareamuseum.com；Kibbutz S' dot Yam；成人/儿童 18/12NIS；⏲周日至周四 10:00~16:00）这座博物馆展出了从罗马到十字军时期古代凯撒利亚的硬币、双耳陶罐、珠宝及其他遗物。该馆位于Kibbutz S' dot Yam，在国家公园南入口以南约600米处设有路标。你还会发现一些来自凯撒利亚老犹太会堂的犹太墓碑和宗教物品。

高架渠海滩 海滩

（Aqueduct Beach；Caesarea Beach）**免费** 如其名，这片金色海滩就在凯撒利亚的一段古罗马高架渠旁边。从凯撒利亚古城沿公路向北前行2.5公里即可到达。

活动

Old Caesarea Diving Centre 潜水

（☎04-626-5898；www.caesarea-diving.com；Caesarea Harbour；设备租赁 每天 165NIS，潜水体验 含设备 240NIS，开放水域潜水员证书 1460NIS；⏲4月至11月 周日至周四 9:00~17:00，周五和周六 7:00~17:00，12月至次年3月 周日至周四 10:00~16:00，周五和周六 7:00~16:00）这家

通过了完整认证且久负盛名的潜水中心提供最深可达6米的半小时潜水体验（无潜水资格证要求），以及初级和高级的国际专业潜水教练协会（PADI）培训课程。所以在去埃拉特之前，你可以在这里取得或者更新自己的潜水证书。

住宿

★Grushka Country Accommodation 客栈 $$

（04-638-9810; www.6389810.com; 28 HaMeyasdim St, Binyamina; 双 385~540NIS，加一人 90NIS; P@）热情洋溢的荷兰老板为这家亲切友善的客栈定下了基调。这里有4个房间，木制天花板、阁楼房间和偶尔能看到的木鞋为客栈注入了荷兰风情。有一座安静的后花园，那里有露台椅。早餐需额外付费。从宾亚米纳（Binyamina）火车站步行10分钟就可以到达。

Dan Caesarea 酒店 $$$

（04-626-9111; www.danhotels.com; 1 Rothschild St; 双 US$260~350; P@）这座度假村位于国家公园往内陆方向1.5公里处，豪华舒适得令人无可挑剔。房间以米褐色为主调，配有宽大的床和现代的浴室；大多数房间带阳台，其中最好的朝向大海。铺着木地板的豪华健身房紧挨着桑拿浴室、按摩浴缸和按摩室。这里还有一家儿童俱乐部，露天游泳池（4月至10月）周围环绕着草坪躺椅和棕榈树。

就餐

港口有六七家中高档餐馆，是享受海滨大餐的绝佳去处——就算你对那些古代文明毫无兴趣，也值得来此一游。餐馆会供应各种菜肴，从中东的主食到海鲜，应有尽有。

★Helena 地中海菜 $$$

（04-610-1018; www.hellena.co.il; Caesarea Harbour; 主菜 70~120NIS; 正午至23:00）这家岸边餐馆很雅致，厨师在做菜时借鉴了意大利和希腊美食。菜单涵盖广泛，从经典的小馆菜肴（枫糖猪肉、烤海鲷）到各种新奇的风味搭配，比如茴香柚子沙拉以及苹果酒煎贻贝。服务力求亲切友好，不过有点儿华而不实，一如其点缀着现代艺术品的石头内饰。

饮品和夜生活

Beach Bar 酒吧

（04-636-3989; www.beach-bar.co.il; Caesarea Harbour; 啤酒 28~32NIS，主菜 50~100NIS; 3月至10月 9:00至深夜，冬季缩短时间）这家酒吧坐落在一处受到保护的小海湾内（这里没有救生员，但是可以免费进入）。点一杯饮品或者一些吃的（沙拉、炸肉排和薯条、比萨、汉堡包），你便可以使用躺椅、遮阳伞以及更衣室。周四从21:00开始可以听到希腊音乐，周五是爵士乐，从19:00开始，而周六的巴西音乐从21:00开始。

到达和离开

凯撒利亚位于海法以南40公里、特拉维夫以北57公里处。从济赫龙雅各布（东北方14公里处）前往这里很容易，离吉斯尔阿扎尔卡也不远，就在其南边10公里处（沿Rte 4）。

Kavim运营的80路长途汽车连接着国家公园与Caesarea-Pardes Hanna火车站（30分钟），每1~2小时发出1班车；从该火车站开出的火车去往特拉维夫（22NIS，1小时），并且经宾亚米纳去往海法（20.50NIS，45分钟），都是至少每小时1班。或者，也可以乘坐Kavim运营的68路长途汽车到宾亚米纳火车站，那里也有开往特拉维夫（22NIS，1小时，每小时4班）和海法（20.50NIS，30分钟，每半小时1班）的火车。

搭乘出租车去往宾亚米纳或Caesarea-Pardes Hanna火车站的费用都在50NIS左右。

阿卡（Akko, Acre） عكا עכו

04/人口：47,675

阿卡坐落在一座伸入地中海的半岛之上，这里的十字军城墙内堆积着数个世纪的历史。在被海风磨光了的城墙上方，铅笔状的宣礼塔和着了色的教堂圆顶格外引人注目。石头堡垒和深深的护城河，与750年前迎接马可·波罗及无数途经此处的朝圣者、神秘主义者和学者的并无二致。

阿卡在2001年被列入联合国教科文组织的世界遗产名录，如今这里有种杜布罗夫尼

克那种海滨胜地的感觉，只是还不够完善。迷宫般的市场里飘散着咖啡、香料和炸鱼的香气，老城区蜿蜒的小巷则引着迷失了方向的游客越走越深。

从海法出发到阿卡老城一带进行一日游非常轻松，但是景点非常多（餐饮业也很棒），很值得留宿一晚。不管怎样，最好抽出一些时间，收起地图，任由自己穿梭在阿卡杂乱却令人沉醉的街道中。

历史

阿卡被视为中东地区持续有人居住时间最长的城市之一，这里的考古遗址可以追溯到青铜时代早期。公元前333年，亚历山大大帝准许这座城市铸造钱币，并一直延续了6个世纪。亚历山大去世后，阿卡被埃及的托勒密王朝（Ptolemites）占领。公元前200年，又落入了叙利亚的塞琉古王朝（Seleucids）手中，他们努力保持着对阿卡的控制，直到庞培（Pompey）率领的罗马人到来，后者开启了长达2个世纪的统治。

阿拉伯人于638年占领阿卡。这座城市享受了一段相当平静的时光，直到1104年十字军到来并占领了它。十字军将阿卡建成了他们的主要港口（同时也是通往欧洲的生命线），并对那些来自热那亚、比萨和威尼斯等相互竞争的意大利海滨城市的商人提供单独的区域。该市在1187年落入萨拉丁（Saladin）手中，然而4年后，在第三次十字军东征期间，英格兰的理查一世（即狮心王理查）和法国的腓力二世又率军夺回了这里的控制权。

在十字军的统治下，这座拥有约60,000人口的城市成了巴勒斯坦地区最重要的犹太人社区之一的所在地。西班牙哲学家、学者和医生迈蒙尼德（Maimonides）曾于1165年在这里居住过5个月，而加泰罗尼亚哲学家、卡巴拉主义者和圣经注释者纳贺蒙尼德（Nahmanides）也于1267年，在去往耶路撒冷的路上经过了阿卡。

1291年，马穆鲁克带着一支人数超过防御者10倍的军队出现了。经过两个月的围困，这座城市的大部分居民都逃往了塞浦路斯，城市最终失守。为了防止阿卡再次被基督教势力夺走，马穆鲁克将城市夷为平地；在接下来的450年里，这里一直是一片废墟。

阿卡的重生是波斯尼亚雇佣兵艾哈迈德·帕沙（Ahmed Pasha）的功劳，他的另一个名字“屠夫”（杰扎尔，Al Jazzar）更为人所熟知，因他在镇压起义时表现出的冷酷无情而得名。“屠夫”利用软弱而腐败的奥斯曼帝国政府，建立了一处几乎独立的封地，并迫使港口恢复了正常运转。到了1799年，这座城市已经变得举足轻重，就连30岁的拿破仑（Napoleon）都试图将其占领。但是，“屠夫”在英国舰队的帮助下击退了他；据说，拿破仑在雅法沦陷后屠杀奥斯曼战俘的消息加强了防御者们的决心。在拿破仑努力进攻阿卡的过程中，最不可思议的目击者之一是哈西德派神秘主义者和空想家Rabbi Nachman of Breslov（1772~1810年），他在前往圣地朝圣后返回乌克兰的途中，在这里度过了一个混乱的安息日。

阿卡一直在奥斯曼帝国的统治下保持着它的地位，直到1918年9月，英国占领了巴勒斯坦的北部地区。他们在海法建造了现代化的港口设施后，阿卡的重要性开始减弱，不过其城堡仍然是巴勒斯坦的主要监狱。20世纪30年代，阿卡成了阿拉伯人敌视犹太移民的温床，但是在1948年，犹太军队非常轻松地占领了这座城市；约17,000名阿拉伯居民中的四分之三被驱逐或者逃离。

今天的阿卡和海法一样，是一座混合型城市：居民中大约70%是犹太人，30%是阿拉伯人；而老城区的人口约95%都是阿拉伯人。近年来，来自加利利地区周边村庄的阿拉伯家庭一直在迁入这座城市历史上的犹太社区。

景点

自助游览阿卡的十字军景点至少要花2小时，但是不必把所有安排都塞进一天：联票（含土耳其浴室成人/儿童62/54NIS，不含浴室40/36NIS）的有效期长达一年。另外联票也非常划算，涵盖了罗斯哈尼卡拉石窟（Rosh HaNikra Grottoes；成人/儿童95/80NIS；见204页）和位于洛哈梅哈格塔奥特基布兹的大屠杀博物馆（Holocaust；72/64NIS）。

老城区

城墙

古迹

被穆斯林、十字军和马穆鲁克加固、破坏又重新构筑了防御工事的阿卡老城，被西面、南面和东南面的海堤，以及护城墙（你可以在上面行走）环绕着。干涸了的护城河主要建于1750~1840年，位于老城的北方和东北方。

在老城的东北角矗立着堡垒Burj Al Kommander，这里视野极佳，可以一览阿卡的天际线。Land Wall Promenade——从老城区内部经楼梯可以到达——从这里向南延伸200米，到达建于12世纪的陆门（Land Gate），这座大门曾是该城唯一的陆路入口。在1910年之前，除陆门以外进出老城的唯一通道是海门（Sea Gate），如今它面朝码头以及那里五彩缤纷的渔船。

老城的西北角是临海的Burj Al Karim，也被称为“英国堡垒”。建于12世纪的海堤（18世纪由“屠夫”重修了墙面，所用的石材来自阿特利特的十字军城堡）从这里向正南方延伸（与HaHagana St平行），直至带有黑白条纹的灯塔，然后向东通往码头，这一段路上有可以漫步的Sea Wall Promenade。

★骑士厅

古迹

（Knights' Halls; Hospitaller Fortress; 成人/儿童 25/22NIS; ⏲周六至周四 8:30~17:00，周五至16:00）带有石头拱顶的骑士厅是阿卡无比吸引人的景点。漫步在这些回荡着回声的房间里，你会对曾经在这里巡逻、用餐和祈祷的中世纪骑士产生深刻的了解，这非常有趣。语音导览（含在门票内）会让城堡中昔日生活的声音和气息变得鲜明，这座城堡是医院骑士团（Hospitallers，修道院的军事组织）在800年前修建的。美丽大厅（Beautiful Hall）是现存遗迹中最令人赞叹的一处，这是当年迎接去往圣地途中的朝圣者的地方。

土耳其浴室-国家考古学博物馆

博物馆

（Hammam Al Pasha, Turkish Bathhouse; 成人/儿童 25/21NIS）这座土耳其浴室是“屠夫”在1780年修建的，而后一直使用到20世纪40年代，其内部有装饰华丽的大理石，而且贴着瓷砖。现在这里有一场围绕最后一名浴室服务员而展开的30分钟多的媒体展示，其间穿插了对奥斯曼帝国时代的阿卡日常生活的深刻见解。展示比较庸俗，但也令人苦笑，会引导戴着耳机的参观者在不同的房间里转悠，同时重现土耳其浴室昔日的景象和声音。

圣殿骑士隧道

隧道

（Templars' Tunnel; 成人/儿童 15/12NIS; ⏲周六至周四 9:30~18:30，周五 至17:30，冬季提前1小时关闭）这条非凡的地下通道长达350米，由圣殿骑士团（Knights Templar，一个基督教军事团体）建造，目的是将他们的主要堡垒——就位于阿卡老城西南角上带有黑白条纹的灯塔北侧——与码头（Khan Al Umdan）连接在一起。1994年，人们偶然发现了这条隧道。

隧道的两端都可以进入，在两端的入口处都可以买到所有十字军景点的门票。进入隧道后，可以按钮选择观看希伯来语还是英语的介绍影片。

高墙宝藏博物馆

博物馆

（Treasures in the Wall Museum; Burj Al Kommander; 成人/儿童 15/12NIS; ⏲10:00~17:00）这座传统手工艺博物馆嵌在老城东北角上面的城墙里，能让你领略一个世纪以前的加利利地区。该馆布置得就像是一座奥斯曼帝国末期的加利利小镇集市，里面有铁匠、锡匠、制陶工人、药房、牙医、金匠和木工的店铺，还有镶嵌着珍珠和骨头的大马士革家具。

博物馆的入口位于Land Wall Promenade，从街面经几段楼梯进入。

杰扎尔清真寺

清真寺

（Al Jazzar Mosque; ☎04-991-3039; Al Jazzar St; 10NIS; ⏲冬季 8:00~11:00、11:45~15:00和15:30~18:00，夏季 8:00至正午、12:45~16:00和16:45~19:30，周五的祈祷间隔延长）带有绿色穹顶的杰扎尔清真寺，及其拥有124级楼梯的纤细的宣礼塔，构成的优美轮廓耸立于阿卡老城的北端。“屠夫”以经典的奥斯曼土耳其建筑风格亲自设计了这座清真寺，并于1781年监督了清真寺的建造。其内部是精心修复了的大理石敏拜尔（minbar，即讲经坛）和装饰复杂华丽的米哈拉布（mihrab，指示

Akko (Acre) 阿 卡

Akko (Acre) 阿 卡

重要景点

1 骑士厅 C2

景点

2 杰扎尔清真寺 C2
3 城墙 D1
4 土耳其浴室 B2
5 白色市场 C2
6 圣殿骑士隧道 B4
7 高墙宝藏博物馆 D1
8 地下囚禁者博物馆 B1

活动、课程和团队游

9 Ghattas Turkish Baths A4

住宿

10 Akko Gate Hostel D2
11 Akkotel D2
12 Efendi Hotel B2
13 HI Knights Hostel C2

就餐

14 Abu Suheil C2
15 Doniana B4
16 El Marsa C4
17 Hummus Said C3
18 Kukushka B2
19 Uri Buri A4

饮品和夜生活

20 El Bourj Cafe C3

娱乐

21 阿卡戏剧中心 C2

购物

22 Kurdi Spice & Coffee D2

麦加方向的壁龛），上方蓝色和绿色的瓷砖上装饰着优美的书法。穿着要得体（盖住从肩膀到膝盖的部位），女性必须用披肩遮住头部。

这座清真寺矗立在一座十字军主教座堂的原址之上，后者的地下室曾被土耳其人用作蓄水池。庭院中的石柱是从古罗马的凯撒利亚“搬来的”。

在宣礼塔的底部周围，有一座双圆顶的小型建筑，里面安放着“屠夫”及其养子兼继承人苏莱曼（Süleyman）的石棺。

地下囚禁者博物馆 博物馆

（Underground Prisoners Museum；☎04-991-1375；HaHagana St和老城北部城墙交叉路口；成人/儿童 15/10NIS；⏲周日至周四 8:30～16:30）这座博物馆专门用于纪念英国托管时期的犹太武装抵抗运动。其所在建筑是一栋土耳其人在18世纪末建造的巨大建筑，该建筑位于13世纪由十字军打下的地基之上。后来奥斯曼帝国和英国都把这里用作监狱。曾被监禁于此的囚犯包括犹太复国主义修正派的领导人泽夫·扎博京斯基（Ze' ev Jabotinsky，1920～1921年），以及8名被处以绞刑的犹太地下组织战士。该馆由以色列国防部管理，要出示护照方可入内。

博物馆内到处都是灰色的雕像，而且播放着叮当作响的铁链声，营造了一种阴郁无望的氛围。影片讲述了1947年伊尔贡（Etzel，Irgun）大胆的集体越狱行动（该事件的电影版《出埃及记》就是在这里拍摄的）。

19世纪末，巴哈伊信仰的创始人巴哈乌拉曾被奥斯曼帝国囚禁在这里。他的牢房成了巴哈伊信徒的圣地，仅向巴哈伊朝圣者开放。

白色市场 市场

（Souq Al Abiad；Salah Ad Din St；⏲8:00至将近黄昏）最早位于这个地方的奥斯曼帝国时代的市场在建成后不到一年就被烧毁了；根据当地传说，这场火灾归咎于一名粗心的水烟烟民。人们匆忙重建了市场，直至今日，这里依然挤满了摊位：甘蔗被榨成汁，一袋袋藏红花满得仿佛要将袋子撑破，库纳法切成了块，小贩们则叫卖着凉鞋、灯笼和围巾等杰出的手工艺品。

巴哈伊景点

阿卡主要的巴哈伊景点位于老城区东北方4.5公里处，就在Rte 4和Rte 8510交会的地方。途经此地的长途汽车包括Nateev Express运营的271路（周日至周五下午每10～15分钟1班，周六晚上每45～60分钟1班），这趟车也去往纳哈里亚（1小时）、阿卡（25分钟）和Haifa-Merkazit HaMifratz（50分钟）。

巴哈伊花园 花园

（www.ganbahai.org.il；Rte 4；⏲周三至周一 9:00～16:00，周二 正午至16:00）**免费** 尽管这些正式花园的规模比不上海法颇为陡峭的巴哈伊花园（见168页），但这些花园极其优美，拥有精心照料的花坛、喷泉以及修剪得细致入微的草坪。花园环绕着巴哈乌拉陵寝（www.bahaullah.com；⏲周五至周一 9:00至正午）**免费**，这是巴哈伊信仰创始人的安息之所。

阿尔加曼海滩 海滩

这片宽阔的城市沙滩配备了救生人员。虽然不是以色列最好的海滩之一，但是能让你在探索阿卡古老景点的过程中度过愉快的休息时间。位于老城区东南方大约1.5公里处。

活动

从码头出发的船夫会提供非常炫目的兴奋旅程（每人20NIS），他们会伴着活力十足的阿拉伯流行音乐，带你环绕城墙巡游。

Ghattas Turkish Baths 公共浴室

（☎04-689-7462；www.ghattasbath.com；11 HaHagana St；2小时 每人 300～400NIS，最少2人；⏲9:30～19:30）至少要提前几天预约，才能到这家奢华的土耳其公共浴室来享受橄榄油去角质美体和按摩。将这座奥斯曼风格的建筑改造成传统的公共浴室，是出生于阿卡的老板埃米尔·加塔斯（Emil Ghattas）为爱好付出的劳动，这里的大理石配件确实能让人唤起了一个逝去时代的精神。水疗中心设有土耳其浴室、干式桑拿室、热水浴缸和传统的护理治疗区。

节日和活动

另类戏剧节 戏剧节

（Alternative Theatre Festival；☎门票 04-

838-4777; www.accofestival.co.il)阿卡的艺穗节把演出带到海滩、街道以及老城区的古老建筑内，节日里通常会举办很多活动（票价40NIS起），彰显该地区多元文化竞相绽放的场面。

住宿

不同消费水平的旅行者都能在阿卡老城区的城墙内找到合适的住处。在价位较低的一端，历史悠久的客栈可能很迷人，但是以相同的标准而言不够便利（手机信号差、维护水平参差不齐）。相比之下，高档酒店则将奥斯曼帝国式的奢华演绎到了极致。在城墙环绕的城市的东南侧，有一些现代的海滩度假村。

Akko Gate Hostel 青年旅舍 $

（04-991-0410; www.akkogate.com; 13/14 Salah Ad Din St; 铺/双/标三/四 US$20/78/110/125; @ 🛜）这家开业已久的青年旅舍由友好的瓦利德（Walid）经营，位于老城区，就在Salah Ad Din St的市场和炸豆丸子小店附近，位置令人羡慕。房间有些陈旧，以熟铁床架和瓷砖地板为特色。这些房间设在一栋奥斯曼帝国时代的建筑内，每间都配备了小冰箱和电视。

HI Knights Hostel 青年旅舍 $$

（02-594-5711，预订 1-599-510-511; www.iyha.org.il; 2 Weizmann St; 铺 135~155NIS，双380~500NIS; @ 🛜）这家青年旅舍是国际青年旅舍联盟（IYHA）的成员。旅舍看上去更像是古老城墙的一部分，而不是一家现代的旅舍。这里有76个房间，经营管理得非常有规律。干净的宿舍和私人房间感觉有些刻板，不过建筑具有不同寻常的特色，包括一条贯穿其中的古代高架渠，以及庭院中的遗迹。要尽早预订，因为这里很受团队游客青睐。

★ Efendi Hotel 历史酒店 $$$

（074 729-9799; www.efendi-hotel.co.il; Louis IX St; 双 US$320~730; 🛜）跟举世闻名的Uri Buri餐馆拥有同样的经营者，因此这家精品酒店是奥斯曼帝国式奢华的最高代表也就不足为奇了。Efendi占据着两座奥斯曼帝国时代的城市住宅，这两栋建筑在文物专家的监督下修复得完美如初。这里有12个房间，皆饰以大理石配件、土耳其小地毯、干净的白色墙壁，宽大的床上还铺着埃及棉织品。

便利设施包括土耳其浴室、可以观赏海景的屋顶露台，以及建于十字军时期的地下室，现在它被改造成了一家葡萄酒吧。

Akkotel 酒店 $$$

（04-987-7100; www.akkotel.com; 1 Salah Ad Din St; 标单/双/标三/四 US$165/200/250/290; P @ 🛜）这家由家庭经营的酒店镶嵌在老城的护城墙中，拥有16个装饰各不相同的房间（包括5个家庭房）。拱顶和石墙（约1米厚）给公共区域和很多房间带来了些许老城气氛，而屋顶露台可以欣赏城市和海湾的绝佳美景。停车位有限，所以要提前问。

就餐

阿卡老城有一些很不错的就餐选择，特别是在你想吃海鲜的时候。许多餐馆和咖啡馆都坐落在Khan Ash Shawarda的土耳其拱廊下方。如果想找便宜的食物，Salah Ad Din St沿线有几个地方出售鹰嘴豆泥、炸豆丸子和沙威玛。鹰嘴豆泥小店通常从早上营业到15:00（如果鹰嘴豆泥售罄，会提早关门）。

Hummus Said 中东菜 $

（04-991-3945; 鹰嘴豆泥 17NIS; 周日至周五 6:00~14:30; ）价格便宜又非常令人满意，Said柔软细腻的鹰嘴豆泥在阿卡位列榜首，而且会配上大量的泡菜、沙拉和皮塔饼，还有作为装饰菜附赠的蚕豆和大蒜。很可能要排队等候。

Abu Suheil 中东菜 $

（Hummus Suheila; 04-981-7318; 14/21 Salah Ad Din St; 鹰嘴豆泥 20NIS; 周三至周一 9:00~17:00）在这家极其低调的中东小店里，迎接客人的是灿烂的笑容，以及堆得高高的柔滑细腻的鹰嘴豆泥，上面还覆盖着松仁，也提供热乎乎的刚出锅的炸豆丸子和各种各样的沙拉。留意带有希伯来字母的黑色招牌。

Kukushka 快餐 $$

（04-901-9758; Turkish Bazaar; 小吃40NIS; 11:00~18:00或更晚）这家店是做什么的？土耳其集市（Turkish Bazaar）中出售

淡啤酒、蟹肉炸豆丸子和虾串的时髦小店？Kukushka感觉就像是一个美味秘密的藏匿之处。让人吃了还想吃的小吃可谓是边吃边逛的理想选择。

Doniana 海鲜 $$

（☎04-991-0001；Pisan Harbour；主菜 48~115NIS；⏰正午至午夜；✍）美味的烤鱼和海鲜与迷人的地中海风光，使这家餐馆成了享受浪漫晚餐的绝佳选择。喜欢肉食的人可以点一份软嫩的牛排，或许还可以配上产自戈兰高地的红酒。菜肴都配有自助式配菜和沙拉（单点费用为45NIS）。

餐馆名称的阿拉伯语读音为“dun-ya-na”，意思是“我们的世界”。从Pisan Port的东端走上台阶就能找到这里。

★ Uri Buri 海鲜 $$$

（☎04-955-2212；HaHaganah St；主菜 82~134NIS，半份 51~78NIS；⏰正午至午夜；✍）来Uri Buri用餐就足以让你把阿卡列入自己的行程安排。热爱海鲜的人很快就会明白，名厨乌里（Uri）为什么如此大名鼎鼎。可以先尝尝用芥末冰糕保鲜的、切得极薄的三文鱼生鱼片，再享用大对虾和洋蓟配黄油黑米面条，或者椰奶苹果炖海鲈。

美食家们会欣喜地发现这家餐馆鼓励点两个半份，而不是一道单独的主菜（分量也相当大）。

不论是全素、无麸质、不含乳糖还是有其他的饮食要求，这里由衷热爱着本店菜品的员工都乐于帮你准备。建议提前打电话预订，特别是在周五和周六；工作日的午餐时间是临时造访的最佳时机。

El Marsa 地中海菜 $$$

（☎04-901-9281；www.elmarsa.co.il；Talmi St，Fisherman's Wharf；午餐套餐 80~90NIS，晚餐主菜 59~119NIS；⏰正午至午夜；✍👪）在米其林餐馆工作了一段时间后，大厨阿拉·穆萨（Alaa Musa）回到故乡阿卡，开了一家名为El Marsa的餐馆，他源自加利利又富有创意的菜单堪称是一大享受。酸橘汁腌鱼、烤尖吻鲈和当地香草制成的沙拉都很出色，还有一份不错的酒单与之相配。尽管坐落在一栋13世纪的建筑内，但是这家港口边的餐馆感觉清新而现代。

🍷 饮品和夜生活

El Bourj Cafe 咖啡

（☎053 937-4925；Khan Ash Shawarda；⏰10:00至午夜）El Bourj Cafe在18世纪的商队旅店所拥有的富有魅力的氛围下提供美味的咖啡。

☆ 娱乐

阿卡戏剧中心 剧院

（Akko Theatre Centre；☎04-991-4222；www.acco-tc.com；1 Weizmann St）阿卡戏剧中心在犹太和阿拉伯表演者之间架起了桥梁，并以向成人和儿童提供富有创意的多种专业演出活动而自豪，尤其是另类戏剧节（见199页）。

🛍 购物

土耳其集市 市场

（Turkish Bazaar；⏰8:00~18:00）这座集市是18世纪末作为阿卡的城市市场建立起来的，不过现在是手工艺品和纪念品摊贩的聚集地。商品的品质参差不齐，但敏锐的购物者可以在其间挑选首饰、肚皮舞披巾、篮子、香料等物品。

Kurdi Spice & Coffee 食品和饮品

（☎04-991-6188；Souq Al Abiad；⏰10:00~18:00）这家对游客非常友好的商店位于市场深处，从这里会有香草、香料和咖啡运往世界各地。

ℹ 实用信息

危险和麻烦

阿卡老城在天黑之后便会关闭，如果想在夜晚四处走动，要采取日常安全保护措施。

警察局（☎04-987-6736，04-987-6808；1 Weizmann St）这个社区派出所位于游客中心和隶属国际青年旅舍联盟的青年旅舍之间的停车场。

现金

老城区（例如Al Jazzar St 周边）有几家持有执照的货币兑换处。在新城区可以找到多家配备了自动柜员机的银行。

旅游信息

游客中心(Visitor Centre; ☎04-995-6706; www.akko.org.il; ⏰夏季 8:30~18:30, 冬季 至16:30, 周五提前2小时关闭; 📶)可以获取免费地图,看看这座城市的成比例模型,并观看8分钟的介绍影片(有9种语言)。中心前面的售票亭出售门票;可在第二座小亭子领取免费的语音导览器,就在骑士厅入口的后面(需要身份证件并支付押金)。

西加利利旅游信息中心(Western Galilee Tourist Information Centre; ☎04-601-5533; www.westgalil.org.il; Genoa Sq; ⏰周日至周四 9:00~17:00, 周五 至14:00, 周六 10:00~16:00)这个地区旅游信息中心有各种各样的小册子,能提供阿卡、一日游建议及其他方面的信息。

到达和离开

火车是从这里往返于纳哈里亚(7.50NIS, 10分钟, 每小时3班)、Haifa Merkaz-HaShmona(13.50NIS, 30分钟, 每小时3班)、特拉维夫(35.50NIS, 1.75小时, 每小时2班)和本-古里安机场(44NIS, 2小时, 每小时2班)最快捷的交通方式,沿途看到的风景也最美。

由Nateev Express运营的271路和361路长途汽车连接着阿卡与Haifa-Merkazit HaMifratz(16NIS, 35~45分钟, 每10分钟1班);271路会继续向北行驶,途经巴哈伊花园和洛哈梅哈格塔奥特基布兹,到达纳哈里亚(8.50NIS, 35分钟, 每10~15分钟1班)。

渡船(☎052 888-8784; 单程/往返 30/55NIS)连接着阿卡的老码头和海法港口,工作日每天发出2班,周六则为3班;行程45分钟,取决于海况。在出发时间前1小时内购票。

合乘出租车在阿卡的长途汽车站外候客,客满发车,去往海法(哈达尔)和纳哈里亚。

当地交通

要从**火车站**(Rte 8510)和相邻的长途汽车站前往阿卡老城,可以朝西南方向步行1.5公里(约20分钟),也可以搭乘**出租车**(☎04-955-5544),费用为15~25NIS。开车进入车道颇为狭窄的阿卡老城会很有压力,停车位也寥寥无几。在城墙环绕的城市入口周围有很多付费的停车位(有些按2小时计费,其他的则为全天20~25NIS)。

洛哈梅哈格塔奥特基布兹(Kibbutz Lohamei HaGeta'ot) كيبوتز مقاتلون קיבוץ לוחמי הגטאות

☎04

洛哈梅哈格塔奥特基布兹(名字意为"犹太区战士的基布兹")由"二战"期间在华沙犹太区以及波兰和立陶宛的森林里跟纳粹战斗的犹太人建立于1949年。今天,这个位于Rte 4东侧、坐落在阿卡和纳哈里亚中间的小社区设有两座博物馆,见证着令人难以置信的勇敢之举:从在下水道里密谋的惊险逃脱,到通过犹太教育和文化的秘密培养展开的精神反抗。从阿卡或纳哈里亚来此进行半日游,会带给你既感人又很有教育意义的体验。

景点

洛哈梅哈格塔奥特博物馆 博物馆

(Beit Lohamei HaGeta'ot, Ghetto Fighters' House Museum; ☎04-995-8014; www.gfh.org.il; 成人/儿童 含儿童纪念馆 30/15NIS; ⏰周日至周四 9:00~16:00; 🅿)这座博物馆建于1949年,与基布兹的创建时间相同,它是世界上第一座专门纪念华沙犹太区起义(Warsaw Ghetto Uprising)的大屠杀博物馆。基布兹的创始人认为他们有责任为后代记录下游击队员们的英勇之举,因此建立了这座博物馆。通过立体透视模型、视频,以及展示华沙犹太区居民创作的艺术品的幻灯片,博物馆提供了详尽生动的描述,不过陈列设计并不总是直观易懂的。

儿童纪念馆 博物馆

(Yad Layeled Children's Memorial Museum; ☎04-995-8044; www.gfh.org.il; 成人/儿童 含洛哈梅哈格塔奥特博物馆 30/15NIS; ⏰周日至周四 9:00~16:00; 🅿)坐落在一栋圆形建筑内,这座很有感染力的博物馆纪念着在大屠杀中丧生的150万犹太儿童,以象征的方式把他们的故事统一在了一起。该馆适合10岁及以上的人参观,会带领参观者了解"二战"期间关于犹太儿童的目击实录,包括躲避纳粹和集中营里的生活。

高架渠（Aqueduct） 古迹

这条奥斯曼帝国的高架渠是“屠夫”在1780年前后修建的，19世纪初进行过改造，曾用于给阿卡提供加利利高地的水源。在洛哈梅哈格塔奥特博物馆的入口处可以完美欣赏这个庞大建筑物。

就餐

★Alto Dairy 奶酪 $

（☎04-985-4802；http://altodairy.co.il；Kibbutz Shomrat；奶酪/主菜 10/60NIS起；⏰周日至周四 8:30~17:00）这座全部使用山羊奶的乳品农场位于洛哈梅哈格塔奥特以南1.5公里处，在小小的Shomrat内。淡黄色的Tomme奶酪、味道浓郁的青纹奶酪和浓得足以折断塑料勺的酸奶，只是这里令人高兴的美食之中的一小部分。农场由当地的农场主阿里埃勒·马赞（Ariel Mazan）经营，他酷爱营养丰富的优质山羊奶——这在出售的多种当地奶酪和甜品中都会使用这种山羊奶。

到达和离开

这座基布兹坐落在Rte 4沿线，基本位于阿卡和纳哈里亚的中间。很多长途汽车都经过此地并且连接着这两座城市，包括Nateev Express运营的271路（周日至周五下午每10~15分钟1班，周六晚上每45~60分钟1班）。去往阿卡或纳哈里亚的行程都是15分钟，费用为5~7NIS。

纳哈里亚（Nahariya） نهريا נהריה

☎04/人口：54,305

纳哈里亚跟佛罗里达州的迈阿密海滩结成了姐妹城市，但可能不像它的美国姐妹那么闪亮，不过在喜欢追着阳光跑的人中还是极受欢迎的。小镇的活动中心是1公里长的HaGa' aton Blvd，这条街沿着两岸种满桉树的加阿通河（Ga' aton River，实际上是一条混凝土水渠）延伸，沿路遍布咖啡馆、冰激凌店、花店和餐饮场所。

纳哈里亚是德裔犹太难民在1935年建立的，如今感觉仍然有点像一座处于两次世界大战之间年月的中欧海滩度假胜地，还有些陈旧的日光浴者休养地。

住宿

Amigo Hotel 酒店 $$

（☎04-992-2967；http://amigohotel-nahariya.weebly.com；41 Kaplan St；双 US$90起；🅿📶）房间有点儿简朴，但Amigo靠近海滨的位置无与伦比，大致位于主要街道HaGa' aton Blvd以南750米处。不含早餐。

就餐

HaGa' aton Blvd沿线有很多选择，包括快餐、寿司、中东菜，以及欧式咖啡馆和意式冰激凌店。海滩附近码头式的娱乐区内有小吃摊和冻酸奶摊位。

到达和离开

纳哈里亚位于海法东北方36公里、阿卡以北11公里、罗斯哈尼卡拉以南10公里处。

前往纳哈里亚的最佳交通方式是火车。每小时有2或3班火车从纳哈里亚的**火车站**（HaGa' aton Blvd和Rte 4交叉路口）出发，向南去往阿卡（7.50NIS，7分钟）和Haifa Merkaz-HaShmona（17.50NIS，35分钟）；另外每半小时就有一班车去往特拉维夫（39.50NIS，1.75小时）和本-古里安机场（48.50NIS，2小时）。

纳哈里亚以北（North of Nahariya）

蒙福尔（Montfort） مونفورت מונטפור

起初由声名显赫的De Milly家族建造的蒙福尔城堡（Montfort Castle）**免费**，现在变成了一处不同寻常的废墟，可以通过一段轻松的徒步之旅到达那里。在De Millys将城堡卖给条顿骑士团之后，城堡的名字也由Montfort（法语中“坚固的山峰”之意）改成了Starkenberg（德语中“坚固的山峰”之意）。1271年，在马穆鲁克苏丹Beybars的率领下，穆斯林军队占据了这座城堡——他们在5年前的尝试以失败告终。十字军投降并撤退到了阿卡。

破败不堪的蒙福尔不像以色列其他的十字军城堡那么令人印象深刻。入口处的右手边是管理者的住所，有一座高塔直指天空。右边两个带有拱顶的房间是骑士厅的地下室，

不要错过

罗斯哈尼卡拉石窟

在横跨以色列和黎巴嫩边境的地质风景区罗斯哈尼卡拉石窟（☎073 271-0100; www.rosh-hanikra.com; Rosh HaNikra; 缆车 成人/儿童 45/36NIS; ⊙缆车 周六至周四 9:00~18:00，周五 至16:00），骨白色的石灰岩峭壁似乎是从深蓝色的大海中猛插出来的。缆车沿着险峻的路线下降至底部，仅仅需要一分钟；游客从这里步入海浪冲刷形成的洞口，耳边全是海水无情拍打岩石的声响。如果仔细聆听，你或许还能听到果蝠在岩缝里筑巢的响动。

在底部缆车站后面，有一条天然凉爽的铁路隧道，在里面你会看到一部关于该地区的地理以及海法—贝鲁特铁路历史的电影。这条隧道是来自新西兰和南非的英国陆军工程部队在1941年和1942年挖掘的。不出所料，该线路自1948年起就不能使用了。

在售票窗口，你可以租一辆自行车（72NIS，包含石窟），往返5公里骑到Betzet海滩看看。

在顶端，你可以透过伪装的边境大门看一眼以色列和黎巴嫩边境，并在指向贝鲁特的标志旁边摆姿势拍照。北边几公里处是纳古拉（Naqoura）基地，驻扎在那里的联合国驻黎巴嫩临时部队（United Nations Interim Force in Lebanon，简称Unifil）有12,000人，从1978年开始一直在边境上巡逻。

如果你饿了，底下有一个小吃店，边境大门旁边还有一家自助餐厅及餐馆。缆车方便轮椅进入，但是洞穴不行。建议穿防滑的鞋。

由Nateev Exprees运营的31路长途汽车连接着罗斯哈尼卡拉和纳哈里亚（7.40NIS，17分钟，每1.5~2小时1班，安息日除外）。

其隔壁是一座小礼拜堂。通往蒙福尔的徒步小径的起点位于纳哈里亚东北方约18公里处，从什洛米（Shlomi）小镇以东9公里处的戈伦公园（Goren Park，沿Rte 899）进入。这里的野餐区设有长凳，提供饮用水，还有大片阴凉，而且能看到城堡。从小径的起点徒步前往城堡需要45分钟至1小时。

阿赫泽夫（Akhziv） אכזיב شاطئ الزيب

纳哈里亚和罗斯哈尼卡拉之间的沿海地带被称为阿赫泽夫。

阿赫泽夫国家公园 海滩

（Akhziv National Park; www.park.org.il; 成人/儿童 35/21NIS; ⊙9月至次年6月 8:00~17:00，7月和8月 至19:00; P）阿赫泽夫国家公园位于纳哈里亚以北约5公里处，这里有开阔的草坪、腓尼基港口的遗迹，以及适合家庭游玩的浅浅的小海滩。更衣室设在小山上及其周围，那里从前是一座阿拉伯小村庄的所在地，村里的居民在1948年逃走了。往南几百米还有一片更长、更宽的海滩，设有遮阳伞、淋浴间和一家小吃店。

吸引人的露营地（☎04-982-3263; 露营 每名成人/儿童 63/53NIS，平房 450NIS起; ⊙接待处 正午至19:00; P）俯瞰着大海，可以在这里的帐篷、露营车或者简单的套间式平房里过夜。

阿赫泽夫兰 地区

（Akhzivland; ☎054 467-9689; 靠近阿赫泽夫国家公园; 博物馆门票 20NIS; ⊙时间不定; P）这段波光粼粼的海岸所拥有的魅力令人难以抗拒。不墨守成规的活动家埃利·阿维夫（Eli Avivi）于1971年宣布这里为独立国家，他划出属于自己隐居乐土的边界线时，激怒了以色列当局。阿维夫现在已经80多岁了，仍在欢迎游客前往他绿树成荫的“领地”。最有吸引力的是一座引人入胜的奇特博物馆，里面陈列着古物、盛装的人体模型、动物骨骼，以及关于阿赫泽夫兰的剪报和视频（仅限希伯来语）。跟随阿赫泽夫国家公园附近的“Eli Avivi”指示牌前往。

从前坐落在这个地方的是一个阿拉伯村庄Az Zib，1948年其居民逃离后，这里就空无一人了。1952年，埃利·阿维夫决定在这里建立一个基布兹，这里很快就发展成了充满乌托邦理想的嬉皮士隐居处，甚至在20世纪60年代吸引了索菲亚·罗兰（Sophia Loren）这样的著名游客。

阿维夫开始跟以色列当局发生冲突，后者最初想把这片海岸战略要地变成军事基地。在政府决定创建阿赫泽夫国家公园时，决定性的时刻到来了，阿维夫坚定不移，拒绝放弃他的土地；当以色列当局把他和他钟爱的海滩隔离开的时候，他宣布放弃以色列国籍，阿赫泽夫兰诞生了——还有自己的美人鱼旗帜和护照章。

要入住这里的**房间**（☎054 467-9689；房间 不含早餐 400NIS起；P），或是在该区域内露营，请提前致电。

下加利利和加利利海

包括 ➡

拿撒勒……207
法尔卡纳……216
齐波里……216
塔博尔山地区……217
耶斯列和贝特谢安山谷……219
太巴列……223
加利利海……229

最佳餐饮

- Magdalena(见234页)
- AlReda(见214页)
- Abu Ashraf(见213页)
- Tibi's Steakhouse & Bar(见235页)
- Cafederatzia(见218页)

最佳住宿

- Fauzi Azar Inn(见213页)
- Arbel Guest House(见227页)
- Pilgerhaus Tabgha(见234页)
- Ein Harod Guest House(见222页)
- Genghis Khan in the Golan(见236页)
- Setai Sea of Galilee(见236页)

为何去

岩石修建的古代犹太会堂、与基督教早期历史相关的考古遗址以及春天野花烂漫的崎岖山丘，有幸拥有以上全部的下加利利——Rte 85以南的以色列北部地区（连接阿卡和加利利海）——非常受徒步者、自行车爱好者、以色列家庭（包括犹太家庭和阿拉伯家庭）和特拉维夫享乐主义者的青睐，当然还包括基督教朝圣者。

这里冬天寒冷，但仍然翠绿繁茂（是泡温泉浴的最佳时间），夏天则异常炎热（这时你可以去加利利海避暑）。人们相信这里曾是拿撒勒的耶稣的居住地和传道地，他的一些传奇事迹就发生于此。但近年来，就连拿撒勒也绝不仅仅是基督教朝圣地而已，如今的它号称拥有以色列最精致的餐饮。波光粼粼的加利利海（希伯来语为Kinneret）以及与耶稣相关的历史遗迹，都为在这里度假增添了乐趣。

何时去

拿撒勒

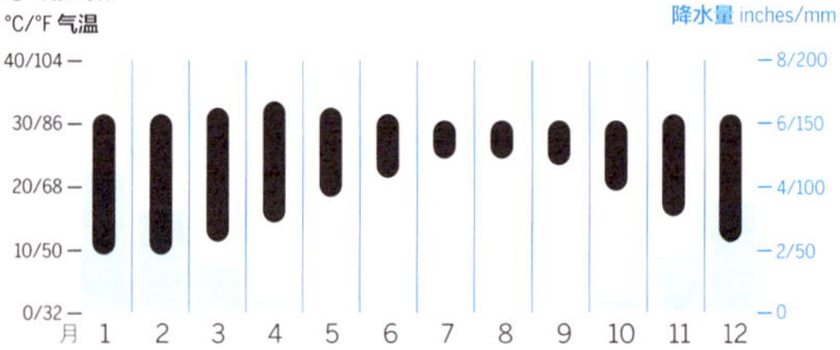

12月至次年3月 基利波山遍布水仙花、红罂粟和紫色的基利波鸢尾花。

7月至9月 加利利海和贝特谢安山谷通常极其炎热。

12月初和5月初 每年两次的雅各的梯子音乐节为整个基诺萨尔基布兹带来了美妙的音乐。

拿撒勒（Nazareth）

الناصرة　נצרת

☎04/人口：75,700

拿撒勒曾经是罗马统治下一个宁静的加利利犹太村庄，如今已经今非昔比。如果你以为这里还是一派田园乡村风光的话，你准会大吃一惊的。今天的拿撒勒是以色列最大的阿拉伯城市，是一座熙熙攘攘的迷你都会，有商店成行的大街、恼人的交通堵塞和炫耀车技的年轻人。旧城的街巷铺着石头，两旁林立着奥斯曼时代的破旧宅邸，拿撒勒目前正在努力成为一个精致的美食和文化目的地。

根据新约，天使加百利（Gabriel）就是在拿撒勒（阿拉伯语为Al-Naasira，希伯来语为Natzrat或Natzeret）于玛利亚面前现身的，并告知她，她将孕育神的儿子，这件事被称为“天使报喜”（《路加福音》1:26-38）。

拿撒勒的所有地方在犹太安息日（周五晚上和周六）都开门营业。而到了周日，商店和大多数餐厅都会关门歇业。

历史

在6世纪，有关神迹的报告重燃了基督教对拿撒勒的兴趣，但是一个世纪之后，波斯人的入侵导致了对基督徒的大屠杀。637年伊斯兰教传入后，很多当地人转信伊斯兰教，然而在当地属于少数派的基督徒大多保留了原宗教。

1099年，十字军将拿撒勒定为加利利首府，然而一个世纪之后他们被萨拉丁驱逐出境。在13世纪中叶，马穆鲁克苏丹拜伯尔斯（Baybars）禁止基督教神职人员继续传教。13世纪末，拿撒勒就只是一个贫困的小村庄了。

在17世纪和18世纪，教堂得以重建。拿破仑·波拿巴于1799年短暂地占领过这个城镇。在奥斯曼帝国统治末期，拿撒勒已经形成了初具规模的基督教社区，兴建了越来越多的教堂和修道院（如今大约有30座）。

现在，大约30%的拿撒勒人信仰基督教（其中比较大的教派是希腊正教、默基特希腊天主教和罗马天主教），与1949年的60%相比有所下降。基督教和伊斯兰教之间的冲突时有发生，这也导致了一些基督徒搬出城外。

景点和活动

★天使报喜堂　教堂

（Basilica of the Annunciation；☎04-565 0001；www.nazareth-en.custodia.org；Al-Bishara St；⏲上天主教堂 8:00~18:00，天使报喜石窟 17:45~18:00，默祷 18:00~21:00）旧城天际线上最醒目的景致就是这座罗马天主教堂的灯笼状穹顶。教堂由方济会管理，修建于1960~1969年，不同于你所见过的任何建筑，属于大胆的现代主义风格。许多基督徒都相信它所在之地是圣母玛利亚故居的所在地，那里是很多基督教派（但希腊正教除外）认为的天使报喜的发生地。

上天主教堂（Upper Basilica）高耸的圆顶如同一朵倒置的百合花，“赞美圣母玛利亚”。这个混凝土建筑以凹点装饰，融合了20世纪中叶可爱的设计风格。

在这个灯光昏暗的教堂底部，一个凹陷的围栏保护着**天使报喜石窟**（Grotto of the Annunciation），即传统上的玛利亚旧居的位置，还有拜占庭（4世纪）和十字军东征（12世纪）时期遗留下来的教堂遗址。

庭院以及教堂的墙壁上都装饰着一系列栩栩如生的**马赛克镶板**，是由世界各地的天主教派捐赠的，描绘了玛利亚和婴儿时期耶稣的生活，大胆地反映了他们自己国家的文化。在原来的基础上，2016年又新加了来自巴西的一块镶板。

忏悔可以使用多种语言进行，时间为8:30~11:30和15:00~17:00。定期活动包括：

天使祷告　每天正午在石窟内

圣母玛利亚祷告　周二20:30

朝拜圣体　周四20:30

实用贴士：别迷路

在小巷组成的旧城迷宫中很容易迷路，所以不妨放轻松，享受兜兜转转的过程。不过糟心的一点是缺乏路牌，虽然大多数街道以4位数字命名，但其实当地人并不使用。好的一面是，旧城区的客栈通常都会提供彩色的拿撒勒地图。

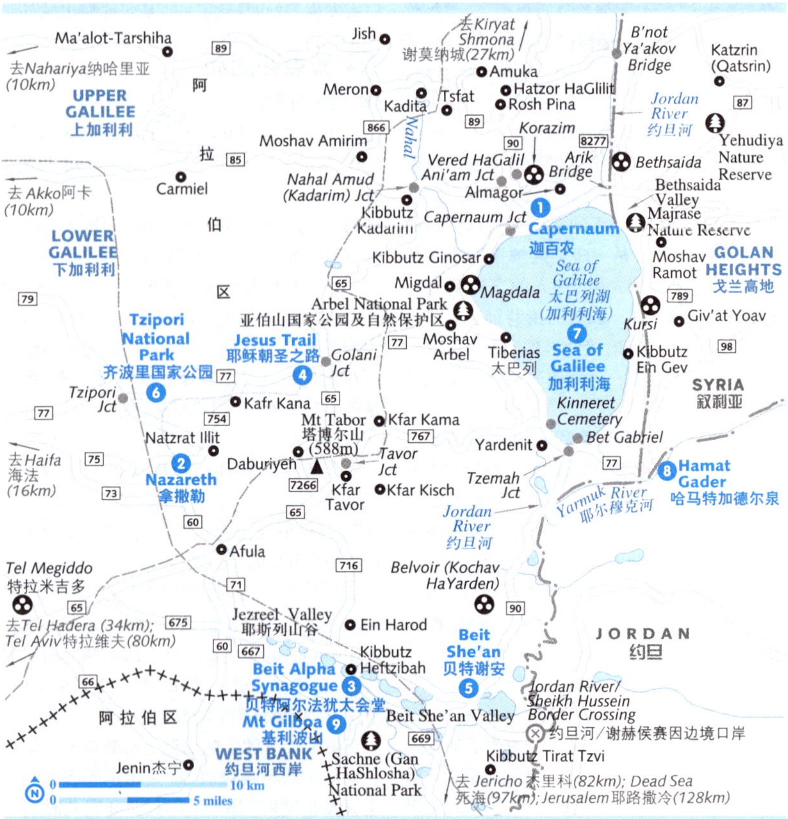

下加利利和加利利海亮点

❶ **迦百农**（见232页）拜访这个被认为是耶稣传教重点区域的地区。

❷ **拿撒勒**（见207页）在加利利美食之都的阿拉伯风味餐厅用餐。

❸ **贝特阿尔法犹太会堂**（见221页）在马赛克地板上辨认星座、犹太符号以及《圣经》人物。

❹ **耶稣朝圣之路**（见212页）从拿撒勒徒步前往加利利海。

❺ **贝特谢安**（见219页）漫步于古老的柱廊大街，想象罗马时代的生活。

❻ **齐波里国家公园**（见216页）欣赏美妙绝伦的马赛克瓷砖，包括"加利利的蒙娜丽莎"。

❼ **加利利海**（见229页）在炎热的夏天浸在清凉的湖水里。

❽ **哈马特加德尔泉**（见235页）在寒冷的冬天懒洋洋地躺在热气腾腾的温泉水池边。

❾ **基利波山**（见222页）迷失在春天的野花丛中。

烛光游行 周六20:30

可在网站www.cmc-terrasanta.com上观看其中一些活动的网络直播。

多种语言的免费小册子以及用于遮盖肩部和膝盖的披肩及裙子（需要抵押身份证件）可以在**朝圣者办公室**（Pilgrims Office；⏲周一至周六 9:00至正午和14:00~18:00）领取，办公室位于教堂正门左侧20米处。相关信息可通过电子邮件咨询。

圣约瑟教堂

教堂

（St Joseph's Church；Al-Bishara St；⏲8:00~18:00）从天使报喜堂上层出来，穿过庭院和一个芳草萋萋的小公园，就到了这座修建于1914年的新浪漫主义风格的圣方济会教堂，其所在的位置传说是约瑟的木工作坊遗址。教堂修建在一座十字军教堂的废墟之上。在其地下室中，有标牌说明此处的考古挖掘信息。

★拿撒勒玛利亚国际中心

文化中心

（Centre International Marie de Nazareth；☎04-646 1266；www.cimdn.org；15 Al-Bishara St；建议捐赠50NIS；⏲周一至周六 9:30至正午和14:30~18:00，最后进入时间为17:00）位于天使报喜堂的街道对面，这座令人惊叹的建筑由发源于法国的罗马天主教团体Chemin Neuf运营，作为在天主教徒之间开展一般事务性工作以及各宗教间对话的场所。宁静的屋顶花园上栽种了《圣经》中提到的植物，从这里可以360度俯瞰全城景色。地下室有可以追溯到第一圣殿时期的原址遗迹。

占用4个房间的多媒体展示有14种语言可供选择，展示了《圣经》中的重大事件（从创世纪到耶稣复活），强调玛利亚和耶稣的生平。还播放16种语言的影像资料，其中一些也可以从www.netforgod.tv上观看。法语祷告每天18:00举行。有无障碍通道。

基督圣公会教堂

教堂

（Christ Anglican Church；☎04-655-4568；www.j-diocese.org）建于1871年，这座坚固的石头教堂是位于圣地的第二座圣公会教堂（第一座在耶路撒冷），其尖顶终于在2014年完工。教堂内部的哥特式拱门舒缓了白色墙壁的冷峻，彩色玻璃也为教堂增添了几分色彩。

犹太会堂

教堂

（Synagogue-Church；⏲8:00至正午和15:00~19:00，祷告期间关闭，周日上午关闭）这座不起眼的十字军时代建筑隐藏在集市旁边的小巷中，如今是一座天主教堂，建于一座犹太会堂的遗址上。人们认为就是在这里，年轻的耶稣引用《以赛亚书》（61:1-2和58:6）并向众人显示自己就是以赛亚预言的结果（《路加福音》4:15-30）。相邻的**希腊天主教堂**（Greek Catholic Church；开放时间相同）拥有宏伟的圆顶以及两个钟楼，修建于1887年，是为了当地的默基特希腊天主教社区而修建的。

白色清真寺

清真寺

（White Mosque，Al Jaami' Al Abyad；6133 St；⏲9:00~18:30或19:00，祷告期间关闭）这座清真寺由Abdullah Al Fahum于18世纪末修建——他的墓穴可以透过一扇紧邻圣殿的玻璃门看见，因得到拿撒勒不同宗教团体的长期支持而闻名。你可以把鞋放在地毯之外的任何地方。位于门右侧的办公室可为女性游客提供头巾，还提供英语的信息表。教堂的内饰以及用于洗手的喷泉庭院，大部分是现代的。白色象征着简单、纯洁、统一以及和平。

四十圣僧洞穴

洞穴

（Cave of the 40 Holy Monks；No 21，6198 St；要求捐赠；⏲团队游 周一至周六 9:00~13:00）位于希腊正教主教堂（Greek Orthodox Bishopric）下，这个洞穴群以40个修道士的名字命名，人们相信他们于1世纪被罗马人杀害，殉道于此。找到写着“古圣僧洞穴”（Ancient Holy Cave）的牌子，就可以找到街道入口。

★古浴室

考古遗址

（Ancient Bathhouse；☎04-657 8539；www.nazarethbathhouse.com；Mary's Well Sq；团队游120NIS；⏲周一至周六 9:00~19:00，周日不定时开门）当Elias Shama和他生于比利时的妻子

另辟蹊径

福音小道

由以色列旅游部赞助的福音小道（Gospel Trail）途经耶稣曾经走过的风景，从拿撒勒（实际上是从Mt Precipice）通往迦百农（Capernaum）。有马赛克小道标志（一个锚）的直立巨石路标一路标记出这条62公里长的小道，这条专为徒步者、骑行者和骑马者设计的路基本避开了建筑区域。

Nazareth 拿撒勒

Martina在1993年翻修自家商店时，他们发现了一个拥有2000年历史的黏土管道网络，几乎和庞贝古城的管道网络完全相同，然后又在地板下发现了一个保存得非常完好的罗马浴室，浴室用水就来自圣母玛利亚之井（Mary' s Well）。30分钟的团队游会让你沉迷于意外发现带来的兴奋，结束时可享用中间塞了核桃的枣子和咖啡。

1～4人的团队游需120NIS，之后每多一人多加28NIS。

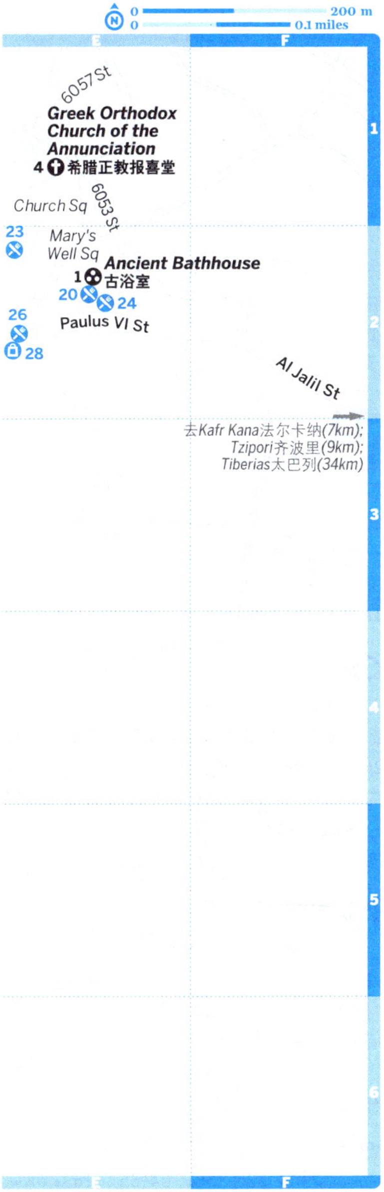

Nazareth 拿撒勒

重要景点

1 古浴室 E2
2 天使报喜堂 C4
3 拿撒勒玛利亚国际中心 C4
4 希腊正教报喜堂 E1

景点

5 少年耶稣教堂 B2
6 四十圣僧洞穴 D2
7 Nazareth Village A5
8 圣约瑟教堂 C4
9 犹太教堂 C3
10 白色清真寺 C3

住宿

11 Abu Saeed Hostel C3
12 Al Mutran Guest House D2
13 AlReda Guesthouse C4
14 Fauzi Azar Inn C3
15 Simsim Backpackers C3
16 Sisters of Nazareth Guest House C4
17 Vitrage Guesthouse C3

就餐

18 Abu Ashraf C3
19 Al Taboun D3
AlReda .... （见13）
20 Avra E2
21 Elmokhtar Sweets D4
22 Mahroum Sweets C5
23 Mama Cafe E2
24 Rose Mary E2
25 Souq C4
26 Tishreen E2

娱乐

Liwan Culture Cafe .... （见15）

购物

Cactus Gallery .... （见1）
27 Elbabour Galilee Mill D3
28 Sport Al Ein E2

★ 希腊正教报喜堂 教堂

（Greek Orthodox Church of the Annunciation, St Gabriel's Church; Church Sq; 周一至周六 7:00至正午和13:00~18:00，周日 7:00~13:00）根据希腊正教传统，天使报喜发生在圣母玛利亚从一处泉水中取水时，而这处泉水就位于这座拥有丰富壁画的17世纪教堂的正下方（其他教派认为天使报喜时玛利亚在自己家里）。最初修建于君士坦丁大帝时期（4世纪）的桶状拱顶地下室里有拿撒勒唯一终年不断的泉水，当时村子里的人经常来这里取水。记得留意外门廊周围已经存在了数百年的涂鸦。

另辟蹊径

耶稣朝圣之路

沿着长达65公里的耶稣朝圣之路（Jesus Trail；www.jesustrail.com），徒步者可以从拿撒勒的天使报喜堂一直走到塔布加（Tabgha）和加利利海的迦百农。这条路经过犹太人、基督徒、穆斯林、贝都因人和德鲁兹人聚集的社区，沿途景色壮丽，包括崎岖的山脉、橄榄园、森林和峭壁。景点包括基督教圣地、古老的犹太会堂、十字军时期的战场以及德鲁兹人重要的宗教圣地Nebi Shu'eib。如果你进入了沿途的自然保护区或国家公园，如齐波里（Tzipori）和亚伯山（Arbel），则需支付入园费。

走完整条有橙色火焰标志的路通常需要4天，但较短的部分可以在一天内游览完毕。只要穿上合适的鞋，带上大量水，任何体质和年龄的游客都适合走这条路。徒步时可以选择露营，但这一路上有大量住处，从民宿到高档酒店应有尽有。你可以在一些网站上找到行程和GPS定位路线图，也可以买两本不错的旅行指南：Anna Dintaman编写的*Hiking the Jesus Trail*和Jacob Saar编写的*Jesus Trail and Jerusalem*。

少年耶稣教堂 教堂

（Basilica of Jesus the Adolescent；☎04-646 8954；Salesian St/5004 St；⏲周一至周六 9:00至正午和15:00~18:00）这座新哥特风格的教堂修建于1906~1923年，可以观赏到拿撒勒的优美风景，还有干净的、几乎闪闪发亮的石灰石内饰，精致的拱门和高耸的拱顶简直只能被描述为"极具法国风格"。这个教堂之所以得名，是因为耶稣在拿撒勒度过了早年的大部分时光。

这个教堂位于**耶稣朝圣之路**上，坐落于耶稣青少年学院（École Jésus Adolescent）内，这个学院由天主教会Salesians of Don Bosco管理。

从旧城出发，需要走2公里崎岖的道路才能到达教堂，也可以从Paulus VI St乘坐15路公交车到达。从学校的钢滑动大门进入，走左边的楼梯，进入楼梯上右边的门，教堂就在长廊的尽头。

拿撒勒村庄 农场

（Nazareth Village；☎04-645 6042；www.nazarethvillage.com；Al Wadi Al Jawani St/5079 St；成人/儿童 50/25NIS；⏲周一至周六 9:00~17:00，最后一次导览游 15:30）如果你好奇耶稣时代拿撒勒的日常生活，不妨考虑游览这个重建的1世纪加利利农庄。酒榨机、采石场和其中一些葡萄园梯田都是真正古老的事物，但是其他的东西，包括打谷场、埋葬洞穴、榨橄榄机、木工坊和纺织工坊以及教堂都是重建的，生动地再现了2000年前人们生活的原貌。工艺品由身着当时服装的演员和志愿者展示。

农场提供英文导览游（1小时15分钟），位于天使报喜堂以西1公里处，由Nazareth Trust（www.nazarethtrust.org）运营。

团队游

每天9:30，Fauzi Azar Inn（见213页）都会提供2小时旧城文化游览（非住客每人20NIS），专注于那些你自己游玩时注意不到的事物。他们还举办免费的阿拉伯语课程（周一和周三19:00）、阿拉伯餐烹饪班（50NIS；周二19:00）和阿拉伯音乐之夜（周五19:00）。

住宿

朝圣者的住宿旺季是3月、4月、10月、11月，以及圣诞节和新年前后，而背包客最多的时候是6月下旬到10月以及圣诞节和新年前后。在上述时间段最好预订住宿。

旧城里所有小客栈在沿途巷子的墙上都有显著的指示牌。

Vitrage Guesthouse 民宿 $

（☎052 525-8561，04-657 5163；www.vitrage-guesthouse.com；No 4 6083 St；标单/双/标三 带公共浴室 210/234/270NIS，小房间150/198/250NIS；❄📶）这里与民宿相比更像是家庭寄宿，有9间装修简单的客房，由在这里长大、现已退休的彩色玻璃工匠Bishara和

他的妻子共同经营（Bishara本人就在是花园池塘里受洗的）。男主人乐于向到访者展示彩色玻璃的制作工艺，并时常邀请住客和他的家人共进晚餐。住在这里绝对超值。

Simsim Backpackers 客栈 $

（☎077 551-7275; www.simsim-guesthouse.com; 6132 St; 铺 不含早餐 70NIS; 📶）这家由友好的Sami和Silke经营的迷人客栈有23个床位（大多数是铺位），其中7间房只接收女性房客。公用设施包括厨房，很划算。接待处位于隔壁的Liwan Cultural Cafe。

Abu Saeed Hostel 客栈 $

（☎04-646-2799; www.abusaeedhostel.com; 6097 St; 铺 不含早餐 75NIS，双/标三 350/430NIS，带公共浴室 230/300NIS; 📶）住在这里就像住在有350年历史的稍显混乱的当地老宅里，房子配有两个蓄水池、二手家具、一个家庭"博物馆"以及充满绿植的庭院，庭院中栖息着陆龟、金鱼和鹦鹉。房间大都配有淋浴设施，还有一个可使用的厨房和屋顶休息区。

Sisters of Nazareth Guest House 客栈 $

（☎04-655-4304; acceuilnasra@live.fr; 6167 St; 铺/单/双/标三 不含早餐 85/250/300/430NIS）这家客栈位于一栋建于1855年的建筑中（2017年新增了一部分），坐落在一个地下有考古发掘的花园里，拥有61个房间，由法国天主教组织拿撒勒修女会（Sisters of Nazareth）经营。有如兵营的宿舍一尘不染，是男女分开的，每间房有4～6个床位。需注意客栈在22:30准时关门。

早餐费用25NIS。可以提前一两周通过电子邮件或传真预订，也欢迎无预约的散客。

★ Fauzi Azar Inn 客栈 $$

（☎04-602 0469; www.abrahamhostels.com; 铺 85～100NIS，双 335～385NIS; @📶）这家客栈藏身于旧城一座有200年历史的华丽石头建筑中，魅力十足——工作人员也一样。14间客房装修简单，但很有品位，不过和休息室的拱顶玻璃窗、大理石地板及5米高的壁画天花板比起来就相形见绌了。这是一个和其他旅行者相遇或者从事志愿服务（详见网站）的好地方。

持印有黎巴嫩、伊拉克库尔德斯坦地区和伊朗出入境章的护照，第一晚可免费享用宿舍床位。洗衣的费用为15NIS。

★ Al Mutran Guest House 客栈 $$

（☎04-645 7947; www.al-mutran.com; Bishop's Sq; 双 US$110～140，套 US$200; 📶）这个家庭经营的优质客栈有11间客房，占据了一座拥有200年历史的华丽宅邸，毗邻希腊正教拿撒勒主教（阿拉伯语为mutran）的住处。建筑有高达4.5米的天花板、奥斯曼拱形结构和古董地板砖。早餐在装饰着刺绣靠枕和贝都因纺织品的时髦大厅里享用。

AlReda Guesthouse 民宿 $$$

（☎04-608 4404; alreda2000@hotmail.com; 21 Al Bishara St; 双/标三/四 800/900/1000NIS）这个宽敞的、全实木公寓位于一栋奥斯曼风格宅邸的顶层，可观赏到摄人心魄的风景，浪漫得令人不可思议。

✕ 就餐

以色列以及周边的美食家知道拿撒勒的美食值得专程前往。这里的流行词是"融合"——欧式菜肴融合当地调味品，可以在氛围十足的旧城宅邸中或是圣母玛利亚之井广场（Mary's Well Sq）享用，还能感受阿拉伯式的好客氛围。

当地人吃饭较晚，通常晚餐从21:00甚至22:00开始。

★ Abu Ashraf 中东菜 $

（Diwan Al Saraya; ☎04-657-8697; 6134 St; 主菜 20NIS; ⊙周一至周六 8:00～20:00; 🖉）这家资深咖啡屋全城闻名，最有名的特色是katayef（甜薄饼卷山羊奶酪或肉桂核桃，然后用天竺葵糖浆浸泡）、咖啡（五种咖啡豆和豆蔻的奇妙混合）和古董收藏。热情洋溢的店主Abu Ashraf喜欢跟人分享关于拿撒勒的故事。

店内还有很棒的蔬菜沙拉、freekeh（烤过的绿小麦）、labneh（酸奶）和kibbeh（肉馅小麦煎饼）。不要将这家建于1730年前后的咖啡屋和附近同名的现代山寨店搞混了。

集市
市场 $

（Souq；Market Sq和6152 St；周一至周六8:00~15:00）水果、蔬菜、面包甚至皮塔饼都能在老城市场狭窄蜿蜒的小巷里买到。

Al Taboun
中东菜 $

（Paulus VI St；主菜 25~30NIS；周一至周六 9:00~22:00；）尽管餐厅的装饰非常俗气，但是这里的沙威玛、鹰嘴豆泥和蔬菜沙拉及前菜都是最棒的。

Mama Cafe
咖啡 $

（04-637-7807；6089 St；蛋糕 12~30NIS；周一至周三和周六 7:30~19:00或19:30，周四和周五 至23:30或更晚；）这个醇香的咖啡厅兼蛋糕店装饰着当地艺术家拍摄的五颜六色的照片，提供三明治、鲜榨果汁和包括芝士蛋糕在内的自制烘焙食品。沙拉售价20~40NIS，早午餐售价28NIS。

Elmokhtar Sweets
点心 $

（Paulus VI St；70~90NIS/公斤；9:00~23:30或午夜）像贝鲁特或开罗家庭那样明亮的糖果店，提供多种选择，包括令人垂涎的果仁蜜饼、超级棒的库纳法（扁平、温热的糖浆奶酪蛋糕）和自制的芝麻蜜饼。

Mahroum Sweets
点心 $

（www.mahroum-baklawa.com；Paulus VI St和Al Bishara St交叉路口；80NIS/公斤；8:00至午夜）这个家族传统店源于1890年，并于2017年搬到了新址。该甜品店提供以色列最好的果仁蜜饼、其他阿拉伯糖浆糕点、库纳法和土耳其软糖。

Avra
希腊菜 $$

（04-659-1547；Mary's Well Sq；主菜32~86NIS；周一至周六 8:30至午夜或更晚）"Avra"在希腊语中意为"好氛围"，这正是这家咖啡餐吧的特点之一，除此之外，这里还有美味的希腊和巴勒斯坦菜肴以及传统和现代的希腊纯音乐。招牌菜是Ouzo Plate，混合了葡萄叶包肉、希腊羊奶酪和卡拉玛塔橄榄等希腊人的最爱和当地或希腊产的茴香酒。

餐厅还提供意大利面、三明治、正宗希腊沙拉和希腊式冰咖啡。

Rose Mary
咖啡馆 $$

（04-647-1212；www.nrmary.com；主菜38~88NIS；周二至周六 9:00~23:30，周一18:00开门，周日 10:00~23:30；）这家欢乐的小酒馆兼咖啡厅供应采用优质食材和新鲜加利利香料烹制的法国和意大利菜肴。招牌菜是虾和鱿鱼配大蒜和亚力酒酱。餐厅还供应本地产的猪肉香肠、一流的主厨沙拉、意大利面和三明治。

Tishreen
地中海菜 $$

（04-608 4666；www.tishreen.rest.co.il；56 Al Bishara St；主菜 52~129NIS；10:00~23:00；）这家备受喜爱的餐厅装饰着古董和酒瓶，燃木烤炉里烘焙着阿拉伯和地中海式菜肴，如塞满了蒜酱和奶酪的茄子，还提供非常棒的muhammar（阿拉伯鸡肉洋葱比萨）、丰盛的肉类菜肴、意大利面和大分量的沙拉。其他值得尝试的还有名为freekeh的传统加利利菜肴，由烤过的绿小麦制成。

★AlReda
创意菜 $$$

（04-608-4404；21 Al Bishara St；主菜50~100NIS；19:00至次日2:00；）这家餐厅位于一栋拥有200年历史的奥斯曼时代宅邸中，店内循环播放传奇埃及歌手Umm Kalthoum的歌曲，氛围十足。主要供应带地中海风格的传统拿撒勒菜肴，特色菜包括用秋葵（bamya）和野蓟（akub）制作的应季菜肴，以及新鲜洋蓟心裹牛肉碎、杏仁和松子。

店主Daher Zeidani鼓励客人们分享大分量的餐品，这样可以品尝不同的菜肴。店内还有一个酒吧。

饮品和夜生活

红酒、啤酒和烈酒在基督教区都可以很容易找到。拿撒勒众多受欢迎的小酌地点都位于Church Sq和圣母玛利亚之井广场周边，这里是这座城市夜生活的主要区域。

☆ 娱乐

Liwan Culture Cafe
艺术中心

（04-628-3511；6132 St；8:00~20:00或更晚）该咖啡馆致力于将文化生活带回老城区，馆内时常举办巴勒斯坦艺术家的展览，其中大部分人来自加利利，此外每周还有几个免费的文化活动。午餐时间供应由当地妇女烹制的素食特色菜。饮品包括巴勒斯坦葡萄酒和两种西岸啤酒——塔伊比赫（Taybeh）和Shepherd。

此处还充当了游客信息中心的角色。

购物

★ Elbabour Galilee Mill 食品

（Galilee Mill；☎04-645 5596；www.elbabour-shop.com；入口在Al Bishara St和Paulus VI St上；25NIS/100克；⏰周一至周六 8:30~19:00或19:30）这家香料店由同一个家族经营了4代人，店里的气味仿佛来自另外一个世界，你必须亲自来闻闻才能相信这里的奇特之处。货架、麻袋、箱子和瓶子里展示着2600多种货物，从充满异国情调的混合香料（包括Pierina's Spice，秘方是店主Tony的母亲传下来的）到香草茶，从果干到芳香油，应有尽有。

商店的名称是"al vapeur"的当地发音（在阿拉伯化的法语中意为"水汽"），得名于19世纪90年代的蒸汽机（曾用于驱动德国制造的轰鸣的磨粉机）。

商品可从网上订购并运送至全球各地。

Cactus Gallery 工艺品

（www.nazarethcactus.com；Mary's Well Sq；⏰周一至周六 9:00~19:00，周日不定期开门）这个商店位于拿撒勒绝妙的罗马时代古浴室（见209页）之上，销售极具创意的现代首饰以及华丽的巴勒斯坦刺绣产品，都是在耶路撒冷的一座修道院里用旧衣服制作的。

Sport Al Ein 体育和户外用品

（Sport HaMa'ayan；☎052 353-5362；Paulus VI St；⏰周一至周六 8:30~20:00）如果你想在耶稣朝圣之路或加利利海滩露营，这家钓具店是一个很棒的采购点，可以买到便宜的睡袋、帐篷以及旅行毯。从圣母玛利亚之井向Paulus VI St走大约150米即到。

实用信息

天使报喜堂朝圣者办公室（见208页）有教堂内祷告和其他活动的详细信息。

旅游信息办公室（Ministry of Tourism Information Office；☎04-657-0555；www.goisrael.com；58 Casanova St；⏰周一至周五 8:30~17:00，周六 9:00~14:00）有免费的英语拿撒勒地图和十多种语言版本的关于拿撒勒和加利利的小册子。

Nazareth Cultural & Tourism Association（www.nazarethinfo.org）有非常实用的网站。

到达和离开

长途汽车

拿撒勒并没有一个像样的长途汽车站。城际长途汽车停靠在圣母玛利亚之井和天使报喜堂之间交通拥堵的Paulus VI St沿线，向北行驶的是前往法尔卡纳（Kafr Kana）、太巴列（Tiberias）和阿卡（Akko）的车，向南行驶的是前往海法（Haifa）、特拉维夫（Tel Aviv）和耶路撒冷的车。城际长途汽车公司**Nazarene Transport & Tourism**（www.ntt-buses.com；Paulus VI St；⏰5:30~18:00）在市中心有个办公地点，可供查询时刻表。

阿卡（Nazareth Tourism & Transport的353路和Egged的343路，21.50NIS，50分钟，每小时1班，周五晚和周六日落前停运）

海法（Merkazit HaMifratz汽车站或Merkaz-HaShmona火车站，Nazarene Tourism & Transport的332路、342路和GB Tours的331路，16NIS，50分钟，至少每小时2班，周五晚停运）

耶路撒冷（Egged的955路，37.50NIS，2小时，周日上午至周四2班，周五早上1班，周六晚2班）

特拉维夫（Egged的826路和Nazarene Tourism & Transport的833路，34NIS，2小时45分钟，每小时数班）在Rte 75停靠。

太巴列（Nazarene Tourism & Transport的431路，16 NIS，1小时，每小时1班，周五晚和周六日落前停运）部分客车在拿撒勒的Rte 75环线边停靠，而不是在Paulus VI St上。

开往约旦安曼的长途汽车由**Nazarene Tours**（☎04-601-0458；3 Marj Ibn Amer St；80NIS；⏰周二、周四和周六 8:30）运营。

合乘出租车

合乘出租车从紧邻Paulus VI St（Nazarene Transport & Tourism马路对面）的4066 St出发。找找它的小**办公室**（☎04-657-1140；4066 St），它的右边有一块用阿拉伯语和希伯来语写的红白相间的有些褪色的指示牌。

目的地包括：

杰宁（约旦河西岸；25NIS，30~40分钟，7:30前往杰宁，11:00前往Jalameh/Gilboa边境口岸，在Afula

以南10公里处）

特拉维夫（中央长途汽车站，周日至周五上午32NIS，周五下午和周六40NIS，1小时30分钟至1小时45分钟，8:00~15:00或16:00）

出租车

可以通过**Mary's Well Taxi**（☎04-655-5105，04-656-0035）预订出租车。

法尔卡纳（Kafr Kana）

كفر كنا　כפר כנא

☎04/人口：12,300

人们认为，法尔卡纳这个阿拉伯小镇是耶稣第一次展现神迹的地方（《约翰福音》2:1-11），他在一个婚宴上将水变为酒。此处有两座风景如画的石头教堂——一座是希腊正教的，另一座是天主教的。这座大约有10%的人口为基督徒的小镇坐落在拿撒勒中心东北大约8公里处，在通往太巴列的路上（位于耶稣朝圣之路上）。

景点

大多数法尔卡纳基督教景点位于遍布纪念品店的Churches St上或附近，这条路与贯穿整个城镇的主街道以非常小的角度相交，交叉路口位于Rte 754往迦南希腊正教婚礼教堂的入口北边200米处，设有一块黑白相间的牌子。

迦南希腊正教婚礼教堂及修道院　教堂

（Cana Greek Orthodox Wedding Church & Monastery, Greek Orthodox Church of St George; Rte 754; ⏲10:00~15:00，希腊正教节日期间关闭）这座装饰华丽的19世纪末修建的教堂有圆塔和铜褐色的圆顶，珍藏着据说是耶稣在婚礼上展现神迹时使用的两个罐子以及被认为是使徒西蒙遗物的东西。

迦南天主教婚礼教堂　教堂

（Cana Catholic Wedding Church; Churches St; ⏲周一至周六 8:00~17:30，周日 正午起）这个建于19世纪末的绿色圆顶圣方济会教堂所在之地被天主教徒认为是耶稣展现婚礼神迹的地方。地下室（入口在教堂边上）中有一个古老的罐子，可能是耶稣在把水变为酒时使用的六个罐子中的一个。在教堂正厅的地板下，透过玻璃瓦，你可以看到用阿拉姆语写的4世纪的犹太铭文。

住宿

Cana Guest House　客栈 $

（☎04-651-7186, Salman 050 400-7637; www.canaguesthouse.com; 铺/双/标三 公共浴室不含早餐 120/350/480NIS; @📶）热情的Billan一家将4个公寓改造为18个舒适、整洁的房间，有些非常宽敞，而且配套的私人浴室也已在计划当中。宿舍中有4个床位。客人们可以使用厨房，还可以在柠檬树遮阴的庭院放松。客栈位于迦南希腊正教婚礼教堂后面，从Churches St往小巷子里走70米。

早餐费用为35NIS，盒装午餐为35NIS，热腾腾的家常晚餐为75NIS。

到达和离开

很多短途汽车线路连接法尔卡纳和西南8公里处的拿撒勒老城区（Paulus VI St）。

Nazareth Tourism & Transport的431路长途汽车（除周五晚上和周六外每小时1班）连接法尔卡纳与太巴列（12.50NIS，27分钟，每小时1班，周五晚和周六日落前停运）。

齐波里（Tzipori）

صفورية　ציפורי

在以色列最著名的罗马时代遗址中，齐波里曾是非常重要的犹太世俗生活中心。此处的亮点包括宏伟的公共设施、犹太会堂和可能是本国最美的古代马赛克图案。

景点

★齐波里国家公园　考古遗址

（Tzipori National Park; Zippori, Sepphoris; ☎04-656-8272; www.parks.org.il; 成人/儿童 28/14NIS; ⏲8:00~16:00或17:00，周五提前1小时关闭，在关闭之前1小时内禁止入内）在古代，齐波里是一座带有石子路（如今依旧可以看见罗马马车留下的车辙）的繁荣城市，拥有复杂的供水系统（你可以步行穿过其中一些地下水渠）、市场、公共浴室以及一个可容纳4500人的剧院。今天，最吸引人的是一位沉思的年轻女子的镶嵌画像，被称为**“加利利的蒙**

娜丽莎”，发现于一座罗马别墅的遗迹（现已安装空调）中。

两段7分钟长的影片提供了引人入胜的背景知识，现场有两个地方播放：一个在公园入口处，另一个在建于5~7世纪的犹太会堂（装有空调）中，教堂的马赛克地板上装饰着美丽的十二宫图案。整个场地皆可方便轮椅通行。

在2世纪和3世纪——在反抗罗马的巴尔·科赫巴起义（Bar Kochba Revolt；132~135年）之后的一二百年——据说就是在齐波里，Rabbi Yehuda HaNassi编纂了《密西拿》（*Mishnah*，最早的犹太法典），后来的齐波里学者还对耶路撒冷（巴勒斯坦）犹太法典的编纂做出了贡献。

食宿

在齐波里莫沙夫（Moshav Tzipori）有一家小杂货店（tzarchaniya），就在国家公园西边。

Zippori Village 民宿 $$

（04-646 2647；www.zippori.com；Moshav Tzipori；双 不含早餐 400NIS起；）由友善的、知识渊博的Suzy和Mitch经营（两人分别在丹佛和纽约长大），5栋有两间房的小屋能看到美丽的加利利风景，有令人愉悦的老式装饰、水疗浴缸以及儿童睡房（通过陡峭的梯子到达）。设备齐全的小厨房提供符合犹太教规的乳制品。早餐费用为两人100NIS。从莫沙夫入口进来，20个减速带之后向左转就到了。

饮品和夜生活

如果你来齐波里寻找夜生活，你可来晚了1700年。

到达和离开

齐波里村和齐波里国家公园位于拿撒勒西北11公里处、Rte 79以北几公里处。没有公共交通到达。

塔博尔山地区（Mt Tabor Area）

塔博尔山（Mt Tabor）

جبل الطور　　הר תבור

塔博尔山（588米）从耶斯列山谷（Jezreel Valley）隆起，呈非常明显的对称形状，横贯拿撒勒和加利利海之间的地区，风景极其优美，非常适合徒步，如果你喜欢的话，此处还是个玩悬挂式滑翔机的好地方。

你不必成为一名基督教朝圣者，也可以欣赏塔博尔山的美景，瞻仰耶稣显圣容的遗迹（《马太福音》17:1-9、《马可福音》9:2-8和《路加福音》9:28-36），在那里，“他的脸变得像太阳一样耀眼，他的衣服像光一样夺目，他与先知摩西和以利亚交谈”。山上有两座建筑，一个是天主教的（圣方济会），另一个是希腊正教的（不对外开放）。

根据希伯来圣经，塔博尔山是先知底波拉（Deborah）带领以色列人击败西西拉（Sisera）率领的迦南军队的地方（《士师记》4）。在十字军东征时期，塔博尔山地区是兵家必争之地。

景点和活动

以色列国家步道（Israel National Trail）沿着塔博尔山蜿蜒而上，与环绕着山的两条著名步道相交，这两条步道是Shvil HaYa'aranim以及靠近山顶的Sovev Har Tavor（塔博尔山环线，Mt Tabor Circuit）。可以使用SPNI第3号地形图（*HaGalil HaTachton HaAmakim v'HaGilboa*）。

圣方济会修道院和教堂 教堂

（Franciscan Monastery & Church；周一至周六 8:00~17:00，周日 14:00至正午和14:00~17:00）一条遍植柏树的大路穿过这座天主教堂的庭院，通向三位方济会修士的住所（同住的还有来自意大利的俗家志愿者）、一个种植着世界各地植物的小型花园、一座拜占庭时期修道院的遗址，以及罗马-叙利亚风格的、圣地中最漂亮的教堂——主显圣容大教堂（Basilica of the Transfiguration）。

这座教堂于1924年被奉为神圣，装饰着漂亮的撒着金箔的镶嵌图案，有一间迈下12级宽台阶就可以达到的地下室。女性需要穿着得体（不要穿无袖上衣或短裙），男性需摘下帽子。教堂入口后的右侧有一个观景台，在这里可以观赏到耶斯列山谷多彩的田野全景。

到达和离开

塔博尔山大约位于太巴列和Afula的中间，紧邻Rte 65。Rte 7266环绕山脚，通过Rte 65连接起

Shibli和Daburiyeh这两个阿拉伯村庄，沿其到达山顶的3公里路程非常艰难。

法尔塔沃尔（Kfar Tavor）

كفر تافور　כפר תבור

☎04/人口：3800

法尔塔沃尔这个犹太人的小村庄建立于1901年，是塔博尔山地区主要的商业和旅游业中心，为游客提供了吃饭和品尝当地葡萄酒的地方。

景点和活动

法尔塔沃尔以及附近的村庄，如尔尔基什（Kfar Kisch），是沿着**以色列国家步道**徒步以及追寻**耶稣朝圣之路**的好去处。例如，可以向东北去往加利利海的尼特（Yardenit）洗礼之地，或者一路向西到塔博尔山。两条路都适于骑行。这里还有一条穿过**Beit Keshet Forest**（位于法尔塔沃尔西北边）的小径以及几条位于**Sirrin Heights**（位于法尔塔沃尔东边）的路况较好的道路。

塔博尔葡萄酒厂　葡萄酒厂

（Tabor Winery；☎04-676-0444；www.twc.co.il；Kfar Tavor Industrial Zone；⌚周日至周四9:00～17:00，冬季 周五 至14:00，夏季 周五 至16:00）因这里盛产红葡萄酒（梅洛、卡百内红、西拉）和白葡萄酒（夏敦埃、白索维农、胡珊和琼瑶浆）而闻名，这个著名的酒庄每年生产大约200万瓶葡萄酒。由Tannat葡萄和Marcelin葡萄制成的葡萄酒于2017年首次上市。这里提供免费品尝以及销售打折活动，对10人及以上的团队开放游览。

就餐

Cafederatzia　咖啡馆 $$

（☎04-676 6233；HaMeyasdim St和Bar Giyyora St交叉路口；主菜 38～62NIS；⌚周日至周四 8:30～23:30，周五 至16:30，周六 10:00～23:30；📶✍）这个友善的、方方面面都令人愉悦的咖啡馆提供美味的沙拉、番茄烘蛋、乳蛋饼、意大利面、汉堡、精美的热狗、无麸质面包、其他烘焙食品以及塔沃尔产的红酒。1人/2人的早餐费用为58/109NIS。天气好的时候，你还可以在种有橄榄树的花园中就餐。

到达和离开

往返太巴列和Afula之间的长途汽车大部分会停靠法尔塔沃尔。

卡夫尔卡马（Kfar Kama）

كفر كما　כפר כמא

☎04/人口：3200

卡夫尔卡马是邂逅切尔克斯人的好地方。这是一个信仰伊斯兰教的高加索民族。19世纪中期俄罗斯帝国向南扩张时，他们被迫离开高加索北部的家园（黑海和里海之间）。当地的一座博物馆展示了切尔克斯人的文化和历史。

至少有50万切尔克斯人在奥斯曼帝国定居下来。1876年，他们中的一些人在卡夫尔卡马定居，这里是以色列境内的两个切尔克斯人村落之一（另一个是Reyhaniye）。切尔克斯人一直与犹太邻居保持着良好的关系，所有切尔克斯男人——长期以来因骁勇善战而闻名——都会应征加入以色列国防部队。这个干净富饶的城镇中的路标使用希伯来语、切尔克斯语（在家庭中使用，学校也会教授）和阿拉伯语。

景点

切尔克斯遗产中心　博物馆

（Circassian Heritage Center；☎050 585 7640；www.circassianmuseum.co.il；成人/儿童25/20NIS；⌚9:00～17:00）这座博物馆坐落于一栋非常古老的玄武岩房屋中，展示了奥斯曼时期当地切尔克斯社区和人们日常生活的迷人图景。门票包含一部20分钟的电影（配英语字幕）和1小时的导览游，可接触传统切尔克斯服饰、乐器、家用物品以及农业用具。提前打电话咨询英语导览游时间。

就餐

Laoz　切尔克斯菜 $$

（☎050 302-0992；Shabso St；主菜 40～90NIS；⌚正午至22:00或更晚；✍）一家小餐厅，提供切尔克斯餐，其中包括halozh（在橄榄油中炸过的切尔克斯奶酪做馅的油酥饼）和mataza（切尔克斯奶酪和葱做馅的饺子，配酸奶），此外还有番茄烘蛋和常见的中东烤肉。餐厅坐落在小镇的西入口处。

到达和离开

Superbus的30路和33路公交车往返于卡夫尔卡马和太巴列（10NIS，50分钟），至少每小时1班。

耶斯列和贝特谢安山谷（Jezreel & Beit She' an Valleys） עמק יזרעאל ובית שאן

مرج ابن عامر مرج بيسان

这个以农业为主的耶斯列山谷（Plain of Esdraelon）里有许多定居已久的基布兹人民，还有一幅壮观的拜占庭时期的犹太会堂马赛克镶嵌画。山谷位于基利波山部分被森林覆盖的南麓，从拿撒勒西部向东南一直延伸45公里至约旦河。

耶斯列山谷和贝特谢安山谷在基利波山东部交会，那里有以色列最著名的罗马遗址。该地区同时是约旦河谷和东非大裂谷的一部分。

贝特谢安（Beit She' an）

بيسان בית שאן

☎04/人口：17,300

位于耶斯列山谷和约旦河谷相交处重要战略地位的贝特谢安建于公元前5000年，拥有以色列最丰富的罗马时代遗迹。这个正在努力建设的现代城镇没有什么可供游览的景点，仅有一家青年旅舍和几家餐厅。

景点

贝特谢安国家公园 历史遗迹

（Beit She' an National Park；☎04-658-7189；www.parks.org.il；Rte 90；成人/儿童28/14NIS；⊙10月至次年3月 8:00~16:00，4月至9月 至17:00，周五提前1小时关门，关门前30分钟停止入内）贝特谢安独特的罗马时代遗迹是在以色列了解罗马帝国时代的人是怎样生活、工作和购物的最佳地点。廊柱街道、一座可容纳7000名观众的剧院（看起来和1800年前一样）、附近的两个公共浴室以及被749年地震震塌的柱子不禁让人想象古罗马外省生活的美学、恢宏、自信和堕落。

通向剧院和令人惊叹的廊柱主街Cardo的道路是无障碍通道，可以通行轮椅。

非常非常热

亚洲有史以来记载的最高气温是在1942年6月21日的Kibbutz Tirat Tzvi（贝特谢安以南8公里处），当时气温达到了53.9℃（129°F）。

矗立在罗马城中的Tel Beit She' an在希腊语中被称为“Scythopolis”，由不同时期所建的20多座城市遗址层叠覆盖构成。在遗址顶层的观景台可以观赏到罗马遗迹的全景。

3月至11月周一至周四的晚上，有多媒体演出She' an Nights（成人/儿童55/45NIS），使用英语或希伯来语，配合投影使整个遗迹变得栩栩如生，但此处并不适合白天游览——光线太暗，很难看清标牌，而且大多数地方是不对外开放的。如果下雨，表演会取消。请拨打04-648-1122或1222-3639预约。从位于81 Sha' ul HaMelech St的Leumi银行分行向山下走几百米，就可以到达入口。

住宿

贝特谢安附近的几个基布兹里面有客栈，如Kfar Rupin基布兹。

HI-Beit She' an Guest House 青年旅舍 $$

（☎02-594 5644；www.iyha.org.il；129 Menahem Begin Ave/Rte 90；单/双 400/530NIS，每加一位成人/儿童 160/125NIS；@🛜🏊）这家青年旅舍距离贝特谢安的古迹很近，拥有80个房间（有18个是2017年新增的）、迷人的公共区域、一个很棒的屋顶露台和一个游泳池（4月至住棚节开放）。房间实用干净，有5张床铺，不提供个人宿舍床位。位于城际长途汽车站往南一点的地方。有无障碍通道。

就餐

贝特谢安的饮食局限于炸豆丸子、沙威玛和烤肉。

Shipudei HaKikar 中东菜 $$

（☎04-606-0198；www.shipudey-hakikar.co.il；1 Shaul HaMelech St；主菜 38~120NIS；⊙周日至周四 11:30至午夜，周六 日落后30分钟至

午夜；☎）这里被誉为贝特谢安最好的就餐地点，美味的羊肉串搭配着新鲜出炉的laffa（扁平的皮塔饼），不过18种新鲜的沙拉更胜一筹，包括茄子、鹰嘴豆和芝麻酱。如果你不点主餐，沙拉的费用是36NIS——完美的素食！laffa或面包搭配烤肉但不包括沙拉的费用是38～60NIS。

餐厅位于罗马遗址西北1公里处，该建筑顶层有一个钟楼（在警察局附近）。

到达和离开

长途汽车

贝特谢安没有正式的汽车站。长途汽车在Menahem Begin Ave（Rte 90）路边停靠，大约在Beit She' an Guest House以北100米处。

Afula（Superbus的411路和412路，10NIS，30分钟，每小时2～3班，周五晚至周六日落前停运）

耶路撒冷（Egged的943路、961路和966路，37.50NIS，2小时15分钟，每30～90分钟1班，周日至周五下午和周六晚上）穿过约旦河谷（西岸）。

特拉维夫（Egged的843路，37.50NIS，3小时，周日至周四每天3班，周五1班，周六晚上2班）

太巴列（Superbus的28路，14NIS，35分钟，周日至周四每45分钟1班，周五至下午和周六日落后每小时1班）在加利利海西南岸沿途设有站点。

要去拿撒勒，需要在Afula换乘。

赫赫有名的Rakevet HaEmek（耶斯列山谷铁路线）于2016年重新开放，将位于国家公园西北2.5公里处的贝特谢安火车站与**Haifa-Merkaz HaShmona**（20NIS，45分钟，每小时1班）连接起来。

前往约旦的旅行者可走小城以东8公里处的约旦河/谢赫侯赛因（Sheikh Hussein）边境口岸。

贝尔沃（Belvoir）

كوكب الهوا　בלוואר

位于高出约旦河550米的山顶上，贝尔沃十字军要塞（Belvoir Crusader Fortress；Kochav HaYarden National Park；☎04-658-1766；www.parks.org.il；成人/儿童 22/9NIS；⏲8:00～16:00或17:00，周五提前1小时关闭，关闭之前1小时停止入内）长110米、宽110米，令人惊叹不已。要塞有防御土墙、大门、庭院和瞭望塔，在塔上可以观赏约旦、耶斯列山谷以及约旦Gilead山脉的壮丽景色。主要景点包括拥有哥特式拱顶的餐厅、巨大的石头蓄水池以及西面深深的、已经干涸了的护城河。这里比下面的山谷更凉爽，有英语和希伯来语标牌。

贝尔沃（法语中意为“美丽景色”；希伯来语的名字是Kochav HaYarden，意为“约旦之星”；阿拉伯语的名字是Kawkab Al Hawa，意为“风中之星”）由医院骑士团于1168年开始修建，1189年，在被困一年半之后，贝尔沃被迫向伊斯兰军队投降。因为防御

耶斯列山谷列车的过去和今天

从第一次世界大战爆发不久前到1951年，你都可以在8:00于海法跳上那班慢得出奇的耶斯列山谷列车，11:45到达哈马特加德尔泉（Hamat Gader）。而在1946年以前，列车还能在19:47抵达大马士革。你也可以在哈马特加德尔泉东部60公里的叙利亚小镇德拉（Daraa）换乘汉志（Hejaz）火车，继续向南旅行（德拉是2011年叙利亚内战的爆发地）。第一次世界大战期间，阿拉伯的劳伦斯和他的贝都因战士毁了汉志铁路，铁路一度停运。现在你可以沿这条铁路直达麦地那（现属于沙特阿拉伯）。

20世纪30年代，耶斯列山谷列车曾用于向942公里外的Kirkuk-Haifa Pipeline运输建筑材料，1948年前还将伊拉克的原油运往海法湾的炼油公司。如今在戈兰高地，你还能看到那些曾经用于输送原油的管道。地区的和平局势使原油管道的重建工程具有经济和战略双重价值，同时还将使海法成为地中海区域的重要港口，这与英国政府的意图一致。

关于重新修缮耶斯列山谷铁路并将其投入使用的建议已经讨论了几十年，但在2016年，一条从海法到贝特谢安（61公里的路程45分钟可达）的标准轨距线路（奥斯曼时期的铁路是窄轨）终于动工了。随后，有计划要把铁路延长至约旦的伊尔比德（Irbid），允许哈希姆家族使用海法的地中海港口设施。

者表现英勇，伊斯兰军队允许他们安全撤退到提尔（Tyre）。

1.2公里长的Wingate Trail沿着斜坡直达遗迹之下，两旁都是石头，沿途可将一路风景尽收眼底。张贴的地图可以解释你在边境两边看到的景象，包括当地板块构造以及1948年之前从基尔库克（伊拉克）到海法的石油管道的详细情况。

遗迹附近是一个雕刻花园，其中的作品由切割钢板制成，是屡获殊荣的以色列艺术家Yigal（Igael）Tumarkin（生于1933年）设计完成的，他同时也是特拉维夫拉宾广场（Rabin Sq）的大屠杀纪念碑的设计者。

贝尔沃位于贝特谢安以北20公里、加利利海以南20公里、Rte 90单行道附近6公里的地方。

贝特阿尔法犹太会堂 (Beit Alpha Synagogue)

كنيس بيت الفا　　בית הכנסת בית אלפא

当Kibbutz Heftzibah的成员于1928年挖掘出一条灌溉渠并发现了一块华美的拜占庭时代（6世纪）的马赛克地板时，他们惊喜万分。进一步挖掘后，人们发现了贝特阿尔法犹太会堂（☎04-653-2004；www.parks.org.il；Kibbutz Heftzibah；成人/儿童 22/9NIS；⏲8:00~16:00或17:00，周五提前1小时关闭，关闭之前1小时停止入内），该教堂漂亮的马赛克装饰是对过去岁月的生动回忆。

三幅马赛克镶板描绘了传统的犹太教符号，如约柜、两个大烛台（七枝烛台）、羊角和黄道十二宫，可能还有一个异教的标志。在底部阿拉姆语和希伯来语铭文的上面，雅各布（持刀）正要牺牲自己的儿子以撒，旁边是上帝（用来自天堂的手来表示）派来代这个男孩牺牲的公羊，每个人物都用希伯来语标注。在马赛克图案上方播放着时长13分钟的电影（使用6种语言），提供了详尽的介绍。有无障碍通道。

Kibbutz Heftzibah位于Rte 669沿线，在贝特谢安以西8公里处。Superbus的412路（每小时2班，周五晚上和周六白天停运）可前往贝特谢安（3.80NIS，11分钟）和Afula（7.40NIS，20分钟）。

从贝特阿尔法犹太会堂爬上山，Kibbutz

> **游览杰宁**
>
> 无论是进入还是离开约旦河西岸的杰宁（Jenin）地区，都要穿过隔离墙，并通过以色列国防部的Jalameh（基利波山）边境口岸，这个口岸位于Afula南部10公里处，沿着Rte 60前行可到。

Heftzibah深处有一些意想不到的事物：一个小巧精致的神道教风格的日本花园（☎Na'ama 054 663 4348；Kibbutz Heftzibah；团队游 成人/儿童 25/10NIS），带有一个观赏锦鲤的池塘。这个花园由Makoya（日本基督教组织）的成员修建，他们自1962年开始就在这里学习希伯来语。要想参加1小时的团队游游览这个私家花园，打电话给Na'ama。

澳大利亚甘加若公园 (Gan-Garoo Australian Park)

حديقة استراليّة "جن جرو"

גן גארו האוסטרלי האוסטרלי

孩子们一定会喜欢这个澳大利亚风格的可爱之地——澳大利亚甘加若公园（☎04-648-8060；www.nirtours.co.il/gan_garoo；Rte 669，Kibbutz Nir David；成人/2岁以下儿童 48NIS/免费；⏲9月至次年6月 周日至周四 9:00~16:00，周五 至15:00，周六 至17:00，7月和8月 周六至周四 9:00~20:00，周五 至15:00）。这里覆盖着澳大利亚的植被，孩子们可以和放养的袋鼠亲密接触，还可以喂食。另一吸引人之处是鸟舍（1小时或2小时开放20分钟或30分钟），游客可以喂五颜六色的吸蜜鹦鹉和澳洲鹦鹉苹果切片。这里的鸟非常聪明，它们会跳到人们的衣服上，舔他们脖子上的汗来吸收盐分。

这个著名的动物园1996年对外开放，由Kibbutz Nir David管理，这里还有鹤鸵、鸸鹋、狐蝠和以色列唯一的考拉。

动物园位于贝特谢安以西6.5公里处，在Sachne（Gan HaShlosha）国家公园入口附近。

艾因哈罗德 (Ein Harod)

عين حرود　　עין חרוד

如今的艾因哈罗德实际上是两个基布兹，65年前由于意识形态差异而分裂。其中一个是著名的艺术博物馆的所在地，而另一个有一家可爱的山坡客栈。

景点

艾因哈罗德艺术博物馆 博物馆

（Museum of Art, Ein Harod, Mishkan Le' Omanut; ☎04-648-6038; www.museumeinharod.org.il; Kibbutz Ein Harod Meuchad; 成人/儿童40/20NIS; ⊙周日至周四 9:00~16:30，周五 至13:30，周六 10:00~16:30）该博物馆（1948年建成投入使用，1950年修建了附楼）的现代化建筑风格与杰出的艺术收藏（主要出自以色列和犹太艺术家之手）一样闻名遐迩。具有先锋精神的博物馆在14个展厅中举办广受好评的临时展览（可获取英语资料），还有一个关于犹太文物的固定展览。可沿着Rte 71开车到达Kibbutz Ein Harod Meuchad，跟着"Museums"路标走即可到达。

住宿

★Ein Harod Guest House 客栈 $$

（☎04-648 6083; www.ein-harod.co.il; Kibbutz Ein Harod Ichud; 双/度假屋 周日至周三500/990NIS起，周四至周六 600/1360NIS起，加一名儿童 160NIS; @ 🛜 🏊）这个舒适的客栈位于山顶，天气晴朗的时候还可以观赏卡梅尔山、赫尔蒙山以及约旦境内的Gilead山脉的景色。同时拥有传统的基布兹房间以及浪漫爱尔兰风格的50平方米豪华木屋。开车可经Rte 716到达Kibbutz Ein Harod Ichud，入口在Rte 71以北1公里处。

客栈内有50间客房和一个50米长的泳池（5月至10月开放）。如有需要还可提供基布兹农业机构的导览游。

到达和离开

Superbus的41路公交车连接Afula和两个艾因哈罗德基布兹（7.40NIS，25分钟）。

基利波山 (Mt Gilboa)

جبل فقوعة　הר גלבוע

基利波山（最高点海拔536米）沿着耶斯列山谷的南边绵延18公里，是一个天然的度假胜地。冬雨过后（12月至次年3月或4月），这里开满野花，包括紫色的基利波鸢尾花（在2月底和3月初绽放）。据《圣经》记载，人们相信这里是扫罗王（King Saul）和他的儿子约拿单（Jonathan）在战场被腓力斯人杀死的地方（《撒母耳记上》31:1-13）。

沿着Rte 667前行28公里，你可以登上山顶，俯瞰整个耶斯列山谷，景色壮美（向另一

社会主义情怀

艾因哈罗德基布兹位于Afula和贝特谢安之间（与两地各相距约14公里），自1921年建立后到20世纪50年代早期，一直处于相对平静的状态。当时任以色列总理的戴维·本-古里安（David Ben-Gurion）的执政策略从苏联的社会主义形态转向美国的资本主义形态时，引发了一场针尖对麦芒式的意识形态冲突。更复杂的是，当时斯大林开展反犹太人公审，其间许多优秀的犹太人被诬陷为"反革命"，然后被枪决。斯大林在基布兹的信徒都是强硬的社会主义学院派代表，提出"做煎蛋卷不可能不打破几个鸡蛋"的口号。

最终危机爆发，毕竟这些人每时每刻都生活在社会主义理想中。人与人之间横生间隙，好朋友彼此不再说话，人们拳打脚踢大打出手，甚至还有情侣分手。最终，艾因哈罗德分成了两个独立的基布兹，艾因哈罗德穆哈德（Ein Harod Meuhad）由斯大林的支持者经营，而艾因哈罗德胡德（Ein Harod Ihud）由本-古里安的支持者掌控（讽刺的是，Meuhad和Ihud都有"团结"之意）。

恩怨一直延续了十几年，时至今日仍有守旧的人对其对手的懦弱背叛耿耿于怀。直到30年前，第一对胡德-穆哈德夫妇喜结连理，20年的农业和文化隔阂终于被打破，两个农场重新恢复交流。如今，艾因哈罗德胡德仍然是一个传统的"集体"基布兹，其主要收入来源还是小麦、棉花、奶牛、羊奶、鱼塘和老旧微型制冷机产出的产品，而艾因哈罗德穆哈德被极左派势力控制了60年，已经开始走上了资本主义私有化道路。

个方向，你可以看到杰宁周围的巴勒斯坦村庄）。Rte 667连接了Rte 675（沿Rte 71向东南开8公里可达Afula）和约旦河谷的Rte 90。

景点

那齐马尼葡萄酒庄 葡萄酒厂

（Nachmani Winery；☎053 772-0369；www.nachmaniwines.com；329 HaRav David Nuri St，Gan Ner；团队游 30NIS）生于英国的Frances和她生于摩洛哥的丈夫David出于酿酒爱好建立起一家年产2100瓶葡萄酒的微型酿酒厂。你可以在可爱的院子里品尝他们的获奖葡萄酒——酿酒的葡萄是黎明时分手工采摘的，并于早上7点放入压榨机。喝酒的时候还可以欣赏耶斯列山谷的壮丽景色。可提前打电话安排45分钟的团队游或一次奶酪和葡萄酒餐会（45NIS）。

就餐

Herb Farm on Mt Gilboa 法式小馆 $$$

（☎04-653-1093；www.herb-farm.co.il；Rte 667；主菜 85~139NIS；⏲周一至周六 正午至22:00，加上周五 9:00~11:00；✎）如果你想在乡下吃一顿丰盛的农家菜，直接前往这家家庭经营的餐厅，这里提供荤菜（如考尼什鸡、牛排、羊排）以及素食/纯素食菜品，还能欣赏到耶斯列山谷的可爱景色。周五和周六前去用餐需预约。餐厅坐落在Rte 667上，在Rte 675东南3.5公里处，按黄色路牌“Country Restaurant”即可到达。

太巴列（Tiberias） طبريا טבריה

☎04/人口：42,600

太巴列是犹太教的四座圣城之一，是备受尊崇的犹太教圣人的埋葬之地，也是加利利海（太巴列湖）周边很受欢迎的基督教圣地。然而自20世纪70年代以来，阳光明媚的湖滨地带建起了丑陋而庞大的建筑，景致遭到破坏，使以色列这座度假城镇的美丽风景略显失色。现在，神圣与媚俗并存，在圣洁、小贩叫卖声以及享乐主义的氛围中，有沙滩、温泉和越来越多的极端正教分子。

太巴列在7月和8月尤其炎热。

蒙古人来过

那是1260年，这个地方非常靠近今天的基布兹艾因哈罗德，交战双方是强大的蒙古帝国和埃及马穆鲁克王朝。这一灾难性冲突在历史上被称为**艾因·贾鲁战役**（Battle of Ein Jalut），蒙古人历史上第一次彻底战败，直接永久地阻止了他们向西南亚进军的计划。

历史

从公元20年开始，太巴列的温泉就吸引着游客前来。大希律王之子希律安提帕（Herod Antipas）修建了这个城镇，并以罗马皇帝太巴列（公元14~37年在位）的名字命名。

在犹太人损失惨重的巴尔·科赫巴起义（132~135年）之后，太巴列成为以色列境内犹太人最重要的生活中心之一，因为在公元70年罗马占领这一地区后，暂停了耶路撒冷的圣殿祭祀活动，而太巴列在重新定义犹太教方面发挥了重要作用。后第二圣殿时期圣贤、《密西拿》的编者Yehuda HaNassi曾居住于此，耶路撒冷（巴勒斯坦）犹太法典的大部分编辑工作也于此地完成。从2世纪末开始，Sanhedrin（古犹太最高评议会兼最高法院）设立于此。希伯来书写体系中的元音系统也是在太巴列得以发展成熟的，并以此为名。

1099年十字军占领太巴列，在城镇中的罗马-拜占庭中心北部修建了一个巨大的要塞。1187年，萨拉丁（Saladin）占领这个城镇，之后不久在太巴列以西8公里处的哈丁角（Horns of Hattin）击败了十字军。

1558年，刚刚到来的奥斯曼人将在太巴列征税的权利授予了Dona Gracia（www.donagraciaproject.org），她是一位出生在里斯本的Conversa（表面上是天主教徒但内心信仰犹太教），在伊斯坦布尔的宗教裁判所获得庇护。

在18世纪早期，一位名为Daher Al Omar的贝都因酋长在加利利建立了一个独立的封地，以太巴列作为首府，并邀请众多犹太家族在城中定居。在奥斯曼帝国后期，太巴列的6500名居民中绝大多数都是犹太人。

Tiberias 太巴列

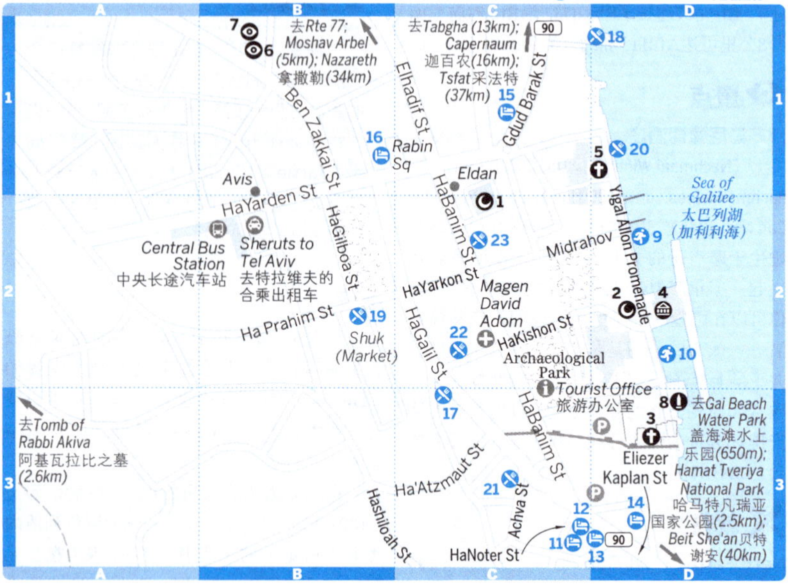

Tiberias 太巴列

景点

1 阿尔-阿马里清真寺 C2
2 阿尔-巴哈尔清真寺 D2
3 使徒教堂和修道院 D3
4 Galilee Experience D2
5 圣彼得教堂 D1
6 约哈南·本·扎卡拉比之墓 B1
7 雷蒙巴姆之墓 B1
8 Water Level Surveyor D3

活动、课程和团队游

Aviv Hostel Bike Rental .... （见12）
9 Tiberias Water Sports D2
10 Water Sports Center D2

住宿

11 Aviv Holiday Flats C3
12 Aviv Hostel C3
13 Emily's Boutique Hotel D3
14 Rimonim Galei Kinnereth D3
15 Scots Hotel C1
16 Tiberias Hostel B1

就餐

17 Baguette Levin C3
18 Decks D1
19 水果和蔬菜市场 B2
20 Galei Gil D1
21 Guy C3
22 Little Tiberias C2
23 Supersol Express C2

在1837年的大地震中，太巴列几乎完全被摧毁。

景点

Yigal Allon Promenade

绝大多数太巴列的景点沿着湖畔类似木板路的道路分布。有些路段略显俗气、陈旧，店面可能在出租，整个区域在冬天更有一种荒凉孤独之意。但是加利利海和戈兰高地的风景永远不会过时。以下景点根据从北向南的顺序列出。

圣彼得教堂

教堂

（St Peter's Church；☎04-672 0516；www.saintpeterstiberias.org；Yigal Allon Promenade；⊙参观 周一至周六 8:30~12:30和14:30~17:30，英语弥撒 周二至周四 19:00，周五和周六 18:30，

周日 8:30）这个罕见的十字军教堂由总部在意大利的天主教团体Koinonia Giovanni Battista管理，里面有个爬满葡萄藤的宁静庭院，教堂天花板像是一艘倒扣的船，象征着加利利海附近的渔民彼得。教堂内耶稣在加利利海的壁画可以追溯至1902年。这里还有一家专门为天主教朝圣者服务的青年旅舍。

梵蒂冈著名的圣彼得教堂雕塑的复制品矗立在Monument to the Virgin of Czestochowa附近的庭院中，是“二战”期间波兰士兵于1945年雕刻的。

Galilee Experience 博物馆

（☎04-672 3620；www.thegalileeexperience.com；Yigal Allon Promenade；US$8；⊙周日至周四 8:30～22:00，周五 至17:00，周六 17:00～22:00）Galilee Experience位于20世纪70年代修建的一座扎眼建筑物的上层，播放一部专门面向基督徒的电影（英文和中文21分钟，其他10种语言36分钟），内容是介绍加利利在《圣经》里的历史。

阿尔-巴哈尔清真寺 清真寺

（Al Bahr Mosque，Sea Mosque；Yigal Allon Promenade）18世纪用玄武岩建造而成，清真寺曾经有一个专门的入口，可供那些乘船到达的虔诚信徒使用。

使徒教堂和修道院 教堂

（Church & Monastery of the Apostles；Yigal Allon Promenade；⊙周一至周六 8:00～16:00）从花团锦簇的宁静庭院出发，有台阶通往一座希腊正教教堂，镀金圣像、黄铜灯以及精致的木雕增添了这里的神秘气息。这里的三个小礼拜堂是分别献给十二门徒、圣彼得和保罗以及抹大拉的玛丽亚的。如果你想找一名修道士来带你游览，可以按红门右门楣的门铃，红门位于步行桥西侧10米处。

犹太圣人之墓

许多犹太人来太巴列，部分是因为他们想到那些犹太教最杰出的圣人的墓前祷告并祈求神圣的仲裁。如果你想了解各个时代最有影响力的犹太教思想家，这四位拉比不容错过。

奇迹创造者拉比梅尔之墓 宗教遗址

（Tomb of Rabbi Meir Ba' al HaNess；⊙周日至周四 6:00或7:00～22:00或更晚，周五 至日落前2小时）一系列宗教建筑在著名的拉比梅尔（ba' al ha-ness意为“奇迹大师”）之墓附近拔地而起，他是《密西拿》中经常被提及的2世纪圣人。墓穴分男女的两个入口，位于一个圆顶的塞法迪犹太会堂里，就在德系犹太人之墓的斜坡下方，有一个更高的穹顶。这个墓穴位于市中心以南2.5公里处，从哈玛特特夫利亚国家公园（Hamat Tveriya National Park）出发，沿柏油路走150米即可到达。

塞法迪犹太会堂后面的市场摊位出售各种神圣的护身符，包括特别有祝福意义的橄榄油和亚力酒（50NIS）。在附近还可以用慈善捐款换取单对单赐福。

拉比梅尔的hilula（哈西德派在圣人忌日举办的仪式）比拉比约海（Shimon Bar Yochai）的提前三天举办。拉比约海被埋葬在梅龙山（Mt Meron）上，一些虔诚的犹太人会到加利利参加这两个极受欢迎的活动。

雷蒙巴姆之墓 宗教遗址

（Tomb of the Rambam；Ben Zakkai St；⊙24小时）雷蒙巴姆拉比（1135～1204年）是出生在科尔多瓦的博学者，因他对宗教和生活的理性主义方法而闻名（他很喜欢援引亚里士多德的话）。他的埋葬地点于2017年进行了翻修，并增加了遮阳屋顶。

雷蒙巴姆最著名的作品是*Mishneh Torah*，这是首次对犹太法律进行系统性的编纂；《迷途者指南》（*Guide to the Perplexed*）是用犹太阿拉伯语写成的神学作品，至今仍然有巨大的影响力；他还有关于药物学的各种著作（他是埃及苏丹的私人医师，

网络资源

约旦河谷区域市政局的旅游信息（Jordan Valley Regional Council Tourist Information；www.ekinneret.co.il）

加利利地区发展局（Galilee Development Authority；www.gogalilee.org）

Travelujah（基督教旅游；www.travelujah.com）

BibleWalks（www.biblewalks.com）

在那里度过了人生中的大部分时间）。

约哈南·本·扎卡拉比之墓 宗教遗址

（Tomb of Rabbi Yohanan ben Zakkai; Ben Zakkai St; ⏲24小时）约哈南·本·扎卡拉比是1世纪犹太教最著名的圣人，在提倡用祷告代替动物祭祀方面发挥了核心作用——耶路撒冷圣殿存在的理由便是动物祭祀，而圣殿在公元70年被摧毁。他的墓穴在山下，距离出生于科尔多瓦的圣人雷蒙巴姆的墓穴很近。

阿基瓦拉比之墓 宗教遗址

（Tomb of Rabbi Akiva; HaGevura St; ⏲24小时）阿基瓦拉比是一位重要的密西拿圣人（同时也是拉比梅尔的老师），他在建立拉比犹太教中（后第二圣殿时期）发挥了重要作用。由于支持巴尔·科赫巴起义，他被罗马人折磨致死——事实上，他反抗罗马人的斗志非常高昂，甚至宣称巴尔·科赫巴是弥赛亚。他的圆顶墓穴位于城镇中心以西3公里（路程）的山上，那里风景绝佳。

城中其他地方

哈玛特特夫利亚国家公园 国家公园

（Hamat Tveriya National Park; ☎04-672-5287; www.parks.org.il; Eliezer Kaplan Ave/Rte 90; 成人/儿童 15/7NIS; ⏲夏令时 8:00~17:00，冬季 至16:00，周五提前1小时关闭，在关闭之前1小时内禁止入内）在罗马时期，太巴列温泉非常有名，甚至图拉真皇帝（Emperor Trajan）在110年铸了一种硬币来纪念这些温泉，硬币上描绘了希腊神话的健康女神Hygeia（卫生“hygiene”这个词正是从此而来），她坐在一块石头上欣赏水景。如今，这里的明星景点是17个小温泉、一个水没过脚趾的小池子和一座**4世纪的犹太会堂**（已安装空调），会堂里有一幅美丽的**黄道十二宫马赛克镶嵌画**。公园位于城中心以南2.5公里处，可乘坐5路公共汽车到达。

阿尔-阿马里清真寺 清真寺

（Al Amari Mosque; HaBanim St）这座清真寺有黑色玄武岩墙壁、白色圆顶和带条纹的宣礼塔，身处一个现代商业中心的院子里，看起来似乎要消失了。这座清真寺由Daher Al Omar修建于1743年，但是自1948年4月英国人将太巴列的阿拉伯少数民族驱逐出境以后，就再未使用过。

活动

沿着Yigal Allon Promenade，**太巴列水上运动**（Tiberias Water Sports; ☎052 807-7740; Yigal Allon Promenade; ⏲周六关闭）和**水上运动中心**（Water Sports Center; ☎052 349-1462; Yigal Allon Promenade; ⏲周五和周六关闭）等运营商提供摩托艇租赁（30分钟100NIS）、滑水（15分钟200NIS）和划香蕉船（15分钟40NIS）服务，在雨天、冷天、安息日和犹太假日关闭。

太巴列温泉 温泉

（Tiberias Hot Springs, Ma'ayanot Hammei Tveriya; ☎04-612 3600; www.hamei-tveria.co.il; Eliezer Kaplan Ave/Rte 90; 成人/3~12岁儿童 88/45NIS; ⏲周日、周一和周三 8:00~18:00，周二和周四 至19:00，冬季/夏季 周六 8:00~15:45/17:00，冬季提前1小时关闭）可以来这个现代温泉享受各种令人放松的蒸汽浴，这些都深受罗马人的喜爱。从地下流出的52℃的矿泉水在被输送到这里之前经过冷却，温度降了一些。温泉位于城中心以南2.5公里处，在哈玛特特夫利亚国家公园对面，可乘坐5路公共汽车到达。

该温泉还有两个桑拿房（干湿各一个）以及四个可供成人和儿童使用的矿泉水池和纯净水池（常年开放），你也可以享受瑞典式的按摩服务（30分钟210NIS）。储物柜租赁费

另辟蹊径

犹太议会小路

这条70公里长的犹太议会小路（Sanhedrin Trail）于2018年开放，以庆祝以色列独立70周年。小路从太巴列延伸至贝特沙瑞姆（Beit She'arim），连接下加利利地区几处与大议会（Great Sanhedrin）有关的地点。大议会是曾位于加利利的法院兼议会，在第二圣殿被毁灭（公元70年）几个世纪后，议会的70多名圣贤制定了犹太律法。小路被分成了5段，每段路程需要走一天，徒步旅行者可以通过一款运用AR技术的应用程序联通古今。

用15NIS，毛巾10NIS。温泉内设有餐厅。

盖海滩水上公园 水上乐园

（Gai Beach Water Park；☎04-670 0713；www.gaibeach.com；3岁以上 90NIS，7月和8月99NIS；⏲逾越节至住棚节 9:30~17:00）这里有50米长的优质加利利海沙滩、5个水上滑梯（其中一个滑梯相当惊险，呈70度角）、海浪制造机以及特别的儿童活动区域，位于城中心以南1公里处。储物柜租赁费用15NIS。

住宿

太巴列有加利利地区最便宜的宿舍床位，还有以色列北部最豪华的酒店。喧闹的以色列游客在7月和8月很少来此，此时天气非常炎热，但热情的外国游客并不受此影响。

★ Tiberias Hostel 青年旅舍 $

（Rabin Sq；铺 75~100NIS，标单 180~250NIS，双 230~350NIS；@ 📶）这是一家优秀的ILH（以色列优质青旅联盟）青旅，有真正的背包客氛围。青旅里有装着美丽灯饰的屋顶休闲区，供客人使用的厨房设备齐全，工作人员热情友好，他们很乐意提供当地景点和活动的相关信息。早餐仅需15NIS，周五的无肉类晚餐也很划算（15~35NIS）。

Aviv Hostel 青年旅舍 $

（☎04-672 0007；66 HaGalil St；铺 US$20~30，标单/双/标三 不含早餐 US$50/60/80；@ 📶）这里更像是一家廉价酒店，员工没能成功营造出背包客氛围。床单是涤纶的，不过有海景阳台以及质量不错的弹簧床垫和冰箱。宿舍床不是双层床，而且有女性专用宿舍。青旅有电梯，超级棒的自助早餐收费US$12。

★ Arbel Guest House 客栈 $$

（☎04-679 4919；www.4shavit.com；Moshav Arbel；铺/双 不含早餐 US$30/110，周五、8月和假日 US$37.50/160，每加一人 US$33；📶 🏊）Arbel位于太巴列市中心西北8公里处，但是当你躺在12.5米的游泳池旁边的吊床上或在葡萄架和60多种果树中间放松时，这个安静的民宿会让你感到好像处在另一个世界中。这里有6个拥有两个房间的套间，每个都可容纳4~5人，装饰适中，所有的房间都有热水浴缸和小厨房，物超所值。

这里供应超级棒的早餐，费用为US$13.50。Arbel高出海平面80米，因此夏季会比太巴列凉爽，而冬季比戈兰高地温暖。

Aviv Holiday Flats 酒店 $$

（☎04-671 2272；http://aviv-hotel.xwx.co.il；2 HaNoter St；标单/双/标三/四 不含早餐 300/400/500/600NIS；📶）酒店有30间漂亮的现代化小开间公寓，每间面积至少有30平方米，带阳台、小厨房、舒服的床单以及2017年新换的床垫。丰盛的自助早餐收费50NIS。

Rimonim Galei Kinnereth 酒店 $$$

（☎04-672 8888；www.rimonim.com；1 Eliezer Kaplan St；双 周六至周三 US$280起，周四和周五 US$400起；📶 🏊）这个于1946年开业的太巴列酒店业的元老级酒店是20世纪50年代本-古里安的最爱，仍然保留着它后托管时期的一些魅力。基础设施包括一个私人碎石海滩、一个水疗中心和一个为5~10岁的儿童提供的俱乐部（7月和8月每天开放，其余月份周五和周六开放）。看看你能否认出酒店接待处后面壁画中更有名的客人。

在2楼的Hermon Room有一个关于这座酒店历史的小型展览。

Scots Hotel 酒店 $$$

（☎04-671 0710；www.scotshotels.co.il；1 Gdud Barak St/Rte 90；双 US$390起；@ 📶 🏊）这座豪华的高层建筑最初作为医院建于19世纪90年代，现在仍然由苏格兰教堂所有，拥有精心打理的花园、凉风习习的庭院以及一个波光粼粼的观景泳池（4月至10月开放）。酒店有69个房间，水疗中心里有土耳其浴室、热水浴缸和按摩服务。经常有折扣。

非住宿游客也可以在周日至周三的10:00~16:00游览这里美丽、安静的花园。

Emily's Boutique Hotel 酒店 $$$

（☎04-664-7500；www.emilys-hotel.com；66 HaGalil St；双/标三 US$167/230，每加一名儿童 US$42；📶）这家酒店由当地家庭经营，是一个不错的选择。48间宽敞的客房（28平方米）配有镶木地板、高高的天花板、装饰着瓷砖和黄铜的闪亮的浴室，还享有海景。中庭大堂设有锦鲤池，大厅装饰着太巴列的黑白老照片。

就餐

水果蔬菜市场 市场 $

（Fruit and Vegetable Market；HaPrachim St；☎周一至周四 6:00~20:00，周五 至日落前1小时，一些店铺周日也会开门；✎）一些摊主可能有些粗野，但是东西的品质确实一流，价格便宜。

Baguette Levin 快餐 $

（☎04-857-7762；32 HaGalil St；⊙周日至周四 正午至次日4:00，周五 正午至次日6:00，周六 10:00至次日4:00）这里的招牌是沙威玛、法棍或皮塔饼夹肉，营业到很晚，安息日也照常开门。

Supersol Express 超市 $

（HaBanim St；⊙周日至周四 7:30~20:00，夏季 周五 至16:30，冬季 周五 至14:00）提供野餐食物以及安息日食物的小超市。

Guy 以色列菜 $$

（☎04-672 3036；HaGalil St和Achva St交叉路口；主菜 38~75NIS；⊙周日至周四 正午至21:00或22:00，冬季 周五 至14:30，夏季 周五 至16:00；✎）这是一家低调的老派东方犹太人的餐厅，供应家常风味的烤肉、汤（仅冬季）和一系列美味的酿蔬菜，以及德系犹太风格的碎肝、伊拉克风格的kibbeh（调味肉丸浸浓汤）和黎巴嫩风格的kibbeh（油炸小麦饺子，内有肉馅）。只接受现金。

Little Tiberias 各国风味 $$

（☎04-679-2806；www.littletiberias.com；HaKishon St；主菜 59~155NIS；⊙周六至周四 正午至22:30，周五 至23:00；✎）提供各种鱼类（火烤、焗烤或炸）、肉类、海鲜和意面，你可以在结实的松木餐桌上就餐。安息日也营业。

★Yisrael's Kitchen 以色列菜 $$

（☎04-679 4919；www.4shavit.com；Arbel Guest House，Moshav Arbel；主菜 76~128NIS；⊙每天 早餐 8:00~9:20起，晚餐 18:00~19:30起）从太巴列开车8公里（从Rte 77到Rte 7717）可达，这个质朴的家庭经营的餐厅提供本地特产和正宗的乡村食物，让人十分暖心。特色菜包括大份（500克）的加利利本地生产的牛排和羊肉，在陶锅中烹制，还有圣彼得烤鱼以及可口的甜点，包括自制冰激凌。要打电话预订。

这里还有来自加利利和戈兰高地的优良红酒。

Decks 牛排 $$$

（☎04-671-0800；www.decks.co.il；Lido Beach，Gdud Barak St；主菜 75~175NIS；⊙周日至周四 正午至23:00，周五 正午至日落前1.5小时，周六 日落之后营业）这家店因为烤肉而成为传奇，包括菲力牛排、小羊羔和鹅肝（不是催肥的），在户外准备了5种混合木头（来自橄榄树、柑橘树、樱桃树、胡桃树和桉树）来烤肉，还有一个柴火烤炉专门为每位食客现烤意式佛卡夏。这里占据了一块修建在水面上的空间，可观赏美丽的海景。酒单非常棒。提供符合犹太教规的食物。

Galei Gil 海鲜 $$$

（☎04-672-0699；Yigal Allon Promenade；主菜 68~105NIS；⊙每天 10:30~23:00；📶）木制露台上摆着桌子，可以俯瞰湖泊，湖景十分漂亮。提供8种来自加利利海和地中海的鲜鱼，可炸可烤，配有肉类和汤。安息日营业。

实用信息

HaYarden St和HaBanim St交叉路口周围有带自动柜员机的银行。

Magen David Adom（☎04-671 7611；HaBanim St和HaKishon St交叉路口；⊙急救 周日至周四 19:00至午夜，周五 14:00至午夜，周六 10:00至午夜，救护车 24小时）由Malram（www.mrlm.co.il）经营的私人诊所提供下班时间之后的急救服务，可以安排医生到家里（或酒店）出诊。

Poriya Hospital（Baruch Padeh Medical Center；☎04-665 2211；www.poria.health.gov.il；Rte 768；急诊 24小时）太巴列的公立医院，位于城市中心西南8公里处，通过Superbus的37路和39路与太巴列相连（40分钟，每小时2班，周五下午和周六除外）。

旅游办公室（Tourist Office；☎04-672 5666；HaBanim St；⊙周日至周四 8:00~16:00，周五 至正午）提供很多关于加利利海的免费小册子，包括基督教遗址，以及值得购买的徒步和骑行地图（如加利利海小径）。办公室位于一个露天的考古

骑行环绕加利利海

加利利海部分地区是自行车骑行的绝佳区域。完整的环湖骑行（约65公里）大约需要6小时。其中约70%的道路可沿加利利海小径（Kinneret Trail，又称Shvil Sovev Kinneret）骑行，但剩下的路程（包括从东岸的Ein Gev到湖北部的Arik桥）目前只能在高速公路路肩上完成。一定要准备一张好地图（如比例尺是1：50,000的），因为许多路段标识不清。

如果从太巴列出发骑行半天的话，你可以向南骑8公里到达尼特（Yardenit），那里有条8公里长的约旦河环线。

尽早出发，以避开炎热的天气，同时要带足水。在道路上骑行时，尽可能远离车流，在路缘（路肩）上骑行，确保你容易被司机看见。日落之后不要骑行。

Aviv Hostel Bike Rental（☎04-672-0007，Beni 050 728-2052；66 HaGalil St；每天70NIS；⏰冬季 6:00~18:00，夏季 7:00~19:00）有24速山地自行车可供租赁，租金包含头盔、锁和地图。店里的员工非常愿意为你提供地图以及行程和线路信息。如果你的自行车遇到机械故障，他们会去修。

公园里，这里有一座5世纪的教堂遗址，以及绘有棕榈枝和etrog（一种柑橘类水果）等犹太标志的马赛克镶嵌画。

ℹ 到达和离开

长途汽车

大多数城际长途汽车停在20世纪70年代风格的**中央汽车站**（www.bus.co.il；HaYarden St），有些短途客车还会停在HaGalil St沿线。目的地包括：

贝特谢安（Superbus的28路，14NIS，35分钟，周日至周四每45分钟1班，周五下午和周六日落后每小时1班）加利利海西南海岸沿线有停靠车站。

海法的Merkazit HaMifratz（Egged的430路和434路，21.50NIS，1.25小时，每小时2班，周五下午至周六日落除外）

耶路撒冷（Egged的959、961和962路，37.50NIS，2.75小时，每1或2小时1班，周五晚至周六日落除外）959路和962路走Rte6，961路途经贝特谢安和约旦河谷。

卡茨林（Rama的52路和57路，14.50NIS，35~50分钟，每天十几班，周五下午至周六日落除外）52路途经加利利海西北岸，包括迦百农。而稍慢一点的57路沿着湖的东南岸和东岸行驶，途经Ein Gev和古尔西国家公园（Kursi National Park）。

谢莫纳城（Egged的541和840路，27NIS，1小时，每小时1班）途经罗什平纳（Rosh Pina）。

拿撒勒（Nazareth Tourism & Transport的431路，16NIS，1小时，每小时1班，周五晚和周六日落前除外）在拿撒勒，有些车停在环线Rte 75上，而不是Paulus VI St。

特拉维夫（Egged的836路和840路，37.50NIS，2小时45分钟，每小时至少1班，周五下午至周六下午除外）

采法特（Superbus的450路，14NIS，37分钟，周日至周五下午每40分钟1班，周六晚3班）

小汽车

开车去戈兰高地、加利利狭地、贝特谢安、拿撒勒甚至阿卡只需不到1小时。太巴列是加利利地区租车的最佳地点。租赁公司有**Avis**（☎04-672-2766；www.avis.co.il；2 Ha-Amakim St，HaYarden St路口）和**Eldan**（☎04-672-2831；www.eldan.co.il；26 HaBanim St）。

合乘出租车

前往特拉维夫的最快方式是从位于中央汽车站下面的停车场乘坐**合乘出租车**（☎Moshe 050755-9282；40NIS；⏰周日至周四 5:00~19:00或更晚，周五 至14:30）。

出租车

Moniyot Tveriya（☎04-655 5550）提供太巴列的出租车服务。

加利利海（SEA OF GALILEE）

بحيرة طبريا　　ים כנרת

加利利海（希伯来语为Yam Kinneret或

加利利海数据

- 涨潮时面积：170平方公里
- 湖岸长度：53公里
- 最大深度：44米
- 涨潮时容纳的水量：4.3立方千米
- 2月平均表面水温：14.7℃
- 8月平均表面水温：28.6℃

HaKinneret，又名太巴列湖）是目前以色列最大的淡水湖，岸边有很棒的休闲场所：沙滩、露营地、骑行道和徒步路线。

据说耶稣大部分传道活动是在加利利海周边进行的。人们认为，耶稣最著名的神迹（五饼二鱼、水上行走）就是在这里显现的，而他在传授登山宝训（Sermon on the Mount）时正俯瞰着加利利海。

约旦河在贝特塞达（Bethsaida）古城附近汇入加利利海，占该湖每年流入量的四分之三，随后从湖的最南端流出，流向位于尼特洗礼之地附近的死海。

几乎所有的加利利海沙滩都允许露营，包括一些付费的海滩。

Rte 90沿着加利利海的整个西部边缘延伸，Rte 92沿着东部湖岸延伸，而Rte 87连接两者，沿着湖泊的西北岸延伸。

整个湖岸线由两路Rama长途汽车提供服务，这些长途汽车连接太巴列和卡茨林（Katzrin）的戈兰镇。52路途经加利利海的西岸和西北岸，包括塔布加和迦百农；而稍慢一点的57路沿着湖的西南岸和东岸行驶，途经Ein Gev和古尔西国家公园。

西北岸（Northwestern Shore）

Hwy 90和平行的加利利海小径蜿蜒环绕着加利利海的西北岸，途中经过一些以色列最重要的新约遗址。

相距数百米的两座天主教堂矗立在被称为塔布加（希腊语为hepta pega，意为“七泉”，Tabgha是在阿拉伯语中的讹变）的一段加利利海湖滨地带。一段漂亮的步行道连接塔布加和迦百农，二者相距3公里。

以下提及的景点基本是由西南向东北按顺序列出。

景点

亚伯山国家公园 国家公园

（Arbel National Park；☎04-673-2904；www.parks.org.il；成人/儿童 22/9NIS；⏲8:00~16:00或17:00，周五提前1小时关闭，在关闭之前1小时内禁止入内）亚伯山俯瞰加利利海，可以观赏戈兰高地和赫尔蒙山令人惊艳的风景，悬崖海拔181米，比其下广阔的蓝色湖泊高390米。公园占地面积极大，既位于以色列国家步道上，也位于耶稣朝圣之路上（是的，徒步者需要支付入园费用）。

公园位于太巴列西北11.5公里处，经过Rte 77、Rte 7717和亚伯山莫沙夫（Moshav Arbel），这里有一条小路向东北延伸3.5公里。

你可以步行到Carob Tree Lookout（往返30分钟）观赏美景，也可以沿着山脊再走几分钟，到达加利利海观景台（Kinneret Lookout）。你也可以选择一条耗时3小时、需要攀岩的中等难度的环行线路（7岁以上方可参与），这条路经过Cave Fortress（于2017年修复），是由17世纪的德鲁兹首领修建的。或者选择另一条环行线路（5~6小时），这条路向下通往Arbel Spring，然后经过Wadi Arbel和一座6世纪的犹太会堂（有无障碍通道）遗址返回公园总部。从会堂遗址出发沿公园的唯一一条辅路走800米可到达一个以色列集体社区亚伯山莫沙夫。

1187年，萨拉丁在亚伯悬崖以西几公里处的哈丁角大败十字军。从公园总部朝西边看，哈丁角这座山脊在亚伯山莫沙夫的正后方。

米格达勒 考古遗址

（Magdala；☎04-620-9900；www.magdala.org；Migdal Junction，Rte 90；成人/儿童 15/10NIS；⏲8:00~18:00）2009年，来自墨西哥的天主教圣会基督军修会（Legionnaires of Christ）开始在这里修建静修所，结果他们发现了一座1世纪的犹太会堂，根据一枚公元29年的当地硬币，人们推算出教堂建于耶稣生活的年代。发掘工作于每年夏天进行，这里会作为露天博物馆对公众开放。米格达勒（在希伯来语中为Migdal）位于太巴列以北6公里处，这个古镇也是抹大拉的玛丽亚的家乡。

在犹太会堂中，考古学家发现了Magdala Stone。这个长方形的圣坛——发现时朝南，即耶路撒冷的方向——由一个独特的七枝烛台装饰，圣坛的独特之处在于被雕刻的时候耶路撒冷的圣殿仍然矗立。圣坛可能是用来宣读律法书的。原始圣坛现陈列在耶路撒冷的以色列博物馆中（这里有个复制品）。

游客还可以看到优雅的Worship Center及其6座装饰着马赛克图案的小礼拜堂。志愿者用英语、西班牙提供免费导览游，有时还有其他语种。一个有160间客房的客栈正在建设中。

★加利利古船 历史遗址

（Ancient Galilee Boat, Jesus Boat; ☎04-911-9585; www.bet-alon.co.il; Kibbutz Ginosar, Rte 90; 成人/儿童 20/15NIS; ⌚周六至周四 8:00~17:00，周五 至16:00）1986年，加利利海的水位极低，当地一位渔民在这里有了一个惊人的发现：一艘木船的残骸。后来经过研究，这艘8.2米长的渔船在耶稣传道期间就在这片水域航行了，它由12种木材（显然是经过再利用的）做成，现在陈列在基诺萨尔基布兹（Kibbutz Ginosar）的Yigal Alon Centre中。墙板和3部短片讲述了发现和保护古船的有趣故事（网站上也有）。

遗址外面，优美的湖岸边是大片随风摇曳的芦苇，还有一座花园，摆着犹太艺术家和阿拉伯艺术家的雕塑。

实用贴士：着装得体

加利利海北部海岸的基督教景点要求游客着装得体（不允许穿背心和膝盖以上的短裤）。

五饼二鱼教堂 教堂

（Church of the Multiplication of the Loaves & Fishes; ☎04-667-8100; www.dvhl.de; Tabgha; 停车 10NIS; ⌚周一至周五 8:00~16:45，周六 至14:45，周日 11:00~16:45）这个朴实无华的德国本笃会教堂修建于1982年，矗立在一座5世纪拜占庭教堂的旧址之上。位于圣坛下方的岩石据说就是“孤独之地”，在这里，耶稣放了五个饼和两条鱼，然后它们的数量不断增加，喂饱了5000名忠实的听众。2015年，部分建筑在一次纵火中受到严重破坏，一名右翼犹太极端分子被定罪。

彼得献心堂 教堂

（Church of the Primacy of St Peter; Tabgha; ⌚8:00~16:50）一个芳香繁茂的花园直通湖边和这座圣方济会教堂（建于1933年），抽象、色彩鲜艳的彩色玻璃窗照亮了整座教堂。位于圣坛前方的扁平石头被拜占庭朝圣者认为是Mensa Christi（基督的桌子），据说耶稣和他的门徒在这里吃过鱼（《约翰福音》21:9）。

在面向湖的教堂一侧，有几级开凿在岩石上的台阶，在《圣经》故事里，这块岩石被认为是耶稣见门徒的地方（台阶也可能在2世纪或3世纪就开凿了，当时这个地区开采过石

警戒线

以色列人密切关注加利利海的水位，丝毫不亚于他们关注股市的劲头，报纸、广播和电视上都会播出有关加利利海水位的报道。当冬季的雨水注入湖中，新闻就会报道跟踪湖水容量（水面低于海平面208.8米）；而当夏天来临，湖中水位下降至警戒线（低于海平面213米，超过此线时继续抽水可能会影响水质）甚至更低时，新闻报道就会铺天盖地，市场会充斥着绝望的头条新闻。近几年接连几个干旱的冬季使湖水远远低于湖泊蓄水量（2017年湖水低于警戒线超过4米），导致湖水盐度空前增加。要不是有地中海沿岸的大型海水淡化厂，加上以色列全国85%的废水被重新用于农业（这是当今世界上最高的废水利用比例），以色列本会面临全国性的水资源危机。

为了实时监测水文状况，Water Level Surveyor（Yigal Allon Promenade; ⌚24小时）建立了一个5米高的类似加利利海形状的雕塑。

灰石）。教堂的西边，有条小路通向三座宁静的户外小教堂，这些小教堂被沿湖生长的芦苇和树木包围。

★八福山　　教堂

（Mount of the Beatitudes; Har HaOsher; ☎04-671-1223; Rte 90; 每辆车 10NIS; ⊙大门和教堂 8:00~11:45和14:00~16:45）至少从4世纪开始，人们就认为这个风景优美的小山坡八福山正是耶稣传授登山宝训的地方（《马太福音》5-7）。宝训开篇的句式都为“……有福了”，内容包括主祷文和常常被引用的词句，如“世上的盐”“世上的光”以及“不要论断人，以免被他人论断”。

这个于1936~1938年由墨索里尼帮忙修建的意大利罗马天主教八角教堂目前由圣方济会修女管理。八福词刻在圆顶下的彩色玻璃上，而七美德（正义、慷慨、宽容、诚信、勇敢、希望和节制）在圣坛周围得以展示。在阳台和安静的花园里可以观赏加利利海的绝美风景。朝圣者青年旅舍面对持各种信仰的游客开放。

八福山在意大利语中被称为“Monte delle Beatitudini”，位于耶稣朝圣之路上，距离塔布加的五饼二鱼教堂有3.1公里的车程。你也可以选择步行，从山入口处的亭子开始，有条1公里长的下山小路通向塔布加，在彼得献心堂以东200米处与Rte 87交会。

迦百农　　考古遗址

（Capernaum; Kfar Nachum, Kfar Nahum; 5NIS; ⊙8:00~17:00, 16:30停止进入）繁荣的湖畔村庄迦百农（人口据估计为1500人）位于从太巴列至大马士革的公路途中，根据新约记载，这个村庄是耶稣在加利利海地区传道影响力最大时期的基地（《马太福音》4:13、《马可福音》2:1、《约翰福音》6:59）。迦百农在新约中被提到16次，据说就是耶稣在犹太会堂传道（《马可福音》1:21）、施展神迹治愈病患并招募第一批门徒（渔人彼得、安德烈、雅各和约翰以及收税官马太）的地方。

管理这个地方的圣方济会修士穿棕色的僧袍，腰部系着白绳，很乐意回答游客的问题。在售票处可以获取一份资料单（1NIS）。

迦百农著名的犹太会堂都面朝南方的耶路撒冷，由两个叠合的建筑组成。今天可以看到的重建后的建筑是白色犹太会堂，因为它是由浅色的石灰石修砌而成的，于4世纪修建在以黑色玄武岩为基石的耶稣犹太会堂上——虽为此名，但似乎这是在耶稣殉道至少一个世纪之后才修建的。

在被绿树掩映的会堂长椅的另一端、橄榄树右侧10米处，一个烛台装饰着廊柱的上端。附近的一根廊柱上刻有5世纪的希伯来语铭文，以纪念Zebidah之子Alpheus的捐赠。

一座现代化的玻璃墙教堂（建于1991年，如今已安装空调）经常被用于通过十几种语言向大众传教布道（如果你想加入的话，可咨询主持的神父），建在一座5世纪的八角形教堂的遗迹上面，这个废弃的教堂掩盖住了彼得的家，据称耶稣曾在这里居住。

在入口附近，能看到一排令人印象深刻的饰以水果和植物图案的石制门楣，但是，按照第三条诫命（《出埃及记》20:4），没有人类或动物的形象。

迦百农位于太巴列东北16公里、塔布加东北3公里处。Hwy 87有3个标志指向通往迦百农的路口，去考古遗迹要走最西面的那条路。

十二信徒修道院　　教堂

（Monastery of the Twelve Apostles, Monastery of the Holy Apostles; ☎052 885-8421; ⊙9:00~16:00，夏令时 至18:00）在这个希腊正教遗址距迦百农犹太会堂东北部直线距离200米（步行或开车距离是1.6公里），位于旧城的东部边缘，有一个安静、绿树成荫的湖畔花园，孔雀昂首阔步地行走其中。这个小型教堂独特的红色穹顶从远处便可看见（包括从远处的八福山），可以追溯至1925年，然而整

ℹ 实用贴士：环湖小径

作为环保人士发起的一场轰轰烈烈的运动的一部分，这条路的目的是保证人们可以无限制地免费游览整个加利利海沿岸。这条路在希伯来语里被称为Shvil Sovev Kinneret，全长约65公里。现在，这条小径大约有45公里的路段都有了标记（蓝色、紫色和白色），包括湖的南半部（从Ein Gev到太巴列）以及东北岸，并随时准备投入使用。

座建筑从葡萄藤到丰富的室内肖像画（为了迎接千禧年而重新修缮），都是典型的拜占庭风格。

跟着Rte 87上前往“Capernaum (Orthodox)”的标志，然后在通往迦百农国家公园的入口前右转即可到达。

加利利屋　基督教场所

（Domus Galilaeae; ☎04-680-9100; www.domusgalilaeae.org; ⏱周一至周六 9:00至正午和15:00~16:30）这座精致的现代建筑位于八福山顶附近，可供基督徒——尤其是天主教神学学者——了解现代犹太教和基督教的犹太根源，以便他们更好地理解耶稣及其神谕。教皇约翰·保罗二世（John Paul Ⅱ）于2000年为这里揭幕，游客可以免费参加半小时的团队游游览校园，包括其中引人注目的现代修道院。

苛辣匝因国家公园　考古遗址

（Korazim National Park; ☎04-693-4982; www.parks.org.il; Rte 8277; 成人/儿童 22/9NIS; ⏱8:00~16:00或17:00，周五提前1小时关闭，关闭前1小时停止入内）苛辣匝因位于可以俯瞰加利利海的山上，是了解耶稣时期和犹太法典时期（3~5世纪）繁荣、中等规模的加利利城镇布局的绝佳地点。其中的犹太会堂因令人惊艳的玄武岩雕刻而闻名，雕刻描绘了植物和几何图形（犹太法律是允许的），以及希腊风格的动物、人（如采葡萄的人）和神话人物（美杜莎）。

犹太会堂中有两样非比寻常的物件：一根装饰华丽的圆柱，被认为是用来支撑诵读律法书的桌子的；还有一把刻有阿拉姆语铭文的扶手椅。它们的原件都陈列在耶路撒冷的以色列博物馆中，你在现场看到的是复制品。苛辣匝因以及迦百农和八福山的人因为缺乏信仰而被耶稣谴责（《马太福音》11:20-24）。

该公园（有无障碍通道）位于Rte 8277上，在Rte 90以东2.5公里处（Korazim junction，即Vered HaGalil）、贝特赛达遗址以西8公里处（在HaYarden公园内）。

贝特赛达　考古遗址

（Bethsaida, Beit Tzayda; ☎04-692 3422; www.parkyarden.co.il; Rte 87以北的Rte888; 19:00前每辆车60NIS，19:00之后或过夜100NIS; ⏱24小时）这个遗址位于HaYarden公园自然保护区内（约旦河公园），被认为是古代的贝特赛达渔村，据称耶稣在这里用五个饼和两条鱼喂饱了5000人（《路加福音》9:10-17）、在水上行走（《马可福音》6:45-51）并治好了一名盲人（《马可福音》8:22-26）。此外，他还严厉地谴责了这个小镇（《路加福音》10:13-15）。

这里有两条用黑色标志标出的**环形步道**：一条500米长的路线环绕着玄武岩废墟，没受过训练的话很难看出来（有标志帮助游客想象原来的结构）；另一条1公里长的路向下通往泉水处再返回。该遗址被1967年前叙利亚挖掘的战壕和雷区包围。

贝特赛达挖掘计划（Bethsaida Excavations Project; 在www.unomaha.edu搜索“Bethsaida”）欢迎志愿者参加夏季挖掘活动，基地位于奥马哈（Omaha）的内布拉斯加大学（University of Nebraska）。

贝特赛达远在加利利海的东北角，距迦百农大约6公里。距这里2公里远的一个湖泊在古代很有可能与特拉维夫的地基持平。

活动

Vered HaGalil Stables　骑马

（☎客栈 04-693-5785，马场 050 238-2225; www.veredhagalil.com; Rte 90和Rte 8277交叉路口; 1/2小时骑马 145/250NIS，日落游 160NIS，儿童骑小马 10分钟35NIS; ⏱9:00~18:00）写有“Shalom,y' all”（大家好）标语的牌子热忱欢迎来到这个西部风格观光农场的客人。农场于1961年由一名来自芝加哥的移民建立。这里提供骑马活动（最低年龄10岁），并为小孩子提供指导性的骑马活动（最低年龄3岁）。可以打电话预订。农场内有30间客房，位于从塔布加往山上走6.7公里（沿公路）的地方。

节日和活动

雅各的梯子　音乐节

（Jacob' s Ladder; www.jlfestival.com; 成人/5~12岁儿童 455/290NIS，周五特价 245NIS，周六特价 240/140NIS; ⏱5月和12月）该节日由英国移民在1978年首次举办，每年两次，特色是蓝草音乐、民谣、乡村音乐、蓝调、爱尔兰舞曲和世界音乐。演出由以色列和国际艺术家在Nof Ginosar Hotel（太巴列以北10公里处）举行。活动有无障碍通道。

冬季庆典在12月初的周五晚上和周六举办。春季庆典的持续时间较长（周四至周六），安排在5月初。

住宿

Inbar Country Lodging 客栈 $$

（☎04-698-7302; www.inbar.co.il; Rte 806; 铺 不含早餐 100NIS，双 350NIS起；📶）以色列最小的基布兹（仅有五户人家）经营着一个隶属ILH联盟的、令人愉快的山坡客栈。客栈内，吊床在种满薄荷、迷迭香等植物的宁静而芬芳的花园中摇摆。19间客房宽敞、整洁、舒适，配有全瓷砖浴室，简直物超所值。客栈位于八福山西北偏西21公里处，采法特西南32公里处，阿卡以东38公里处。

HI-Karei Deshe Guest House & Youth Hostel 青年旅舍 $$

（Kare Deshe; ☎02-594-5633; www.iyha.org.il; 铺 130NIS，双 430~530NIS；📶）这个湖边闪亮的白色建筑有82间房间，还有一片沙滩和很多草木。宿舍房间配有4或6张床，周五、周六、犹太假日以及7月和8月经常爆满。Hukuk沙滩就在附近。

最近的公交车站位于Rte 90上，挨着Sapir抽水站（迦百农路口西南3公里处），从太巴列向北行驶的所有长途汽车都经过这里。从车站步行1.2公里可到达旅舍。

★ Pilgerhaus Tabgha 客栈 $$$

（☎04-670-0100; www.dvhl.de; 标单/双 周六至周三 500/680NIS，周四和周五 600/880NIS；@📶）这家拥有72个房间的德国天主教客栈开业于1889年，适合基督教朝圣者，不过对所有人都开放。这里是个宁静的地方，有华美的花园，就在加利利海岸边。客栈在2016年进行了装修，典型德国风格的干净整洁让这里成为沉思冥想的理想场所，而且方便轮椅出入。要尽早预订，尤其是在春季和秋季。这里距迦百农路口约500米。

Nof Ginosar Hotel 酒店 $$$

（☎04-670-0300; www.ginosar.co.il; Kibbutz Ginosar, Rte 90; 双/标三 US$180/250起；@📶🏊）这家基布兹老式酒店建于1964年，内有170间优雅的酒店客房、75间“乡村小屋”房、一间健身房（于2017年启用）、华丽的地板以及一段独享的加利利海沙滩。花生形状的泳池于4月至10月开放。酒店距加利利古船200米，在太巴列以北8公里处。

Mount of the Beatitudes Pilgrims Hostel 客栈 $$$

（☎04-671-1200; ospbeat@netvision.net.il; 标单/双 含早晚餐 US$155/220）简单的朝圣者住宿地点，位于美丽的八福山，享有加利利海的壮丽景色。

就餐

在米格达勒交通枢纽（Rte 90）的购物中心里有一家Dabbah超市（每日开门）和几家快餐店。

Ein Camonim 奶酪 $$

（En Kammonim; ☎04-698-9680; www.eincamonim.rest-e.co.il; Rte 85; 自助 97NIS，早餐 1/2人 70/130NIS; ⏰餐厅和商店 9:00~17:00; 🌿）这个家族经营的“山羊奶酪餐厅”被加利利灌木丛围绕，提供美味的素食大餐，包括8~10种以色列式和法式山羊奶酪、新鲜出炉的面包、沙拉以及葡萄酒，还有一些小山羊陪孩子们玩。周五和周六最好预约。

餐厅位于塔布加西北20公里处，在Nahal Amud交通枢纽以西4.8公里处，紧邻Rte 85。

Ktzeh HaNahal 黎巴嫩菜 $$

（☎04-671 7776; kazehanahal.rest.co.il; Rte 90; 主菜 70~115NIS，4道菜套餐 129NIS; ⏰正午至午夜; 🌿）从外表来看，你绝对猜不到这家不起眼的餐厅能提供黎巴嫩盛宴。在吃完11份小拼盘后，你可能还想尝尝shishbarak（在浓郁的羊奶中煮的肉馅饺子）或配着烤番茄的Antabli烤肉串。

餐厅位于Rte 90和通往加利利古船的道路的十字路口，在Delek加油站附近（寻找红、绿、白相间的牌子）。

★ Magdalena 阿拉伯菜 $$

（☎04-673-0064; www.magdalena.

co.il; shopping mall, Migdal Jct, Rte 90; 主菜90~165NIS; ⏲正午至22:00）2016年《纽约时报》一篇热情洋溢的时评盛赞了这家“主厨餐厅”，其特色是极富新意的“加利利阿拉伯”美食。厨师Zuzu Hanna从母亲那里（上加利利的Rameh村）学到了食谱，并采用现代烹饪技术，如真空低温慢煮。

菜单以加利利生长的香草、蔬菜以及牛肉、羊肉、鸡肉、鱼类及其他海鲜为基础，随季节变化。留点肚子品尝一下得过奖的halawet el jeben（阿拉伯甜奶酪做馅的粗面粉面团，撒上蜂蜜和开心果）。餐厅的位置有些突儿，位于Dabbah超市上方，入口在后面。

Tibi's Steakhouse & Bar 牛排 $$$

（☎04-633 0885; www.tibis.rest.co.il; Rte 90和Rte 8277交叉路口, Vered HaGalil Stables; 牛排 135~160NIS, 意面 59~75NIS; ⏲8:00~10:30和12:30~22:00; ✎）这家位于Vered HaGalil的餐厅由著名的大厨Chaim Tibi经营，整洁的餐厅有一种高山木屋的氛围。这里的特色菜是来自戈兰的牛排，不过素食者也有很多选择，例如沙拉和意面。优质的葡萄酒单上有不少精品葡萄酒。

到达和离开

所有走Rte 90连接太巴列和北方目的地（包括采法特和谢莫纳城）的长途汽车（由Egged和Superbus运营）都会经过米格达勒（米格达勒交通枢纽; 8.20NIS, 11分钟）、基诺萨尔（加利利古船）、迦百农路口（Tzomet Kfar Nahum, 距离塔布加只有一小段步行距离，但在迦百农以西约4公里处）和八福山1公里长的进山路。Rama的52路长途汽车（周日至周五每天3或4班）连接太巴列和戈兰高地的卡茨林（14.50NIS, 50分钟），从迦百农路口向东沿着加利利海西北岸（Rte 87）继续前行，途经迦百农（10.50NIS, 15分钟）。

东岸（Eastern Shore）

加利利海东岸与 Rte 92平行，可通往本国最大的湿地、各种沙滩（免费且设施完备）以及一个重要的新约遗址。哈马特加德尔的温泉位于湖泊南端以东10公里处。

景点

马佳萨自然保护区 国家公园

（Majrase Nature Reserve; ☎04-679-3410; www.parks.org.il; 成人/儿童 28/14NIS; ⏲8:00~16:00或17:00, 周五提前1小时关门, 关门前1小时停止进入）马佳萨自然保护区位于加利利海的东北角，这里的季节性溪流和丛林湿地是个“涉水徒步”的理想场所。**湿线**（wet circuit; 还有一条20分钟的干线）需要花40~60分钟，旅行前需要做好准备，因为雨后水深可以达到颈部（夏天一般有60厘米深）。湖边的潟湖禁止游客进入，目的是让鱼类和龟可以休养生息。

这里提供更衣室，出行时可带上合适的鞋子以便在水中行走。一些小路有无障碍通道。马佳萨自然保护区距离Rte 92有2公里远，跟着到“Daliyyot Estuary”或者“Bethsaida Valley”的路标走。

古尔西国家公园 考古遗址

（Kursi National Park; ☎04-673-1983; www.parks.org.il; Rte 92和Rte 789交叉路口; 成人/儿童 14/7 NIS; ⏲10月至次年3月 8:00~16:00, 4月至9月至17:00, 周五提前1小时关闭, 关闭前半小时停止入内）这个20世纪70年代偶然发现的非犹太人小渔村，是犹太法典《塔木德》中提到的偶像崇拜之地，人们认为耶稣在这里把两个男人身上的恶魔抽离出来并转移到了一群猪的身上（《马可福音》5:1-13,《路加福音》8:26-39）。这座漂亮又保存完整的遗址向人们展示了5世纪拜占庭修道院的风貌，令人印象深刻。

在通往古迹的玄武岩大门旁，一个有5种语言的电子讲解机可以给你提供详尽的历史背景介绍。这个景点全面覆盖了无障碍通道。这里被认为是基督教的圣地，所以着装要正式。从太巴列出发，沿着加利利海南侧到达这里的路程是30公里，沿着与湖泊北岸平行的公路到达的路程是33公里。

活动

哈马特加德尔泉 温泉

（Hamat Gader; ☎04-665-9999; www.hamat-gader.com; 成人/儿童 107/80NIS; ⏲10月至次年4月底 周一至周五 8:30~22:00, 周六至19:00, 周日 至17:00, 4月底至9月 周日至周三

8:30~17:00，周四和周五 至22:00，周六 至19:00）这个在海平面150米之下的42℃天然温泉是罗马人的最爱，至今还保留着令人印象深刻的2世纪洗浴设施，是一个在寒冷的冬日里暖和起来的好地方，内有野餐场所、一家餐厅和几个小卖部。如果你想泡温泉，通常需要预订。设有无障碍通道。

主要的露天水池的温度大约为37℃，待在里面的时间最好不要超过10分钟。

孩子们会喜欢那些散养的孔雀、鹦鹉表演和动物园，里面有狒狒、野山羊、鸵鸟、鳄鱼（通常在周一至周五13:30喂食）。水气弥漫、凉爽的宠物角里的可爱兔子也极受欢迎。在温暖的季节里，孩子们还可以在装有水滑梯的戏水池（每年5月至9月开放）中玩耍。

作为巴勒斯坦英属托管地的一部分，哈马特加德尔泉虽然是非军事区，却曾在1948年被叙利亚占领，并于20世纪五六十年代完全成为叙利亚占领区，在1967年又被以色列占领。

温泉在Rte 98上，位于Tzemah Junction东南9.5公里处，在这里可以看到耶尔穆克河（Yarmuk River，约旦河的主要支流）流入约旦的全貌。

住宿

深受以色列国内游客喜爱的植被茂盛的Ramot莫沙夫（www.ramot4u.co.il）位于从Rte 92往山上走3公里的地方，拥有众多高档民宿（tzimmerim），网站中有详细资料（希伯来语）。附近的戈兰高地村庄也有很多民宿，包括Giv' at Yoav。

★ Genghis Khan in the Golan 青年旅舍 $$

（☎052 371-5687；www.gkhan.co.il；Giv' at Yoav；铺/6人帐篷 100/750NIS，亚麻制品和毛巾每晚20NIS）主人Sara和Bentzi Zafrir在此献上最诚挚的欢迎，这里还有令人着迷的独立旅行氛围。受到蒙古包的启发，他们设计并手工建造了5顶以颜色区分的圆顶帐篷，每顶帐篷最多可睡10人，里面有舒适的海绵床垫。功率强劲的空调能够确保冬暖夏凉。

每顶帐篷外面都有独立卫生间。厨房里锅碗瓢盆一应俱全，冰箱内的空间就像帐篷一样，也是分5种颜色，旅客在厨房里可以用新鲜的百里香、柠檬草以及从花园采摘的薄荷（在一圈废旧轮胎围起来的地方）制作新鲜可口的菜肴。好几条徒步小路经过这里。

这家旅舍位于戈兰高地的西边斜坡上，在古尔西路口（Rte 92和Rte 789的交叉路口）东南13公里处。51路长途汽车在Giv' at Yoav和太巴列之间运行（35分钟，周日至周四每天8班，周五上午6班，周六晚上1班），Sara会在车站热情欢迎每位到来的客人。

Ein Gev Holiday Resort 酒店 $$$

（☎04-665 9800；www.eingev.com，Kibbutz Ein Gev，Rte 92；双 US$185~200；@📶）1948~1967年，加利利海东海岸的大部分地区处于叙利亚的控制之下，想要到达Ein Gev基布兹的唯一办法就是乘船。如今这个湖边的基布兹拥有香蕉、柑橘、枣、鳄梨、芒果和荔枝果园，还有牛棚和这家拥有178间客房及加利利海唯一的天然沙滩的酒店。住宿选择包括可以容纳5人的阳光海滨套房（US$268~308）和专供情侣的浪漫“海景房”（890~1330NIS），有30间客房在2017年经过了彻底的翻新。从Ein Gev基布兹及其码头区域的车辆入口出发，沿Rte 92向南行驶大约1.5公里即可到达。

Setai Sea of Galilee 设计酒店 $$$

（☎04-843-2222；www.thesetaihotel.co.il；Tze' elon Beach，Rte 92；双 US$460起；📶🏊）这家高级豪华酒店于2017年开业，位置绝佳，距离湖岸仅有数米之遥。当你不在无边泳池放松身心或在水疗中心尽情享受时，你可以在酒廊餐厅享用素食午餐或在时尚现代的餐厅享用晚餐，这一切相当有迈阿密海滩风情（这家连锁酒店的总部就在迈阿密）。酒店拥有110间大房间（每间至少46平方米）；43栋私人别墅正在建设中，每个都配有私人游泳池。

就餐

Ramot莫沙夫有几家不错的餐厅，除此之外还有更多就餐场所，包括Ein Gev港口著名的海鲜餐厅。

Moshbutz 牛排 $$

（☎04-679 5095；www.moshbutz.com；Dalyot St，Moshav Ramot；主菜 68~159NIS，儿童

菜单 49NIS；⏲周日至周三 13:00~21:00，周四至周六 正午至22:00）这个有家庭氛围的肉食餐厅的招牌菜有产自戈兰高地的美味牛排、多汁的汉堡、创意沙拉和开胃小吃，如香浓的山羊酸奶烤茄子和法式洋葱汤。这些美食可搭配戈兰高地的精品葡萄酒和当地自酿啤酒。除了这些美食，这家餐厅贴心周到的服务以及窗外迷人的加利利海风景都会让你流连忘返，强烈推荐预订。

从莫沙夫大门出发在第3个路口右拐即可到达。

到达和离开

Rama的52路公交车连接太巴列和卡茨林，沿湖泊西南岸和东岸行驶，途经Ein Gev和古尔西国家公园。

西南岸（Southwestern Shore）

加利利海的西南岸拥有免费的公共沙滩、与早期犹太复国主义先驱相关的许多有趣景点（基布兹运动正是从这里开始的）和非常受欢迎的约旦尼特洗礼处。以下提及的景点由北向南按顺序列出。

景点

加利利海公墓 公墓

（Kinneret Cemetery；Rte 90；⏲24小时）阴凉而又幽静，这个草木茂盛的湖边公墓建成于1911年，是犹太复国主义先驱的长眠之地。这里埋葬着一场著名的三角恋中的焦点人物Berl Katznelson（1887~1944年，他的坟墓旁边埋葬着他的第一任和第二任妻子），以及致力于把也门犹太人带到以色列的Shmuel Yavnieli（1884~1961年）。这座公墓位于太巴列以南9公里、加利利海路口以南300米的地方。

同样埋葬在这里的还有希伯来诗人Rachel（Rachel Bluwstein，1890~1931年），她的许多脍炙人口的诗被制作成音乐专辑放在她坟墓里的不锈钢容器中。她的头像被印制在以色列银行的20NIS纸币上。

1917年春，奥斯曼帝国将整个特拉维夫和雅法地区的犹太人驱逐出境。有2000名难民逃到加利利避难，430人死亡，其中有10人埋葬在这里，后人在2003年雕刻了10块无名墓碑和一块石头牌匾，以此纪念他们。

约旦尼特洗礼处 宗教遗址

（Yardenit Baptismal Site；☎04-675-9111；www.yardenit.com；Kibbutz Kinneret；⏲8:00~18:00，12月至次年2月 至17:00，周五至16:00）**免费** 这个举世闻名的遍植桉树的基督教洗礼之地位于约旦河上，在约旦河流入加利利海的入湖口南部100米的位置，由加利利海基布兹（Kibbutz Kinneret）运营。基督教朝圣者聚集于此，穿着白色长袍（可自带，租赁/购买的价格为US$10/25，包括毛巾和证书）接受洗礼。这里提供更衣室（2NIS）。

在整个场地周边围绕着世界各地的基督徒赞助的、用亚美尼亚瓷砖制成的镶板，上面用102种语言（还在增加）引用《马可福音》1:9-11。一些毛茸茸的啮齿动物生活在鱼类资源丰富的约旦河中，它们就是原产于南美洲的海狸鼠（河狸鼠）。这个景点内有一个餐馆（每天开门）。

尼特位于太巴列以南10公里、Rte 90以西200米处，在1910年建立的世界上第一个基布兹Kibbutz Degania Alef（http://degania.org.il）西北1公里的地方。

贝特加布里埃尔 著名建筑

（Bet Gabriel；☎3号分机，04-675-1175；www.betgabriel.co.il；Rte 92）**免费** 这个湖边文化中心于1993年开业，是以色列最美的建筑之一，这里最著名的莫过于它的艺术展览、电影首映（拥有两块屏幕，2019年内预计会再增两块）、流行和古典音乐会、百吉饼咖啡馆（周五晚和周六关闭）以及激动人心的湖景。1994年11月，作为仪式的举办场地，这里见证了以色列和约旦和平条约的签订。贝特加布里埃尔位于加利利海的南端，在Tzemah Junction以东300米处。

和平房间（提前打电话预约免费团队游）陈列着侯赛因国王（King Hussein）红白相间的keffiyeh（阿拉伯人使用的格子头巾）以及亚西尔·阿拉法特（Yasser Arafat）赠予希蒙·佩雷斯（Shimon Peres）的佩剑。

住宿

HI-Poriya Sea of Galilee Guesthouse & Hostel 青年旅舍 $$

（☎02-594-5720；www.iyha.org.il；铺US$27，双 430~500NIS，每加一名成人/儿童140/120NIS；@📶）这家漂亮的旅舍位于加利利海旁的山坡上，带玻璃幕墙的休息室提供了美丽的景色，有58间简朴的房间，每间宿舍有6张床，还提供瓦片屋顶的小木屋。周五和周六（有时其他时候也有）提供晚餐（成人/儿童83/61NIS）。这家旅舍位于太巴列以南9公里处，沿Rte 90向陡坡上开4公里到达Rte 7877即是。这里没有公共交通。

就餐

在加利利海的南端，Rte 90与Rte 92环形交叉路口西南方的购物中心里有很多咖啡馆和快餐店，有些在安息日也开放。

到达和离开

太巴列和Tzemah Junction（加利利海南端）之间的Rte 90路段上有多趟长途汽车经过，包括所有的太巴列—贝特谢安长途汽车、Superbus的26路和28路，以及一直沿着湖东岸行驶，最终到达卡茨林（位于戈兰高地）的Rama 57路。

上加利利及周边

包括 ➡

采法特......241
梅龙山区......250
罗什平纳......254
胡拉山谷......255
加利利狭长地带......257
戈兰高地......261
卡茨林......262
戈兰高地南部......264
戈兰高地中部......265
戈兰高地北部......268

最佳餐饮

- Dag Al HaDan（见259页）
- HaAri 8（见250页）
- Shiri Bistro & Wine Bar（见255页）
- Lishansky Since 1936（见261页）
- Meatshos（见263页）

最佳住宿

- Villa Tehila（见255页）
- Lishansky Since 1936（见261页）
- Ohn-Bar Guesthouse（见252页）
- Golan Heights Hostel（见267页）

为何去

上加利利连绵起伏的青山（85号公路以北区域）、戈兰高地的狂野高原和山峰给人们提供了进行各种各样户外活动的场所，挑战身心，锻炼身体，并滋养灵魂。以色列国内的游客成批拥入这里，有的是为了奢华民宿、精品葡萄酒厂和珍馐美馔而来，有的则是为了体验惊险刺激的徒步旅行、骑行、漂流、骑马甚至滑雪。这一地区还有更多吸引人之处：春天遍地绚烂的野花，世界上数一数二的观鸟地，以及5个多世纪以来卡巴拉（犹太教神秘主义）的中心——精神魅力无穷的采法特。夏天山顶的天气十分舒爽，而且从基督教区和舒适的加利利海海滩到达这片地区只有很短的车程。

何时去

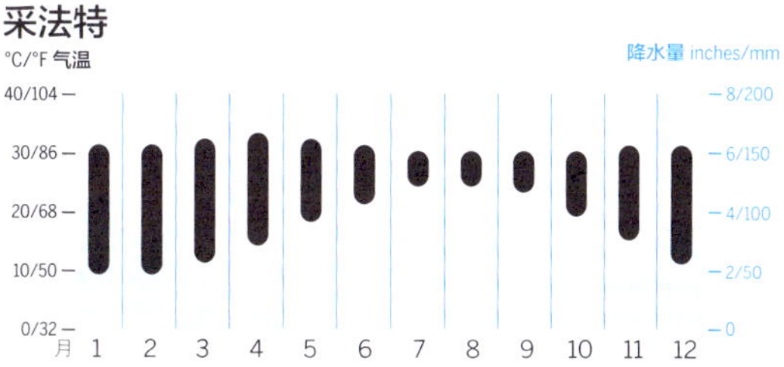

12月至次年3月 如果雪足够厚，可以在赫尔蒙山滑雪。

1月至10月 乘独木舟和皮划艇游约旦河。

2月至8月 胡拉山谷的春天来得最早，赫尔蒙山的来得最晚。

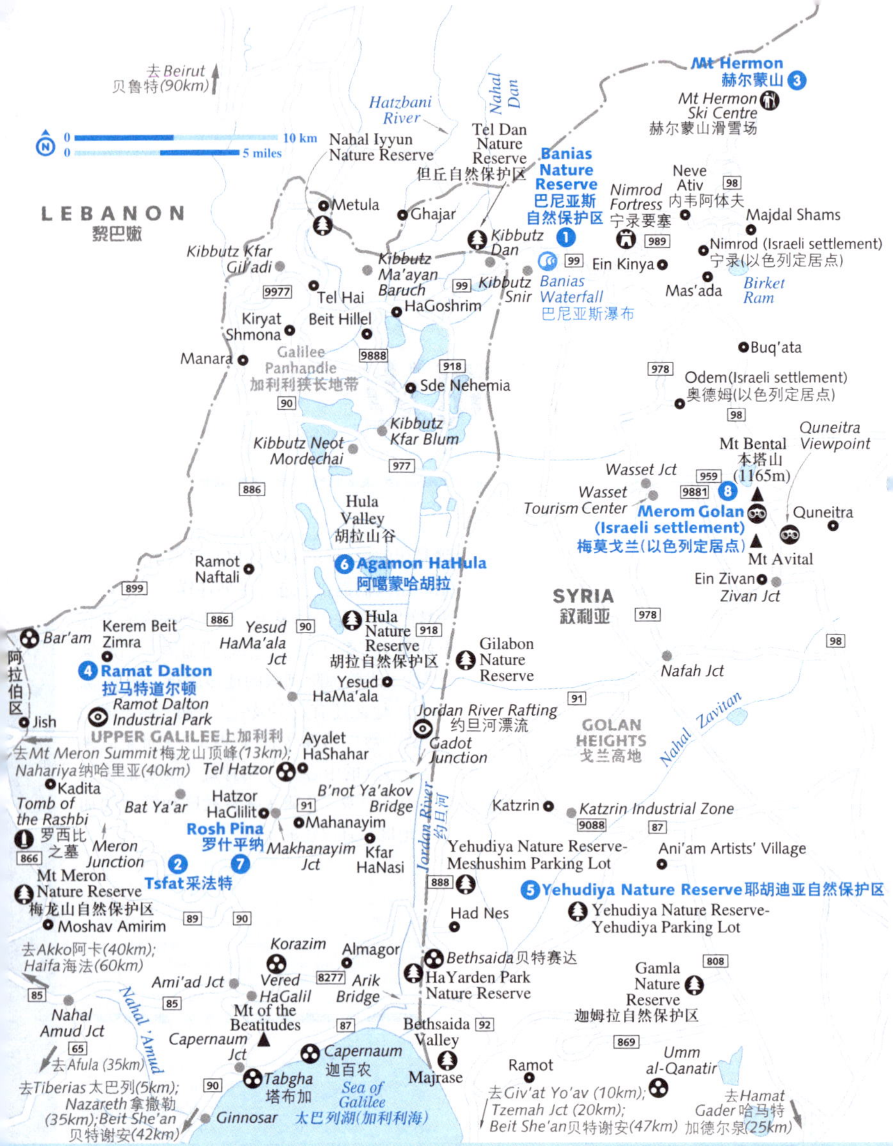

上加利利及周边亮点

❶ 巴尼亚斯自然保护区（见268页）在湍急而清澈的巴尼亚斯瀑布的水雾中收获清凉。

❷ 采法特（见241页）迷失在犹太会堂区古老的街道和神秘主义之中。

❸ 赫尔蒙山（见270页）在海拔2040米呼吸清爽的空气。

❹ 拉马特道尔顿（见254页）参观获奖的葡萄酒厂。

❺ 耶胡迪亚自然保护区（见264页）徒步走进峡谷，攀上悬崖，穿越瀑布。

❻ 阿嘎蒙哈胡拉（见256页）坐在Safari Wagon上近距离观看迁徙的鹤。

❼ 罗什平纳（见254页）住在奢华民宿的古老石头房子里。

❽ 梅莫戈兰（见266页）和真正的以色列牛仔骑马向火山前进。

到达和离开

探索这里最好的方式是驾车——各个地方距离相对较短，而到许多漂亮的村庄和自然景点的长途汽车每天只有几趟。在谢莫纳城（Kiryat Shmona）有一家租车行**Eldan**（☎04-690-3186；www.eldan.co.il；4 Sinai St），但你最好是在太巴列（Tiberias）、海法（Haifa）、特拉维夫（Tel Aviv）或耶路撒冷（Jerusalem）就把车租好。

主要长途汽车站在谢莫纳城。

上加利利（THE UPPER GALILEE）

在Rte 85以北的山区，你可以见到犹太教神秘主义者（在采法特）、奶酪和葡萄酒厂（在道尔顿高原）、特拉维夫嬉皮士（在罗什平纳）和观鸟者（在胡拉山谷）。沿着东西走向的Rte 85，可以在50分钟内从阿卡（Akko）到达加利利海。

采法特（Tsfat） צפת صفد

☎04/人口：33,350/海拔：900米

采法特这座山顶城市绝对值得用一两天的时间去用心感受。从16世纪起，这里就是卡巴拉（犹太教神秘主义）的中心。采法特还是哈西德派（Hasidic）犹太人的故乡，也诞生了很多艺术家和虔诚且温和的前嬉皮士，其中很多是美国移民，他们在20世纪60年代在寻找精神和超然意义中受到启发，成为神秘主义者。

在老城鹅卵石铺就的小巷和陡峭的石阶构成的迷宫里，你会看到古老的犹太会堂、带青绿色门廊的破败石头房子以及画廊和艺术家工作室，还会遇到穿黑色土耳其长袍、戴圆顶礼帽、说意第绪语（Yiddish）的小男孩。采法特有时看起来像是用耶路撒冷的石头建成的犹太居民区，但众多神秘精神追求者的存在却让你感受到明显的波希米亚气息。

历史

在罗马时代犹太人大起义（公元66~70年）的早期，加利利犹太军队的指挥官Yosef ben Matityahu[后称约瑟夫斯·弗拉维奥（Josephus Flavius）]加强了采法特的防御工事。按耶路撒冷犹太法典的记载，采法特原是山顶烽火台，用于传递耶路撒冷新月景象的相关信息。

由安茹（Anjou）的富尔克国王（King Fulk）领导的十字军在这里修建了大量的城堡来控制通往大马士革（Damascus）的道路。1188年，这里被萨拉丁（Saladin）占领，后被阿尤布王朝（Ayyubids）摧毁（1220年）。1240年，圣殿骑士团（Knights Templar）重建了采法特，在1266年后，这里由马穆鲁克苏丹（Mamluk Sultan）扩建。

15世纪后期和16世纪，由于塞法迪（Sephardic）犹太人被驱逐出西班牙，采法特的犹太人社区的规模和重要性增加。在这些新移民中，有犹太历史上著名的卡巴拉派。在此期间，采法特不仅成了从阿卡到大马士革的贸易路线上的重要一站，而且这里生产的纺织品非常著名。1576年，一台希伯来文印刷机安装于此，这是中东地区第一台这样的设备。

18世纪后期，哈西德派犹太人和他们的立陶宛敌人从俄罗斯大量涌入采法特。

1742年、1812年和1847年，采法特遭遇了严重的瘟疫。1759年和1837年，这里又被地震破坏，地震造成数千人丧生，大部分建筑倒塌。

1929年，18名犹太人在反犹太复国主义动乱中丧生，这一事件导致许多犹太人逃亡，那些留下来的人组织了自卫队并加强了犹太区的防御。1948年，英国人离开时将这座小城的战略资产移交给了阿拉伯军队，但经过一场激战后，犹太军队占据优势，阿拉伯人逃亡——其中有13岁的马哈茂德·阿巴斯（Mahmoud Abbas），他于2005年成了巴勒斯坦总统。

景点

犹太会堂区

从1777年起，从守卫者广场（HaMaginim Sq，Kikar HaMaginim，Defenders' Sq）向下延伸的山坡就成了采法特犹太人的长期定居点，所有采法特历史悠久的卡巴拉犹太会堂都离这里不远，只是有点不好找。如果你的时间比较紧张，那就去以下两座

Tsfat 采法特

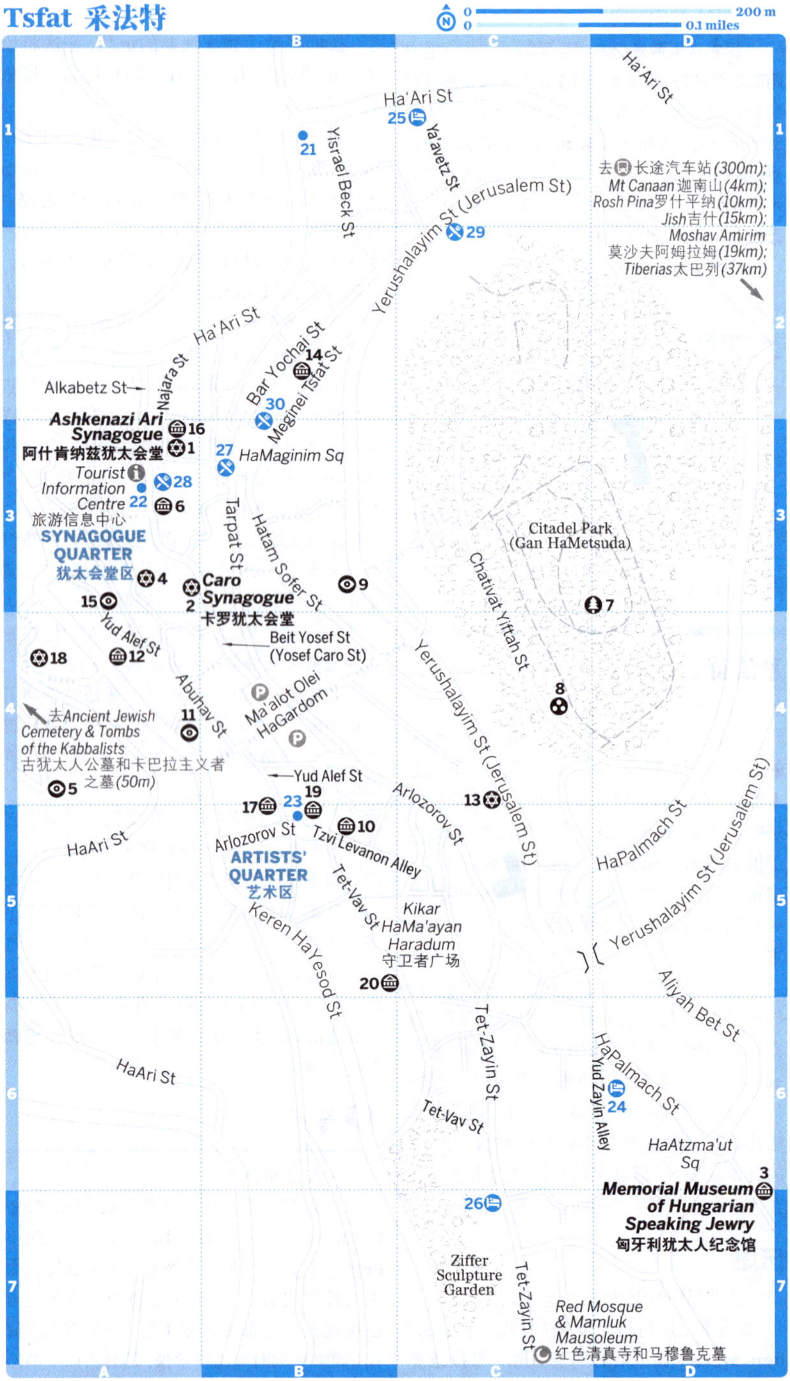
0 200 m
0 0.1 miles
Ha'Ari St
25
21
Yisrael Beck St
Ya'avetz St
Yerushalayim St (Jerusalem St)
29
去长途汽车站(300m);
Mt Canaan迦南山(4km);
Rosh Pina罗什平纳(10km);
Jish吉什(15km);
Moshav Amirim
莫沙夫阿姆拉姆(19km);
Tiberias太巴列(37km)
Ha'Ari St
Bar Yochai St
14
Meginei Tsfat St
Najara St
Alkabetz St
30
Ashkenazi Ari
Synagogue
阿什肯纳兹犹太会堂
16
1
27
HaMaginim Sq
Tourist
Information
Centre
旅游信息中心
22
28
6
SYNAGOGUE
QUARTER
犹太会堂区
4
Tarpat St
Hatam Sofer St
Caro
Synagogue
卡罗犹太会堂
2
9
Citadel Park
(Gan HaMetsuda)
Chativat Yiftah St
7
15
Yud Alef St
18
12
Beit Yosef St
(Yosef Caro St)
Yerushalayim St (Jerusalem St)
8
Abuhav St
11
Ma'alot Olei
HaGardom
去Ancient Jewish
Cemetery & Tombs
of the Kabbalists
古犹太人公墓和卡巴拉主义者
之墓(50m)
5
Yud Alef St
19
17
23
Arlozorov St
13
10
HaAri St
Arlozorov St
Tzvi Levanon Alley
HaPalmach St
Yerushalayim St (Jerusalem St)
ARTISTS'
QUARTER
艺术区
Tet-Vav St
Kikar
HaMa'ayan
Haradum
守卫者广场
Keren HaYesod St
20
Aliyah Bet St
HaAri St
Tet-Zayin St
HaPalmach St
Yud Zayin Alley
24
Tet-Vav St
HaAtzma'ut
Sq
3
Memorial Museum
of Hungarian
Speaking Jewry
匈牙利犹太人纪念馆
26
Ziffer
Sculpture
Garden
Tet-Zayin St
Red Mosque
& Mamluk
Mausoleum
红色清真寺和马穆鲁克墓

Tsfat 采法特

重要景点

1 阿什肯纳兹犹太会堂........A3
2 卡罗犹太会堂........A3
3 匈牙利犹太人纪念馆........D7

景点

4 阿布哈弗犹太会堂........A3
5 阿尔米可夫哈........A4
6 Canaan Gallery........A3
7 城堡公园........D3
8 城堡遗迹和蓄水池........C4
9 小大卫纪念碑........B3
Fig Tree Courtyard........（见6）
10 采法特总展览馆........B5
11 HaMeiri Dairy........A4
12 哈梅尔博物馆........A4
13 House of Love & Prayer........C4
14 Kabbalah Art........B2
15 Kadosh Dairy........A3
16 赛弗德蜡烛艺术馆........A3
17 Safed Craft Pottery........B5
18 阿里塞法迪会堂........A4
19 Sheva Chaya Glassblowing Gallery........B5
20 Tzfat Gallery of Mystical Art........B5

活动、课程和团队游

21 Ascent Institute of Safed........B1
22 Livnot U'Lehibanot........A3
23 Path of the Heart........B5
Tzfat Kabbalah Center........（见6）

住宿

24 Artist Quarter Guest House........D6
25 Carmel Hotel........C1
26 Ruth Rimonim........C7

就餐

27 Elements Cafe........B3
HaAri 8........（见25）
28 Lahuhe Original Yemenite Food Bar........A3
29 Rav-Hesed Supermarket........C2
30 Tree of Life Vegetarian Cafe........B3

会堂：阿什肯纳兹犹太会堂（Ashkenazi Ari Synagogue）和卡罗犹太会堂（Caro Synagogue）。Alkabetz St和Yosef Caro St这两条主要的巷子里到处是画廊，摆满了才华横溢的犹太艺术家的画作。

犹太会堂开放时间不固定，尤其是在冬天，未通知就关闭是常有的事（比如在周一和周四早上举行犹太男孩受戒礼时）。游客应穿着保守（不能穿短裤或裸露肩膀），这里为男士提供小圆帽（你也可以戴其他帽子）。看门人欢迎小额捐赠（5NIS）。安息日和犹太节日期间，会堂不对游客开放。

★阿什肯纳兹犹太会堂　犹太会堂

（Ashkenazi Ari Synagogue; Najara St; ⏲周日至周四 9:30~19:00，周五 至13:00，祈祷时间不对外开放）这座古老的著名犹太会堂由来自希腊的塞法迪犹太人在16世纪建造，近150年来没有什么变化，其矗立之处就是传说中伟大的卡巴拉主义者伊扎克·吕里亚（Yitzhak Luria，即Isaac Luria，常被称作Ari；1534~1572年）曾经迎接安息日的地方。18世纪，这座犹太会堂为采法特的阿什肯纳兹哈西德派犹太教社区服务，因此得名（出生在耶路撒冷的吕里亚的母亲是塞法迪犹太人，父亲是阿什肯纳兹人）。

会堂1837年被地震摧毁，于19世纪50年代重建。19世纪中叶的藏经柜（保存摩西五经）顶部根据加利西亚（Galicia，波兰）的传统，有精心雕刻和绘制的人面狮子，信徒们推测这可能是Ari（希伯来语中"ari"的意思是"狮子"）。

赛弗德蜡烛艺术馆　画廊

（Safed Candles Gallery; ☎04-682-2068; Najara St; ⏲周日至周四 9:30~18:30，周五 至12:30，夏季 周五 至13:30）如果你想知道安息日、安息日结束仪式和光明节的蜡烛是如何浸染、装饰和编织的，可以来这里观看一名蜡烛制作专家的工作——周日至周四的16:00前经常能在这里找到她。这里还有其他蜡烛，包括世界上最大的安息日结束仪式蜡烛（有180股）和一些俗套的大作：大卫王高举巨人哥利亚头颅、参孙与腓力斯人作战，还有一套国际象棋，棋子的双方是著名的哈西德派与同样著名的立陶宛人（Misnagdim）。艺术馆在一条小巷里，从阿什肯纳兹犹太会堂向下走50米即是。

★卡罗犹太会堂　犹太会堂

（Caro Synagogue; ☎04-692 3284; Eyal 050

855 0462; Beit Yosef St; 捐赠 5NIS; ⌚周日至周四 9:00~17:00或18:00, 冬季提前1小时关闭, 周五 9:00至正午)装饰着中东拱门、吊灯和摆满圣典的书架，这座犹太会堂的名字就像它所在街道的名字一样，是为了纪念卡罗拉比(Rabbi Yosef Caro, 1488~1575年)的。他出生于托莱多(Toledo)，是Shulchan Aruch(最具权威性的犹太法典)的作者。16世纪初，这里是作为神职人员研习所修建的，在1759年和1837年的地震后经历了重建，1903年又进行了再次重建。

16世纪，采法特犹太法庭的负责人卡罗在巴勒斯坦地区和许多犹太人散居的地方都是最受尊敬的权威人物。传说中，天使就是在卡罗犹太会堂下的房子里向卡罗启示卡巴拉的秘密的。面朝约柜，你会看到右手边的一扇窗户上挂着一枚喀秋莎火箭炮扭曲的残骸，它是2006年从黎巴嫩发射并落在上面的。

阿布哈弗犹太会堂 犹太会堂

(Abuhav Synagogue; ☎04-692 3885; Abuhav St; ⌚通常周日至周四 9:00~17:00, 周五至正午)这座会堂以15世纪西班牙学者伊扎克·阿布哈弗(Yitzhak Abuhav)拉比的名字命名。始建于16世纪，但是在1759年地震之后才被移到现在这个位置。这里豪华精致的庭院在20世纪后期经常用来举行婚礼。

当地知识

采法特的安息日

在安息日(周五晚上至周六日落)，商店几乎都会停止营业。虽然这会给你找地方吃饭带来不便，但是车流量的减少营造出了适宜冥想的精神氛围，欢快的哈西德派曲调从隐秘的犹太会堂和餐厅中流淌而出，在空中飘荡。安息日和节假日切记不要给机警的犹太人拍照!

House of Love & Prayer(☎054 804-8602; www.carlebach.intzfat.info/en; 72 Yerushalayim St, 在Bank HaPoalim下面)会根据Shlomo Carlebach拉比柔和的精神传统唱歌祈祷(欢迎那些想在安息日祈祷的人前来)，哈西德派团体会举行聚会(farbrengen)。

在会堂内部，4根中央庭柱代表4种元素(土地、空气、水和火)，根据卡巴拉(还有古希腊的亚里士多德)的观点，这些元素组成了万物。椭圆形圆顶有10扇窗户(每扇都代表了摩西十诫之一)，绘着12个以色列部落的图案、用于会堂的乐器的插图和石榴树(据说其种子的数量和犹太戒律一样，都是613)，还绘有岩石圆顶清真寺，用以纪念耶路撒冷。

Kadosh Dairy 奶制品

(Kadosh Cheese; ☎04-692-0326; 34 Yud Alef St; ⌚周日至周四 8:00~20:00, 周五日落前1小时)这家奶制品小店世代由Kadosh家族经营，已有7个年头了，生产非常美味、咸香的采法特奶酪(gving Tzfatit, 陈化6个月)，还有其他各种各样的奶酪，包括蓝纹奶酪、kashkaval和羊乳干酪以及自制冰激凌。通常在周日、周二和周四的8:00~15:00，你可以看到奶酪的制作过程。从会堂区跟着指示牌下山后即可来这里品尝"Safed Cheeze"或"Zefat Cheeze"。

在奶制品店，你还可以买到由蜂蜜制成的哈尔瓦酥糖、葡萄叶包饭和当地的酒。一般来说，由10块奶酪和面包组成的拼盘足够吃一顿的了，拼盘价格为50NIS。

阿里塞法迪会堂 犹太会堂

(Sephardic Ari Synagogue, Synagogue Ha'Ary Sefaradi; Ha'Ari St; ⌚周日至周三 12:15~17:00, 周四 至15:00或16:00, 周五关闭)采法特最古老的犹太会堂，据档案记载可追溯到1522年，伟大的16世纪卡巴拉主义者伊扎克·吕里亚经常到这里来，眺望梅龙山(Mt Meron)全景和Shimon bar Yochai之墓寻找启示。在讲坛的左侧有个小房间，里面点着蜡烛，据说这里是先知以利亚(Elijah)研究神秘主义的地方。现在所看到的部分是1837年地震后重建的。

哈梅尔博物馆 博物馆

(HaMeiri Museum; ☎04-497-1307; 158 Keren HaYesod St; 成人/儿童 20/13NIS; ⌚周日至周四 8:30~14:30, 周五 至13:30)这座有150年历史的建筑曾经是采法特的犹太法庭，展示了19世纪和20世纪早期采法特犹太人的生活。里面的展品包括独特的家庭日常用品和由当地锡匠制作的犹太仪式用具，这些物品用煤油罐制成（有的甚至还嵌着贝壳）。一直走到Ma' alot Olei HaGardom台阶底部，然后右转即可到达这里。

楼上展示的是一个复原的单间公寓，曾住着一个拥有6个小孩的家庭。母亲睡在唯一的一张床上，而淋浴间里挂着一个废旧锡罐制成的桶，桶底焊了一个喷头。

为避免打翻展览品，游客的背包需要寄存起来。这里的标牌为英语。

HaMeiri Dairy 奶制品

（☎04-692-1431, Yaniv 052 372-1609; www.hameiri-cheese.co.il; Keren HaYesod St; ⏲周日至周四 11:00~15:00，周五 至13:30）这个由家族经营6代人之久的小型奶制品店每年会将8万升的羊奶制成鲜美的奶酪，其中有光滑细腻的保加利亚奶酪（陈化1年）和各种各样的采法特奶酪，这种奶酪要比超市里见到的更硬、更咸，味更浓，不过超市的奶酪也都可以在这家小熟食店买到。

艺术区

Ma' alot Olei HaGardom台阶以南的街区从前是采法特的阿拉伯区，从数量不少的宣礼塔上就能看出来。但是在1948年战争结束后，该地区被开发成了以色列艺术家的聚居区。为进一步强化这点，政府宣布将为愿意在采法特生活至少180天的艺术家提供免费住房和画廊。

在20世纪50年代和60年代，这个国家最著名的一些画家（Moshe Castel、Yitzhak Frenkel、Shimshon Holtzman、Arieh Merzer和Menahem Shemi）受到采法特迷人的风景和神秘传统的启发，在这个小镇创办工作室并举办了展览。艺术爱好者们纷纷逃离特拉维夫的热浪，整个夏天在这座小城里的几十个旅馆中度过。

大多数画廊和工作室都对游客开放，许多艺术家乐于谈论自己的作品，要是能做上一笔生意他们就更高兴了。

古犹太人公墓

教堂区下边的这块公墓区杂草丛生，碎石凌乱，暴晒在阳光下。虽然这里看起来不起眼，但对犹太神秘主义者来说，16世纪被埋葬在这里的卡巴拉主义者使得这块山坡成了一个特别的地方，人们为获得启示在这里祈祷和冥想。无论何时，在这里走走都会让人有些超凡脱俗的感觉。傍晚尤其奇妙，走在闪烁的纪念蜡烛中，祈祷声和唱诗声经常萦绕耳边。

任何一个有点名气的卡巴拉主义者的墓碑都被涂成了“采法特蓝”，这样轻淡的色彩可以让过路人联想到卡巴拉精神——连接天地。

为避免来采法特犹太人古墓祈祷的人中混有思想不纯的男人，这里有希伯来文的指示牌，指引女性到女性专用祈祷场地。在所有圣地，游客都必须穿着得体。

阿尔米可夫哈 宗教遗址

（Ari' s Mikveh; 紧邻Ha' Ari St; ⏲24小时）门口的指示牌上用粗体希伯来文写着“只准男人入内”。原因不是害怕女性，而是因为里面会有裸体男性在这不流动的天然冷泉中举行净化仪式。在一些传说中，这眼泉水曾被伊扎克·吕里亚使用过。如今这里特别受布拉斯洛夫（Breslov, Bratzlav）哈西德派犹太人的欢迎。

卡巴拉主义者之墓 公墓

（Tombs of the Kabbalists; 紧邻Ha' Ari St; ⏲24小时）这个墓葬区埋葬着许多采法特的伟大先知和卡巴拉主义者，位于古犹太墓园的山坡向下大约三分之一处，在一棵孤松下面，两条小道在此交会，小道上有透明的顶篷。如果你不认识希伯来语，可以请路人帮你寻找**伊扎克·吕里亚**（1534年生于耶路撒冷，1572年在采法特去世）之墓。他又被称为HaAri，是现代犹太神秘主义之父。

吕里亚的墓地附近是**Shlomo Alkabetz**（1500年生于萨罗尼加，1580年在采法特去世）之墓，他最著名的成就是创作了赞美诗“Lecha Dodi”。**卡罗拉比**（Yosef Caro，1488年生于托莱多，1575年在采法特去世）是犹太法律最重要的编纂者，被埋葬在距离这座山约100米处。2017年，一个疑似是伟大的西班牙诗人、《圣经》评论家和哲学家**亚伯拉罕·伊本·以斯拉**（Abraham ibn Ezra，1089~1167年）的坟墓被发现。

采法特画廊

自20世纪50年代以来，采法特便是以色列艺术家的聚集地和灵感来源地。如今，采法特拥有以色列数量最多的艺术家工作室和艺术画廊，在这里，你会看到引人入胜的原创艺术、俗气的商业作品和介于两者间的一切。几乎所有作品，无论是烛台、门柱经卷（内有犹太律法节选的盒子）、希伯来语手抄本装饰书、珠宝、玻璃制品还是婀娜多姿的现代雕塑和绘画，都富有想象力且丰富多彩。在神秘的哈西德派传统中，大部分内容都是令人愉悦的。

在犹太会堂区，有许多画廊沿着**Alkabetz St**开设。这条石头铺的小巷从阿什肯纳兹犹太会堂向南，再向南是**Beit Yosef St**（Yosef Caro St）。更多的画廊和艺术家工作室藏在艺术家街区的总展览馆（General Exhibition）附近的小巷中，例如Tet-Vav St。

下边列出的画廊按从北到南的顺序排列。

Kabbalah Art（☎054 202-7832；www.kosmic-kabbalah.com；38 Bar Yochai St，Synagogue Quarter；⊙周日至周四 9:00~19:00，周五 至日落前2小时）出生于丹佛的大卫·弗里德曼（David Friedman）使用神秘的希伯来字母和生命之树等卡巴拉符号，并以色彩和图形等通用语言创作出了令人印象深刻的卡巴拉视觉效果作品，他很乐意给游客简短地介绍卡巴拉。这家画廊位于守卫者广场西北约150米处。

Fig Tree Courtyard（28 Alkabetz St，Synagogue Quarter；⊙周日至周四 9:00~18:00，周五 至14:00）围绕着一棵百岁老无花果树和9米深的水池布置，这个集4家画廊为一体的艺术中心堪称采法特的流行之最，亮点有手工编织的犹太手工艺品和精致的银首饰。从屋顶露台，你可以看到从梅龙山一路向南到塔博尔山的这半段加利利地区，阿木德河就从其间的悬崖下流过。画廊提供厕所。

Canaan Gallery（☎04-697-4449；www.canaan-gallery.com；Fig Tree Courtyard，28 Alkabetz St，Synagogue Quarter；⊙周日至周四 9:00~18:00，周五 至14:30）延续采法特有百年历史的纺织传统，由逃离宗教审判的犹太人奥娜（Orna）和亚伊尔·摩尔（Yair Moore）开创。他们的工作室制作纹理丰富的挂毯、壁挂和犹太教仪式用品（祷告披肩、小圆帽、盖着哈拉面包的布），还有由棉花和绳绒制成的披肩和围巾。你可以看织工在店铺的楼上工作。

采法特总展览馆（General Safed Exhibition；Ta' arucha Klalit；☎04-692-0087；1 Tet-Vav St；⊙周日至周四 10:00~17:00，夏季 至18:00，周五和周六 10:00~14:00）1952年对外开放，这座展览馆坐落于奥斯曼时期的市场清真寺（Market Mosque）中，展示供出售约50位画家和8位雕刻家的作品，这些艺术家中不乏从苏联来的一些非常有天分的移民。如果你对某位艺术家的作品非常感兴趣，还可以去他们的工作室拜访。

Safed Craft Pottery（HaAri Pottery；☎054 434 5206；www.facebook.com /haaripottery；63 Yud Alef St，Artists' Quarter；⊙周日至周四 10:00~17:00，周五 至日落前3小时）英国出生的Daniel Flatauer制作餐具、厨具和犹太教仪式用品，既实用又漂亮。他有以色列仅存的盐窑之一，并且还在使用极难处理的结晶釉料。如果门锁了，按按门铃。

Sheva Chaya Glassblowing Gallery（☎050 430-5107；www.shevachaya.com；7 Tet-Vav St，Artists' Quarter；⊙周日至周四 10:00~17:00，周五 至14:00）犹太教神秘主义中的卡巴拉概念和女性主题是丹佛出生的画家兼玻璃匠Sheva Chaya Shaiman艺术创作的主题。她经常会演示如何吹制玻璃。提前打电话咨询具体时间。

Tzfat Gallery of Mystical Art（☎04-692 3051；www.kabbalahart.com；35 Tet-Vav St，Artists' Quarter；⊙通常周日至周四 9:00~17:00，周五 至正午）来自底特律的Avraham Loewenthal很高兴向你解释他那充满灵感的绘画和版画中的意向，这些作品抽象的形式都根植于卡巴拉的概念。这家画廊位于HaMa' ayan HaRadum Sq对面。

其他景点

小大卫纪念碑

纪念碑

（Davidka Monument; Yerushalayim Street）这个纪念碑让人想起在1948年采法特战争中，本土制造的Davidka炮弹为犹太人获胜而起到的作用。这个重达40公斤的炮弹毫无威力可言，但当时爆炸的巨大声响似乎让人们误以为犹太军队有原子弹，这在阿拉伯人中造成恐慌。纪念碑左边约3米处，免费的语音导览器会讲述1947年和1948年的采法特战争中发生的传奇故事——当然了，是站在以色列的角度来讲的。

街道正对面是曾经的**英国警察局**，现在变成了采法特学院（Tsfat Academic College），其建筑自1948年至今依旧保留着子弹留下的千疮百孔。

城堡公园

公园

（Citadel Park, Gan HaMetsuda; Chativat Yiftach St; ⏲24小时）采法特中心的最高点（834米）现在是一个能享受习习微风的公园，这里曾经是十字军在中东最大的堡垒之一。公园有8个足球场大，其外墙沿现在的Jerusalem St延伸。

城堡遗迹和蓄水池

遗迹

（Citadel Ruins & Cistern; Chativat Yiftach St; ⏲24小时）在城堡公园的南端，沿着Chativat Yiftach St可以看到城堡其中一段内墙的**遗迹**。从这里，一条铺设着阶梯的小道穿过十字军墙通向山上的**瞭望台**；沿着旧管道下面可以到达20米长、漆黑而平坦的隧道（小心脚下），沿这条隧道可以来到一个古代的石制**蓄水池**。站在水池中央拍拍手，看看会发生什么。其他小径通向**山脊**，在上面你可以从各个角度看到城市全貌。

★ 匈牙利犹太人纪念馆

博物馆

（Memorial Museum of Hungarian Speaking Jewry; ☎04-692-5881; www.hjm.org.il; HaAzma'ut Sq; 门票 20NIS，含团队游 35NIS; ⏲周日至周四 9:00~14:00，周五 至13:00）引人沉思的文物（例如一个来自匈牙利托卡伊的犹太会堂约柜）、照片和文件的确能让人回想起"二战"前讲匈牙利语的犹太人。纪念馆里17分钟的电影短片讲述了当时的背景。如果你有兴趣，博物馆联合创始人之一Chava Lustig也许会愿意给你讲述布达佩斯犹太人区（1944~1945年）的生活，那时她只有14岁。该博物馆拥有丰富的档案，为有志于做家庭谱系研究的人提供参考。团队游需要提前打电话预约。

红色清真寺和马穆鲁克墓

清真寺

（Red Mosque & Mamluk Mausoleum; Tet-Zayin St）红色清真寺（内部不对公众开放）是在马穆鲁克苏丹Beybars（1223~1277年）统治末期建造的，装饰着颂扬他的铭文。陵墓建于1372年，是当地统治者的最后安息之所。

课程

许多机构致力于向犹太人，有时甚至也向非犹太游客，介绍犹太神秘主义及传统哈西德派生活。具体的机构列表见网站http://safed.co.il中的"Learning Centers"。

需要注意的是，一些机构可是别有用心的（试图将世俗犹太人转变成正统派犹太人），所以表面上他们欢迎别人提问，但往往会让那些想要真正开放、客观、平等交流的人感到失望。

Tzfat Kabbalah Center

宗教

（International Center for Tzfat Kabbalah; ☎04-682 1771; www.tzfat-kabbalah.org; 1st fl, Fig Tree Courtyard, 28 Alkabetz St, Synagogue Quarter; ⏲周日至周四 9:00~18:00，周五 至13:00）不管你信不信教、信哪种宗教，这里都欢迎你来了解犹太神秘主义和现场冥想。可参加埃亚勒·里斯（Eyal Riess）长达1小时的个性化讲习班，费用为150~250NIS，他在全世界做关于采法特卡巴拉传统的演讲。这里还放映相关的电影，有希伯来语、英语、西班牙语和俄语。还有卡巴拉护身符和珠宝出售。

Livnot U' Lehibanot

宗教

（☎04-697-0311; www.livnot.org; Alkabetz St, Synagogue Quarter）为21~30岁的犹太人提供不限男女的课程、徒步运动、实惠的住宿和社区服务机会，饱受好评。机构成立于1980

年，由正统派经营，却是开放且多元主义的，其名称的含义是“建设与被建设”（to build and be built）。

Ascent Institute of Safed 宗教

（☎077 360-1101；www.myascent.org；2 Ha' Ari St；⊙每天开课）为对“精神发现”感兴趣的犹太人提供关于摩西五经和犹太神秘主义方面的入门课程和周末课程，由哈巴德哈西德（Chabad Hasidic）运动的成员运营，一些成员相信梅纳赫姆·门德尔（Menachem Mendel Schneerson，又称Lubavitcher Rebbe；1902~1994年）是真正的弥赛亚。

支付200NIS，你就可以与一位拉比谈1小时（也可能是通过电话和Skype），拉比会根据你的出生来推算你的“个人圣经密码”。这个组织认为这个密码将“揭示你的性格和人生目标”，并给你提供“获得精神和物质成功的工具”。真的还是假的呢？你自己判断吧。

团队游

如果你自己计划采法特之旅，那么很容易就变成会走马观花之旅。实际上，这是个有故事又很神秘的小镇，找个导游会大有帮助。

Path of the Heart 步行

（B' Shvil HaLev，Tzfat Experience；☎04-682-6489，050 750-5695；www.shvilhalev.co.il；7 Tet-Vav St，Artists' Quarter；最多10人的2小时团队游 US$125）在这座老城的体验性徒步团队游中，一路伴有哈西德派的吉他旋律、卡巴拉的故事和他们对精神的探索。

Yossi Stepansky 步行

（☎052 458-9009；stepansky@bezeqint.net）Yossi是考古学家、作家和持牌导游，他组织的徒步旅行专注于城市的历史、考古和精神信息。

节日和活动

采法特克莱兹默国际音乐节 音乐

（Tsfat International Klezmer Festival；www.klezmerim.info；⊙8月中旬）8月中旬举办，为期3天，东欧犹太人的灵魂音乐将响彻这座古城的大街小巷。所有演出均为免费。届时住宿会非常紧张，所以一定要尽早预订。

住宿

因为大部分民宿和假日公寓的主人会过安息日，所以如果你是周六来，通常在太阳落山之前办理不了入住手续，而且一些民宿周末最少住2晚。采法特克莱兹默国际音乐节（8月中旬）、犹太篝火节（逾越节之后33天）和圣殿被毁日禁食之后的3周（7月底或8月初），房价会暴涨，这时候的住宿要尽早预订。

城中心

Carmel Hotel 酒店 $$

（☎050 242-1092，04-692-0053；8 Ha' Ari St和Ya' avetz St交叉路口；标单/双/四 不含早餐 300/350/600NIS；@📶）店主Shlomo很可能会坚持让你品尝他的柠檬酒，多亏有他，住在这里的感觉就像自由参观使用一栋宽敞古老的家庭住宅一样。酒店拥有12个装修简单的房间，部分房间布置得很浪漫，另外一些房间则没有这种感觉，不过都很干净实用，有些房间的风景很棒。

Artist Quarter Guest House 民宿 $$$

（☎054 776-4877，077 524-0235；www.artistquarterguesthouse.com；43 Yud Zayin Alley，Artist Quarter；双 600~850NIS，每加1人200NIS；📶）来自加利福尼亚北部的乔伊（Joy）和埃文（Evan）热情友好，欢迎客人来这两间奥斯曼帝国时期的宽敞客房。两个房间都有高高的拱形石头屋顶，采用了摩洛哥风格的装修。这里还为女性和男性提供瑞典式按摩。

Ruth Rimonim 酒店 $$$

（☎04-699-4666，预订03-675-4594；www.rimonim.com；Tet-Zayin St，Artists' Quarter；双 700~800NIS；@📶🏊）位于奥斯曼时期的老建筑里，带石墙的公共空间里有铁艺家具、包含一个草药园（你可以自选草药茶）的宽敞花园和水疗。这家老牌酒店有77间装修优雅而现代的客房，房间里有精美的大理石浴室。非住客可以花费50NIS使用室外泳池（6月至8月开放，仅供成人使用）。

Beit Yosef Suites 民宿 $$$

（☎04-692-2515，054 247-2323；www.beityosef.co.il；双 US$170起；📶）位于艺术区古老的石头建筑里，共13栋套房，房型有一居、两居和三居，朴素的装修风格给人温馨的感觉。运营这家民宿的家庭来自洛杉矶，他们还开了一家咖啡厅，提供早餐。可以打电话预订或上网预订；当你到这里的时候，会有人准备好钥匙迎接你。

迦南山

在以前没有空调的时候，950米高的迦南山（Mt Canaan，Har Kna' an；现在是采法特的一个区）是个凉爽的山中避暑胜地，位于采法特旧城东北4.5公里处。

★ Safed Inn 客栈 $$

（Ruckenstein B&B；☎04-697-1007；www.safedinn.com；HaGdud HaShlishi St和Merom Kna' an St交叉路口；铺/双 不含早餐 US$29/100，周日至周三 US$29/87，每加1人 US$29；⏲前台接待 8:00~20:00；@📶）这家花园客栈1936年开业，拥有一个桑拿室、一个户外热水浴盆（20:00~23:00开放）、洗衣机和18间舒适的客房（其中一间有无障碍通道），房间设计非常独特，不拘泥于任何室内设计理论。Dov和在洛杉矶长大的Riki对当地非常了解，会制作可口的欧陆/以色列式早餐（30/60NIS），在旅行者中的口碑很好。

从采法特中央长途汽车站出发，可乘坐Nateev Express的3路公交车（4.10NIS，20分钟，每小时2班，周日至周四至21:00，周五至14:30）到达，或者乘出租车（白天/晚上 20/25NIS）。

就餐

Yerushalayim St沿线有十几家出售炸豆丸子、sabich（里面塞了炸茄子和鸡蛋的皮塔饼）、沙威玛、比萨和其他烘焙美食的小餐馆。在犹太会堂区边缘的守卫者广场也有就餐的地方。

Lahuhe Original Yemenite Food Bar 也门菜 $

（☎050 225-4148；22 Alkabetz St，Synagogue Quarter；主菜 25~35NIS；⏲夏季 周日至周四 8:30~19:30，周五 至16:00，其他时候 周日至周四 8:00~18:00，周五 至14:00）这家餐厅装饰着亚伯拉罕可能穿过的礼服和长袍，一种叫作lachuch的"也门比萨"在平底锅里上下翻飞，还提供也门式汤和在许多西方国家不合法但在以色列合法的阿拉伯茶（qat）。

★ Elements Cafe 素食 $$

（☎054 653-0668；www.elementscafe.co.il；5 HaMaginim Sq，沿小巷向下走3米；主菜 25~55NIS；⏲全年 周日至周四 11:00~18:00或更晚，夏季周五 11:30~14:30；📶🖋）🍃这家咖啡厅的健康食物能滋养身体与灵魂，菜单上100%是素食和无麸质菜肴。咖啡厅氛围健康积极，价格合理。招牌菜包括汤、比萨、自制酸菜、炒饭和藜麦（45NIS），还有甜点，包括椰奶冰激凌和用杏仁奶、红枣、奇亚籽、角豆制成的冰沙。出生于美国辛辛那提的老板Zev很乐意提供游览采法特的小贴士。

Gan Eden 意大利菜 $$

（☎04-697-2434，053 944-3471；www.seudabeganeden.rest.co.il；33 HaGdud HaShlishi St，Mt Canaan；主菜 49~95NIS；⏲周日至周四 9:00~22:30，周五 至14:30；🖋）餐厅以主厨拉菲（Rafi）监督烹制的美味开胃菜、超级新鲜的沙拉和烤鱼而闻名。而由他的妻子、糕点师兼面包师雅艾尔（Yael）制作的甜点也非常有名，这些甜点许多是以巧克力为基础的。餐厅坐落在一栋建于20世纪早期的房子里，带有一个美丽的花园，从这里可以完美地欣赏到梅龙山的美景。奶制品是符合犹太教规的。9:00~12:30提供早餐（两人124NIS）。这里距离小镇中心3公里（白天/晚上 出租车 20/25NIS），但你绝对不虚此行。

Tree of Life Vegetarian Cafe 素食 $$

（☎050 696-0239；HaMaginim Sq，Synagogue Quarter；主菜 38~53NIS；⏲周日至周四 10:00~20:00，夏季 周日至周四 9:30~22:00或更晚，周五 9:30至日落前2小时；🖋）如果你热衷于健康的饮食，比如说鹰嘴豆面粉和蔬菜乳蛋饼、巴西莓拼水果、格兰诺拉麦片和奇亚籽，那么这家小馆就是最理想的目的地了。餐厅由在洛杉矶长大的菲戈（Feiga）经营，很多菜肴（比如比萨）都是素食的或无麸质的。

在安息日就餐

采法特市中心的所有餐厅在安息日都会关门歇业。如果你不想开车出城，到附近的村子（如罗什平纳）吃饭，你可以在Yerushalayim St上的几个地方（如59号的Araleh's）订购事先做好的、按重量出售的食物，周五下午早点去取餐，详情可咨询你的住处。另外一个选择是去Rav-Hesed Supermarket（13 Yerushalayim St；⏲周日至周二 7:15~20:00，周三和周四 至21:00，周五 至日落前2.5小时）买东西自己做饭。

在Ruth Rimonim Hotel，安息日期间犹太洁食午餐/晚餐的价格为120/140NIS，需要提前预订和付款。

特色美食有墨西哥奶酪薄饼（玉米或全麦）、藜麦配炒杂菜和香草，以及用椰汁和杏仁奶做的素食冰激凌。

★ **HaAri 8** 以色列菜 $$

（☎04-692-0033；www.haari8.rest.co.il；8 Ha'Ari St；主菜 68~134NIS；⏲周日至周四 正午至22:00；✍）如果市长有重要客人，他就会把他们带到这家店。这里的特色菜有烤肉、牛排、摩洛哥点心"雪茄卷"和鱼。素食主义者可选择新鲜的沙拉、汤、意大利面、乳蛋饼和烤波多贝罗蘑菇。餐厅还有一个儿童游戏室。

方位

采法特的中央大道为南北向的Yerushalayim St（Jerusalem St），两边商店和餐馆林立。在Yerushalayim St的西边，被称作Ma'alot Olei HaGardom的台阶分隔开北边的犹太会堂区和南边的艺术区。犹太会堂区著名的小巷Alkabetz st和Beit Yosef St（Yosef Caro St）里有许多艺术画廊。卡巴拉主义者之墓在稍远处。

实用信息

医疗服务

Rivka Ziv Hospital（Sieff Hospital，Ziv Medical Center；☎04-682 8811；www.ziv.org.il；HaRambam St；⏲急救 24小时）成立于1910年，有331个床位。这家公立医院位于中央长途汽车站西南3公里处。近几年，这里救治了几千名在内战中受伤的叙利亚人。本地公共汽车6路和11路可达。

旅游信息

关于采法特历史、景点、住宿、研究以及本地特色，可以在www.safed.co.il上查看。**旅游信息中心**（Tourist Information Center；☎04-692-4427；www.livnot.org；17 Alkabetz St，Synagogue Quarter；⏲周日至周四 8:30~17:00，周五 9:00~13:00或14:00）的工作人员会讲英语，不管来采法特的游客是不是犹太人，他们都会很热情地提供游览采法特的信息以及当地的志愿服务机会。这里由Livnot U' Lehibanot（见247页）运营。

到达和离开

长途汽车

中央长途汽车站（www.bus.co.il；HaAtzma'ut St）位于犹太会堂区以东700米处，运营的众多线路包括：

Haifa-Merkazit HaMifratz（Nateev Express的361路，22.40NIS，1.5小时，每小时2班）途经阿卡（1小时）。

耶路撒冷（Nateev Express的982路，37.5NIS，3.25小时，周日至周五下午和周六晚上每天6~9班）

谢莫纳城（Nateev Express的511路，16NIS，1小时，每小时1班）途经罗什平纳（9.60NIS，45分钟）和胡拉山谷。

太巴列（Superbus的450路，14NIS，37分钟，周日至周五下午每40分钟1班，周六晚3班）到达特拉维夫最快的方式是先乘Nateev Express的361路到阿卡，再转乘火车。

梅龙山区（Mt Meron Area）

جبل الجرمق　הר מירון

加利利北部连绵起伏的丘陵正在吸引越来越多的葡萄酒爱好者，其中最高的一座是梅龙山（1204米），它是加利利最高峰。这一区域原先都种植落叶果树，如梨树和苹果树，但越来越多的土地正在变成葡萄种植园，特别是在拉马特道尔顿（Ramat Dalton，道尔顿高原）及其周边地区。游客们还发现了在山脚下的犹太人、阿拉伯人和德鲁兹人村庄里用餐的魅力。

景点

巴安国家公园 考古遗址

（Bar'am National Park；☎04-698-9301；www.parks.org.il；Hwy 8967；成人/儿童 14/7NIS；⏰周六至周四 8:00~16:00或17:00，周五 至15:00或16:00）巴安国家公园是1~7世纪一个富裕村庄的所在地，以其令人印象深刻的塔木德时代的**犹太会堂**而闻名，该会堂在公元400年左右由精雕细凿的石灰岩建成。在山顶，矗立着一个被田野和柏树丛环绕**马龙派教堂**，该教堂如今仍在被基督教阿拉伯村庄巴安的前居民使用，他们在1948年战争期间被以色列军队赶走，尽管当时说只需撤离"两周"。

罗西比之墓 犹太遗址

（Tomb of the Rashbi；Rte 866；⏰24小时）罗西比是卡巴拉（犹太神秘主义）最重要的著作《光明篇》（*Zohar*）的作者。这部著作一般认为最初在2世纪由犹太先知Shimon bar Yochai拉比写成，他名字的缩写Rashbi（Rashby，罗西比）通常更为人熟知。一些学者认为这部著作于13世纪在西班牙编写。传说，他的墓地位于采法特西北5公里处的梅龙山上，大概从十字军东征开始，这里有时会有严格的性别隔离（男左女右）。

因为不知罗西比的确切墓址，所以罗西比之墓实际上没有坟墓，只有一个盖着蓝色天鹅绒的标志（tziun），位于多房间组成的犹太会堂内。标志之上，烛光闪烁在烟雾缭绕的暗色玻璃后；标志周围，极端正统派的男人们虔诚地祈祷着。

有人认为还有许多先知葬在附近。例如著名的公元前1世纪的先知**希勒尔**（Hillel the Elder），他将犹太教总结为"己所不欲，勿施于人"（What is hateful to thee, do not unto thy fellow man）；还有与希勒尔在法律上见解不同的**Shammai**。

在**篝火节**前夕，成千上万的正统派朝圣者聚集到罗西比之墓，整晚充满激情地祈祷，并围着篝火又唱又跳。一些教徒会举行一种在意第绪语中叫作Up-sherin的仪式，而在犹太-阿拉伯语中这种仪式叫Halaaka，在仪式上会为3岁的男孩第一次理发。

蓝色穹顶的罗西比之墓是一座综合建筑，位于莫沙夫梅龙会堂（Orthodox Moshav Meron；安息日和犹太节日期间关闭）上面的山坡上，由几个意见不统一的正统派团体管理，非常混乱。而且让气氛更加紧张的是，这里还是无家可归的难民（有人患有精神疾病）和刚刚刑满释放的罪犯的聚居地。要想到达墓地，你可能得从那些乞丐中间闯过去。

住宿

Bikta Bekadita 民宿 $$$

（☎04-692-1963；www.kadita.co.il；紧邻 Rte 89；小屋 不含早餐 周日至周三 650NIS，周四至周六 850NIS；📶🏊）既有艺术气息又有乡土气息的Bikta Bekadita位于一座与世隔绝的小山顶上，曾受20世纪60年代美国兴起的"回归自然运动"的影响，有生态哲学和嬉皮士的气氛。5间由环保材料建成的小屋处在桑树和其他果树的环抱之中，装修极具创意，每个屋都能容下2~4人，里面配有一个小厨房和一张吊床。

主人多伦（Doron）和米卡（Mika）每年从自家葡萄园生产大约400瓶葡萄酒。民宿位于Meron Jct东北4.5公里处，沿紧邻Rte 89的一条碎石铺就的单向道路往前1公里可达。

莫沙夫阿姆拉姆（Moshav Amirim）

اميريم מושב אמירים

☎04/人口：800/海拔：600米

阿姆拉姆由以色列素食运动的先驱建立于1958年，现在这里的居民仍100%是素食主义者或严格素食主义者——这里没有人烹制、食用或提供红肉、家禽和鱼。莫沙夫位于梅龙山的东南坡，以清新的空气（没有鸡舍或牛棚）、极佳的有机食物、乡村客栈和信奉精神力量的居民闻名，是一片美丽的乐土。

活动

一个25米长的**游泳池**位于风景迷人的峡谷中（开放时间为7月和8月）。这里有通往附近**梅龙山自然保护区**（Mt Meron Nature Reserve）的路，标志非常齐全。

许多当地人对替代疗法的热爱不亚于对素食主义的坚持，所以此地的瑜伽老师、按摩师、理疗师和指压按摩师随处可见，还有许多足底按摩和太极课程。更多细节可查看网站http://amirim.com/health/en。

住宿

阿姆拉姆有170多家民宿，往往是供过于求的。12月至次年3月房价会下降30%之多。

★ Ohn-Bar Guesthouse 客栈 $$

（☎04-698-9803；www.amirim.com；Mitzpe Kinneret St；双/四 不含早餐 585/795NIS起，加1名儿童 50NIS；@）建在山坡上的这家客栈有14个木制房间，带有阳台或院子、温泉浴、设施齐全的厨房和有线网络。在屋外，有几张吊在果树之间的吊床和一个有机菜园。客栈早餐费每两人120NIS。房主Ohn和Anva非常熟悉这一地区，所以可以问他们有什么推荐。

Campbell Family Guest Rooms 民宿 $$

（☎04-698-9045，054 532-2640；alitamirim@hotmail.com；HaOranim St；双 1/2晚 400/700NIS；📶）非常友好的英国移民菲利普·坎贝尔（Phillip Campbell）和他的妻子阿利特（Alit）对外出租两个双人间，配有可使用的壁炉、小厨房、庭院和按摩浴缸。这里非常宁静平和。位于犹太会堂附近的一条街上。

就餐

提供早餐、晚餐的送餐服务，能直接送到你所在的民宿，费用一般是每两人120/200NIS。

Bait 77 素食 $

（Bayit 77；☎04-698 0984；www.bait77.com；77 Mitzpeh Menahem St；主菜 24~38NIS；⏰周五至周日 8:30~18:00，周四 至21:00，7月中旬至8月每天开放；🖉）这家令人愉悦的小面包和咖啡店由在墨尔本长大的前嬉皮士乔伊（Joy）和她的儿子阿里埃勒（Ariel）经营，专门做健康便餐，如汤、沙拉、乳蛋饼、意大利面、比萨和佛卡夏面包，还有家常蛋糕、点心和无麸质麦芬蛋糕。每日供应的早餐每人55NIS。周四会在花园举行比萨之夜活动。这里还可以买到全麦面包和皮塔饼，周五有甜味哈拉面包。

El Galil 阿拉伯菜 $$

（☎052 517-7400；Mitzpe Kinneret St；4菜套餐 100NIS；⏰9:00~21:00）这家餐厅的服务员大多来自阿拉伯村庄Rama，而餐厅的招牌菜是素食版和严格素食版的黎凡特经典菜肴，包括siniya（和蔬菜以及芝麻酱一起烤制的小扁豆）、menazali（番茄酱茄子配整颗鹰嘴豆）、卷心菜包饭和葡萄叶包饭。这家餐厅坐落在游泳池后的山上。

到达和离开

在距离莫沙夫1~1.5公里处的阿姆拉姆路口（Amirim Junction）乘坐Nativ Express的361路（每小时2班）可以到达海法的Merkazit HaMifratz长途汽车站（22.40NIS，1小时15分钟）和采法特（11.50NIS，20分钟）。

吉什（Jish） الجش ג'יש

☎04/人口：3080

作为以色列唯一一个马龙派教徒（东仪天主教）占多数的村庄，位于山坡上的吉什是一个令人放松的宁静之所，适合花几天时间在当地一流的餐厅用餐并探索附近的道尔顿高原及葡萄酒厂。

18世纪和19世纪，来自今天黎巴嫩一带的移民来到了吉什。马龙派教徒获得身份认同的重要来源——耶稣使用的阿拉姆语（Aramaic）仍用于这里的教堂的礼拜仪式。

据历史学家约瑟夫斯·弗拉维奥的观点，在犹太人大起义（公元66~70年）期间，今天的吉什（希伯来语中被称为Gush Halav）是加利利最后一块被罗马人占领的土地。

景点和活动

在村口，你可以参观一座大型的现代**马龙派教堂**，街道对面是**莎玛雅和阿夫特拉之墓**（Tombs of Shamaiya and Avtalion），这两位圣人在公元前1世纪服务于耶路撒冷的Sanhedrin（古代以色列最高法院）。在进入吉什的地方以东800米处的小峡谷中，徒步者可以在漂亮的无花果树和橄榄树树林中探索**古犹太会堂**的遗址（3世纪或4世纪）。

在吉什以东，有一条名为**Coexistence Trail**的徒步和自行车道（有无障碍通道），长2.5公里，通向莫沙夫道尔顿（Moshav Dalton），沿途会经过道尔顿水库。

在当地的农场，你可以亲自采摘樱桃（5

不要错过

葡萄酒厂团队游

产自这片区域的葡萄酒正在吸引越来越多的国际目光，并且赢得了顶级的国际大奖。大约300家大小不一的酒厂开设了门店，其中戈兰高地的以色列定居点内有30来家，上加利利有90家，加利利西部有30家，下加利利及卡梅尔山有30家，朱迪亚山区有70家，内盖夫沙漠有30家。

许多葡萄酒厂非常欢迎游客。可以用下面的葡萄酒厂名单来计划自己的葡萄酒之旅。

- Adir Winery（见254页）
- Bahat Winery（见266页）
- 道尔顿葡萄酒厂（见254页）
- 戈兰高地葡萄酒厂（Golan Heights Winery；见262页）
- Odem Mountain Winery（见267页）
- Pelter Winery（见266页）

葡萄酒鉴赏家可能想要寻找的两本指南：

- *The Wine Routes of Israel*，第4版（Eliezer Sacks、Yaron Goldfischer和Adam Montefiore著，2015年）
- *The Ultimate Rogov's Guide to Israeli Wines*（Daniel Rogov著，2012年）一本由以色列资深葡萄酒评论家写的综合指南，他于2011年去世。

值得推荐的关于葡萄酒的网站有www.winesisrael.com。罗什平纳的Shiri Bistro & Wine Bar（见255页）是非常难得的精品品酒之地。

在符合犹太教规的葡萄酒中（并非所有以色列葡萄酒都符合），最好的是没有经过巴氏消毒的，因为这一涉及犹太洁食认证的过程会破坏葡萄酒本来的风味和芳香。

月）、梨（6月开始）、树莓（夏季）、无花果（8月起）和苹果（8月底至10月）。

住宿

Rush Glilit 民宿 $$

（☎052 281-0433；swojish@yahoo.com；双450NIS）George Samaan（Saman）是国际上著名的乌得琴、saz琴和小提琴演奏者（你可以在YouTube上找到他的视频），他和妻子Eva会在温馨的起居室里演奏，欢迎客人的到来。起居室里摆着一架立式钢琴、一台留声机，还有烧着木头的火炉。3楼的房间有玻璃围着的木制阳台，可以欣赏到美丽的风景。民宿位于主路上，距小镇入口600米。

就餐

★**Baladna** 阿拉伯菜 $$

（☎054 469-6610；主菜 40~80NIS；⏲15:00至次日3:00，周一停业）位于两栋19世纪的石头房屋中，这家氛围独特的餐厅专做正宗的加利利风格的阿拉伯菜肴，包括shishbarak（40NIS）和用freekeh（烤绿小麦）制作的菜肴，店主托尼（Tony）还提供美味的自制面包、猪肉排、大份沙拉、6种啤酒和许多鸡尾酒。餐厅位于小镇主路上，距入口处600米。

这里有时会有现场音乐（阿拉伯音乐、希伯来音乐、世界音乐）表演。

Misedet HaArazim 黎巴嫩菜 $$

（☎Wiam 054 552-5590；Rte 89；主菜50~110NIS，4菜套餐 85NIS；⏲10:00~22:00或23:00；✎）正宗的黎巴嫩菜品包括8种鹰嘴豆泥、葡萄叶包饭、烤肉、shishbarak（蘸酸奶的饺子）和sheikh almahshi（西葫芦里填满牛肉和羊肉后在酸奶酱中烹制而成）。沙拉可以从24种不同的蔬菜沙拉中自选，价格为45NIS（如果你还点了一份主菜的话为35NIS，至少2人），其中阿拉伯蔬菜沙拉仅需

30NIS。甜点可以尝试巧克力沙威玛。

餐厅位于吉什的入口处，标志是一棵绿色的黎巴嫩雪松。

到达和离开

吉什位于采法特西北13公里处，从Rte 89上右转。乘Nateev Express的43路和367路长途汽车可到达采法特（11.50NIS，20分钟，1小时或2小时1班），367路长途汽车还到纳哈里亚（Nahariya；16NIS，50分钟）。

拉马特道尔顿（Ramat Dalton）

هضبة دالتون　רמת דלתון

拉马特道尔顿（道尔顿高原）有时被称为"以色列的纳帕谷"或"以色列的托斯卡纳"（有点夸大了），这里生产非常优质的葡萄酒。拉马特道尔顿工业园里及其附近有几家葡萄酒厂，在距离吉什东北4公里处的Rte 886路边。

景点

Adir Winery　葡萄酒厂

（☎04-699-1039；www.adir-visit.co.il；Rte 886，Ramat Dalton Industrial Park；⏲周日至周四9:00～17:00，周五 至14:00或15:00）Adir以生产优质葡萄酒和同样优质的山羊奶酪而闻名，并提供美味的乳制品。3种葡萄酒、4种奶酪和美味的山羊奶冻酸奶的试吃套装价格为35NIS。14:00前在一个可爱的露台上供应早餐（1人/2人 75/135NIS）、早午餐（2人150NIS）和午餐（乳蛋饼或奶酪拼盘），需要预订。Adir每年生产约20万瓶葡萄酒。

道尔顿葡萄酒厂　葡萄酒厂

（Dalton Winery；☎04-952-7107；www.dalton-winery.com；Rte 886，Ramat Dalton Industrial Park；⏲周日至周四 10:00～17:00，周五至14:00或15:00）道尔顿的一些葡萄酒相当不错，曾经获得奖项。可以在小木屋风格的品鉴中心（现代化的生产场地在停车场对面）品尝其中的三四种，价格为20NIS。40分钟的团队游分别于10:30、正午和14:00开始，最好预订。屋子外面有个小葡萄园，每一排葡萄的品种都不同。

就餐

Pitputim　面包房 $

（☎052 612-4962；www.pitputimbakery.com；Rte 886，Ramat Dalton Industrial Park；⏲周日至周四 9:00～16:00，周五 至14:00；✎）这家以色列唯一100%使用斯佩尔特小麦面粉的面包房出售美味的面包、薄脆饼干、曲奇饼干和小吃。

Nalchik　切尔克斯菜 $$

（☎04-699-0548；Nalchik St，Reyhaniye；主菜 29～50NIS；⏲周一至周六 正午至21:30；✎）这家家庭经营的餐厅供应切尔克斯特色菜肴，包括majmak（扁豆糊，配皮塔饼）、shush barak（小牛肉馅饺子配番茄清汤）、kulak（鹰嘴豆饺子，配酸奶）、halozh（在橄榄油中炸过的切尔克斯奶酪做馅的油酥饼）和mataza（切尔克斯奶酪和葱做馅的饺子，配酸奶）。位于拉马特道尔顿工业园区以北4.5公里处。

罗什平纳（Rosh Pina）

روش بينا　ראש פינה

☎04/人口：2900

罗什平纳建于19世纪的石头房屋充满魅力，几年前被特拉维夫的探险者发现。这里有许多艺术家工作室和一些上加利利地区比较高级的住处和就餐地。

景点

古镇　历史遗址

（Old Town；Pioneers Restoration Site；☎04-693-6913；www.roshpina.org.il；⏲展览 周日至周四 9:00～16:00，周五和周六 10:00～14:00，有些画廊周六不开放）19世纪70年代，犹太人从采法特来到罗什平纳；1882年后，罗马尼亚移民也来到了这里。古镇由3条鹅卵石街道构成，其中一条名为HaBoulevard，由巴黎人修建。游客可以在这里欣赏修复后的（也有未经修复的）石头建筑，参观**古老的犹太会堂**（1887年），里面仍摆放着原先的木家具，还可以逛**画廊**（www.art.roshpina.co.il），艺术家们（有一些比较知名）在里面出售珠宝、瓷器、雕像和画作。

在Professor Mer's House（1887年）里有一座小型博物馆，展示了Professor Mer的抗疟疾成果和有关于早期罗什平纳的展品。可以在这里咨询旅游信息。House of the Dignitaries（Beit HaPkidut）里有一个新的多媒体展，同样是关于罗什平纳的传奇历史。按标志的指引可到达位于山坡上的阴凉的Baron's Garden（修建于1885年）和老墓地（途经Ben Arieh St）。在HaHalutzim St的尽头，一个巨大的风铃旁是Nimrod Lookout纪念馆，在那里可以看到胡拉山谷、戈兰高地和赫尔蒙山的壮丽景色；使用双筒望远镜是免费的。

住宿

罗什平纳的许多民宿是浪漫之旅的首选，周四和周五晚上最拥挤，价格也最高。

★ Villa Tehila 民宿 $$$

（☎04-693-7788；www.villa-tehila.co.il；HaHalutzim St；双 周日至周三 690NIS，周四至周六 890NIS；@📶🏊）在这家传奇民宿里19世纪石头庭院中能看到喷泉、闪烁的小彩灯、彩色玻璃和一个名副其实的小型动物园（里面有羊驼和小马）。在英国托管期间，地下的Lehi派犹太人在这里有一座秘密弹药库。如今，这里有11间配有按摩浴缸的房间，都非常精致。在犹太假日和8月份一定要尽早预订。

Pina Barosh 民宿 $$$

（☎04-693 6582；www.pinabarosh.com；HaHalutzim St；双 周日至周三 600NIS起，周四至周六 750NIS起；📶）这里有7间有氛围的房间（还有一栋豪华别墅），围绕中央庭院分布，以拱形屋顶、温泉浴、裸露的砖墙和石雕工艺为特色。13:00前Shiri Bistro提供早餐。

就餐

罗什平纳的一些餐厅在古镇周边，其他的一些（包括卖沙威玛的小摊）则分布在山下1.5公里处和紧邻Rte 90的Centre HaGalil购物中心周围。

★ Shiri Bistro & Wine Bar 法式小馆 $$$

（☎04-693-6582；www.pinabarosh.com；HaHalutzim St；主菜 65~145NIS；⏰8:30~23:00或更晚；✍）精心布置的鲜花、闪烁的烛光以及美丽的景色会让你感受到这家地中海风格的法国小馆对你的热情欢迎。小馆以其主厨命名，他的曾曾祖父母在19世纪70年代末开设了这家店。这个地方有以色列最好的葡萄酒单，单子上至少有250种加利利和戈兰高地的葡萄酒供你选择，包括罕见的佳酿，按杯出售。

饮品和夜生活

Tangerine 酒吧、咖啡馆

（☎054 477 6361；HaBoulevard；⏰周日至周五 9:00~16:00，每天20:00至次日2:00或3:00）这家欢乐的两室酒吧是与当地人交流的好地方，白天供应早午餐和美味的素食三明治，晚上供应"意大利-加利利"美食，包括比萨和馅饼。有时有现场音乐表演。它位于Professor Mer's House的底楼，入口在后面。

到达和离开

古镇在罗什平纳的上端，就在HaHalutzim St的尽头。这条路从Centre HaGalil购物中心（在Rte 90上）边的环岛开始向西爬坡1.5公里。

所有往返于胡拉山谷和谢莫纳城（或太巴列和特拉维夫）的长途汽车都会经过位于Rte 90上的罗什平纳入口。

Nateev Express的511路（每小时1班）将罗什平纳古镇外围和采法特（途经Rte 8900；8.50NIS，25分钟）、谢莫纳城（15NIS，30分钟）相连。

胡拉山谷（Hula Valley）

وادي الحولة　　עמק החולה

胡拉山谷郁郁葱葱的湿地是数百万只在欧洲和非洲之间迁徙的候鸟的重要停留地，它们每年都会途经以色列，这里也因此成了亚洲最佳观鸟地之一。

胡拉山谷的沼泽曾经因疟疾而臭名昭著，1958年完工的一项大型排水工程消灭了按蚊，但也破坏了这个国家最重要的湿地。近年来，约10%的老湖泊进行了恢复，部分是为了保护加利利海的水质。

由于胡拉山谷排水系统造成的影响，人们在1953年成立了以色列自然保护协会

（Society for the Protection of Nature in Israel，简称SPNI）。

景点

★胡拉自然保护区 公园

（Hula Nature Reserve；04-693 7069；www.parks.org.il；成人/儿童 35/21NIS；周日至周四 8:00~17:00，周五 至16:00，关闭前1小时停止入内）设立于1964年，是以色列第一个自然保护区，许多迁徙的鸟会聚集到这里的湿地。有超过200种水禽与鸬鹚、鹭、鹈鹕、鹳和鹤在这里和谐共处。水牛在保护区的特定区域里活动，它们的活动对野生草甸的保护非常重要。1.5公里长的环形湿地小径（Swamp Trail）经过观鸟隐藏点和一个观景塔，有无障碍通道。

游客服务中心提供精彩的40分钟的3D电影（英语版片长15分钟），内容是胡拉山谷野生鸟类的迁徙，还有非常有教育意义的关于胡拉山谷野生动物的实景模型（只有希伯来语标识）。在浅水湖泊，你可能会发现皮毛、贝壳、鱼鳍和羽毛，它们来自海狸鼠、水獭、沼泽龟和重达20公斤的鲶鱼。与以色列的其他地方不同，胡拉山谷的草木在夏季最为葱郁。而冬季日落时分，你可以看到小鸟觅食归来的景象。租用双筒望远镜的费用为10NIS。

★阿噶蒙哈胡拉 公园

（Agamon HaHula；04-681 7137；www.agamon-hula.co.il；捐赠 5NIS；冬季 9:00至17:00，春季和秋季 至18:00，夏季 至19:00，周五和周六 6:30开门，在关闭前1小时内禁止入内）这片恢复过来的湿地是在以色列观看鹤、鹈鹕、鹳以及其他多达400种鸟类的最佳地点之一。如果想沿着围绕这里的小路（8.5公里长）绕一圈，你可以选择步行，或租辆山地自行车（50NIS）、4轮踏板车（185NIS，最多可坐5人）或者高尔夫球车（2人/4人/6人 149/199/259NIS）。整个公园都有无障碍通道。

20世纪80年代，胡拉的棉花田被用于种植粮食作物，包括花生、小麦、土豆、萝卜和豆子。不过糟糕的是，鹤对花生的喜爱就像以色列小孩对Bamba（以花生为原料的垃圾食品）的喜爱，所以当地农民不可避免地与受法律保护的鸟类产生了冲突。

幸运的是，人们找到了合理的解决方案。事实证明，鼓励鸟儿继续往埃塞俄比亚和苏丹迁徙的最佳方式就是给它们喂食。研究表明，如果鸟儿找不到食物，它们就会在这里停留更长时间，吃掉更多的冬季作物。它们还可能会集体停止迁徙——40,000只鹤整个冬天都待在这里吃东西。现在每到11月底至次年3月底，整块地都用于为候鸟供应食物，靠拖拉机每天供应6~8吨玉米。

近距离观看鹤极为困难，因为通常一旦有人靠近，鹤群马上就会集体起飞，然后再落在附近安全的田地里（花生地）。一位当地农民发现，唯一让鹤群不害怕的移动物体是给它们提供食物的拖拉机，所以他想出了个好主意：拖拉机不仅可以撒玉米，还可以载观鸟者——鹤不会注意到这个微妙的差别。正是基于这个想法，50座的Safari Wagon（Aglat Mistor；成人/儿童 57/49NIS，清晨 85/65NIS，日落 62/53NIS；9月下旬至次年4月 9:00至天黑前1小时，每小时一次；夏季 5:30或6:00和19:30通常也各有一次）观光车诞生了。伪装之后乘坐完全不会引起鹤群注意的John Deere拖拉机给游客提供了绝佳的观察机会，你甚至无须伸长脖子就能很好地观察鹤群。最好提前打电话咨询时间及预订。

在这里可以看到的其他季节性鸟类还有鹈鹕（9月、10月和3月至4月中旬），其中有40,000只往返于罗马尼亚的多瑙河三角洲、青尼罗河和非洲的维多利亚湖；还有至少50万只鹳每年从这里经过两次（8月和9月、4月和5月）；还有多种猛禽。夏天看不到太多鸟。

一个以加拿大前总理斯蒂芬·J.哈珀（Stephen J Harper）命名的新游客中心于2018年落成。

特拉哈特佐尔 考古遗址

（Tel Hatzor，Tel Hazor；04-693-7290；www.parks.org.il；old Rte 90，Kibbutz Ayalet HaShachar附近；成人/儿童 22/9NIS；周六至周四 8:00~16:00或17:00，周五 至15:00或16:00，闭馆前1小时停止入内）考古学家发现从公元前3000年至公元前732年，特拉哈特佐尔至少有21层建筑物的沉降遗迹，这段时间内以色列城在这里建立——公元前10世纪的城门可能是由所罗门(Solomon)修建，后来城市被亚述人摧毁。在围城期间，发达完善的地下系统保障了水的供应，如今人们可以通过螺旋楼梯下到这个40米深的井中。考古发掘仍在继续，成果令人惊喜。特拉哈特佐尔在2005年已被列为世界文化遗产。

每年夏天，来自世界各地的志愿者都会继续挖掘工作。2016年，这里发现了一座埃及官员石像的脚部(公元前2000年)。持进入这里的门票同样可进入附近Ayalet HaShachar的考古博物馆，后者的开放时间为周五和周六 9:00~13:00。

到达和离开

所有往返于谢莫纳城的长途汽车都会经过Rte 90上的胡拉山谷。

加利利狭长地带(Galilee Panhandle)

加利利最北端的狭长地带拥有自然保护区、一流的博物馆、精致餐馆和民宿发达的村庄，其北部和西部与黎巴嫩接壤，东部毗邻戈兰高地，南部紧挨胡拉山谷。这片地区的许多

约旦河漂流

初次来访的游客常常对溪流般大小的约旦河感到吃惊，但漂流新手常常被约旦河猛烈的水流弄得措手不及，有时甚至会掉进水里。约旦河水流最急的部分是13公里长的Yarden Harari(Mountainous Jordan)，从 B'not Ya'akov 大桥(在Rte 91上)到Karkom(Rte 87路上的Arik大桥以北6公里处，位于加利利海附近)的这一段。春天水流不太急的时候，你就可以开始漂流了。

所有提供漂流的机构都有更衣室(自带泳衣)、淋浴和贵重物品寄存处(10~20NIS)，有的地方可以免费存放你的车钥匙(有时还包括手机)。除特殊情况外，你一般会湿透。

如果提前在网上买票(有些地方需要至少提前24小时)或者使用当地分发的优惠券，价格常常可优惠20%。

Jordan River Rafting(☎04-900 7000; www.rafting.co.il; Rte 918; ⊙周日至周五 9:30~15:30，常规路线 逾越节至10月，Yarden Harari 12月或次年1月至4月)选择狂野的Yarden Harari(16公里，3~5小时，10:00出发)这段进行漂流的费用为每人400NIS(年龄最小为15岁)。公司的常规路线(1~1.5小时，要求年龄最小为5岁)的费用为每人93NIS，使用双人充气皮划艇或可容纳3~8人的皮筏。公司还提供高空滑索(25NIS)和山地骑行(80NIS; 8公里、耗时1.5小时的河边线路在过于泥泞时不能进行)活动。有一家招牌菜是烤肉和鱼的犹太洁食餐厅。这家店位于罗什平纳东北11公里处、Rte 91上Gadot路口以北1.6公里处，从加利利海东北角出发走Rte 888可达。

Kfar Blum Kayaks(☎04-690-2616; www.kayaks.co.il; Beit Hillel; ⊙10:00~15:00，约在逾越节至住棚节期间营业)乘双人充气皮划艇或皮筏(2~6人)进行令人神清气爽的4公里漂流(1小时15分钟，要求年龄最小为5岁)，费用为97NIS，而更具有挑战性的8公里漂流(2.5小时，要求年龄最小为10岁)的费用为129NIS。二者的起点都在Hatzbani River，终点在约旦河。长途汽车会将你带至起点，然后你自己沿河向下漂流。还有一个给孩子们的游乐园。

Ma'ayan-Hagoshrim Kayaks(☎077 271-7500; www.kayak.co.il; Kibbutz Ma'ayan Baruch; ⊙4月至10月 9:00或10:00~15:00或16:00)由附近的两家基布兹集体农场运营，这个成熟的机构提供充气皮划艇(2人)和皮筏(2~5人或6人)。耗时1.5小时的家庭路线(5公里，要求年龄最小为5岁)的费用为每人97NIS，耗时2小时的户外挑战路线(6公里，要求年龄最小为10岁)为117NIS。有一个露营地(每人125NIS，包括帐篷和床垫)。靠近紧邻Rte 99的黎巴嫩边境，在Ma'ayan Baruch基布兹入口处。

景点都位于Rte 99上，这条公路从谢莫纳城向东到Mas'ada的一段或多或少与黎巴嫩边境平行。戈兰高地的巴尼亚斯自然保护区（Banias Nature Reserve）位于但丘自然保护区（Tel Dan Nature Reserve）以东5公里处。

加利利狭长地带在希伯来语中被称为“Etzba HaGalil”（字面意思是“加利利手指”），该地区的细长形状让人们想起了美国得克萨斯州的狭长地带，故得此英文名。

景点

★上加利利史前博物馆 博物馆

（Upper Galilee Museum of Prehistory；☎04-695-4628；www.ugmp.co.il；Kibbutz Ma'ayan Baruch；成人/儿童 25/20NIS；⏲10:00~13:30，逾越节、住棚节和8月 至16:00）以色列拥有一些世界上最重要的史前遗址，其中不少就位于胡拉山谷。这座杰出的博物馆吸引了来自世界各地的史前历史学家，馆中展示了人类在780,000年至6000年前制作的物品，包括一系列精美的旧石器时代手斧。更不可思议的是，还有一具12,000年前的女性骨架，旁边还埋了一只狗。门票包括一次团队游费用，通常有英语解说。

但丘自然保护区 公园

（Tel Dan Nature Reserve；☎04-695-1579；www.parks.org.il；成人/儿童 28/14NIS；⏲周六至周四 8:00~16:00或17:00，周五 至15:00或16:00，关闭前1小时停止入内）这个面积达0.5平方公里的保护区位于Rte 99以北1.6公里处，有两个主要景点：一个是一片茂密的森林，滋养这片森林的泉水一年四季不断，在气候正常的年份，每秒会有8立方米的水注入约旦河最重要的支流Dan River；另一个是一座古城，公元前18世纪迦南人在此定居，第一圣殿时期以色列人在此生活（从公元前12世纪开始）。

你可以通过三条路来游览这个保护区：Short Trail（45分钟）、Long Trail（1.5小时）和Ancient Dan Trail（2小时），其中一些路段会经过厚厚的荆棘灌木丛，重要的路段有无障碍通道。所有路都要经过一个40厘米深的浅水池，这里是让脚清凉一下的好地方（保护区内所有地方都禁止游泳）。

由于这个保护区是三个生态系统的交会地，所以这里有极其丰富的动植物种群，包括印度豪猪和濒临灭绝的火蜥蜴，后者有相间的黄黑斑纹，前爪4趾、后爪5趾。保护区内会砍掉一些非本地的树种，如桉树和银白杨，以便给本地树种留出空间。

1993年，希伯来协和学院（Hebrew Union College）的一支考古队发现了但丘石碑（House of David Stele，Tel Dan Stele），这是公元前9世纪石碑的碎片，用阿拉姆语记录了大马士革之王打败了“以色列王”和“大卫王朝国王”一事。这是除《圣经》外最早的关于大卫王的记载。原件保存于耶路撒冷的以色列博物馆（Israel Museum）中。

加利利自然中心 博物馆

（Galilee Nature Center，Beit Ussishkin；☎04-694-1704；http://museum.teva.org.il；Kibbutz Dan；成人/儿童 20/15NIS；⏲周日至周四 9:00~15:00，周五 至14:00，周六 10:00~15:00）这座博物馆的考古展区主要展出了但丘自然保护区附近的挖掘成果，而在风格老旧但内容非常丰富的自然历史展厅，你可以近距离地观察哺乳动物、鸟类和蝴蝶的标本，这些你在野外很难看到（这些是以色列最大、最重要的动物标本收藏）。

博物馆会播放17分钟的影片（8种语言），介绍胡拉山谷和赫尔蒙山的地理、生态和历史。我们上次造访时，一部适合家庭观看的、部分是动画的6分钟影片正在筹备当中。长达1040公里、通往红海的以色列国家步道（Israel National Trail）的起点就在这里的停车场。1967年的六日战争开始时，附近草坪上的叙利亚坦克被基布兹集体农场的成员摧毁。

博物馆距离通往但丘自然保护区的道路入口有300米。

活动

Mifgash HaOfanayim 骑车

（Bike Place；☎04-689-0202，Asaf 050 757-8403；www.bikeplace.co.il；Rte 9888，Moshav Beit Hillel；4小时/全天 55/90NIS；⏲周日至周四 8:00~18:00，周五 至14:30，周六 9:00~14:30）这家加利利骑行机构提供租车和修车服务，还能为你提供路线建议和骑行地图。运营这家

店的两兄弟英语很棒（他们的妈妈来自底特律）。这家店位于Rte 99以南2公里处。

就餐

这片地区大部分餐馆都在Rte 90及其附近。在Rte 90以东4公里处的Rte 99上的HaTzafon Garden购物中心里，你可以找到炸豆泥三明治、寿司和其他快餐，这里还有几家广受好评的一周7天都营业的餐厅。一些餐厅周五晚上和周六最好预订。

Minimarket Nofit HaHermon 超市 $

（Nofit HaHermon Mall, Rte 99; ⏲24小时）出售野餐用品和露营装备。全年无休。

Lechem' keh 面包房 $

（Little Bakery; ☎04-644-1978; Nofit HaHermon Mall, Rte 99; 三明治 18~45NIS，简餐 44~55NIS，早餐 41~65NIS; ⏲周日至周四 8:00~18:00，周五 至14:00）该地区最好的微型面包房已经发展成了一家提供美味糕点的小小美食咖啡馆。它位于破旧的小商场Nofit HaHermon Mall里，在Rte 99和Rte 90交会处以东1.5公里处，就在Rte 99的南侧。

Thali 印度菜 $$

（☎04-607-7764; Nofit HaHermon Mall, Rte 99; 主菜 31~59NIS; ⏲周日至周四 正午至22:00，周五 至16:00; ✎）这家装饰着拉贾斯坦邦刺绣的印度餐厅于2016年开业，是一家纯素食餐厅。招牌菜Thali是装在不锈钢拼盘里的印度扁豆糊、印度咖喱土豆花椰菜和胡萝卜matar，令人垂涎欲滴。店里还有印度香饭以及大量素食和无麸质选择。

Cheese 意大利菜 $$

（☎04-690-4699; Rte 9888, Beit Hillel; 主菜 42~114NIS，早餐 44~60NIS，午餐套餐 59~89NIS; ⏲9:00或9:30~23:00; 📶✎）这家气氛轻松的餐馆由两兄弟运营，提供美味的意大利-加利利菜肴，包括精选意大利面和比萨（素食和无麸质的都有）。店内还有番茄烘蛋。位于Beit Hillel，在Rte 99以南2.5公里处。

★ Dag Al HaDan 海鲜 $$$

（☎04-695-0225; www.dagaldan.co.il; 紧邻Rte 99; 主菜 52~135NIS; ⏲正午至22:00; ✎）以色列最好的烤鱼店之一。除了下雨天外，食客都能坐在外面美丽的无花果树下就餐，冰凉清澈的Dan河从旁边潺潺流过，这简直是天堂般的享受。餐厅以烤鳟鱼和熏鳟鱼著称，鱼就养在50米远的池塘中（你可以去参观），还提供超级美味的烤土豆。素食者可以品尝填着羊奶酪的蘑菇、乳蛋饼和意大利团子。

周日至周四提供经过认证的犹太洁食。7月到住棚节期间，周六的午餐需要预订。餐厅位于Rte 99以北1公里处，需要穿过从HaGoshrim基布兹延伸的高速公路。

到达和离开

Rama（☎04-373-2099; www.golanbus.co.il）58路长途车沿Rte 99行驶，连接谢莫纳城和马吉达勒沙姆斯（Majdal Shams）。

谢莫纳城和泰尔·海伊 (Kiryat Shmona & Tel Hai)

كريات شمونة تل حاي　　קרית שמונה ותל חי

☎04/人口: 23,100

谢莫纳城是炎热且土地贫瘠的“发展中城镇”（这座城建于20世纪50年代，为的是接收来自阿拉伯国家的犹太难民），对游客来说，这里除了简陋而肮脏的汽车站外别无其他。整座城在安息日期间几乎全部停业。

谢莫纳城的意思是“八之城”（Town of the Eight），用来纪念8位犹太复国主义先驱，其中包括约瑟夫·特伦佩尔多（Josef Trumpeldor），1920年他在以北3公里处的泰尔·海伊牺牲了。

景点

开放摄影博物馆 博物馆

（Open Museum of Photography; ☎04-681-6700; www.omuseums.org.il; Tel Hai Industrial Park, Rte 90东侧; 成人/3~18岁 22/18NIS; ⏲周一至周四 8:00~16:00，周六 11:00~14:00）这里设置的是临时展览，展出以色列及国际摄影师的作品，每年替换两次。一个为儿童设计的互动区域探索了摄影的原理，摆放了一个步入式相机暗箱和一个投影描绘器。标识是希伯来语和阿拉伯语，但是讲解者可以用英语解释。

从谢莫纳城中心出发，沿 Rte 90向北走3公里，然后可以看到标志“Photography”。

到达和离开

长途汽车

谢莫纳城是加利利狭长地带主要的交通枢纽，从这里出发可到达的目的地有：

Haifa-Merkazit（Egged的500路和505路，37.50NIS，2小时，每小时2或3班）

耶路撒冷（Egged Express的963路，42.50NIS，3小时15分钟，周日至周四每天2班，周五1班）途经Hwy6。

卡茨林（Rama的54路和59路，70分钟，周日至周四每天10班，周五4班，周六晚1班）途经梅尔姆戈兰（Merom Golan）和恩泽万（Ein Zivan）。

马吉达勒沙姆斯（Rama的58路，14.15NIS，30分钟，周日至周四每天7班，周五3班、午后停运，周六晚1班）沿Rtes 99和989停靠，停车点包括巴尼亚斯自然保护区、宁录要塞（Nimrod Fortress）和内韦阿体夫（Neve Ativ）。

特拉维夫-中央长途汽车站（Egged Express的840路和845路，42.50NIS，3小时45分钟，每小时至少1班）

太巴列（Egged的541路和840路，27NIS，1小时，每小时1班）经过罗什平纳。

采法特（Nateev Express的511路，16NIS，1小时，每小时1班）途经罗什平纳古镇（15NIS，40分钟），然后转向阿噶蒙哈胡拉（12.50NIS，9分钟）、胡拉自然保护区（12.50NIS，12分钟）和特拉哈特佐尔。

出租车

在长途汽车站打车，拨打04-694-2333或04-694-2377。

梅图拉（Metula） מטולה مطولة

04/人口：1600/海拔：442米

这个风景如画的村庄位于加利利狭长地带的最北端，坐落在山顶上（三面都是黎巴嫩），是个欣赏跨国景观、品尝美食的好地方。

梅图拉于1896年在罗斯柴尔德（Rothschild）家族法国分支的协助下建立。1920年，梅图拉所在的位置对加利利地区的划分起到了至关重要的作用，使其最终划分给了英国托管的巴勒斯坦地区而不是法国托管的黎巴嫩。今天，这里的经济来源主要是瑞士阿尔卑斯山一般的风光带来的旅游业和果园，种植的水果有苹果、樱桃、梨、桃子、李子、油桃、猕猴桃和荔枝。

景点

漫步于梅图拉古雅的大街上，你可以看到建于一个多世纪前的坚固的石头房子，瓷质的镶板在默默地讲述着它们的历史。

★纳赫鲁约自然保护区 自然保护区

（Nahal Iyyun Nature Reserve；04-695-1519；www.parks.org.il；成人/儿童 28/14NIS；8:00~16:00或17:00，周五提前1小时关闭）这里有加利利最美丽的溪边步道，约3公里长，沿从黎巴嫩流向以色列的鲁约河[Iyyun（Ayun）Stream]延伸，穿过峭壁间的峡谷，通向4个瀑布，其中有31米高的Tanur（Chimney）瀑布。保护区有两个入口：一个在梅图拉东北拐角处，距离边境线仅100米（关闭前1.5小时停止入内）；另一入口距离Tanur瀑布很近（可以轻易走个来回），在梅图拉以南3公里的Rte 90上（关闭前1小时停止入内）。

从较低的入口走一小段路即可到达三个儿童浅水池（保护区内的其他水域禁止进入），有无障碍通道。

达杜瞭望台 瞭望台

（Dado Lookout；24小时）位于HaRishonim St西南高高的山坡上，这里有一个红白相间的天线塔，从这个瞭望台往下看，风景壮阔，经常有风。向南你可以看到胡拉山谷，向东可看见戈兰高地[包括赫尔蒙山，以及阿维塔（Avital）和本塔（Bental）这对双子火山]，向北可以望见黎巴嫩的田野和山地；最近的是Ayoun Valley，然后能轻松找到十字军堡垒Beaufort Castle。

活动

Canada Centre 滑冰

（04-695-0370；www.canada-centre.co.il；1 HaRishonim St；滑冰 1.5小时 70NIS，游泳 60NIS，保龄球 每局30~33NIS，桌球 30分钟 10NIS，套票 139NIS，其中包括蹦床155NIS；除7

月和8月外，其他月份的周日闭馆）这里的设施有点陈旧了，但并不妨碍大家在奥运会规格的滑冰场（10:00~16:00或17:00）、室内及室外游泳池（10:00~20:00，周五至18:00，周六至19:00）、10道保龄球馆（10:00~18:00）、桌球桌和蹦床上找些乐子。这些项目小朋友也能玩。

食宿

镇上5家酒店都在HaRishonim St上，4家优质的乡村餐厅全部都在HaRishonim St上历史悠久的建筑里。

Travel Hotel Metulla 酒店 $$

（04-688-3040；www.travelhotels.co.il；52 HaRishonim St；双/公寓 500/650NIS起，周四和周五外加100NIS，加1名儿童 100NIS；）这家漂亮而极具现代感的酒店面向户外爱好者，正好处在村庄中心，有23个房间和4套公寓，公寓可容纳4或5人。顾客可以免费使用Canada Centre的游泳池。员工很乐意为住客提供外出和徒步计划。有无障碍通道。

★ **Lishansky Since 1936** 历史酒店 $$$

（Villa Lishansky；04-699-7184，Cléry 050 833-4552；42 HaRishonim St；双 600~750NIS；餐馆 周一至周六 8:30至正午和18:30~22:00或更晚；）1936年由著名的"一战"间谍家族建成的包豪斯风格建筑，酒店保留了原本的建筑结构、内部装修和家具。4套宽敞的客房依旧保留着20世纪30年代的风格，似乎会有穿着制服的英国托管区军官走进来，并拢脚跟行礼。

酒店的餐厅提供丰盛的牛肉、鸭肉和鱼肉菜肴、自制熏鳟鱼以及用加利利香草和香料烹制的蘑菇汤。主菜价格为86~115NIS，早餐是60NIS。

HaTachanah 牛排 $$$

（04-694-4810；www.hatachana.rest.co.il；1 HaRishonim St；主菜 65~215NIS；周一至周六 13:00~22:00或更晚；）这家高级餐厅非常现代、优雅，有狂野西部和瑞士小屋混搭风格的装修和全景视野，提供的菜品包括一流的牛排（源自Kfar Szold）以及汉堡包、汤、沙拉和羊肉，可以配上一杯戈兰啤酒，有儿童分量（主菜而非啤酒）可供选择。周四晚上、周五、周六、节假日和7月中旬至8月最好预约。

到达和离开

Egged的20路和20א路往返于梅图拉和谢莫纳城（10.50NIS，24分钟，周日至周四每天8班，周五每天4班），途经泰尔·海伊。

戈兰高地（GOLAN HEIGHTS）

هضبة الجولان　רמת הגולן

戈兰高地这片火山高原夏季干燥，日照强烈，而春季苍翠欲滴，野花遍地，可以俯瞰加利利海和胡拉山谷的无限风光。田野上是玄武岩巨石，西边是纵深的峡谷，有畜牧场、果园、葡萄园和中产阶级社区（既有以色列人的，也有德鲁兹人的）。

1967年以色列从叙利亚手中夺取了戈兰高地，自那以来，以色列对戈兰高地的控制一直是两国关系紧张的一大原因。1973年激烈的赎罪日战争（Yom Kippur War）中，叙利亚迅速夺回了戈兰高地的大部分地区，但后来被击退。在戈兰高地周边，你可以看到冲突的证据：废弃的1967年叙利亚前线的掩体、置于1973年战场附近作为纪念的旧坦克、两个地区之间的隔离区前为冲突而修建的以色列掩体，而且这里驻扎了戴蓝色头盔的联合国维和部队。1981年，以色列单方面占领了该地区（这一举措尚未得到国际或联合国的认可），并且已在该地区建立了定居点。尽管一直以来都存在政治争端，但德鲁兹和以色列社区在这里和谐相处，游客不会在当地感受到任何紧张局势。

到达和当地交通

戈兰高地附近以及通往谢莫纳城、罗什平纳附近和加利利海（包括迦百农、古尔西和太巴列）的全部短途线路均由总站设在卡茨林的**Rama**运营。周日至周四，主要线路（其中一些线路只是略有不同）每天最多10班；周五最多5班，持续到午后；周六下午或晚上1班。

许多以色列人会在戈兰高地周边搭便车，不过我们不建议你这么做。

卡茨林（Katzrin） كتسرين קצרין

04/人口：6900

卡茨林（Qazrin）被称为"戈兰的首府"，是探索戈兰高地中央地区、南部地区和准备野餐食物的不错的基地。卡茨林建立于1977年，是目前为止这一地区最大的以色列定居点。

热闹的小型商业中心Merkaz Eitan是建立于20世纪70年代的综合性建筑，几年前经过重修，增添了不少东西，其中有一座造型古怪、色彩奇特而又贴满瓷砖的雕塑，还有一家银行、一家药店和一些餐馆，建筑内有一座一流的博物馆。安息日所有场所都会关闭，除了一家杂货店。

景点

★戈兰高地考古博物馆 博物馆

（Golan Archaeological Museum；04-696-1350；Merkaz Eitan；成人/儿童19/16NIS，含古卡茨林公园28/20NIS；周日至周四 9:00~16:00，周五 至14:00）这是一座真正杰出的博物馆！亮点包括拜占庭时期32座戈兰高地犹太会堂那令人惊叹的玄武岩门楣和阿拉姆语铭文；犹太人大起义时期铸造的硬币；石器时代156米长的神秘迷宫Rujum Al Hiri的模型，迷宫建于大约4500年前；讲述罗马围攻迦姆拉（Gamla）的影片（提供9种语言）。博物馆有无障碍通道，位于Merkaz Eitan商业中心以西100米处，邻近图书馆。

古卡茨林公园 考古遗址

（Ancient Katzrin Park，Ancient Qazrin；04-696-2412；成人/儿童 26/18NIS，含戈兰高地考古博物馆 成人/儿童 28/20NIS；周日至周四 9:00~16:00，周五 至14:00，周六 10:00~16:00，8月晚1小时闭馆）在这里可以感受一下塔木德时代的生活（3~6世纪），当时的戈兰高地有许多犹太人村庄，顺便可以参观一下经过部分重建后的拜占庭时期的村庄。亮点包括一座用玄武岩建成的犹太会堂、一个依旧可以使用的橄榄油压榨机、探讨塔木德时代杰出人物的影音展示（有空调，周六不放映）和散养的孔雀。

8月和逾越节、住棚节等犹太节日期间，会有演员穿上古时的服饰进行表演。在面包房（beit lehem）里时常会有新鲜的皮塔饼。有无障碍通道。位于Merkaz Eitan商业中心以东1.6公里处。

戈兰高地葡萄酒厂 葡萄酒厂

（Golan Heights Winery；04-696-8435；www.golanwines.co.il；Katzrin Industrial Park；品尝10NIS，含团队游 20NIS；周日 8:30~17:30，周一至周四 至18:30，周五 至14:00或15:00，最后一场团队游 周日至周四 16:30，周五 12:30或13:00）这家广受好评的葡萄酒厂（每年总产量550万瓶）获过许多国际大奖，提供地窖团队游（最好预订）和品酒。这里出售50多种葡萄酒，品牌有Yarden、Gamla（美国叫Gilgal）、Hermon和Galil Mountain。所有的酒都符合犹太教规，但幸运的是没有经过巴氏消毒。

Kesey Hagolan 博物馆

（Golan Magic；04-696-3625；www.magic-golan.co.il；Hutzot HaGolan Mall，Katzrin Industrial Zone；成人/儿童 26/21NIS；周六至周四 影片放映9:00~17:00，周五 至16:00）游客服务中心有对戈兰高地的精彩介绍，一块180°的宽屏幕带你进行这一地区的虚拟半小时之旅（配有英语，每半小时一次）。还有一个1:5000的戈兰高地地形模型。位于Merkaz Eitan商业中心以东2公里处的购物商场里，紧邻工业区。

住宿

Golan Garden Hostel 青年旅舍 $

（053 430-3677；www.golangarden.com；12 Hukuk St；铺/双 带公共浴室 100/300NIS；@）这家温暖的、有18间房的酒店由极其热情友好的Alon和Daniel经营，有带有豆袋椅的休息室、可供自己下厨的设备完善的厨房、4或6个床位的房间、后院的吊床以及吉他和鼓供顾客使用。花50NIS就可以租一整天的山地自行车，洗衣费15NIS，含烘干，还可租用露营装备（如睡袋，每天15NIS）。

Blueberry Rooms 客栈 $$

（04-696-2103；blueberrygolan@gmail.com；Merkaz Eitan；双 不含早餐 350NIS，每加一名儿童 50NIS；）这家酒店位于卡茨林主要的购物和餐饮区，是镇上最接近酒店的酒店。

酒店拥有10间简约而宽敞的客房，配有松木天花板和镶木地板。房内设施包括冰箱和微波炉。前台位于Blueberry Cafe & Restaurant，早餐（40NIS）也在这里供应。

SPNI Golan Field School 青年旅舍 $$

（☎04-696-5030；www.natureisrael.org；2 Zavitan St；双 375~503NIS，加1名成人 127~157NIS，儿童 84~113NIS；📶）旅舍位于小镇外围一座20世纪70年代的简朴建筑里，有33个简单的房间，均配有冰箱，可以住4~9人，因此对家庭和团体来说是个好选择（没有单个宿舍床位可供出租）。只有大堂有无线网络。距离Merkaz Eitan商业中心1公里——先沿Daliyot St走，再右转进入Zavitan St。

有时（如犹太节日和8月）这里会组织免费的集体徒步活动。

就餐

鹰嘴豆泥、沙威玛、比萨、汉堡等快餐可以在Merkaz Eitan商业中心买到，但安息日除外。安息日你只能到一家杂货店买东西吃或去东边两三公里外的工业园内的两家餐厅就餐。

HaMakolet Shel HaRusim 超市 $

（Merkaz Eitan，面向Lev Katzrin Mall；⏲周日至周四 9:00~21:00，周五 8:00~23:00，周六 10:00~22:00）这个一周7天都营业的“俄罗斯”杂货店由来自乌兹别克斯坦的一对夫妇经营，出售面包、奶酪、松露、鲱鱼和葡萄酒，还有许多前苏联地区的产品。在售的啤酒有Baltika（来自俄罗斯）和Obolon（来自乌克兰）。不出售水果和蔬菜。安息日开门。

Co-op Shop 超市 $

（Lev Katzrin Mall；⏲周日至周二 8:00~21:00，周三和周四 至22:00，周五 7:00~14:30或16:00）提供徒步或安息日期间的野餐材料。位于在Merkaz Eitan商业中心以东100米处。

Golan Brewhouse 酒吧美食 $$

（☎04-696-1311；www.golanbeer.co.il；Hutzot HaGolan Mall，Katzrin Industrial Zone；主菜 52~139NIS；⏲每天 11:00~22:30；📝）这家广受欢迎的酒吧餐厅有圆顶木梁和全景视野，提供戈兰牛排、汉堡、鸡肉、鱼肉、沙拉、素食主餐、汤（仅限冬季）和一些非常不错的Bazelet自酿啤酒。

试试Brewhouse Beer Sampler（14NIS），可一下品尝到4小杯这家自酿的啤酒（黑啤酒、比尔森、Doppelbock啤酒和小麦啤酒），都是用墙角的铜缸酿造的。大部分时候还可以品尝到季节性啤酒。花48NIS你可以得到200毫升的任意一种啤酒，还能吃到橄榄和泡菜。

★ Meatshos 牛排 $$$

（☎04-696-3334；www.meatshos.co.il；Katzrin Industrial Zone；主菜 59~159NIS；⏲周一至周四 正午至18:00，周五 13:00~22:00，周六 正午至19:00）这里因美味的牛排、排骨和汉堡包（250~750克）而出名，这些都以在戈兰高地长大的1岁半的牛犊和羔羊为原料。这里还提供素食千层面和精心酿制的Salokiya精品酒（红葡萄酒/白葡萄酒 每杯 42/32NIS）。餐厅位于工业区北端，邻近消防站，距离戈兰高地葡萄酒厂1公里。

戈兰地区徒步安全

在你买门票的时候，戈兰高地最受欢迎的自然保护区会为你提供精美的路线图，但如果你想去更远的地方，并想避开雷区和以色列国防军军事区的话，你最好选择只有希伯来语的**SPNI Map 1**。这张1:50,000的地形路线图涵盖了赫尔蒙山、戈兰高地和加利利地区（如胡拉山谷及周边）。在这一地区的大部分国家公园都可以买到这种地图。

在收门票的自然保护区，信息中心里友善的护林人会提供精确到分钟的路况。有的路线需要你登记，可能要在你的仪表盘上放张卡片，方便天黑后巡视员看到你的车之后知道该往哪里派遣救援队。

实用信息

由区域市政局管理的**信息中心**（☎04-696 2885；www.tourgolan.org.il；Hutzot HaGolan Mall，Katzrin Industrial Zone；⏲周日至周四 9:00~16:00）提供免费的希伯来语、英语和俄语手册及地图，可以提供住宿、徒步和参观葡萄酒厂的详细

信息。位于镇中心以东2公里处的购物中心里，就在圆形喷泉的后方。

在**SPNI徒步信息**（SPNI Hiking Information；Merkaz Hadracha；☎04-770-9460；www.teva.org.il；SPNI Golan Field School，2 Zavitan St；⊙周日至周四 8:30~17:00）向经验丰富的SPNI向导免费咨询在戈兰高地徒步旅行的相关信息。你也可以打电话咨询。出售比例尺为1∶50,000的徒步地图（90NIS）。

到达和离开

长途汽车

卡茨林是戈兰唯一一个真正的长途汽车枢纽。Rama长途汽车几乎开往高原的任何地方（前往恩泽万尤其方便），以及太巴列、罗什平纳和谢莫纳城。开往太巴列的57路长途汽车走加利利海东部和西南部[包括古尔西（Kursi）]，开往太巴列的52路长途汽车经过加利利海西北部[包括迦百农（Capernaum）]。如果想到内韦阿体夫、马吉达勒沙姆斯和赫尔蒙山附近的其他地方，你通常需要在谢莫纳城转车（唯一例外：每天2班的87路）。

Egged运营的长途汽车开往以下地方：

海法的Lev HaMifratz（503路，37.50NIS，2.5小时，周日至周四每天4班，周五2班）

耶路撒冷（966路，42.50NIS，4小时，每天1~3班）

特拉维夫的中央长途汽车站（842路，42.50NIS，3.5小时，周日至周四每天4~5班，周五1班，周六1班）

戈兰高地南部（Southern Golan）

卡茨林南部从东边俯瞰加利利海，这里有优美的湖景、太巴列闪烁的灯光和加利利的群山。这片区域非常适合徒步旅行，特别是在耶胡迪亚自然保护区、迦姆拉自然保护区和几个迷人的历史遗迹及周边。

耶胡迪亚自然保护区（Yehudiya Nature Reserve）

محمية طبيعية يهودية　　שמורת טבע יהודיה

无论是休闲徒步者还是经验丰富的徒步者（尤其是那些喜欢挑战的旅行者），都能在66平方公里的**耶胡迪亚自然保护区**（☎Meshushim入口 04-682-0238，Yehudiya入口 04-696-2817；成人/儿童 22/9NIS；⊙10月下旬至次年3月下旬 周六至周四 8:00~16:00，周五 至15:00，3月下旬至10月下旬 周六至周四 7:00~17:00，周五 至16:00）内收获挑战。在这里你可能会碰到瞪羚和野猪等哺乳动物，猛禽和鸣禽把它们的巢筑在了峭壁上。保护区的天然泳池允许游泳——热天里无比清凉。

大部分小路都沿三道峭壁间的干谷分布，河水一年四季源源不断地注入加利利海东北部。从耶胡迪亚停车场（Yehudiya Parking Lot；Chenyon Yehudiya）最容易进入的是**Wadi Yehudiya**和**Wadi Zavitan**，停车场位于卡茨林和加利利海之间的Rte 87上。

Wadi Meshushim从Meshushim停车场出发非常容易到达，位于距离与约旦河平行的Rte 888公路2.8公里的一条砂石路上。停车场位于贝特赛达（Bethsaida）的新约遗址东北8公里处。

耶胡迪亚（发音为yeh-hoo-dee-yah）入口处的巡视员都非常熟悉这里，可以帮你指路并给你登记。售票处提供的有彩色标记的地图就完全够你使用的了。

务必沿指定路线行进。曾有人因私自改变路线遇难。在Wadi Yehudiya东部有个军事区（在Rte 87附近）。

往返于卡茨林和太巴列的Rama长途汽车52和57路（周日至周五每天8~10班）会在耶胡迪亚停车场停靠（4.40NIS，距离卡茨林20分钟车程）。往返于卡茨林和特拉维夫的Egged长途汽车843路也经过这里。耶胡迪亚停车场的询问处通常张贴有汽车时刻表。

迦姆拉自然保护区（Gamla Nature Reserve）

محمية طبيعية جملا　　שמורת טבע גמלא

第二圣殿时期晚期的犹太人村落遗址迦姆拉在犹太人大起义期间勇于反抗罗马帝国，并因此被罗马皇帝维斯帕先（Vespasian）的军队围困。如今，你可以游览**迦姆拉自然保护区**（☎04-682-2282；www.parks.org.il；Rte 808；成人/儿童 28/14NIS；⊙周六至周四 8:00~16:00或17:00，周五提前1小时关闭，在关闭前2小时内禁止入内)内的遗址,周围乡村的景色非常壮观。从保护区总部出发,在这里参观需要2~3小时。

历史学家约瑟夫斯·弗拉维奥记录了罗马人长达7个月的围困(公元67年),防御者顽强抵抗,浴血奋战,据记载,这里发生了类似梅察达集体大自杀那样的事(此事没有考古证据)。根据弗拉维奥精确的描述和地下发掘的大量罗马帝国武器(有的可以在卡茨林戈兰高地考古博物馆内看到,见262页),以及世界上最古老的一座犹太会堂(被认为可追溯到公元前1世纪),这座位于一座形似骆驼背的岩石山脊顶部(gamla为阿拉姆语,意为骆驼)的小镇迦姆拉于1968年被发现,其历史可以追溯到公元前1世纪(如第二圣殿时期)。

迦姆拉因秃鹫(翼展可达惊人的2.7米)而著名,它们在保护区的悬崖上筑巢,翱翔于下面的峡谷中。不过遗憾的是,秃鹫的数量正在减少,沦为了个别人用来非法捕杀豺狼而设置的高压线、无人机和毒腐肉的受害者。15年前,戈兰有大约200只秃鹫,如今只有大约15只幸存。为了恢复当地的秃鹫数量,来自西班牙的秃鹫被带到这里放生。通常,每天11:00和13:00在Vulture Lookout有半小时的鸟类讲解(希伯来语)。

从Waterfall Overlook(Tatzpit HaMapal)可以看到非凡的51米高的瀑布。前往那里的路(1.5小时返回)经过一片布满玄武岩墓碑的牧场,这些墓碑由4000年前的游牧部落竖立。

在停车场附近的高原上,在有无障碍通道的Vulture Path(Shvil HaNesharim;20~30分钟)能看到非常好的古代城市的全景。

迦姆拉位于卡茨林南20公里处。

乌姆阿尔迦那提尔犹太会堂 (Umm Al Kanatir Synagogue)

كنيس ام القناطر בית הכנסת אום אל קנטיר

6世纪的乌姆阿尔迦那提尔犹太会堂(Ein Kshatot Synagogue;紧邻Rte 808,Moshav Natur西边)真正神奇的一点在于,会堂在749年的大地震中被摧毁后,由于地处偏僻,21世纪前几乎没有变化。因为没有一块玄武岩被拿去重建其他建筑,考古学家得以在3D激光扫描、微芯片标签和一台黄色高架起重机的帮助下,用原有的石块重新搭建起整个辉煌的建筑。

会堂约柜朝向耶路撒冷,装饰精美,有展翅鹰、葡萄串和犹太符号,如烛台、棕榈叶(lulav)和柑橘类水果(etrog)。在我们调研时,这里正在建造一个地下游客中心,从那里可以欣赏到加利利海的壮丽景色。

阿尼安艺术家村庄 (Ani' am Artists Village)

☎04/人口: 500

这个宁静的以色列定居点有9个著名的工作室和画廊,沿砖石铺就的步行街分布。艺术家们非常乐意向游客介绍他们的作品,其中包括两位陶瓷艺术家和Golan Gold的一位出生于纽约的金匠约耳·弗里德曼(Joel Friedman),能够打造精美的黄金编织首饰。周一至周四的11:00~16:00或17:00,大部分地方开放(8月会持续到更晚);周五和周六一般为11:00~15:00(夏天到16:00)。

阿尼安有两家犹太洁食餐厅(一家卖乳制品,另一家卖肉),周五晚上和周六会暂停营业。

戈兰高地中部(Central Golan)

人烟稀少的戈兰高地中部地区跨越了遍布岩石的火山高原("戈兰高地"这一名字正是来源于此),坐落着牧场、葡萄园、酿酒厂、精品巧克力工厂、可以自己采摘浆果和水果的农场和阿维塔、本塔这两座高高耸立在叙利亚村庄库奈特拉(Quneitra)和联合国监管的隔离区内的火山。该区域南接卡茨林,北连奥德姆(Odem),东边是1974年隔离线。

叙利亚内战的影响

叙利亚残酷的内战偶尔会蔓延到这一地区,一些流弹和火箭炮会落在隔离线以色列一侧。在2017年年中停火之后,此类事件似乎已经停止,但在你到边境之前一定要确认当地的安全状况,尤其是Hwy 98沿线和本塔山以及库奈特拉瞭望台附近。

恩泽万 (Ein Zivan) عين زيوان עין זיוון

☎04/人口: 280

多亏了这里的两家葡萄酒厂和巧克力工厂，设立于1968年的以色列定居点恩泽万基布兹成了消磨一个下午的好地方。

Pelter Winery 葡萄酒厂

（☎054 248-6663; www.pelter.co.il; ⏲10:00~16:00）在澳大利亚学习了葡萄酒酿造之后，Tal Pelter于2001年创立了一个酒庄，每年将设拉子和白诗宁葡萄（以及其他品种）酿成30万瓶红葡萄酒和白葡萄酒。免费团队游（15~30分钟）以品酒作为结束。包含4种Pelter山羊奶酪（由Tal的妻子Inbar制作）、面包和橄榄油的拼盘价格为25NIS，周五和周六还有新鲜出炉的佛卡夏面包（两个55NIS）。

Bahat Winery 葡萄酒厂

（☎04-699-3710; www.bahatwinery.co.il; 团队游 成人/儿童 25/10NIS; ⏲周日至周四10:00~18:00，周五 至16:00，冬季提前1小时关闭）Bahat是一家真正的精品酒厂，坐落在一个曾经的塑料凉鞋工厂内，每年仅产2万瓶葡萄酒，包括波特酒（2017年首次上市）以及卡百内红和设拉子的混酿酒。可在生产车间进行半小时的简短参观，讲解语言为希伯来语和英语，之后是品酒。提供的食品包括奶酪拼盘、比萨和沙拉。孩子们可以自己制作用软木塞专业封装的瓶装葡萄汁（25NIS）。

ℹ 到达和离开

恩泽万在卡茨林东北20公里处。**Rama**的14路、59路和87路每1或2小时一班车，连接恩泽万和卡茨林。

库奈特拉瞭望台 (Quneitra Viewpoint)

موقع المراقبة القنيطرة תצפית קוניטרה

在阿维塔山（Mt Avital）顶部，绝密的以色列国防军电子设备严密监视着叙利亚，但位于火山较低一侧的库奈特拉瞭望台（Rte 98; ⏲24小时）可以清楚地看到处于困境中的以色列北部邻居。这里有个“播音站”，解释1973年爆发于此的战争，从这里可以俯瞰库奈特拉被毁的小镇，那里曾经是叙利亚的“戈兰高地首府”。

六日战争快要结束时，库奈特拉驻扎着防卫大马士革（以东60公里处）的部队，在叙利亚政府广播电台错误地播放这里失陷后，叙利亚空军摧毁了这里。1973年的赎罪日战争期间，这里易手过两次，这场战争中，以色列军队开始时仅用177辆坦克就顶住了叙利亚1500人的进攻。1974年，库奈特拉被划为联合国缓冲区，但自2014年起就被叙利亚反政府武装控制了。

沿着Rte 98向北约150米处，赎罪日战争纪念碑的标志是美国造以色列坦克的炮塔和一个“播音站”。在瞭望台，有条小路通往戈兰火山公园-阿维塔（Golan Volcanic Park-Avital; HaPark HavVolkani; Rte 98; ⏲10:00~16:00）。公园位于一个旧采石场内，在这里可以看到戈兰高地丰富多彩的地理史。标牌为希伯来语、阿拉伯语和英语。

瞭望台和公园位于Rte 98东侧，在Zivan Jct以北1.3公里处。

梅莫戈兰 (Memo Golan)

مروم جولان מרום גולן

☎04/人口: 675/海拔: 977米

这个以色列定居点位于本塔山西侧的斜坡上，因骑马项目和牛排餐厅而闻名，本塔山上的咖啡厅也很有名。

活动

Havat HaBokrim 骑马

（☎052 851-4434; www.meromgolantourism.co.il; 骑马1.5小时 150NIS，儿童骑马5分钟 30NIS; ⏲周日至周四 10:00~16:00约每2小时一次，周五和周六 10:00、正午和15:00）可以和Havat Habokrim（提供骑马的戈兰风格度假农场）的牛仔一起骑马前往火山，请打电话预约。

食宿

Merom Golan Resort Village 客栈 $$$

（☎04-696-0267; www.meromgolantourism.co.il; 双 US$159~196; 📶❄）这个迷人且舒适的度假村能让你骑马后疲惫的身体得到放松，这里有46间由木头和玄武岩建成的小木屋，并配有水疗设施。还有32间围绕美丽

的花园分布的客房。另有38间于2018年开业的精品酒店式客房。有无障碍通道。

★ HaBokrim Restaurant 牛排 $$$

（☎04-696-0206；www.meromgolantourism.co.il；主菜 66~142NIS，周五自助餐 成人/儿童 125/60NIS；⊙周日至周四 正午至22:00，周五 正午至15:00和19:00~21:00）这家历史悠久的小餐厅于1989年开业，以让人垂涎欲滴的戈兰高地牛排（西冷和去骨牛排）和汉堡包而闻名。餐厅还有烤鱼、素食乳蛋饼、Bazelet自酿啤酒和精选的儿童餐。戈兰葡萄酒每杯25NIS。因为是犹太餐厅，所以周五晚餐只有自助餐。

到达和离开

Rama的14路、59路和87路连接梅莫戈兰和卡茨林（10.50NIS，30分钟，每小时1班）。

本塔山 (Mt Bental) جبل بنطل הר בנטל

海拔：约1165米

这座火山灰形成的锥形山是自然保护区的一部分，有摄人心魄的全景视野。在以前的以色列战壕和堡垒里，你可以看到胡拉山谷、赫尔蒙山、叙利亚控制的部分戈兰地区和本塔山的孪生火山阿维塔山。傍晚，从这里可以看到最清晰的库奈特拉地区景色。联合国军队将这里的一个角落变成了观察哨，以便留意叙利亚内战。在我们调研时，有游客反映听到了远处传来的炮火声。这里24小时开放，下雪时除外。

游客可以探索战壕有些异味的地下区域（最近一次使用是在赎罪日战争时期）。地面上，两个"播音站"用英语和希伯来语讲述历史知识。路标（有的已经褪色）标出了到大马士革（60公里）、海法（85公里）、安曼（135公里）、耶路撒冷（240公里）、巴格达（800公里）和华盛顿特区（11,800公里）的方向。

就餐

Coffee Anan 三明治 $$

（☎04-682-0664；www.meromgolantourism.co.il；三明治 35~39NIS；⊙9:00~17:00，下雪天关闭）这家山顶小餐厅提供三明治、沙拉、自制蛋糕、bourekas、番茄烘蛋和冰激凌。店名是为了纪念联合国前任秘书长科菲·安南（Kofi Annan），他曾掌管在山下巡逻的联合国部队。在希伯来语中，这个名字还是"云中咖啡馆"的意思。

奥德姆 (Odem) اودم אודם

☎04/人口：150/海拔：1050米

这个小型以色列定居点是品尝当地葡萄酒、摘夏季水果和浆果以及与其他游客相聚的好地方。

景点

Odem Mountain Winery 葡萄酒厂

（☎04-687-1122；www.harodem.co.il；⊙周日至周四 9:00~17:00，周五 至16:00）值得一提的是这个家庭酒厂的夏日玫瑰红葡萄酒（采用卡百内红葡萄和西拉葡萄酿制而成）、品丽珠葡萄酒和琼瑶浆白葡萄酒。品尝两种葡萄酒是免费的，品尝4种或6种需分别花费20NIS或35NIS（购买一瓶便可免费品尝）。团队游价格为20NIS，其中包括品酒环节。该葡萄酒厂每年的产量有10.5万瓶。

Ya'ar HaAyalim 动物园

（☎050 522-9450；www.yayalim.co.il；2~12岁儿童/陪同的大人 60/35NIS；⊙9:00~17:00，7月和8月 至19:00；👪）孩子们会爱上这个树木成荫的碎石山坡，这里有三种鹿（来自北欧、喜马拉雅山地区和日本），还有野山羊、85厘米高的小马（可供儿童骑）、宠物动物园、踏板车、5个蹦床和有15米长索道的滑索区。

住宿

★ Golan Heights Hostel 青年旅舍 $

（☎054 260-0334；www.thegolanheightshostel.com；铺 100NIS，双 350NIS，带公共浴室 270NIS；@📶）青年旅舍正该是这样的：店内设施有用于社交的绝佳休闲空间、宽敞的厨房、英语书籍图书馆、洗衣设施和有趣的壁画。这里采用地暖加热，冬天非常舒服。旅舍有9间房间，其中3间是有6或8张双层床的宿舍。老板名叫Liad，非常热情，他准备了一份详细介绍当地徒步等活动的指南，可从网站上下载。

戈兰高地北部（Northern Golan）

戈兰高地的最北端沿着高耸的赫尔蒙山的侧翼一路下降，从赫尔蒙山滑雪站（Mt Hermon Ski Station）到德鲁兹村庄马吉达勒沙姆斯、Mas'ada和艾因基纳（Ein Kinya）。该地区许多景色最美的景点，包括雄伟的十字军时期的宁录要塞和巴尼亚斯自然保护区，都在Rte 99或其附近。Rte 99公路向西延伸，穿过加利利狭长地带到谢莫纳城。

宁录要塞（Nimrod Fortress）

قلعة الصبيبة　　מבצר נמרוד

宁录要塞（☎04-694-9277; www.parks.org.il; Rte 989; 成人/儿童 22/9NIS; ⏲周六至周四8:00~16:00或17:00，周五提前1小时关闭，关闭前1小时停止入内）在13世纪由穆斯林建造，用以保卫从提尔（Tyre）到大马士革的道路。要塞沿赫尔蒙山西南坡上狭长的山脊（海拔815米）而建，仿佛童话故事一般神奇。这个建在山顶的防御工事长420米、宽150米，肯定会让你大开眼界。如果你只计划游览一处十字军东征时期的防御工事，那就是这里了。

从售票处赠送的精美英语地图手册中，你可以了解这个堡垒中世纪跌宕起伏的历史背景，包括被蒙古人摧毁的记录。亮点有北塔保存完好的13世纪大厅，厅内设有不同角度的射击孔。

从胡拉山谷的任何位置都可以看到这座堡垒，三面被近乎垂直的峭壁和令人头晕目眩的峡谷形成的天然屏障守护着。宁录南部的Wadi Sa' ar将戈兰的玄武岩高原（向南）与赫尔蒙山的石灰岩侧翼（向北）分割开来。从谢莫纳城开往马吉达勒沙姆斯的Rama长途汽车58路经过宁录要塞。

不要错过

春天的野花

戈兰高地的田野、山坡和干谷在2月至4月（具体时间根据雨量来定）会开满鲜花。越是赫尔蒙山的高处，野花盛放的时间越晚（直到8月）。在这个地区的自然保护区里，有通向铺满鲜花的山坡的美丽小径。可以向自然保护区的任何一个护林员咨询哪里有盛开的鲜花。

巴尼亚斯自然保护区（Banias Nature Reserve）

محمية طبيعية بنياس　　שמורת טבע הבניאס

巴尼亚斯自然保护区（☎巴尼亚斯泉入口04-690-2577，巴尼亚斯瀑布入口04-695-0272; www.parks.org.il; Rte 99; 成人/儿童 28/14NIS; ⏲周六至周四 8:00~16:00或17:00，周五 至15:00或16:00，在关闭前1小时内禁止入内）里有喷涌的泉水、瀑布和丰富的溪流，形成了本国最美也最著名的自然景点。保护区有两个入口，均在Rte 99上，相距约3.5公里（步行1.5小时）。保护区的名字“Banias”起源于希腊神话中的潘神（Pan），据说他是希腊的农神，这里有一座罗马时期的神庙是献给他的。

保护区里有4条路（有地图），其中许多路段被橡树、悬铃木、无花果树和角豆树遮住了。有一条名为Suspended Trail的木板路铺在湍急清澈的巴尼亚斯（赫尔蒙）河上，这里的景色仿佛是古人们想象中的伊甸园。向河流上游步行15分钟，能看到10米高的巴尼亚斯瀑布伴着雷鸣般的巨响流入一个深水池中。虽然看起来让人忍不住想要下水凉快一下，但是这里以及整个保护区内都禁止游泳。从巴尼亚斯瀑布入口进入，游览两个景点都可以在45分钟内往返，1967年前这里是非军事区。

在保护区的巴尼亚斯泉入口处，有希律王之孙阿格里帕二世（Agrippa Ⅱ）建造的宫殿遗址，游览这里需要45分钟。

保护区的两个入口处或附近通常都会有美味的德鲁兹皮塔饼出售。两个入口都有连接谢莫纳城和马吉达勒沙姆斯的Rama 58路长途汽车。

宁录（Nimrod）

نمرود　　נמרוד

☎04/人口: 20

宁录又名纳赫宁录（Nahal Nimrod），是Rte 98附近山顶上一个与世隔绝的以色列定居点（在Golan Trail上），这里有令人惊叹的景色，冬天会积雪，让人感觉很幸福。这里总共只有5户人家。

住宿

Ohel Avraham 帐篷营地 $

（Abraham's Tent；☎052 282 1141，04-698 3215；圆顶帐篷 100NIS，每加1人 60NIS，露营每人 60NIS，双人小木屋 400NIS；⏲大约是逾越节至住棚节，全年可提供预制房屋）在这个嬉皮士风格的山边营地里，你仿佛回到了1969年。这里有4顶圆顶帐篷、4顶蒙古包、1顶贝都因大帐篷和一些棚屋，是放松的好地方。除了住在小木屋的住客外，其他住客需共用浴室和烹饪设备。需要自带睡袋，这里提供床垫。条件相当简陋。

Bikta BaArafel 客栈 $$

（☎052 269-7718；www.bikta.net；双 不含早餐 500NIS，每加1人 100NIS，露营每人 50NIS；📶）大部分由回收的木材建造而成的10套乡村房屋全都配备了厨房、水疗浴缸和阳台，屋子周围有有机樱桃、苹果和杏树。早餐价格为60NIS，晚餐你可以预订肉或素食炖菜（70NIS）。想要露营的话，需要自备帐篷和睡袋，租用床垫15NIS。

马吉达勒沙姆斯（Majdal Shams）

مجدل شمس　　מג'דל שמס

☎04/人口：10,640

马吉达勒沙姆斯是戈兰高地4个德鲁兹小镇中最大的一个，是这片区域德鲁兹社区的商业文化中心。德鲁兹旗帜（有5道横条纹）在风中飘扬，你经常能看见有精致胡子的男人身着传统的德鲁兹服装，比如黑色的布袋裤（shirwal）和白色的毡帽。即便如此，这里也比这片地区许多德鲁兹村庄要开放：年轻人穿得像世俗的以色列人，有几家酒吧可以喝酒。

在镇中心的环岛里耸立着帕沙阿特拉什苏丹（Sultan Pasha Al Atrash）的**骑马雕像**，用以纪念1925年叙利亚反抗法国殖民统治的德鲁兹英雄。

高等教育在这里是非常重要的。在叙利亚陷入内战之前，约有400名戈兰高地德鲁兹学生在叙利亚大学学习。现在，大部分年轻的当地人选择去以色列或德国深造。

> **当地知识**
>
> **甜蜜的竞争**
>
> 在马吉达勒沙姆斯，从Rte 989和Rte 98的交叉路口沿着Rte 989走几百米，有两家店铺互为竞争对手，出售果仁蜜饼和软软的、热乎乎的库纳法（糖浆奶酪糕点）。**Abu Jabal**（☎04-687-1515；R9 989；果仁蜜饼/库纳法 每公斤65/50NIS；⏲8:00~21:00）带有希伯来语和俄语字母的红白招牌，往山下再走250米是带有粉红色希伯来字母招牌的**Abu Zeid**（☎04-698-4846；Rte 989；果仁蜜饼/库纳法 每公斤65/50NIS；⏲8:00~21:00）。

住宿

Narjis Hotel 酒店 $$

（Malon Butik Narkis；☎04-698-2961；www.narjishotel.com；Rte 98；双 夏季/冬季 500/680NIS；⏲前台 9:00~18:00；📶）这家属于一个马吉达勒沙姆斯家庭的时尚酒店有18个宽敞而浪漫的房间，装潢现代，有按摩浴缸、阳台和冰箱，需要预订。酒店位于从Rte 989和Rte 98的交叉路口——赫尔蒙路口向赫尔蒙山方向走200米处。

Snabl Druze Hospitality 民宿 $$$

（☎050 577-8850；sanabl.tal@gmail.com；Ein Kinya；双 650~850NIS，每加1名成人/儿童 300/200NIS；📶）这个适合家庭入住的民宿位于马吉达勒沙姆斯西南9公里处的德鲁兹村庄艾因基纳，拥有3间双人房和2间宽敞的公寓，在公寓中可以享受宁录要塞和胡拉山谷的美景。民宿位于小镇北侧的一座用耶路撒冷石装饰的巧克力色建筑内。从主街上坡，寻找带有绿色、红色和白色标志的指示牌。

就餐

在马吉达勒沙姆斯的西入口处，靠近Rte 98和Rte 989的交叉路口，有一排餐馆出售炸豆丸子、鹰嘴豆泥、沙威玛、德鲁兹皮塔饼、浓酸奶（labneh）做馅的皮塔饼和sahlab（用兰花的球茎泡制成的热饮）。两间小酒馆供应西式美食。

饮品和夜生活

Why? 小酒馆

（☎054 793-7187；Rte 98；⏲11:00至深夜）来这里可以在柔和的蓝调音乐中喝啤酒（大约有6种桶装啤酒）或就餐（烤肉、鹰嘴豆泥和意大利饺）。酒馆位于Narjis Hotel以东50米处。

Green Apple Bar & Cafe 小酒馆

（☎04-687-1400；www.046871400.com；Rte 98；⏲每天 11:00~23:00，周四和周五 至次日2:00或3:00）一家爱尔兰风格的小酒馆兼餐厅，让人仿佛身处芝加哥。店内有5种桶装啤酒，包括吉尼斯啤酒。周四21:00有时有现场音乐会。酒馆紧挨着Narjis Hotel。

到达和离开

马吉达勒沙姆斯位于谢莫纳城以东30公里处。从谢莫纳城发车的Rama58路长途汽车可到达这里，其他站点包括内韦阿体夫、宁录要塞和巴尼亚斯自然保护区。

赫尔蒙山（Mt Hermon）

جبل الشيخ הר החרמון

雄伟的赫尔蒙山因清爽的空气（甚至夏天也是）、美丽的高山植物和突如其来的降雪而闻名。这座山的最高峰在叙利亚境内，高达2814米，在以色列控制的一侧的最高点是2236米。

活动

滑雪

在赫尔蒙山滑雪比较贵，但对当地人来说，这比飞往奥地利便宜多了（1948年以前，热爱冬季运动的巴勒斯坦犹太人经常会去黎巴嫩）。

冬季，赫尔蒙山的山顶通常有3米或4米厚的积雪，1992年创下的最高纪录是10米。关于积雪的信息可以在线或打电话了解。

如果你决定滑雪，要确保你的旅游保险包括了"高风险"运动和救援转运费用。

Mt Hermon Ski Station 滑雪

（☎1-599-550-560；www.skihermon.co.il；Rte 98；冬季 成人/儿童 39/34NIS，夏季免费；⏲8:00~16:00，15:00或更晚之后禁止入内）赫尔蒙山的滑雪场看起来像是1975年阿尔卑斯山上一个低海拔的低价滑雪场，所以做好准备，迎接你的可能是个泡沫塑料做成的大雪人。在天气好的年份，12月至次年3月会有30~40天可以滑雪，由于滑雪道不够，所以经常很拥挤。而在天气不好的年份，滑雪道可能都不会开放。

这里有3条蓝色雪道（简单）、7条红色雪道（困难）和2条黑色雪道（非常困难）。最长的为1248米，垂直高度差376米，最高处海拔2036米。有11部缆车供上山使用，包括5部升降椅和5部T-bar。

除冬季门票外（在路上的收费站购买），费用还有滑雪通行证（全天/下午250/200NIS）和装备租赁费，其中包括滑雪板（成人/儿童140/120NIS）、滑雪单板（140NIS）和滑雪裤子或外套（每件60NIS）。

在一年当中的所有时间段，只要你进来，八成可以一直待到日落。

夏季活动

在温暖的季节，可以乘坐缆车（成人/3~12岁儿童 49/42NIS；最早上山时间为8:00，最晚下山时间为15:30）到达2040米高的山脊，这正是野花盛开的时候。乘坐缆车速度比较快，虽然山景很美，但除了远处的以色列地堡外，看不到太多景色，所以花1.5小时参加免费导览游（6月和7月的周五和周六，8月和逾越节以及住棚节期间，每天11:00和13:00）是非常值得的。在一位SPNI向导的指引下，你可以看看植物，了解一下当地的军事历史，要提前半小时到达乘缆车的地方。这里的花期从5月下旬持续到8月，比沿海地区晚3个月或4个月。

到达和离开

从马吉达勒沙姆斯出发，沿Rte 98上山9公里即到滑雪场。

约旦河西岸

包括 ➡

伯利恒……276
拉马拉……285
塔伊比赫……289
杰里科……290
希伯伦……293
纳布卢斯……296
杰宁……299

最佳餐饮

- Fadwa Cafe & Restaurant（见284页）
- Hosh Al Jasmine（见284页）
- Abu Omar（见293页）
- La Vie Cafe（见288页）
- Al Aqsa（见299页）

最佳住宿

- Hosh Al Syrian Guesthouse（见283页）
- Area D Hostel（见287页）
- Walled Off Hotel（见282页）
- Khan Al Wakalah（见298页）
- Sami Youth Hostel（见292页）

为何去

你会在约旦河西岸听到很多次“欢迎”这个词。无论它是来自热闹集市上的街边商贩、微笑着递过来一盘炸豆泥三明治的侍者，还是努力压过阿拉伯音乐背景声的出租车司机，巴勒斯坦人永远都想让游客感到高兴。

这可能会让初次到访的游客有些吃惊，因为在人们印象中，约旦河西岸总是与政治冲突和暴力联系在一起。虽然约旦河西岸如同一个政治火药桶，但这里还有另一番景象：喧嚣的市集和忙乱的街道令人流连，起伏的群山和白垩土荒漠景观让人沉醉，盛在瓷杯中的浓郁黑咖啡叫人赞不绝口，这里的城市洋溢着历史的气息，但又显得如此谦卑。

这份奇妙偶尔又带点神秘且活泼的气质，让约旦河西岸在旅游者心目中散发着无穷的魔力。它既是激励，也是挑战；既是诱惑，也是藐视，这份气质千年来从未改变。

何时去

伯利恒

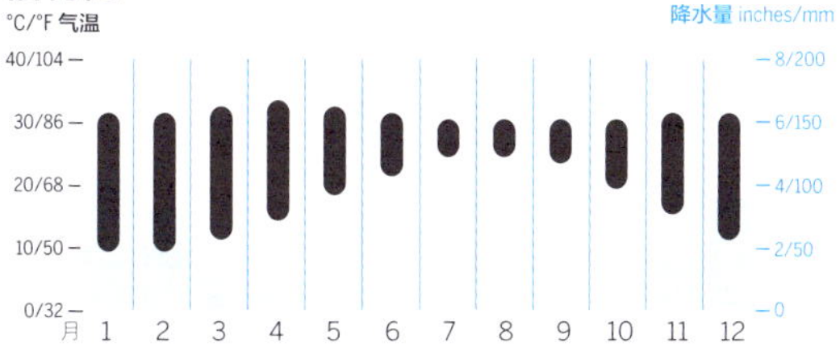

10月 随着城市居民回到家乡收获橄榄，村庄弥漫着节庆气氛。

11月 Burqin'in在11月初会举办丰收节日。

12月末 伯利恒喜气洋洋，到处都是灯光、装饰、圣诞颂歌和平安夜弥撒。

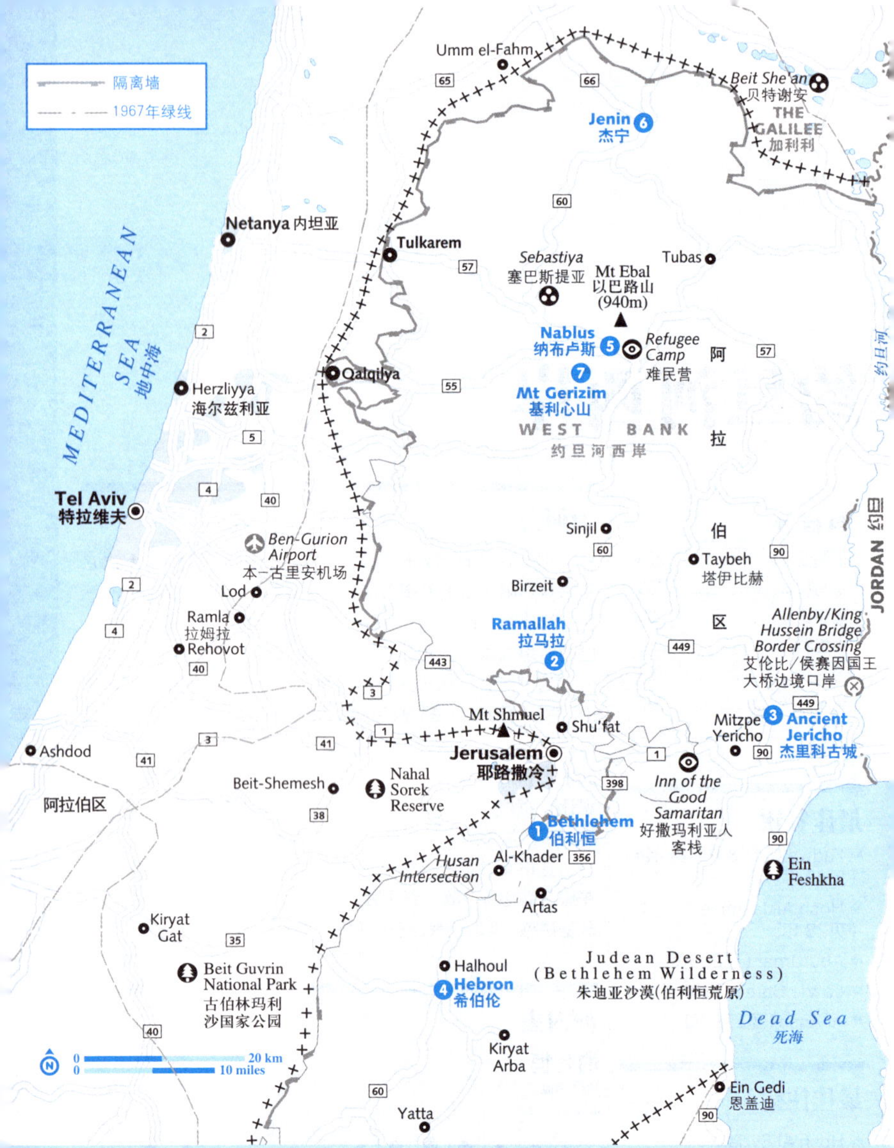

约旦河西岸亮点

❶ **伯利恒**（见276页）从旧城前往马槽广场和主诞教堂，漫步于石头街道上。

❷ **拉马拉**（见285页）参与著名的派对，感受流行趋势。

❸ **杰里科古城**（见290页）坐在高高的缆车里晃荡，下方便是世界上最古老的连续有人居住的文明所留下的遗迹。

❹ **希伯伦**（见293页）游览这座动荡不安的城市以及备受争议的阿拉法特的长眠之所。

❺ **纳布卢斯**（见296页）参观香皂工厂，体验土耳其浴室。

❻ **自由剧院**（见300页）在这座世界闻名的剧院中与鼓舞人心的演员们会面。

❼ **基利心山**（见296页）登上这座山的平台，撒玛利亚人相信基利心山是上帝在地球上首创的土地。

旅游警告

近年来的情况表明，约旦河西岸对游客基本上是安全的，遇上麻烦的可能性很小。即便如此，由于约旦河西岸处于军事占领下，局势一直在变化。以色列士兵和投掷石块的巴勒斯坦青年间的冲突屡见不鲜，特别是在周五。

多留意新闻和旅行警示，提前给你打算住的青年旅舍或酒店发邮件寻求建议。毫无疑问，游客应当远离抗议现场，特别是发生在以色列检查站或定居点附近的，尤其是在希伯伦，因为那里的紧张局势可能会迅速加剧。

进入以色列时，海关人员会要求你说出打算参观的地方，通常要说明你是否计划去约旦河西岸。如果你的答案是肯定的，很可能会耽搁一阵。

历史

作为地理名称，约旦河西岸是1948年阿拉伯-以色列战争的产物，这场战争使得耶路撒冷的北部、东部和南部地区——占英属巴勒斯坦托管地的22%，现在被称为约旦河西岸——落入约旦的控制下。这个名字来源于该区域位于约旦河西边的地理位置。

历史上，犹太人曾将该区域称为朱迪亚（Judea，Yehuda）和撒玛利亚（Samaria，Shomron），分别指约旦河西岸的南部和北部。现在，犹太定居者和以色列右翼更喜欢使用这些名称，但是其使用存在争议，因为它们暗示着当代以色列政策应当基于《圣经》中对以色列的边界划分。你也许还听说过“被占领的巴勒斯坦领土”或“领土”这两个叫法。

约旦河西岸的巴勒斯坦文化仍然留有土耳其奥斯曼帝国400年来统治的痕迹，在那段时期，这个区域是奥斯曼帝国叙利亚省的一部分。较短的被占领期，例如“二战”后的英国托管期（1917~1948年），也留下了自己的印记，比如巴勒斯坦的很多学校现在仍教授英语。

奥斯曼土耳其帝国时期，约旦河西岸（特别是希伯伦）一直都有犹太人，尽管数量很少。19世纪末和20世纪，大量犹太人移民从俄罗斯、也门和其他国家涌入，但很少有人在山区——也就是后来的约旦河西岸——居住。

1948年阿以战争爆发期间，约旦占领（随后吞并了）约旦河西岸。然而在1967年的六日战争中，以色列夺得了该地区的控制权。20世纪七八十年代，约旦曾试图与约旦河西岸统一，不过最终在1988年将所有权力交给了巴勒斯坦解放组织（Palestine Liberation Organization，简称PLO）。

在1987~1993年的第一次巴勒斯坦大起义（First Intifada，Intifada在阿拉伯语中意为“起义”或“摆脱”）后，以色列政府和巴勒斯坦解放组织之间达成了“奥斯陆协议”（Oslo Accords），商定将一些地区（如杰里科、拉马拉和杰宁）的控制权交给新成立的巴勒斯坦自治政府，并暗示未来存在成立巴勒斯坦国的可能。

但双方对协议及其后果都感到不满。暴力继续，以色列和巴勒斯坦都有人员伤亡。2000年，美国在戴维营（Camp David）发起的和平谈判失败，导致同年爆发了第二次巴勒斯坦大起义。

第二次巴勒斯坦大起义（2000~2005年）带来了那个年代最严重的暴力行为。残酷的杀戮让双方震惊。血腥的战争和军事袭击造成了数以千计的伤亡，以色列也发生了大量自杀式爆炸袭击。为此，以色列建造了隔离墙（见281页），将约旦河西岸与以色列隔离开。在2004年亚西尔·阿拉法特（Yasser Arafat）去世以后，2005年马哈茂德·阿巴斯（Mahmoud Abbas）成了巴勒斯坦领导人。

2006年，伊斯兰军事组织哈马斯（Hamas）赢得了巴勒斯坦议会选举。因为许多国家把哈马斯视为恐怖组织，这一选举结果导致国际援助的锐减。一年之后哈马斯和法塔赫（Fatah）之间爆发了内战，前者在内战中控制了加沙，后者掌管了约旦河西岸。

2014年加沙战争期间，约旦河西岸一带的示威活动愈演愈烈，游行示威持续了60天，导致1200名巴勒斯坦人和73名以色列人伤

检查站

检查站(在希伯来语中是machsomim)控制着约旦河西岸和以色列之间的人员往来。约旦河西岸也有一些检查站，但是它们不固定，可能会变换地点、整体废弃，或者在新的地点设立。

大多数检查站由以色列国防军(Israel Defense Forces，简称IDF)管理，不过也有些检查站外包给了私营承包商。私营承包商更麻烦，他们更有可能盘问外国游客，并要求检查行李。

检查站的开放时间各不相同，但现在进出约旦河西岸主要道路上的大部分检查站都是24小时开放的，比如伯利恒的300检查站和拉马拉附近的Qalandia检查站。杰宁北边的Jalameh检查站只从8:00开放到19:00。

总体来说，旅行者进入约旦河西岸不需要检查，只有当他们从约旦河西岸重新进入以色列时才需要检查。

持外国护照的游客可以通过由以色列国防军控制的检查站进入巴勒斯坦自治政府管辖的区域，但是军方禁止以色列居民这样做。

通过检查站不需要任何费用，而且持外国护照的游客也不需其他特殊证明。只需出示你的护照和签证，将行李放上机器通过X光检测。这个过程很快，但是算上等候时间你也需要在检查站逗留15~20分钟(如果排队的话用时更长)。

尽量避免在7:00~9:00和穆斯林或犹太节假日通过检查站，这些时段可能需要排长队。

外国游客可以乘坐车辆进出约旦河西岸(如果你租车的话，确保你的保险单承保范围包含巴勒斯坦——大多数都不包含)，但在返回以色列时有时会滞留一段时间，因为士兵可能要检查车辆是否携带爆炸物。

以下是一些进出约旦河西岸会经过的主要检查站:

Qalandia 位于耶路撒冷和拉马拉之间，可通过该检查站去往拉马拉、纳布卢斯和杰宁。Qalandia是最繁忙的检查站之一，有令人胆寒的金属围栏和锁定的闸门，这类设施你只会在最高安全级别的监狱里看到。注意：Qalandia检查站有时候会出现以色列士兵和扔石头的巴勒斯坦青年之间的暴力场面，尤其是在周五或政治局势高度紧张时。

300检查站 位于耶路撒冷南部，在拉结墓(Rachel's Tomb)的入口处。检查站中一条路专检车辆，一条路专检行人。这是一个室内检查站，设施条件要比Qalandia的好。每周7天、每天24小时开放。

伯利恒(公路) 如果你在伯利恒乘坐231路长途汽车，那你就会经过这个检查站。这里有点像收费站，安全级别较低。游客可以留在长途汽车上接受护照检查(巴勒斯坦乘客则被要求下车排队)。这个检查站24小时开放，全年无休。

Jalameh 位于Afula以南10公里处。这个检查站是最舒适、最容易通过的，但是也有要排长队的时候。这里只在8:00~19:00开放。

Abu Dis 这个检查站连接了东耶路撒冷和Abu Dis，旅行者们常常会从Abu Dis出发去杰里科。这里只能容行人通过，常常在夜晚关闭。

想了解更多关于各个检查站的情况，可以登录以色列左翼团体Machsom Watch的网站(www.machsomwatch.org)。

亡。2015年，暴力活动仍在继续，巴勒斯坦袭击者在加沙和约旦河西岸制造了一系列的持刀伤人事件。

在本书撰写之时，举行和平谈判的希望因为美国总统唐纳德·特朗普(Donald Trump)宣布耶路撒冷为以色列首都的举动而落空，这让巴勒斯坦人感到愤慨和沮丧。关于谁将接替80多岁的马哈茂德·阿巴斯成为新一任巴勒斯坦领导人的猜测亦甚嚣尘上。

在法塔赫执政的巴勒斯坦政府的统治下，你会看到大型横幅，声明巴勒斯坦有权成为联合国一员，要求巴勒斯坦人有权回到1948年失去的土地上。

与此同时，随着以色列政府在这个区域继续扩张以色列定居点，巴勒斯坦人的不满持续升温。同时，巴勒斯坦人正努力建设自己的机构，发展经济，争取建立一个独立的家园。

气候

伯利恒像耶路撒冷一样，冬天会下雪，夏天其他地方闷热的时候，这里则较为凉爽。如果你想追求圣诞节（Yuletide）氛围，带上你的羊毛套衫，不要错过一个活泼、寒冷的伯利恒圣诞节。如果你想逃脱冬日的严寒，可以去气候更加宜人的杰里科，但那里到了夏天会异常炎热。如果你想在瓦迪凯尔特（Wadi Qelt）周边或其他地方徒步旅行，春季和秋季是最好的季节。

团队游

杰宁、纳布卢斯、拉马拉和伯利恒等地的背包客青年旅舍都是咨询团队游的最佳去处。对只身一人旅行的人来说，在这些地方很可能会遇到其他游客并一同分担费用。

如果你想在出发前就安排好行程，可以联系一个能够提供团队游的组织。我们特别推荐Green Olive Tours（www.greenolivetours.com）。位于贝特萨霍尔（Beit Sahour）的Siraj Center for Holy Land Studies（www.sirajcenter.org）提供骑车和徒步旅行。另外，Bike Palestine（www.bikepalestine.com）提供了杰宁到耶路撒冷的7日骑行之旅。Walk Palestine（www.walkpalestine.com）带领游客体验3~14天的步行团队游，可住在亚伯拉罕之路（Abraham Path；www.abrahampath.org）上的当地人村庄里。

到达和离开

进入约旦河西岸免不了要穿过一个以色列检查站，你可以选择搭乘公共汽车、驾车或步行。以色列的出租车和公共汽车不能越界进入A区（有巨大的红色标识警告以色列人切勿通过），所以你需要乘坐阿拉伯公共汽车（比如来自东耶路撒冷的），或者搭乘以色列公共汽车或出租车前往检查站，然后步行通过，再在另一边乘坐巴勒斯坦出租车或公共汽车。

如果你想自驾，切记大多数以色列汽车租赁公司都不允许你将车开到巴勒斯坦。**Dallah**（☎02-627-9725，057-756-9405；www.dallahrentacar.com）和Goodluck（www.goodluckcars.com）是例外，这两家公司都位于耶路撒冷的American Colony Hotel附近。

本-古里安机场到大马士革门（耶路撒冷） 到达大厅外的白黄色小巴（sherut）24小时守候，可以随时将乘客从机场（特拉维夫附近）送至耶路撒冷。驾驶员需要知晓乘客预订的酒店或者下车地点。如果你直接去约旦河西岸，报大马士革门（Damascus Gate）就可以了。

大马士革门（耶路撒冷）到拉马拉 从大马士革门穿过马路，沿着对面的纳布卢斯街（Nablus St）一直走到阿拉伯公共汽车站（左边）。在那里，你可以乘坐218路或219路前往拉马拉，途中会经过Qalandia检查站。在检查站你无须下车。夏季，开往拉马拉的公共汽车会运营到21:30，冬季最晚到18:00或19:00。终点站是拉马拉的公交总站，正对着Area D Hostel（车费7NIS）。

大马士革门（耶路撒冷）到伯利恒 老城区正对面有另一个公交站，那里的公交车开往伯利恒。乘坐231路可直接到伯利恒，中途不停车；乘坐234路需要经过300检查站，在那里你需要下车，步行通过检查站。如果目的地是Walled Off Hotel，最好乘坐234路，然后从检查站步行至酒店（15分钟）或者乘出租车（车费不超过10NIS）。去其他任何地方都可以乘坐231路，然后换乘出租车入城（车费不超过20NIS）。

侯赛因国王大桥（约旦）到大马士革门（耶路撒冷） 等候在到达大厅外的白黄色小巴可以将乘客

英文媒体

《本周巴勒斯坦》（*This Week in Palestine*；www.thisweekinpalestine.com）是一份免费的月刊，囊括了和约旦河西岸有关的清单、文章、事件和地图。

后“奥斯陆协议”时代地理：A区、B区和C区

约旦河西岸分为三个区域，标志着以色列和巴勒斯坦各自不同程度的民政和军事力量。

A区（大约17%）：完全处于巴勒斯坦的民政和军事管辖下，你会看到红色指示牌写着禁止以色列人入内。范围包括希伯伦的一部分、拉马拉、纳布卢斯、图勒凯尔姆（Tulkarem）、杰宁、盖勒吉利耶（Qalqilya）、伯利恒、杰里科以及其他一些小村镇。

B区（大约24%）：处于巴勒斯坦的民政管辖和以色列的军事管辖之下，包括很多巴勒斯坦农村地区。

C区（大约59%）：完全处于以色列管辖之下，包括许多人口稀少的地区、村镇外围和约旦河西岸公路网以及约旦河谷（Jordan Valley）的大部分地区。

送到耶路撒冷。等到了大马士革门，你可以换乘前往拉马拉或伯利恒的公共汽车。

拿撒勒/Afula到杰宁 坐合乘出租车到Jalameh检查站，然后步行穿过检查站，在另一侧乘坐巴勒斯坦公共汽车或出租车，25分钟即可抵达杰宁。

需要注意的是，如果耶路撒冷与拉马拉和伯利恒之间的公交车停运，你可能就需要乘坐以色列出租车去Qalandia或300检查站，然后搭乘巴勒斯坦出租车前往目的地。无论是以上哪种情况，你都需要同出租车司机好好地讨价还价一番。

当地交通

约旦河西岸有便捷、出众的公共交通网络，长途汽车和合乘出租车（发音同servees）能够从主要城市到达大部分你想要参观的景点和城市。大部分标志是阿拉伯语的，但只要你知道你要去的地方的名字，就比较容易坐上对的长途汽车或合乘出租车，并且比坐私人出租车省钱。

大多数长途汽车的车费都为5~20NIS，即便是往来于城市间的。

由于距离很短（有必要了解一下当地的公路情况），许多游客选择按小时或者按天租用出租车。让旅行社给你安排一个可靠的司机。

伯利恒的大部分司机习惯了游客的各种需求，可在约旦河西岸临时承接一日游。他们经常出没于耶路撒冷公交站所在的拱廊之门（Bab iz-Zqaq）或伯利恒检查站。要时刻准备着讨价还价。

巴勒斯坦的道路就像个大杂烩，坑洞和破旧的路标可能会给你带来麻烦，但最大的挑战来自巴勒斯坦人夸张的驾驶方式，特别是对第一次在中东开车的司机来说。这里的行驶规则是人人为己。

以色列车牌是黄色的，而巴勒斯坦车牌是绿色和白色的。虽然可以开黄色牌照的车穿过约旦河西岸的大部分地区——特别是在比较和平的时期，但你可能会被误认为是以色列人或犹太定居者，因此遭到敌视。在安全更令人担忧的地方，有的游客会在仪表盘上放一顶阿拉伯头巾（阿拉伯人常戴的方格头巾）来避免麻烦。在希伯伦或某些难民营一带开车要特别小心。

由于有路障，加上一直持续的以色列定居点建设和隔离墙修建工作，路况和道路可能会随时发生变化。买一张最新的道路交通图（在以色列买到的地图包含约旦河西岸）很划得来。在“绿线”一边的巴勒斯坦，GPS根本没用，要找到你的目的地，最好的方法是摇下车窗找个人问一下。

伯利恒（Bethlehem） בית לחם بيت لحم

☎02/人口：47,000

伯利恒或许已经不再是圣诞颂歌里的“小城”，但在这个现如今充满活力的城市中，你无须走得太远就能看到与玛利亚和约瑟、星星、马槽以及救世主相关的各种典故，它们已经深深地镶进了这里的每一块铺路石、每一条街道和每一座教堂。

和耶路撒冷一样，在伯利恒，你能发现每种基督教派的存在，比如路德教、叙利亚基督教、天主教和东正教。这座城市如今是活力四射的地方，曲折蜿蜒的街道上车辆川流不息，主广场上到处都是一边拍照一边努力跟上导游的朝圣者。

不过即使是没有宗教信仰的人，也还是有很多东西可以看、很多事情可以做。这里有

生气勃勃的旧城和市场，城镇周边还有许多遗址，包括壮丽的马萨巴修道院（Mar Saba Monastery）。很多游客来这里也是为了欣赏街头艺术，尤其是英国街头艺术家班克西（Banksy）创作的大量作品，这些作品将现在用来分割伯利恒和耶路撒冷的以色列隔离墙变成了一幅巨大的画布。

历史

伯利恒城沿古道而建，早在旧石器时代就开始有人居住。当初玛利亚和约瑟因人口普查的缘故来到伯利恒，在这里生下了耶稣。据说，公元前14世纪，伯利恒开始作为一个城邦国家发展起来，当时名为Beit Lahmu（以守护女神Lahmu的名字命名），后来采用了希伯来圣经中的名字Ephrata。

耶稣降生3个世纪后，313年，罗马皇帝君士坦丁（Constantine）接受基督教为国家官方宗教。很快，伯利恒就成了一个广受喜爱的、富裕的朝圣目的地，修道院和教堂如雨后春笋般涌现。即便在638年被穆斯林攻占以后，双方签订的条约依然能保障基督徒的财产权利和宗教自由。在接下来的1000年里，伯利恒继续繁荣兴旺。

1948年阿以战争后，随着巴勒斯坦难民从新建立的以色列涌入城镇，伯利恒的人口开始增长。很多人和他们的孩子一起留在了城镇边缘的阿伊达（Aida）、谢赫（Dheisheh）和阿尔-加扎尔（Al-Azzah）难民营生活。

现在，正如过去的1700多年一样，伯利恒的发展仍然依赖游客和朝圣者。伯利恒很可能是约旦河西岸参观人数最多的城市，特别是在基督教节日前后，人群蜂拥而至，庆祝复活节或参加传统的平安夜弥撒。

景点

马槽广场（Manger Sq）和老城区狭窄的石灰岩街道以及充满异域风情的店面，宛如来自另一个时空，尤其是Pope Paul VI St、Star St和连接两条街道的窄巷。周日前来还能体验教堂礼拜。大多数来做礼拜的是巴勒斯坦人和住在教堂里的修道士及修女，不过这里也欢迎游客列席或进来沉思片刻。

伯利恒城内和城外的教堂及其他景点的开放时间可能会在不另行通知的情况下变更，但是约旦河西岸通行的规则是：早点出发，大多数景点会在日落时或日落前1小时关门。

从市中心步行就能到达伯利恒的多数景点。你可以从Manger St或马槽广场搭一辆出租车，前往牧羊人场（Shepherds' Field）、马萨巴修道院或希律堡（Herodium）。

从拱廊之门（从耶路撒冷始发的231路长途车在此停靠）沿Pope Paul VI St走5分钟，到达Cinema Sq，再继续走10分钟，到达马槽广场。对于那些乘长途汽车到检查站的游客，会有出租车司机在那里等候，去城里大约需要20NIS。

如果你搭出租车来到马槽广场，可以从这里沿着人来人往的Pope Paul VI St一直走（其间逛逛左边的集市），然后右转，沿着迷人的Star St往回走，感受旧城的氛围。

在约旦河西岸

为了更深入地了解约旦河西岸，你可以研究一下下列组织的工作内容：

Alternative Tourism Group（www.patg.org）提供大量信息，并推荐希伯伦和伯利恒的一日游行程。

巴勒斯坦公平贸易协会（www.palestinefairtrade.org）组织游客在当地居民家住宿，安排巴勒斯坦家庭和农场的志愿者工作，特别是在每年的橄榄丰收时节。

巴勒斯坦文化交流协会（www.pace.ps）提供纳布卢斯、希伯伦、盖勒吉利耶及周边的一日游和多日游。支持当地合作社，还可以安排讲座。

Siraj Center for Holy Land Studies（www.sirajcenter.org）在整个约旦河西岸地区组织、协调大量活动和接触交流。

Bethlehem 伯利恒

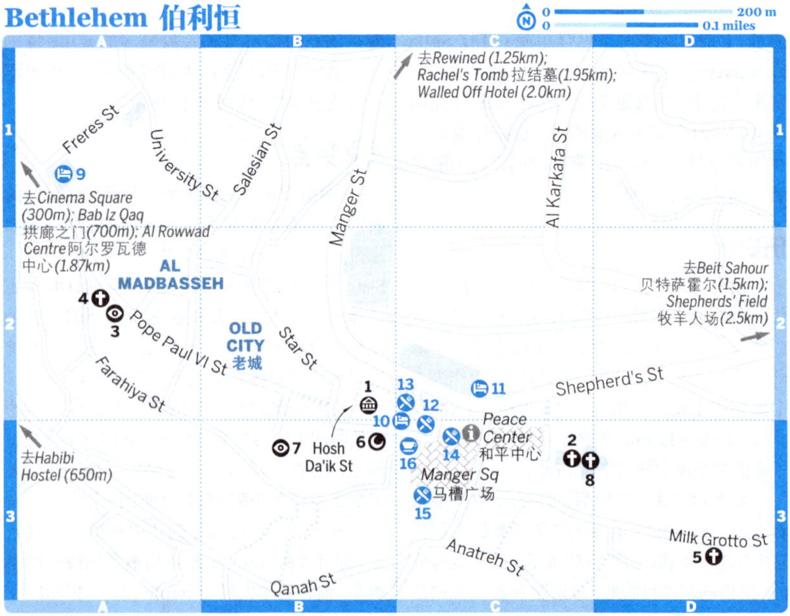

Bethlehem 伯利恒

◎ 景点

1 伯利恒博物馆 B2
2 主诞教堂 C3
3 伯利恒国际中心 A2
4 路德圣诞堂 A2
5 母奶洞穴教堂 D3
6 欧麦尔清真寺 B3
7 市场 B3
8 圣凯瑟琳教堂 C3

住宿

Dar Annadwa （见3）
9 Grand Hotel Bethlehem A1
10 Hosh Al Syrian Guesthouse C3
11 Manger Square Hotel C2

就餐

12 Afteem C3
13 Fadwa Cafe & Restaurant C2
14 Peace Center Restaurant C3
15 Square C3

饮品和夜生活

16 Star Bucks C3

◎ 旧城

主诞教堂 教堂

（Church of the Nativity; ⏲春季至秋季6:30~19:30，冬季 6:30~18:00）**免费** 对每年造访圣地的几百万朝圣者而言，主诞教堂是游览伯利恒的主要原因。据说这座教堂所建的位置是耶稣的诞生地，它起初是由君士坦丁大帝在326年下令修建，从建成至今经历了无数改造。眼下正在进行修复工程，其目的是保护建筑。

若想最大程度地不虚此行，你可以从在外面转悠的几个导游里挑选一个谈谈价钱。

你需要猫着腰穿过那扇修建于奥斯曼帝国时代的小门，才能进入教堂，这扇门有一个恰如其分的名字：**谦卑之门**（Door of Humility）。起初，入口比现在要大得多，但十字军为了阻挡袭击者骑马进入而将门改小。后来，无论在马穆鲁克（Mamluk）还是奥斯曼帝国时代，入口都被进一步改小。现在你仍然可以看到6世纪原有门廊的轮廓和里面十字军东征时代的尖顶拱门。

从门口迈步前往中殿的途中，你可以看到

1934年被重新发现的木活板门，它的下面是君士坦丁大帝最初在4世纪铺的马赛克地板。

6世纪，查士丁尼大帝（Emperor Justinian）几乎完全重建了教堂，因为其大部分在撒玛利亚人起义时被毁坏。现在教堂中殿耸立的红白相间的巨大圆柱很可能是原建筑仅存的痕迹。一些圆柱上装饰着圣徒的壁画，是十字军在12世纪所画。谦卑之门右边有条门廊，通向亚美尼亚修道院（Armenian Monastery）。目前修道院里只住着6名修士，为伯利恒300名亚美尼亚会众服务。17世纪时，亚美尼亚人处于鼎盛时期，他们以对《圣经》的翻译和阐释而闻名。

走下教堂中殿前方的台阶，便进入了**耶稣诞生地**（Grotto of the Nativity）。这里的旅游团络绎不绝，但如果你在工作日的午餐时间到访，就可能独享这个空间（如果是周末的话，你可能要排一个多小时的队）。这里有个非常尽职的保安，会把他认为停留时间太长的朝圣者直接推出去。

这里光线朦胧，充满神秘感，一枚**14角银星**标出了传说中耶稣降生的具体位置。洞穴的一侧是**马槽礼拜堂**（Chapel of the Manger），又叫“圣诞马槽”（Crib），表示耶稣降生的场景；与之正对的小教堂中有一座圣坛，用于纪念贤士来朝（Adoration of the Magi），即耶稣降生时卡斯帕（Caspar）、巴尔萨扎（Balthazar）和梅尔基奥（Melchior）三位贤士的造访。614年，波斯人洗劫了巴勒斯坦，但似乎由于他们发现壁画中描绘的三贤士身着波斯风格的服装，主诞教堂和耶稣诞生地得以幸免。

尽管这里看似一派祥和，实际上多年来冲突未曾停歇。1847年，14角银星失窃，常驻教堂的3个基督教团体（希腊正教、亚美尼亚人和天主教徒一直在激烈地争夺耶稣诞生地的管理权）互相指责。随后，教堂用一个复制品替代了原来的14角银星，但争斗并未停歇，教堂的主导权在正教徒和天主教徒之间几易其主。

至今，教堂管理权由上述3个团体的神职人员平均分配（这种对圣地的管理模式被称作“status quo”）。拿诞生地的灯笼举例来说：6个归希腊正教徒管理，5个归亚美尼亚人管理，4个归天主教徒管理。

圣凯瑟琳教堂 教堂

（St Catherine's Church；Manger Sq；⏲春季至秋季6:30~19:30，冬季6:30~18:00）这座粉色调的教堂位于主诞教堂隔壁，圣诞前夕，这里的午夜弥撒会通过电波传到全世界。不过，什么都比不上亲自来体验氛围十足却稍显漫长的圣诞仪式。

要想通过主诞教堂进入这里，你需要先穿过十字军时代的方济会回廊，回廊里还有一座圣热罗尼莫（St Jerome）的雕像。

圣乳教堂 教堂

（Milk Grotto Chapel；Milk Grotto St；⏲夏季8:00~18:00，冬季8:00~17:00）从马槽广场走一小段路就到了没那么出名的圣乳教堂。传说圣母玛利亚和约瑟在逃往埃及的途中曾在这里给婴儿耶稣哺乳，一滴乳汁滴到红色岩石上，把它变成了白色。

欧麦尔清真寺 清真寺

（Mosque of Omar；Manger Sq；⏲10:00~11:00、13:30~14:00和17:00~19:00）欧麦尔清真寺位于主诞教堂对面，是伯利恒旧城中唯一的清真寺，得名于第二任穆斯林哈里发、先知穆罕默德的岳父欧麦尔·本·赫塔卜（Omar Ibn al-Khattab）。637年，拜占庭帝国衰落之际，欧麦尔趁机攻下耶路撒冷，并在基督教的主诞教堂停下祈祷。

他在欧麦尔协议（Pact of Omar）中宣布，主诞教堂仍是基督教的圣殿，即使在穆斯林的统治下，基督徒也有信仰自由。1860年，为纪念欧麦尔，清真寺在希腊正教教会拨出的一块土地上建造。

伯利恒博物馆 博物馆

（Bethlehem Museum；☎02-274 2589；www.arabwomenunion.org；Star St；门票10NIS；⏲周一至周六8:00~13:00和14:00~17:00）这座博物馆位于一栋典型的19世纪巴勒斯坦民居中，经过重建的三间房间构成了一个传统的伯利恒家庭寓所，博物馆里很多展品的历史都可以追溯至200多年以前。虽然交了门票钱，但换来的却是工作人员颇为散漫的导览服务。在礼品店里，你可以购买伯利恒阿拉伯妇女联合会（Bethlehem Arab Women's Union）制作的刺绣。

市场

市场

（Souq）免费本地人称之为绿色市场（Green Market），它始建于1929年，出售各种水果、蔬菜、肉类和鱼类以及一些美味的小吃，另外还有各种小玩意儿和鞋。

伯利恒国际中心

文化中心

（International Center of Bethlehem；Dar Annadwa；☎02-277 0047；www.annadwa.org；Pope Paul VI St，Madbasseh Sq；📶）由路德教会运营的伯利恒国际中心会举办音乐会、研讨会和讲座，上演戏剧，放映电影和英语纪录片。此外，这里还有一个集咖啡馆、客房、画廊和礼品商店于一体的地方，被称为洞穴，当地艺术家在这里展示他们的作品。不过由于要举办私人活动，洞穴经常会闭门谢客。

路德圣诞堂

教堂

（Lutheran Christmas Church；☎02-274-2312；www.bethlehemchristmaslutheran.org；Pope Paul VI St,Madbasseh Sq；⊙周一至周五9:30～15:00，周日 10:30至正午）修建于19世纪的路德圣诞堂与伯利恒国际中心连在一起，1898年威廉二世（Kaiser Wilhelm Ⅱ）拜访圣地期间为圣诞堂举办了揭幕仪式。在教堂里，参观者可以看到由威廉二世本人委托制作并捐献的彩色玻璃窗。路德圣诞堂的礼拜仪式周日10:30举行。参观者需要通过网站提前联系教堂。

城郊

拉结墓

宗教遗址

（Rachel's Tomb；www.rachelstomb.org；⊙周日至周三 12:30～22:30，周四24小时开放）免费拉结墓坐落在以色列隔离墙围出的一条荒凉的廊道内，旁边是以色列一侧城镇的主要检查站。据说拉结因为难产在这里去世。拉结死后，丈夫雅各在她的坟上立了一根柱子。

参观墓地很困难。尽管墓地大门距离300检查站的入口仅有数米之遥，但依旧无法步行通过。游客需要自驾或乘坐以色列出租车。另外，乘坐从耶路撒冷中央长途汽车站发车、Egged公司运营的163路长途汽车可以直达墓地。

到了拉结墓之后，男女要分开从两侧进入，门口提供男士佩戴的小帽。

几百年来，从拜占庭、伊斯兰时代到十字军东征时代，再到奥斯曼帝国和以色列时代，三批亚伯拉罕宗教的追随者——特别是犹太人和穆斯林——都很敬重并守卫拉结墓。

牧羊人场

公园

（Shepherds' Field；⊙周一至周六 9:00～15:00，周四24小时开放）免费如果你一直想知道“牧羊人夜间看守羊群”的具体地点，可以去牧羊人场看看。牧羊人场就在贝特萨霍尔外面，是片类似公园的区域。这里不仅有可供漫步的空地，还有一个拜占庭时代的洞穴，洞穴中有座小教堂。此外，还有建于1953年、由意大利人设计的天使教堂（Church of the Angels）。

要去牧羊人场，你可以从伯利恒搭乘私人出租车（20NIS）。

所罗门大池

公园

（Solomon's Pools；门票10NIS；⊙8:00至

参观难民营

“难民营”这个词会让我们想到拥挤的帐篷、赤贫和疾病，但约旦河西岸的很多难民营从1948年起就已经存在了，它们看起来已经发展成为城市中破败的社区，商店、餐馆和咖啡馆一应俱全。

这些难民营由联合国难民救济和工程处建立和运营，基本安全有保障，有些难民营（如伯利恒的谢赫和杰里科的Aqbat Jabr）还拥有旅游基础设施，包括旅馆和游客中心。

虽然有少数例外，但参观大多数难民营时最好有本地向导带路，他们可以解释来龙去脉，对安全形势保持警惕。在难民营里，一分钟前什么事都没有，一分钟后就可能发生示威者和以色列士兵之间的暴力冲突，空中立即充斥着催泪瓦斯、飞掷的石块和橡胶子弹。

参观难民营（包括约旦河西岸所有的政治敏感区域）的最佳方式就是加入团队游。伯利恒Walled Off Hotel（见282页）安排前往阿伊达难民营的游览活动值得特别推荐。

以色列的隔离墙

从1967年至第二次巴勒斯坦大起义（2000~2005年）期间，大多数巴勒斯坦人仍然能够相对容易地从约旦河西岸进入以色列，许多人甚至每天通勤来往。

但是在20世纪90年代中期，尤其是第二次巴勒斯坦大起义时期，大量自杀式袭击者穿过约旦河西岸进入以色列，造成数百名以色列平民身亡。作为回击，以色列向巴勒斯坦自治政府控制的地区发动了军事打击，安全专家和以色列公众都呼吁政府建立安全屏障。

所谓“有好篱笆才有好邻居”，以色列左派认为，一道屏障只会加快“奥斯陆协议”（旨在建立两个独立的国家）的进程。但也有反对的声音，犹太定居者们不想自己被这堵墙隔离到约旦河西岸的那一边；约旦河西岸的巴勒斯坦人有的顾虑这堵墙会将他们的村庄田地一分为二，有的则担心这道边界使他们无法或难以到达耶路撒冷。

除了耶路撒冷外，大部分隔离墙（5%的墙是高达8米的混凝土墙）沿着“绿线”（1949年以色列和约旦停火协议中规定的）修建，但只是大致重合。隔离墙极具争议性。有些隔离墙围绕以色列定居点修建，阻断了巴勒斯坦人的社区、商业生活、学校和田地。巴勒斯坦人称其为“种族隔离墙”，并将其视为以色列人争夺土地计划的一部分。以色列方面将隔离墙视为成功的安保措施，并声称隔离墙的位置是可以改动的，例如将来双方就边界问题最终达成一致意见的话。

在被隔离墙穿过的约旦河西岸村庄定期会有示威游行。据当地居民和国际非政府组织称，以色列国防军常用催泪瓦斯和橡胶子弹来驱散人群——也会用到实弹。抗议示威者经常受伤，有的甚至死亡。

午夜）罗马时代，所罗门大池3个巨大的矩形蓄水池被泉水灌满，再通过高架渠向耶路撒冷和希律堡供水。所罗门王喜欢在清澈宁静、波光粼粼的泉水边小憩，据说他就是在那里写下了美妙动人的《雅歌》（*Song of Solomon*）。直到20世纪，那些泉水还被用来灌溉在附近肥沃的山谷中生长的庄稼，而且不断有军队在此驻扎。一座奥斯曼帝国时期的堡垒依然清晰可见，是历史上朝圣者去往耶路撒冷路上的最后一站。

不幸的是，所罗门大池四周现已筑起围栏，水也基本干涸，不过水池周围的公园区域却是一处深受本地人欢迎的周末烧烤场所。

从伯利恒去所罗门大池的出租车车费为20~30NIS。

巴勒斯坦历史博物馆 博物馆

（Museum of Palestinian Heritage；⏲周六至周四 8:00~16:00）**免费**这座令人印象深刻的博物馆位于所罗门大池对面新建的综合建筑中，它是Ishaq al Hroub的个人收藏馆。Ishaq在希伯伦附近的Dura住了50年，其间一直在收集各种传统的巴勒斯坦陈列品，最终形成了这座非常出众的展馆。他的藏品中包括来自奥斯曼帝国时代的陶器以及传统的贝都因婚礼服饰。博物馆从8:00开到16:00，作为主人的Ishaq非常乐意带着游客在展厅四处转悠。

阿尔罗瓦德中心 文化中心

（Al Rowwad Centre；☎02-275 0030；www.alrowwad.org；⏲周四至周二 9:00~17:00）**免费**阿尔罗瓦德中心隐藏于阿伊达难民营的狭窄街道中，最好作为团队游项目的一部分前往参观。该中心保留了关于阿伊达难民营历史以及巴勒斯坦难民事务的大量信息。个人游客前往参观需要提前发邮件知会。

阿尔罗瓦德中心提供戏剧、音乐、计算机和艺术培训，还为妇女和残障人士安排特殊的课程和讲习班。

伯利恒周边

马萨巴修道院 修道院

（Mar Saba Monastery；⏲周六至周二和周四 8:00~17:00）马萨巴修道院是任何一次圣地（巴勒斯坦）之旅都必看的景点，从伯利恒向东驶过20公里荒凉又美丽的路段（越过贝特萨霍尔）即可到达。

这座攀附在悬崖上、拥有黄铜屋顶的古老建筑建于439年，女性游客只能从对面的山坡上远观，男性才允许进入，他们可以跟随仍然居住在修道院中的15位修道士中的一位入内游览。

在教堂的第二座礼拜堂中还有5世纪的苦修者St Sabas的遗体，以及大约120名于614年在这里被屠杀的修道士的颅骨。

对于自驾的人，从贝特萨霍尔起，沿途就有清晰的路标指向修道院。你也可以乘坐私人出租车从伯利恒前往马萨巴修道院，路程大约需要3小时，花费120～150NIS。

需要提醒的是，因为修道士们需要吃午饭，修道院正午到13:00关门。

希律堡 宫殿

（Herodium,Herodion；成人/儿童 29/15NIS；⌚4月至9月 8:00～17:00，10月至次年3月 8:00～16:00）希律堡是希律王壮观的堡垒兼宫殿，修建于公元前23年至公元前15年，千百年来，这里的阿拉伯居民都将其称为天堂山。它位于贝特萨霍尔以南9公里处，就像一座平顶的火山从朱迪亚沙漠（Judean Desert）拔地而起（顶部其实是天然山丘的延伸，挖空之后来支撑希律王的宫殿）。

这一建筑群的特色是希律王私人所有的“乡村俱乐部”（包括浴室和顶楼游泳池）留下的一系列极美的遗迹。2007年，人们还在这里发现了希律王本人的墓地。

公元71年，希律堡遭到罗马人洗劫，然而，许多东西都保留了下来，有待进一步发掘——包括犹太人在起义反对罗马时使用的隧道网络。现在，你也可以从不少隧道里爬过去。

注意，希律堡位于“C区”，因而完全由以色列控制（在山脚可以看到军事基地）。景点本身则由以色列公园和自然保护管理局（Israeli Parks and Nature Authority）管理。这意味着你不需要穿过300检查站就可以从耶路撒冷过来，自驾（从Rte 60过来可看到路标）或坐出租车都可以，不过以色列的出租车非常昂贵。

要来这里，先在伯利恒搭乘私人出租车，和出租车司机商量好至少1小时的等待时间。尽量避开周五，此时的希律堡会有很多旅游大巴。

住宿

伯利恒有很多住处可供旅游者选择，尽管在传统上它们主要面向朝圣人群，能满足基本需求。但现在情况正在发生变化，廉价和中等消费水平的酒店也有很多可以选择的。

Ibdaa Cultural Centre Guesthouse 客栈 $

（☎02-277-6444；www.ibdaa48.org；Dheisheh Refugee Camp；铺/双 50/100NIS；@📶）坐落于文化中心的同名小旅店，非常不错，它地处谢赫难民营的狭窄街道上，出城往希伯伦方向驾车20分钟即到。客栈设施较为简陋，但它相当于为旅行者提供了一个了解巴勒斯坦人生活的窗口，从这一点来说，它又是

不要错过

WALLED OFF HOTEL

近10年来，英国街头艺术家班克西（Banksy）一直在分割伯利恒与耶路撒冷的墙上以及周围喷刷自己的作品。如今，他在隔离墙对面创办了**Walled Off Hotel**（☎02-277-1322；www.walledoffhotel.com；182 Caritas St；铺 US$30，双 US$215～265，套 US$965；P📶），并承诺拥有“世界上最糟糕的景致”。景观或许有些非传统，但酒店本身显得既漂亮又时尚，还有些超现实感（其中的一间套房设有一个夏威夷风情酒吧）。

酒店拥有一座博物馆、一间钢琴酒吧和一间美术馆，它甚至可以自诩拥有中东最高端的宿舍，房间配备干净的毛巾和迷你冰箱，还能播放室内音乐。

这家酒店是秘密建造的，本来只准备开张一年，但2017年9月它又开始接受冬季入住的预订，这表明它依然打算继续营业。酒店可提供各种有用且增长知识的旅行活动安排，主要是前往附近的阿伊达难民营以及附近的城市，比如杰里科和希伯伦。

无与伦比的。

Ibdaa Cultural Centre紧邻Jeruselem Hebron Rd，就在出租车停靠站旁边。

Habibi Hostel 青年旅舍 $

（www.bethlehemyhostel.com；Palestine St；铺 75NIS，双 150~250NIS；@）位于一栋公寓的二楼，从马槽广场下坡15分钟即到。简陋却家常的Habibi Hostel深受志愿者、背包客和活动家的欢迎，它是伯利恒唯一真正的廉价住处。旅舍拥有男女分开的宿舍和至少一间私人客房。

Dar Al Balad 酒店 $

（info@daralbalad.ps；Beit Sahour；标单/双 150/250NIS；）Dar Al Balad位于贝特萨霍尔附近，安静又舒适。酒店是家族经营的，并经过了翻修，十几间客房围绕着一个阴凉的庭院。很多房间都有面向贝特萨霍尔老城街道的窗户，老城最近进行了修复。

★ Hosh Al Syrian Guesthouse 精品酒店 $$

（02-274-7529；www.hoshalsyrian.com；双 US$70~140；）酒店时不时地开了又关，总有拔尖者涌现出来，而Fadi Kattan开设的漂亮的Hosh Al Syrian Guesthouse正是最近出现的行业新秀。酒店安坐于Syrian quarter，距离马槽广场步行仅需两分钟。酒店的一些客房还带有可俯瞰老城屋顶的露台。

酒店的无线网络只有在公共区域才连得上，正如店主Kattan所言，“来这里的目的就是放松”。

Manger Square Hotel 酒店 $$

（www.mangersquarehotel.com；Manger St；标单/双/标三 US$90/130/150；）建于2012年的四星级酒店，位于马槽广场对面。考虑到地理位置，这是一个超值的选择。从一些房间可以遥望伯利恒后方的山谷，另一些房间则可以俯瞰旧城。工作人员彬彬有礼，乐于助人。夏天有屋顶游泳池。

Grand Hotel Bethlehem 酒店 $$

（02-274-1440；www.grandhotelbethlehem.com；Pope Paul VI St；标单/双 US$55/85；）也许这里没有让人眼花缭乱的个性，却干净、整洁、高效、充满活力，房间舒适，位于中心地带。

酒店的Mariachi Bar供应早餐，咖啡馆每天都会提供墨西哥菜和海鲜，午夜才打烊。

Dar Annadwa 客栈 $$

（Abu Gubran；02-277-0047；www.diyar.ps；109 Pope Paul VI St, Old City；标单/双 US$72/102；）这家舒适的客栈由路德教会赞助，它与伯利恒国际中心（见280页）艺术学校处于同一栋建筑之中，共有13间房间，每个房间都以一个巴勒斯坦村庄来命名。客栈所处位置绝佳，周边环境很安静且有些老旧。相比附近的其他住宿选择，这家的价格显得过于昂贵了。

需要预订，因为客栈接待处经常关门。

就餐

Manger St沿线以及紧邻Pope Paul Ⅵ St的小集市都有快餐。在这里你会找到最大号的炸豆泥三明治和滚烫的沙威玛，以及各种诱人的、供野餐外带或在家烹调的食物。

Afteem 中东菜 $

（Manger Sq；主菜 6~35NIS）拥有数十年历史的伯利恒老店，距离马槽广场很近，十分受欢迎。店里的菜单只提供两道菜：一流的鹰嘴豆泥和masabacha（里面有整颗鹰嘴豆的热鹰嘴豆泥）。

Peace Center Restaurant 三明治、意大利菜 $

（Manger Sq；主菜 20~45NIS；周一至周六 9:00~23:00）这家位于马槽广场的餐厅是在市区品尝传统巴勒斯坦菜肴的好地方，这里的菜品很丰富，包括makloubeh（鸡肉放在米饭下面同坚果和香料一同烹制）和mansaf（鸡肉或羊肉盖浇饭配肉汤），菜单经常变化，价格公道。

工作人员友好且乐于助人，如果你不是很饿，坐在平台上喝杯薄荷柠檬水再抽抽水烟也非常不错。

Square 中东菜、西餐 $

（Manger Sq；主菜 35NIS起；9:00至午夜；）这家休息室风格的餐厅就在广场上和平中心（Peace Center）的对面，是傍晚喝啤酒

Central West Bank 约旦河西岸中部

0 10 km
0 5 miles

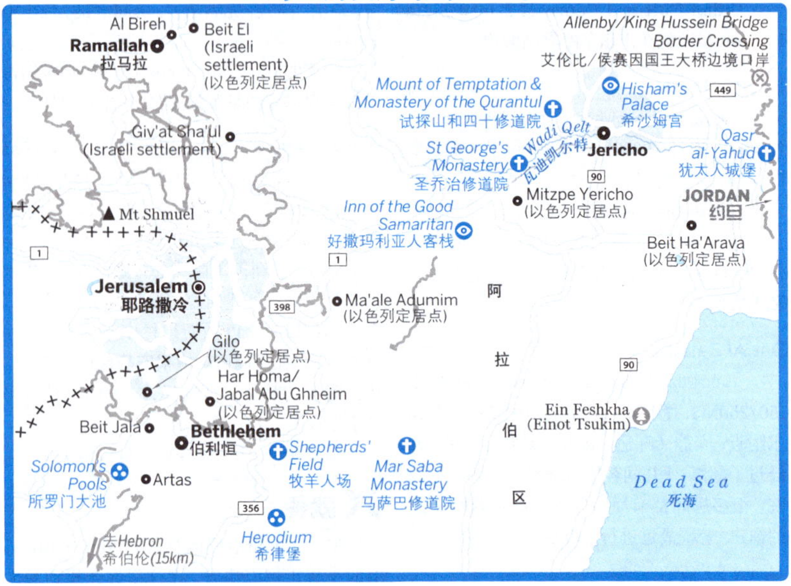

和欣赏主诞教堂好去处。Square餐厅提供各式各样的阿拉伯菜式和西餐，其中就包括了巴勒斯坦"诱惑大盘"，它是一道由本地菜式和黎凡特佳肴组成的混合拼盘。

★ Hosh Al Jasmine 中东菜 $$

（Beit Jala；主菜 30~55NIS）这家位于Beit Jala一处山坡上的本地餐厅专门提供巴勒斯坦家常菜、啤酒和红酒，其食材皆出自一家有机农场。餐厅周围鸡鸣鸟叫，一派生机，还可以欣赏约旦河西岸南部山丘的绝美景致。食客们要坐在摇晃的木桌上享用午餐和晚餐，餐桌就设在峡谷的最边缘，长沙发和树屋造型的抬升平台则是放松和享用水烟的好地方。来这里用餐的最佳时间是黄昏。

Hosh Al Jasmine餐厅有些难找，因此在乘坐出租车出发之前，要确保司机知道地址。

Fadwa Cafe & Restaurant 阿拉伯菜 $$

（www.hoshalsyrian.com/fawda-cafe-restaurant；Hosh Al Syrian Guesthouse；主菜 30~70NIS；⏲只接受预约，午餐 12:30~14:00，晚餐 18:30~20:30）Fadwa Cafe & Restaurant位于Hosh Al Syrian Guesthouse的一层，店内大厨Fadi Kattan专门烹制法国-巴勒斯坦融合菜式。Kattan只选用新鲜食材，因此前往就餐时必须提前24小时预订。每天的8:00~22:00是餐馆开放饮酒的时段。

虽然Kattan会根据从本地农民手中采购的肉类和蔬菜来烹饪不同的菜式，但餐馆里还是保留了一些招牌菜，比如源自巴勒斯坦沙漠的kunafeh，这道菜将煮过的桃子盛在一团小麦片里。

饮品和夜生活

伯利恒的餐厅基本都能喝酒，这里甚至还有一些酒吧，不过大部分都位于老城的下坡处，天黑以后就关门了。

★ Rewined 酒吧

（⏲周四至周日 19:00至深夜）从老城出发，下坡走15分钟即可抵达这家超级时尚的酒吧。它提供各式各样的本地啤酒和红酒，另外还有鸡尾酒和水烟，可俯瞰马槽广场的平台上设有长沙发，本地人多半都选择窝在上面放松。

Star Bucks 咖啡馆

（Manger Sq；⏲8:00~23:00）和拉马拉那

家著名的“山寨版”星巴克没有任何关系。伯利恒的Star Bucks是个卖咖啡的小亭子，视野很好，从这里可以越过马槽广场看到主诞教堂。店内的frappachinos在炎热的午后如同天赐之物。

实用信息

和平中心（02-276-6677；周一至周四和周六8:00~15:00；）这个信息咨询处分发城市地图，并提供关于住宿和交通的有用建议。它还常常举办艺术展和摄影展。

到达和离开

231路长途汽车从耶路撒冷开往伯利恒（30分钟），6:00~21:00（冬季至18:30）每15分钟1班，从大马士革门汽车站发车，途经Beit Jala。

或者在耶路撒冷乘坐234路汽车去往伯利恒主检查站（300检查站），从那里乘出租车去伯利恒（20NIS）。

从伯利恒到周边景点的最好方式是乘出租车。出租车司机会提出以固定价格（标准价格大约是每小时50NIS，不过你还需要讲价）送你到多个景点游览。这样其实相当划算，特别适合几人成行的小团体。许多司机英语讲得不错，可以回答你提出的问题。司机们通常都聚集在300号检查站、马槽广场或者是开往耶路撒冷的231路长途汽车的车站外。

此外，从长途汽车总站有机会拼车去杰里科和希伯伦。

拉马拉（Ramallah）

رام الله　　רמאללה

02/人口：65,000

在一个城市历史动辄需要以千年来衡量的地区，在19世纪末还只是个小村庄的拉马拉就如同尚在襁褓中的新生儿。但这个巴勒斯坦的实际首都将失去的时间弥补了回来：现如今它已经变成了一个生机勃勃的繁华大都市，同时也是约旦河西岸的政治和经济中心。

尽管拉马拉缺少希伯伦或纳布卢斯的宗教狂热，但装饰着每一面墙的旗帜和涂鸦让你清楚地知道自己身在何处。拉马拉也不是只有政治。从有标志性四只狮子的阿尔-马纳拉广场（Al Manara Sq）延伸出去的主街道上，小商店、咖啡馆和餐馆沿街分布，是闲逛的好去处，而附近的Al Masyoun则是拉马拉享有盛誉——也有人认为是臭名昭彰——的夜生活的中心。

景点

多数游客对拉马拉的探索从阿尔-马纳拉广场开始，从来自耶路撒冷的长途汽车靠站的地方走一小段路即可到达。

从阿尔-马纳拉广场分出来的街道通往这个城市的其他街区。Al Raeesy St（也叫Main St）和正对面的Palestine St分别通往老城区以及街市入口，路边满是咖啡店和烤肉店。

拉马拉坐落在一座陡峭的山上，在这里可能会很容易疲惫、迷路，但当地人通常会给你指出正确的方向。出租车也相对比较便宜，市内交通费应该是10~20NIS。

★亚西尔·阿拉法特博物馆　　博物馆

（Yasser Arafat Museum; Muqata'a; Al Itha'a St; 门票 5NIS; 周二至周日10:00~18:00）已故巴勒斯坦领导人亚西尔·阿拉法特的华丽坟墓旁边，是一座以他名字命名的新博物馆。博物馆被划分为两部分，前半部分用于追溯阿拉法特的生平，同时展示他所领导的法塔赫运动以及其他巴勒斯坦派系。

对巴勒斯坦政治不感兴趣的人或许会更喜欢后半部分的展览内容，它记录了从2001年到2004年在以色列包围之下阿拉法特的晚年生活。复原的设施中包括他的卧室，那件卡其绿色的制服依然悬挂在衣橱里。

排在最后的展厅展示了各式各样的毒理学报告，报告宣称阿拉法特在2004年死于巴黎一家医院之前就已经中毒了，这足以让参观者陷入思考：即便已经身故，他依然对巴勒斯坦政坛施加着影响力。

进入博物馆的途中会路过阿拉法特的陵墓，陵墓由耶路撒冷石建成，由两位神情严肃的巴勒斯坦士兵把守，不过他们不会阻拦游客拍照。

穆卡达（Muqata）官邸是一座政府建筑，因此安保十分严格。博物馆的“工作人员”可能会尾随你，最好带上身份证件，不然

Ramallah 拉马拉

0 200 m
0 0.1 miles

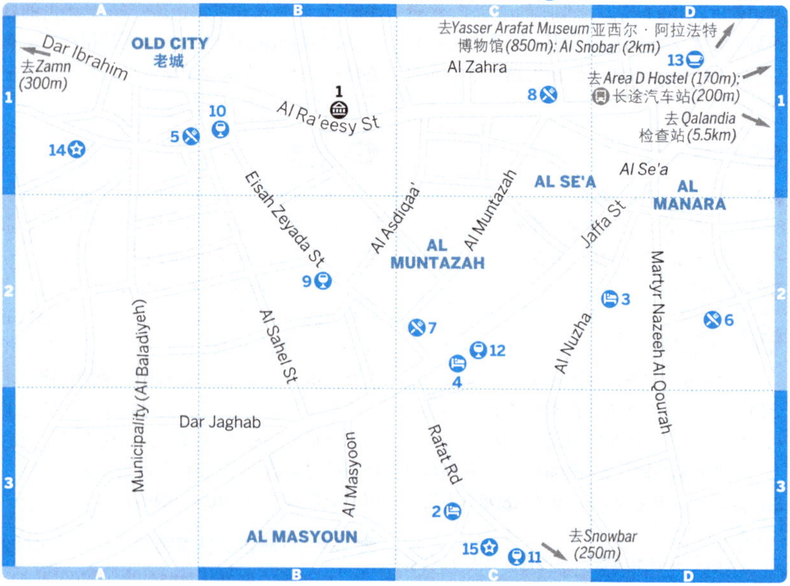

Ramallah 拉马拉

景点

1 达尔宰赫兰历史建筑 B1

住宿

2 Beauty Inn C3
3 Hostel in Ramallah D2
4 Royal Court Suites Hotel C2

就餐

5 Boaz A1
6 La Vie Cafe D2
7 Pronto Resto-Café C2
8 Rukap's Ice Cream C1

饮品和夜生活

9 Berlin Pub B2
10 La Grotta B1
11 Radio C3
12 Sangria's C2
13 Stars & Bucks D1

娱乐

14 Al Kamandjati A1
15 Khalil Sakakini Centre C3

的话不会让你进。

亚西尔·阿拉法特博物馆位于从阿尔-马纳拉到比尔泽特（Birzeit）和纳布卢斯的途中，距离阿尔-马纳拉大约1公里，从市区走很快就可到达。

达尔宰赫兰历史建筑 画廊

（Dar Zahran Heritage Building；www.darzahran.org；周一至周六 11:00~19:00）**免费** 作为拉马拉最古老的建筑之一，达尔宰赫兰在1990年进行了翻修，并被改造成了一座画廊兼博物馆。管理者现在又计划在楼上开个咖啡馆。这栋建筑修建于250年前，当时的拉马拉还是个小村庄，这里还保留着1850年拍摄的照片，同时展出了一些当代巴勒斯坦艺术作品。

纳尔逊·曼德拉广场（Nelson Mandela Square） 纪念地

游览拉马拉，如果不在那尊雄伟的纳尔逊·曼德拉雕像前来张自拍，就好像缺了点儿什么。这座6米高的雕像于2016年揭幕，它是友好城市约翰内斯堡赠送给拉马拉的礼物。

出城步行15分钟到达一个环状交叉路口，你就能看到这座一如既往举着拳头的曼德拉站立雕像。你也可以在Al Tira St坐公交车出城或搭乘出租车过来。

马哈茂德·达尔维什博物馆 博物馆

（Mahmoud Darwish Museum；☎02-295-2809；www.darwishfoundation.org；门票5NIS；⏰10:00~18:00）巴勒斯坦诗人马哈茂德·达尔维什在2008年去世以后，被埋葬在了Al Masyoun的这处山顶上，为了纪念他而修建的这座综合建筑最近才落成，这是对这位诗人的至高赞颂。博物馆本身没有出奇之处（展品包括达尔维什临终前留下的登机牌、公文包和办公桌），但花园和可环视全城的户外剧院是非常出彩的景点。

从市区坐出租车过来需要花费15~20NIS，但如果能找到一辆愿意过来的小巴，你只需花费3NIS。

住宿

拉马拉有种类繁多的住处可供选择，这里至少有两家很不错的青年旅舍、相当数量的中等条件旅馆，以及一家高档酒店，即Millennium（其前身为Mövenpick）。如果条件允许，住宿时可尽量靠近阿尔-马纳拉广场或Arafat Sq。

★Area D Hostel 青年旅舍 $

（☎056 934-9042；ramallahhostel.com；Vegetable Market St；铺/双/公寓 70/200/250NIS；P @ 📶）Area D是约旦河西岸少数具备国际标准的青年旅舍之一，也是目前游客在拉马拉的最好选择。旅舍一尘不染的宿舍和双人间拥有基本设施，共享的休息室是放松的绝好去处，在那里你可以接触到其他旅行者，或者规划旅程。

旅舍位于拉马拉合乘出租车车库的上层，对面就是长途汽车站，有车开往耶路撒冷。若要组织前往其他城市（比如希伯伦）的旅行，Area D绝对是个可靠之地，这里的工作人员可以提供大量关于在约旦河西岸周边旅行的信息。

Hostel in Ramallah 青年旅舍 $

（☎02-296-3555；www.hostelinramallah.com；Al Nuzha St；铺/标单/双 50/105/130NIS；📶）这家略显古怪的青年旅舍距离Yasser Arafat Sq仅5分钟路程，占据了一栋公寓建筑的三层楼，拥有6间宿舍以及若干单人间和双人间。工作人员由国际志愿者轮流担任。这家旅舍还拥有城里最好的屋顶平台之一。

Beauty Inn 酒店 $$

（☎02-246-4040；www.beautyinn.ps；Al Muntazah；标单/双/套 US$90/120/180；P @ 📶 ❄）这家漂亮而干净的中等价位酒店毗邻Khalil Sakakini Cultural Centre，藏在一条安静的街道上，有一个游泳池、一间健身房和挂满巴勒斯坦图片的走廊。有些房间的住宿条件会比其他房间好一些，所以在入住的时候可以要求多看几间房。

Royal Court Suites Hotel 酒店 $$

（☎02-296-4040；www.rcshotel.com；Jaffa St；标单/双 280/370NIS；@ 📶）这是个可靠的中档之选，从市中心步行下坡15分钟可达，就在Sangria's酒吧隔壁。许多房间配备厨房设施和阳台，所有房间都有Wi-Fi。可以考虑要一间靠后的房间，会安静得多。

Millennium Ramallah 酒店 $$$

（☎02-298-5888；Emil Habibi St；标单/双 US$185/200；P 📶 ❄）前身为Mövenpick（有很多出租车司机现在还这样叫）的Millennium酒店可能是拉马拉最漂亮的酒店，也是商务旅行人士的首选。它拥有巨大的房间、优秀的员工和一流的设施，包括一个健身房和一个游泳池（仅夏天开放）。9:00~18:00，游泳池允许非住店客人使用（100NIS）。

就餐

从意大利菜和墨西哥菜到日本菜，拉马拉的餐馆可谓是变化无常，它们都一视同仁地极力迎合本地人和旅游者。不过就目前而言，在拉马拉就餐最好且最廉价的方式莫过于去阿尔-马纳拉广场周边的本地餐馆吃饭。Al Muntazah街区有很多时髦的咖啡馆、酒吧和就餐地点。

Boaz 阿拉伯菜 $

（主菜 6~20NIS；⏰10:00至深夜）从老城区附近的La Grotta穿过马路，再从阿尔-马纳拉下坡即可抵达Boaz。这是一家简陋的烤串屋，屋子外面摆着几张塑料桌子，对面就是很

受欢迎的吸水烟去处。饭店主人（兼员工之一）会问你想吃羔羊肉还是鸡肉，除此之外，这里还提供辣味的moutabel（蘸茄子）、鹰嘴豆泥和阿拉伯沙拉。

Rukap's Ice Cream 冰激凌 $

（冰激凌 10~24NIS；⌚8:00至深夜）Rukap's冰激凌店在"绿线"两侧都享有盛誉，它之于拉马拉就如同库纳法（热乎乎的糖浆奶酪油酥点心）之于纳布卢斯。你可以在小圆筒冰激凌（10NIS）和大圆筒冰激凌（16NIS）之间选择，而碗装冰激凌的分量简直大到不可思议。这里既有普通的口味，也有本地人最爱的阿拉伯树胶、柠檬和什锦百果味。

★ La Vie Cafe 西餐 $$

（☎02-296-4115；Castel St；主菜 35~70NIS；⌚周六至周四 10:00至午夜，周五 16:00至午夜）这个地方藏身于一条宁静的街道里，距阿尔-马纳拉广场仅有10分钟的步行路程，拥有丰富多样的意大利面、比萨和三明治，许多食材都来自店主Saleh和Morgan的屋顶花园。到了周末，这里是极受欢迎的夜生活场所，供应一系列啤酒、葡萄酒和鸡尾酒。

虽然这家店开放早餐和午餐，但其真正营业得等到下午晚些时候。

Pronto Resto-Café 意大利菜 $$

（Al Muntazah；主菜 45~75NIS；⌚7:00~23:00）虽然这家餐厅不再是拉马拉唯一能吃到比萨的地方，但在这座大多数餐馆仅能维持一年的城市中，Pronto能从1997年开到现在，可不仅仅是依靠比萨这么简单。从鱼（在雅法捕捞）到葡萄酒（来自伯利恒），店主Bassem Khoury及其家人擅长烹饪本地食材。可以说，Pronto依然是拉马拉唯一能够品尝正宗意大利美食的地方。

饮品和夜生活

拉马拉是约旦河西岸唯一有聚会场所的地方（不过伯利恒也有几处不错的酒吧）。无论是偏爱时髦的鸡尾酒会，还是喜欢廉价的桌球酒吧，你在这里都有开怀畅饮的机会。Area D Hostel（见287页）和Hostel in Ramallah（见287页）每周都会组织串酒吧活动，时间通常定在周四（相当于约旦河西岸的周五之夜）。

★ 比尔泽特啤酒厂 啤酒厂

（Birzeit Brewery；⌚9:00~17:00）自从2015年开张以来，比尔泽特啤酒厂的牧羊人啤酒就风靡了整个约旦河西岸地区，进而改变了塔伊比赫（Taybeh）酿酒厂多年以来对巴勒斯坦啤酒市场的主导地位。比尔泽特酿酒厂由三兄弟共同经营，其运转中枢位于比尔泽特基督教村庄。游客可以在三兄弟之一的引导下进行参观，还可以悠闲地享用一品脱啤酒。此外，啤酒厂还有一个非常棒的礼品店。

★ Snowbar 酒吧

（☎02-296-5571；www.al-snowbar.com；⌚5月至10月 正午至深夜）20年来，Snowbar 一直是在拉马拉看热闹和出风头的地方。尽管作为深夜派对现场的名声早已在外，但在工作日的夜晚，这个酒吧却是休闲舒适的场所，本地人多半在放松地喝鸡尾酒和啤酒、抽水烟。从拉马拉市区打车过来需要20NIS，所有出租车司机都知道这个地方。Snowbar 酒吧还有一座游泳池（10:00~17:00），定期会举办活动和派对之夜，尤其是在周末。

★ Berlin Pub 鸡尾酒吧

（⌚17:00至深夜；📶）在拉马拉变幻莫测的夜生活场所中，Berlin Pub是最新的时尚地点。在创办这家小型鸡尾酒吧前，店主专门在德国接受了培训。店里没有用来点菜的菜单，顾客想吃什么直接说就好了。

Radio 酒吧

（⌚正午至深夜；📶）那些喜欢著名酒吧Beit Aneeseh 的拉马拉夜店达人肯定坚信，位于同一栋建筑中的Radio 酒吧正在逐步弥补自Beit Aneeseh在2014年关闭以来午夜派对场所缺失的遗憾。酒吧或花园内充斥的现场音乐、水烟和廉价啤酒，为Radio 营造出了同样颓废的氛围。酒吧入口在建筑背后，而不是正门，正门通常都会锁起来。

La Grotta 酒吧

（Old City；⌚18:00至深夜）作为一个狭小、适合打发时间的去处，靠近旧城的La Grotta酒吧由一位本地音乐家经营，是非常受欢迎的午夜消遣场所。酒吧外面摆着几张桌子，但主酒吧位于一栋传统巴勒斯坦房屋的一楼，还要是沿台阶上去。这个地方不好找——沿着Main St往下走，在车库右转。

Sangria's 酒吧

（☎02-295-6808；Jaffa St；⏲正午至深夜；📶）作为拉马拉的老牌酒吧，这里的啤酒花园是周四和周六晚上的最佳去处。墨西哥和其他各国风味的菜肴种类多样，不过你来是为了这里的饮品——大概是城里最棒的了，从当地的塔伊比赫啤酒到一系列鸡尾酒以及桑格利亚汽酒。

Stars & Bucks 咖啡馆

（Al Manara；⏲8:00至深夜）Stars & Bucks是拉马拉非常有名的一家咖啡馆，这不仅仅是因为它“借用”了美国著名连锁咖啡店“星巴克”的商标乃至整个概念，更重要的是，这是一个消遣的好去处，可以喝咖啡或不含酒精的鸡尾酒，也可以从这里俯瞰喧闹的阿尔-马纳拉广场。

☆ 娱乐

许多事情正在拉马拉发生，你需要消息灵通一些，去了解什么时间发生了什么事情。询问你的酒店、上网搜索或拿起娱乐排行杂志《本周巴勒斯坦》（*This Week Palestine*）。

Al Kamandjati 艺术中心

（☎02-297-3101；www.alkamandjati.com；Old City）这座面积不大的音乐学校以前卫时髦的铜制入口通道的古老拱门为特色，这里经常举办私人音乐会和独奏会。除了正式的官方演出外，Al Kamandjati很少有其他活动，因此去之前要上网站看一下演出安排。

Khalil Sakakini Centre 文化中心

（☎02-298-7374；www.sakakini.org；Al-Muntazah）举办本地和国际著名艺术家的展览，还有其他各种文化活动。登录网站查看最新活动。

ℹ 到达和离开

在东耶路撒冷的旧阿拉伯汽车站乘218路或219路长途汽车可以前往拉马拉（30分钟）。

一般来说，长途汽车越小，旅途所需的时间越短。往来拉马拉的长途汽车夏天从6:00运营到21:30或22:00，冬天到19:00，之后你可以从拉马拉搭乘合乘出租车到Qalandia，然后打车去耶路撒冷，反过来也是一样的。

在去约旦河西岸的路上你不需要下车，但是在离开的时候，所有乘客都需要下车并接受机场式的安检。拿出你的护照和以色列签证，准备出示给防弹玻璃后的士兵。另外，一旦你抵达了检查站的另一边，拿着你的车票给司机看一下。

拉马拉的汽车站距离阿尔-马纳拉广场仅5分钟路程，步行至服务车库只需要2分钟，那里有共享出租车可以前往约旦河西岸的各个地方。

拉马拉位于约旦河西岸的中心，有很多公共汽车前往北边的纳布卢斯和杰宁以及南边的杰里科，这些优越条件让它成了旅行者们最好的休整大本营。

ℹ 当地交通

乘坐私人出租车可以在10分钟左右到拉马拉的任何一个地方，费用为15~20NIS，但在出发前要跟司机商定好价格。

白天去往周边地区更便宜的方法是乘坐合乘出租车。你可以在街上招停，然后报上自己想去的目的地。大多数司机只收3NIS就能把你送到阿尔-马纳拉。

塔伊比赫（Taybeh）

الطيبة טייבה

☎02/人口：1400

塔伊比赫距离拉马拉约15公里，位于一个偏远的小山坡上，它原本只是约旦河西岸一座普通的村庄，直到本地青年Nadim Khoury从美国大学学成归来决定开始酿造啤酒之后，这里才慢慢变了样。

现如今，塔伊比赫俨然成了啤酒王国，这里出产的啤酒不仅行销整个约旦河西岸（甚至越过“绿线”不断销往以色列），也远销至德国、瑞典和美国。

塔伊比赫一年一度的啤酒节（Oktoberfest）吸引了数以千计的本地人、移民和游客前来，Khoury一家人希望通过新建的酿酒厂和酒店，鼓励参观者在村子里多待些时日，据传这里是耶稣在生命的最后时刻和门徒所待的地方。

塔伊比赫有很多有趣的教堂和小礼拜堂，还有迷人的拜占庭时期的遗迹。你可以从拉马拉Area D Hostel下面的合乘出租车停车场拼车前往。

景点

塔伊比赫酒庄

酒庄

（Taybeh Winery；☎02-289-9440；www.taybehwinery.com；100 Main St；⏲8:00~16:00；P）从2013年开始，塔伊比赫酒庄创始人Nadim Khoury的儿子Canaan在这座位于Taybeh Golden Hotel下方的现代化工厂里酿造葡萄酒，如今酒庄生产五种葡萄酒（三种红葡萄酒和两种白葡萄酒）。客人们在这里可以体验葡萄酒之旅，选择品尝三种（50NIS）或五种（80NIS）葡萄酒，包括食物。最好提前通过电子邮件沟通。

团队游

★塔伊比赫酿造公司

酿酒厂

（Taybeh Brewing Company；☎02-289-8868；www.taybehbeer.net；⏲8:00~16:00）免费作为约旦河西岸旅游路线上的必经之处，塔伊比赫酿造公司提供免费的日间游览福利，通常由酿造大师Madees Khoury本人亲自担当导游。参观者可以仔细观察啤酒的酿造过程，偶尔还能看到装瓶过程，同时了解这座小小的基督教村庄是如何一步步地将啤酒销往约旦河西岸、以色列以及世界其他国家。

1994年由Madees的父亲Nadim Khoury创建的这座啤酒厂，现在已经可以生产六种啤酒，除了比尔森、琥珀和黑啤外，公司还计划生产一款备受期待的印度淡色艾尔啤酒。

住宿

Taybeh Golden Hotel

酒店 $$

（☎02-289-9440；www.taybehgoldenhotel.com；100 Main St；标双/套 US$110/160；P@📶）位于塔伊比赫酒庄的下方，Taybeh Golden Hotel是一座家族经营的超现代化酒店，从村庄中心步行仅需几分钟时间。从客房中可尽览周围山峰和橄榄林的壮美景色。酒店修建于2015年，设有两家餐厅和80间客房，主要为双人间和套房。

到达和离开

前往塔伊比赫的合乘出租车从拉马拉的Area D Hostel下面多层停车场的2楼直接出发，其正对面便是往来于耶路撒冷的长途汽车停靠的站点。

回去的时候，你可以在塔伊比赫的Main St招停一辆合乘出租车去往拉马拉。如果你想回耶路撒冷，也可以去Qalandia检查站。

杰里科（Jericho）

اريحا　　יריחו

☎02/人口：20,300

无论是围绕着古老的遗迹漫步，还是欣赏朱迪亚山中凿出的宏伟修道院，我们无不感受到杰里科的历史感，当局自豪地为杰里科冠以"世界上连续有人居住的最古老的城市之一"的名头。

这绝不是夸大其词——考古学证据表明，这里定居点的历史超过了1万年，杰里科千年来所经受的帝国征战余烬在城市中随处可见。

杰里科或许已经开始了现代化进程，但小规模农耕依然是众多当地居民的生存方式，城市也显得有些破旧和脏乱。但是棕榈树、椰枣种植园和笑脸相迎的态度，让许多游客觉得这里与约旦河西岸的其他地方全然不同，他们会因此在这里好好休整一两天。

历史

杰里科有人定居的历史可追溯到公元前1万年。那时，在某年的春季前后，成群的狩猎采集者来到这里并安顿下来。他们建起了泥砖建筑，到了公元前9400年，据说大约有1000人居住在这里。

精通《圣经》的人认为，杰里科是古以色列人在沙漠中漂泊40年后占领的首座城市，传说古以色列人围绕杰里科城吹喇叭、呐喊，城墙受到撼动而轰然倒塌（《约书亚记》 6）。公元前4世纪，亚历山大大帝征服了这片地区，随后杰里科成为亚历山大大帝的私人封地。

后来，一波又一波的占领者来了又走，直到杰里科落入马克·安东尼（Mark Antony）手中。安东尼又把杰里科作为结婚礼物送给了克里奥佩特拉（Cleopatra）。之后，希律王从克里奥佩特拉那里租下了杰里科，建设了

高架渠和赛马场以改善杰里科的基础设施。1世纪，耶路撒冷的贵族将杰里科用作冬天的隐居地。

基督教徒赞颂杰里科，认为这里是施洗约翰（John the Baptist）本人在约旦河接受洗礼的地方，也是耶稣在山上接受试探的地方。

1993年“奥斯陆协议”签订之后，杰里科成为首个被移交给巴勒斯坦自治政府的城市。

景点

杰里科古城　　遗迹

（Tel Al Sultan, Ancient Jericho；成人/学生/儿童 10/7/5NIS；⏲8:00~17:00）在杰里科古城的土丘和遗迹之间漫步，历史的沧桑清晰可感，这里出土的民居和堡垒遗迹可追溯至大约1万年前。你会看到沙丘般的遗迹和一些阶梯（全世界已知最古老的阶梯），在建筑下面，一层层累积下来的文明甚至可以追溯到更久远的迷雾般的历史中。

一座圆塔的残迹表明，杰里科可能是世界上第一个设防的城市。人们认为圆塔可追溯至公元前8000年。据说，这座圆塔曾成功抵抗住了7次地震。

尽管杰里科古城的大部分遗迹尚未重见天日，这里仍是游览这个城市必不可少的一站。遍及景点的指示牌都对已发现的遗迹做了详细说明。

试探山和四十修道院　　宗教遗迹

（Mount of Temptation & Monastery of the Qurantul；⏲周一至周五 8:00~16:00，周六和周日 8:00~14:00）免费 杰里科——甚至可以说是整个约旦河西岸——最令人印象深刻的景点之一便是四十修道院，其建筑所在的位置正是《圣经》上所说的耶稣在沙漠中斋戒40天后抵挡撒旦诱惑的地方。

这座修道院是不可思议的工程奇迹，它嵌在岩壁上，俯瞰着死海和对面约旦的美丽风景。

修道院的开放时间没有规律，但就像巴勒斯坦的所有旅游景点一样，最好早点儿去，或者最晚在日落前两三个小时到。需要注意的是，如果看门人去给大旅行团做导游的话，他可能会把门锁上，所以如果你发现没有开门，就等一会儿。

缆车就停在修道院外，而在酷热的中午，即使爬一小段台阶到前门也会很辛苦。卖果汁的小贩和两三家餐厅提供了歇脚的好地方。

★希沙姆宫　　遗迹

（Hisham' s Palace；Khirbet Al Mafjar；门票 10NIS；⏲8:00~18:00）希沙姆宫是一个不容错过的地方，从杰里科古城驾车向北走一小段路即可抵达。这座哈里发希沙姆·伊本·阿卜杜勒·马立克（Caliph Hisham Ibn Abd al Malik）用于冬季狩猎休息的宫殿建成于8世纪，当时一定非常宏伟，有浴室、马赛克镶嵌画地板和柱子，考古学家甚至称之为“中东凡尔赛宫”。然而它注定不能持久——它在建成之后不久就毁于一场地震。

看门人会把你带到一个电影院观看时长20分钟的录像。影片讲述了希沙姆宫的历史，为你在遗迹周围漫步和观赏时提供了所需的知识。最精彩的部分当属浴场活动室中的一幅镶嵌图案——“生命之树”。令人惊讶的是，图案保存得完好无损。树的一侧有两只鹿在安静地吃草，另一侧则描绘了一只鹿被一只狮子攻击的情景。对这幅图案的解读众说纷纭，有人说它象征善与恶之间的挣扎，有人说它象征和平与战争，也有人说它象征治国有方和治国无方。

俄罗斯博物馆和撒该树　　博物馆

（Russian Museum & Tree of Zacchaeus；成人/儿童 20/10NIS；⏲9:00~17:00）距离城中心仅几步之遥的俄罗斯博物馆，记录了圣地上俄罗斯东正教堂的历史，还收藏着有趣的考古发现，包括一幅令人印象深刻的壁画、钱币和宗教文物。博物馆的花园里种着撒该树，这棵树据说已经有2000多年的历史了，《圣经》中都曾提及过。

这则故事说的是，一位名叫撒该的富有收税者个头太矮，在人群中看不到耶稣，于是爬上了这棵树以便看得更清楚。看到这一幕的耶稣便问这位收税者自己能否到他家做客，撒该被耶稣的态度感动，决定将毕生奉献给善行。

不想参观俄罗斯博物馆但仍想一睹圣树风采的游客，可以从稍远一些的Ein Al Sultan St过来，只是要翻过围栏。

犹太人城堡 宗教遗迹

（Qasr Al Yahud; ⌚9:00~16:00）**免费**犹太人城堡位于约旦和约旦河西岸边境，是约旦河上一处孤立的地方，据说耶稣就是在这里接受了约翰的洗礼，从此开始了他的宗教生涯。据说约翰选择此处是因为这里是当时商贩和士兵往来的重要路口，但今天的情况已完全不同。进出的道路上有一个负责守卫的以色列检查站，需要穿过雷区才能抵达停车场，再从那里走一小段路到达约旦河边。

在河边，你会看到许多朝圣者，大多身穿白色T恤或罩衫，轮流走进水里。在以色列一侧，网箱区域的边缘标志着边界，同时也防止过于激动的朝圣者涉水进入约旦。

几米开外的地方，全副武装的约旦士兵懒懒地靠在长凳上，面朝着对面的以色列士兵。

无论你是不是教徒，这里都是个美丽而迷人的地方，已经全部重新整修过，有多间更衣室、一家礼品店、一个食品饮料零售店和一些供游客休息观光的阴凉区域。

先知穆萨清真寺 清真寺

（Nabi Musa; ⌚8:00至日落）**免费**先知穆萨清真寺位于死海以北约10公里处，穆斯林相信穆萨（阿拉伯语为Musa，希伯来语为Moshe）安葬于此。1269年，马穆鲁克苏丹拜伯尔（Sultan Baybar）下令在此遗址上修建了一座清真寺（两个世纪后进行了扩建），从耶路撒冷出发前往先知穆萨清真寺的朝圣活动每年都会举办，时间持续一周——这一传统一直延续至今。

圣乔治修道院 修道院

（St George's Monastery; ⌚9:00~13:00）**免费**壮观的圣乔治修道院是瓦迪凯尔特的必看景点，它于5世纪在悬崖上修建。主教堂里的绘画很值得欣赏，在有机玻璃屏幕下方还可以看到部分最早的镶嵌地板。楼上还有一间美丽的洞穴小教堂。

从停车场要艰难地跋涉10分钟才能抵达修道院，一路上租驴的商贩会不停地骚扰你。

修道院里可以饮水。沿途设有三口主泉眼（Ein Qelt、Ein Farah和Ein Fawwar）的指示牌。

同杰里科城里以及周边众多景点一样，去圣乔治修道院参观的唯一途径便是乘坐出租车（通常在伯利恒安排），自驾当然更为理想，从耶路撒冷开车很轻松就能抵达。

好撒玛利亚人客栈 历史遗迹

（Inn of the Good Samaritan; 成人/儿童22/10NIS; ⌚8:00~17:00）这处遗迹坐落在从耶路撒冷前往杰里科的主路边，它与《圣经》中那个很受欢迎的关于好人撒玛利亚的故事有关。寓言中，一位撒玛利亚人停下脚步，帮助一位患病的旅行者包扎伤口，并把他送到了附近的一个客栈里。

考古学家们在此地发掘出了希律王时期的宫殿，以及拜占庭帝国时期的一座教堂和修建于十字军时期的一处旅舍。这处遗迹定位合理，参观起来颇为有趣，门票费用中包含了音频导览。

活动

杰里科缆车 缆车

（Jericho Cable Car; www.jericho-cablecar.com; 60NIS; ⌚周一至周四 8:00~19:00，周五 8:00~22:00）这种产自瑞士、往返于杰里科古城和试探山（Mount of Temptation）之间的红色缆车在杰里科随处可见。它们看上去有些过时，但乘坐一趟缆车仅需20分钟就可以观赏这座城市以及市郊的农场，也不失为一种好办法。即使是旅游淡季，这种缆车也常常准时出发。

住宿

★ Sami Youth Hostel 客栈 $

（☎02-232-4220; eyad_alalem@live.com; 房间 120~150NIS; 📶）作为约旦河西岸最好的廉价住处之一，Sami Youth Hostel深藏于杰里科城郊的难民营里，装修风格奇异的两层楼里有12间干净且安静的客房。可以说，这家客栈最棒的地方就在于店主Sami，他可以说流利的英语，对待客人就如同对待家人一样热情。

从Hwy 90进入杰里科，在第一个环形交叉路口左拐，然后继续直行，客栈会出现在你的右手边。如果还找不到的话，可以问问当地人"Hotel Sami"在哪儿，他们会为你指路。

Oasis Hotel 酒店 $$$

（02-231-1200；www.oasis-jericho.ps；单450~550NIS，双550~650NIS；）前身为Intercontinental（在酒店建筑的侧面还能看到原来的标志）的Oasis Hotel较为昂贵，但其干净而现代化的客房、乐于助人的员工以及两处游泳池，都使得这里成了备受欢迎的高端住宿选择。酒店坐落在从耶路撒冷前往杰里科的路边，这样的地理位置让它不仅是游览杰里科的枢纽中心，同时也是前往死海以及更远景点的休整大本营。

就餐

杰里科中央广场周围的路上满是烤肉摊、炸豆泥三明治摊和小咖啡馆。一串烤肉或一个三明治一般不会超过10NIS，环状交叉路口的中心公园很适合闲坐、吃东西和看当地人打牌、抽水烟。

★ Abu Omar 中东菜 $

（Ein Al Sultan St；主菜 20~50NIS；6:00至午夜）这家本地人最喜爱的餐厅毗邻主广场，它会不定期供应约旦河最好的烤鸡。虽然堂食的费用是外卖的两倍，但占一张桌子慢慢享用美食也非常划得来。

Al Essawe 中东菜 $

（Main Sq；主菜15~45NIS；6:00~23:00）Al Essawe可爱的3楼露台位于俯瞰杰里科主广场的一个街角，是个观看大千世界的好地方。店主会说英语，餐厅供应常见的阿拉伯菜、烤肉串、炸豆泥三明治和拼盘。别错过店里新鲜的柠檬水。

实用信息

旅游信息中心（Tourist Information Centre；02-231-2607；Main Sq；8:00~17:00；）独自旅行者不可或缺的第一站。这个位于城市主广场的办事处显得颇为精致，工作人员会说地道的英语，能提供大量关于景点和交通的信息。中心可负责安排旅游、推荐酒店，以及帮助游客计划在杰里科的行程。

到达和当地交通

从耶路撒冷到杰里科的合乘出租车从Abu Dis检查站出发（12NIS），但不太好搭，游客们通常更倾向于从拉马拉（18NIS）或伯利恒（21NIS）过来。

你也可以选择在伯利恒或拉马拉包辆出租车，去杰里科及周边玩上一整天。大多数司机一天的收费至少为200~250NIS。如果在耶路撒冷包出租车，价格甚至会翻番。

离开了市中心，杰里科就成了一个不是特别适宜步行的城市：灰尘很大且潮湿，很多景点都位于城市的另一侧。虽然合乘出租车（约3NIS）可以去很多景点，但如果能搭上一位本地司机，价钱会谈得又快又好（每小时20~30NIS的价格算公道）。

即便只在杰里科游览一天，也别忘了带护照，出城以后的路上有好几处以色列的检查站。

希伯伦（Hebron）

الخليل חברון

02/人口：183,000

希伯伦被认为是亚伯拉罕（穆斯林称之为易卜拉欣）、他的儿子和儿媳最后的安息之所，因此在基督教、犹太教和伊斯兰教这三大宗教信仰中，这里都显得无比重要。

然而令人遗憾的是，共同的信仰主线对改善希伯伦穆斯林与犹太人之间的关系却作用不大，这座城市在宗教暴力中被再三破坏。

如今，希伯伦在整个约旦河西岸都显得独树一帜：以色列定居者大都生活在城市的中心区域而非城郊，几米之外便是巴勒斯坦人的家园、爆炸后留下的残垣断壁、带刺的铁丝网，以及数千名荷枪实弹的以色列士兵。

希伯伦自古以来就以皮革、吹制玻璃和工匠制作的手绘陶器而闻名。

大多数来希伯伦的游客都是跟团，但如果你想自己探索，从伯利恒过来短途旅游，也不是什么难事。

历史

据希伯来圣经记载，希伯伦建于公元前

1730年左右，它在《圣经》中的名称“Kiryat Arba”意为“四村”，可能指的是它所处的位置——四个迦南部落曾定居的四座山上。

20世纪之前的几百年中，希伯伦曾有一个小规模的犹太社区。但到了1929年，阿拉伯民族主义者攻击了城中的犹太人（全部为非犹太复国主义的极端正统派），导致67人遇害。剩余的犹太人逃离了那里。

1967年之后，正统派犹太教徒重返希伯伦。如今，希伯伦的一个显著特征便是城镇中心有以色列士兵守卫着犹太人聚居地，这些居民算得上是约旦河西岸最强硬的定居者。市郊目前居住着超过7000名犹太人，是最近建立的定居点。

1994年的穆斯林斋月和犹太节日普林节期间，出生于布鲁克林的内科医生巴鲁·古斯汀（Baruch Goldstein）向正在易卜拉欣清真寺（Ibrahimi Mosque）内祈祷的巴勒斯坦人开枪，致29人死亡、200人受伤。持温和观点的定居者认为古斯汀是个冷血的凶手。然而，极端主义犹太定居者一向将当地巴勒斯坦人视为闯入以色列土地的外来者，因此将古斯汀奉为英雄。至今，古斯汀墓地的朝拜者仍络绎不绝。

希伯伦的许多街道都设有路障，严禁巴勒斯坦人通过，市场里很多商铺的门早在20世纪90年代就被焊死了，导致了城里古老的街区如同鬼镇一般。

在老城看到以色列巡逻军队已经是司空见惯了，扔石头的巴勒斯坦青年同军人之间也会不定期发生冲突，尤其是在周五。

2017年，联合国教科文组织将希伯伦老城以及易卜拉欣清真寺兼列祖之墓列为巴勒斯坦世界遗产地，并登上了“濒危”名录。这一做法激起了以色列方面的怒火，他们认为联合国此举等于是否认了犹太人与这座城市之间的悠久联系。

景点

对大多数游客来说，希伯伦有三个主要组成部分。第一个是Ras Al Jora（Jerusalem Sq），位于从伯利恒延伸而来的Hebron Rd（也被称为Shari'a Al Quds）上。这片区域是商业中心，有大量餐馆以及玻璃、陶瓷作坊。

Hebron Rd往南约3公里，就到了Ein Sarah St，它一直通向阿尔-马纳拉广场（恰好位于交叉口）。从阿尔-马纳拉广场右转后走大约200米，可到达长途汽车站；从阿尔-马纳拉广场左转后步行10分钟，可到达Bab Al Zawieh，从那里可以进入旧城市集，再继续走就到了易卜拉欣清真寺。

犹太人控制的区域位于旧城以南，在高墙和铁丝网的另一边。你可以很容易地从易卜拉欣清真寺/列祖之墓走过去，也可以通过阿尔-马纳拉广场的检查站到达。在通过阿拉伯区域和犹太区域之间的检查站时，要把护照放在方便拿取的地方。

旧城

旧城的马穆鲁克风格建筑为奥斯曼帝国时期修建，美得令人惊叹，但往往摇摇欲坠。其中包括一座市集，但由于和犹太定居者的摩擦，商人们已经搬到了一处室外区域。

步行穿过城区时要注意，狭窄的街道上方悬挂着网罩，目的是接住从楼上窗口（定居者的家）向下方巴勒斯坦店铺扔出的垃圾。

你还可以透过带刺铁丝网窥视希伯伦的黄金露天市场——从前在整个地区远近闻名，而如今已完全禁止进入。

易卜拉欣清真寺/列祖之墓 清真寺、犹太会堂

（Ibrahimi Mosque/Tomb of the Patriarchs; ⏲周日至周四 8:00~16:00，祈祷时间除外）多数来希伯伦的游客关注的焦点都是列祖之墓[麦比拉洞穴（Cave of Machpelah）]，穆斯林称这里为易卜拉欣清真寺（易卜拉欣是亚伯拉罕的穆斯林名字）。这里是穆斯林和犹太人共同的圣地——需要注意的是，这里的安全措施很严格，而且两种宗教的信徒要在相互独立的区域祷告。从旧城过来时，你必须得穿过一个以色列检查站，并出示自己的护照。

寺内的衣冠冢看上去很像是经过装饰的帐篷，多为马穆鲁克时期建造，都是为了纪念祖先亚伯拉罕、以撒、雅各以及他们的妻子。但犹太人和穆斯林都坚信，下方的洞穴才是易卜拉欣最终为其家人选定的安息之所。

你可以透过清真寺角落里的金属格栅看到洞穴里面。当你走进房间看到易卜拉欣衣冠冢时，注意门边一块小小的凹陷处有一个

脚印。穆斯林认为这是穆罕默德的脚印，而犹太人相信这是亚当留下来的。

这一建筑群由希律王建造（墙脚的石头是希律时代的），后来在6世纪又经过了拜占庭帝国的改造——增加了一座基督教堂，旁边还建了一座犹太会堂。接下来的一个世纪内，当阿拉伯人征服这片区域时，基督教堂被改造成了清真寺，但犹太会堂完好无损地保留了下来。十字军离开后，马穆鲁克人建了另外一座清真寺。

进入清真寺以后，你会被要求脱去鞋子，女性会拿到遮盖头发的头巾。进入犹太会堂时，男性需要戴上无檐便帽，女性要用一条围巾盖住肩膀。

城郊

希伯伦玻璃和陶瓷工厂 工坊

（Hebron Glass and Ceramics Factory; Natsheh Brothers; ☎02-222-8502; hebronglass@yahoo.com; Ras Al Jora; ⏲8:00~18:00，周五早晨关门）**免费**这座位于希伯伦城郊的工厂建在从北边进城的主路上，由Natsheh家族经营了350年。参观者可以观看玻璃工匠在窑中烧制和吹制酒杯以及装饰彩瓶的过程，还能在附属的商店购买便宜的纪念品，其价格只相当于在伯利恒和耶路撒冷购买的零头。

住宿

留在希伯伦过夜的游客寥寥无几，不仅是因为这里安全形势差，也因为从伯利恒到希伯伦当天就能往返。如果你对家庭寄宿感兴趣，一定要提前安排，可通过你在伯利恒、拉马拉或耶路撒冷的旅行社或酒店进行联系，也可联系希伯伦-法国文化交流协会（Association d'Échanges Culturels Hebron-France; www.hebron-france.org）之类的机构。

就餐

Abu Salah 中东菜 $

（Bab e-Zawi; 主菜 10~35NIS; ⏲7:00~22:00）这家生意繁忙的餐厅坐落在希伯伦旧城边缘，是享用沙威玛（shawarma）的最佳去处之一。店里有一些椅子，当地人喜欢坐在上面大嚼鸡肉或羊肉皮塔饼。

犹太人定居点

以色列人在巴勒斯坦建立的聚居区通常被称为“定居点”。目前，大约有35万以色列定居者居住在约旦河西岸的100多个定居点中，还有数十万犹太人居住在1967年由以色列占领的耶路撒冷部分地区。

定居点规模不一，有的在偏僻山顶上的一批大篷车里，有的在大型城区，如耶路撒冷附近的Ma'ale Adumim居住着数万名以色列人，目前已成为耶路撒冷实际上的市郊。根据定居者的说法，他们有各种理由生活在约旦河西岸，最常见的理由是这里的居住价格比以色列便宜，而且从宗教方面来说，他们是在实现《圣经》的预言，遵从上帝的意志。

在大多数对国际法的解释中，将平民转移到军事占领的土地上都是不被允许的，因此位于约旦河西岸以及东耶路撒冷的所有以色列定居点都是非法的。以色列右翼势力对国际法的这种解释表示不赞同。反对以色列定居点的重要理由是它们常常侵占巴勒斯坦人的私有土地（相对国有土地而言），从周边的巴勒斯坦城镇和村庄截走珍贵的水资源，而且最重要的是，它们使得约旦河西岸的领土碎片化，难以建立一个完整连续、可以维持的巴勒斯坦国家。

美国和欧盟已经宣称定居点是和平的阻碍，但以色列总理本雅明·内塔尼亚胡（Benjamin Netanyahu）的右翼联合政府仍然继续在约旦河西岸的定居点和东耶路撒冷建造房屋。

要想了解更多信息，可以访问巴勒斯坦非政府组织Al Haq（http://alhaq.mits.ps）或以色列左翼组织B'Tselem（www.btselem.org）的网站。想要了解定居者的视角，伯利恒附近的Gush Etzion以色列定居点有一个游客中心兼博物馆（www.gush-etzion.org.il）。

到达和离开

从耶路撒冷去希伯伦，最好的方式是搭乘合乘出租车，经由伯利恒到达。每天5:00~18:00，在希伯伦的长途汽车站或许能搭到前往杰里科、伯利恒或拉马拉的合乘出租车。司机要等到满员以后才会出发。

从耶路撒冷中央长途汽车站乘坐Egged公司运营的160路长途汽车可以刚好到达易卜拉欣清真寺/列祖之墓旁边，你可以从那里直接进入希伯伦的阿拉伯人居住区。

当下游览希伯伦的最佳方式便是加入由伯利恒、耶路撒冷或拉马拉的旅行社和酒店介绍的团队游，很多店家都会带团入城，每周至少两次。特别推荐由拉马拉的**Area D Hostel**（见287页）组织的团队游。

纳布卢斯（Nablus）

نابلس　　　　שכם

09/人口：126,000

由于地处连接大马士革和耶路撒冷的一条重要贸易路线上，纳布卢斯早在古罗马时代之前就一直有人居住。这是一座坐落于山谷中的现代化城市，其土地之下铺满了累积千年的战利品和荣光。

纳布卢斯（希伯来语为Shechem）位于基利心山（Mt Gerizim）和以巴路山（Mt Ebal）之间，这里自古以来一直是橄榄油、棉花和角豆的重要出口地，如今则以香皂厂、橄榄木雕和库纳法闻名，库纳法是一种享誉整个中东的糖浆奶酪点心。

今天的纳布卢斯是座熙熙攘攘、令人兴奋并充满活力的国际都市，其旧城可与耶路撒冷的旧城媲美，而且还没有旅行团堵塞狭窄的街巷。这座城市也是巴勒斯坦激进主义的温床，其中心广场上常常挂满国旗、标语和海报，海报上印着过去十多年里在与以色列的斗争中牺牲的殉道者。

历史

公元前10世纪，以色列的12个支派分裂为两个敌对的王国，Shechem曾短暂地作为北方国家——也就是最终消失于历史中的那10个支派——的首都。

公元70年，罗马人摧毁了Shechem，建立了新城（Flavia Neapolis），之后阿拉伯人将城名念成“纳布卢斯”。希腊-罗马的宗教崇拜得以发展，但在636年阿拉伯势力征服该城后被清除。基督教神殿被改建为清真寺，纳布卢斯慢慢形成如今的样子。旧城历史可以追溯到奥斯曼帝国时期，尽管现在仍然可以找到远至罗马占领时期的历史遗迹。

约旦河西岸最强硬的一些以色列定居者生活在纳布卢斯周围的定居点中。在附近的山顶，你可以看到Bracha、Itamar、Yitzhar和Elon Moreh，通常这些名字出现在新闻中都是因为当地犹太极端分子与巴勒斯坦人或以色列士兵发生了冲突。

景点

旧城（或称Casbah）是前往纳布卢斯的游客的焦点，在那里你会找到奥斯曼时代兔窝式的商店、小摊和酥皮糕点铺子、装在麻袋里的香料和堆成小山的蔬菜。在喧闹声中，你会看到许多令人沉思的清真寺，包括修建在之前十字军教堂以及拜占庭和罗马天主教堂原址上的凯比尔清真寺（Al Kebir Mosque；7:00~22:00，祈祷时间除外）。

想了解活动和景点的更多信息，请登录www.nablusguide.com。

Touqan香皂厂　　工厂

（Touqan Soap Factory；Martyrs Sq；周六至周四 6:00~15:00）免费 纳布卢斯有很多向旅游者开放的香皂厂，Touqan便是其中之一，它创办于1872年，从那时起厂里的制皂技术就没有太大的改变。你可以花7NIS买块香皂，参观是免费的。

游客在一楼可以看到香皂液被放在冒着蒸汽的大石桶中混合，然后铺在楼上的地板上，赤脚的工人拿着长柄的金属镰刀将其切成块状。在隔壁的房间里，工人们将香皂堆成人那么高，然后进行手工包裹，这些工人每小时可包装完1000块香皂，简直不可思议。

巴拉他丘考古公园　　遗迹

（Tell Balata Archaeological Park；成人/学生/儿童 10/7/5NIS；周日至周四 8:00~17:00，周五和周六 8:00~10:00）巴拉他丘的遗迹被认为是

Nablus 纳布卢斯

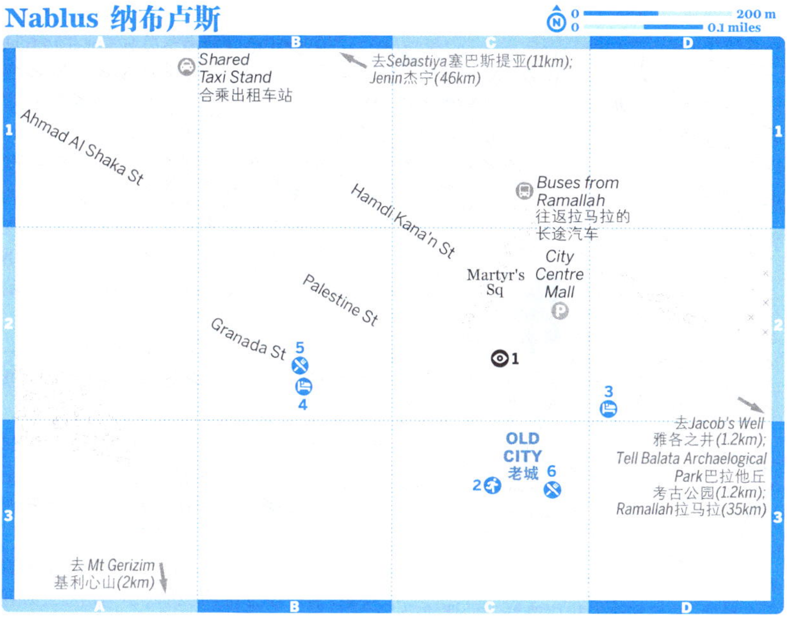

纳布卢斯的第一个定居点，即Shechem的迦南城（Canaanite），其历史可追溯至公元前1世纪和2世纪。Shechem位于基利心山和以巴路山之间的一个山谷里，面向一条小溪。巴拉他丘靠近雅各之井，因为一些有趣的遗迹和一个小巧而精美的**博物馆**而自豪。

这座考古公园的历史不长，一直在联合国教科文组织的支持下进行开发。因此，园内的遗迹依然在发掘之中。到目前为止，最令人印象深刻的当属一座堡垒神殿的遗址，考古学家认为它曾是公共的宗教场所。游客也可以绕行遗址边缘的一条小路参观旧城的城墙。

从拉马拉过来的路上清楚地标示着巴拉他丘，但这里多半呈废弃状态。从好的方面说，这意味着你可以随意游览；从坏的方面看，这里缺乏管理，你只有用力捶打博物馆的大门（这里值得参观），叫醒睡眼惺忪的看门人，才能进来参观。

Nablus 纳布卢斯

景点
1 Touqan香皂厂 C2

活动、课程和团队游
2 Hammam Al Shifa C3

住宿
3 Al Yasmeen Hotel D2
4 Khan Al Wakalah B2

就餐
5 Al Aqqad B2
6 Al Aqsa C3
Zeit ou Zaatar ...... （见3）

雅各之井　　教堂

（Jacob's Well；接受捐赠；⏲8:00至正午和14:00~16:00）雅各之井在约旦河西岸最大的难民营巴拉塔（Balata）入口附近。基督徒相信，一位撒玛利亚妇女在这里给了耶稣一口水喝，然后耶稣向她揭示了自己的弥赛亚身份（《约翰福音》4:13-14）。529年，撒玛利亚人的叛乱摧毁了一座拜占庭教堂，取而代之的是一座十字军教堂，但它又在中世纪变成了一片废墟。如今的这座撒玛利亚圣福蒂娜教堂（St Photina the Samaritan）是19世纪60年代由希腊正教主教修建的。

教堂庭院是个非常漂亮的地方，礼拜堂坐落在繁茂、安静的花园中，花园里有许多来自附近的猫。沿着靠近神坛的台阶往下走可以看到井。

东南300米处是约瑟墓（Joseph's Tomb），这个地方最近几年一直是摩擦冲突的源头，冲突双方是在（与巴勒斯坦合作的）以色列国防军护卫下前来祈祷的犹太人和当地阿拉伯人。

撒玛利亚遗址　历史遗迹

（Samaritan Ruins；成人/儿童 22/10NIS；⏲周六至周四 8:00~16:00，周五 8:00~15:00）古老的撒玛利亚圣殿遗址从村庄向山上走10分钟就能到，途中需要穿过一扇上锁的门：通过对讲机喊一下门卫，对方就会开门让你过。

只要交了门票钱，你就可以在遗址周围随意闲逛。你可以看到低层的地板，撒玛利亚人认为那是圣殿的地基。圣殿修建于公元前5世纪，只存在了200年，就被马加比（Maccabees，一支犹太人反叛军）在公元前128年破坏。

另外，撒玛利亚人相信遗址上的那块岩石就是亚伯拉罕准备献祭自己儿子以撒的地方。几十座圣殿建筑通过有遮蔽的木制小道连接在一起。在此处的山间还发现了一座始建于475年的教堂的遗迹。如果要租双筒望远镜观看，你还得再付上10NIS。

从纳布卢斯的城市中心坐出租车10分钟就能抵达基利心山。费用为50~70NIS，包括等待时间。

如果搭车从拉马拉过来，在Tapuah Junction左转，这样就不用穿过纳布卢斯了，到遗迹的路标很清晰。出租车只能在村外的一个军事检查站等候，所以要做好提前给司机付钱的准备。

撒玛利亚人博物馆　博物馆

（Samaritan Museum；☎02-237-0249；15NIS；⏲周日至周五 9:00~15:00）作为与犹太教密切相关的一个古代宗教的成员，撒玛利亚人相信基利心山不仅是创世以来的第一块陆地，而且是上帝选定的圣殿所在地（就如同犹太人眼中耶路撒冷的圣殿山）。在这座美妙的博物馆中，你可了解到更多关于撒玛利亚人社区的信息，讲英语的向导会向你展示视频，并回答你提出的关于遗址或信仰的任何问题。

塞巴斯蒂亚　遗迹

（Sebastiya）**免费** 塞巴斯蒂亚坐落在同名村庄的上坡处，由一系列遗迹组成，这座村庄被认为是约旦河西岸最古老的连续定居地。

作为希腊和罗马时期著名的定居地，基督徒和穆斯林都相信塞巴斯蒂亚是施洗者约翰的埋葬地。从坐落于山上的遗迹处可环视整个约旦河西岸，遗迹包括一个曾经能容纳7000人的圆形剧场，以及一座拜占庭教堂的遗迹。

4世纪中期，圣约翰的坟墓遭到破坏，部分尸骨被焚烧，而剩余部分被带到了耶路撒冷，之后又被带到了埃及的亚历山大港，被埋在一个科普特修道院里。塞巴斯蒂亚村里的一座清真寺综合建筑中包含一处供奉圣约翰的**神龛**和一座**小博物馆**（周日至周四 8:00~15:00）。

尽管明显不受重视（很多遗迹都散落着垃圾，有些还遭到了涂鸦），但对历史爱好者来说，塞巴斯蒂亚依然是约旦河西岸之旅中不可或缺的一站。抛开考古因素不谈，这里也是个旅行的好地方，游客们可以沿着橄榄林漫步，欣赏震撼的景致。

塞巴斯蒂亚距纳布卢斯11公里，乘坐出租车大约需要150NIS（加上等待的时间）。另外，也可以从纳布卢斯乘坐合乘出租车过来。

活动

★阿尔什法浴室　浴室

（Hammam Al Shifa；35NIS；⏲男士8:00~22:00，仅周日和周二的8:00~17:00对女士开放）在换毛巾（泳衣也可以，如果你有的话）之前寄存你的贵重物品。公共浴室有一间热室——供平躺的加热平台，还有一间桑拿间和一间蒸汽室。按摩不适合胆小的人。这里可能有些难找，不过当地人会为你指路的。

建造于13世纪的阿尔什法浴室是纳布卢斯最古老的浴室之一。它是一个以男性为主导的场所，不过现在每周会对女性开放两次。

住宿

★Khan Al Wakalah　酒店 $$

（标单/双 180/250NIS，双 不带空调 100NIS）

位于旧城中经过精心修复的马穆鲁克-奥斯曼时期的货币兑换处，几个世纪以来，它一直是往来于大马士革和耶路撒冷之间的旅行者（包括前往麦加和麦地那的宗教朝圣者）的中途休息站。酒店的24间客房围绕着一个阴凉的庭院，房间中有舒服的床铺以及令人称奇的木制装饰和传统的纳布卢斯石头装饰。

在第二次巴勒斯坦大起义期间，Khan Al Wakalah的建筑全部遭到了破坏，修复工作于2008年完成，资金来源于欧盟援助的250万欧元。此前它一直被当作公共活动场所，直至2017年酒店开张。酒店唯一的单人间位于3楼，是所有客房中最好的。

Al Yasmeen Hotel 酒店 $$

（☎09-233-3555；www.alyasmeen.com；标单/双/标三 60/75/90NIS；@📶）位于旧城中心的便利位置让这座酒店成为游览纳布卢斯的本地和国际游客的不二之选。尽管酒店的很多房间都急需翻修（你可以要求多看几间房），但都比较干净，环境安静且价格不贵。

就餐

除了卖土耳其软糖、哈尔瓦糕（halvah，裹着一层甜芝麻糊的水果和坚果块）和糖浆点心的糖果商之外，纳布卢斯也有很多可以喝饮料和抽烟的咖啡厅。去纳布卢斯一定要尝一下风靡中东的巴勒斯坦甜点库纳法。

★Al Aqsa 阿拉伯菜 $

（Old City；库纳法6NIS；⏲周六至周四 13:00~19:30）旧城里凯比尔清真寺隔壁的这家小餐馆被认为拥有巴勒斯坦最好的库纳法。每天，温热而有弹性的奶酪和糖浆浸泡的细丝（很棒的，相信我们）都会从巨大的圆盘子里取出来，端到大批饥饿的顾客面前。不妨学着当地人的样子站在店外的街上吃。

Al Aqqad 阿拉伯菜 $

（Hitten St；主菜 10~30NIS；⏲周六至周四 8:00至深夜）从正门进入旧城再走一小段路，即可来到这家经典的纳布卢斯小饭馆。店员不怎么会说英语，但还是会热情地为你端上塞满了鸡肉或羊肉的美味沙瓦玛皮塔饼、咸菜和辣椒。

Zeit ou Zaatar 阿拉伯菜 $$

（主菜35~70NIS；⏲中午至22:00）Zeit ou Zaatar位于Al Yasmeen酒店的大厅里，这里最引人注目的地方在于巴勒斯坦菜肴和黎凡特菜肴的丰富选择，比如mansaf（放在酸奶中蒸煮过的羔羊肉配米饭）。周五对外开放的餐厅并不多，这家餐厅便是其中之一。需要注意的是：这里饭菜的分量非常大。

实用信息

Good Samaritan Center（⏲周日至周五 9:00~16:00）是个了解基利心山的好地方。

到达和离开

从耶路撒冷没有直达纳布卢斯的长途汽车。到纳布卢斯最好的办法是从**拉马拉**的中央长途汽车站坐车，那里全天都有车。从Qalandia检查站打车大约要花100NIS。Martyrs Sq北边有一个**合乘出租车站**，你可以在那里乘坐合乘出租车前往拉马拉和杰宁。

要前往撒玛利亚人社区，你可以在市中心乘坐出租车。车费为50~70NIS，包括等候时间，但需要讨价还价。

杰宁（Jenin）

ג'נין جنين

☎04/人口：40,000

杰宁或许缺少纳布卢斯和伯利恒那些令人惊叹的历史遗迹，也没有拉马拉的夜生活或希伯伦、耶路撒冷的宗教意义（或者说局势紧张感），但对根本不关注这些的游客来说，这座城市充满了放荡不羁的独特魅力。

杰宁正在从第二次巴勒斯坦大起义期间所经受的暴力破坏中努力恢复，直到今天，我们依然会感叹这是座运气不太好的城市。在德国的资助下，杰宁电影院于2010年重新对外开放，但由于入不敷出，最近被拆除。作为曾经预示着这座城市重获新生的象征性工程，杰宁电影院宣告落幕。

不过，无论是在拥挤市场的小巷里闲逛上一小时，还是去世界闻名的自由剧院消遣，抑或在附近的村庄与橄榄油农夫们共同待上几天，杰宁都会带给你很多传统旅行路线没有的独特体验。

景点

从Masjid Jenin Al Kabir穿行到街对面，走进小巷纵横的旧城，如今这里大部分被家具匠、理发师和机械工占据。清真寺向南两个街区是King Talal St，这条街通向耶路撒冷广场（Jerusalem Sq）、汽车总站和Cinema Guesthouse。King Talal St北边活力四射的集市值得一逛。

Burqi' in的基督村拥有世界上第四古老的教堂，乘车出城20分钟即可抵达村庄。靠近Cinema Guesthouse的车站有合乘出租车。

★自由剧院 剧院

（Freedom Theatre；☎04-250-3345；www.thefreedomtheatre.org；⏲9:00~17:00）**免费**坐落于杰宁难民营中的自由剧院，一直在种种意想不到的困难局面下坚持着，包括2011年其创建者Juliano Mar Khamis被蒙面枪手暗杀。自创建之初就在剧院工作的巴勒斯坦电影制片人、演员和导演还必须忍受来自以色列方面的很多限制。尽管如此，自由剧院仍然经常举行演出，而且欢迎外国游客前来参观。如果有去的打算，需要提前发电子邮件告知对方。

除了演出（信息会公布在主页上）外，剧院还会举办摄影展和制片研讨班。剧院在2018年9月还为巴勒斯坦孩子开办了一所戏剧学校。剧院方面经常会招收志愿者。

从耶路撒冷广场往南步行25分钟即可抵达自由剧院。杰宁电影院拆除以后，它就成了城内的主要"景点"。

希腊正教圣乔治教堂 教堂

（Greek Orthodox Church of St George；⏲8:00~18:00，周日 13:00~15:00关门）**免费**希腊正教圣乔治教堂坐落在Burqi' in村庄的外围。传说耶稣正是在教堂所处的位置治愈了10个麻风病人。据说这座教堂是世界上现存第四古老的教堂（可追溯到4世纪或5世纪），围绕着洞穴而建，这处洞穴即耶稣途经村庄时那些麻风病人居住的地方。

从杰宁清真寺以西约300米处的车站乘坐合乘出租车（3NIS）即可到达，离Cinema Guesthouse很近。

教堂庭院里有多口竖井，通向教堂下方的一个洞穴，罗马时期，一些受迫害的基督徒会藏在那里。你可以让工作人员打开井口，顺着梯子爬下去看看。

迦南互惠贸易 工厂

（Canaan Fair Trade；☎04-243-1991；www.canaanfairtrade.com；⏲周日至周四 8:00~17:00）这家橄榄油工厂位于Buqi' in外2公里处，与农民之间进行公平贸易。参观工厂的过程中可品尝橄榄油，如果你想认识种植橄榄的农民，他们还可以安排你住在对方家里。参观的最好时节是11月的第一个周五，届时工厂会举办一年一度的收获节。如果有计划去，特别是打算寄宿，最好提前打电话或发电子邮件告知。

食宿

★Cinema Guesthouse 客栈 $

（☎059 931-7968；www.cinemajenin.org；1 Azzaytoon St；铺/标单/双 75/125/250NIS；@📶）这个宁静之处位于喧闹的杰宁核心地带，是个遇见其他旅行者（或非政府组织工作人员、记者、活动家一类的人）和放松一两天的好地方。它有三间宽敞的宿舍式房间、两间小小的私人房间和一间不错的聚餐厨房。早餐额外收费10NIS。会说英语的经理对该地区非常了解。客栈位于中央长途汽车站对面。

Aawtar 西餐、中东菜 $

（Cinema Circle；主菜 20~60NIS；⏲8:00至午夜）在Aawtar宽敞的屋顶花园，你可以在星空下享用美味的阿拉伯和西式菜肴。即使在凉意来袭的夜晚，露台上也总是有成群的食客饮酒欢宴，一边抽水烟一边聊天。楼下的餐厅有俯瞰街道的飘窗，供应阿拉伯主菜以及比萨、汉堡和分量十足的沙拉。

实用信息

别对这座摇摇欲坠的高层建筑望而却步，**杰宁旅游办公室**（Jenin Tourism Office；⏲周六至周四 10:00~14:00）就在里面。它于2013年在西班牙政府的援助下开办，拥有一系列有趣的展厅，里面有杰宁从公元前7000年到公元2002年的历史大事年表、触屏摄影作品展和手工艺品展示。讲英语的员工可以就杰宁及周边地区的活动提供有用的建议。

到达和离开

对前往Afula、海法或拿撒勒的游客来说，白天经常有往来于纳布卢斯和杰宁的长途汽车，票价为15NIS；杰宁和Jalameh的北方检查站之间也经常有长途汽车，票价为4~5NIS。

需要注意，和其他24小时值班的约旦河西岸检查站不同的是，Jalameh的检查站只从8:00到19:00开放。如果你想自驾穿过边境口岸，那就要做好耽搁很长时间且受到严格安检的准备，尤其是在周末。

加沙地带

包括 ➡

历史……303

今日加沙……305

加沙概况

- 总人口：181万
- 难民数量（据估算）：110万
- 面积：360平方公里
- 平均年龄：18岁
- 失业率：45%

加沙历史纵观

- 1516~1917年：奥斯曼帝国
- 1917~1948年：英国托管时期
- 1948~1967年：埃及占领
- 1967~2005年：以色列占领
- 2006年至今：哈马斯控制

介绍

加沙自2007年以来就一直限制对旅行者开放，伊斯兰政权哈马斯控制了加沙地带后，以色列就从陆海空封锁了这一狭长地带，将加沙的180万居民与世界隔离。即使可以进入加沙，我们也不建议旅行者前往：哈马斯与以色列在最近十几年内发生了多次冲突，这一地带的局势仍然动荡危险。

加沙是世界上人口最稠密的地区之一，也是最贫穷的地区之一，成千上万的人住在摇摇欲坠的难民营或遭到猛烈轰炸的建筑里。戒备森严的以色列隔离墙三面环绕，南边是关闭的边境，与埃及接壤，普通的加沙居民被封禁在自己的土地上，只能等待和希望自己的领袖、敌人以及国际同盟最终能够找到终结僵局的方法。

延伸阅读

- 《加沙，一段历史》（*Gaza, a History*）Jean Piere-Filiu著（2014年）
- 《加沙注脚：一部图片小说》（*Footnotes in Gaza: a Graphic Novel*）Joe Sacco著（2010年）
- 《写作重回加沙：加沙年轻作家的短篇小说集》（*Gaza Writes Back: Short Stories from Young Writers in Gaza*）Rafeet Alareer编辑（2014年）
- 《加沙之书：关于一座城市的短篇小说（阅读城市）》[*The Book of Gaza: a City in Short Fiction*（*Reading the City*）]，Atef Abu Saif编辑（2014年）

历史

商业和征服者

据说，加沙有人居住的历史可以追溯到青铜时代，古埃及人将其作为贸易中心。公元前1500年，位于卡纳克（Karnak）的埃及阿蒙神庙（Temple of Amun）上的铭文显示，当时的加沙曾一度"欣欣向荣"。

在公元前332年亚历山大大帝（Alexander the Great）到来之前，这片土地在腓力斯人（Philistine）、以色列人[大卫王（King David）和所罗门王（King Solomon）统治]、亚述人（Assyrian）和波斯人（Persian）之间几经易主。公元前63年，加沙成为罗马犹太行省（Judea，后来叫叙利亚巴勒斯坦）的一部分，并由500人元老院管理。在4世纪末，主教波菲利（Porphyrius）迫使加沙人皈依基督教，烧毁了被视为异教的马尔娜神庙（Temple of Marna），并修建了教堂。

到了635年，伊斯兰教进入，教堂变成了清真寺。1100年，这一进程被十字军短暂地扭转。他们修建了大教堂，成为现在的大清真寺（Great Mosque）的一部分。14世纪，马穆鲁克（Mamluk）统治了加沙，但由于14世纪40年代致命的瘟疫，人口锐减。1516年，奥斯曼帝国的统治开始，持续到1917年英国人到来。

撤军和战争

在第一次世界大战期间，在从土耳其人手中夺过巴勒斯坦的过程中，埃德蒙·艾伦比（Edmund Allenby）将军统帅的英国空军对加沙实施了打击，大部分城市沦为废墟。在1927年，一场大地震又把战后残留的建筑夷为平地。

加沙的英国托管时期持续到1948年以色列建国。巴勒斯坦难民涌入该地区，在短短几个月的时间里，人口从35,000膨胀到170,000。在1948年，作为回应，埃及占领加沙。在占领期间，住宅得以扩建，但1967年，总统纳赛尔（President Nasser）关闭蒂朗海峡（Straits of Tiran）后，六日战争爆发，以色列控制了加沙地带。

20世纪70年代，以色列定居者抵达，日益紧张的局势刺激了巴勒斯坦激进分子，引发骚乱。1987年，激进的伊斯兰组织哈马斯成立，第一次巴勒斯坦大起义开始。1994年"奥斯陆协议"达成后，加沙迎来了短暂的平静，以色列承认了巴勒斯坦自治政府（PA）对加沙地区的行政控制。但向巴勒斯坦自治政府转让永久控制权的谈判失败后，第二次巴勒斯坦大起义于2000年9月爆发，导致哈马斯制造了一系列自杀式袭击和以色列空军的攻击。

在国际压力下，为了改善以色列的国家安

危险与麻烦

除了极少数记者和救援人员以外，人们无法进入加沙。大多数国家的政府告诫民众不要进行任何旅行。

以色列和哈马斯经常双方或单方破坏停火协议（尤其是在加沙），前者实施针对高级激进分子的暗杀活动，后者采用火箭弹打击，却常常引来以色列的空袭。

近年来，加沙有许多外国记者和援助工作者在工作时被杀害，包括：2011年，一名意大利活动家被一个伊斯兰组织绑架并杀害；2014年，美联社摄影师做战后报道时被以色列的未爆炸武器杀害。

以色列政府已经明确表示，他们将阻止任何违反海上封锁的船只，因此不建议民众参加任何形式的抗议船队。2010年，以色列突击队袭击了试图登陆加沙的土耳其抗议船只，导致9人当场死亡，另有一人昏迷4年后最终在医院病逝。

国际新闻记者和援助人员想进入加沙，不仅需要从以色列获得许可，还需要从哈马斯获得许可，哈马斯控制着重要的埃雷兹（Erez）口岸的一侧，限制记者进出。当埃及到拉法（Rafah）的边境口岸开放的时候，通关会是一个费时、复杂、危险重重的过程，尤其是考虑到西奈北部的局势也不稳定。

和平时期的加沙

加沙看起来和其他巴勒斯坦地区很不一样，其拥挤的街道和整体的混乱更让人联想到开罗而非拉马拉，但即使在和平时期，这一地带仍是一个政治敏感区域。在哈马斯支持者集会上，经常能看到武装分子，而加沙城一条主要道路上的纪念碑纪念的是2012年第一枚射向特拉维夫的哈马斯火箭弹。许多房屋都充斥着弹片和弹孔，贴满了在和以色列的战争中丧生的“烈士”的海报。

加沙的人口结构极度年轻化：43%以上的人都在14岁以下，整体人口的平均年龄为18岁（大多数欧洲国家为40岁）。尽管当地年轻人去参加臭名昭著的“哈马斯夏令营”（乳臭未干的孩子手持机枪进行军事训练）引起了广泛关注，但大多数加沙的年轻人仍梦想成为企业家、商界人士和记者，而不是激进分子。

加沙地带足球盛行，有大约30家国内俱乐部，许多海滨水烟酒吧播放欧洲比赛直至深夜。和许多阿拉伯国家以及以色列一样，大多数加沙人要么是皇马（Real Madrid）的铁杆粉丝，要么是巴萨（Barcelona）的铁杆粉丝，当两家俱乐部相遇时，气氛就变得很紧张。

加沙的悲剧在于生活本不必像现在这般糟糕。加沙地带人民的识字率高达97%，其海域蕴藏着价值高达70亿美元的天然气储备未被开发。加沙的古迹历史可追溯至3000年以前，它拥有地中海最美的海岸线之一。

即便在当前这种紧张局势下，在加沙海滩依然能体验真正的和平时期生活。到了晚上，母亲们身着一袭黑色长裙在浅水处给咿呀学语的小孩洗澡，家人在帐篷里围坐，大些的孩子在海浪中嬉戏、尖叫。

此刻，加沙人会回忆起战争、仇恨和暴力之前的生活，愿主保佑（insh' allah），那时的生活还会重现。

全，2005年8月，以色列总理阿里埃勒·沙龙（Ariel Sharon）下令以色列军队撤出加沙，并从加沙移除所有21个以色列定居点，撤出8000名居民。后来，巴勒斯坦内部权力斗争开始，哈马斯在2006年1月巴勒斯坦自治政府的选举中获得最终胜利，随后很多国际援助撤出。

2006年6月，以色列国防军士兵吉拉德·沙利特（Gilad Shalit）在加沙与以色列的边境被绑架。几天之后，以色列发动了“夏雨行动”（Operation Summer Rains），导致大约280名巴勒斯坦激进分子和100多名巴勒斯坦平民死亡。2007年，巴勒斯坦内部爆发了暴力冲突，哈马斯从法塔赫手中夺取控制权。

与此同时，从2005年到2008年，成千上万的火箭炮、远程火箭弹和迫击炮弹从加沙城内向以色列南部发射，最密集的打击发生在2008年12月24日，24小时内有87枚火箭弹发射。作为反击，以色列军队先后通过空中和地面发起“铸铅行动”（Operation Cast Lead）。加沙战争导致超过1400名巴勒斯坦人死亡，成千上万的人无家可归。以色列方面有10名士兵和3名平民死亡。许多非政府组织声明，这是一场人道主义危机，行动3周后以色列宣布停火。

哈马斯统治下的加沙

2011年，被绑架的士兵吉拉德·沙利特被释放，作为交换，关押在以色列监狱的1027名巴勒斯坦人被释放。这笔交易是哈马斯做出的重大改变，由于加沙地带持续的经济低迷，哈马斯越来越不受欢迎。

2012年6月，穆斯林兄弟会首领穆罕默德·穆尔西（Mohamed Morsi）在埃及总统竞选中获胜，伊斯兰政党的地位随之提升。随着加沙和西奈之间地下通道流通商品的激增，加沙经历了罕见的经济增长时期。

但这繁荣像埃及的穆尔西政府一样短暂。

2012年11月10日，从加沙发射的迫击炮弹击中以色列军事吉普车，4名士兵受伤。作为报复，以色列空袭杀死了4名正在踢球的巴勒斯坦青年。杀戮引来了数十枚火箭弹反击，而这又导致以色列暗杀了哈马斯军事指挥官艾哈迈德·贾巴里（Ahmed Jabari）。当11月21日埃及斡旋停火谈判时，已有100多名加沙人死亡，近1000人受伤。

战后重建加沙支离破碎的基础设施比2009年更容易，这得益于哈马斯的埃及盟友以及来自卡塔尔重要的金融援助。但是2013年7月，穆尔西政权被推翻，埃及军队进驻开罗，这对哈马斯来说是沉重的打击，同时两地间的地下通道被逐渐拆除，拉法边境再次关闭。随着时间的流逝，哈马斯在加沙的声望再次开始下滑。

2014年初，由于都未能在自己的区域改善巴勒斯坦的民生，哈马斯和法塔赫在约旦河西岸引起的民怨上升，双方签署了一项联合协议以结束7年的分裂。虽然这受到国际社会的普遍欢迎，却使以色列总理本雅明·内塔尼亚胡感到恐惧，他指责巴勒斯坦民族权力机构主席穆罕默德·阿巴斯（Mahmoud Abbas）选择与哈马斯而非以色列和平相处。

4月底，以色列和巴勒斯坦权力机构之间的和平谈判最后以失败告终。2014年6月，以色列和哈马斯爆发冲突，巴以关系自第二次巴勒斯坦大起义（2001~2005年）以来跌至历史最低点。在随后的50天里，73名以色列人和超过2100名巴勒斯坦人死亡，数万人无家可归，而加沙修建的有限的基础设施被以色列空袭严重破坏。

2017年，哈马斯选举出了强硬路线领导人叶海亚·辛瓦尔（Yahya Sinwar），替代伊斯梅尔·哈尼亚（Ismail Haniyeh），后者自2007年接管加沙以来就一直担任总理职位。拒绝与以色列方面谈判的辛瓦尔（2011年双方交换俘虏时，他甚至反对自己被释放），正式成了哈马斯军事派别卡萨姆旅（Al Qassam Brigades）的领导人，这让人不禁担忧会与以色列爆发新的冲突。

与此同时，被美国和欧盟认定为恐怖组织的哈马斯，却越来越受到加沙境内受Isis启发而更为激进的组织的质疑——Isis在南边的西奈拥有一个很重要的分支机构。

今日加沙

在过去十年，加沙的生活已经从糟糕演化为更糟糕，基本没有改观。2014年与以色列的战争结束以后，联合国估计有超过10万加沙居民沦为无家可归者，以色列的炸弹夷平了加沙城Beit Lahia和Shejaiya的整个街区。

2014年的战争对加沙和以色列来说都是一个转折点。甚至资深的加沙观察员也对哈马斯和其他巴勒斯坦激进组织囤积的火箭弹的射程之远和杀伤力之强感到震惊，这些火箭弹甚至发射到了内坦亚（Netanya）和耶路撒冷这样极北边的以色列城市。

待冲突结束的时候，已经有2100名巴勒斯坦人和73名以色列人丧生。在开罗和平谈

重建工作

2014年10月，在开罗举行的一次峰会上，国际捐助者承诺捐助54亿美元，重建战后加沙，仅卡塔尔方面就承诺10亿美元，美国承诺2.12亿美元。欧盟承诺5.68亿美元。联合国难民救济及工程处呼吁捐款16亿美元，这是该机构有史以来倡议的最大一笔捐款，理由是：即使在战前，加沙就有75,000间房屋的缺口，此外还有供水短缺和污水处理、电力基础设施不完善等问题。

当然，资金承诺只是漫长且有极大不确定性的重建工作的开始。自哈马斯掌权以来，以色列就限制加沙进口建筑材料，认为他们会将其用于建造隧道和武器仓库。重建也将依赖于哈马斯和法塔赫的再度合作，他们掌控着巴勒斯坦自治政府。改善与埃及的关系也至关重要，这意味着可以通过埃及和加沙间的口岸进口原材料。但截至现在，相关工作的进展仍不明朗。

判期间，哈马斯要求以色列方面结束封锁，允许建设港口和机场。不过三年之后，巴方获得的仅是加沙海岸捕鱼区的稍微扩张。许多巴勒斯坦人认为，得到这一点所付出的却是大量人员伤亡的高昂代价。

战争结束以后，以色列方面亦控诉哈马斯并没有利用输入的混凝土来重建基础设施，而是用来在边界下方修筑隧道，同时蓄意攻击以色列城镇和城市。与此同时，哈马斯也面临着加沙地带越来越严重的诉诸口头乃至暴力行动的宗教主义运动。

与法塔赫和巴勒斯坦民族权力机构疏远，在国际上受到孤立，同时失去了温和派与激进派的支持，统治着大约180万加沙居民的哈马斯自从2014年战争以后，似乎越发陷入了困境。鉴于此，我们不免会担心，他们与以色列再一次发生冲突不只是有可能——而是不可避免。

死海

包括➡

恩盖迪……310
西北海岸……314
梅察达……315
隐波给……319
索多玛……321
诺特哈奇卡……322

最佳住宿

- Shkedi’s Camplodge（见323页）
- Ein Gedi Kibbutz Hotel（见314页）
- Hod HaMidbar（见320页）

最佳家庭徒步路线

- 大卫河道（见312页）
- 阿鲁戈特河道（见312页）
- 波科克河道（见320页）

为何去

死海是地球表面位置最低的区域，汇集了惊人的自然美景、令人叹为观止的古代历史和现代矿物质温泉，这里的温泉滋润着你身体的每一个细胞。朱迪亚沙漠边缘错落不齐的悬崖屹立于死海之上，它被干枯的峡谷分割开来，暴雨过后，峡谷内奔涌着褐色的洪水。死海那钴蓝色的湖水中富含盐分和含油矿物质。在恩盖迪这样的绿洲中，常年涌流的泉水滋养着周围郁郁葱葱的植被，这样的美景经常被比作伊甸园。悬崖之上是干旱的朱迪亚沙漠，有月球表面般的地貌，人们在峡谷中已经辛勤劳作了千年，在古代建立了梅察达和昆兰（《死海古卷》被发现于此）。近年来，它们附近建起了基布兹、豪华酒店、徒步小径和自行车道，甚至还有一座闻名世界的植物园。

何时去

恩盖迪

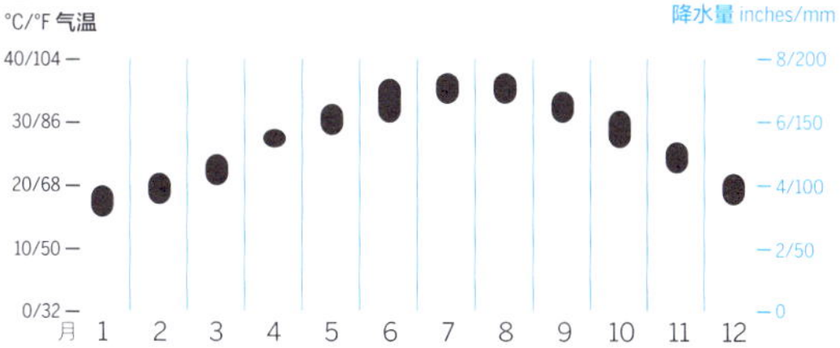

11月至次年4月 气候温暖，天气晴朗。朱迪亚沙漠会下起倾盆大雨，导致山洪暴发。

7月至9月中旬 天气酷热。最高温度为49.2℃。徒步须在黎明出发。

3月底至4月以及9月至10月 逾越节和住棚节，每个节日持续时间为一周，全部酒店被国内游客订满。

死海亮点

❶ **隐波给沙滩**（见319页）在让人舒缓的死海咸水中漂浮。

❷ **蛇形小路**（见317页）在黎明前，通过梅察达的小道爬上山顶，观看日出。

❸ **恩盖迪自然保护区**（见311页）在瀑布水潭里畅游。

❹ **梅察达博物馆**（见316页）想象守卫者在梅察达被罗马人围困的场景。

❺ **诺特哈奇卡**（见322页）在宽阔的河道上骑自行车。

❻ **昆兰国家公园**（见314页）想象一下那些撰写和隐藏《死海古卷》的古代艾赛尼派信徒的日常生活。

❼ **Shkedi's Camplodge**（见323页）围着篝火闲聊。

❽ **隐波给**（见319页）在酒店水疗中心尽情享受。

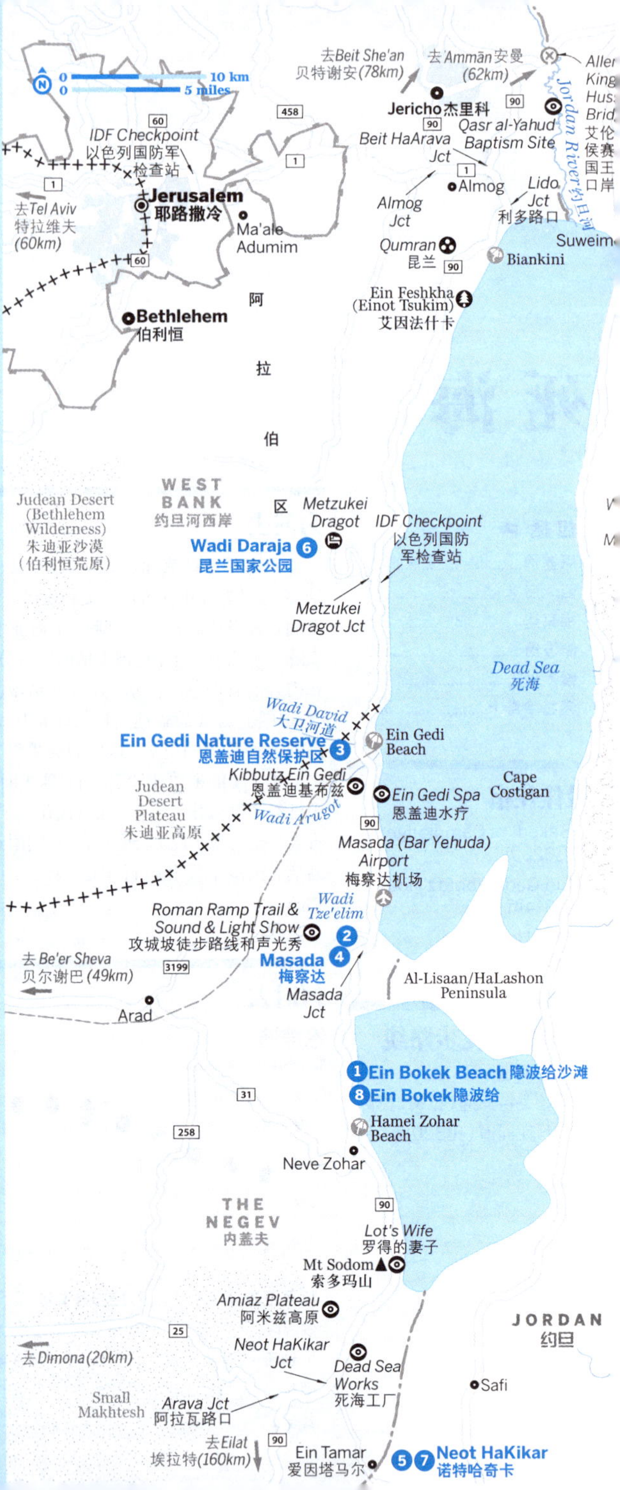

历史

人们很早就发现了死海独特的性质，早在公元前4世纪，亚里士多德（Aristotle）、普林尼（Pliny）和盖伦（Galen）等名人均对死海的物理性质有所提及。纳巴泰人（Nabataean）收集死海表面的沥青并卖给埃及人用于防腐。

今天死海由以色列、约旦河西岸和约旦共同享有。在历史上的大部分时间里，人们认为死海对健康是有危害的，对它敬而远之，传说没有任何鸟能飞越这一水域而不从天上掉下来。这使得该地区成为宗教苦行者和政治逃犯青睐的地方，据说即位前的大卫王、希律王、耶稣和施洗约翰都曾在死海沿岸或者附近的山脉和洞穴避难。

死海被视为“魔王之海”，直到1848年，一只美国海军队伍对其进行考察后才掀起了它那神秘的面纱。巴勒斯坦钾肥公司（Palestine Potash Company）建于1930年，也就是现在的死海工厂，由生于西伯利亚的工程师、犹太复国主义者的先驱Moshe Novomeysky主持建设。1948年的战争使以色列占有死海四分之一的湖岸，其余部分由约旦占有。1967年以色列占领了死海的西北岸。

地理

死海（希伯来语为Yam HaMelach，意为盐海；阿拉伯语为Al Bahr Al Mayit，意为死亡海）现在的水平面比海平面低大约431米，是地表位置最低的地方。直到大约200万年前，死海仍然通过耶斯列山谷（Jezreel Valley）连接着地中海。死海是6000公里长的东非大裂谷（叙利亚-非洲大裂谷）的一部分，东非大裂谷南起莫桑比克，北至黎巴嫩贝卡山谷（Bekaa Valley）南部，其中包括加利利海和红海。

死海长约65公里，最宽处达到18公里，其水源主要为约旦河，通过泉水、季节河以及暴涨的洪水进行辅助补给。死海没有出口，其流入量历来与蒸发量（大约每年1立方千米）或多或少地保持平衡。流入的水源含有正常浓度的矿物质（主要为氯化镁、氯化钠、氯化钙和氯化钾），但是，经过几千年的水分蒸发后，剩下来的矿物质浓度大幅上升。死海的盐浓度约为34%，是海洋含盐量的10倍。

由于约旦河流域90%以上的河水现用于黎巴嫩、叙利亚、以色列、约旦河西岸和约旦的农业灌溉及其他用途，死海持续枯竭。其水平面每年下降1~1.2米，而其沿岸根据梯度也在不同程度地消退，最严重的地方会消退5米。自20世纪30年代以来，死海的水域面积已经缩减了三分之一以上。

在20世纪80年代，地中海-死海项目（Med-Dead Project）被提出来，该项目计划通过重新连接地中海和死海为死海补充水源，同时利用其400米的高度差来发电，但该计划最终由于高额的成本而被搁置。2013年，以色列、约旦和巴勒斯坦权力机构签署了一份红海-死海运河（Red-Dead Canal）协议，该协议旨在将亚喀巴（Aqaba）一座海水淡化工厂中剩下的海水经过处理后，通过180公里的运河经由约旦泵入死海。众多环保主义者——包括Friends of the Earth Middle East（EcoPeace Middle East; www.ecopeaceme.org）——对该计划提出反对意见，但在2018年12月，以色列已批准了该项目。

死海沿岸分布着的泉水和绿洲，滋养着各种动植物，包括90种鸟类、25种爬行动物和两栖动物、24种哺乳动物，以及400多种植物，其中有些动植物处于其自然分布区域的最北端或最南端。

目前，死海实际上是通过人工运河将两个独立湖泊连接而成的。面积较大的北部盆地是一座正在萎缩的正常湖泊，其最深点约在水面300米以下。面对隐波给的南部水域较浅，它其实是由一个人工蒸发池拓展而成的，如果没有死海工厂的灌溉，这片水域将完全干涸。死海北部湖泊的水位正在下降，而南部水域的水位却在上升，这是由盐类所在的蒸发池底部的沉积作用造成的。两座湖泊被死海从东岸伸出来的半岛（阿拉伯语为Al Lisaan，希伯来语为HaLashon，意思均为“舌头”）所分割。

就餐

大多数在死海留宿的游客都会在下榻的酒店或旅店里吃早餐和午餐。因此，这里只有不多的餐厅——大多数位于隐波给，另外恩盖迪基布兹（Kibbutz Ein Gedi）有一家，昆兰国家公园（Qumran National Park）也有一家。梅察达（Masada）有一条美食街。自炊者在恩盖迪基布兹和诺特哈奇卡（Neot HaKikar）能找到食品店。

到达和离开

长途汽车

虽然有点烦琐，但你可以乘坐长途汽车来游览死海。提前计划行程，避免在烈日曝晒下无所事事。

Egged长途汽车（www.egged.co.il）沿着Rte 90将以下目的地连接起来：从北到南经过昆兰（Qumran）、艾因法什卡（Ein Feshkha）自然保护区、恩盖迪自然保护区、恩盖迪基布兹、恩盖迪水疗（Ein Gedi Spa）、梅察达、隐波给和Hamei Zohar。

贝尔谢巴 Egged长途汽车384路，27NIS，1.5小时到隐波给，周日至周四每天5趟，周五每天3趟。

埃拉特 Egged长途汽车444路，42.50NIS，2.75小时到隐波给，周日至周四每天8趟，周五每天3趟，周六下午和晚上3趟。

耶路撒冷 Egged长途汽车444路和486路，34NIS，1小时到隐波给，周日至周四6:30~16:45和周五6:30~14:00约每小时1趟，周六晚上至少1趟。

特拉维夫 Egged长途汽车421路，48.40NIS，2.5小时到隐波给，周日至周四每天3趟，周五1趟。在特拉维夫的发车点为中央（Arlozoroff/Savidor）火车站，途经Hwy 6。

你可以搭乘以上长途汽车沿着Rte 90南北纵贯旅行，例如从梅察达到隐波给或恩盖迪自然保护区。

Abraham Hostels（https://abrahamtours.com）提供前往死海的一日短途旅行，价格为150~280NIS，从耶路撒冷和特拉维夫出发。

小汽车

死海西岸的Rte 90是以色列境内最长的公路，北至黎巴嫩边境，南至位于塔巴（Taba）的埃及边境。在恩盖迪以北约14公里处有一个军队关卡。

死海有3条东西向公路，分别为：

Rte 1 多亏了这条现代的双向公路（为Rte 90的延伸段），从耶路撒冷到恩盖迪只有75公里的车程。Rte 1穿过约旦河西岸，很少有安全问题。在去往耶路撒冷的路途中，在最大的以色列定居点Ma'ale Adumim和耶路撒冷之间设有一处军队关卡。

Rte 31 连接阿拉德（Arad）和Rte 90（连接处位于隐波给以南几公里处）。如要去往梅察达西面的Roman ramp，请从阿拉德沿着Rte 3199前往。

Rte 25 连接贝尔谢巴（Be'er Sheva）、迪莫纳（Dimona），通往死海南端（靠近诺特哈奇卡）。

从特拉维夫出发，开车前往隐波给的最快路线是走Hwy 6，但如果要去恩盖迪，经过耶路撒冷通常会更快一些。

当地人建议，到达死海时要将油箱加满，因为附近加油站非常稀缺。由北向南，其分布点为：利多（Lido）路口（恩盖迪以北40公里处，靠近杰里科）、Neve Zohar路口（隐波给以南8公里处）和阿拉瓦（Arava）路口（隐波给以南33公里处）。

大多数徒步路线是环形路线，所以徒步结束时，你将回到起点。想进行单向徒步的话，你可以付费安排接送，例如在诺特哈奇卡的民宿请善良的居民接送。

Hertz是当地唯一的汽车租赁公司，在死海（位于隐波给）只有一个办事处。

恩盖迪（Ein Gedi）

عين جدي　　עין גדי

恩盖迪自然保护区是以色列最神奇的沙漠绿洲，坐落于两个巨大的峡谷间，陡峭的峡谷上方为朱迪亚沙漠，峡谷旁边便是死海岸。保护区拥有淡水池塘、清凉的溪水、伊甸园般的瀑布和繁茂的植被，它们的水源为四眼常年奔涌的泉水。这里是野生动物的天堂，如雄健的努比亚野山羊（希伯来语为ya'el）和栖息于鹅卵石间的蹄兔（希伯来语为shafan sela），在这里你想见到它们并不难（在保护区开放期间的第一个和最后一个小时最容易见到野山羊）。恩盖迪是某些植物最北端的自然栖息地，它们通常生长于东非大裂谷沿岸数千公里的东非大草原上。

恩盖迪基布兹（Kibbutz Ein Gedi）位于恩盖迪自然保护区以南3公里处的一座低矮的山坡上。

历史

恩盖迪的字面意思为“小山羊之泉”。

铜石并用时代（5000年前）的古人最先在这里定居，那时人们刚走出石器时代，建立了一座庙宇。《圣经》中，为了躲避扫罗（Saul）的愤怒（《撒母耳记》23:29），大卫逃到了恩盖迪；爱情诗《雅歌》（*Song of Songs*，1:14）对这片绿洲亦有所提及（“我的爱人于我而言，就像一丛盛开在恩盖迪葡萄园的散沫花”）。更近一些，波姬·小丝（Brooke Shields）最差电影之一《撒哈拉沙漠》（1983年）中的情色瀑布场景正是拍摄于恩盖迪。

景点和活动

朱迪亚沙漠东部边缘就是沙漠高原，海拔约为200米，即高出死海625米，其下方为恩盖迪自然保护区。从恩盖迪自然保护区通往沙漠高原的5条徒步路线及其壮观的视野令你远离喧嚣。

保护区难度最大的徒步路线（6~8小时）将阿鲁戈特河道（Wadi Arugot）和大卫河道（Wadi David）连接起来，途中经过沙漠高原、**恩盖迪瞭望台**（Mitzpeh Ein Gedi）和恩盖迪清泉。这条路线标有黑色火焰标志，它只适合非常有经验的徒步旅行者。

从北到南，翻越沙漠高原的5条困难的徒步路线分别是：翻越耶西山（Mt Yishai）的**耶西坡道**（Yishay Ascent，始于恩盖迪农场学校）；**恩盖迪坡道**（Ein Gedi Ascent，始于恩盖迪清泉，位于阿鲁戈特河道和大卫河道间的山坡上）；**Bnei HaMoshavim坡道**（Bnei HaMoshavim Ascent，一条特别难走的路线，始于阿鲁戈特河道上游）；**Ha' Isiyyim坡道**（始于阿鲁戈特河道顶部附近）；以及**Tzruya（Zeruya）坡道**（始于恩盖迪基布兹附近）。

阿鲁戈特河道入口处出售比例尺为1:50,000的SPNI路线图，是徒步的必备品，当天气极端炎热或出现危险的骤发洪水时，上述线路会关闭。公园工作人员非常乐于帮助你规划路线，在出发前，最好让他们记下你的徒步路线和手机号码。

★ **恩盖迪自然保护区** 自然保护区

（Ein Gedi Nature Reserve；☎08-658-4285；www.parks.org.il；⏲8:00~16:00或17:00）保护区

安全徒步

死海有独特的地形和气候，以下是确保你能安全徒步的一些建议：

- 攀登时一定要备一份比例尺为1:50000的SPNI路线地形图（85NIS；在恩盖迪不需要，除非你要攀登高原）。需要携带的地图（只有希伯来语）为第11张（Ein Gedi v' Daroma）地图，它涵盖恩盖迪及以南地区；第8张（Tzfon Midbar Yehuda v' Yam HaMelach）涵盖恩盖迪及以北地区。可在恩盖迪农场学校和恩盖迪自然保护区（见本页）的阿鲁戈特河道入口处购买这两张地图。
- 随身携带大量的水——至少每人每天5升。
- 为了避暑，日出后尽快动身（或者早起赶在自然保护区开门时进入）。在遇到极端炎热的天气时，沿大卫河道的道路是唯一安全的通道。
- 骤发洪水可以使原本干燥的死海高处的峡谷瞬间激流汹涌。在深秋、冬天和春天，你要时刻关注天气预报，尽量远离狭窄的通道，因为暴雨随时有可能在朱迪亚沙漠倾盆而下。
- 冬天的晚上，温度会迅速下降，因此最好随身携带一件保暖夹克，以免因体温过低而冻僵。
- 避开标有陷坑（bol' anim）警告标志的区域，灰岩坑也被称为“露天矿”。它会在你毫无警觉的情况下塌陷，并吞噬你的身体（确实发生过这种情况）。
- 远离该地区的洞穴，譬如索多玛山（Mt Sodom）的洞穴。所有的洞穴，包括著名的弗洛尔洞穴（Flour Cave），都不对外开放，多种地质原因（包括高浓度含盐量）使得洞穴可能会瞬间塌陷。

里面有两个大致平行的峡谷——大卫河道和阿鲁戈特河道，每座峡谷都有自己的入口和售票处。这里还有一座古代犹太会堂。

在购票时，游客将得到一份精美的彩色地图，这是确保游客在保护区内顺利徒步的关键。该地图提供了不少宝贵的细节，包括该地区的小径（标记的颜色与小径实际标志一致），以及每条环线从开始到结束所需的时间。

公园管理员禁止游客在公园开放之前进入或在公园关闭后逗留（理论上他们可以对违反者罚款365NIS），因为狼、豺和狐狸等沙漠动物要在无人且安静的环境下觅食、饮水（整个保护区内只有一眼常年性的泉水）。

最近一次人们在恩盖迪看见濒危动物阿拉伯豹是2006年，当时它猎食了恩盖迪基布兹农场的一只宠物。人们推断这个物种现在已经在这里灭绝了。

保护区内禁止饮食、吸烟和带入宠物。

大卫河道 徒步

（Wadi David, Nahal David；恩盖迪自然保护区；成人/儿童 28/14NIS，包括古代犹太会堂；⏲8:00~16:00/17:00，关闭前1小时停止进入）

大卫河道下游（Lower Wadi David, David Tachton Nahal）拥有恩盖迪自然保护区最容易前往且最受欢迎的水池和瀑布，位于**大卫瀑布**（David's Waterfall, Mapal David；返程需1小时）的下游。入口设有浴室，你可以在此换上泳衣，还有免费储物柜（向员工索取钥匙）和免费冰镇饮用水。

点心柜台和边上的商店出售三明治、冰激凌、小吃和饮料，包括浓缩咖啡。如果你没有空瓶子装水，向员工索取一个可以在徒步途中回收的瓶子。

大卫河道上游（Upper Wadi David, David Elyon Nahal）的游客明显少了很多，不会那么拥挤。若要前往，请沿峡谷南壁的小路爬上峡谷。经过袖珍的**舒拉米特之泉**（Shulamit's Spring, Ma'ayan Shulamit）不久，便是一个丁字路口，右转可沿着斜坡到达大卫瀑布上游的大卫河道以及**道迪姆洞穴**（Dodim Cave，情人洞穴），左转将到达**铜石并用时代神庙**（Chalcolithic Temple，公元前3000年）、**恩盖迪清泉**（Ein Gedi Spring，大部分矿泉水被恩盖迪基布兹取走或装瓶运走）以及阿鲁戈特河道河床附近的考古遗址**Tel Goren**（公元前8世纪至公元前7世纪）。

大卫河道的游客比较多，尤其是在犹太节日以及有大批孩子到来的那几天。前往第一个瀑布的徒步小径的前400米设有无障碍通道。

阿鲁戈特河道 自然保护区

（Wadi Arugot, Nahal Arugot；恩盖迪自然保护区；成人/儿童 28/14NIS，包括古代犹太会堂；⏲8:00~16:00或17:00，关闭前2小时停止进入）这里通常没有大卫河道那么拥挤，但风景丝毫不逊于后者。阿鲁戈特河道设有各式各样的河滨徒步路线，沿途植被茂盛，是深入了解这片绿洲地质和生态环境的绝佳场所。有些徒步路线颇具挑战性。

14:00（夏令时为15:00）之前，徒步旅行者必须离开**阿鲁戈特河道**上游，即**隐秘瀑布**（Hidden Waterfall, HaMapal HaNistar）上游区域，包括**上游水池**（Upper Pools, HaBreichot HaElyonot），以便赶在关闭之前离开保护区。从大卫河道停车场步行20~30

当地知识

节日

壮丽的沙漠景观和可预见的干燥气候让死海成了举办户外活动的绝佳场所。

Tarmar Festival（☎03-723-0883；www.tamarfestival.com；⏲住棚节期间）9月底或10月举办的为期4天的伊斯兰音乐节，地点为梅察达的山顶及周边、恩盖迪基布兹以及诺特哈奇卡。

Veredis Desert Challenge Festival（www.desertchallenge.co.il；⏲12月中旬）在索多玛山区举办的为期3天的山地自行车比赛，包括将以色列人和巴勒斯坦人撮合在一起的各种活动。

恩盖迪半程国际马拉松（EinGedi Experience；www.eingedi-run.co.il；⏲1月底）从1983年开始举办的半程马拉松，也有10公里和面向儿童的2公里路线。

当地知识

危险的陷坑

1990年，以色列地理调查局发现，死海北部流域的海岸一带只有不到100个陷坑。现如今，陷坑的数量超过了6000个，而且还在以每年超过500个的速度增长。有些陷坑只有热水浴缸般大小，还有些深达30米、宽50米——它们的存在正在导致一场环境危机。

这些陷坑是由于死海日益下降的水位导致的。随着湖岸线的后退，地下淡水溶解了位于地下5米至60米深度之间的盐沉积物。这便形成了延伸至地表的空腔，它们有点像蜂蜜中的气泡。最终，它们突破了上方松散连接的地面，坑洞便形成了。

在过去几年中，恩盖迪沙滩、矿物沙滩（Mineral Beach）以及恩盖迪附近Hwy 90的一段路由于无预警地塌陷，都已经被关闭了。没有人知道下一个陷坑会在哪里突然出现，死海北端（约旦河西岸的Kalya和Biankini海滩）和隐波给之间海岸线地带的唯一入口便位于恩盖迪水疗——不过即便是那个地方，持续逗留也不是万无一失的。

在YouTube上可观看相关视频，从空中鸟瞰这些陷坑，感受其带来的震撼。

分钟，或驾车5分钟到达阿鲁戈特河道售票处，那里设有免费储物柜，小点心柜台出售冰激凌和冷饮，商店售卖比例尺为1:50,000的SPNI路线图。

古代犹太会堂　考古遗址

（Ancient Synagogue；恩盖迪自然保护区；成人/儿童 14/7NIS，含/不含自然保护区 28/14NIS；⏲8:00~16:00或17:00）这座5世纪的犹太会堂坐落于大卫河道和阿鲁戈特河道售票处之间，华丽的地板上镶嵌着黄道十二宫马赛克图案和3处阿拉姆语铭文，其中一个用于诅咒那些喜好争吵、诽谤或盗窃之人。2016年加入了一个在1600年前刚修建时会堂原貌的模型。

恩盖迪植物园　花园

（Ein Gedi Botanical Garden；☎08-659-4726；Kibbutz Ein Gedi；成人/儿童 20/15NIS；⏲周六至周四 9:00或9:30~15:30或16:00，周五 9:00或9:30~14:00）恩盖迪基布兹入口附近这个著名的植物园，是近千种本土和外来植物的家园，从《圣经》中神秘的物种（比如乳香和没药）到剧毒的索多玛（Sodom）苹果，从硕大的猴面包树到仅需极小水量就可生存的微小植物，你都能在这里看到。

恩盖迪水疗　水疗

（Ein Gedi Spa；☎08-620-1030；www.eingediseaofspa.co.il；Rte 90；成人 不含/含午餐 95/155NIS，5~12岁儿童/成人 56/110NIS；⏲周六至周四 9:00~17:00，周五 8:00~16:30）属于恩盖迪基布兹旗下的这家水疗中心位于集体农场以南3公里处，人们喜欢漂浮于其中或涂上令人神清气爽的天然黑矿泥。自1984年开设水疗以来，湖岸线已经消退了1.3公里，所以沙滩常客会乘坐小型火车（每20分钟一班）到达水边。这里没有无障碍通道。

水疗中心设有6个硫黄池和1个淡水池，并提供一系列自然美颜和按摩护理，还设有咖啡馆和餐厅。租储物柜需18NIS，买一条毛巾也是同样的价格。

住宿

Ein Gedi Youth Hostel　青年旅舍 $

（Beit Sarah；☎02-594-5600；www.iyha.org.il；在恩盖迪自然保护区附近；铺/单/双 132/321/410NIS，每加一位成人/儿童 120/94NIS；@📶）这个旅舍有87间房间，每间房间有3张或5张床，极佳的布置和简单但充满现代感的房间备受青睐。晚餐通常62NIS可以搞定（周五为71NIS），并对各景区提供15%~20%的折扣。它位于Rte 90拐向恩盖迪自然保护区的路口的斜坡之上200米处，最好预订。

Khan Ein Gedi　小屋 $

（Ein Gedi Camp Lodge；☎Avi 052 606-3666，Ben 052 933-1019；www.facebook.com/eingedicamplodge；恩盖迪基布兹；小屋床铺120NIS；⏲全年无休；📶）这处氛围柔和的山坡住处就位于恩盖迪基布兹的大门之外，它拥

有8座带有基本设施的小屋，每间小屋的地板上都有5个床垫。浴室和厨房设备是共享的。消暑区域有Wi-Fi网络，还设有一个专门卖比萨的木制吧台，全天候开放。

SPNI Ein Gedi Field School 青年旅舍 $$

（☎08-658-4288；www.natureisrael.org/EinGedi；恩盖迪自然保护区附近；铺/单/双 132/329/379NIS，每加一位成人/7~14岁儿童 123/84NIS；📶）这里有46间房间，每间房间有5~6张床，比不上时髦的青年旅舍，但是极佳的徒步出发地。大多数晚上都提供晚餐（57NIS，周五为71NIS）。前台销售SPNI徒步地图，还有Wi-Fi网络。旅舍位于Rte 90拐向恩盖迪自然保护区的路口的斜坡之上800米处。

★ Ein Gedi Kibbutz Hotel 酒店 $$$

（☎08-659-4220；www.ein-gedi.co.il；恩盖迪基布兹；双 US$200~245起；@📶≋）这处令人愉快的低层建筑园区种植着奇异的花草树木（包括两棵巨大的猴面包树），其内设有一个豪华的现场水疗中心和一个沁香冷水池，并配有四种非常令人满意的房间（总共160间），有些房间可容纳两个成年人和两个儿童。豪华客房的宾客可免费进入恩盖迪水疗。恩盖迪基布兹建于20世纪50年代初，多年以来，唯一进入的道路是一条通往阿拉德的土路。

就餐

恩盖迪地区的就餐选择很少，所以通常大家选择自带野餐，也可以考虑在你住的酒店或旅馆就餐。午餐可以去恩盖迪水疗（见313页）。

在Ein Gedi Kibbutz Hotel，小餐馆（乳品店，每天开放）吸引了游客和基布兹的村民前来品尝。一顿丰富的犹太式肉类自助餐的价格为110NIS（周五140NIS）；如果座位充裕的话，客人都是受欢迎的（但犹太假日是例外）。

Kolbo Grocery 超市 $

（Kibbutz Ein Gedi；⌚周日至周四 7:30~20:00，周五 7:30~14:00，周六 11:00~14:00）该地区唯一像样的食品商店，位于恩盖迪基布兹食堂旁边。

实用信息

Ein Gedi Kibbutz Hotel里面有一台自动柜员机。

SPNI Ein Gedi农场学校咨询处（☎08-658-4288；www.natureisrael.org/EinGedi；恩盖迪自然保护区附近；⌚周六至周四 8:30~16:00）专业的员工（有条件的情况下）提供免费的徒步咨询服务，包括适合家庭徒步的Wadi Mishmar和Wadi Tze'elim，并出售比例尺为1:50,000的SPNI徒步地图（87NIS）。它位于Rte 90拐向恩盖迪自然保护区的路口的斜坡之上800米处。

到达和离开

恩盖迪自然保护区（见311页）的两个入口、SPNI Ein Gedi农场学校咨询处、SPNI Ein Gedi Field School（见本页）青年旅舍（大堂电脑旁边）和Ein Gedi Kibbutz Hotel（见本页）都张贴着长途汽车时刻表。

西北海岸（Northwestern Coast）

死海西北沿岸的重要景点包括昆兰洞穴（Qumran Caves）以及一些野外未受破坏的自然遗址，昆兰洞穴是发现《死海古卷》的地方，1967年以色列从约旦手中夺得。这个几乎荒无人烟的约旦河西岸角落离杰里科车程很短。

景点

昆兰国家公园 考古遗址

（Qumran National Park；☎02-994-2235；www.parks.org.il；Rte 90靠近Kalya；成人/儿童 29/15NIS；⌚周六至周四 8:00~16:00或17:00，周五 8:00~15:00或16:00，闭园前1小时停止入园）因埋藏《死海古卷》近2000年而举世闻名的昆兰是耶稣时代（尤其是公元前1世纪到公元68年）艾赛尼派教徒小型定居点的遗址，该遗址被罗马人摧毁。通过木制高架人行道，你可以辨认出那些保证社区供水的水槽、水渠和蓄水池。

其他区域为仪式沐浴处（艾赛尼派教徒比较讲究仪式的纯洁性）、用于共同进餐的食堂和缮写室，部分《死海古卷》可能是在这里的缮写室完成的。遗址受到保护，但没有增添任何内容。

小博物馆提供了关于古昆兰人及其信仰的背景介绍，馆内会播放7分钟的多媒体节目（16种语言），并展示包括凉鞋碎片在内的一些古代文物。游客可使用希伯来语和英语的语音导览。博物馆设有无障碍通道和一家餐厅。

冬季在昆兰观看骤发洪水既便利又安全。

昆兰位于耶路撒冷以东35公里、恩盖迪以北35公里的地方，所有从耶路撒冷到死海的长途汽车都经过这里。

艾因法什卡 自然保护区

（Ein Feshkha, Einot Tsukim; ☎02-994-23555; www.parks.org.il; Rte 90; ⏲周六至周四8:00~16:00或17:00，7月和8月 8:00~19:00，闭园前1小时停止入园）这片依靠水晶般清澈的泉水滋养的丰茂绿洲，沿着构成死海峡谷西缘的悬崖底部绵延了6.5公里。有树荫的小路一直通向多个含有少许盐分的浅水池（11月至次年3月底周五和周六开放，7月和8月每天开放），其中包括美丽的Poplar Pool，它被柽柳等抗盐植物所环绕。

到达这个正在快速消退的死海湖岸没有捷径，在离湖岸约2公里远的陆地上树立着一个牌子“1967年水面在这里”。然而，你可以看到一个第二圣殿时期的农场，昆兰的艾赛尼派教徒有可能在农场里生产过枣酒、afarsimon油，饲养绵羊和山羊。

为了保护环境，这个保护区的绝大部分区域，即“生物核心地带”，不对公众开放，不过隐秘保护区（Hidden Reserve）南部的一块区域可以通过参加1小时的导览游（9月中旬至次年6月 周五和周日的11:00和13:00为英语导览）进入。

艾因法什卡位于昆兰以南3公里处。

住宿

Metzukei Dragot 客栈 $$

（☎052 247-4378，预订1-700-707-180；www.metzoke.co.il；铺350NIS起，大帐篷中的铺位不含早餐 US$27；⏲前台接待 8:00~20:00；📶）这是只提供具备基本条件并充满嬉皮风格的度假客栈，坐落于死海上方约600米的悬崖上，坐拥真正的壮观美景，专门举办节庆、文化活动和新奇的会议。53间简单而干净的房间最近翻新过，贝都因风格的大帐篷里有好几百个可供睡觉的铺位。

到达和离开

所有从耶路撒冷开往死海的Egged长途汽车都会经过这片区域。

梅察达（Masada）

مسعدة　　מצדה

在以色列，像梅察达这样能够领略1世纪

《死海古卷》

考古学史上的发现很少像《死海古卷》这样能够持续引来全世界的关注。1947年，一个贝都因的牧羊小孩在昆兰寻找一只走失的山羊时，在陶罐中无意中发现了《死海古卷》。最终，在11个洞穴里发现了写于第二圣殿时期和基督教早期（公元前200年至公元68年）的950卷羊皮和莎草纸文献。大多数文献，包括最久远的希伯来圣经手稿、一些没有写进《圣经》的文本，以及有关耶稣时代犹太行省生活的一些描述等，都是用希伯来语写成的，也有部分是阿拉姆语，少数是希腊语。很多文献支离破碎，需要漫长、艰辛的过程来重组和破译。

人们相信古卷属于艾赛尼派。这是一个独立的、犹太苦修主义派别，据约瑟夫斯·弗拉维奥（Josephus Flavius）的记载，这个派别的人认为他们的犹太同胞正在堕落，所以他们搬到了沙漠以免于沉沦。

耶路撒冷的以色列博物馆展示着部分古卷，在谷歌的帮助下还推出了“死海古卷数字工程”（dss.collections.imj.org.il）。公众可以搜索到高分辨率的古卷数字图像。

想要了解古卷里的有趣故事，请浏览www.centuryone.com/25dssfacts.html。

罗马朱迪亚城（Judea）生活方式的地方，再也找不到第二处了。梅察达是一块孤立的沙漠台地，公元73年，在经历了一场激烈血腥的围攻之后，犹太人对罗马律法最后的抗争在此被镇压。2001年，这里被列为联合国教科文组织世界遗产。如今，来这片建筑群参观的游客可以看到大希律王（King Herod）建造的宫殿、犹太狂热分子使用过的建筑，以及远处下方第十军团（10th Legion）围攻基地的遗迹。如果想体验极致的浪漫，你可以在拂晓时分登上梅察达的顶端，欣赏日出。

景点

★ 梅察达国家公园 考古遗址

（Masada National Park；Metzada；☎08-658-4207, 08-658-4208；www.parks.org.il；成人/儿童 28/14NIS；⊙周六至周四 8:00~16:00或17:00，周五 8:00~15:00或16:00，关闭前1小时停止进入）梅察达顶部高地，有550米长、270米宽，海拔约60米，即高出死海水平面约490米。最轻松的登高方式即乘坐**缆车**（往返/单程74/56NIS，成人/儿童43/28NIS；⊙8:00~16:00或17:00，周五 8:00~15:00或16:00，每15分钟一班），步行也可以，你可以从西边的罗马高斜坡小路（见317页）或东边的蛇形小路（见317页）登上高地。遗址上，黑色标记线把重建部分（上方）和原始遗留部分（下方）区分开来。

游客会获得一份精美的遗址地图册，也可以通过语音导览器（20NIS，包括梅察达博物馆门票）了解相关的历史背景。在售票窗口、梅察达高地和博物馆，这两种方式都提供8种语言的介绍。在东边，售票窗口缆车之间的屏幕上播放着一部8分钟长的影片，其中的精彩镜头皆剪辑自彼特·奥图尔（Peter O' Toole）主演的一部美国迷你剧（1981年），该剧介绍了梅察达最后的浴血抵抗。

此处供应饮用水，参观时自备一个空瓶即可。梅察达高地禁止进食，也禁止携带大背包。背包可存放在东边售票窗口附近的储物柜里（10NIS）。

从顶部向任何方位望去，你都能发现8座罗马军营中的至少一座及其围墙。罗马军团的攻势令人难以置信。所以，当罗马帝国在其中心建起拱形**提图斯凯旋门**（Arch of Titus）以纪念战胜犹太行省叛军时，也就不足为奇了。这一拱形设计后来成了巴黎凯旋门（Arc de Triomphe）的设计灵感。

梅察达自2001年就被列为联合国教科文组织世界遗产地。除了北部宫殿（Northern Palace）之外的整座遗址都可以无障碍通行。

★ 梅察达博物馆 博物馆

（Masada Museum；Visitors Centre；门票20NIS，包括梅察达高地语音导览器；⊙周六至周四 8:30~16:00或17:00，周五 8:30~15:00或16:00，关闭前30分钟停止进入）这是了解梅察达考古与历史的绝佳去处，这个博物馆结合

发生在梅察达山顶的历史事件

公元70年，罗马人征服了耶路撒冷后，近千名犹太人——包括男人、女人和孩子——最后绝望地坚守于梅察达山顶。这个沙漠中的平顶山四周是陡峭的悬崖，从公元72年起成为罗马帝国第十军团的势力范围。当罗马的破城锤将要击破他们的城墙之际，梅察达的守卫者宁愿选择自杀也不愿被奴役。当罗马士兵蜂拥到这座平顶山的山顶时，等待他们的是一片寂静。

直到1963年开始考古发掘工作之前，关于梅察达的英勇抵抗和血腥结局，人们的唯一消息来源是约瑟夫斯·弗拉维奥。他曾经是犹太人大起义（Great Jewish Revolt, 66~70年）的指挥官，被捕后成了一个罗马历史学家。他写道，当罗马的攻城坡逼近城墙时，那些作为守卫者的犹太教狂热信徒（被称为Sicarii，希伯来语为Sikrikin，希腊语为sica，这个名字来源于他们习惯使用的隐藏在斗篷下的弯匕首，他们用其来暗杀对手）开始放火点燃他们的家园和财产，以防落入罗马人之手。这些守卫者通过抽签选出10个人，这10个人负责杀死其他守卫者。然后10人中的9人被剩下的1个人杀死，最后这个人自杀。当罗马人攻入梅察达后，守卫者都已死去，除了2名妇女和5名儿童躲藏起来得以幸存。

了500件考古学家发掘的文物（其中5件为复制品），对梅察达的考古与历史进行了极其生动而精彩的介绍。馆内对梅察达的关键历史人物也进行了展示，如在公元前1世纪建造这座宫殿的大希律王，还有叛变的历史学者约瑟夫斯·弗拉维奥，以及犹太指挥官埃莱泽·本·雅尔（Eliezer ben Yair），这些展示使得公元73年的历史事件变得栩栩如生。游客通过音频耳机，可以收听8种语言的介绍。

展品包括罗马箭头、一位反抗女性穿过的皮革凉鞋、罗马时代遗留的枣的残骸、小麦、大麦和橄榄，以及11块陶壶碎片，每块陶片上都刻有一个名字，那些碎片可能是当罗马人攻破城墙之际守卫者所用的抽签工具，用以选出杀死其他守卫者的人选。

除非是要爬上山顶看日出，否则这座博物馆绝对是梅察达精彩绝伦的旅行第一站。

活动

连接8处**罗马军营遗址**的道路围绕着梅察达，你可以对这座平顶山进行部分或全程的环游。请查看游客中心售票窗口对面的三维地形图，了解该地区的地形。

游客中心有一条充满挑战的西向路线，通往以利亚撒山（Mt Eleazar）上面的**Camp H**（单程1小时）。在这个位置，当年的罗马军团士兵可以监视山下梅察达的动态，收集犹太人的情报。沿这条路线继续向前走，会到达攻城斜坡的底部，斜坡位于梅察达的西面。

另外，你可以从游客中心出发，沿着**Shvil Ha Ratz**（奔跑者小径）的围墙向北走。走这条路线要花费大约3小时才能到达攻城斜坡的西面。

另一路线连接**Camp D**（位于梅察达北面）和非常适合徒步的**Wadi Tze'elim**，后者位于梅察达以北4公里的地方。

如果没有比例尺为1:50000的SPNI徒步地图，请勿尝试上述徒步路线，地图在游客中心东侧门票柜台的旁边可以买到。

蛇形小路 徒步

（Snake Path；梅察达国家公园）这条著名的蜿蜒徒步路线的起点位于游客中心附近，延伸到梅察达东部。步行需要45~60分钟，包括30分钟的返程。如果你想在山顶看日出，请在日出前的1小时到达路口，时间是4:30（6月）至5:30（12月）。

8:00之前，路线的入口（以及门票购买）设在青年旅舍附近的隔离墙。

遇到特别炎热和其他恶劣天气（如暴雨或强风），公园管理部门会封闭整条线路。7月和8月，到8:00才允许上山，到9:00才允许下山。

梅察达的现代意义

在过去的一个世纪，梅察达已成为以色列态度的写实——“他们永远不会活着抓到我们”。1942年“二战”期间，英国军队在埃及阿拉曼（El Alamein）阻止隆美尔的德军之前，一些巴勒斯坦犹太人曾计划在卡梅尔山（Mt Carmel）进行梅察达式的最后抵抗，许多以色列军队在这里举行仪式宣誓“梅察达绝不再次沦陷”。让人琢磨不透的是，以色列空军曾派遣一组军官黎明时在山上做瑜伽。

高斜坡小路 徒步

（Siege Ramp Trail；梅察达国家公园）令罗马人望而生畏的斜坡肯定也会让你叹为观止，不过爬上斜坡的顶端仅需10~15分钟。要去往坡道（梅察达西面）只能从阿拉德镇前往，从游客中心出发需要68公里的车程，途经Rte 31和Rte 3199。

如果你想到山顶看日出，请提前半小时到达斜坡的底部。

节日和活动

声光秀 灯光秀

（Sound & Light Show；☎08-995 9333；成人/儿童 45/35NIS；⏲3月至10月 周二和周四 21:00）露天演出生动地再现了梅察达历史，观看点被刻意安排在当年罗马围攻所造的攻城坡底部，就位于梅察达的西面。表演中所用语言为希伯来语，你可以租**耳机**（15NIS）同步翻译成5种语言。可通过阿拉德经Rte 3199到达此处，距游客中心车程为68公里。请在20:30前到达。

住宿

梅察达的东边入口处有一家现代化的青年旅舍，你也可以选择住在南边16公里处的隐波给（Ein Bokek）。如果你是通过攻城坡徒步路线（Roman Ramp）进入梅察达，你可能会选择在阿拉德过夜。

Dead Sea Adventure Hostel 青年旅舍 $

（058-496-0748；www.deadseaadventurehostel.com；68 Odem St, Arad；铺 85~115NIS，双 380NIS；）这家热情的全素食"冒险旅舍"不仅洋溢着一种资深背包客的氛围，还拥有很棒的纳凉区域。房间的装潢很简单，但床铺很舒服。早餐供应薄煎饼。旅舍提供的前往梅察达或其他地区遗迹的冒险之旅，广受好评，了解详情可登录www.wild-trails.com。

旅舍位于阿拉德的北部边缘，距离汽车站2.5公里。乘坐本地的1路和11路公共汽车可抵达旅舍。

Chenyon Layla Metzada Ma'arav 露营地 $

（Campsite Masada West；08-628-0116，1号分机08-628-0404；www.parks.org.il；梅察达国家公园西面入口；露营 成人/儿童 53/42NIS，大帐篷床垫 75/65NIS，带浴室的5人房间 450NIS；办公室开门时间 周日至周四 8:00~16:00）这处现代化的露营地点设施较为齐全，位于罗马攻城斜坡的底部附近，斜坡位于梅察达的西面。其费用包含厨房设施的使用费以及梅察达的门票。可以租赁睡袋和床垫（每晚10NIS）。16:00~22:30入住，11:00之前退房。有道路通往阿拉德。

实用贴士：在死海中安全舒适地游泳

死海的水有很神奇的治愈能力，但要小心死海里面的溴和氯化物，否则你会发现自己陷入巨大的麻烦之中，乃至遭受切肤剧痛。因此，在你进入死海黏稠的湖水之前，做些准备是必须的。

- 在游泳前一天不要刮腿毛，否则，不管愿不愿意，你都会清楚地体会到什么叫"往伤口上撒盐"。而那些你察觉到或察觉不到的疤痕或伤口会有疼痛感。
- 不要戴珠宝——银制品会变成深黑色（不用担心，可以洗干净），其他金属（包括不足24K的金饰）也有可能会产生化学反应。
- 防水拖鞋可以保护你的脚不被太阳暴晒的沙粒灼伤，在某些地方，岸边和水里都有很多锋利的石头，防水拖鞋也能起到防护作用。
- 要记得涂防晒霜。死海的超低海拔和高密度空气能够过滤掉阳光中有害的紫外线，人们可以放心地长时间晒太阳，尽管天气很热。

为了确保安全，在水中行进时要比走在湖岸上更谨慎。

- 在任何情况下都不要把头浸在水里！如果眼睛进水，将受到很强烈的刺激，造成短暂失明。一旦进水，不要慌张，保持镇定地离开水面，请其他人帮你到花洒或水龙头下冲洗眼睛（隐波给沙滩设有特殊的洗眼装置）。
- 吞进或是哪怕只吸了几口湖水也是非常危险的，甚至会致命。如果发生了，请立即寻求医疗救助（比如找救生员）。
- 多喝水，不仅仅是为了防中暑，还因为死海的水富含矿物质，会渗透到你身体的体液里，就像是成千上万只水蛭在你体内吸血。还记得在高中物理课上学习渗透时，放一片新鲜土豆到盐水里发生的事吗？
- 在死海漂浮是如此悠闲，但要小心西风在你没察觉的情况下把你轻轻吹到湖的中央（也就是吹向约旦），尤其是阅读报纸的读者更要小心——一份报纸就有可能开启你的一次奇妙航行。

HI-Masada Guest House
青年旅舍 $$

（02-594-5623；www.iyha.org.il；铺/标单/双 170/400/530NIS；）如果你想从蛇形小路登上梅察达山顶看日出，这个拥有89个房间的青年旅舍是理想的地方。设有5张或6张床的单性别宿舍紧邻豪华房。游泳池从逾越节开放到住棚节（8:00~17:45）。大多数晚上都提供晚餐，周五晚上也会提供。

旅舍员工尽其所能将旅客与吵闹的学生隔开。这里经常人满为患，特别是在周五，所以必须预订。旅舍位于梅察达游客中心（遗址东侧）下方几百米处。设有无障碍通道。

HI-Arad Youth Hostel
青年旅舍 $$

（Blau Weiss Youth Hostel；02-594-5599；www.iyha.org.il；Atad St，Arad；铺/标单/双 150/355/450NIS；）从阿拉德汽车站走5分钟就能抵达这家位于低层的青年旅舍，这里的员工服务周到，53间干净且舒适的房间被草坪和引人注目的花园所环绕。所有房间都有电冰箱、水壶和有线电视。美味的自助早餐是由蔬菜、橄榄和奶酪组合在一起的典型以色列风味。如果你准备前往梅察达西边（罗马攻城斜坡）入口，那么这里是非常不错的休整大本营。

Yehelim
精品酒店 $$$

（077 563-2806；www.yehelim.com；72 Moav St，Arad；双/套 800/1300NIS起；）就舒适和时尚而言，在阿拉德没有其他酒店堪与Yehelim媲美。这家精品酒店位于城镇边一个风景秀丽之处，它提供了壮丽的沙漠景致、不可思议的早餐和12间宽敞的房间（每间都不一样），房间设置了有品位的家具、阳台以及温泉浴室，套房还有一个浓缩咖啡机。酒店好评如潮。

就餐

Visitors Centre Food Court
食堂 $

（东面入口，梅察达国家公园；主菜 25NIS起；8:00~16:00或16:30；）摊位供应炸豆泥三明治、沙威玛、沙拉和冰啤酒。自助餐馆每餐收费65NIS（素食55NIS），包括一份饮料。这里位于售票窗口下面的底楼。

到达和离开

梅察达的游客中心位于山的东面，在恩盖迪自然保护区以南21公里处，从Rte 90拐进来后，步行3公里可以到达。所有往来死海的城际长途汽车均在距游客中心几百米处停靠，长途汽车时刻表张贴在游客中心的售票窗口处。

罗马攻城坡道位于梅察达的西面，可经由阿拉德经Rte 3199到达。游客中心到攻城斜坡的直线距离只有1公里多，但开车需要68公里！由于缺少公共交通，因此从阿拉德前往攻城斜坡的唯一方式便是乘**出租车**（08-997-4444；单程日间/夜间 120/200NIS）。

隐波给（Ein Bokek）

عين بوقيق　　עין בוקק

08

隐波给夹于死海南部钴蓝色的湖水与宏伟的峭壁之间，当地的豪华酒店是该地区的主要旅游区。隐波给（还可以拼写为"En Boqeq"）拥有该地区最好的免费沙滩，是死海主要的疾病治疗中心，湖水中的天然矿物质和化合物可以治病，如牛皮癣、关节炎和呼吸道疾病。

这里最常听到的3种语言是希伯来语、阿拉伯语和俄语。隐波给不仅本地人（犹太人、阿拉伯人和德鲁兹人）众多，还有很多来自苏联地区的移民和游客。

不同于死海北部水域沿岸的沙滩，隐波给毗邻蒸发池（死海工厂通过水泵保证供水）而不是湖面，因此它的湖岸线没有消退，也没有出现陷坑。

景点

3公里长的步行大道（和自行车道）及偶尔出现的公共汽车（8.20NIS）连接着这里的两个湖滨酒店区：隐波给（北面的主区）和Hamei Zohar。

★ 隐波给沙滩
沙滩

（Ein Bokek Beach；24小时）**免费** 这片宽阔、干净的沙滩细沙广布，沿着隐波给酒店区（北部）延伸，最近还新增了免费的公共设施。作为以色列最好的死海沙滩，这里提供了吸引人的步行区、救生员（7:00~18:00，冬天7:00~16:00）、遮阳伞、露天淋浴、更衣室、浴室和夜间灯光。沙滩椅等设施仅供酒店客人使用。

活动

隐波给几乎每座酒店都拥有水疗中心，配有游泳池、桑拿、矿物浴池、一整套康复治疗项目和一群以俄罗斯人为主的理疗师。非住店客人使用酒店设施的话（包括沙滩椅，但不包括特殊的护理），大多数酒店收费为140~220NIS。有些水疗中心还供应午餐。

波科克河道 徒步

（Wadi Bokek；Nahal Bokek）这是死海西岸仅有的3条全年有泉水滋养的河道中的一条（其他两条位于恩盖迪）。狭窄的峡谷、郁郁葱葱的植被和水塘使耗时1小时的徒步旅行变得简单、提神。进入它要穿过Rte 90下面的隧道，位于David Dead Sea Resort和Leonardo Inn Hotels之间。你可以把车停靠在路线的起点。

住宿

在该区域的两个酒店区——充满生机的隐波给以及面积更小、更安静的Hamei Zohar，你根本找不到低档甚至中档的房间，但是如果你打算来挥霍一番，你就有很多选择。这里有12家酒店配备空调设施、豪华的游泳池、最先进的水疗和丰盛的自助餐。其中几家（位于通道东侧）可从酒店直接进入沙滩。

从4月到6月中旬和9月到11月中旬，隐波给的酒店经常会按照旺季价格收费。最实惠的折扣通常可以在线获得，尤其是在淡季。

当 地 知 识

舒缓和健康

与海水相比，死海水的溴含量是其20倍，镁含量超过15倍，碘含量高10倍。溴是很多镇静剂的成分，具有舒缓神经的功效，镁能舒缓肌肤过敏症状和清理支气管，碘则对腺功能有明显疗效。

如果这些还不够，死海还是地球上气压最高的地方，稠密的空气拥有比海平面多10%的氧气。还有其他有益健康的特质，比如温度高、降水少、湿度低和无花粉，特别有利于那些患有呼吸道疾病的人。

隐波给酒店南区位于Hamei Zohar以南约1.5米处的无沙滩区Neve Zohar（Newe Zohar），拥有最便宜的民宿——每间房间收费350~500NIS，但这些房间毫无魅力可言。欲了解详情可查看www.sdom-deadsea.co.il。

隐波给沙滩的两块区域可以露营过夜（免费）：一处是新步行区的北边尽头，David Dead Sea Resort对面；另一处位于隐波给和Hamei Zohar的中间。留意允许露营的标识。

Hod HaMidbar 酒店 $$$

（☎08-668-8222；www.hodhotel.co.il；双半膳宿1000~1800NIS；@🛜🏊）酒店紧靠湖滨步行区，有203间客房，因处于平均水平之上的服务而闻名。在游泳池里可以俯瞰死海，而楼下玻璃幕墙内设有富含硫黄的游泳池和桑拿房。可免费使用自行车，免费拨打国际电话。

Oasis Dead Sea Hotel 酒店 $$$

（☎08-668-8000；www.prima.co.il；双650NIS起；@🛜🏊）这家酒店经营良好，设有一间小而精致的休息厅，拥有142间房间、整洁的人造花园和两个户外泳池，一个针对成人，另一个专供儿童。酒店与毗邻的Oasis Spa Club Hotel共享一个温泉浴场，后者的98间房间只给成人入住。休息厅从21:00开始经常有现场音乐表演。从沙滩过马路就能抵达酒店。

就餐

隐波给大部分的餐厅都隶属酒店，虽然自助餐很丰盛，但价格并不便宜，即便你选择的是半食宿。较为经济划算的餐饮包括：提供三明治的咖啡馆和一家位于佩特拉购物中心的麦当劳。蓝天商场（Sky Blue Mall）和佩特拉购物中心内都有小型市场，提供为数不多的野炊食品。

Taj Mahal 中东菜 $$

（☎053 650-6502；www.taj-mahal.co.il；主菜 59~119NIS；⏰正午至午夜；🛜✍）这家隐波给最好的餐厅设在贝都因人帐篷内（没有空调），配有地毯、枕头和矮沙发。餐厅出售中东烤肉（符合犹太教教规）、鹰嘴豆泥、莎苏

卡（shakshuka）、东耶路撒冷果仁蜜饼、水烟袋（nargilehs）和可随时开启的6个啤酒酒头。餐厅位于Leonardo Inn酒店一层，朝向Isrotel Ganim。

周五22:00有肚皮舞表演。

Tapuah S' dom 以色列菜 $$

（☎08-995-6128；主菜 59~119NIS；⏰9:00~21:00或22:00）这家小餐馆就坐落在蓝天商场南侧，有些座位还能欣赏到湖景。主菜包括牛肉、烤肉串、鸡肉、鱼肉和意大利面，菜单上还有分量十足的沙拉和美味的甜品。早餐价格为50~90NIS。

购物

蓝天商场 商场 $$

（Sky Blue Mall；Kanyonit Ein Ha T' chelet）在酒店区中间的这家商场是在以色列境内购买死海美容产品的首选之地。商店内也出售沙滩用品，包括人字拖鞋。隔壁正在兴建的Kanyon Yam HaMelach是一座大得多的新商场。

实用信息

在蓝天商场里有自动柜员机，在佩特拉购物中心也有（从麦当劳穿过走廊）。商场内有货币兑换处，但汇率算不上优惠。

死海旅游信息（☎08-997-5010；www.sdom-deadsea.co.il；Solarium-400；⏰周日至周四8:00~17:30，周五 9:00~13:00；📶）这是个绝佳的信息咨询处，可为你提供地图以及从诺特哈奇卡到恩盖迪这一片区域（约旦河西岸、恩盖迪以北地区隶属不同的区政府）的酒店、民宿、餐馆、户外活动和汽车时刻表的细节信息。同时出售SPNI比例尺为1:50000的徒步地图，价格为110NIS（恩盖迪的SPNI教学与科研学校也出售徒步地图，价格为87NIS）。咨询处位于Daniel Hotel街对面的Solarium-400综合楼内。

到达和离开

可在隐波给酒店区涂有蓝白颜色的特定区域停车，从8:00到19:00（周五到18:00）需花费5NIS/小时或者25NIS/天，也可以预付超过一天的停车费。酒店虽提供免费停车位，但数量有限。隐波给没有存放行李的地方。

索多玛（Sodom）

سدوم סדום

据说，此处就是《圣经》中的古城索多玛和蛾摩拉（Gomorrah）的遗址，上帝为了惩罚该城人民的罪恶，用火与硫黄的风暴毁灭了古城（《创世纪》18-19）。目前，索多玛更多的是因为沙漠远足和自行车车道而闻名。

白天，位于索多玛山（Mt Sodom）以南几公里处的死海工厂里，锈迹斑斑的烟囱（被风腐蚀）、管道和污水池等综合设施，看上去就像是20世纪中叶混乱糟糕的工业社会；但到了晚上，当所有设施被淡黄色的灯光照亮时，这个地方呈现出神秘和超脱尘俗的美丽。死海工厂利用死海湖水——除了阳光和地中海沿岸气田外以色列唯一的自然资源——生产出来的产品，既有氯化镁、无水氯化铝和碳酸钾（用作化肥），也包括食盐和化妆品原材料。

景点

罗得的妻子（Lot' s Wife） 地标

在隐波给南端以南大概11公里处Rte 90的西侧高地，一根富含盐分的石柱与索多玛山的崖壁遥相呼应，这就是俗称的罗得的妻子。根据《圣经》，罗得的妻子在索多玛城被烧毁时违背神的指令回头张望，因此被神惩罚，变成了一根盐柱（《创世纪》19:17和19:26）。

"人类的处境" 雕塑

（The Human Condition；Matzav HaAdam；Rte 90；⏰24小时）在悬崖高处眺望死海工厂这座现代雕塑，破旧的铁轨固定于生锈的钢柱之上，好像无望的蠕虫般努力地向上攀爬。

从雕塑旁边的一处**瞭望台**可以俯瞰浓烟滚滚的工厂、电蓝色的蒸发池、郁郁葱葱的原野（直到约旦），还有褐色的美丽荒漠。黄昏时，当夕阳西下，约旦的摩押山（Moab Mountains）笼罩在一片金红色之中，景象引人入胜。

长达600米的通道与Rte 90相交于死海工厂大门以北250米处。在标志着"植物观赏点"（可忽略"禁止擅自进入"的黄色标志，它只是指代道路之外的区域）的黄底白字指示牌处拐弯，然后一路按照绿色指示牌指引前行，绿色指示牌上用希伯来语标着"La Mitzpeh"（"前往观景点"）。雕塑远处，一条四驱车道通向阿米兹高原（Amiaz Plateau）。

活动

索多玛山（Mt Sodom） 徒步、骑车

作为世界上最奇特的地质构造之一，索多玛山（峰顶高度：海平面以下176米）几乎完全由岩盐构成。岩盐是一种高度可溶的物质，在任何气候下都能轻易溶解。两条始于瞭望台（可以驾驶四驱车到达）的小径沿着索多玛山的陡峭侧翼绵延而下。站在瞭望台上，黄昏时分能看到的景色最美。

索多玛山高250米，长11公里，宽2公里。Ma'aleh HaSulamot（进身之阶；走路下行需1.5小时）于1934年建立，因其有很多阶梯而得名，穿过一条来自死海工厂被阳光曝晒的首片工人棚户区的公路，通往Rte 90。另一条可以通往Rte 90的下山路径是Shvil HaDagim（鱼路；下行需1.5小时），这个名字源于岩石中有很多鱼化石。

几千年来，少见的降雨溶解了索多玛山的部分盐分，盐山高处被溶化成碗状，又逐渐形成了一个个迷宫般的洞穴（不对公众开放），最长可达5.5公里，其中一些布满了精致而怪异的盐钟乳石。很多洞穴通过竖井和平地连接，因此旅行者行走时需小心脚下，以免掉落。

索多玛山以西的索多玛河道是一个理想的登高之处。如果你从山顶出发（可驾驶四驱车到达），到达Neve Zohar区域大约需要2小时，主要是下坡路。当然还有一个选择，就是沿着美丽的Pratzim河道（Wadi Pratzim，也称作Wadi Perazim）走环线，上游河道经过著名的弗洛尔洞穴（Flour Cave，不对外开放）。

到达和离开

探索这片区域时你需要自己开车，最好是四驱车。诺特哈奇卡和其他地区的四驱车旅行社可以组织接送和短途旅行。

诺特哈奇卡（Neot HaKikar）

ناؤت هاكيكار נאות הכיכר

☎08/人口：900

诺特哈奇卡坐落在以色列最遥远的角落，紧挨着约旦边境，这片莫沙夫农耕区（集体村）是探索死海南部周边的河道、高原和断崖的最佳地点。在宁静慵懒的氛围中，诺特哈奇卡及其姊妹村合作社——爱因塔马尔（Ein Tamar）为游客提供舒适的民宿，还有山地自行车、徒步、观鸟和四驱车沙漠探险等各种活动可选，距隐波给最近的沙滩只需30分钟。需要注意的是，由于酷暑，一些地方在7月至9月中旬是关闭的。

活动

可远足和骑行的河道（nechalim）包括阿拉瓦、Tzin（Zin）、Amatzya（Amazyahu）、Peres、Tamar、Tzafit和Ashalim，都有四驱车道，只需20分钟车程。其他适合远足或骑行的好去处包括索多玛山和阿米兹高原。

从诺特哈奇卡出发，在30分钟车程内，你可以体验各种越野路线，其中一条是He Charitz（"裂缝"），另一条从索多玛河道到Pratzim河道。据本地人说，从6月到9月中旬，这里的天气异常炎热，徒步或骑行的安全得不到保障。

小马哈提什（HaMakhtesh HaKatan）是以色列三大侵蚀坑中最小的一个，向西行驶30分钟可达。在你住宿的地方，你可以让店主安排四驱车载你到小道的起点（需要一定的费用）。车辆不允许进入天坑内。

莫沙夫有网球场和篮球场、儿童乐园和一个公共游泳池（从逾越节开放至住棚节）。

一些农民提供自家农场的参观服务，包括对沙漠农业的介绍。本地工匠制作珠宝、陶器和金属雕塑。

Cycle Inn 骑车

（☎052 899-1146；uzicycleinn@gmail.com；5小时租赁 75NIS；⏰9月中旬至次年5月）出租山地自行车，收费包含了头盔。店主Uzi和Barak非常乐意为你提供路线图和翔实信息。

团队游

Barak Horwitz 探险游

（☎052 866-6062；barakhorwitz@gmail.com；8人四驱车 2小时游览 800NIS）作为一位

拥有执照的向导，住在诺特哈奇卡的Barak Horwitz对死海地区特别熟悉。虽然经营着四驱车旅行的生意，但他很乐于提供其他户外活动方面的建议（不收费），包括徒步。通过电话或电子邮件都可以联系到他。另外，Barak Horwitz也提供梅察达和其他死海遗迹的导览游。

住宿

诺特哈奇卡约有50家民宿，除非你特别预订（1位成人/2位成人60/100NIS），否则不提供早餐。

★ Shkedi's Camplodge 小屋 $

（Khan Shkedi; ☎052 231-7371; www.shkedig.com; 铺/双/四 带公用浴室 不含早餐 100/350/450NIS; ⏲7月中旬至9月关闭; 📶）这处沙漠露营地是消遣几天的好地方，在晚上尤其迷人，主人Gil Shkedi和客人们在篝火周边慵懒地散步，或是在帐篷中惬意地畅饮啤酒。天气炎热的时候，你可以躺在吊床上休息，放空自己。

宿舍床铺通常周五和周六就预订一空，这些用木材修建的宿舍小屋既舒适又宽敞，床垫就铺在地板上。干净整洁的现代浴室让你恍惚感受到墨西哥的异域风情，还有可供自炊者使用的设施齐全的配套厨房。

Melach HaAretz 民宿 $$

（☎08-655-1875, 050 759-4828; madmonynh.com; 双 不含早餐 450~500NIS; 📶）这是带2个房间的小公寓住宅，不远处有一个公园，很适合小朋友，唠叨的主人Asaf Madmony在里面装饰着很多独特的石头、木制和金属雕塑。

Korin's Home 民宿 $$$

（HaBayit Shel Korin; ☎050 680-0545; www.korins.co.il; 双 不含早餐 700NIS，每加一人100NIS; 📶）来这里就像是拥有了属于自己的私人宅院，有水疗和带3间卧室的公寓。每个公寓最多可睡6人。

就餐

诺特哈奇卡和Ein Tamar各有一家配备自动柜员机的杂货店，两家店甚至在周六晚上也会营业。

午餐和晚餐可以从当地家庭那里提前一天预订，主菜70~100NIS。

到达和离开

诺特哈奇卡位于Rte 90上诺特哈奇卡路口东南8公里处、阿拉瓦路口东南11公里处，从迪莫纳和贝尔谢巴方向来的Rte 25与Rte 90在阿拉瓦路口交会。

所有从埃拉特开往贝尔谢巴、特拉维夫、死海和耶路撒冷的长途汽车都会停靠在阿拉瓦路口，通常旅馆的主人很乐意载你一程。

321路是唯一开往诺特哈奇卡的长途汽车，每天发车2次，一次在清晨，一次在下午晚些时候，将诺特哈奇卡、迪莫诺（16NIS，40分钟）和隐波给（16NIS，45分钟）连接起来。

内盖夫

包括 ➡

贝尔谢巴......326
内盖夫高地......329
密兹比拉蒙......332
阿拉瓦......339
埃拉特......342

最佳餐饮

- Fish Market（见350页）
- InnSense Bistro（见338页）
- Kornmehl Farm（见332页）
- Pastory（见349页）
- Lasha Bakery（见338页）

最佳住宿

- Midbara（见342页）
- 迦密达特葡萄酒厂（见333页）
- iBex Hotel（见337页）
- Kibbutz Lotan Guesthouse（见341页）
- Khan Be' erotayim（见329页）
- 席伏塔（见331页）

为何去

内盖夫是以色列唯一令人感到广袤而没有边界的地方。这片地区从红海向北延伸250公里，其光秃秃的石头山丘与干燥的沟壑自从亚伯拉罕生活的时代以来便一直吸引着游客、商人与游牧民（《创世纪》12:9和20:1）。如今，过冬者、水肺潜水爱好者、观鸟爱好者以及徒步者聚集在度假城市埃拉特，后者每年有360天都是晴天。从那里向北，阿拉瓦（东非大裂谷的一部分）的基布兹吸引着对沙漠的可持续性开发感兴趣的环保人士和访客。别的游客追随着纳巴泰人的足迹，后者不仅在佩特拉（可以从埃拉特轻松前往），还在阿伏达特、席伏塔和马姆希特建立了令人印象深刻的城市，这些地方如今被联合国教科文组织列为世界遗产。时髦的密兹比拉蒙高踞以色列色彩缤纷的“大峡谷”边缘，吸引着富有创造力的头脑、古怪的创业者以及追求宁静的人。

何时去

埃拉特

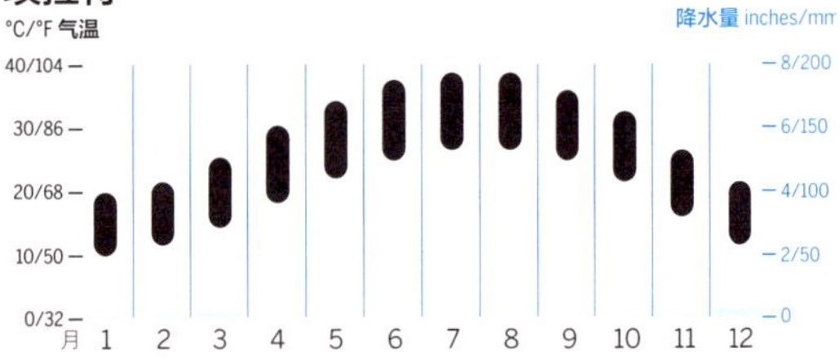

3月至5月和9月末至11月 进行沙漠徒步的最佳时节。白天阳光普照，夜晚寒风刺骨。

8月 红海爵士音乐节为酷暑难耐的埃拉特之夏增添了一丝酷炫。

12月至次年2月 骤雨过后，棕色的水流奔腾穿过干河谷。

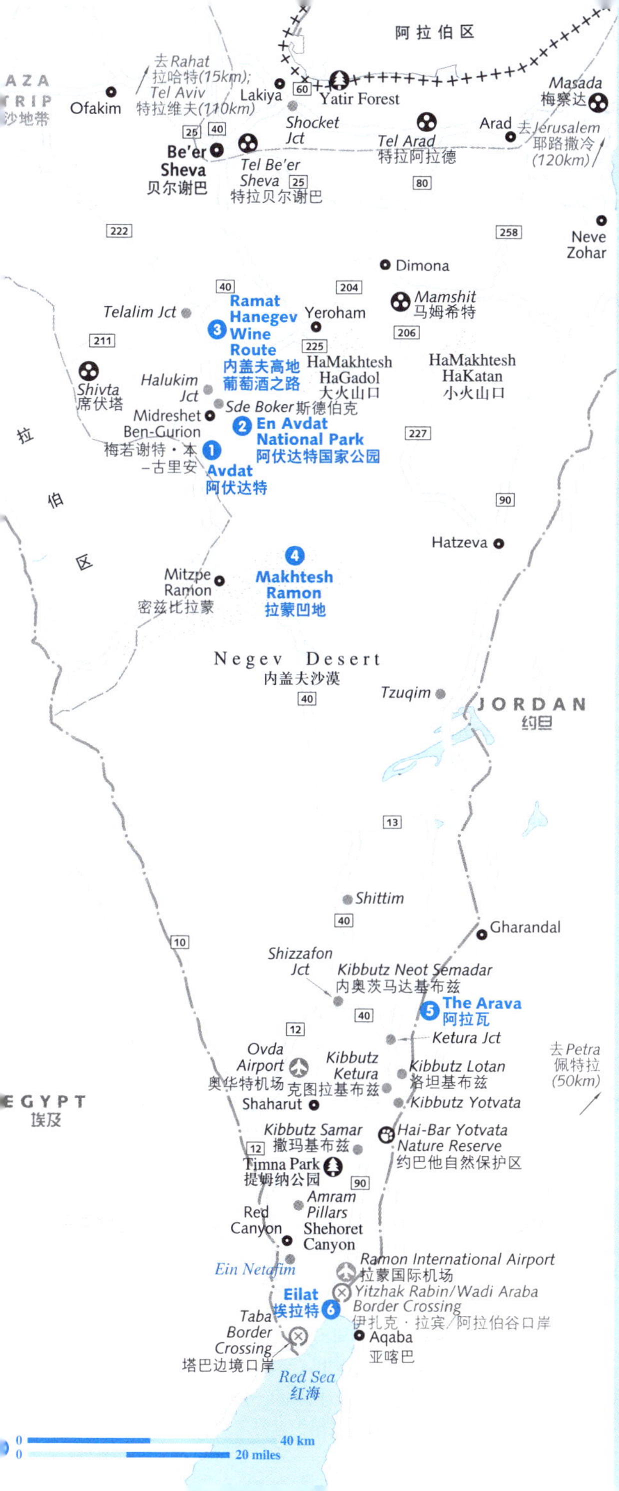

内盖夫亮点

1. **阿伏达特**（见330页）探索纳巴泰香料之路上一座城市的遗迹。
2. **阿伏达特国家公园**（见330页）徒步穿越一条沙漠干河谷，前往天然泉、池塘和瀑布。
3. **内盖夫高地葡萄酒之路**（见333页）品尝内盖夫出产的精品葡萄酒。
4. **拉蒙凹地**（见334页）徒步穿过世界最大“侵蚀圈”广袤多彩的风景。
5. **阿拉瓦**（见339页）参观旨在与沙漠和谐共生的基布兹。
6. **埃拉特**（见342页）在真正瑰丽的珊瑚礁浮潜和潜水。

贝尔谢巴（Be' er Sheva）

بئر السبع　　באר שבע

☎08/人口：203,600

“内盖夫之都”作为旅游目的地长期被人忽略，如今由于老城的再度复兴，这里开始吸引游客的到来。老城区的狭窄街道邋遢且全然失修，点缀着博物馆和奥斯曼帝国时期的建筑。只可惜，这座城市经营历史长达112年的著名的贝都因市场在2017年关闭了。

贝尔谢巴是以色列南部的贸易、工业、医疗、交通与学术重镇。工作机会、店铺、索洛卡医院（Soroka Hospital）以及对学生出名友好的内盖夫本-古里安大学（Ben-Gurion University of the Negev），对犹太人和贝都因以色列人都极具吸引力。

历史

贝尔谢巴在《希伯来圣经》中被提到了36次，其名字的含义大概是“誓言井”或“七井”，在古以色列时期曾是重要的都市中心。现代的贝尔谢巴由奥斯曼人建于20世纪伊始，部分是为了对抗英国在西奈半岛日渐扩张的影响。土耳其人的担忧是正确的：到了1917年年底，这个灰蒙蒙的前哨就已经处在英国的控制之下了，不管你信不信，它是被澳大利亚军团以老式骑兵攻击的方式拿下的。在1948年的第一次中东战争期间，埃及军队曾短暂地占领了这座城市。贝尔谢巴在战后飞速扩张，人口以犹太难民和来自阿拉伯国家的移民为主。

景点

贝尔谢巴的历史景点聚集在老城区，后者是一片邋遢的工人阶级区，位于火车站和客运站西南方1公里处，这段路非常好走。HaAtzma' ut St是主街；与之平行的Kakal St部分被改造成了朴素的步行商业街。

内盖夫艺术博物馆和伊斯兰与近东文化博物馆　　博物馆

（Negev Museum of Art & Museum of Islamic & Near Eastern Cultures；☎08-699-3535；www.negev-museum.org.il；60 Ha' Atzmaut St；艺术博物馆 成人/儿童 20/10NIS，两座博物馆35/20NIS；⏲周一、周二和周四 10:00~16:00，周三 正午至19:00，周五和周六 10:00~14:00）这座艺术馆位于优雅的奥斯曼总督府（1906年）内，举办每年变换3次的临时展览（详见网站）。附近有一座比例优雅的奥斯曼清真寺（1906年），其拱门的灵感部分来自德国（土耳其人当时的盟友）建筑，寺内全年都有聚焦伊斯兰文化的展览。

土耳其火车站　　历史建筑

（Turkish Railway Station；Engine 70414 Compound；☎08-623-4613，分机2；Eli David St和David Tuvyahu St交叉路口；迷你博物馆和软座车厢 成人/优惠 30/20NIS；⏲周日至周四 9:00~17:00，周五 至13:00）这一火车站建筑群建于1915年，如今有奥斯曼时期与托管时期贝尔谢巴的迷人照片展，其中包括了这座城市在“一战”期间被澳新骑兵攻破的照片。你还能看到贝尔谢巴线一直沿用至1958年的一种蒸汽引擎，并参观一座交互式迷你博物馆、一节来自1922年的豪华软座车厢，以及一座建于2002年的土耳其“一战”纪念碑。售票窗口可以提供贝尔谢巴的地图和游客信息。

英联邦烈士公墓　　墓地

（Commonwealth War Cemetery；www.cwgc.org；HaAtzma' ut St和Hartzfeld St交叉路口；⏲24小时）这处庄严的“一战”公墓拥有打理整齐的花园和墓碑，安息着1241名英联邦士兵，其中包括174名澳大利亚人、31名新西兰人以及67名身份至今无法确定的烈士。

内盖夫艺术家之屋　　画廊

（Negev Artists' House；☎08-627-3828；55 Ha' Avot St；⏲周一至周五 10:00~13:30，周一至周四 16:00~19:30，周六 11:00~14:00）**免费** 这座宏伟的托管时期别墅（1933年）如今是个拥有4间展厅的画廊，主要展出内盖夫艺术家引人注目的作品。

特拉贝尔谢巴　　考古遗址

（Tel Be' er Sheva；☎08-646-7286；www.parks.org.il；成人/儿童 14/7NIS；⏲8:00~16:00或17:00，周五提前关闭，关闭前1小时停止入内）特拉贝尔谢巴（与加利利、哈特佐尔和米吉多的另两座古代城市一起）在2005年被列入联合国教科文组织世界遗产名录，是古以色列早期

Be'er Sheva 贝尔谢巴

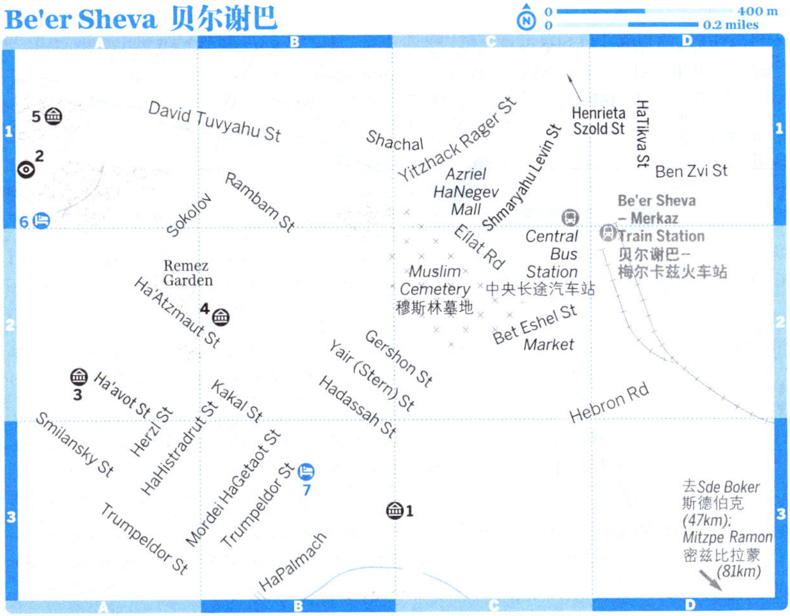

Be' er Sheva 贝尔谢巴

景点

1 贝尔亚伯拉罕……B3
2 英联邦烈士公墓……A1
3 内盖夫艺术家之屋……A2
4 内盖夫艺术博物馆和伊斯兰与近东文化博物馆……B2
5 土耳其火车站……A1

住宿

6 Beit Yatziv……A1
7 Hotel Aladdin……B3

（公元前10世纪）一座重要的设防城市。这里是圣经时期城市规划的绝佳范例，拥有精妙的集水系统，基岩中凿出了一个五腔储水池，以便在围城时期使用。遗址位于贝尔谢巴以东7公里处，旁边是贝都因城市特拉谢巴（Tel Sheva；在迎宾拱门前转弯便是）。

“一战”期间，由于北奥克兰步枪骑兵第11中队（11th North Auckland Mounted Rifles）的英勇无畏，英军占领了拉贝尔谢巴顶部的一个土耳其炮兵阵地。

在遗址和贝尔谢巴的中央客运站之间有Metropoline的10路和15路公交车（4.80NIS，30分钟，每小时1或2班）运营。

贝尔亚伯拉罕 博物馆

（Be' er Avraham; Abraham' s Well International Visitor' s Centre; ☎08-623-4613; www.abraham.org.il; 2 Hebron Rd; 团队游 成人/优惠 34/20NIS; ⏲周日至周四 8:30~17:00，周五 9:00~13:00，闭馆前1小时最后一场团队游）根据《圣经》，贝尔谢巴是上帝的使者向亚伯拉罕的儿子以撒显现的地方（《创世纪》26:23-25），也是亚伯拉罕与亚比米勒（Avimelech）立约的地方（《创世纪》21:25-34）。因此这个游客中心聚焦于亚伯拉罕三教始祖的生平和年代。

没有证据表明亚伯拉罕曾经来过庭院中这口井（修复于奥斯曼时期）的所在地，但他在45~60分钟的游览中存在感非常强，游览包含了一段15分钟的视听介绍（提供希伯来语和英语版本，配有7种语言的字幕）。这里位于老城区的东南边缘。

以色列空军博物馆 博物馆

（Israeli Air Force Museum; ☎08-990-6888; Hatzerim; 成人/儿童 含团队游 30/20NIS; ⏲周二至周四）这里有大约120架历史飞机停在柏油地面上，其中包括一架第一次中东战争中使用过的喷火战机、被缴获的叙利亚和伊拉克米格战斗机、喷射战斗机和攻击直升机，阐明了以色列传奇空军的历史。在逾越节与住棚节之间的日子里，这些旧飞机会飞上天空，而以色列空军的现役飞机会被展出。目前有一座更大的博物馆正在筹划阶段。请带上你的护照。

博物馆位于贝尔谢巴以西10公里处，在哈则瑞姆（Hatzerim，Khatserim）的边缘。从中央客运站搭乘Dan BaDarom的40路或41路公交车（往返9.50NIS，10分钟，每小时2班）可达。

住宿

Hotel Aladdin 酒店 $$

（☎08-866-0828；www.aladdin-negev.com；1st floor，25 Ha' Atzmaut St；标单/双 300/400NIS；📶）如果你想住在老城区，靠近景点和餐厅，这里是个不错的选择。老板一家来自苏联，这里有19间锃亮干净的客房——别被看起来不太好的周边环境吓退了。

Beit Yatziv 青年旅舍 $$

（☎08-627-7444；www.beityatziv.co.il；79 Ha' Atzmaut St，Old City；标单/双 300/400NIS，豪华房 450NIS；⏲前台 周日至周四 7:00~19:00，周五 至11:00；P📶🏊）这家青年旅舍属于一个教育和文化中心，拥有76间标准间，房间面积很小，内有两张单人床、一个冰箱、一台电视以及一个烧水壶；24间豪华房较新也较大，配有一个写字台；还有一个游泳池（7月和8月对住客开放）。可以通过电话或电子邮件预订。如果你在前台休息时到达，这里的员工可以把钥匙留给保安。13路公交车可以到达这里。前台周六休息。

到达和离开

长途汽车

贝尔谢巴的中央长途汽车站是内盖夫最重要的汽运枢纽。目的地包括：

特拉维夫中央长途汽车站（Tel Aviv Central Bus Station；Metropoline的369路和370路长途汽车，18.50NIS，1.75小时，每小时若干班）

另辟蹊径

从贝尔谢巴出发的一日游

贝尔谢巴是探索内盖夫北部的一个十分不错的大本营。亮点聚焦于这片地区的贝都因人及他们的文化。

贝都因文化博物馆（Museum of Bedouin Culture；☎08-991-3322；www.joealon.org.il；15NIS；⏲周日至周四 8:00~16:00）这里很好地介绍了内盖夫贝都因人的生活。展品包含了传统服饰、家用器具、地毯、工具、珠宝以及照片。这里还有一顶待客帐篷，游客可以与一名本地贝都因人坐在一起喝咖啡和聊天。博物馆位于贝尔谢巴东北方27公里处的Joe Alon Center内，前边（就在东侧）是Kibbutz Lahav，门票包含语音导览。

希德雷-拉基亚内盖夫纺织（Sidreh-Lakiya Negev Weaving；☎08-651-9883；www.sidreh.org；House 92，Neighbourhood 3，Lakiya；团队游 20NIS；⏲周日至周四 9:00~16:00）这家社会型企业于1991年成立，建立初衷是为了给贝都因妇女提供收入及保护传统的毛纺和手工纺织技巧，会组织团队游（提前预约）并出售成员制作的漂亮地毯、靠垫和配饰。这里位于贝尔谢巴东北方18公里处，贝都因村庄拉基亚（Lakiya，Laqya）内。沿着“Negev Weaving”的指示牌走，来到拥有黄色穹顶的清真寺Abu Bakr Mosque后边。

特拉阿拉德国家公园（Tel Arad National Park；☎08-699-2444；www.parks.org.il；成人/儿童 14/7NIS；⏲8:00~16:00或17:00，周五提前1小时闭园，闭园前1小时停止入内）在青铜时代早期（公元前3100至公元前2650年），特拉阿拉德是一座早期迦南城市的所在地，我们至今仍旧能够看到它的遗迹。在空置了大约1500年后，以色列人在公元前11世纪开始在这里定居。这座城市在公元前6世纪初再次被毁灭，这一次毁灭它的是巴比伦人。这里的亮点包括一座以色列圣殿的遗迹，位于贝尔谢巴以东39公里处。

耶路撒冷（Egged的470路长途汽车，34NIS，1.75小时，每小时3班）

密兹比拉蒙（Metropoline的60路、64路和65路长途汽车，15NIS，1.25小时，每小时2~4班）途经斯德伯克（Sde Boker）和阿伏达特（En Avdat）。

死海（Egged的384路长途汽车，27NIS，至隐波给1.5小时，周日至周四每日5班，周五3班）途经阿拉德（Arad）。

埃拉特（Egged的392路、393路和397路长途汽车，42.50NIS，3.5小时，每1或2小时1班）周五一直运营到傍晚，周六运营到午后。

火车

在**贝尔谢巴-梅尔卡兹火车站**（Be' er Sheva-Merkaz Train Station; Be' er Sheva-Center; www.rail.co.il），有直达列车前往特拉维夫（27NIS，1.25小时，每小时2班）、海法（53NIS，2.25小时，每小时1班）、阿卡（Akko）和纳哈里亚（Nahariya）。周五末班车在冬季13:16发车，夏季15:16发车；周六首班车在日落后发车。

内盖夫高地（Negev Highlands）

النقب هضبة　　　　הר הנגב

内盖夫高地（Ramat HaNegev）大约覆盖了以色列20%的国土面积，包含了激动人心的荒漠风光、偏僻的基布兹、高级的葡萄园以及几处重要的纳巴泰遗址。附近的时髦城市密兹比拉蒙位于拉蒙凹地（Makhtesh Ramon）的边缘，海拔高到偶尔会下雪。

Rte 10位于以色列和埃及边境沿线，出于安全原因不对平民开放，但在逾越节、住棚节和光明节期间或许会开放。

住宿

Khan Be' erotayim　　平房 $$

（Be' erotayim Desert Lodge; ☎08-655-5788; www.beerotayim.co.il; Ezuz西北2公里处；成人/3~13岁儿童 含半膳 295/165NIS）这个环保营地（海拔360米）位置偏僻，靠近埃及国界线，非常适合享受荒野的宁静、围着篝火（总是有热腾腾的花草茶和阿拉伯咖啡）放松，以及在晚上看星星。它位于贝尔谢巴西南85公里处和尼兹纳（Nitzana）以南14公里处。

这里的住处是简陋的平房，地上铺有席子，配有柴火炉，桌椅为西奈贝都因人制作，厕所是公用的。三餐尽量从本地取材，全部电力都采用太阳能，还提供骑骆驼导览游（每小时每名成人/儿童收费80/60NIS）。

到达和离开

Metropoline的60路和64路长途汽车连接了贝尔谢巴和密兹比拉蒙，经停Rte 40沿线的所有景点，其中包括斯德伯克基布兹（Kibbutz Sde Boker）、梅若谢特·本-古里安（Midreshet Ben-Gurion）和阿伏达特国家公园（Avdat National Park）。

斯德伯克（Sde Boker）

سديه بوكير　　　　שדה בוקר

☎08/人口：2230

斯德伯克基布兹作为以色列第一任总理戴维·本-古里安（David Ben-Gurion）的晚年家园而声名远扬，他的朴素居所已经成为以色列学童的朝圣之地。这里由一些计划在沙漠中饲养牲畜的年轻先驱者在1952年建立——因此他们将基布兹命名为“牛仔的原野”。

梅若谢特·本-古里安位于基布兹西南方5公里（公路距离）处，因其壮观的沙漠环境——兹因溪（Wadi Tzin）和阿伏达特国家公园就在旁边——以及对沙漠生态、旱地农业和太阳能的尖端研究而闻名。这座迷人的村庄被打造为区域性的学术中心，贝尔谢巴的内盖夫本-古里安大学的一个分校区就在此地。

景点

本-古里安沙漠故居　　博物馆

（Ben-Gurion' s Desert Home; ☎08-656-0469; www.bgh.org.il; Kibbutz Sde Boker; 成人/优惠 20/15NIS; ⏰周日至周四 8:30~16:00，周五 至14:00，周六 10:00~16:00）在遗愿中，这位以色列国父要求将自己与妻子保拉（Paula）所居住的这栋低调的基布兹房屋完完整整地保留为其离开时的样子，那便是你在参观这座博物馆时所看到的：20世纪五六十年代的朴素家具、一间摆满书本的书房，以及一张展示了第一次中东战争之后以色列国界的1952

另辟蹊径

香料之路

纳巴泰人(Nabataean)控制着阿拉伯与希腊和罗马帝国之间利益丰厚的沙漠商队路线长达几个世纪。他们是来自阿拉伯半岛北部的一个游牧民族,大约在公元前4世纪来到了内盖夫。

在纳巴泰人(哪怕是最恶劣的沙漠环境也不怕的生存大师)领地于公元100年前后被罗马人统治之后,他们在文化上被同化,采用了格里高里历,建立了永久性定居地,并最终改信了基督教。他们所说的语言是作为区域通用语言而使用的阿拉姆语(Aramaic)的一支。纳巴泰人拥有无数勇于改革和创新的工程师——因为恶劣的沙漠环境,他们开发了精密的滴灌技术,这些技术如今又被重新使用。为了炫耀,他们的国王在宾客面前大肆费水。

纳巴泰人的香料之路曾经一度贯穿于也门、阿曼与地中海地区之间,途经今天的沙特阿拉伯、约旦(佩特拉)、以色列和加沙地带。通商之路的贯通,也使得内盖夫沙漠上包括阿伏达特(Avdat)、马姆希特(Mamshit)、席伏塔(Shivta)和Halasa在内的多个城市日渐繁荣,而在其周边的干河床内,沙漠农业茁壮发展。其中三个定居地的偏僻遗址在2005年被宣布列入联合国教科文组织世界遗产名录,被集体命名为“Incense Route - Desert Cities in the Negev”。

阿伏达特

这座古城保存完好,海拔650米,高于周围的沙漠区域。它因纳巴泰帝国的君主奥巴达(Obada)而得名,建成于公元前3世纪,其作用是为古代的商旅团队在自佩特拉前往地中海的途中提供休息的站点。这座古城在拜占庭时期一直十分繁荣,但于630年发生大地震之后被人们遗弃。6年之后,穆斯林接管了内盖夫地区。

在加油站隔壁的游客中心(☎08-655-1511; www.parks.org.il; 成人/儿童 18/14NIS; ⏲8:00~16:00或17:00,周五提前1小时关闭,关闭前1小时禁止入内)购票,你可以在那里观看一段关于香料之路的10分钟短片(10种语言)。之后参观附近拜占庭时期的浴场,再开车上坡(或步行一段陡峭的小路)前往古城的遗址。亮点包括一个古罗马浴场、墓穴、几座4世纪的教堂、一个陶艺制作车间,以及一台拜占庭时期的榨酒机。

年的墙上地图。故居位于斯德伯克基布兹的南部边缘,在Rte 40的德雷克(Delek)加油站处转弯。

这里的两段影片介绍了本-古里安的生平。其中一部着眼于他唤起犹太民族自决意识的坚定决心,旁白惟妙惟肖地模仿了这位伟人特征鲜明的嗓音(12分钟),而另一部聚焦于他作为领袖所面对的挑战(15分钟)。

本-古里安墓 纪念地

(Ben-Gurion Graves; Midreshet Ben-Gurion; ⏲24小时)戴维·本-古里安(1886~1973年)和保拉·本-古里安(1892~1968年)的坟墓位于壮观险要的悬崖顶端,俯瞰着美丽的兹因溪和阿伏达特平原。在墓地旁边已经建立了一座沙漠植物园,经常有野山羊路过。

★阿伏达特国家公园 国家公园

(En Avdat National Park; ☎08-655 5684; www.parks.org.il; 成人/儿童 28/14NIS; ⏲冬季 8:00~16:00,夏季 至17:00,周五提前1小时闭园)与周围极度干旱的沙漠环境不同,阿伏达特令人惊喜:一道淡水山泉全年从瀑布上飞流而下,奇迹般地汇入狭窄而蜿蜒的山涧之中,山涧夹于峭壁之间,如同柔软的白色粉笔。小径沿途的洞穴曾经居住着拜占庭时期的僧侣。为了保护野山羊等动物的栖息地,这里禁止游泳和蹚水。

公园有两个入口。北边的Zinim/Tzinim Cliff就在梅若谢特·本-古里安的大黄门外,南边的入口(能眺望全景,不过没有路通往干河谷)则在Rte 40上,位于阿伏达特国家公园纳巴泰遗址以北4公里处。除了指定野餐区域阿伏达特坐落于Rte 40之上，地处斯德伯克[梅若谢特·本-古里安（Midreshet Ben-Gurion）]以南10公里、密兹比拉蒙以北23公里的地方。Metropoline的64路和65路长途汽车定时往来于贝尔谢巴（15NIS，45分钟）和密兹比拉蒙（11.50NIS，12分钟），周日至周四每小时2班、周五傍晚前每小时1班经过这里。

马姆希特

马姆希特（☎08-655-6478；www.parks.org.il；成人/儿童 22/9NIS；⏲8:00~16:00或17:00，周五提前关闭1小时，关闭前1小时停止入内）是以色列最小但保存最完好的纳巴泰城市，建于公元前1世纪；在4世纪，这里成为内盖夫唯一有城墙的城市。在已发掘出的遗址内，有古代的蓄水池、瞭望塔、两座4世纪的教堂，以及罗马人和拜占庭人的墓地。Church of St Nilus庭院中覆盖面积巨大的镶嵌拼花地板，是这座古城中的一处亮点。马姆希特坐落于Rte 25上，位于迪莫纳（Dimona）东南约8公里处。所有从贝尔谢巴经迪莫纳前往埃拉特的长途汽车（如397路），都可以把你带到通往遗址的1公里长的公路上（21.50NIS，30分钟）。

席伏塔

席伏塔（☎050 738-3802；www.parks.org.il；⏲日出至日落）**免费**是以色列最辉煌的偏僻地点之一，建造于罗马时代早期（公元前1世纪）。其保存完好的遗迹中有教堂、房屋、铺砖街道和一套令人印象深刻的灌溉系统，可以追溯至拜占庭时期（5~7世纪），当时这里是埃及与小亚细亚之间商队路线上重要的一站。席伏塔位于贝尔谢巴西南60公里处，从Rte 211下来走8公里便是。

要想充分享受席伏塔在沙漠中的壮丽和与世隔绝，就在**民宿**（www.nabato.co.il；双 含早餐 9月至次年5月 420~550NIS，6月至8月 380~480NIS）里过夜吧。民宿位于一支盎格鲁-美国考古研究队在20世纪30年代建的一座石头建筑中。

以色列国防军的席伏塔炮兵基地位于北边5公里处，与贝尔谢巴之间有Metropoline的44路长途汽车相连（13NIS，周日至周五每日3~5班）。旅馆老板阿米（Ami）很乐意去长途汽车站接房客。

之外，园内禁止吃东西。只有入口和下停车场（Lower Parking Lot）有厕所。

最受欢迎的两条路线从下停车场出发，停车场距离北入口有3公里的车程。**短线**（Short Route；请至少在闭园前1.5小时出发）是一条1.6公里的环线，带你前往阿伏达特的水池和瀑布。单向的**长线**（Long Route；请至少在闭园前2.5小时出发）通往公园的南入口，因为有一段路包含了可以上去但不能下来的梯子，这条路线不能反方向走。从南入口附近可以轻松搭乘长途汽车北上或南下。有一条较长的路线（15公里）通往**En Akev**，后者是兹因溪沿线更远处的一个淡水泉（允许游泳），走这条路线的预计时间为6~7小时。

来这里的最佳时间是春季和秋季。公园的工作人员可以为你提供地图和关于徒步选择的详细情况。

活动

Geofun Desert Cycling 骑车

（☎08-655-3350；www.geofun.co.il；Midreshet Ben-Gurion；山地自行车 每天 成人/青少年 80/60NIS；⏲周一至周四 9:00~18:00，周五至14:00，周六和周日歇业）Geofun位于梅若谢特本-古里安园区内的小型购物中心，出租和修理自行车并出售骑车装备。员工可以提供骑行地图，并且乐于帮助你规划旅程。

住宿

Sde Boker Field School 青年旅舍 $

（☎08-653-2016；http://sdeboker.co.il；Midreshet Ben-Gurion；青年旅舍 标单/双 240/

值得一游

极品山羊

内盖夫高地已经养了几千年的山羊，所以这里近年来开始出现极品山羊饲养场也不足为奇了。这些饲养场通常位于葡萄酒路线上或附近，以下饲养场位于斯德伯克以北12公里至15公里处。

Naot Farm（054 421-8789；www.naotfarm.co.il；Rte 40；日出至日落）有50只山羊、一家乳制品厂（游客可以自由参观；挤奶时间为6:00和15:00），以及一家商店，出售自制山羊奶浓缩酸奶、牛奶焦糖（dulce de leche）、法式奶酪（每公斤180~200NIS）和本地葡萄酒。从5座小屋里能看到绚丽的沙漠风景。饲养场位于Tlalim Junction以南3公里处，Rte 40以西400米处。

Kornmehl Farm（08-655-5140；www.kornmehl.co.il；Rte 40；主菜 44~66NIS；周二至周日 10:00~18:00；）这里有60只山羊，还有一个火车厢形的棚屋，你可以在棚屋里一边享用奶酪拼盘、山羊奶酪比萨、比萨饺（calzone）以及清新的自制酸奶饮品，一边欣赏沙漠风光。饲养场位于Tlalim Junction以南2.5公里处，Rte 40的东侧。

290NIS起，客栈 320/420NIS起，加一名儿童 110NIS；)Sde Boker拥有68间客房的试验场地俯瞰兹因溪，分为两部分。青年旅舍里经常充斥着吵闹的学校团体，简单的客房小而干净，配有6个床位和一个烧水壶。Hamburg House Guesthouse里的客房简朴但比较舒适，配有泡沫床垫、有线电视、烧水壶和冰箱。

办公大厅内提供Wi-Fi。在5月中旬至9月，住客可以使用本地的游泳池。如果你要徒步，员工可以安排打包午餐。通过电话或电子邮件预订。

Krivine Guesthouse 民宿 $$

（052 271-2304；www.krivine-guesthouse.com；No 15，Neve Tzin Neighbourhood，Midreshet Ben-Gurion；双/四 550/750NIS，周末和节假日 每人额外 50NIS）这里的老板玛丽昂（Marion）和约翰（John）分别来自法国和英格兰，民宿位于一条安静的居民区小巷的尽头，拥有一个崭新的公共休息区、3个配有私人阳台的套房，以及一间客房，全部铺有色彩缤纷的床单，且墙上都装饰着原创艺术品。

就餐

梅若谢特·本-古里安20世纪70年代风格的商业中心有一家高档的熟食咖啡馆（Knaaniya）、一家比萨餐厅（Domino）、一家炸豆丸子店、一家面包房（著名的Lasha的分店，总部位于密兹比拉蒙）以及一家超市。周五晚、周六和犹太节日期间没有地方可以吃饭。

实用信息

Sde Boker Field School Field Study Center（08-653 2016；http://sdeboker.co.il；Midreshet Ben-Gurion；周日至周四 8:00~16:30）这里的向导都非常了解本地的哺乳动物、爬行动物以及猛禽，并且可以提供关于徒步路线的信息。成人/儿童参观蛇馆的费用为10/7NIS（请提前打电话）。

到达和离开

Metropoline公司的长途汽车60路和64路连接贝尔谢巴（13NIS，40~50分钟）和密兹比拉蒙（13NIS，40分钟），每小时1班或2班，路途中停靠斯德伯克基布兹、本-古里安沙漠故居、梅若谢特本-古里安正门和位于达特遗迹下方的加油站这几个地点。65路的速度快一倍，但只在主要公路沿线停靠。需要提前告知司机你想要在哪一站下车。安息日当天，上述服务线路全部停止运营。

密兹比拉蒙（Mitzpe Ramon）

متسبي رمون　　מצפה רמון

08/人口：5000

在希伯来语中，“mitzpe”一词是“瞭望

台”之意。密兹比拉蒙小镇非常壮观，位于以色列“大峡谷”的北部边缘地带，真是一座名副其实的“观景台”。这里的风景种类多到令你屏息，吸引着寻求压力较低、更具创造性的生活方式的艺术家和有识之士前来。正因如此，该镇充满了创新的能量，特别是香料之路区（Spice Route Quarter）。

密兹比周围的空间宽广开阔，远离人群和城市的灯光（这里的星星超级好看），对那些寻求孤寂或刺激运动的人来说都同样适合。

尽管处在沙漠的中心地区，密兹比（人们通常这样称呼它）还因其海拔（海平面以上900米）而成为以色列境内最寒冷的地方之一，所以要准备好合适的行李。

景点

密兹比拉蒙最具活力的街区是**香料之路区**，聚集着几十年前为工业区建造的机库和货仓。如今，这里是感受密兹比卓绝创造力的最佳地点，可以来逛逛手工作坊、艺术家工作室、小型精品酒店、瑜伽工作室、咖啡馆、酒馆、纺织博物馆、超赞的面包房乃至一家全国闻名的爵士俱乐部。

值得一游

内盖夫高地葡萄酒之路

近年来，建在密兹比拉蒙和贝尔谢巴两地间山谷与丘陵上的葡萄酒厂数量急速增加。这标志着自古纳巴泰人在席伏塔和阿伏达特酿酒之后，人们第一次尝试在内盖夫高地种植葡萄。葡萄酒庄园主们既使用纳巴泰技术，也使用计算机灌溉系统，如今已经成功将以色列最贫瘠的土地变成了葱郁的葡萄园。

位于斯德伯克基布兹内的**斯德伯克酒庄**（Sde Boker Winery; Kibbutz Sde Boker; ⌚周日至周四 8:30~16:00，周五 至14:00，周六 10:00~16:00）成立于1999年，其建立的目的是通过与希伯来大学位于雷霍沃特（Rehovot）的农学院（School of Agriculture）的协同研究，检验用苦咸水（碱性水）种植酿酒葡萄这一思路的可行性。从旧金山远道而来的酿酒师兹维·雷马克（Zvi Remak）致力于以卡百内红和梅洛两个品种的葡萄酿造纯手工桶装红葡萄酒。在位于本-古里安沙漠故居附近的游客中心内有一处摊位，在这里你可以品尝到他酿造的红酒。

迦密达特葡萄酒厂（Carmey Avdat Winery; ☎08-653-5177; www.carmey-avdat.co.il; Rte 40，靠近Avdat National Park）位于一片种有大量橄榄以及其他果树的谷地内，周围是内盖夫多石的斜坡。它由家族经营，1998年建立于一个古代农业定居地的遗址之上，如今出产桃红葡萄酒、梅洛葡萄酒、赤霞珠葡萄酒以及一种赤霞珠/梅洛混酿葡萄酒。商店内可以买到奶酪及其他本地产品。这里也是可以住上几夜的可爱地方（双人US$156~237）。6间质朴的小屋（其中4间有石子地面）提供沙漠美景、一间厨房和一个私人戏水池，可以为住客送早餐。

伯克谷葡萄农场（Boker Valley Vineyards Farm; ☎052 862-2930, 052 578-6863; www.bokerfarm.com; Rte 40）由一个亲切友好的以色列-荷兰家庭经营，在这里，红葡萄酒的芬芳弥漫在合作酒窖里，你在那里可以花25NIS品尝7种本地葡萄酒（买一瓶酒则试饮免费）。他们也种植酿酒用葡萄、橄榄和水果（用来做果酱），并出售包括奶酪在内的本地产品。5间小木屋质朴而舒适（双人US$165），分散在一处有很多岩石的山腰上，每间小屋可以住2~5人，配有吊床、小厨房和露天烧烤区。最令游客们迷恋的，是提供水疗温泉浴的小屋和丰盛可口的家常早餐。农场位于Rte 40之上、斯德伯克基布兹以北5公里的地方，地处Telalim Junction和Halukim Junction之间。

其他值得品尝的当地红酒包括Ashba、Derech Eretz、Nana（尝一尝其令人印象深刻的霞多丽）、Ramat Negev、Rota和Rujum的产品。要了解游览内盖夫高地地区的信息，请浏览网站www.negevtour.co.il。

Mitzpe Ramon
密兹比拉蒙

Mitzpe Ramon 密兹比拉蒙

◎ 景点

1 拉蒙自然保护区 B4
2 民族中心 A1
3 拉蒙凹地游客中心 B4

活动、课程和团队游

iBex Excursions .... （见7）

住宿

4 Beresheet B3
5 Desert Shade Eco-Camp B2
6 HI – Mitzpe Ramon YouthHostel B4
7 iBex Hotel A1
8 InnSense Suites A1
9 Me'ever A1

就餐

10 HaKatze A1
11 HeHavit A4
InnSense Bistro .... （见8）
12 Lasha Bakery A1

娱乐

Mitzpe Ramon Jazz Club .... （见2）

★ 拉蒙凹地自然保护区　　自然保护区

（Makhtesh Ramon Nature Reserve; www.parks.org.il; ⌚24小时）**免费** 拉蒙凹地有时被描述为以色列版的大峡谷，是以色列最大的保护区，拥有丰富的徒步、骑车和骑马路线，悬崖还提供绳降。凹地约有300米深、9公里宽和40公里长，拥有色彩缤纷的砂岩、火山岩和化石。

拉蒙凹地游客中心　　博物馆

（Makhtesh Ramon Visitors Center; ☎08-658-8691; www.parks.org.il; 成人/儿童 28/14NIS; ⌚8:00~16:00或17:00，周五提前1小时关闭，关闭前1小时停止入内）这个游客中心坐落于凹地的边缘，员工非常乐于助人，愿意并且能够解答关于拉蒙凹地自然保护区生态环境及户外活动的问题。博物馆（完全称不上是必去的目的地）大部分是以色列宇航员伊兰·拉蒙（Ilan Ramon）的纪念馆，他在哥伦比亚号航天飞机（Space Shuttle Columbia）事故中丧生。不过最后一个展区和几部影片聚焦于凹地的地理和自然历史。1小时的团队游每15分钟开始一场，部分以英语进行。

瞭望台　　观景点

（Lookout; Nahal Grofit St; ⌚24小时）这里能看到拉蒙凹地的壮观风景。野山羊经常沿着附近的悬崖边缘漫步。

拉蒙自然保护区　　野生动物保护区

（Bio-Ramon; Hai Ramon Living Desert Museum; www.parks.org.il; 成人/儿童 22/9NIS; ⌚8:00~16:00或17:00，周五提前1小时关闭）这座袖珍的野生动物园是个出色的地方，你在这里能看到在野外不太可能会遇到的沙漠动物，因为它们要么是夜行动物，要么是濒危动物，要么是濒危夜行动物。在这里生活的动物（全部为被解救的动物）有蛇（大部分有毒）、蝎子、陆龟、啮齿动物（如胖胖的沙鼠）、蜥蜴（如刺尾鬣蜥）、刺猬、豪猪和猫头鹰。一部（4种语言的）短片介绍了大自然如何设法存续下去，即便是在最恶劣的环境之下。持拉蒙游客中心门票可以享受七五折优惠。

民族中心 博物馆

（EthnoCenter；☎052 882-3895；www.ethnocenter.co.il；Spice Route Quarter；成人/儿童含团队游 25/15NIS；⊙周一至周六 10:00~22:00）这座只有一个展厅的博物馆由一个来自达吉斯坦（Dagestan）的热情家庭经营，有高加索山区传统毯子采用的编织技巧的展览和示范。

活动

在密兹比地区和周边有几条全国最棒的徒步路线，其中包括以色列国家路线（Israel Trail）的一段。可供选择的有：轻松的绿线（Green Trail），这条路线下到凹地内（单程5.5公里，需时2.5小时），中途经过唯一允许采集彩砂的地方；一条可以徒步前往菊石壁（化石层；单程5~6小时）的中高难度路线；以及一条从密兹比通往Hemet Cistern的徒步路线（单程16公里，需时5小时），强烈推荐这条路线，它沿着一条位于悬崖边缘的小路下到一个葱郁的峡谷内，并继续通向一个拥有4000年历史的蓄水池。出发之前先去拉蒙凹地游客中心了解一下徒步信息和路线建议。

这片区域内的其他徒步路线还有一条3.5公里长、通向Wadi Ardon的环线，一条7公里长、通向Wadi Ardon和Nekarot Horseshoe两地的环线，以及一条要攀上Mt

在内盖夫地区徒步旅行

内盖夫的徒步路线包含了变幻无穷的沙漠风光。强烈推荐斯德伯克、密兹比拉蒙、提姆纳公园（Timna Park）和埃拉特周边地区的徒步线路。

以色列自然保护学会（Society for the Protection of Nature in Israel，简称SPNI）在密兹比拉蒙、埃拉特和阿拉瓦北部定居点Hatzeva均设有可提供住宿接待服务的教研基地。尽管这些住宿地点以服务学生群体为主，但工作人员能够提供一些关于当地徒步路径情况的最新信息，并出售比例尺为1:50,000的徒步地图。还有一个好办法是与青年旅舍中的工作人员交谈，进而获得所需信息——密兹比拉蒙的Green Backpackers和斯德伯克地区的Sde Boker Field School（见331页）的员工尤其乐于帮助有困难的旅行者。以色列国家公园和自然保护区管理局有员工在密兹比拉蒙地区的拉蒙游客中心工作，也能提供很好的信息和地图。

内盖夫的环境十分严酷，请遵循以下安全准则：

- 带上1:50,000的SPNI徒步地图。
- 只走有标记的路线。
- 携带（并饮用）大量的水。
- 使用防晒霜。
- 遮盖头部。
- 不要在盛夏或中午（正午至15:00）徒步。
- 避开以色列和埃及的边境地区。

在冬季，要确认天气预报以避免遇上山洪暴发。

不要独自一人徒步。每次出发前，确保有人知道你将要前往的地方，这样如果你没有按计划返回，他们可以立刻报警。

如果你在能接收到手机信号的地区迷路了，请拨打以色列自然与公园管理局（Israel Nature & Parks Authority）的热线电话*3639确认附近是否有管理员。如果你需要营救，拨打100（以色列报警电话）。

什么是凹地？

人们通常将“凹地”翻译为“火山口”，偶尔也叫它“峡谷”。但事实上，对其更为准确的定义应该是“侵蚀圈”——在内盖夫地区由海洋逐渐转变为沙漠的过程中，因侵蚀作用而形成的巨大而不均匀的孔洞。内盖夫和西奈半岛（埃及）所发现的凹地令人得以一窥地壳的深处，被认为是一种独特的地理现象，因为每个凹地都有一个河谷为其排空内部存水。

以色列有3个大凹地：

拉蒙凹地 世界最大凹地（40公里长，9公里宽），密兹比拉蒙小镇就位于它的边缘。

大火山口（HaMakhtesh HaGadol） 大火山口的入口位于冷清的小城Yeroham东南方约6公里处。在Rte 225开车进入火山口时有一段风景十分漂亮，记得留意彩色的沙子。

小火山口（HaMakhtesh HaKatan） 小火山口接近圆形，毗邻迪莫纳和死海之间的高速公路（Rte 25）。凹地禁止车辆入内。

Ardon、需要5~6小时才能完成的硬核路线。

Shvil Net（www.shvilnet.net）为骑行者和徒步者出版了一幅比例尺为1∶40,000的便利地图，可以从拉蒙游客中心买到。

Alpaca Farm 骑马

（☎052 897-7010；www.alpaca.co.il；3岁以上门票 30NIS，1.5小时骑马 175~195NIS；👪）这件事真是疯狂到了天才的地步：在1988年，一架拆掉了座椅的飞机把170只羊驼从秘鲁空运到了密兹比拉蒙，那里的气候与安第斯山脉接近。当初引进它们的目的是产毛（几个月之后，智利、秘鲁和玻利维亚就禁止了羊驼出口）。结果产毛的收入并不理想，但如今你可以抚摸和投喂羊驼，并参观毛料生产设施。

这里还在凹地底部和外沿为初级和高级骑手提供骑马活动，为带6岁及以下儿童的家长提供双人马鞍。25公斤以下的儿童可以在农场骑羊驼（20NIS）。

Desert Archery 探险运动

（☎050 534-4598、08-658-7274；www.desertarchery.co.il；每人 50NIS，最少4人）试想一下，在打高尔夫球时，你手中拿着的是一副弓箭而不是一根球杆，而你瞄准的目标是天上的气球而不是地上的洞——这便是Desert Archery。请提前预约。这个地方在Silent Arrow青年旅舍隔壁。

iBex Excursions 户外

（☎052 436-7878，052 361-1115；www.ibexhotel.co.il；4 Har Ardon St，Spice Route Quarter）Aviva与Menachem能够组织凹地和内盖夫高地的骑车、骑马、骑骆驼和团队游活动，并提供相关信息，费用涵盖骑手及其装备的交通费。

团队游

★Astronomy Israel 团队游

（☎052 544 9789；www.astronomyisrael.com；成人/儿童 150/75NIS；⏲周六至周四晚）自诩为“密兹比拉蒙星光侠”的伊拉·马凯夫斯基（Ira Machefsky）经营着夜间2小时的团队游，让人一窥以色列最清晰也最黑暗的天空。伊拉本人极具幽默感，而他那经过认真打磨而令人心潮澎湃的讲解，更是融入了丰富的笑话、有趣的信息以及动听的乐曲。

Yoash Limon 户外游

（☎054 533-0948；www.4xdesert.com；吉普游 每人 120~150NIS）身为内盖夫地区最热情好客、经验最丰富的户外导游之一，约阿希·利蒙（Yoash Limon）曾在新墨西哥州（New Mexico）的班德利尔国家纪念碑（Bandelier National Monument）担任管理员。作为徒步运动和绳索速降的狂热爱好者，他在该地区带领吉普游、导览徒步游和速降探险游活动。

Ramon Desert Tours 户外游

（☎052 396-2715；www.ramontours.com；2/4小时吉普游 每辆吉普 850/1200NIS）这个当地团队是经验丰富的吉普游组织方，可以组织策划各式各样的游览行程，有前往凹地或兹因溪的短途游，也有多日沙漠游。

亚当·谢拉 探险游

（Adam Sela；☎050 530-8272；www.adamsela.com）亚当·谢拉的公司提供吉普游、徒步、溪降、绳降和山地自行车骑行。8人的2/4小时吉普游的收费为850/1200NIS。

住宿

在密兹比城内及其周边地区，有许许多多的住宿选择，其中既有精品酒店也有泥筑的沙漠营房。

背包客可以偶尔去经济型酒店或青年旅舍找些"志愿活动"做，以工作来换取住宿和饭食。

Me' ever 青年旅舍 $

（☎08-949-5967；www.meeverland.com；4 Har Boker St, Spice Route Quarter；铺 不含早餐 90NIS，双 不含早餐 250~360NIS；📶）这家"创意空间"（位于一个1000平方米的飞机库内）主要由志愿者经营，最多可以为600人举办另类的节日、活动和工坊，有提供舞蹈和运动课程的工作室空间，部分设施留作非常简单的住宿之用——你可以住在24床宿舍、圆锥形帐篷或黏土小屋内。卫生间为共用。

Green Backpackers 青年旅舍 $

（☎08-653-2319；www.thegreenbackpackers.com；2/2 Nahal Sirpad St；铺 88~100NIS，双 385NIS，双 配公用卫生间 285NIS；@📶）这个家庭式青年旅舍位于小镇的边缘地带，拥有24张床铺，是当地背包客聚集的中心，由热情的徒步爱好者李（Lee）和约阿希（Yoash）共同经营。旅舍内，有一间配有DVD图书馆的狭小休息室、一个图书交换区、公共厨房和洗衣设备（洗一次需25NIS）。茶水和咖啡是免费的，但简单的早餐只要10NIS。

如果你搭乘公共汽车来到这里，就跟司机要求在Nahal Sirpad/Har Gamal那一站下车，车站后面便是这家青年旅舍。

Silent Arrow 度假屋 $

（Hetz BaSheket；☎052 661-1561；http://silentarrow.com；Mitzpe HaKochavim St；铺/标单/双/四 配公用卫生间且不含早餐 90/170/270/470NIS）想要寻求沙漠的宁静与质朴？这片营地或许可以满足你的要求。这个地方距离小镇有20分钟的步行距离（1.5公里），提供简单的住宿、干净的卫浴区、放松的庭院、设施齐全的公共厨房和一个香草花园。可以选择在30床的公共帐篷或私人圆顶帐篷里睡床垫。所有电力均为太阳能。

Desert Shade Eco-Camp 度假村 $

（☎08-658-6229、054 627-7413；www.desert-shade.com；铺 90NIS，标单/双/标三/四 帐篷 180/280/360/445NIS，工作日较便宜；📶）这里就在凹地边缘，景色超凡（特别是日出时），有一顶可睡20人的贝都因式帐篷、较小的宿舍和帆布私人"生态帐篷"。淋浴和厕所位于旁边干净的营房式区域内。公共区域包括一间迷人的休息室兼酒吧、一个厨房区和凹地边上一个巨大的篝火区。

简易早餐收费30NIS。这肯定是我们所遇到的唯一一家拥有葡萄酒厂的度假村——你一定要尝尝酒厂生产的一种名为Rujum的混酿红葡萄酒。

★ iBex Hotel 酒店 $$

（☎052 436-7878、052 361-1115；www.ibexhotel.co.il；4 Har Ardon St, Spice Route Quarter；标单/双/套 477/530/665NIS；📶）iBex的口号是"我们所销售的是经历，并不只是房间本身"，这正是这个欢乐地方的真实写照。同为创办人和自行车爱好者的阿维娃（Aviva）与梅纳凯姆（Menachem）在店内设置了7间沙漠色调的小房间、3间内置小厨房的花园套房、一片宽敞的休息区和一张发放自制早餐的公共餐桌，这里还提供优质的咖啡以及对户外运动的建议。房间在周末会涨价。

InnSense Suites 精品酒店 $$

（☎08-653-9595；www.innsense.co.il；8 Har Ardon St, Spice Route Quarter；双 周日至周三 500~650NIS，周四至周六 600~780NIS，每加一名儿童 US$37；📶）密兹比第一家精品酒店创新地利用了香料之路区一座空的工业建筑。这里的6间套房十分宽敞，有高耸的天花板和时髦的现代装饰，其中的3间为复式结构。这里的配套餐厅十分出色，绝对是个加分项。

HI – Mitzpe Ramon Youth Hostel 青年旅舍 $$

（☎02-594-5566; www.iyha.org.il; 4 Nahal HaEla St; 铺 145NIS, 标单 326~375NIS, 双 430~480NIS; 📶）这家青年旅舍很大，距离拉蒙凹地游客中心只有200米远，位于火山口的边缘附近，但只有部分房间才能看到风景。与所有国际青年旅舍联盟的成员相同，该青年旅舍主要面向团体经营，早餐十分出色。47间客房干净整洁，配备了有线电视、水壶和冰箱。

Beresheet 度假村 $$$

（☎08-569-8000，订房 08-638-7799; www.isrotel.com; 1 Beresheet Rd; 双 US$350~510, 别墅 US$700起; 📶🏊）这家豪华酒店位于凹地边缘，这里的无边际游泳池是你能体验过的位置最壮观的无边际游泳池之一（这里还有一个室内游泳池），还有两间餐厅以及繁忙的活动计划。这里的自助早餐十分有名（非住客可以150NIS的价格享用）。入住可以看到火山口景观的房间，即使多花一些钱也是绝对值得的。在你的专属阳台上，伴着夕阳的余晖畅饮一杯美酒，那将是多么特别的体验。

周末、节假日和夏季，该店偶尔会有2晚或3晚的最短入住时间要求。

Desert Home 民宿 $$$

（Bait BaMidbar; ☎052 322-9496; www.baitbamidbar.com; 70 Ein Shaviv St; 双 周日至周三 US$160, 周四和周六 US$170, 周五 US$205; 📶）这家民宿位于一个安静住宅区的边缘，为旅行者提供了十分舒适的住宿环境。民宿中的5间房间均配有小厨房，内饰遵循简约风格，配有当地生产的手工艺品。店内有最棒的沙漠风景、热水浴缸和以色列早餐。

Alpaca Farm B&B 民宿 $$$

（☎052 897-7010, 08-658-8047; www.alpacas-farm.com; 双 650~750NIS; 📶）这家民宿的4间客房位于山腰上，宽敞舒适，配有木地板、卫星电视、小厨房和一个带吊床的露台。孩子们会喜欢这里的动物，其中包括大羊驼、羊驼、骆驼和马。周末要求最少住2天。

就餐

城里的餐厅几乎全都在香料之路区。

★ Lasha Bakery 面包房 $

（☎08-865-0111; www.lashabakery.com; 紧邻Har Boker St, Spice Route Quarter; ⏲周日至周四 9:00~19:00, 周五 8:00~15:00）这家面包房超级棒，因美味的手工面包而闻名内盖夫高地。面包采用全谷物小麦、黑麦和斯佩耳特小麦，不加防腐剂，这里也为安息日制作点心和哈拉面包（challah）。

InnSense Bistro 法式小馆 $$

（MaMitzpa' it; ☎08-653-9595; www.innsense.co.il; 8 Har Ardon St, Spice Route Quarter; 主菜 55~70NIS; ⏲周二至周四、周六和周日 8:30~22:30, 周五 8:30至正午和17:30~22:30, 周一 8:30至正午; 📶🌿）InnSense明亮的餐厅物美价廉，供应带地中海特色的菜肴。菜品随季节变化，主菜有意面也有鸡肝，还有焦糖南瓜和啤酒炖牛肉。楼上有间可爱的爱丽斯梦游仙境主题的小茶室。这里是城里少数在安息日营业的地方之一，周五晚请预订。

Hakatze 以色列菜 $$

（☎08-659-5273; 2 Har Ardon St, Spice Route Quarter; 主菜 50~65NIS; ⏲周三至周一 正午至20:00或21:00; 🌿）这家简单的餐厅在本地人间的口碑很高。店内菜品属家常类，特色包括自制浓缩酸奶（labneh，加了大蒜和薄荷）和鹰嘴豆泥、沙拉，以及咖喱肉或炖肉配米饭或蒸粗麦粉。后边有个阴凉的庭院。

HeHavit 各国风味 $$

（☎053 944-1856; www.hahavit.rest.co.il; Nahal Tziya St; 肉类主菜 60~130NIS, 意大利面 45~55NIS, 沙拉 48~58NIS; ⏲周日至周四 正午至午夜, 周五 正午至15:00, 周六日落后营业; 📶🌿）这家被称作"Barrel"的店铺在小酒馆般的氛围中为食客供应超大份的新鲜沙拉（10种）、牛排、汉堡、炸肉排（schnitzel）、三明治和意大利面。同时，它也是小镇中心区内唯一一家像样、体面的餐厅。这家店还供应各式各样的桶装啤酒，晚间钟情于播放高分贝的摇滚乐。

☆ 娱乐

香料之路区有几家小酒馆。

★ **Mitzpe Ramon Jazz Club** 爵士乐

（☎050 526-5628；https://jazzramon.wordpress.com；HaBoker St，Spice Route Quarter；30～40NIS；⏲周三、周四和周五 9:30至次日2:00左右）这处氛围私密的场所是以色列现场音乐圈里颇受尊敬的一站，主办以色列大明星与本地艺术家的演出。关于音乐会（通常为爵士、蓝调、雷鬼、非洲或摇滚音乐）的详情，见网站或Facebook页面。每周四23:00或午夜开始有免费的即兴演出。这里还是一家酒吧。

实用信息

在你出门徒步前，最好去一下拉蒙凹地游客中心（见334页），那里博识的工作人员可以提供建议和徒步地图。

到达和离开

Metropoline公司的60路和64路长途汽车在每天5:00～21:30往来于密兹比和贝尔谢巴之间（15NIS，1.75小时，每小时至少1班），沿途会经过阿伏达特国家公园和斯德伯克两地。65路长途汽车（1.25小时抵达贝尔谢巴）仅在高速公路上设有停靠点，因而速度更快。上述长途汽车线路于安息日全部停运。

要前往埃拉特（39.50NIS，2.25小时，周日至周四每天4～6班，周五1班），搭乘Egged公司从贝尔谢巴出发的392路长途汽车。在密兹比，长途汽车会沿Rte 40停靠。

阿拉瓦（The Arava）

وادي عربة הערבה

阿拉瓦山谷从红海延伸至死海，质朴美丽而人口稀少，拥有以色列最壮丽的沙漠风景，特别是在提姆纳公园（Timna Park）和洛坦基布兹（Kibbutz Lotan）周边地区。在近年来，这片地区已经成了生态良好型沙漠开发的基地。要体验可持续性沙漠生活，就去洛坦基布兹。

阿拉瓦为热爱户外运动的人提供了很多活动机会。要沙漠徒步，提姆纳公园是最好的地方。一条33公里长的热门骑行路线沿Tzofar和Paran（Faran）之间的一条干河谷延伸，构成了以色列国家骑行路线（Israel National Bike Trail）的一部分。

阿拉瓦是东非大裂谷（叙利亚-非洲裂谷）的一部分，后者起自黎巴嫩的贝卡谷地（Bekaa Valley），结束于莫桑比克中部，一路跨越大约6000公里。东边是气势磅礴、色彩绚烂的约旦山脉，约旦山脉在以色列国内被称为以东山脉（Edom Mountains）。

景点

★ **约巴他自然保护区** 野生动物保护区

（Hai-Bar Yotvata Nature Reserve；☎08-637-3057；www.parks.org.il；Rte 90；成人/儿童29/14NIS；⏲8:30～16:00或17:00，周五提前1小时关闭，关闭前1小时禁止入内）这片保护区占地32公里，位于约巴他盐滩上，在1968年为了重新引进在以色列灭绝的动物而建立，拥有种类丰富的沙漠动物。你可以像参加观兽之旅那样驾车穿过这里，但是得自己有车才行；预计时间大约为2小时。你可能看到的食草动物有小鹿瞪羚、努比亚野山羊、索马里野驴、弯角剑羚和旋角羚。

开慢点，不要下车，当然也不要喂动物。你可以打开车窗，但要小心鸵鸟，它们有时会伸头进来要吃的。受伤动物康复设施和爬行动物设施不再向公众开放。工作人员可以提供阿拉瓦和埃拉特山脉的徒步信息，并出售1:50,000比例尺的徒步地图。入口在埃拉特以北35公里处，在Rte 90上撒玛基布兹（Kibbutz Samar）对面。

提姆纳公园 公园

（Timna Park；☎08-631-6756；www.parktimna.co.il；成人/儿童 49/39NIS，3日有效；⏲9月至次年6月 周六至周四 8:00～16:00，周五 至15:00，7月和8月 每天 至13:00）提姆纳山谷有几处世界最早的铜矿（约公元前5000年），悬崖和岩层以对比鲜明的焦红色、粉红色和棕褐色构成了令人敬畏的沙漠景观。20多条徒步路线（其中许多是环行路线）带你探索其风景和考古遗址，完成这些路线需要1～12小时。进了公园以后，你可以一直待到日落。

新的游客中心放映关于提姆纳的地理和古老制铜方法的短片，花10NIS买一本导览手册很值得。游客中心和人工湖可以租自行车（每小时/天20/60NIS），那里有餐厅和划船活动。历史遗址包括古代采矿竖井、熔炉遗迹、寺庙和可以追溯至古埃及时期的岩画（描绘鸵鸟、野山羊和战车）。

徒步游览此地，一整天的时间会在不知不觉中飞逝，不过，鉴于公园（位于埃拉特以北30公里处）实在太大，你需要一辆车代步。

团队游

洛坦基布兹 生态游

（Kibbutz Lotan；☎054 979-9030；www.kibbutzlotan.com；团队游 30NIS）洛坦基布兹在寻求可持续和可负担地提供食物和住所的低技术途径方面，树立了作为创新者的国际声誉。让人拓宽眼界的导览游（1.5小时，每天9:30开始）会带你去利用可持续技术的模范EcoCampus，在那里你可以试用自行车驱动的洗衣机；还有Eco-Park，在那里，可持续沙漠生活的理念（其中有些相当极端）得以被试运行。

团队游的参加者会见到用泥土覆盖的干草堆建造的房屋、堆肥式厕所及其副产品、能在几秒内点燃棕榈叶的抛物形太阳能炊具，以及由彩泥制成的好玩的雕塑。

洛坦的创新生态学中心（Center for Creative Ecology）提供教育项目，教导参与者永续农业、生态垃圾处理和再生系统设计等领域的实际操作技能。Eco-Experience（US$65/天，至少4天）将可持续项目的工作与课程、示范结合起来。为期4周的Green Apprenticeship（US$2030）的毕业生已经在世界各地建立了数十家泥浆建筑公司。这两个项目都包含住宿（在土坯覆盖的网壳屋顶建筑内）和全膳。

从埃拉特出发的20路区域性长途汽车停靠基布兹，Egged往来埃拉特的长途汽车会在Hwy 90上停靠，车站距离基布兹1.5公里。

内奥茨马达基布兹 生态游

（Kibbutz Neot Semadar；☎054 979-8966；www.neot-semadar.com；Shizafon Junction，Rte 40；团队游 成人/12岁以下儿童 25NIS/免费；⏲画廊和团队游 周日至周五 10:00~13:00）这个素食基布兹（人口200），位于阿拉瓦上方的高原上（海拔420米），以有机农业、有机果汁生产线和艺术中心（Art Center）而闻名以色列，艺术中心是一片花费15年才建成的卓越建筑群（高迪可能会将设计师视为知己）。参观内奥茨马达的最佳方式是自助游，不需要预订，在开放时间从入口处打个电话就可以了。

导览游从一段18分钟的影片开始，影片介绍了内奥茨马达社区的历史和哲学。然后导游会带你上冷却塔，经过山羊奶制品厂和葡萄酒厂（免费品尝），那里每年只生产10,000瓶酒。之后如果在画廊内付费，你可以欣赏和购买华丽的手工珠宝、陶瓷、编织品、金属制品和木雕（可通过www.etsy.com线上购买）。

艺术中心36米高的粉色塔楼不仅仅是装饰性的：空气流入塔顶，经过人工降雨冷却后，流入底部的手工作坊。关于志愿服务的信息详见网站（最少一个月）。

内奥茨马达位于埃拉特以北60公里处和密兹比拉蒙以南90公里处（以及洛坦基布兹西北方12公里处）。所有埃拉特—密兹比拉蒙路线的长途汽车都经停这里。

克图拉基布兹 生态游

（Kibbutz Ketura；☎08-635-6658；www.ketura.org.il；Rte 90）克图拉位于埃拉特以北50公里处，在两个方面与众不同：它已经从一个纯粹的农业基布兹转变为创新生态技术的领先者，并多元化地遵循犹太教教义。这里有国际知名的阿拉瓦环境研究所（Arava Institute for Environmental Studies；http://arava.org），研究所对沙漠生物多样性、可再生能源、可持续农业和跨界水资源管理进行研究。如果你住在宾馆，团队游（1.5小时）免费，否则需要250NIS。

阿拉瓦研究所通过本-古里安大学认证，开展为期一学期的环境研究项目，将来自世界各地的学生聚集在一起。基布兹成立于1973年，还有一个枣园、以色列第一个光伏太阳能发电站和一个生产强力抗氧化剂虾青素的藻类工厂。

Samar Bike 骑车

（☎Yaron 052 304-0640，Yoni 054 496-4777；www.samarbike.com；Kibbutz Samar）该机构总部位于埃拉特以北34公里处的撒玛基布兹，在阿拉瓦地区经营自行车游，同时为那些

以色列的基布兹

1910年，当第一座基布兹在加利利海沿岸建立时，“基布兹”这一理念仍是个实用性与空想性的混合体。“基布兹”一词的意思是集合、类聚，在恶劣的气候条件下种植农作物需要集体的行动和力量，而最初的kibbutzniks（基布兹成员）正是因为对社会主义和犹太复国主义怀有同样的坚定信念才聚在了一起。下定决心实现犹太民族自决的他们，认为必须共同耕种集体拥有的土地，才能为最终建立犹太国家打下坚实的经济基础和政治基石。

在第二次世界大战爆发之时，巴勒斯坦境内共有79座基布兹，而农业生产是所有基布兹唯一的生存依靠。在20世纪50年代和60年代，大力发展和建设基布兹的运动迎来了前所未有的高潮。在以色列国防部纳赫（Nahal）计划的推动下，一大批联合了军队力量和新兴农垦区域的全新基布兹得以成功建立。

到了20世纪80年代，随着个人主义精神的传播和流行，越来越多的基布兹居民开始走出他们在基布兹的家，奔向以色列境内那些飞速发展的城市，开创自己的新生活和新事业。这导致了许多基布兹最终负债累累，不得不改为私有。而幸免的几座基布兹也别无选择，只能对自身进行彻底的改造，采取新的方式建设基布兹经济，寻求新的收入来源。一些基布兹甚至放弃了农业生产，而致力于开拓包括制造业、手工业、旅游业以及合乎环境要求的可持续性创新业务在内的多元化发展模式。

如今，以色列国内共有约270座基布兹。其中有大约四分之三的基布兹的运转和生产活动，是依据一种被委婉地称作“更新”（mitchadesh）的经济模式进行的，在这种经济模式下，基布兹成员可自行产出并持有自己的收入所得。而剩下的四分之一仍延续着传统的集体经济模式（kibbutz shitufi），这些基布兹成员没有工作性质和内容的差别，取得一样的劳动回报。而这些沿用集体模式的基布兹，其中有4座位于阿拉瓦，它们大多采用以可持续性农业和旅游业为主体的经营方案和计划。

想沿以色列国家骑行路线旅行的人提供接送服务和后勤保障。该机构还在埃里法兹基布兹（Kibbutz Elifaz）内经营一家出色的客栈，专门为自行车游览量身打造。

住宿

阿拉瓦南部的6个基布兹有客栈：埃洛特（Eilot）、埃里法兹（Elifaz）、克图拉（Ketura）、洛坦（Lotan）、内奥茨马达（Neot Smadar）和亚赫尔（Yahel）。在阿拉瓦北部，许多莫沙夫（moshavim；合作定居点）都有民宿，其中一些相当时髦。

Kibbutz Lotan Guesthouse 客栈 $$

（☎054 979-9030；www.kibbutzlotan.com；标单 350~420NIS，双 430~510NIS，生态圆顶屋双/标三 260/360NIS；🛜❄）这个开创性的生态社区提供两种类型的住宿：传统的客栈客房（26间）简单而舒适；10个生态圆顶屋即土坯覆盖的网壳圆顶屋，配有公共堆肥厕所。设施包括游泳池、阴凉的花园、儿童游乐场、篮球场和飞盘高尔夫场。早餐在茶室内提供，充分利用了本地种植的蔬菜和椰枣。

乘坐Egged往来埃拉特的长途汽车（45分钟）可以在Hwy 90上通往基布兹的路口下车，之后再走1.5公里就是。区域市政局（Regional Council）的20路长途汽车开进基布兹。

Kibbutz Ketura Guesthouse 基布兹 $$

（☎08-735-6658；www.keren-kolot.co.il；Kibbutz Ketura；标单 350~400NIS，双 420~530NIS；P@🛜❄）克图拉的这家旅馆舒适惬意，而且维护得非常好。设施包括自行车租赁店和配套咖啡店（8:00~23:00营业，安息日除外）。住客可以参加一场基布兹的免费团队游，安息日可以在公共餐厅与基布兹成员一起享用周五的乳制品晚餐（成人/儿童 50/45NIS）和周六的肉类午餐（45/40NIS）。犹太会堂举办多元化的安息日仪式。

Egged沿Hwy 90行驶的长途汽车会让乘客在这里下车（请确保强调是“Kibbutz

Ketura”，不是“Ketura Junction”）。从埃拉特发出的区域市政局20路长途汽车也在这里停靠。

Desert Days 小屋 $$

（Y' mei Midbar；052 617-0028；www.desert-days.com；Tzukim；双/标三 570/770NIS；P 📶 ❄）这14间用稻草和泥浆搭建的小屋，为那些逃离喧嚣、奔向宁静沙漠的城市居民提供了一个栖身之所。尽管周围荒凉多石，但3个浅水池缓和了整体的氛围。小屋大多配有露天厨房，最多可以住6个人，环保设施包括堆肥卫生间、回收的废水和太阳能电力。这个地方位于埃拉特以北114公里处，距Rte 90有1公里的距离。

Neot Semadar Guesthouse 客栈 $$

（054 979-8957、054 979-8433；www.neot-semadar.com；Kibbutz Neot Smadar；双 不含早餐 420~450NIS）极简美学是这里12座迷人小屋的特点，小屋按照可持续发展的环保方式建造，位于基布兹东边1.5公里处安静山丘上的一座花园中。每个小屋都配有冰箱和烧水壶。包括早餐在内的三餐在Neot Semadar Inn提供。

★ Midbara 精品酒店 $$$

（052 426-0320；www.midbara.co.il；Tzukim；双 650~1000NIS，周四至周六 800~1200NIS；P 📶 ❄）Midbara有13座小泥屋，散落于一条种有果树的小干河谷沿线，屋子时尚、舒适而宽敞。小屋全部配有厨房，其中几间还设有室内壁炉，大多数都配备了独立的休闲池（冬季用柴火加热）和吊床。孩子们会喜欢这里的免费自行车和店内饲养的小动物（包括几只小鸡、一头骆驼和一只孔雀）——非常适合全家度假。要前往这里，在埃拉特以北114公里的地方出Rte 90，再走1.5公里就是。

Desert Routes Inn 青年旅舍 $$$

（Shvilim BaMidbar；03-500-4266，052 366-5927；www.shvilimbamidbar.co.il；Hatzeva；双 工作日/周末 不含早餐 488/650NIS，夏季400NIS起；P 📶 ❄）这座沙漠旅馆拥有14间客房，位于北阿拉瓦地区，毗邻约旦边境。老板对当地情况了如指掌，并且组织吉普车、徒步和绳降游。他们提供私人客房和宿舍间，并且在附近经营一片露营地。营地内有一顶迎宾帐篷和公共厨房，因此非常适合自炊者。

旅舍位于埃拉特以北150公里处和隐波给（死海）以南65公里处。

就餐

在内奥茨马达基布兹附近能找到餐厅，北阿拉瓦地区Rte 90沿线也有几家路边小馆。

Neot Semadar Inn 咖啡馆 $$

（Pundak Neot Semadar；054 979-8908，08-635-8180；www.neot-semadar.com；Shizafon Jct，Rte 40；奶酪拼盘 48NIS，浓缩酸奶 26NIS，主菜 45NIS；周日至周四 7:00~19:00，周五 至15:00，周六 正午至18:00；）这家全有机餐厅由素食基布兹内奥茨马达经营，后边有个葱郁的花园，店内供应基布兹生产的山羊奶酪、冰激凌和浓缩酸奶，以及各式各样的沙拉、蛋菜、鹰嘴豆泥、意大利面和蛋糕。一定要尝一尝店内自制的果汁。

到达和离开

几乎所有连接了埃拉特和以色列中部与北部的Egged长途汽车都穿过阿拉瓦地区。如果你要去特拉维夫或耶路撒冷地区，强烈建议预订座位。

埃拉特（Eilat）

ايلات אילת

08/人口：49,700

对于想去沙滩度假的以色列家庭以及为逃离家中寒冷刺骨的冬季的欧洲游客，红海度假胜地埃拉特真是太受欢迎了。也正因如此，如今的埃拉特焦躁而紧张，拥挤、丑陋和混乱几乎是不可避免的。在那里，如果你衣着暴露，被日光灼伤也是常态。

然而——这绝对是一个大大的“然而”——来埃拉特的游客似乎都玩得非常开心，特别是小孩子，他们似乎轻易间便收获了无限的幸福和快乐。红海的碧水中拥有全世界最壮观的珊瑚礁，提供了大量的浮潜、水肺潜水和游泳机会，并且还有许多其他项目任你选择，其中包括（排名不分先后）在壮丽的沙漠风景中徒步、免税购物以及一个水族馆。

到目前为止，红海的珊瑚礁几乎没有白化现象，或许因为这里的珊瑚种类已经习惯了升高的水温。

景点

埃拉特的海滩从约旦边境延伸14公里，到达埃及边境。东-西北海滩坐落着高层酒店，而南-北海滩包括购物中心HaYam（购物中心就在老机场的南面）和塔巴（Taba）过境点。

南海滩的两个路段（港口和海军基地）是禁止进入的，两处海滩（海豚礁和珊瑚海滩自然保护区）有门票，其余部分（大多没有正式的名字）向公众开放。南海滩的一些海滩有咖啡馆、躺椅和其他设施。

北海滩 海滩

（North Beach；见346页地图；⏲24小时）北海滩有很多鹅卵石，其滨海大道常常有很多人——对部分人来说，这是其最吸引人的地方之一。目前为止，这里是埃拉特观看他人以

不要错过

水肺潜水和浮潜

红海的珊瑚礁拥有全世界最刺激的水肺潜水。你只需要把头探入水下，就能欣赏到各种卓越的鱼和珊瑚（这片区域被认为拥有1200种鱼和250种珊瑚），因此埃拉特既适合儿童，也适合想要参加潜水教练协会（PADI）水肺课程的成年初学者。最佳潜水地点是珊瑚海滩自然保护区、灯塔礁（Lighthouse Reef）、海神桌[Neptune's Tables，又名维罗妮卡礁（Veronica's Reef）]、海洞礁（Caves）和两处近岸沉船所在地。要想浮潜，就去珊瑚海滩自然保护区（出租装备）、Princess Hotel（塔巴北边一点）附近的公共海滩和灯塔海滩（Lighthouse Beach；出租装备）。

潜水费用不定，不过平均水平大约为入门潜水230NIS，半日PADI探索水肺潜水课程550NIS，含装备租金。要想独立潜水或浮潜，大约要花费40NIS租赁呼吸管、潜水镜和脚蹼（潜水服额外收费40~60NIS），全套水肺装备的租金约为155NIS，氧气罐充气一次的费用为25NIS。

埃拉特有十几家潜水中心提供课程并出租装备，几乎全都位于南海滩上。其中大部分的营业时间都是每天8:00或8:30至17:00或17:30。

Aqua Sport International（见344页地图；☎08-633-4404；www.aqua-sport.com；Coral Beach北端；⏲8:30~17:30）这家口碑很好的英国公司成立于1962年，提供所有PADI潜水课程（其中包括入门课程）和全天浮潜巡游（250NIS），就在Coral Beach Club人行桥的南边。在塔巴的国界另一边有一家分店，2小时的日落巡游就从那里出发。

Deep Siam（见344页地图；☎08-632-3636；www.deepdivers.co.il；Coral Beach；⏲8:00~17:00）这家店口碑很好，提供入门潜水和各种水肺课程。

Manta Isrotel Diving Center（见344页地图；☎08-633-3666；www.divemanta.com；Coral Beach北边；⏲8:30~17:00，夏季 至18:00）这家老店提供入门潜水（25/40分钟220/360NIS；最低年龄8岁）、导览浮潜（225~270NIS，最多3人）和SDI-TDI课程。它在Isrotel Yam Suf Hotel运营，因此可以提供看孩子等服务。

Reef Diving Group（☎08-630-0111；www.reefdivinggroup.co.il）这家店口碑很好，在埃拉特有两家分店，在特拉维夫有一家分店。

Snuba（见344页地图；☎08-637-2722；www.snuba.co.il；塔巴以北1公里处的南海滩上）Snuba特别受俄国游客欢迎，在旁边的海洞礁提供PADI课程和入门潜水（220NIS），并且为新手提供1小时的水肺探险（Snuba Adventure；200NIS；最低年龄8岁）。Snuba潜水（名字为“浮潜”和“水肺”的缩写）的空气是从水面上供应的，因此不需要认证。

Eilat 埃拉特

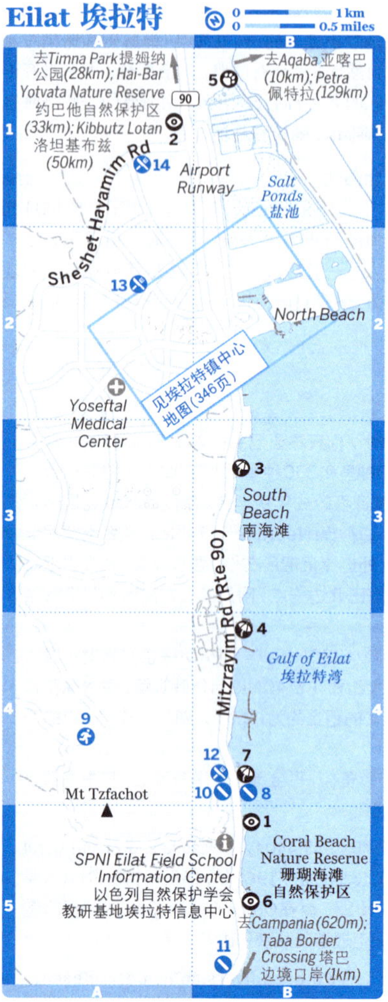

Eilat 埃拉特

重要景点

1 珊瑚海滩自然保护区……B5

景点

2 埃拉特植物园……A1
3 德克尔海滩……B3
4 埃拉特海豚礁……B4
5 埃拉特国际观鸟和研究中心……B1
6 水下观测海洋公园……B5
7 乡村海滩……B4

活动、课程和团队游

8 Aqua Sport International……B4
9 Camel Ranch……A4
Deep Siam……(见8)
10 Manta Isrotel Diving Center……B4
11 Snuba……B5

住宿

Orchid Reef Hotel……(见7)

就餐

12 Fish Market……B4
13 HaLev HaRachav……A2
Last Refuge……(见7)
14 The Brewery……A1

及展示自我的最热门场所。滨海大道的餐厅、咖啡馆和酒吧也很诱人，令这片地区一直热闹至凌晨。在海滩的边缘能找到公共淋浴、卫生间和几间更衣间。

★珊瑚海滩自然保护区 潜水点

（Coral Beach Nature Reserve；见本页地图；☎08-632-6422；www.parks.org.il；成人/儿童 35/21NIS；⏲9:00~17:00或18:00，周五提前1小时关闭，关闭前1小时停止入内；🚌15）这个1公里长的保护区拥有清澈的海水，是以色列红海沿岸最适合浮潜的地方。有两座木桥和一条泳道通往礁石墙，有浮标标出了浮潜区域。浮潜装备以23NIS（押金100NIS）的价格出租。想购买野餐食品，就去街对面的超市。

水下观测海洋公园 水族馆

（Underwater Observatory Marine Park；见本页地图；☎08-636-4200；www.coralworld.co.il；Coral Beach；成人/儿童 109/89NIS；⏲售票8:30~16:00，场地夏季开放至18:00，其余季节至日落；🚌15）这片水族馆建筑群的突出特色是**观测站**，它非常受家庭欢迎，能让你前往红海水面以下12米的地方，进入活珊瑚礁，欣赏水肺潜水员能够欣赏到的鱼和珊瑚。其他亮点有**鲨鱼世界**（Shark World），7米深的水池里有鲨鱼和黄貂鱼，此外还有出色的**稀有鱼类水族馆**（Rare Fish Aquarium）。门票有效期为3天，但要想再次参观，你需要办理一张带照片的二次入场票（免费）。

每隔半小时，你就可以看到工作人员喂食鱼和海龟（绿海龟和玳瑁），部分海龟体型巨大。公园的**珊瑚2000号**（Coral 2000）拥有玻璃船底，船体很深，巡游在10:25~13:25每小时出发一班（成人/儿童28/22NIS）。向导身穿绿松石色衬衫，非常乐于解答问题。公园位于珊瑚海滩自然保护区南端，从市区打车过来的费用约为40NIS。

埃拉特海豚礁 海滩

（Dolphin Reef Eilat；见344页地图；☎08-630 0111；www.dolphinreef.co.il；South Beach；成人/优惠 67/46NIS；⌚9:00~17:00，夏季至18:00或更晚；🚌15）这片私人经营的海滩以大量树木、放养的孔雀和半野生宽吻海豚栖息地而闻名。这些海豚最初来自黑海，可以从浮动码头（非常适合休闲）上观察到，并且可能会在导览浮潜游（成人/儿童290/260NIS；最低年龄10岁）或导览入门水肺潜水（成人/儿童339/309NIS；最低年龄8岁）期间悄悄游过来看你。禁止与海豚有身体接触，两种潜水都要预订。有两家餐厅，其中一家有沙滩酒吧。海滩就在港口南边。

德克尔海滩 海滩

（Dekel Beach；Palm Beach；见344页地图）德克尔海滩位于市中心以南约1.5公里处，在港口和海军基地之间，比北海滩人少，是个热门的浮潜地。

乡村海滩 海滩

（Village Beach；见344页地图）南海滩这一段就在珊瑚海滩北边，提供免费遮阳伞，以及适合浮潜的清澈海水。到了夏季，海滩上的一间酒吧还会举办热闹的派对。

埃拉特博物馆 博物馆

（Eilat Museum；见346页地图；☎08-634-0754；www.eilat-history.org.il；成人/儿童 10/5NIS；⌚周一至周四 10:00~20:00，周五10:00~14:00，周六 正午至20:00，6月至9月 周一至周四和周六 至22:00）博物馆讲述了以色列红海前哨的迷人历史，展览包括1949年对埃拉特的占领，以及一些这座城市在20世纪40年代、50年代和60年代的先锋们的出色照片。有几段影片放映，以英文为主。

埃拉特国际观鸟和研究中心 野生动物保护区

（International Birding & Research Center in Eilat，IBRCE，Eilat Birding Center；见344页地图；☎050 767-1290；www.eilatbirds.com；⌚公园 24小时，办公室 周日至周四 8:00~16:00）**免费** 每年有上亿只往来于欧洲和非洲之间的候鸟，它们会两次经过埃拉特。最佳观鸟地点是湖边这处中心，位于城东北6公里处，从伊扎克·拉宾/阿拉伯谷口岸（Yitzhak Rabin-Wadi Araba Border Crossing）往南走400米（沿路有指示牌）就是。这里的工作人员热情而博学。

鸟类移徙的主要月份是3月至5月和9月至11月。一天中观鸟的最佳时间是天亮后的前4个小时和日落前3个小时。在办公时间，埃拉特国际观鸟和研究中心为观鸟者充当免费的信息中心，回答“哪里能找到绿喉蜂虎？”等问题。

请发送电子邮件或提前致电了解关于1.5小时的导览游（如果你加入已经排好日程的团队，费用为35NIS）的详细信息。在2月15日至5月15日和8月15日至11月31日日出后的前4个小时里，有座环志站运营，欢迎游客来见识一下他们如何标记和放飞鸟类以供研究之用。

埃拉特植物园 花园

（Botanical Garden of Eilat；见344页地图；☎08-631-8788；www.botanicgarden.co.il；Carmel St，Industrial Zone；成人/儿童 28/22NIS；⌚周日至周四 夏季 8:30~19:00，冬季 至17:00，周五 8:30~15:00，周六 9:30起；🚌5和6）这座私人经营的可爱植物园（最初是个苗圃）内种植有1000多种来自世界各地的热带树木、灌木和其他植物，拥有溪流、瀑布、徒步小径，以及一个迷雾重重的雨林，在这片贫瘠的土地上是个葱郁的惊喜之地。从市中心打车过来大约需要22NIS。

活动

埃拉特在水边、水里、水面以及上方为各个年龄层、各种专业水平的来访者提供了活动选择。你也可以前往不同难度的小径（从非常容易到极具挑战性）沿途的淡红色山丘上玩。

有许多公司提供佩特拉的一日游，费用大约为US$315（内含US$130的边境费用）。

Camel Ranch 骑骆驼

（见344页地图；☎08-637-0022；www.

Eilat Town Centre 埃拉特镇中心

camel-ranch.co.il; Nachal Shlomo; 骆驼之旅 成人150~245NIS, 7~12岁儿童 110~180NIS, 绳索公园成人/12岁以下儿童 106/96NIS; ⊙逾越节至犹太新年 周一至周六 16:00~20:00, 犹太新年至逾越节 周一至周六 10:00起）要想来次沙漠探险，就来Camel Ranch。骆驼之旅为时1.5~4小时，有多个版本，其中有一种在日落时出发，包含了一场贝都因式茶歇、晚餐或篝火晚会。7岁以下的儿童要和家长一起骑骆驼。通过电话或网站提前预订（七五折）比较好。

要探索**绳索公园**（Rope Park; 绳梯项目），你必须穿上把脚包起来的鞋，身高不得低于1.2米，体重不得高于120公斤。这个地方距离Mitzrayim Rd/Rte 90有1.7公里远，在海豚礁以南约600米的地方下高速公路。

Alaemon Birding 观鸟

（☎052 368-9773; http://eilatbirding.blogspot.co.il; 全天团队游 1400NIS）在2014年以前，鸟类爱好者伊泰·沙尼（Itai Shanni）一直担任以色列鸟类学中心（Israel Ornithological Centre）驻埃拉特和阿拉瓦地区协调员，他在阿拉瓦经营关于鸟类和观鸟的生态游项目。预订很关键——在2月至5月至少提前3周，其余时节提前1周。比较活跃的Facebook账号有Alaemon Birding和Eilat & Arava Birders。

Ice Park Mall 滑冰

（见本页地图; Kampen St和Piestany St交叉路口; 含滑冰鞋租金 76NIS; ⊙11:00~23:00, 7月和8月 至午夜）这个与复合式购物中心同名的特色娱乐场所是以色列最大的溜冰场，是在炎热的夏季放松和凉快的理想场所。

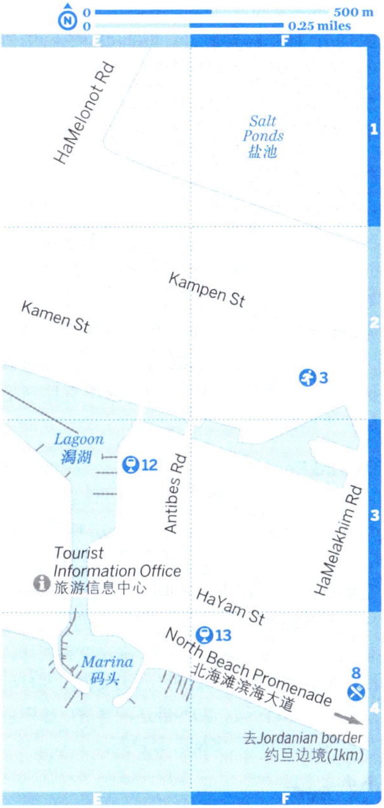

Eilat Town Centre 埃拉特镇中心

景点

1 埃拉特博物馆 C3
2 北海滩 D3

活动、课程和团队游

3 Ice Park Mall F2

住宿

4 Arava Hostel D1
5 Blue Hotel C1
6 Eilat Youth Hostel & Guest House C4
7 Motel Aviv C1

就餐

8 Giraffe F4
9 New Tourist Center C3
10 Pastory D3
11 Uga Chaga B1

饮品和夜生活

12 Mike's Place E3
13 Three Monkeys Pub F4

购物

14 Mall HaYam C4

交通

15 Budget D2
16 中央客运站 C2
17 埃拉特机场 D2
Eldan .... （见15）
18 Hertz C2

团队游

Desert Eco Tours 探险游

（☎08-632-6477，052 276-5753；www.desertecotours.com）提供埃拉特地区（如前往Red Canyon；每人158NIS）和内盖夫周边（包括拉蒙凹地）的吉普游，还有前往约旦佩特拉和月亮峡谷（Wadi Rum）的热门团队游。

节日和活动

★红海爵士音乐节 音乐节

（Red Sea Jazz Festival；☎售票 03-511-1777；https://redseajazz.co.il；⊙1月和8月）自1987年起，著名的红海爵士音乐节每年在8月的最后一周举行。届时，多场户外表演活动将在埃拉特海港周围上演。音乐节传奇的通宵即兴演奏会门票免费。1月还会举办冬季活动。

埃拉特室内乐音乐节 音乐节

（Eilat Chamber Music Festival；www.eilat-festival.co.il；⊙2月）这个国际音乐节在2月初至少举办4天，主办室内音乐合奏、新作品音乐会、知名艺术家的独唱和演奏会以及大师班。

住宿

埃拉特有大约50家酒店、15,000间酒店客房。北海滩滨海大道沿线有些酒店极为舒适，越往内陆房价越低。在中央客运站（北海滩西北方1.5公里处）周边的小路上能找到物美价廉的住处。房价在周末会上涨约25%，在以色列学校假期以及7月和8月会上涨50%（或更多）。

水上运动

各家公司在Royal Beach Hotel前边、北海滩滨海大道沿线的6个海滨码头上组织种类丰富的水上运动（有些活动在水面上方进行）。营业时间全部为9:00至日落。

你在这里可以参加2小时的乘船游，船只或许为玻璃底的（成人/儿童80/50NIS），还可以租汽艇（5人船兜风30/60分钟150/250NIS），此外还可以搭乘香蕉船（每人45NIS）、租水上摩托（15分钟150NIS，有一名教练陪同）、玩帆伞、滑水（15分钟180NIS，含一节课250NIS）以及踩着水上飞板（一种由水上摩托供电的装置，喷出的水柱令其得以窜上空中）到处飞（20分钟390NIS，含一节课）。

Motel Aviv 酒店 $

（见346页地图；☎08-637-4660；www.avivhostel.co.il；126 Ofarim St；双 不含早餐170~210NIS，套 不含早餐 300~350NIS；）这家酒店有5层，以拥有一个迷你游泳池而自豪，它绝非仅仅是一家汽车旅馆，而是一家出色的经济之选。这里由家庭经营，拥有40间客房。标准间及其窗子都很小，套房则更大，并且部分套房能够看到海景。

Arava Hostel 青年旅舍 $

（见346页地图；☎08-637-4687；www.aravahostel.com；106 Almogim St；铺/标单/双80/200/240NIS；@）这个以色列青年旅舍联盟的成员是埃拉特唯一拥有真正背包客氛围的地方，有100个床位，其简陋的房间、昏暗狭窄的宿舍和地理位置都不出色，但也有可取之处：前边有枣椰树遮阳的花园（非常适合在日落时喝啤酒）、公用厨房、洗衣房（每次20NIS）以及免费停车场。行李储存柜收费10NIS。

Blue Hotel 酒店 $$

（见346页地图；☎08-632-6601；www.bluehotel.co.il；123 Ofarim St；标单 216~342NIS，双 240~380NIS；@）这里由一对友善的以色列-爱尔兰夫妇经营，拥有34间定价合理的客房（房门前是露天走廊），房间没什么特别值得提的，但配有实用的设施（冰箱、有线电视和烧水壶）。这里出租自行车，并且住客可以享受Reef Diving Group的潜水套餐优惠。

Eilat Youth Hostel & Guest House 青年旅舍 $$

（见346页地图；☎02-594-5605；www.iyha.org.il；18 Mitzrayim Rd/Rte 90；铺 126~155NIS，标单 300~376NIS，双 380~500NIS；@）这家青旅最近翻新过，拥有107间客房，因为其地理位置和现代、干净、舒适的客房与宿舍而极具诱惑力，经常招待学校团体。这里有计划增加一个游泳池。

Orchid Reef Hotel 酒店 $$$

（见344页地图；☎08-636-4444；www.orchidhotels.com；Coral Beach；双 标准/海景675/800NIS，周四和周五 1250NIS；）这家酒店俯瞰珊瑚礁自然保护区（Coral Reef Nature Reserve）附近的一片可爱的沙滩，拥有一个10米游泳池、健身房、水疗馆和餐厅。沙滩活动有浮潜、风帆和海上皮划艇，并且可以免费使用自行车。79间舒适的客房以沙漠色调装饰，宽敞且大多配有海景露台。

就餐

在北海滩滨海大道以及潟湖周边的街道上能找到面向游客的餐厅、咖啡馆和酒吧。New Tourist Center（见349页）有许多价格合理的食肆。至于自炊者，在北海滩往内陆方向一个街区的地方和南海滩沿线的多处地方都有小超市（Mitzrayim RD/RTE 90）。

HaLev HaRachav 炸豆丸子 $

（见344页地图；HaTemarim Blvd；炸豆丸子 19NIS，旋转烤肉 32NIS；⏲周日至周四 11:00~23:00，周五 至15:00或16:00）许多本地人都表示这里的炸豆丸子和旋转烤肉绝对是城里最棒的。全希伯来文的招牌上还写了数字“1978”（HaLev HaRachav开业那年）和英文单词“kosher”（犹太洁食）。

Uga Chaga 点心 $

（见346页地图；☎050 996-7100；173 Eilot Ave；主菜 32~45NIS；⏲周日至周四

8:00~20:00，周五 至15:00或16:00；) 这家怡人的袖珍咖啡馆一直特别受本地人欢迎，里边摆满了红色的长沙发和白色的小餐桌，供应法式糕点、三明治、沙拉、番茄烘蛋和意面。这里非常适合享用早餐或简便的午餐。

The Brewery 海鲜 $$

（HaMavshela；见344页地图；08-935-0550；www.soof.co.il；2 HaOrgim St, Industrial Zone；主菜 58~125NIS；周日至周四 17:00至次日2:00，周五和周六 13:00起；) 这家气氛欢快的精酿酒吧开业于2015年，是埃拉特的第一家，开业后飞速成为当地人最爱的饮酒和用餐场所。如果你饿了，来这里可以选择相当不错的沙拉、意面、鱼类、海鲜和牛排。如果你口渴的话，可以从Soof Craft Brewery酿造的6种啤酒中挑一款尝尝。

★ Pastory 意大利菜 $$

（见346页地图；08-634-5111；7 Tarshish St；http://pastory.co.il；主菜 48~158NIS；13:00~23:00）天啊！谁能想到在北海滩的背街小巷里能找到一家供应可口而地道菜肴的意大利餐厅呢？这个家庭友好型餐厅位于Leonardo Plaza Hotel后面，供应意大利餐前开胃小吃、配乡村风味酱汁的筋道意大利面、带优质酱料的滚烫比萨以及一系列令人难以抗拒的自制甜点和意式冰激凌。

Campania 以色列菜 $$

（Colonia；08-933-4993；www.colonia.co.il；160 Mitzrayim Rd/Rte 90；主菜 44~98NIS；9:00至深夜；) 这家露天餐馆位于塔巴口岸以北300米处，拥有一流的海景和地中海风味美食。这里自制的佛卡夏面包非常棒，番茄烘蛋和比萨也不错。菜品全部采用一流的食材。有8顶豪华帐篷可以过夜。

Giraffe 亚洲菜 $$

（见346页地图；08-631-6583；www.giraffe.co.il；Herods Promenade；寿司 16~45NIS，面条 53~62NIS，主菜 54~69NIS；正午至23:00）这家人气连锁泛亚洲面条馆拥有9家餐厅，埃拉特这家分店有出色的素食和严格素食选择，还有儿童餐和欧式甜点。这里吸引人的原因之一是一流的地理位置。

New Tourist Center 以色列菜 $$

（见346页地图；Rte 90和Yotam Rd交叉路口；主菜 35~110NIS）埃拉特最老的贸易中心既有价格合理的餐馆，也有爱尔兰以及其他风格的酒吧。

不要错过

沙漠徒步

埃拉特山脉高耸于埃拉特的西边，有崎岖的红岩，是东非大裂谷（叙利亚—非洲大裂谷）构造运动的产物。这片地区呈现缤纷的玫瑰色和紫褐色（特别是在日出和日落的时候），提供超级棒的徒步体验。比较热门的有以下这些：

Red Canyon（简单；2公里，2小时）

Mt Tzfachot（简单；4公里，2.5小时）

Sh'choret Canyon（简单；3公里，3小时）

Ein Netfim（中等；2.5公里，3小时）

Wadi Gishron（简单；3公里，3小时）

Mt Shlomo（困难；8公里，6小时）

以色列自然保护学会教研基地埃拉特信息中心（见350页）位于Mitzrayim Rd/Rte 90上珊瑚海滩自然保护区的对面，提供徒步地图和建议。办公室里不一定有经验丰富的导游，但管理人员可以提供出色的英语信息单，上边详细介绍了6条区域性徒步路线，他们还出售比例尺为1:50,000的徒步地图（85NIS）。从客栈前台上楼走到走廊尽头就是。

在埃拉特的旅游信息办公室，你可以用手机拍摄徒步地图和信息。

★ Fish Market

海鲜 $$$

（Shuk HaDagim；见344页地图；☎08-637-9830；http://shokdagim.rest.co.il；Almog Beach，Rte 90；主菜 含沙拉 79~119NIS；⏲12:30~23:00；📶）这家鱼类餐厅（有人说是埃拉特最棒的一家）的重头戏是来自红海、地中海和埃及尼罗河三角洲的新鲜鱼类以及来自戈兰高地的牛肉。尖吻鲈鱼是这里的特色菜之一。每一餐都以精选的地中海沙拉开场。这里有希腊式氛围，配有蓝色和白色的长软座、方格桌布以及音响里放着的希腊背景音乐。

Last Refuge

海鲜 $$$

（见344页地图；☎08-637-3627；www.rol.co.il/sites/hamiflat；Coral Beach北端；主菜 92~140NIS；⏲12:30~22:30）这家餐厅仿佛时间错位一般将一切都定格在了20世纪70年代（渔网从天花板上垂落下来，法国香颂悲伤地吟唱着巴黎，而大蒜奶油占据了菜单一大部分）。尽管乍看之下似乎并没有多大期待，但店家会用炭火烤制当日捕获的美味食材（如果有的话），还提供本地捕捞的剑鱼等鱼类。

🍷 饮品和夜生活

埃拉特的饮酒场所在很大程度上局限于北海滩及周边与New Tourist Center的喧闹小酒馆。夜店发展得不错，但演出场所经常坚持不了多长时间，热门地点每年都有变动——你所住酒店的工作人员应该能够提供最新信息。

Mike's Place

小酒馆

（见346页地图；☎08-864-9550；www.mikesplacebars.com；HaMayim St；⏲正午至次日2:00或更晚；📶）在Mike的5家小酒馆中这家南边的分店里，周一是开麦之夜（22:00起）、周二是即兴演出（22:00起）、周三是女性之夜，而周四、周五和周六的22:00或22:30起会有现场音乐演出。演出日程见网站。

Three Monkeys Pub

小酒馆

（见346页地图；☎08-636-8888；North Beach Promenade；⏲20:30至次日2:00）Three Monkeys Pub（由Isrotel的Royal Beach Hotel经营）总是不可避免地挤满了晒伤的游客，因位于海滨大道的有利位置以及在旅游旺季几乎每天都会在21:00至次日0:30举办现场乐队演出，十分受欢迎。但要注意的是，这里供应的饮品价格不菲，而且店内的服务速度慢且粗鲁。

🛍 购物

埃拉特是一个无须缴纳增值税的城市（因此有许多电脑店），所以物价应该比以色列其他地方低17%。可惜情况并不总是这样。商场可以躲避午间的炎热，特别适合儿童。

Mall HaYam

商场

（见346页地图；mallhayam.co.il；1 HaPalmakh St；⏲周六至周三 9:00~23:00，周四 至午夜，周五 至18:00）这家商场人气很高，就在大海边上。本地人和游客都来这里的快销时装店（包括Zara、Mango和当地的Castro）大买特买。

ℹ 实用信息

如果你需要兑换现金，最好去中央客运站（HaTemarim Blvd）附近找一家。邮局的汇率很好，但得做好排队的准备。

埃及领事馆（见346页地图；☎08-637-6882；www.egyptembassy.net；68 Efroni St；⏲周日至周四 9:30至正午）

旅游信息中心（Tourist Information Office；见346页地图；☎08-630-9111；www.goisrael.com；Bridge House，North Beach Promenade；⏲周日至周四 8:30~17:00，周五 8:00~13:00；📶）由旅游局运营，对游客来说非常有帮助，主要职责是解答疑问（当面、电话或电邮），提供免费的地图和手册，发放英文、法文、德文及其他语言的二手书籍。你可以（合法）拍摄8条区域徒步路线的步行导览图。有免费的Wi-Fi和智能手机与平板电脑充电插口。

以色列自然保护学会教研基地埃拉特信息中心（SPNI Eilat Field School Information Center；见344页地图；☎08-632-6468；www.spni.org.il；从珊瑚海滩自然保护区横跨Mitzrayim Rd/Rte 90；⏲周日至周四 8:00~15:00）别指望这里会有经验丰富的导游，但管理人员可以提供出色的英文信息单，里边有6条地区徒步路线的详细信息，这里还出售比例尺为1:50,000的徒步地图(85NIS)。你可以拍摄部分资料。从客栈前台上楼走到走廊尽头就是。

Yoseftal Medical Center(见344页地图;☎08-635-8015;Yotam Rd, Argaman Ave西边;⏲急诊科24小时)埃拉特这家医院有68张床位。

到达和离开

飞机

于2017年完工的**拉蒙国际机场**(Ramon International Airport;www.iaa.gov.il)位于埃拉特以北18公里处的阿拉瓦山谷,现在已经取代原先位于市中心的奥华特机场。这里还将成为以色列第二个提供全面服务的国际机场。新机场得名于在哥伦比亚号航天飞机事故中丧生的以色列宇航员伊兰·拉蒙(Ilan Ramon)以及他的儿子阿萨夫(Assaf),后者是以色列一名空军飞行员,在他的F-16战斗机被撞毁时丧生。

阿基亚航空(Arkia;www.arkia.com)和以色列航空(Israir;www.israirairlines.com)每天有几班飞机连接埃拉特与本-古里安机场(Ben Gurion Airport;35分钟)和特拉维夫的斯德多夫(Sde Dov)。阿基亚还有航班飞往海法。票价与乘客的需求挂钩,往来特拉维夫的单程票可以低至86NIS,也可以高达420NIS。

芬兰航空(Finnair)、瑞安航空(Ryanair)、北欧航空(Scandinavian)、泛航航空(Transavia)和威兹航空(Wizz)等廉价航空提供从欧洲各个城市直飞埃拉特的航班,其中许多为季节性服务(冬季和春季)。

穿越边境

以色列和约旦之间的伊扎克·拉宾/阿拉伯谷边境口岸距埃拉特东北方向约5公里,以色列与埃及的塔巴边境口岸位于埃拉特西南方向9公里处。

长途汽车

埃拉特的**中央客运站**(见346页地图;www.bus.co.il;HaTemarim Blvd)位于北海滩西北方约1.5公里处,有优秀的长途汽车服务连接以色列其他地区。

贝尔谢巴(Egged的392路、393路和397路长途汽车,42.50NIS,3.5小时,每1或2小时1班)周五运营到傍晚,周六午后恢复运营。

死海(Egged的444路长途汽车,42.50NIS,2.75小时至隐波给,周日至周四每日8班,周五3班,周六下午和晚上3班)

耶路撒冷(Egged的444路和445路长途汽车,70NIS,4.25~5小时,周日10班,周一至周三每日4班,周四7班,周五3班,周六下午和晚上3班)445路长途汽车是快车。

密兹比拉蒙(Egged的392路长途汽车,39.50NIS,2.25小时,周日至周四每日4~6班,周五1班)

特拉维夫(Egged的390路、393路、394路和790路长途汽车,70NIS,5~5.75小时,每1或2小时1班)从周日至周四,在4:00或5:00至19:00或20:00有车出发,凌晨1:00有1班夜车。周五最后一班车大约在15:00发车,周六11:00恢复服务。要想预订座位(强烈推荐),登录www.egged.co.il(点击"Book Tickets Online")或拨打*2800,最早可以提前14天订票。

当地交通

城市的中心城区非常适合步行,但是如果要前往南海滩或Mitzrayim Rd/Rte 90(通往埃及塔巴口岸的公路)沿线的各处,你仍需要自驾、搭乘公共汽车或打车。

公共汽车

Egged的15路公交车从中央客运站出发,途经北海滩的酒店和南海滩的沙滩前往塔巴口岸(4.20NIS,36分钟),在周日至周四8:00~21:00、周五8:00~15:00或16:00,以及周六9:00~19:00,每小时运营1班。从塔巴往北走,公交车就变成了16路。

小汽车

至少在拉蒙机场投入使用之前,租车公司还会聚集在旧机场对面的Shalom Center。它们大部分位于Rte 90沿线,朝向Paz加油站。**Hertz**(见346页地图;☎08-637-5050;www.hertz.co.il;8 HaTemarim Blvd, Shalom Center)位于路口,偏

埃拉特的气候

7月和8月每日的平均最高气温为40℃,不过由于湿度极低(10%~15%),你不会感到汗流浃背。12月和1月每日的平均最高气温为20℃。这座城市每年平均只有18天下雨。

HaTemarim Blvd里边一点。其他公司包括**Budget**（见346页地图；☎03-935-0016；www.budget.co.il；2 HaTemarim Blvd，Shalom Center）和**Eldan**（见346页地图；☎08-637-4027；www.eldan.co.il；2 HaTemarim Blvd，Shalom Center）。

埃拉特大部分地方的停车费为每小时5NIS或每天25NIS。停车计时器只接受硬币。日票全城有效。

出租车

经伊扎克·拉宾/阿拉伯谷边境口岸进入约旦境内，你需要搭乘出租车（50NIS）。尽管埃拉特城内的距离都不远，但由于天气炎热，打车有时候可以救命。从旧机场搭乘出租车前往城市中心地区内的绝大多数地点或北海滩地区需要15~20NIS，而前往珊瑚海滩需要35NIS。

佩特拉

包括 ➡

古城......355
瓦迪穆萨......358
小佩特拉峡谷（小佩特拉）......364

最佳餐饮

- Al Saraya Restaurant（见363页）
- Petra Kitchen（见359页）
- Oriental Restaurant（见362页）
- Basin Restaurant（见358页）

最佳住宿

- Mövenpick Hotel（见362页）
- Rocky Mountain Hotel（见361页）
- Cleopetra Hotel（见362页）
- Peace Way Hotel（见361页）
- Petra Guest House Hotel（见362页）

为何去

佩特拉是一座伟大的古城，半遮半掩于约旦南部饱经风霜的地貌中，是世界上最珍贵的联合国教科文组织世界遗产之一。在2007年的投票中，它被选为“世界新七大奇迹”之一，即便是在更广阔的地区发生冲突之际，它仍然保持着吸引力。

19世纪，伯尔克哈特（Burckhardt）为外部世界重新发现佩特拉时，要拜访佩特拉就意味着要乔装打扮，用当地方言说话，并赢得周围部落居民的信任。如今，仍旧以古城为家的贝都因人和旁边瓦迪穆萨的城镇居民都对游客表示欢迎，瓦迪穆萨的城市设施令为期数日的古城参观之旅成为一件乐事。这里还有位于附近的所谓小佩特拉的纳巴泰景点、沙漠露营和无数的徒步路线，要在佩特拉玩得尽兴至少需要两天的时间。

何时去

瓦迪穆萨

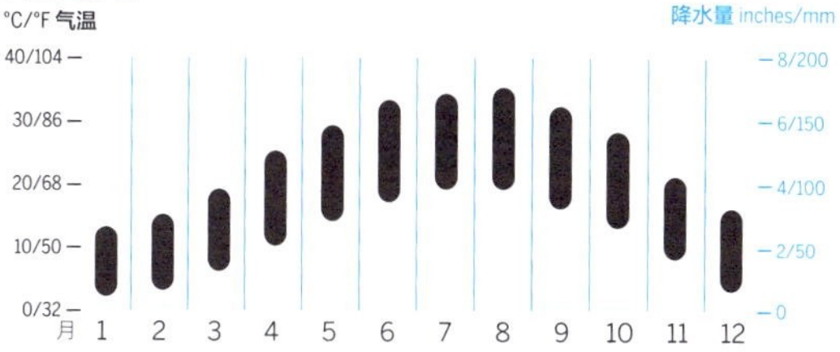

3月至5月 佩特拉的旅游旺季，徒步旅行较为安全，夹竹桃盛开。

10月中旬至11月末 在大雨阻断道路之前游览佩特拉的最后机会。

12月和1月 冬季的佩特拉几乎杳无人迹，夜里寒风刺骨，日间碧空如洗。

历史

公元前4世纪，阿拉伯游牧民族纳巴泰人（Nabataean）建造了佩特拉城。鼎盛时期，佩特拉城拥有约3万人，抄写员和工程师共同创建了这座拥有精致文明的城池，那里的人们注重来世。约公元100年，罗马人接管佩特拉城，留下了包括石柱街（Colonnaded Street）在内的大量标志性景观。

363年和551年发生的地震使城内多处建筑沦为废墟，佩特拉城也随之被世人遗忘，变成了偏远荒村，只有定居于此、酷爱隐匿迹形的贝都因人没有忘记它。1812年，年轻的瑞士探险家J.L.伯尔克哈特乔装打扮成伊斯兰神职人员进入城内，终结了佩特拉城长期以来与世隔绝的状态。

20世纪50年代，佩特拉在以色列国内达到了几乎神化的崇高地位。大批的以色列青年冒着危险来到这里——有的甚至献出了生命——只为偷偷看一眼它的风貌。以色列人（以及去以色列旅行的人）在1994年约旦与以色列之间签订和平条约之后，可以合法游览这里的遗址。

到达和离开

佩特拉距离亚喀巴（Aqaba；120公里）和附近与以色列的阿拉伯谷/伊扎克·拉宾（Wadi Araba/Yitzhak Rabin）边境口岸有2小时的车程。要从埃拉特过来进行一日游，大约要花费US$315，其中包括US$130的跨境费。如果想搭乘

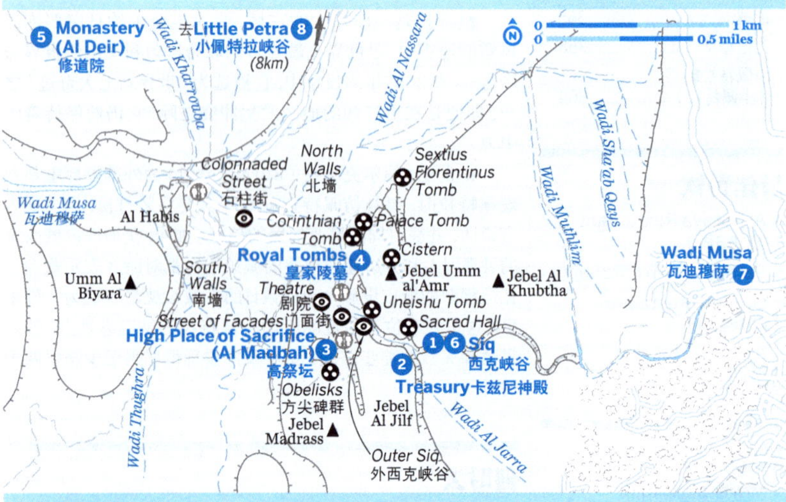

佩特拉亮点

1 西克峡谷（见355页）沿着朝圣路线穿过两侧陡峭的深坑，进入古老的世界。

2 卡兹尼神殿（见355页）在西克峡谷尽头这一佩特拉标志性地点欣赏清晨阳光斜照石柱的景象。

3 高祭坛（见355页）攀登仪仗大道，停下脚步在野花盛开的花园中与贝都因人斟茶对饮。

4 皇家陵墓（见355页）探索那藏匿于五光十色洞穴深处的灵魂。

5 修道院（见358页）从佩特拉这处著名的宗教高地欣赏饱经风霜的岩石在夕阳余晖下呈现的火焰般的色彩。

6 夜游佩特拉（见361页）让你的心灵徜徉于西克峡谷的庇佑之下，跟随乐曲和烛光的指引。

7 Petra Kitchen（见359页）在旅伴的陪同和专家的指导下，于瓦迪穆萨烹制专属于你的传统约旦式晚餐。

8 小佩特拉峡谷（见364页）在古城外经常被旅行团忽略的迷你峡谷里欣赏纳巴泰墓葬和寺庙。

公共交通工具，开往瓦迪穆萨的小巴在6:30~8:30离开亚喀巴，末班车在15:00左右出发。

如果你从约旦河西岸经侯赛因国王/艾伦比大桥（King Hussein/Allenby Bridge）边境口岸过境，你可以在6:00至正午于安曼的客运南站（Wahadat）搭乘前往瓦迪穆萨的小巴。

古城（The Ancient City）

景点

佩特拉城内已登记在册的古迹遗址有800多处，其中包括约500处墓葬，但最好看的部分很容易找也很容易抵达。自古城入口处起，一条小路蜿蜒800米，依山势而下，穿过一处被称为Bab As Siq的地方（进入西克峡谷的门户），这里散落着老城早期的遗迹。

从瓦迪穆萨的佩特拉游客中心（Petra Visitor Centre；见361页）广场开始你的佩特拉之旅，那里位于Mövenpick Hotel对面。你可以去买票、拿宣传单和地图并使用厕所（不过古城里边也有几个厕所）。

比较值得考虑的徒步路线有穆斯林河道至皇家陵墓（Wadi Muthlim to the Royal Tombs；1.5小时；强制带导游）、Umm Al Bayara（单程3小时）和亚伦山（Jebel Haroun；往返6小时）。

★西克峡谷（Siq） 峡谷

长达1.2公里、位于绝壁夹缝间的西克峡谷（“Siq”意为峡谷），无疑是佩特拉城的亮点之一。小道蜿蜒曲折，伸向隐秘的古城。步行穿过这条神奇的小道，你会对前方的奇景满怀期待——纳巴泰人非但没有荒废它，反而将具有精神意义的景致装点其中，使其成为一条神圣之路。

★卡兹尼神殿 墓葬

（Treasury；Al Khazneh）这座在当地被称为“宝库”的墓葬，是佩特拉城内最受游客喜爱的一处景点，其希腊风格的造型外观展现了震撼世人的工艺技术。这座为纳巴泰国王阿雷塔斯三世（Nabataean King Aretas Ⅲ；约公元前100年至公元200年）修建的墓葬，以富含铁元素（呈赭红色）的砂岩雕凿而成。为何叫“宝库”呢？曾有一位埃及法老，在追赶以色列人时将自己的财宝藏在这里，就在正面的神龛当中。

> **注意：没有扶手**
>
> 古城内遍布曾经用来祭祀或举行其他宗教仪式的“高地”。这些地方全部能欣赏到壮丽的风景，而且是游览中的亮点，通常要攀登陡峭的阶梯到达，途中却没有安全扶手或其他的安全设施。

门面街（Street of Facades） 遗迹

自卡兹尼神殿起，小道逐渐开阔起来，其所通向的地方，便是人们通常所说的外西克峡谷（Outer Siq）。纳巴泰人在外西克峡谷的岩壁上密密麻麻地开凿了40多处崖墓和住所，它们的阶式布局风格让人不由联想起了亚述建筑。这些被俗称为“门面街”的墓葬易于到达，不同于佩特拉城内的其他墓葬。

★高祭坛 观景点

（High Place of Sacrifice；Al Madbah）这处保存完好的景观坐落于Jebel Madbah之上，配备有导流祭祀动物血水的管道，是佩特拉城内最易于接近的祭坛。剧院前不远处那段设有标志的台阶正是通往祭坛的路。在方尖碑群处右转，即可来到祭祀平台。你可以骑着毛驴上去（单程需花费约JD10），不过那样你将失去攀上顶峰的成就感，也会使你那可怜的坐骑没了好心情。

★剧院（Theatre） 剧院

这座最初由纳巴泰人（并非罗马人）在2000多年前建造的剧院由山岩开凿而成，其结构中贯穿了许许多多的岩洞和墓葬。106年，罗马人进驻佩特拉，随即对该剧院进行了扩建，使其能够容纳8500人（约占佩特拉总人口的30%）。363年，剧院因地震而严重受损，其中部分结构被拆除并改建，但它依旧是佩特拉的一处亮点。

★皇家陵墓（Royal Tombs） 墓葬

从剧院处一路向下，干河床逐渐变宽，形成了更为广阔的通道。向右边看，壮观的Jebel Al Khubtha山丘于山谷上方若隐若现。在它朝西的岩壁上开凿有许多墓葬，那是佩特拉最令人印象深刻的墓葬中的一部分，合称为

Petra 佩特拉

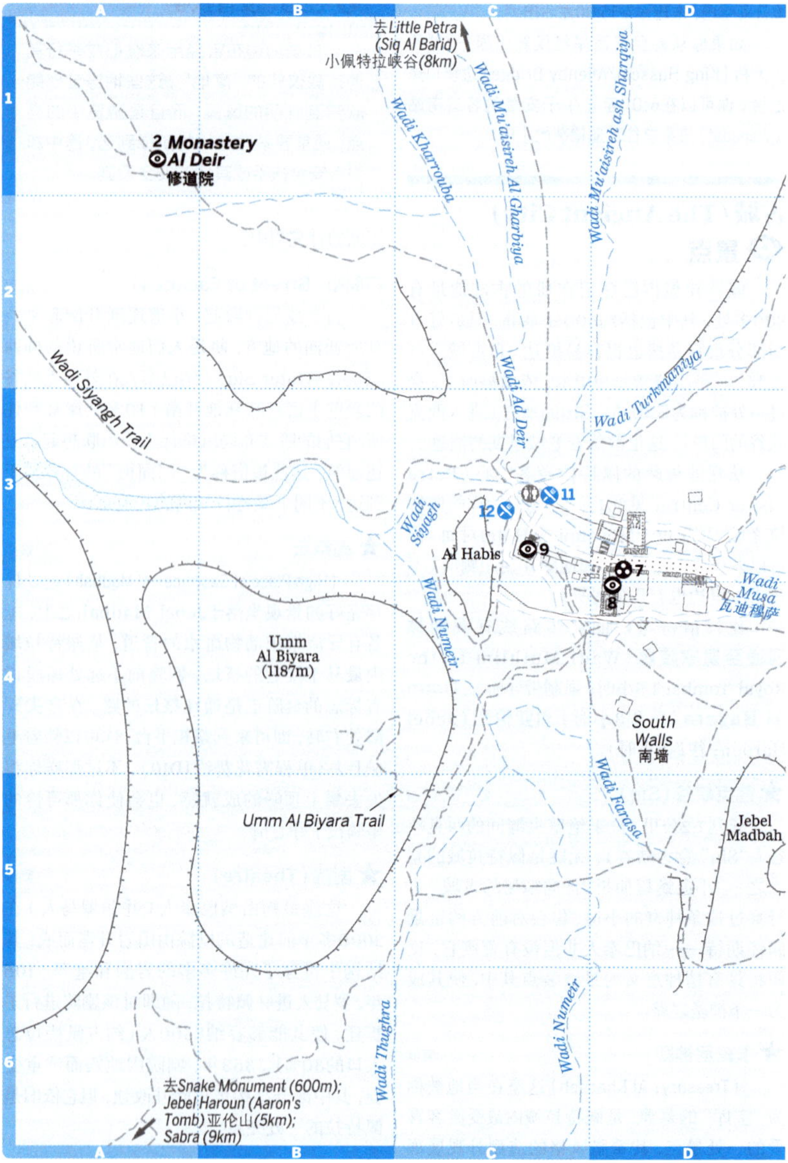

"皇家陵墓"。沐浴在夕阳的金色光芒中，它们显得格外耀眼夺目。

石柱街（Colonnaded Street） 考古遗址

位于剧院下方的石柱街，事实上是佩特拉古城的中心位置。这条大街大约建成于106年，其建造遵循了"东西大街"的罗马标准模式，却省去了常见的南北大街。最初，这些覆盖着大理石的砂岩石柱沿着6米宽的马路夹道而列，廊柱上是通往商铺的门。

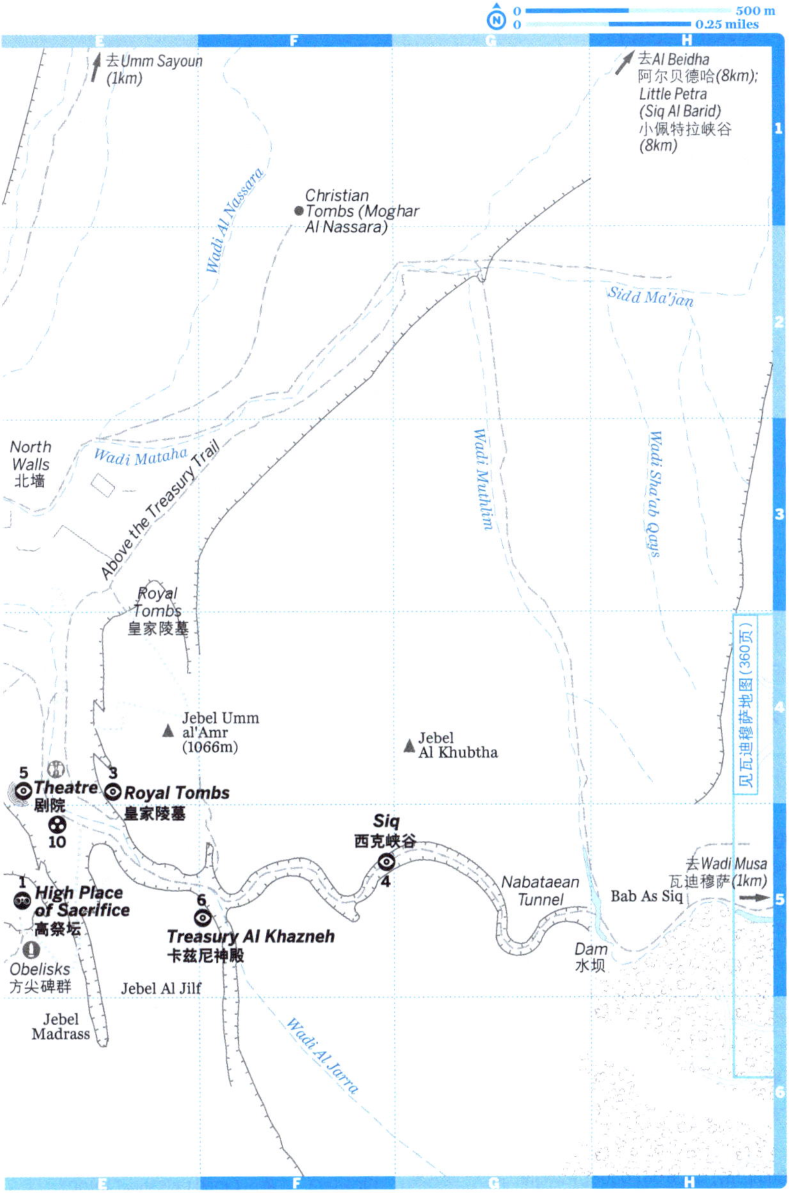

大神殿(Great Temple)

神殿

这是公元前1世纪一座主要的纳巴泰神殿，建成后不久便受到一场地震的严重毁坏，但一直使用到拜占庭晚期(尽管形式不同)。中心处是一座迷你剧院(theatron)。神殿曾经有18米高，被圈起来的范围是40米长、28米宽。内部最初覆盖着引人注目的红白色灰泥。

女儿宫(Qasr Al Bint)

神殿

纳巴泰人在公元前30年前后建成的女儿

Petra 佩特拉

◎重要景点

1 高祭坛......E5
2 修道院......A1
3 皇家陵墓......E4
4 西克峡谷......F5
5 剧院......E4
6 卡兹尼神殿......F5

◎景点

7 石柱街......D3
8 大神殿......D4
9 女儿宫......C3
10 门面街......E5

就餐

11 Basin Restaurant......C3
12 Nabataean Tent Restaurant......C3

宫，是佩特拉城内为数不多的独立式建筑之一。女儿宫后因对罗马皇帝的狂热崇拜而做了改建，于3世纪前后遭到毁坏。尽管当地的贝都因人将它称作"国王女儿的城堡"，但这座最初为供奉纳巴泰神明而建造的神殿，可谓佩特拉城内最重要的神殿建筑之一。

★修道院 墓葬

（Monastery；Al Deir）这座隐藏在高山顶上的修道院，是佩特拉城内的传奇性建筑之一。公元前3世纪，修道院作为纳巴泰墓葬而建，与卡兹尼神殿在设计方面如出一辙，却在规模上远超后者（50米宽，45米高）。其"修道院"一名源于建筑内墙上雕刻的十字架图形，而这也暗示了这里曾在拜占庭时期被当作教堂使用。那古老的、由岩石开凿成的800多级台阶，自Basin Restaurant起沿着旧时的游行路线一路延伸。

节日和活动

★佩特拉史 艺术节

（History of Petra；Jordan Heritage Revival Company；☎06 581 0808；www.jhrc.jo；周六至周四）支付佩特拉的门票费用之后，你就有机会一睹Jordan Heritage Revival Company的表演。这场历史重现表演中的演员打扮成古罗马百夫长的样子，有的人全副武装骑在马背上，钢盔在阳光下熠熠发光，与古城大多数沉静的建筑形成了鲜明的对比。

就餐

大部分游览古城的人要么从酒店里带午餐过来，要么去女儿宫附近的两家餐厅里挑一家吃。Nabataean Tent Restaurant（自助午餐 JD10，午餐便当 JD7；10:00～15:30）有简单的自助餐，Basin Restaurant（自助午餐JD16，鲜榨橙汁 JD4；正午至16:00；）在户外和空调餐厅里供应更为丰盛的午餐。景点主要区域都有带露天餐位的小亭子出售饮用水、茶和小吃。

实用信息

售票处（☎03 215 6044；Tourism St；6:00～16:00，夏季 至18:00）位于瓦迪穆萨的佩特拉入口处的佩特拉游客中心内。尽管16:00之后不再售票，但已经进入佩特拉城的游客可以继续游览至日落时分（夏季19:00，冬季17:00）。

1/2/3日通票的费用为JD50/55/60（可使用约旦货币或信用卡支付）。如果你是从以色列和巴勒斯坦等地方来佩特拉一日游的，门票费用为JD90。12岁以下儿童和残障游客免费。

门票包括沿Bab Al Siq（游客中心和西克峡谷入口之间的小路）骑马的费用和至少5人的导览游费用。团队游不是强制性的，但是值得推荐；团队游在7:00～15:00整点出发，持续2小时。

当地交通

如果你在佩特拉游客中心买票，门票包含了从正门至西克峡谷起点间800米路程的骑马往返服务（跟马的主人安排好返程的时间）。最好能付JD4的小费。如果你步行进去的话，通常能以JD4左右的价格骑马回到入口。在正门与卡兹尼神殿之间（2公里）有带车夫的马车往返，每辆马车收费JD20（可以坐两人），外加每人JD5的小费。

可骑非官方的毛驴或骡子（有主人陪同）前往佩特拉各地，价格可议。骑驴可以抵达高祭坛（单程JD10起）和修道院顶部（往返JD20）。你也可以租骡子进行路途较长的旅行，前往Snake Monument（JD25起）、亚伦山（JD50）和Sabra（JD100）。

瓦迪穆萨（Wadi Musa）

وادي موسى

☎03/人口：18,000/海拔：1150米

佩特拉周围发展出来的这座城市名为瓦

迪穆萨[穆萨谷(Valley of Moses),摩西在伊斯兰教中被称为“穆萨”]。从穆萨泉(Ain Musa)到干河谷底部附近的佩特拉正门之间大约有5公里的距离,那里聚集着酒店、餐厅、店铺和房屋。

这座小城大致分为三部分。上边的部分由几家位于主干道两侧的高端酒店组成,每一家都能看到风吹雨打的壮丽砂岩景观(尽管不是佩特拉本身的景观)。市中心是大多数较便宜的酒店、客运站和店铺的所在地。下边的部分距离市中心有10分钟的步行路程,有大多数的高端和中端酒店,以及纪念品商店、旅游餐厅和著名的Cave Bar。

活动

在佩特拉走了一整天之后,土耳其浴是舒缓肌肉疼痛的最佳选择。这种久负盛名的沐浴体验如今正重新流行起来,瓦迪穆萨出现了许多新的浴室,其中大部分附属于酒店。

蒸汽浴室里提供的服务通常包括蒸汽浴、按摩、热石浴、搓澡和“身体调理”。最好预订,特别是要求女性技师(仅限女客)的话。价格通常为JD15~30,具体取决于提供的服务。

Salome Turkish Bath 蒸汽浴室

(☎03 215 7342;Al Anbat II Hotel对面;洗浴、搓澡和按摩 JD24;⊙15:00~22:00)穿过一个陈列着古代农具的石窟后来到这间公共浴室,这里设有氛围不错的休息区,供客人喝花草茶放松。这家小蒸汽浴室将洗浴与搓澡和按摩结合起来,在城里其他地方都在积极转变的时候保持传统。

Sella Turkish Bath 蒸汽浴室

(☎03 215 7170;www.sellahotel.com;King's Highway;⊙17:30~22:00)这家浴室提供各式各样的服务,其中包括桑拿和男女独立浴室。这里出售死海出产的产品。

课程

★ Petra Kitchen 烹饪课程

(☎03 215 5900;www.petrakitchen.com;Tourism St;烹饪课程 JD35/人;⊙18:00~21:00)对那些好奇如何配制出色的鹰嘴豆泥或是烤出完美的果仁蜜饼的人来说,Petra Kitchen的单晚课程很实用。Petra Kitchen就在自Mövenpick Hotel沿主路上行100米处,以轻松的家庭式氛围提供晚间烹饪课程,适合那些渴望向当地人学习如何烹饪约旦式的开胃小菜、汤品和主菜的人。

团队游

大部分酒店提供某种形式的导览游,有在佩特拉城内的,但更多是在周边地区。例如,Rocky Mountain Hotel(见361页)安排人们从后边的小路进入佩特拉,而

步行时间

要充分游览佩特拉,你需要步行。好消息是你不用非得认真徒步才能感受佩特拉发现者伯尔克哈特式的时刻——你只要知道确切的地点和时间就行了。下表中列出的时间标注了以悠闲的步调行走的单程时间(除非特别说明)。若你以稍快的速度行走,中间不停歇,从佩特拉游客中心走到卡兹尼神殿需20分钟,沿主路行走,到Basin Restaurant则需40分钟。不要忘了,对于上坡返程,其所用时间需要加倍。

直达路线	时间(分钟)	难度
游客中心至西克峡谷入口	15	容易
西克峡谷入口至卡兹尼神殿	20	容易
卡兹尼神殿至皇家陵墓	20	容易
卡兹尼神殿至高祭坛方尖碑	45	中等
方尖碑至Basin Restaurant(沿主路)	45	容易
卡兹尼神殿至Basin Restaurant	30	容易
Basin Restaurant至修道院	40	中等

Wadi Musa 瓦迪穆萨

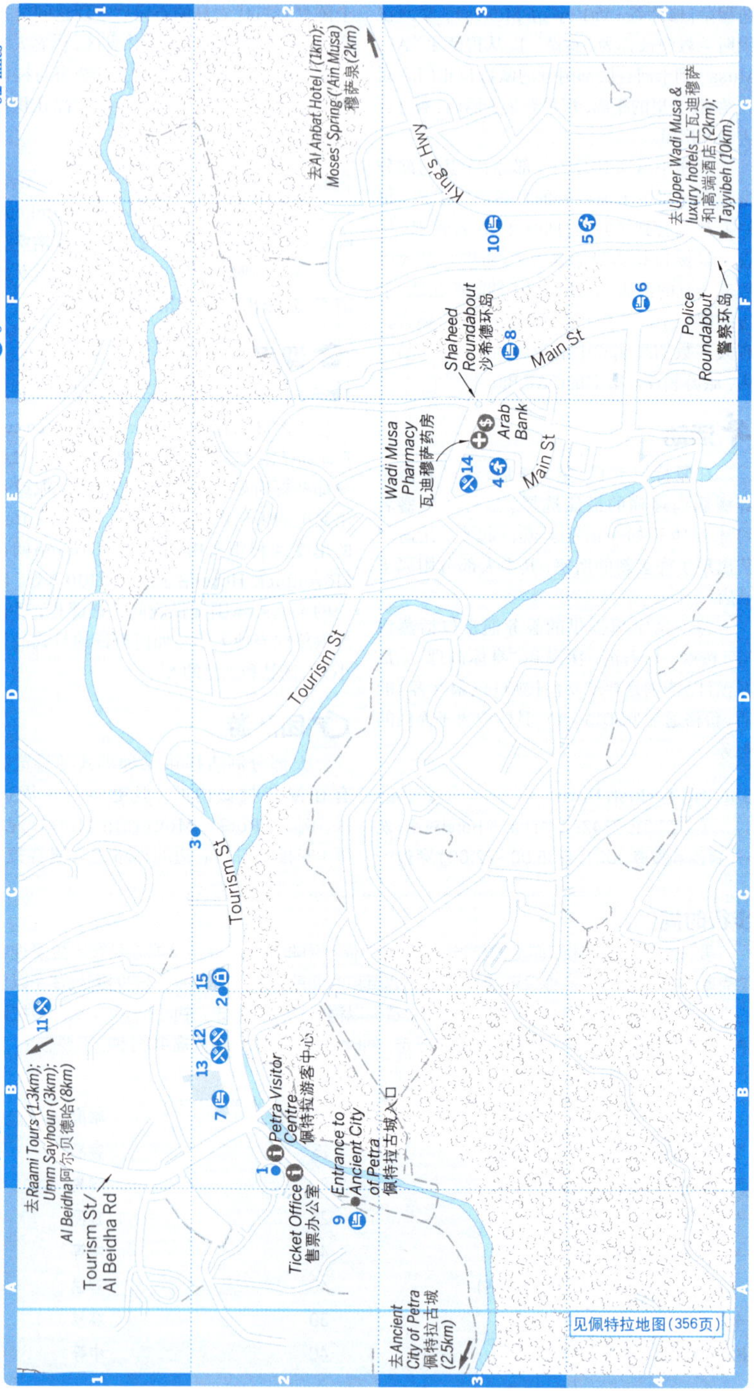

见佩特拉地图(356页)

Wadi Musa 瓦迪穆萨

活动、课程和团队游

1 夜游佩特拉 B2
2 Petra Kitchen C2
3 Petra Moon Tourism Services C2
4 Salome Turkish Bath E3
5 Sella Turkish Bath F4

住宿

6 Cleopetra Hotel F4
7 Mövenpick Hotel B2
8 Peace Way Hotel F3
9 Petra Guest House Hotel A2
10 Rocky Mountain Hotel F3

就餐

11 Al Qantarah B1
Al Saraya Restaurant .... （见7）
12 Oriental Restaurant B2
13 Red Cave Restaurant B2
14 Sanabel Bakery E3

饮品和夜生活

Al Maqa'ad Bar .... （见7）
Cave Bar .... （见9）

购物

15 Made in Jordan C2

Cleopetra Hotel（见362页）则带住客去月亮峡谷（Wadi Rum）更远的田野上进行过夜之旅。佩特拉地区还有许多出色的本地导游独立工作，但最好通过**佩特拉游客中心**（Petra Visitor Centre；☎03 215 6044；www.visitpetra.jo；Tourism St；⏲5月至9月 6:00~18:00，10月至次年4月 至16:00）**免费**预约。

★ 夜游佩特拉　团队游

（Petra by Night；Petra Visitor Centre,Tourism St；成人/10岁以下儿童 JD17/免费；⏲周一、周三和周四 20:30~22:30）夜游佩特拉极受欢迎，满足了游客欣赏月光照耀下的西克峡谷和卡兹尼神殿的愿望。此项游览从佩特拉游客中心出发（如下雨将取消行程），共持续2小时。

Raami Tours　团队游

（☎07 9620 3790，03 215 4551；www.raamitours.com；Umm Sayoun Rd）这家位于贝都因村庄Umm Sayoun主路上的旅行社可针对各种时间计划、特殊兴趣及预算，为游客量身定制游览行程（至少于抵达前3日发送电子邮件）。

Petra Moon Tourism Services　团队游

（☎07 9617 0666；www.petramoon.com；Tourism St；前往亚伦山的全天骑马旅行 US$100，最少3人）Petra Moon因其安排制定的在佩特拉本地及周边地区（包括瓦迪拉姆和亚喀巴）的游览行程而成为瓦迪穆萨地区最专业的旅行社。该旅行社可安排前往达纳（Dana）的骑马全支援徒步旅行（3晚）、自Tayyibeh前往佩特拉的徒步项目，以及前往月亮峡谷的骆驼旅行。这里还为10~26人组织约旦各地的热门14日游。

住宿

游客可以选择70多家酒店（全都不在古城内部），这些酒店能满足大多数游客的预算。在旺季之外（4月至5月中旬和10月至11月），房价比官方价格要低很多，特别是住宿3晚或3晚以上时。

瓦迪穆萨镇中心

从镇中心的酒店到客运站、便宜的咖啡馆和超市最方便。从这里可以步行下山到佩特拉游客中心，但不会为探索古城本身省下太多的体力。

★ Peace Way Hotel　精品酒店 $

（☎03 215 6963；peaceway_petra@yahoo.com；Main St；标单/双/标三 JD16/22/35；）这家酒店正在经历令人瞩目的从经济型酒店转型为精品酒店的过程。其令人印象深刻的翻新之处包括蓝光照明的天花板、雕花木门以及走廊和客房的巧克力棕色漂亮主题，与奶油色的大理石形成对比。更了不起的是，即使酒店位于这一地段的中心，但仍保持着经济的价位，非常物美价廉。罕见的是，这里还欢迎宠物。

★ Rocky Mountain Hotel　酒店 $

（☎07 9694 1865、03 215 5100；www.rockymountainhotel.com；King' s Highway；标单/

双/标三/四 JD26/39/50/60；@ 📶）这家酒店不仅对背包客十分友善，更因其营造的良好氛围而成为旅行者住处中的佼佼者。店内舒适的公共休息区免费供应茶水和咖啡，而伊朗议会风格的屋顶阳台更使本地的壮丽美景一览无余。开往佩特拉入口的摆渡车在7:30和8:30出发，16:00和17:00返程。

★ Cleopetra Hotel 酒店 $

（☎03 215 7090；www.cleopetrahotel.com；Main St；标单/双/标三 JD18/25/32；@ 📶）这家酒店是城内最让人感到亲切，同时也是最高效的经济型酒店。房间明亮而清新。酒店大堂内设有公共休息区，那里以JD2的价格提供Wi-Fi。酒店可以安排前往月亮峡谷的四驱车过夜之旅（每人JD50，最少3人），而乐于助人的穆斯利赫Mosleh可以安排其他交通。

下瓦迪穆萨

大部分的高端和中端酒店位于城区的下端，在佩特拉城正门的步行距离内，并且有很多餐厅和纪念品商店。它们靠近佩特拉游客中心，因此对在古城内徒步一整天的人来说非常舒适。

★ Petra Guest House Hotel 酒店 $$

（☎03 215 6266；www.guesthouse-petra.com；紧邻Tourism St；房间 JD75起；P 📶）要想住得离佩特拉城正门更近，那就只能睡在坟墓里了。事实上，该酒店的酒吧——著名的Cave Bar正是坐落于一座坟墓中。房间有汽车旅馆式的宽敞度假屋，也有主楼中的阳光房（不过有些窄）。酒店全体员工永远笑意盈盈，自助早餐也是无人能及，是一家性价比极高的酒店。

危险和麻烦

- 单独出行的女性旅行者在瓦迪穆萨的经济酒店中比在约旦其他的城镇中更加需要保持警惕。请锁好门，并确保门上没有猫眼。
- 独行旅客受到的友善对待大多出于好意，不过对于矢志不渝的爱情与喜欢的承诺确实值得怀疑。
- 在瓦迪穆萨带着背包走下小巴容易招来专门骗人去某一家酒店的掮客。提前选好酒店会好一些。

★ Mövenpick Hotel 酒店 $$$

（☎03 215 7111；www.moevenpick.com；Tourism St；房间 JD500起；P @ 📶 🏊）这座精巧而美丽的阿拉伯风格酒店距佩特拉城正门100米。哪怕只是为了欣赏那些精美绝伦的家具陈设、大理石建造的喷泉、木屏风和铜托盘，也绝对值得去造访。由于酒店位于谷内洼地，周围看不到什么风景，但这丝毫不妨碍酒店给那些超级宽敞而奢华的房间装上巨大的窗户。这里的自助早餐和晚宴都非常不错。

就餐

最便宜的就餐场所位于沙希德（Shaheed）环岛和Sanabel Bakery附近。大多数地方的菜品类似，以炸豆丸子和旋转烤肉为主。约旦菜品更丰富的中端场所位于佩特拉入口附近。含酒精的各国风味餐厅主要局限于五星级酒店内。瓦迪穆萨有许多杂货店可以购买野餐食品，大多数酒店可以安排小吃盒。

Sanabel Bakery 面包房 $

（紧邻Main St；⏲5:00至午夜）Sanabel Bakery非常适合为野餐采购，出售各种美味的阿拉伯甜品。

★ Oriental Restaurant 约旦菜 $$

（☎03 215 7087；Tourism St；主菜 JD6；⏲11:00~21:30）这家主街上的热门餐厅提供美味的烧烤和羊肉抓饭（mensaf）等约旦菜。露天平台装饰有多立克式石柱，非常适合从佩特拉经过漫长的徒步后回来社交放松。

Red Cave Restaurant 约旦菜 $$

（☎03 215 7799；Tourism St；主菜 JD5起；⏲9:00~22:00）这家餐厅坐落于洞穴之中，氛围友善融洽，供应当地的贝都因特色菜，如羊肉抓饭和扣饭（maqlubbeh；白米饭配肉、烤番茄和松子）。这里是热门的游客聚集地，也是个可以在傍晚纳凉或在炎热夏日捕捉微风的舒适场所。

★ Al Qantarah 约旦菜 $$$

（☎03 215 5535；www.al-qantarah.com；

找到你自己的佩特拉游览节奏

以你独有的方式和喜好来游览佩特拉——花些时间，在那些不知名的墓葬间从容漫步，或者在贝都因摊位前啜饮清茶，而不是拼尽全力去"看个遍"（这是让你对古迹遗址产生厌倦之感的最快方式）。

半日游（5小时）于西克峡谷中悠然漫步，在卡兹尼神殿前细细感受其特殊的氛围，并体会启迪人生的瞬间。抵挡住前往剧院的诱惑，沿台阶经过五彩缤纷的岩石登上高祭坛。

一日游（8小时）完成"半日游"所列行程，不过，还需带好一切野餐所需。参观皇家陵墓，缓步前往女儿宫，沿着通往亚伦山的宽阔河道徒步，一直走到蛇形纪念碑——这是吃点零食并小憩片刻的绝佳地点。保留体力去爬修道院，那里是所有佩特拉之旅的绝佳目的地。

二日游 在行程的第二天，先去攀登那惊险刺激的穆斯林河道（如果开放的话），而后在Basin Restaurant享用烧烤美食，同时储备能量。探索Wadi Siyagh及其水池的隐藏之美，然后沿着门面街溜达回来。最后坐在剧院边上，凝望对面那夕阳余晖中的皇家陵墓——这便是佩特拉最引以为傲的壮美风光。

Lower Wadi Musa；午餐/晚餐 JD10/12；⏲午餐11:30~16:30，晚餐19:00~22:00；P ✎）这里是瓦迪穆萨最棒的餐厅，专营约旦菜，最多可以为500人供应午餐。这里没有菜单——午餐和晚餐为自助餐，有15种沙拉和小吃拼盘、8种肉菜和汤羹以及8种甜点。怡人的传统餐室内有个烹饪台，且每天都有现场音乐演出。

★Al Saraya Restaurant 各国风味 $$$

（☎03 215 7111；www.moevenpick.com；Mövenpick Hotel,Tourism St；自助晚餐 JD20；⏲午餐 11:00~15:00，晚餐 19:00~22:00；P ✎）这家高档餐厅在Mövenpick Hotel里，高雅的宴会厅内供应顶尖的各国风味自助美食，提供了与其富丽格调相符合的高质量菜品。睡前最好留一点时间，冬季在壁炉里燃起熊熊火焰后去实木装饰的华丽酒吧小酌一杯，或者夏季去屋顶喝一杯鸡尾酒。

饮品和夜生活

★Cave Bar 酒吧

（☎03 215 6266；www.guesthouse-petra.com；Petra Guesthouse，靠近Petra Visitor Centre；⏲15:00~23:00）来佩特拉却不来世界上最古老的酒吧简直就是犯罪。这个佩特拉很有氛围的热门场所位于一座拥有2000年历史的纳巴泰岩石墓穴中，热闹的夏季夜晚会一直营业到凌晨4点。置身于幽灵和酒鬼之间，你可以品味佩特拉与酒吧古老起源截然相反的活力。

Al Maqa' ad Bar 酒吧

（☎03 215 7111；www.moevenpickhotels.com；Mövenpick Hotel,Tourism St；⏲16:00~23:00）Mövenpick Hotel内的酒吧拥有极其华丽的摩洛哥风格内饰，如雕刻精美的木格架和富丽堂皇的枝形吊灯。这里绝对值得你点一杯鸡尾酒或特色冰激凌，尽情享受。需付26%的税和服务费。在天气允许的情况下，酒店里还有一家叫Roof Garden的酒吧营业。

购物

佩特拉入口附近有许多家纪念品商店出售围巾、帽子和冰箱贴。在瓦迪穆萨各地，手工艺人们耐心地往玻璃瓶里倾倒彩沙；如果时间充足的话，他们还可以在沙子里写名字。游客中心和下瓦迪穆萨Tourism St沿街的店铺内有关于佩特拉的书籍。

Made in Jordan 工艺品

（☎03 215 5900；Tourism St；⏲8:30~23:00）这家店铺出售当地企业生产的优质手工艺品。产品包括橄榄油、香皂、纸张、陶瓷制品、长方桌巾，以及来自安曼Wild Jordan的天然产品、来自瓦迪穆萨的珠宝首饰、来自萨菲（Safi）的刺绣工艺品、来自亚喀巴的驼毛披肩和包袋，以及来自Jordan River Foundation的各种产品。从固定价格可以看

出每一件工艺品都是工艺精湛、独一无二的。该店铺接受信用卡支付。

实用信息

全城各处分布有好几个自动柜员机，其中包括在瓦迪穆萨镇中心的**阿拉伯银行**（Arab Bank；Main St）和佩特拉游客中心附近的Mövenpick Hotel。许多酒店能换钱，不过汇率很不划算。银行营业时间为周日至周四的8:00~14:00和（偶尔）周五的9:00~11:00。

Queen Rania Hospital（☎03 215 0635；紧邻King's Highway）提供高水平的医疗服务，且急诊无须转诊。医院位于通往Tayyibeh的路上，距警察环岛5公里。

瓦迪穆萨药房（Wadi Musa Pharmacy；Main St；⊙24小时）位于沙希德环岛附近，有种类丰富的药品和洗漱用品。

当地交通

瓦迪穆萨客运站位于市中心，从佩特拉城正门走10分钟的上坡路即可到达。黄底绿纹的出租车往返两地之间（约JD4）。在佩特拉古城内，抵达大部分景点的唯一方式是步行（结实而舒适的鞋子十分重要），去更远或更上面的景点可以骑骆驼、毛驴或骡子。

小佩特拉峡谷（小佩特拉）[Siq Al Barid（Little Petra）]

البتراء الصغيرة (السيق البارد)

小佩特拉峡谷（又称Cold Canyon）简称小佩特拉，非常值得游览。人们认为这里曾是农业中心、贸易郊区和访问佩特拉的骆驼商队的补给站。周边地区风景如画且探索起来十分有趣，并且有世界上最古老的几个定居点，其中包括阿尔贝德哈（Al Beidha）。

景点

★小佩特拉峡谷 遗迹

（Little Petra Siq；Siq Al Barid；⊙白天全天开放）**免费** 一条显眼的道路穿过400米长的小佩特拉峡谷，进入平坦的多沙区域。第一处开阔区域内有一座神殿，第二处开阔区域里有4张餐桌——其中一张在左侧，另外三张在右侧。它们很有可能是旧时供饥肠辘辘的商人和旅行者用餐的。沿着小佩特拉峡谷再向里面走约50米，便来到了另一处小餐厅——Painted House，可通过室外台阶进入餐厅。

阿尔贝德哈 遗迹

（Al Beidha；⊙白天全天开放）**免费** 阿尔

动物福利

如果古城有一个方面比其他方面更令游客感到烦恼，那就是对动物的虐待。事实上，现在许多游客都被告诫不要粗暴对待动物，特别是那些较小的男孩，他们中的一些人对动物造成的伤害往往比恶劣的环境还要大。近几年来，当地社区与佩特拉当局一起努力改善动物的福利，这些动物是贝都因家庭生活的重要组成部分。这些努力正开始结出硕果，与以前相比，动物的状况通常越来越好，营养更好，整体上也得到了更好的治疗。

虽然大多数主人对他们的动物非常认真负责，但虐待事件仍然时有发生。一些游客建议禁止使用动物，但这更有可能促使人们忽视家庭资产，因为贝都因人的收入极其有限，而且没有能力供养多余的“家庭成员”。尽管一些贝都因饲养员讨厌游客干预他们对待动物的方式，但大多数人现在对他们的行为受到监视这一事实很敏感。对动物饲养员说一句鼓励的话，鼓励他们采取另一种行为方式，比单纯斥责虐待动物的行为更容易令人接受。所有的虐待行为都应被报告给佩特拉游客中心的旅游警察，最好附上照片或视频证据。

游客应该确保自己的体重不会给坐骑造成负担，并且应该为服务支付合适的费用（佩特拉游客中心提供了参考价位）。砍价在很大程度上会导致饲养员想要更快地回到基地（这就给他们的动物带来了风险），以通过额外的收费补偿损失。

贝德哈是新石器时代的遗址，其历史可追溯至9000年前，该遗址连同杰里科（Jericho）共同组成了中东地区历史最悠久的考古遗址之一。遗址所包含的约65个圆形（后期也出现了矩形）结构具有极其重要的历史意义，因为它们明确指出了狩猎—采集向定居—农耕社会的实质性过渡和转变。这处定居地于公元前6000年前后被遗弃，遗址完好无损。沿着小佩特拉入口处左侧的小路步行15分钟即可抵达。

住宿

这片地区有几处简单的营地，非常适合来躲避瓦迪穆萨有些幽闭的氛围。如果和家人一起出游，请打听一下儿童优惠——部分营地为12岁以下的儿童提供半价优惠。

Seven Wonders Bedouin Camp 露营地 $

（☎07 9795 8641; www.sevenwondersbedouincamp.com; 紧邻Al Beidah Rd; 帐篷 含半膳 每人 JD30，民宿 JD20）有一条小道紧邻通往小佩特拉的公路，小道沿线的各处指示牌标明了营地的位置。这处营地依山而建，并不显眼，拥有悠闲的氛围和超高的性价比，特别是到了晚上，熊熊燃烧的篝火照亮营地后方的岩石峭壁，颇具神秘奇幻之感。住宿环境简朴而舒适，帐篷内配有电灯、地毯和蚊帐，还有热水和浴巾。

Ammarin Bedouin Camp 露营地 $$

（☎07 9975 5551; www.bedouincamp.net; 帐篷 含半膳 每人 JD52）距离小佩特拉步行10分钟（沿途设有路标），该营地位于Siq Al Amti内，掩映在沙子和小山形成的壮观的圆形剧场里，由当地的Ammarin部落管理经营。住宿环境是隔开的贝都因帐篷，铺有混凝土地面，内设床垫和毛毯，并配有干净整洁的淋浴和盥洗区。一定要（通过电子邮件）预订。

到达和离开

从瓦迪穆萨前往小佩特拉，搭乘出租车的单程费用约JD10，往返为JD20~25，其中包括1小时的等待时间。除此之外，沿公路步行8公里前往小佩特拉也是一段愉快的行程。

佩特拉

徒步游

卡兹尼神殿虽然宏伟，但在许多游客眼中却并非佩特拉古城之旅的终点。从某种层面来讲，这里只是旅途中的歇脚点而已——探索西克峡谷之后，将卡兹尼神殿作为中转站，游客可以出发探访附近的其他名胜古迹。

即便行程紧凑，或者担心长途汽车不等人，也一定要抽出2小时完成这趟徒步之旅。插图中呈现了这条路线上的重要景点，你可以从❶**西克峡谷**（Siq）出发，蜿蜒穿过瓦迪穆萨，在❷**卡兹尼神殿**（Treasury）稍作停留，紧接着经过宽阔的❸**外西克峡谷**的陵墓。如果精力充沛且穿着适宜徒步的鞋子，可攀上❹**高祭坛**（High Place of Sacrifice）俯瞰佩特拉壮观的景色。返回后参观❺**门面街**（Street of Facades）和❻**剧院**（Theatre）。从对面爬上台阶到达❼**瓮墓**（Urn Tomb）和相邻的❽**丝绸墓**（Silk Tomb）——这些皇室陵墓在落日的余晖中显得尤为壮丽。

想到徒步就望而却步？不要害怕！这里有驴子可以驮你爬上台阶，贝都因人的小摊上有提神的草药茶。如果精疲力竭，可以骑上骆驼悠闲地返回卡兹尼神殿。

重要提示

- 夏季7:00左右，冬季8:00左右，可以看到阳光轻柔地洒在卡兹尼神殿的外立面上。
- 落日时分（夏季16:00左右，冬季17:00左右），站在皇家陵墓对面，你会明白佩特拉是如何获得了“玫瑰城”的昵称。
- 佩特拉夹竹桃在5月开花。

MARK READ/LONELY PLANET ©

卡兹尼神殿

当阳光洒在卡兹尼神殿外立面时，注意观察光线是如何点亮佩特拉这座标志性建筑两边的阶梯的。石头上的缺口极有可能是搭建脚手架后遗留下来的。

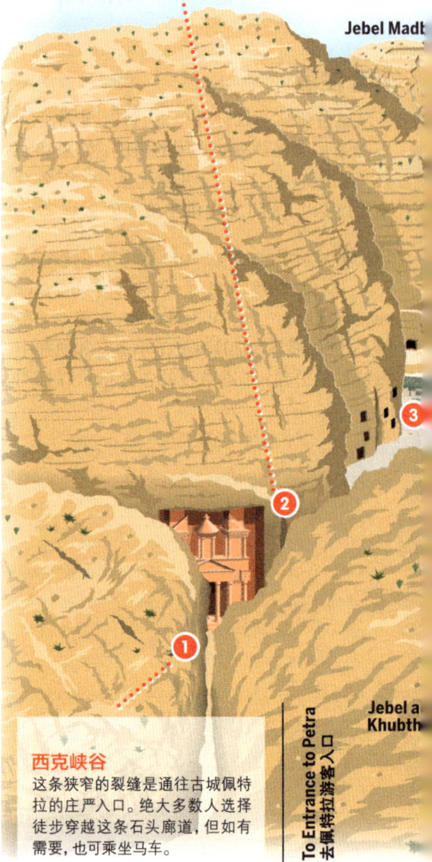

西克峡谷

这条狭窄的裂缝是通往古城佩特拉的庄严入口。绝大多数人选择徒步穿越这条石头廊道，但如有需要，也可乘坐马车。

MARK READ/LONELY PLANET ©

另寻他路下山

高祭坛旁有条极好的下山道，途中经过花墓地到达佩特拉中心。

高祭坛

想象一下古人是如何攀登石阶的，这样你就不会介意陡峭的坡度了。山顶平台是曾经焚香奠酒祭祀那些被人遗忘的神明时所用的。

CHRISTOPHE CAPPELLI/SHUTTERSTOCK ©

CLAUDIOVIDRI/SHUTTERSTOCK ©

外西克峡谷

花些时间探索卡兹尼神殿后的陵墓群。有些墓看似有地下结构，但实际上是地平面历经几个世纪后抬高导致的。

门面街

留神有些陵墓的上层，你会发现一个小小的孔穴。将死者埋葬在上层是为了防止盗墓——可惜并不奏效。

向高处进发

想从高处饱览佩特拉美景，就踏上台阶向皇室陵墓的最高处进发吧。

瓮墓

得名于山墙上瓮状的尖顶饰物，这座带有支撑拱顶的宏伟建筑也许是为了中央孔穴中那个身穿宽长袍的半身像所代表的人物而建的。

丝绸墓

瓦迪穆萨斑斓的建筑原材料或许是吸引纳巴泰王国的建筑工匠前来此地的关键。这样的色彩可以从丝绸墓饱经风霜的条纹砂岩上看得一清二楚。

剧院

绝大多数圆形剧院都是独立式建筑，唯独这座剧院几乎完全依附于坚固的岩层上。后排上方是早期墓地的残迹，为了建造剧院，墓地的外立面早已湮没在历史长河中。

NAEBLYS/SHUTTERSTOCK ©

ALBERT H. TEICH/SHUTTERSTOCK ©

1

STANISLAV SAMOYLIK / SHUTTERSTOCK ©

2

4

ALEKSANDAR TODOROVIC / SHUTTERSTOCK ©

. **特拉维夫艺术博物馆(见123页)**
拥有卓越的藏品和现代的建筑,这座博物馆的里里外外都给人们留下了深刻的印象。

. **戈登海滩(见129页)**
当地人涌向这片城市海滩,在波光粼粼的地中海边享受运动和日光浴。

. **尼维泽德克(见128页)**
在特拉维夫最古老的街区里,漫步于充满了独特氛围的狭窄街巷间。

. **罗斯柴尔德大街(见134页)**
在时尚的咖啡馆里享用美酒佳肴,欣赏被联合国教科文组织列入世界遗产名录的包豪斯建筑。

FOTOKON / GETTY IMAGES ©

1. 海法的巴哈伊花园（见168页）
这座壮观的花园通向巧夺天工的、带金色穹顶的巴孛陵寝。

2. 罗斯哈尼卡拉石窟（见204页）
对被海浪冲刷形成的洞口赞叹不已，为造成这处自然奇迹的深邃蔚蓝的大海连连惊叹。

3. 阿卡的土耳其浴室-国家考古学博物馆（见197页）
这座装饰着大理石的公共浴室始建于1780年，现在成了一座引人追思往昔的博物馆。

4. 凯撒利亚国家公园（见194页）
漫步于庞大的希律王露天圆形剧场，探索罗马和十字军时代的遗迹。

DONALD NAUSBAUM / GETTY IMAGES ©

1

4

RICHARDERNESTYAP / SHUTTERSTOCK ©

3

. 加利利海（见229页）
欣赏以色列最大淡水湖的壮观景色。

2. 齐波里国家公园（见216页）
欣赏这座迷人的公园里的明星景点——古老的马赛克镶嵌画。

3. 拿撒勒（见207页）
找一个当地集市品尝本地特产。

4. 贝特谢安国家公园（见219页）
在这个广阔的公园里扮演考古学家，探索罗马帝国遗址。

1

DYZIO / SHUTTERSTOCK ©

1. 耶路撒冷的西墙（哭墙；见69页） 2. 耶路撒冷的十字架苦路（见64页） 3. 耶路撒冷的岩石圆顶清真寺（见62页） 4. 杰里科的犹太人城堡（见292页）

3

LINGLING7788 / SHUTTERSTOCK ©

宗教遗址

现代旅行者可以参观对亚伯拉罕三大宗教——犹太教、基督教和伊斯兰教具有重要纪念意义的遗址。不论是出于信仰还是仅仅只是好奇，人们都会发现自己常常被这些历史悠久的遗址震撼、启发并感动。

十字架苦路

十字架苦路（Via Dolorosa；见64页）穿过耶路撒冷旧城，被认为是耶稣背负十字架去往骷髅地（Calvary）所走之路。苦路14处纪念了耶稣沿途的重要事迹。

岩石圆顶清真寺

岩石圆顶清真寺（Dome of the Rock；见62页）有一个闪闪发光的黄金圆顶，这个7世纪的伊斯兰圣地坐落于一块巨石上，该巨石被认为是先知穆罕默德夜行登霄之地。

西墙

许多人拜访这个犹太教最神圣的地方（哭墙，Western Wall；见69页）时，会将手贴在墙上，并把祷文塞到石缝中。

橄榄山

犹太人到橄榄山（Mount of Olives；见81页）是为了拜谒世界上最古老的犹太墓地，基督教朝圣者则是被那些穹顶和马赛克装饰的教堂以及客西马尼园林花园拥有2000年历史的橄榄树吸引而来。

杰里科

杰里科（Jericho；见290页）可能是世界上最古老的城市，也是《圣经》中最著名的地方，约书亚的号角在这里吹倒了城墙，耶稣也是在这里抵挡了恶魔的诱惑，接受了约翰的洗礼。

圣墓教堂

香、蜡烛、圣像以及朝圣者的安静祷告是这个基督教最神圣遗址（Church of the Holy Sepulchre；见66页）的基调，该遗址被认为是耶稣受难、下葬和复活的地点，至少可追溯到4世纪。

锡安山

人们认为锡安山（Mt Zion；见75页）上的建筑是最后的晚餐厅（基督教最神圣的地点之一）以及大卫墓（犹太人的圣地）的所在地。

列祖之墓

根据创世纪和《古兰经》，亚伯拉罕和他的家人都葬于这处饱受争议的列祖之墓（Tomb of the Patriarchs；见294页）。这里是穆斯林和犹太人的第二大圣地。

阿什肯纳兹犹太会堂

这个古老的犹太会堂（Ashkenazi Ari Synagogue；见243页）所在之处是伟大的16世纪卡巴拉主义者伊扎克·吕里亚（Yizhak Luria，又名Ari）迎接安息日的地方。

伯利恒的主诞教堂

教堂（Church of the Nativity；见278页）低矮的石头入口意在激发你的谦卑之心，并把你引向耶稣诞生的马槽——那里标有14角银星。

塔布加

塔布加（Tabgha；见230页）坐落在加利利海岸边，据说耶稣在这里奇迹般地用五张饼和两条鱼喂饱了5000人。

1

1. 耶路撒冷锡安山上的大卫墓（见75页） **2.** 塔布加的五饼二鱼教堂（见231页） **3.** 伯利恒的主诞教堂（见278页）

3

BORISVETSHEV / SHUTTERSTOCK ©

1

4

RYAN RODRICK BEILER / SHUTTERSTOCK ©

3

RASIKA108 / SHUTTERSTOCK ©

马萨巴修道院（见281页）
这座引人注目依附于悬崖之上的隐士住处建造于1500多年前。

希伯伦的工艺品（见293页）
在这座以手绘陶器而闻名的约旦河西岸城市，别忘了买一些纪念品。

杰里科（见290页）
乘坐缆车可以一览无余地欣赏这座"世界上最古老的一直有人居住城市"的风光。

易卜拉欣清真寺/列祖之墓（见294页）
作为易卜拉欣（亚伯拉罕）家族的安息之所，这座综合建筑同时被穆斯林和犹太教徒视为圣地。

2
ELEONORA TUVERI / SHUTTERSTOCK ©

1

3

漂浮在死海上（见307页）
海水富含镁、碘和溴，可以镇定神
、舒缓皮肤。

恩盖迪自然保护区（见311页）
色列最神奇的沙漠绿洲之一，有淡
池塘、伊甸园一般的瀑布和丰茂的
被。

死海（见307页）
赏地球海拔最低处令人惊叹的
景。

KAVRAM / SHUTTERSTOCK ©

KAVRAM / SHUTTERSTOCK ©

了解以色列和巴勒斯坦

今日以色列和巴勒斯坦......................384
那些出现在头条新闻中的问题。

历史......................386
简要回顾古今帝国、帝王和冲突。

以色列和巴勒斯坦的人民......................402
关于该地区不同宗教和民族群体的概述。

地区美食......................408
以色列人和巴勒斯坦人在很多方面都存在分歧，但美食除外。

日常生活......................412
抛开政治去了解以色列和巴勒斯坦的家庭日常生活。

政府和政治......................415
政治对每个人的日常生活都产生了巨大的影响。

宗教......................420
关于圣地主要宗教传统的概述。

艺术......................424
复杂的过去和迷茫的现状，使得以色列和巴勒斯坦的艺术家们表达欲旺盛。

环境......................431
随着人口增长和经济发展，动植物及其生活环境发生了哪些变化？

今日以色列和巴勒斯坦

以色列和巴勒斯坦位于中东地区最根深蒂固的冲突中心，人们很难不想起这件事。但在耶路撒冷、特拉维夫、海法、拉马拉和纳布卢斯，以色列人和巴勒斯坦人的生活都在继续。当街道上充斥着声音、气味和灵魂时，人们可以看到这片地区在分裂和冲突之外的一面。像那些住在这里的人一样看待这里吧，把它当成家。

以色列人口：**902万**

巴勒斯坦人口：**1270万**
（包括在外的难民和侨民）

每平方公里人口数

展望和平

巴以冲突由来已久，在5次中东战争结束后，双方又在2012年再起争端，并在2014年、2018年直到今日，都是打打停停、停停打打，冲突不断。这期间的各种冲突包括以色列和埃及对加沙地带的封锁、持续的占领、巴勒斯坦的无政府状态和哈马斯对与以色列和解的坚决反对，并伴随着巴勒斯坦民众的不断抗议和以色列军方的军事打击。巴以冲突未给双方带来什么真正的益处，以色列还为此蒙受了直接的经济损失，旅游业遭到重创，而加沙地带的经济状况和生活条件变得更糟糕，重建工作艰巨。

以色列现在不管在军事方面，还是在国际舆论方面，都承受着更大的压力（而且很可能会与哈马斯一起接受来自海牙国际法庭的审判）。而巴勒斯坦的穆斯林因死亡和破坏变得越发激进，温和派也将面临更大的压力。

早在20世纪90年代中期，在奥斯陆和平进程的全盛时期，以色列人和巴勒斯坦人对和平的乐观情绪十分普遍。但如今，经过多年来自哈马斯控制下的加沙地带的自杀式袭击、火箭弹袭击和渗透隧道，以及宗教激进主义者对摧毁以色列的不断呼吁，许多以色列人对实现真正和平的可能性感到悲观，并对新的、可能有风险的举措持谨慎态度。2016年的一项民意调查发现，近60%的人认为以色列和巴勒斯坦的两国方案已不可能。

在巴以冲突之后，各种因素对许多巴勒斯坦人的评估也产生了类似的影响，其中包括继续建造定居点、以色列军队暴行、每天在检查站受到的羞辱以及以色列政治中的右翼民粹主义倾向。有一件事已经变得很清楚：公众对妥协和平的乐观态度一旦消失，就很难重新点燃。

以色列总理本雅明·内塔尼亚胡（Benjamin Netanyahu）最近突然公开改口，抛弃了他在竞选期间支持的建立两个国家的解决方案。他关于消灭巴勒斯坦国的发言，使得他和美国以及许多国家产生了分歧。但近期美国总统特朗普承认戈兰高地为以色列领土的做法，又使两国关系重回亲密。内塔尼亚胡在2015年3月赢得了他的第4个任期，还宣布他最新的右翼联合政府将继续扩建犹太人定居点。

巴勒斯坦民族权力机构（Palestinian Authority）主席马哈茂德·阿巴斯（Mahmoud Abbas）虽然一直支持建立两个国家的解决方案，但似乎没有实质性的举措。阿巴斯已经努力让巴勒斯坦被联合国这样的国际组织承认，并要求国际社会为以色列的占领设定期限。

可以肯定的是，如今以色列人和巴勒斯坦人互相的反感比以往任何时候都更加强烈，相互的仇恨转化为零星的暴力行为，其规律性令人恐慌。右翼政党比以往任何时候都更受欢迎，而在加沙地带、约旦河西岸和以色列本土，巴勒斯坦人将其领导人视为以色列占领中的共犯，并为此感到愤怒，而以色列占领如今已经超过了50年。

"代价袭击"

约旦河西岸强势的犹太移民将1967年的六日战争当作一个奇迹，证明自己生活在弥赛亚时代，并将1993年的"奥斯陆协议"（Oslo Accords）和2005年撤出加沙的举动视作背叛。从2008年开始，他们就有人使用暴力来反对以色列政府的某些政策，如反对以色列法院裁决定居点违法的决议。这些"代价袭击"（price tag，tag mechir）包括破坏清真寺、打砸巴勒斯坦人的车窗玻璃、向巴勒斯坦地区开火、砍掉橄榄树，最近还蓄意袭击教堂和骚扰在耶路撒冷的基督教神职人员。

"代价袭击"的激进分子并不回避通过威胁和暴力手段来对抗以色列犹太人同胞，而且还多次破坏左翼人士的住所，用石头袭击以色列警察，蓄意破坏以色列国防军的车辆和装备。

"代价袭击"的意识形态来源于"山顶青年"（Hilltop Youth），他们是第二代移民，相信哈拉卡（Halacha，犹太教律法）要优于以色列国会实施的任何法律或者以色列法院的任何判决，并把自己当作坚定的爱国者和自我牺牲的英雄。

最佳影片

《萨利赫》（*Sallah Shabbati*，1964年）讽刺了20世纪50年代临时难民营中的移民生活。

《我的军中情人》（*Yossi & Jagger*，2002年）两名帅气的以色列国防军军官之间的隐秘恋情。

《奥马尔》（*Omar*，2013年）获得了奥斯卡提名的惊悚片和爱情片，影片中的故事发生在约旦河西岸。

《公寓》（*The Flat*，2011年）一位电影人审视自己的德裔犹太人根源。

《不再是陌生人》（*Strangers No More*，2010年）关于特拉维夫南部一家小学接收难民儿童的纪录片。

《珍贵人生》（*Precious Life*，2010年）加沙地带的父母为孩子争取以色列医疗权利的故事。

最佳出版物

《以色列：圣地之光》（萨拉·克察夫著，刘杉杉译）以大量图片及艺术品照片配合精炼的说明文字，阐述了以色列文明的发展历程。

《耶路撒冷三千年》（西蒙·蒙蒂菲奥里著，张倩红、马丹静译）依年代顺序，以三大宗教围绕"圣城"的角逐，生动讲述了耶路撒冷的前世今生。

《以色列人：特殊国土上的普通人》（唐娜·罗森塔尔著，徐文晓、程伟民译）以中立的态度展示既关心战争和冲突，也关心证券和经济的新一代以色列人的生活。

《奥斯维辛：一部历史》（劳伦斯·里斯著，刘爽译）通过大量实例，描述犹太民族历史上的至暗时刻。

《最后的巴勒斯坦人：马哈茂德·阿巴斯的崛起和统治》（*The Last Palestinian: The Rise and Reign of Mahmoud Abbas*，格兰特·拉姆利、阿米尔·蒂本著，2017年）关于这位巴勒斯坦领袖的未经授权的传记，节奏很好。

《犹大》（*Judas*，阿摩司·奥兹著，2014年）一个揭开1959~1960年耶路撒冷分裂真相的成长故事。

历史

自人类文明伊始，以色列和巴勒斯坦这一地区就已有人类居住和争夺了。统治这一地区的各个帝国和王国的漫长历史，读起来就像一部西方和中东的名人录：这里来过埃及人和迦南人、以色列人和腓力斯人、希腊人和犹太人、罗马人和拜占庭人、阿拉伯人和十字军（还有短暂来过的蒙古人）、奥斯曼人和英国人。他们的抱负和愚昧都留下了耐人寻味的遗迹，供今天的旅行者探索。

古代

约200万年前，人类的祖先就已经生活在现在的以色列和巴勒斯坦。公元前1万年至公元前8000年——比附近的美索不达米亚文明稍晚一些，杰里科（Jericho）等地的古人的谋生方式就已经从狩猎转变为生产粮食和驯化动物。

公元前3000年，这一地区被半游牧的部落占据。到公元前2000年后期，城市中心已经开始出现，埃及文献清晰地记录了法老对这一地区的重要影响力。约公元前1800年，据信亚伯拉罕（Abraham）率领自己的游牧部落从美索不达米亚地区来到了《圣经》中称为迦南（Canaan）的地方，在他们到来之前这里已有迦南部落居住。后来由于干旱和作物歉收，亚伯拉罕的后代被迫迁徙到埃及。据《圣经》的描述，摩西带领他们摆脱了奴隶的身份，在大约公元前1250年返回以色列地（Land of Israel）。与迦南人和腓力斯人（Philistine）的冲突促使以色列人放弃了原来松散的部落制，在扫罗王（King Saul，公元前1050年至公元前1010年）及其继任者大卫王（King David）和所罗门王（King Solomon）的领导下完成了统一。

神话和历史在耶路撒冷金色的岩石圆顶清真寺下面的巨石中相会。这块巨石最初是太阳神和其他异教神灵的祭坛，被犹太人称作世界基石（Stone of Foundation），传说这里是宇宙开始和亚当（Adam）诞生的地

大事年表

公元前200万年

原始人类在距加利利海南岸3公里处的Tel Ovadia定居。在公元前78万年前后，他们的后人开始迁徙到距加利利海北岸13公里处的约旦河沿岸。

公元前9000年

丰沛的水源及宜人的气候吸引了新石器早期的人类移居杰里科。他们在那里建立了泥砖墙围绕的永久定居点，种植农作物和亚麻，并开始饲养羊群。

公元前4500年至公元前3500年

铜石并用时代（前青铜时代），人们在约旦河谷及戈兰高地修建村庄，开始生产陶器和石器。他们的食物来自农耕和饲养的羊群。

以色列的别名

以色列和巴勒斯坦所在的土地以别名众多闻名。在希伯来圣经中，用迦南、以色列地（Eretz Yisra' el）和犹大王国（Yehudah）称呼这片土地；罗马人使用犹太行省（Provincia Iudaea），公元135年后将其改为叙利亚巴勒斯坦；而在阿拉伯文献中，则以Al Sham称呼叙利亚，用Filastin称呼巴勒斯坦。此外，圣地（拉丁语为"Terra Sancta"）和巴勒斯坦则被记载于基督教、伊斯兰教及犹太教的典籍中。

方。据说，这里也是亚伯拉罕准备献祭自己的儿子以撒（Isaac）的地方。公元前10世纪，所罗门王在此建造了第一圣殿（所罗门圣殿），作为犹太人宗教祭祀的中心。

在所罗门王的统治（公元前965年至公元前928年）结束后，犹太人进入了分裂和周期性被征服的时代。两个敌对的国家开始形成：一个是以色列王国，占据着如今的约旦河西岸北部和加利利；另外一个是南方的犹大王国（Kingdom of Judah），首都就在耶路撒冷。亚述（Assyria）国王萨拉贡二世（Sargon Ⅱ，公元前722年至公元前705年在位）在公元前720年摧毁以色列王国之后，10个北方部落自此从历史记载中消失（即便到了今日，都有来自世界各地的族群声称自己是"失踪的以色列十支派"后代）。

除《圣经》以外，以色列最早被记载在麦伦普塔赫石碑（公元前1230年）上。石碑保存于埃及博物馆，歌颂了麦伦普塔赫（Merneptah）法老的胜利："迦南臣服，亚实基伦被征服，以色列惨遭蹂躏。"

巴比伦人在公元前586年攻占耶路撒冷，摧毁了第一圣殿，并将犹大王国的居民流放到巴比伦（今伊拉克）。50年后，波斯国王居鲁士二世（Cyrus Ⅱ）击败了新巴比伦王国，并准许犹太人返回以色列地。他们立刻开始修建第二圣殿，后者在公元前516年建成并祝圣。

希腊人和马加比家族、罗马人和基督徒

亚历山大大帝（Alexander the Great）在公元前323年去世之后，他的将军之一托勒密（Ptolemy）宣称埃及为他的领土，这一统治一直持续到克里奥佩特拉（Cleopatra）时期。托勒密还控制了以色列地，但在公元前200年，亚历山大另一位将军建立的塞琉西王朝（Seleucids）开始统治这一地区。

希腊化时代（这一说法主要是因为塞琉西王朝的希腊血统和他们推崇的奥林匹亚众神）的主要事件是撒都该人（Sadducees；主要为都市和上流社会中的犹太人，他们对希腊文化和高雅的希腊生活方式抱有开放的态度）和拒绝希腊化的法利赛人（Pharisees）之间的冲突。当塞琉西的国王安条克四世伊彼凡尼（Antiochus Ⅳ Epiphanes）下令禁止献祭、安息日和

公元前1250年

在以色列圣经中，此时约为他们出埃及的时间。考古学家并没有找到埃及奴隶制、沙漠迁徙或是军事征服的相关证据，并认为以色列人起源于迦南。

公元前10世纪

所罗门王以他的智慧成为传奇，他统治以色列，并在耶路撒冷建立了第一圣殿来放置约柜，约柜中存放有摩西十诫的原件。

公元前10世纪末

以色列北方部落与南方部落分裂，耶路撒冷属于犹大王国。最终10个北方部落淹没在了历史的长河中，今天的犹太人则是当年南方犹太人的后裔。

公元前586年

巴比伦国王尼布甲尼撒摧毁了第一圣殿，并将犹太人流放到巴比伦。48年后，波斯帝国的居鲁士二世允许他们返回故土。

提图斯凯旋门

公元82年，罗马人为纪念提图斯皇帝在犹太行省的苦战中获胜，在罗马兴建了一座令人印象深刻的凯旋门（Arch of Titus），紧邻古罗马广场（Roman Forum）。凯旋门矗立至今，其雕带上描绘了一支从耶路撒冷圣殿中抢夺战利品（包括一个七枝灯台）的罗马军队。在建成超过17个世纪之后，提图斯凯旋门启发了巴黎凯旋门的设计。

以色列人称移民到以色列为"aliyah"，来源于希伯来语词根"升华"；而从以色列迁居到其他国家有时会被嘲笑为"yeridah"（堕落）。

割礼后，犹太人在犹大·马加比（Judah Maccabee）的领导下爆发起义，他们使用游击战术占领了耶路撒冷并重修了圣殿。

由马加比家族建立的哈斯摩王朝（Hasmoneans）成了罗马帝国对抗极具进攻性的帕提亚帝国（Parthians）的缓冲地带，帕提亚帝国位于今天的伊朗。但哈斯摩王朝的内斗使得罗马帝国在公元前63年控制了这里。罗马有时通过一位行政长官直接统治罗马犹太行省（Judea，也拼作Judaea或Iudaea），其中最著名的是本丢·彼拉多（Pontius Pilate）。不过他们更喜欢强有力的代理统治者，如大希律王（Herod the Great；公元前37年至公元前4年在位），他下令启动了许多大型工程，包括对圣殿的扩建。

1世纪，罗马犹太行省的局势十分动荡，尤其是在公元26年至29年，拿撒勒的耶稣开始传道活动。紧张态势在公元66年到达顶点，犹太人发动了反抗罗马人的犹太人大起义（Great Jewish Revolt），又称第一次犹太-罗马战争（First Jewish-Roman War）。4年后，未来的罗马皇帝提图斯（Titus）镇压了叛乱，并摧毁了第二圣殿，只留下了圣殿的外墙，即今天的西墙（哭墙）。梅察达（Masada）在公元73年陷落，结束了犹太人延续近2000年的政权。然而，尽管被驱逐出了耶路撒冷，仍有大量犹太人留在了以色列地的其他地方。

在约瑟夫斯·弗拉维奥（Josephus Flavius）完成《犹太战争》（*The Jewish War*）一书的60年后，他投靠的罗马帝国经历了另一场犹太人大起义。132~135年的巴尔·科赫巴起义由西蒙·巴尔·科赫巴（Simon Bar Kochba）领导，他的游击队以死海附近的山洞作为根据地，部分犹太人将其视为弥赛亚（Messiah）。在哈德良（Hadrian）的领导下，罗马人血腥镇压了这次起义，将犹太行省的所有犹太人驱逐出去。

成功镇压起义之后，哈德良试图清除犹太主义和任何犹太人独立的苗头：朱庇特雕像和哈德良自己的雕像被供奉在圣殿中，犹太人被禁止在开普吞林那（Aelia Capitolina，他为耶路撒冷起的新名字）生活，而罗马的

公元前 516 年

在耶路撒冷，第二圣殿建成。虽然约柜被尼布甲尼撒毁掉，但是通过动物祭祀，第二圣殿又成了犹太人的宗教生活中心。

公元前 4 世纪

从阿拉伯迁徙来的游牧部落纳巴泰人在今天的约旦建立了佩特拉。他们在与也门、非洲之角、希腊和罗马的香料贸易中积累了财富。

公元前167年至公元前161年

由于塞琉西国王安条克强迫犹太人按异教仪式献祭，犹大·马加比领导犹太人进行了反抗。他们获胜后建立了哈斯摩王朝，光明节纪念的就是这次胜利。

公元前 63 年

在庞培占领了耶路撒冷之后，独立的犹太王国成为罗马帝国的附属国，由罗马地方总督统治，但圣殿祭祀活动仍在继续。

犹太行省则以腓力斯人为名，被重新命名为叙利亚巴勒斯坦。腓力斯人是有迈锡尼（Mycenaean）希腊起源的沿海居民，已与犹太人势不两立1000多年。

随着圣殿被毁以及《律法书》（*Torah*）中规定的复杂的动物献祭仪式被暂停，犹太人的宗教生活陷于停滞状态。为了努力适应新环境，犹太智者们在罗马巴勒斯坦和加利利周边创办了学院，开始将犹太教的重心转向祷告和教堂礼拜，犹太人祷告时面朝耶路撒冷（今天仍是如此）。今天的“拉比犹太教”（Rabbinic Judaism）几乎全部遵循第二圣殿被毁后犹太智者制定的教义、戒律和判例。

耶路撒冷的圣殿是犹太人生活的中心。据相关学者估计，在犹太教徒应遵守的613条戒律中，只有270条可以在没有神职人员和动物献祭的情况下进行。

在耶稣受难（一些专家认为发生在公元33年）之后的几年里，认为他是弥赛亚和不这么认为的犹太人还一起参加宗教活动。但在《福音书》（*Gospels*）成书时期（1世纪末），神学和政治分歧开始出现，两个群体分道扬镳。从那时起，基督教的好斗分子开始反对犹太教信仰，摆脱弱者的地位——当时的基督教在罗马帝国是非法的，而这一点在后来的几个世纪里被当成了反犹太主义的借口。

直到313年，基督教才被罗马帝国全面认可。罗马帝国颁布的米兰敕令（Edict of Milan）全面赦免了先前被迫害的宗教，其中就包括基督教。之后不久，君士坦丁大帝（Constantine the Great）的母亲海伦娜（Helena）开始认同并修建与耶稣生平有关的建筑。许多重要的基督教遗址，包括位于耶路撒冷的圣墓教堂（Church of the Holy Sepulchre），都可以追溯到这一时期。

罗马帝国东部的基督教继承者拜占庭帝国从4世纪起统治巴勒斯坦地区，直到7世纪。在此期间，这里发生过3次起义：一次由加利利的犹太人领导，两次由撒玛利亚人（Samaritan）领导。但从贝特谢安（Beit She' an）和加利利现存的拜占庭时期建造的许多著名犹太会堂可以看出，这一时期的巴勒斯坦地区非常繁荣，大部分地方都是和平的。

611年，波斯入侵，占领了耶路撒冷，摧毁了教堂，并抢走了真十字架（True Cross）。拜占庭在628年恢复统治——不过没有维持长久。

穆斯林和十字军

伊斯兰和阿拉伯文明在636~638年进入巴勒斯坦，先知穆罕默德的第二任继承者哈里发奥马尔（Caliph Omar）从拜占庭人手中夺得了耶路撒冷。那时先知穆罕默德才去世6年，他的追随者们最初面向耶路撒冷祈

公元前37年

罗马元老院任命大希律王统治犹太王国。为赢得民众支持，他重建了第二圣殿，包括西墙（哭墙）。他还在梅察达和希律堡修建了宫殿。

约公元前4年

一个在历史上被称作耶稣的犹太人于伯利恒出生，在拿撒勒长大，在加利利布道，最后被罗马总督彼拉多钉死在耶路撒冷的十字架上。

公元66～70年

反抗罗马压迫的犹太人大起义爆发，后来被维斯帕先和提图斯领导的罗马军团镇压。耶路撒冷和第二圣殿被毁，祭祀停止。

公元67年

加利利的犹太人大起义中的指挥官Yosef ben Matityahu被罗马人抓获，他把自己重塑为伟大的罗马历史学家约瑟夫斯·弗拉维奥。

祷；在624年，他们被指示面向麦加。

刚来到这里的穆斯林把圣殿山（Al Haram Ash Sharif）当成圣地，他们相信这里是穆罕默德夜行登霄瞻仰天国荣光的地方。在《古兰经》中，这次登霄被描述为发生在一个“遥远的地方”，而穆斯林认为这个地方就是耶路撒冷。正是因为这样，耶路撒冷被认为是逊尼派穆斯林的第三座圣城（排在麦加和麦地那之后）。

圣殿山在拜占庭时代被废弃，而奥马尔的继任者在上面修建了岩石圆顶清真寺和阿克萨清真寺（Al Aqsa Mosque）。犹太人再次被允许在耶路撒冷定居。尽管后来许多基督徒改宗成了穆斯林，开始讲阿拉伯语，但由于基督教被尊为伊斯兰教的先驱，之前的圣殿都被保留了下来。

奥马尔对耶路撒冷的犹太人有个著名的承诺，“人员、财产、教堂和信仰的安全”会得到保障。这一承诺一直持续到了1009年，那时精神失常的法蒂玛王朝（Fatimid）哈里发Al Haakim摧毁了许多教堂，并迫害基督徒和犹太人。

神秘的犹太教

在西班牙著名的中世纪犹太社区，思想家主要是关注科学和医学的理性哲学家。1492年，西班牙的基督教统治者驱逐了管辖境内的所有犹太人，引发了理想主义者无法解答的信仰危机（此次驱逐看似无理，但西班牙国王和王后却由此得到了犹太人留下的巨额资产）。因此，犹太人发展出了一些神秘的新理论来解释厄运降临的原因。这种神秘的新理论源于加利利的山顶城镇采法特（Tsfat），许多杰出的西班牙拉比在那里安家落户。最著名的是出生于耶路撒冷的伊扎克·吕里亚（Yitzhak Luria，1534~1572年），他拓展了原来被称为卡巴拉（Kabbalah，发音为kah-bah-lah）的神秘理论，从而解决了犹太人被驱逐后萦绕于心的困扰。

吕里亚的卡巴拉（意为“接收”）灵感源于13世纪的《光明篇》（*Zohar*），但他的改进和创新现在已经成为主流犹太教教义的一部分。吕里亚没有留下任何著作，但他的助手记录了其思想的精髓。吕里亚称，为了创造世界，“无限”（Eyn-Sof）会被破坏，从而为“创世”留出空间。结果是，“神圣之光”的火花从初始的位置落下，冒着被用于邪恶目的的风险。他认为，通过执行613条戒律（摩西十诫以及另外603条戒律），犹太人可以恢复“神圣之光”，并修复“无限”。这种神秘主义方式让犹太人重新解读他们因被西班牙驱逐、受到宗教审判以及后来遭遇迫害所导致的恐惧，因为它声称世界本恶。这也指导他们自省以建立更高层次的精神意识，并在此过程中“修复世界”。

公元73年

耶路撒冷失陷3年后，沙漠堡垒梅察达被罗马军团攻陷，标志着犹太行省的犹太人反抗结束。

132~135年

在哈德良禁止割礼后，巴尔·科赫巴领导了科赫巴起义，遭到了罗马镇压，犹太行省的犹太人几乎全都被驱逐出去。

2世纪

由于耶路撒冷被毁、祭祀被迫停止，犹太人将学习中心建在了亚夫内、齐波里和贝特谢安。口述传统被记录了下来，先是《密西拿》，后来是《塔木德》。

313年

罗马的第一位基督教皇帝君士坦丁大帝发布了米兰敕令，全面解放了所有的宗教，其中包括基督教。

1071年之前，基督徒仍然可以到耶路撒冷的圣地朝圣。1071年，塞尔柱土耳其人占领了耶路撒冷，政治动荡导致来这里比较困难而且往往很危险。1095年，教皇乌尔班二世（Pope Urban Ⅱ）号召十字军去耶稣受难的地方恢复基督教。十字军出征时，塞尔柱帝国已被法蒂玛王朝取代，后者很乐意重新开放朝圣之路，然而为时已晚。1099年，十字军击败了耶路撒冷守军，屠杀了城里的穆斯林和犹太人。杀戮持续了200年。

十字军占领耶路撒冷的时候，他们在欧洲封建体系的基础上建立起的国家甚至被阿拉伯史学家认为是繁荣且管理有效的。第一任耶路撒冷国王为鲍德温一世（Baldwin Ⅰ，1100~1118年在位），他认为自己恢复了《圣经》中大卫的王国，圣诞节的时候在大卫的家乡伯利恒（Bethlehem）为自己加冕。

1187年，库尔德穆斯林将军萨拉丁（Saladin/Salah ad Din）在加利利的哈丁角（Horns of Hattin，Arbel附近）击败了一支十字军，夺回了耶路撒冷。即使是萨拉丁的敌人也承认他的俘虏受到了体面的对待，他还因休战协议——这对十字军的首领来说是不可能的——受到尊重。

最终，随着阿卡（Akko）的失陷，最后一支十字军在1291年离开了中东，但他们的血腥行为将被永远记住。1917年，英国将军埃德蒙·艾伦比（Edmund Allenby）成了萨拉丁那场胜利后的第一个基督教统治者，他宣称："十字军东征现在结束了。"

黎巴嫩作家阿敏·马卢夫（Amin Maalouf）所著的《阿拉伯人眼中的十字军东征》（*The Crusades Through Arab Eyes*）讲述了阿拉伯人对十字军的看法，可读性极高。

奥斯曼人、犹太复国主义者和英国人

1453年，奥斯曼土耳其占领了君士坦丁堡，建立了一个帝国，其国土覆盖了今天的巴尔干半岛、中东和北非。1516年，巴勒斯坦也成了这个帝国的领土。20年后，苏莱曼大帝（Süleyman the Magnificent，1520~1566年在位）修建了耶路撒冷旧城的城墙。在奥斯曼帝国统治的400年里，大多数时候巴勒斯坦都只是帕夏们（pasha）管理的一潭死水，他们更关心税收而不是良好的治理。

巴勒斯坦缺乏合理的管理折射出了奥斯曼帝国的衰落，这一过程持续到第一次世界大战后期。在奥斯曼帝国统治的最后几十年，其他势力开始介入巴勒斯坦，至今仍保持着强大的影响力。犹太复国主义的出现在很大程度上是由于西欧后拿破仑时代的民族主义思想和东欧的大屠杀。少数犹太人自罗马时代以来就一直生活在巴勒斯坦（如加利利的城镇Peki' in），还有一些虔诚的犹太人无论政治环境是否允许都选择迁

358年

希伯来阴阳历从犹太公会解散之前开始使用，直至今日。这种日历通过每19年闰7个月来将阴历融入太阳周期。

614~628年

巴勒斯坦被波斯萨珊帝国占领。

638年

在先知穆罕默德去世6年后，伊斯兰军队就从拜占庭帝国手中夺走了耶路撒冷，将伊斯兰教、阿拉伯文化和阿拉伯语带到了巴勒斯坦。

749年

一场大地震摧毁了贝特谢安和太巴列。在耶路撒冷，这场地震导致成千上万人死亡，并严重破坏了阿克萨清真寺。

入这里，但是犹太复国主义者向农业聚居地有组织地移民是从1882年开始——因为类似的原因，也门的犹太人也在同一年开始往这里迁移。这被称为第一次大迁移（First Aliya，希伯来语，意思是向以色列地迁移；"aliya"的字面意思是"上去"）。随后，1903年发生了第二次大迁移，包括大量年轻人和世俗的社会主义者。但直到第一次世界大战后，绝大多数巴勒斯坦的犹太人仍属于保守的正统派群体，他们对犹太复国主义不感兴趣，而且生活在犹太教的4座圣城：希伯伦、采法特、太巴列和耶路撒冷（犹太人在1850年前后成为这座城市的主要人口）。

1896年，在布达佩斯出生的犹太记者西奥多·赫茨尔（Theodor Herzl）受到阿尔弗雷德·德莱弗斯（Alfred Dreyfus）冤案的影响（德莱弗斯上尉被法国军事法庭判间谍罪），意识到犹太人没有自治权就永远不会获得平等和公民权利，之后写成《犹太国》（*The Jewish State*）一书来阐述他的思想。第二年，他在瑞士的巴塞尔（Basel）召开第一次犹太复国主义大会。受到犹太复国主义思想的影响，年轻的犹太人（他们中许多人是世俗人士和社会主义者）开始移民到巴勒斯坦，移民主要来自波兰和俄罗斯。

1869年，浸信会的平信徒牧师托马斯·库克（Thomas Cook）带领一批英国中产阶级游客走访耶路撒冷。当时，罪犯仍在雅法门被斩首示众。

1917年11月，英国政府发布了《贝尔福宣言》（*Balfour Declaration*），宣称"大英帝国政府支持在巴勒斯坦为犹太人民建立一个民族国家"。12月，埃德蒙·艾伦比将军麾下的英国部队就占领了耶路撒冷。

"一战"结束后，犹太人立即重新开始向巴勒斯坦移民，这次是迁往英国托管政府控制的区域——由国际联盟（League of Nations）批准建立。托管政府友好、现代化而称职。第三次犹太人大迁移（1919~1923年）中有年轻的理想社会主义者，他们中的很多人从缺席的阿拉伯地主手中购买了边缘地带的土地，再加上利用阿拉伯农民迁移之后空出的土地，建立了基布兹（kibbutzim）。第四次犹太人大迁移（1924~1929年）主要由中产商人组成，但这并不是犹太复国主义领导所希望的。在20世纪30年代，发生了第五次犹太人大迁移，这次主要由来自纳粹德国的难民组成，而他们中的大部分人有不错的中产阶级背景。

不断增加的犹太移民引起了巴勒斯坦阿拉伯人的反对，他们开始在阿拉伯民族主义中寻求认同，而把巴勒斯坦不断增加的犹太人看成是对阿拉伯人利益的威胁。1921年和1929年这里爆发了反犹太复国主义暴乱，但犹太人仍旧继续向这里移民，特别是在希特勒于1933年掌权之后。1931年，巴勒斯坦地区犹太人的数量为174,000人，占到了总人口比重的17%；到1941年，其人口已经达到了474,000人，占到了总人口的30%。

1095~1099年

第一次十字军东征将基督教军队从欧洲带到了穆斯林统治的耶路撒冷，此时的耶路撒冷由穆斯林和犹太人共同防守。十字军在欧洲和圣地都对犹太人进行了大屠杀。

1187年

萨拉丁在至关重要的加利利哈丁角战役中打败了十字军，占领了耶路撒冷，并允许犹太人回到这里。

1291年

马穆鲁克占领了阿卡，这是十字军在巴勒斯坦的最后一个要地，结束了基督徒对巴勒斯坦的统治，直到1917年英国人到来。

16世纪

随着出生在耶路撒冷的伊扎克·吕里亚和逃离西班牙宗教裁判所的塞法迪拉比的到来，采法特成了犹太学术中心和卡巴拉（犹太神秘主义）中心。

犹太复国主义

犹太虚拟图书馆（Jewish Virtual Library; www.jewishvirtuallibrary.org）将犹太复国主义定义为"为犹太人回归故土并恢复其在以色列的领土主权而开展的民族运动"。《圣经》上所谓的"锡安"（Tziyon）既指犹太人在圣殿时期的耶路撒冷，亦指以色列地。

根据历史学家本雅明·诺伊贝格尔（Binyamin Neuberger）的说法，政治上的犹太复国主义是在19世纪自由民族主义席卷欧洲的大环境下产生的。犹太复国主义的核心思想在于以色列地是犹太人的历史发源地，并相信居住于其他地区的犹太人是被流放的状态。

这个主题也出现在《以色列独立宣言》（*Israel's Declaration of Independence*, 1948年）中：

"犹太民族是在以色列地上诞生的。在这片土地上，犹太民族的精神、宗教和民族特性得到了塑造；在这片土地上，犹太民族曾经有自己的国家，创造了具有民族和世界意义的文化，并把永恒的《圣经》奉献给了世界。在被暴力驱逐出以色列故土后，流散到世界各地的犹太人对故土忠心耿耿，始终不渝地希望返回故土，在那里重新获得政治自由，从没有停止过为此祈祷。"

犹太复国主义的实践目标：为犹太民族建立一个——在犹太复国主义者看来，可以与捷克、匈牙利和法国等国家相比的——在世界上能够民族自决的民族国家；此外，也为了给作为个体的犹太人提供可以避开歧视和迫害的家园。

巴勒斯坦阿拉伯人对犹太复国主义的反对越来越强烈，而英国托管政府制定的政策，尤其是对待犹太移民的政策，最终导致了阿拉伯起义（1936~1939年），这一起义导致400名犹太人和200名英国士兵丧生。而托管政府采用暴力来镇压起义，造成5000名巴勒斯坦阿拉伯人死亡。巴勒斯坦犹太人在受到阿拉伯人的经济抵制之后，发展了他们的经济自给能力，比如在特拉维夫建立了独立的港口。然而，阿拉伯起义最后使得英国改变了态度——当时正在和德国打仗的英国非常需要阿拉伯的石油和政治支持，于是开始限制犹太人向巴勒斯坦移民。正当欧洲犹太人在希特勒的迫害下越来越绝望时（1941年年底之前，纳粹允许犹太人离开，前提是他们能找到接纳他们的国家），通向巴勒斯坦的大门却砰然关闭了。甚至在"二战"结束后，英国仍禁止大屠杀幸存者去巴勒斯坦，这一行为引起了巴勒斯坦和美国犹太人的愤慨。试图越过封锁线的难民会被关押到塞浦路斯。

1947年，被"二战"耗尽力量的英国政府厌倦了巴勒斯坦的阿拉伯人

1536年

奥斯曼苏丹苏莱曼大帝开始修建留存至今的耶路撒冷老城墙。

1799年

拿破仑占领了加沙、雅法（他在这里屠杀了上千名战俘）和海法，但是对阿卡占领失败，并且没有靠近耶路撒冷。之后他突然率军返回法国。

1882年

发生在俄罗斯的大屠杀导致了犹太人的第一次大迁移，这是犹太复国主义者第一次有组织地向巴勒斯坦移民。梅图拉、罗什平纳、济赫龙雅各布和里雄莱锡安农业定居点建立。

1909年

在梅厄·迪岑哥夫（Meir Dizengoff）的带领下，66个家庭在雅法北部的沙丘建立了特拉维夫。他们在这里购买了5公顷土地，通过抽签来分配。

和犹太人的暴力事件，将“巴勒斯坦问题”移交给了刚刚成立两年的联合国。在美国和苏联罕见的一致同意的情况下，联合国大会在1947年11月投票通过了一项决议，将巴勒斯坦分割为两个分别属于犹太人和阿拉伯人的独立国家，而耶路撒冷应置于“特殊国际政权”的管辖之下。巴勒斯坦犹太人在原则上接受这个决议，但巴勒斯坦阿拉伯人和附近的阿拉伯国家表示拒绝。阿拉伯武装力量立即开始攻击犹太人目标。地下武装组织哈嘎那（Haganah）领导巴勒斯坦犹太人来保护自己的经济利益和交通运输，这一组织不久后成为以色列国防军（IDF）。

巴勒斯坦在英国托管时期的历史，通过以色列著名历史学家汤姆·塞格夫（Tom Segev）的《一个完整的巴勒斯坦》（*One Palestine, Complete*, 2001年）跃然纸上。

英国人离开后，在1948年5月14日午夜，犹太人宣布成立一个独立的犹太国家，而埃及、叙利亚、约旦、黎巴嫩和伊拉克的军队随后入侵。“二战”期间在北非战场中赢得名望的英国陆军元帅蒙哥马利（Montgomery）称，以色列撑不过3周。但是令阿拉伯国家乃至全世界吃惊的是，65万巴勒斯坦犹太人没有被打败，而是控制了巴勒斯坦托管地77%的领土（分割方案中为他们提供了56%）。约旦占领（并吞并）了约旦河西岸和东耶路撒冷，并将这座古城里犹太区的居民驱逐出境。埃及控制了现在的加沙地带。

独立和大灾难

1948年的第一次中东战争为以色列带来了独立，成立了一个由大屠杀幸存者和从阿拉伯国家过来的犹太难民组成的国家，对逃离迫害的犹太人来说，这意味着终于有一个国家愿意接受他们。但是对巴勒斯坦的阿拉伯人来说，1948年的战争被认为是大灾难（Al Nakba，Catastrophe）。

将近70万阿拉伯人生活的地区成了以色列的领土，他们在1948年年底被驱逐。这一冲突的影响不可估量，导致了人道主义灾难和至今仍未解决的巴勒斯坦难民问题。

许多原因导致局势复杂化。犹太军队袭击城镇和村庄，迫击炮弹和狙击手迫使阿拉伯人离开了家乡。这样的残酷迫害发生在许多地方，如代尔亚辛（Deir Yassin）大屠杀中，200多名村民被犹太复国主义军队杀害。恐吓和对死亡的恐惧使得其他人选择了离开，他们心里有个信念——总有一天能再回来。在1948年年底，超过80%的巴勒斯坦人成了难民。不久之后，以色列政府通过了一系列法律，禁止在巴勒斯坦和国外流离失所的阿拉伯人返回家乡。

以色列独立之后，贫困的犹太难民开始涌入，他们来自英国的塞浦路斯拘留营（由英国修建，用于阻止犹太人向巴勒斯坦迁移）、战后的欧洲

1910年

1904年，来自俄罗斯的社会主义“先锋”在加利利海南端购买的土地上建立了第一座基布兹Degania。

1916年

秘密达成的赛克斯-皮科协定瓜分了奥斯曼帝国。巴勒斯坦、外约旦和南伊拉克归英国，黎巴嫩和叙利亚归法国。

1917年

在《贝尔福宣言》中，英国政府表示支持在巴勒斯坦地区建立一个“犹太人的民族家园”。英国军队在艾伦比将军的指挥下从奥斯曼帝国手中夺取了耶路撒冷。

1918年

英国军队从奥斯曼帝国手中夺取了巴勒斯坦北部。在世界上最后一场骑兵战斗中，一支印度骑兵占领了海法。

难民营（包括成千上万的大屠杀幸存者）、后来被铁幕笼罩的国家（如保加利亚）以及阿拉伯国家（如伊拉克、也门和叙利亚），那里古老的犹太人社区已经成为反犹太人暴力打击的目标。在3年内，以色列的犹太人口翻了一倍还多。

在20世纪60年代的好莱坞，犹太复国主义运动激起了英雄主义的共鸣。保罗·纽曼（Paul Newman）主演了《出埃及记》（*Exodus*，1960年）。电影改编自利昂·乌里斯（Leon Uris）的畅销书，讲述了一船非法犹太移民的故事。柯克·道格拉斯（Kirk Douglas）在影片《血肉长城》（*Cast a Giant Shadow*，1966年）中扮演一位参加了以色列独立战争的美国英雄。

战争和恐怖主义

1967年春，阿拉伯各国，特别是埃及，开始以泛阿拉伯民族主义的名义呼吁将巴勒斯坦的历史领土从他们眼中的以色列非法占领中解放。埃及总统迦玛尔·阿卜杜尔·纳赛尔（Gamal Abdel Nasser）向以色列船舶（包括伊朗运输石油的船只，因为那时伊朗是以色列的盟友）关闭了蒂朗海峡（Straits of Tiran），命令联合国维和部队从西奈半岛撤退，并向上千万阿拉伯世界的人发表演说。约旦和叙利亚在其与以色列的边境集结军队。恐惧的以色列人听到纳赛尔在5月3日宣称“我们的目标就是要毁灭以色列”之后，猜测他们会不会遭遇“二战”期间欧洲犹太人的命运。

6月6日，以色列率先攻击了其阿拉伯邻居，摧毁了他们的空军力量，之后又与叙利亚、埃及和约旦进行了3天的地面战争。整个战争持续了不到一周，因此被称作“六日战争”（登录www.sixdaywar.co.uk了解以色列人眼中的这场战争），战争的结果是以色列从埃及手中夺取了西奈半岛和加沙地带，从约旦手中夺取了约旦河西岸和东耶路撒冷，从叙利亚手中夺取了戈兰高地。

以色列人对这场战争的结果感到狂喜，许多人认为能获得这样的胜利除了神的帮助外没有别的解释。有的人将这场伟大的胜利看成是弥赛亚降临以开辟新的土地。这时，很少有以色列人能够意识到，在控制巴勒斯坦领土时，以色列在人口、政治和道德方面会遇到的困难。

1973年，埃及和叙利亚在犹太人赎罪日（Yom Kippur）这个犹太历法中最神圣的一天发动了出人意料的双线袭击。因为情报部门的失误而毫无准备的以色列起初被迫后撤，但很快又恢复了过来。因双线伤亡惨重，阿拉伯军队撤军。埃及起初在战场上取得的胜利使得埃及总统安瓦尔·萨达特（Anwar Sadat）把这场赎罪日战争描绘为一次胜利；尽管从战略战术的角度来看是以色列获胜，不过以色列从未将其视为胜利。

由于赎罪日战争的失败和劳工党（Labor Party）的腐败与无作为，以色列总理果尔达·梅厄（Golda Meir）在1974年结束了她的政治生涯。3年后，从1948年以来一直担任执政党的劳工党在选举中失败，部分因为

1929年

由于不允许犹太人进入西墙（哭墙），阿拉伯人-犹太人骚乱爆发。许多希伯伦犹太人受到穆斯林邻居的庇护，但67名犹太人被暴民杀害。

1939～1945年

600万欧洲犹太人被纳粹杀害。许多巴勒斯坦犹太人志愿加入英国军队。犹太复国主义者将犹太难民偷渡到巴勒斯坦。

1946年

伊尔贡地下准军事武装分子在梅纳赫姆·贝京的带领下，炸毁了耶路撒冷的King David Hotel南翼楼，这个酒店是一个英国的军事指挥中心。此次爆炸造成91人死亡。

1947年

联合国大会投票将巴勒斯坦分割成犹太国家和阿拉伯国家。此计划在原则上被犹太复国主义者接受，但被阿拉伯人拒绝。战争席卷巴勒斯坦。

米兹拉希犹太人（Mizrahi，亚洲和北非犹太人）对自己在经济和政治上被边缘化感到不满。利库德党（Likud Party）的领导者梅纳赫姆·贝京（Menahem Begin）当选总理，他是一名右翼的前地下组织成员（因其组织袭击过阿拉伯平民和英国占领时期的标志建筑，有人认为他是恐怖分子）。但是，埃及总统安瓦尔·萨达特在1977年访问耶路撒冷，震惊了全世界。他向以色列提出和谈，换回以色列从西奈半岛撤军，并承诺推动巴勒斯坦建国进程（从未实现）。在美国总统吉米·卡特（Jimmy Carter）的斡旋下，贝京和萨达特于1978年签署了《戴维营协议》（*Camp David Accords*）。

以色列的阿拉伯公民由那些1948年留在家乡的巴勒斯坦阿拉伯人及其后裔组成。直到1966年，他们都生活在军法制度下。如今他们的人口数量约为160万，大多数居住在加利利。在东耶路撒冷居住的阿拉伯人拥有以色列蓝卡，但多数并不是以色列公民。

1982年春，以色列完成了西奈半岛的撤离，其中包括7000名居民。仅仅在6周后，以黎巴嫩为基地的巴勒斯坦解放组织（Palestine Liberation Organisation，简称PLO）和以色列的紧张局势升级。以色列驻英大使遭到巴解组织中一个巴勒斯坦反对派的刺杀，这一事件被以色列国防部长阿里埃勒·沙龙（Ariel Sharon）用作全面进攻黎巴嫩的理由。他的目标是将巴解组织赶出黎巴嫩，并在此设立一个亲以色列的基督教政府。这场战争的进展出乎以色列的意料，一直持续到1985年（直到2000年5月，以色列才占领了黎巴嫩的一个"安全区"）。许多以色列人相信这场战争并没有获得政府的正式批准，在1982年9月以色列国防军未能阻止他们的黎巴嫩基督教盟军在萨布拉（Sabra）和夏蒂拉（Shatila）的难民营进行大屠杀时，更多的以色列人甚至认为这场战争玷污了他们的国家。40万人在特拉维夫游行，反对这场战争和大屠杀，这是以色列历史上规模最大的游行[获得2008年奥斯卡提名的动画电影《和巴什尔跳华尔兹》（*Waltz with Bashir*）就是以第一次黎巴嫩战争带来的持续性创伤为主题]。

与此同时，巴勒斯坦难民分散在约旦河西岸和加沙、邻国的难民营以及整个阿拉伯世界，等待着解决他们困境的方案。巴解组织由阿拉伯联盟（由22个讲阿拉伯语的国家组成）成立于1964年。但直到1967年阿拉伯国家在六日战争中失败，巴勒斯坦领袖才公开反对阿拉伯联盟掌管巴解组织。

亚西尔·阿拉法特（Yasser Arafat）1929年出生于开罗，20世纪50年代在科威特做工程师的时候成立了法塔赫（Fatah），这个名称是阿拉伯语中"巴勒斯坦解放运动"和"胜利"的缩写。正是通过法塔赫，阿拉法特在1969年接管了巴解组织。从约旦到后来的黎巴嫩和突尼斯，阿拉法特发起了一系列绑架、爆炸和针对平民的袭击事件，目的是要削弱以色列（后者的

1948年

英国人退出巴勒斯坦；犹太复国主义武装力量在海湾抗衡5个阿拉伯国家的军队和当地武装。70万巴勒斯坦阿拉伯人沦为难民。以色列宣布建国。

1948年至20世纪70年代

大约60万犹太人离开、逃离或被驱逐出阿拉伯国家，例如也门、叙利亚、伊拉克、埃及、利比亚和摩洛哥，最终在以色列找到了避难所。他们中的很多人已经在临时难民营居住了多年。

1950年

约旦在1948年的战争中占领了约旦河西岸和东耶路撒冷，哈希姆王朝在1988年宣布放弃这部分土地。

1951年

约旦国王阿卜杜拉一世在耶路撒冷的圣殿山被一位巴勒斯坦民族主义者暗杀。他的孙子侯赛因继位并执政到1999年。

犹太人大流散

在大约3300年中，根据《圣经》中的《出埃及记》，自从以色列子民进入迦南后，以色列地一直存在犹太人的身影。但是约有三分之二的时间，多数犹太人住在圣地之外，分散在其他国家、地区的社区中。他们被统称为流散的犹太人（Jewish Diaspora，来自希腊语中“流散”一词）。

在公元前586年，尼布甲尼撒（Nebuchadnezzar，古巴比伦国王）摧毁了犹太人的第一圣殿并驱逐了他们。于是犹太人于巴比伦（今伊拉克）建立了第一个主要的流散社区。虽然大约50年后，波斯帝国的居鲁士二世允许他们返回故地，但是依然有很多犹太人选择留在了巴比伦。

3~6世纪，巴勒斯坦和巴比伦的犹太智者为修订犹太律法的权力争论不休。最终巴比伦的智者取得了胜利。

在11世纪，犹太世界的最高律法机构转移至北非（开罗和突尼斯的凯鲁万），后来甚至转移到了遥远的莱茵兰（犹太人称之为“Ashkenaz”）。13~15世纪，许多伟大的智者移居西班牙，在希伯来语中被称为“Sfarad”。

由于在西欧受到迫害，阿什肯纳兹犹太人（德系犹太人）从14世纪起向东进入斯拉夫地区，并创造了被称为意第绪语（Yiddish）的日耳曼-希伯来方言。到了17世纪，犹太世界的学术中心移至立陶宛和波兰。18世纪，生活在欧洲的犹太人在历史上第一次超过了在北非和亚洲的人数。

在19世纪的沙皇大屠杀中，东欧的犹太人再次被迫离开。1492年，西班牙驱逐犹太人，这使塞法迪（Sephardic）犹太人分散到了欢迎流亡者的奥斯曼帝国和荷兰，最终从那里进入英国。绝大多数留在欧洲并处在“二战”纳粹统治区的犹太人死于大屠杀，他们中多数被枪杀并掩埋在万人坑里，或是死于毒气室。

在1776年前，有一些塞法迪犹太人居住于殖民时期的美洲，但更多的美国犹太社区由19世纪阿什肯纳兹犹太人的移民后裔组成。现在，美国和以色列各容纳了约600万犹太人，他们也如17个世纪之前巴比伦和以色列的祖先们一样，争夺着文化和宗教的话语权。

报复包括跨境突击和暗杀），以及使巴勒斯坦问题一直受到全球关注。

1987年，在约旦河西岸和加沙爆发了反对以色列统治的人民起义，即第一次巴勒斯坦大起义（First Intifada，阿拉伯语称为“摆脱”）。这是一次巴勒斯坦人民自发的起义，他们进行罢工，使用石头和莫洛托夫燃烧瓶。在突尼斯的阿拉法特第一次与巴勒斯坦地区的基层运动失去联系，但很快他便控制了局势，并获得了国际社会对巴勒斯坦问题的同情。

1956 年

埃及对以色列船只关闭红海后，以色列占领西奈半岛。英国和法国试图以此次冲突为借口重新夺回苏伊士运河的控制权。

1964 年

阿拉伯联盟在开罗召开会议，建立巴解组织。以色列和叙利亚就约旦河流域用水权问题发生冲突。

1967 年

以色列用6天的时间击败了埃及、约旦和叙利亚，领土面积翻了三倍多。自1948年以来，以色列人首次可以在西墙（哭墙）祈祷。

1972 年

听命于阿拉法特的法塔赫组织的巴勒斯坦恐怖分子在慕尼黑奥运会上杀害了11名以色列运动员和教练。以色列总理梅厄下令追杀行凶者。

1988年，阿拉法特公开宣布放弃恐怖主义，并明确承认以色列。5年后，以色列在伊扎克·拉宾（Yitzhak Rabin）的领导下，和巴解组织签署了“奥斯陆协议”（Oslo Accords），这是双方在挪威首都秘密达成的协议。协议的基础为以色列应分阶段将领土控制权交给巴勒斯坦人，从约旦河西岸和加沙的主要城镇开始。最大的问题在于耶路撒冷的未来和巴勒斯坦难民回归的权利，这些问题将在5年过渡期结束时谈判协商。实际上，“奥斯陆协议”的核心是“土地换和平”，是在1947年联合国提出的建立两个国家的基础上制定的。

奥斯陆时代

1994年7月，亚西尔·阿拉法特抵达加沙，领导新的巴勒斯坦自治政府（Palestinian Authority，简称PA）。在之后的几年里，以色列将大部分加沙地区和约旦河西岸的主要城镇移交给巴勒斯坦管理。但“奥斯陆协议”并未带来真正的和平，反而刺激了双方阵营中反对妥协的派别，促使他们通过暴力达成各自的目标。哈马斯（Hamas）和伊斯兰“圣战”组织（Islamic Jihad）发动了针对以色列平民的自杀式炸弹袭击，使其恐怖主义升级。作为回应，以色列对哈马斯和伊斯兰“圣战”组织领导人发动暗杀，而使用的战术经常导致平民伤亡。军事行动和定居者对当地巴勒斯坦人的暴力行为加剧，但人们希望的经济增长和行动自由并未实现。

阿拉伯男子常以阿布（Abu，意为“之父”）加上大儿子的名字自居。阿拉法特被称呼为“阿布·阿马尔”（Abu Ammar），但他这个名字并非源于他的儿子，他选择了先知穆罕默德一位追随者的名字作为化名（nom de guerre）。

或许对和平进程最大的破坏发生在1995年11月，当时一个右翼正统派以色列犹太人在特拉维夫的一个和平集会上刺杀了以色列总理伊扎克·拉宾。这一刺杀事件是以色列民族主义者（尤其是犹太定居者）多年来煽动的结果，他们反对拉宾放弃部分历史上“以色列地”。许多正统派犹太人（虽然他们不是极端正统派犹太人，即非犹太复国主义者或是反犹太复国主义者）相信《圣经》中叫作犹太行省、撒马利亚（即约旦河西岸）和加沙的地方，在弥赛亚降临的时候就已经赐予了以色列来管理。放弃上帝赐予以色列与生俱来的对这些地区的管理权，无异于阻止弥赛亚降临。对于对弥赛亚持坚定信念的人来说，没有比这更大的罪行了。

对大部分以色列人来说，拉宾遇刺无疑是国家的一场噩梦。这位有军队背景的和平倡导者在1948年成为旅长，在1967年的战争中成为参谋长。其军事背景使得以色列人对他处理安全问题的能力十分信任。遇刺使得他推动的和平进程中止。

拉宾遇刺后，一系列哈马斯自杀式炸弹袭击使得本雅明·内塔尼亚胡

1973 年	1978 年	1982 年	1987 ~ 1993 年
埃及和叙利亚在以色列犹太人最神圣的节日——赎罪日发动突然袭击。	以色列和埃及签署《戴维营协议》。以色列在开罗派驻大使，埃及也在特拉维夫建立大使馆。西奈半岛回归埃及。	以色列入侵黎巴嫩，围攻贝鲁特。黎巴嫩长枪党在萨布拉和夏蒂拉难民营屠杀巴勒斯坦人。阿拉法特和巴解组织成员通过海路离开贝鲁特，并将他们的总部转移到突尼斯。	巴勒斯坦人对占领不满，爆发第一次巴勒斯坦大起义。训练有素的以色列国防军还击无效，巴勒斯坦人的伤亡情况引起了国际谴责。

(Benjamin Netanyahu)领导的右翼联盟掌权。但在1999年，由前参谋长埃胡德·巴拉克(Ehud Barak)领导的中左翼联合政府掌权。巴拉克和阿拉法特同意与美国总统比尔·克林顿(Bill Clinton)在戴维营举行会谈，以达成最终的和平协议。谈判在对“奥斯陆协议”不满的背景下召开，以失败告终。之后，以色列利库德党(Likud Party)领导人沙龙访问耶路撒冷圣殿山，这一备受争议的举动导致了大规模暴力冲突爆发。沙龙和阿拉法特都受到了指责。

起初，阿拉法特认为可以用暴力行为给以色列施压而迫使其让步，但他很快就失去了对当地年轻法塔赫领袖的控制，后者认为阿拉法特在回来之后没给他们足够的权力，于是他们指责阿拉法特将军队和政府工作给了他曾经在贝鲁特和突尼斯的那些腐败的旧党派同僚。年轻的法塔赫领袖迅速与哈马斯和伊斯兰“圣战”组织结盟，最终发起了一系列自杀式炸弹袭击事件。

以色列民众变得更强硬了。2001年，强硬派前将军沙龙私下称巴勒斯坦大起义是对以色列的“潜在威胁”，并反对巴拉克与阿拉法特达成和解的努力，之后沙龙当选总理。沙龙派遣军队占领了之前已移交给阿拉法特的约旦河西岸城镇，并经常血腥地侵犯加沙地带，对假定的恐怖分子领导人实施了“定点清除”。他派军队将阿拉法特围困在拉马拉(Ramallah)。根据一些副官的说法，阿拉法特沮丧且患病，对各项事务以及现实的掌控能力被削弱。他被空运到法国接受治疗，于2004年11月去世。根据以色列人权组织B' Tselem(www.btselem.org)的统计，在第二次大起义(2000~2005年)中，超过1000名以色列人(70%是平民)死于巴勒斯坦人之手，大约4700名巴勒斯坦人(其中2000多人是平民)死于以色列人之手。

随着宿敌的离开，沙龙——与其强硬路线者的名声不相符——开始逐步推动一个和巴勒斯坦人“分离”的激进计划，在约旦河西岸的大部分地方设立了隔离墙(尽管遭到了犹太定居者的强烈反对)，撤出孤立的定居点。2005年8月，他疏散了加沙地带的所有以色列居民(8600人)和约旦河西岸北部的4个定居点，这一举动引起了巨大争议。2006年1月，沙龙突发中风，许多犹太定居者认为这是神在惩罚他对以色列地的背叛。沙龙一直处于昏迷状态，直到2014年去世。

亚西尔·阿拉法特让格子头巾(keffiyeh；阿拉伯男人的传统方格头巾)在世界范围内闻名。头巾采用被法塔赫推崇的黑白配色，并折叠成形似巴勒斯坦领土的狭长三角形。而红白相间的头巾则多为约旦的贝都因人、巴勒斯坦左翼分子和哈马斯成员佩戴。

1988年

阿拉法特在日内瓦召开的联合国大会上宣布放弃恐怖主义。

1991年

以色列被39枚伊拉克飞毛腿导弹袭击。阿拉法特支持萨达姆入侵并占领科威特。作为还击，科威特和其他海湾国家冻结了巴解组织资金并驱逐巴勒斯坦人。

1993年

作为几十年的死敌，以色列总理拉宾和巴解组织主席阿拉法特在白宫签署“奥斯陆协议”，并忧心忡忡地握手言和。

1994年

以色列和约旦签署和平协议，划定两国边境并保证约旦享有约旦河水。两国分别在安曼和拉马特甘建立大使馆。

被许多人奉为巴勒斯坦民族诗人的马哈茂德·达尔维什（Mahmoud Darwish，1941~2008年）在他的作品中描述了巴勒斯坦人被驱逐的惨状。他在1973年到20世纪90年代活跃于巴勒斯坦解放组织。在他最出名的一首诗中，他写道："我们是有话语权的国家。"

新千年

沙龙的副手埃胡德·奥尔默特（Ehud Olmert）在2006年3月被选为以色列第12任总理，他在演说中承诺会进一步从约旦河西岸撤军，但他的计划从未付诸实践。在此几个月之前，哈马斯在巴勒斯坦议会选举中胜出，次年，其武装力量接管了加沙地带；没有成功离开的法塔赫官员被虐待，部分遭到杀害——一些人甚至被从高楼扔下来摔死。此后，美国和欧盟持续支持位于约旦河西岸的法塔赫领导的巴勒斯坦自治政府；而伊朗尽管在叙利亚内战问题上和哈马斯存在分歧，但仍给加沙地带的哈马斯提供武器和资金。2014年，奥尔默特因贪腐被起诉，并被判6年监禁。

2006年夏天，真主党（Hezbollah）游击队绑架了两名正在以色列和黎巴嫩边境处巡逻的以色列士兵。以色列发动了一场针对伊朗支持的黎巴嫩民兵的短暂战争，其间黎巴嫩武装将数千枚火箭弹倾泻在以色列的城镇和乡村，使以色列北部陷入一片恐慌，造成43名平民身亡。以色列针对黎巴嫩城镇的报复性爆炸袭击的规模受到广泛谴责，这场战争对以色列来说是一场外交灾难，但十多年后，双方仍在遵守战后的停火协议。

2001年，哈马斯和伊斯兰"圣战"组织开始从加沙向附近的以色列地区发射导弹。2006年，在以色列从加沙撤军后，这些攻击持续升级。随着时间的推移，经过升级的自制卡桑火箭以及伊朗提供的122毫米火箭弹已经有能力覆盖贝尔谢巴（Be' er Sheva）、里雄莱锡安（Rishon LeZion）甚至特拉维夫。斯德洛特（Sderot）和附近基布兹的人民遭到的攻击最严重。2008年年底，以色列发动了一场代号为"铸铅行动"（Operation Cast Lead）的猛烈攻势，目的是停止对方的火箭弹袭击。这场战争持续了3周，到战争结束时，加沙的许多基础设施被毁，成千上万人无家可归。根据以色列人权组织统计，在这次冲突中，1397名巴勒斯坦人被以色列人杀害（以色列宣称他们大部分为武装分子），5名以色列士兵被巴勒斯坦人杀害。但哈马斯仍旧控制并挖掘了新的隧道来绕过以色列对加沙的封锁，这一封锁饱受争议（2010年显著放宽了对民用品的封锁）。埃及封锁了加沙和西奈半岛的边境；在2013年和2014年，埃及军队摧毁了大约1200条隧道，切断了哈马斯主要的物资来源。

联合国难民署（UNRWA）在约旦河西岸建立了20个难民营，在加沙地带建有8个，在东耶路撒冷地区建有1个。超过50%的巴勒斯坦人被联合国列为难民。

2013年的以色列大选迎来了由本雅明·内塔尼亚胡领导的联合政府。最初，政府试图强制要求以色列极端正统派男性在以色列国防军服役。美国主导的巴以和谈中断，部分原因是内塔尼亚胡政府不断进行定居点建设，而巴勒斯坦国家权力机构在各种国际组织中申请以独立国家的身份成

1995年

在特拉维夫一场和平集会后，以色列总理拉宾被右翼犹太极端分子刺杀。刺杀导致奥斯陆和平进程破裂。

2000~2005年

第二次巴勒斯坦大起义在以色列城镇造成了大量自杀性爆炸袭击，导致以色列国防军进入巴勒斯坦城镇，使得双方民众的境遇雪上加霜。

2004年

阿拉法特去世，享年75岁，死因至今无法解释。他在巴黎的一家医院去世，最终被葬在拉马拉。阴谋论四起，一些人宣称他是中毒身亡。

2005年

以色列单方面从加沙地带撤军，并疏散了21个定居点，这里的犹太定居者变得愤怒而激进。巴勒斯坦人则谴责以色列仍在控制加沙地区的土地、海洋和领空。

为会员的举动激怒了以色列。2014年，以色列总统西蒙·佩雷斯（Shimon Peres，90岁，世界上年龄最大的国家元首）的职位由民意基础很强的右翼人士鲁温·瑞夫林（Reuven Rivlin）接任。

2014年，控制着约旦河西岸大部分地区的法塔赫和控制着加沙地带的哈马斯建立了统一的政府，但是他们之间的分歧和猜忌还比较深。而总统阿卜杜勒·法塔赫·塞西（Abdel Fattah Al Sisi）领导下的埃及对哈马斯的敌视无法改变，部分是因为历史上埃及军队对穆斯林兄弟会的敌意。

2014年6月，3名以色列少年被巴勒斯坦人绑架并杀害，之后，暴力事件迅速升级。作为对绑架事件的反击，以色列对约旦河西岸的哈马斯组织发起了大规模袭击，突袭杀死了10名巴勒斯坦人，并逮捕了数百人。加沙地带和以色列互相发射火箭弹。

持续了50天的以巴冲突导致2100多名巴勒斯坦人死亡（据联合国统计，其中69%为平民）、73名以色列人死亡（67人为士兵），加沙地带大片土地沦为废墟（其中包括17,200个住宅），成千上万的平民（特别是儿童）受到创伤。以色列的"铁穹"防御系统几乎可以抵御哈马斯对以色列的威胁。

这场战争几乎没有改善巴以关系，也没有改善法塔赫和哈马斯之间的关系。2015年，内塔尼亚胡再次当选总理，组建了包括定居点支持者和极端正统团体在内的右翼政党联盟。那一年，以色列和约旦河西岸也发生了一系列杀戮事件，主要是由"独狼"巴勒斯坦袭击者造成的。

针对2017年3名巴勒斯坦兄弟在阿克萨清真寺场地内袭击以色列士兵的事件，以色列在场地的大门上安装了金属探测器。这一举动导致巴勒斯坦人在老城外进行了数周的抗议活动，最终迫使以色列撤除了金属探测器。

一些犹太人相信，当弥赛亚降临之际，圣殿将在耶路撒冷的圣殿山重建。在旧城的犹太区，你可以找到艺术家绘制的"第三圣殿"效果图。当然，穆斯林更愿意在这里保留岩石圆顶清真寺。

2006年

伊朗支持的真主党袭击加利利，导致以色列和黎巴嫩冲突爆发。在巴勒斯坦议会选举中，强硬的抵抗组织哈马斯击败了支持建立两个国家方案的法塔赫。

2008～2014年

激进的犹太定居者对巴勒斯坦人发起"代价袭击"，同时以色列国防军企图阻止以色列政府提出的不利于约旦河西岸以色列定居点的政策。

2015年

本雅明·内塔尼亚胡赢得了选举，组建了右翼政党联盟，成员包括极端正统派和支持定居点的团体。

2017年

美国总统唐纳德·特朗普宣布耶路撒冷为以色列首都，并承诺搬迁大使馆，引发整个阿拉伯世界的抗议活动。

以色列和巴勒斯坦的人民

近1300万人生活在以色列和巴勒斯坦。其中，以色列人口由75%的犹太人、17.6%的阿拉伯穆斯林、1.7%的阿拉伯基督徒以及5.7%的其他人群组成。约旦河西岸的人口由83%的逊尼派穆斯林、13%的犹太人、约2%的基督徒以及2%的其他人群组成。而加沙地带几乎全是逊尼派穆斯林。据巴勒斯坦中央统计局统计，全球约有1270万巴勒斯坦人，联合国表示其中500万人都是难民。

犹太人

自1948年以来，以色列所接纳的移民（相对于其本国人口）比世界上任何国家都要多。在20世纪90年代，约90万犹太人从苏联来到以色列。而近年来，成千上万的犹太人因为担忧法国的反犹太主义而来到以色列。

在奥斯曼帝国时期，大多数巴勒斯坦犹太人生活在耶路撒冷、希伯伦、太巴列和采法特这4座圣城。但从19世纪80年代起，犹太人开始移居巴勒斯坦，这不仅仅是出于宗教信仰和精神上的原因，也是为了进一步推进犹太人的民族自决权，同时为了避免他们的孩子在反犹太主义的恐惧下成长。

出生在以色列的犹太人被称为“Sabras”，这个名字来源于坚韧的梨果仙人掌。梨果仙人掌原产于墨西哥，其果实外部多刺，内部却柔软甜蜜。

塞法迪犹太人

1492年，当西班牙（希伯来语为Sefarad）的塞法迪犹太人（Sephardim）面临改变信仰、死亡或被驱逐的严酷选择时，一些人逃到北非，还有一些人受到了奥斯曼帝国的庇护，那里的苏丹热情欢迎他们。

直到19世纪末，在奥斯曼巴勒斯坦的犹太人大多数为塞法迪犹太人，这个群体的共同特征是不仅都来自西班牙，而且还拥有共同的宗教礼仪、仪式和音乐。在16世纪，采法特的很多卡巴拉（犹太神秘主义）学者都是塞法迪犹太人。

犹太教有三种主要的礼拜仪式和传统，属于阿什肯纳兹犹太人、塞法迪犹太人和米兹拉希犹太人，还有一些具有地方特色的传统，比如从罗马和阿尔萨斯（法国）等地带来的传统。

很多文章提到部分阿什肯纳兹犹太人（Ashkenazi）长期对非欧洲系同胞表现出傲慢的态度，相比之下，“纯正”的塞法迪犹太人（其血统可以追溯到中世纪的西班牙）能够带着固有的文化优势中的自信长期关注其他地方的犹太人。

在长达5个世纪的时间里，传统的塞法迪犹太人在土耳其、希腊、波斯尼亚和保加利亚等国家使用的语言是拉迪诺语（Djudeo-Espanyol），是中世纪的西班牙语（卡斯蒂利亚语）与希伯来语单词以及——取决于定居的地方——少量的土耳其语、希腊语、阿拉伯语和法语元素的混合。

想了解更多关于塞法迪犹太人的文化和历史，请参见www.sephardicstudies.org。还有一个拉迪诺语（如果你懂西班牙语的话可以读懂）的网站www.aki-yerushalayim.co.il/ay，它提供了很多有用的链接。

阿什肯纳兹犹太人

在10世纪，今天阿什肯纳兹犹太人的祖先到达德国（希伯来语旧称为阿什肯纳兹）。由于一直遭到驱逐，阿什肯纳兹犹太人向东逃离，而迎接并容纳他们的地方后来成为俄罗斯和奥匈帝国。1000年前，阿什肯纳兹犹太人只占犹太人口的3%；到了20世纪30年代，其比例升至92%。现在，约一半的以色列犹太人（还有全球四分之三的犹太人）认定他们的祖先可以（直接或间接经由北美和南美）追溯到中欧和东欧，尤其是俄罗斯、波兰、乌克兰、白俄罗斯、立陶宛、匈牙利、罗马尼亚，当然还有德国和奥地利。

从1882年开始，屠杀和其他形式的迫害使数百万阿什肯纳兹犹太人从东欧迁移到美洲和西欧，但一小部分来自罗马尼亚和俄罗斯等国家的犹太人为了建立农业定居点（例如济赫龙雅各布）而迁移到奥斯曼巴勒斯坦。然而该地区的犹太复国主义者（其中部分是社会主义者）、传统主义者以及巴勒斯坦的极端正统派团体之间很快就产生了冲突，其冲突持续到现在。

阿什肯纳兹犹太人的文化标志之一是意第绪语，这种语言融合了中世纪德语、希伯来语和斯拉夫语单词，以希伯来字母书写。意第绪语的单词逐渐被纳入了英语（部分是由于《宋飞正传》），例如百吉饼（bagel）、薄饼卷（blintz）、肆无忌惮（chutzpah）、恶灵（dyubbuk）、小故障（glitch）、笨手笨脚的人（klutz）、熏鲑鱼（lox）、专家（maven）、受尊敬的人（mensch）、唠叨（noodge）、点心（nosh）、天哪（oy vey）、笨蛋（putz）、倒霉蛋（shlemazel）、笨拙的人（shlemiel）、笨蛋（schlep）、伪劣品（schlock）、伤感音乐（schmaltz）、闲聊（schmooze）、笨人（schmuck）、推销（shpiel）、犹太人小村（shtetl）、滑稽场面（shtik）、焦急（shvitz）和大齿（tush）。

1939年，使用意第绪语的犹太人为1100万人到1300万人；而时至今日，由于大屠杀和部分国家（以色列、美国、苏联和阿根廷）的语言同化作用，只有约100万人仍然在使用该语言。来以色列的旅游者可以在耶路撒冷的极端正统派社区梅阿谢阿里姆（Mea She' arim）听到有人讲意第绪语。

由于米兹拉希犹太人和塞法迪犹太人的礼拜仪式和礼仪在某些方面具有相似性，米兹拉希犹太人有时包含于塞法迪犹太人这个术语中（尽管巴格达、大马士革、萨那和布哈拉的犹太人从来没有到过伊比利亚半岛附近）。

米兹拉希犹太人

从北非（摩洛哥、阿尔及利亚、突尼斯和利比亚）、中东（如伊拉克、叙利亚、也门、伊朗和阿富汗）和中亚（如乌兹别克斯坦、阿塞拜疆和格鲁吉亚）以及印度来到以色列的犹太人，被称为东方系犹太人（Edot HaMizrah）或米兹拉希犹太人（Mizrahim，来自东方的人）。这个定义反

回归法

回归法（Law of Return）于1950年由以色列议会通过，在提出申请的前提下，赋予任何犹太人（只要拥有一位犹太祖父母或已经皈依犹太教的祖父母，就可被视为犹太人）及其合法的配偶（异性；自2014年起也包括同性）以色列国籍。由于该法律能够保证世界上所有遭受迫害的犹太人都能得到安身之地（这在20世纪30年代是绝不可能的），这一法律被视为“以色列是犹太人的故乡”这一使命的根基之一。

在2013年和2014年，葡萄牙和西班牙通过了他们自己的“回归法”，向500年前被从伊比利亚半岛驱逐出境的西班牙和葡萄牙裔犹太人赋予公民身份。

许多国家，包括亚美尼亚、中国、希腊和德国，均授予犹太移民的后代公民身份或居住权。

黑希伯来人

黑希伯来人（Black Hebrews）也被称为耶路撒冷的非洲希伯来以色列人（www.africanhebrewisraelitesofjerusalem.com），是非裔美国人，他们自称是古代犹大王国支派的后裔，并认为以色列是其祖先的家园。在利比里亚停留一段时间后，他们在本·卡特[Ben Carter；也被称为本·安米·本-伊斯雷尔（Ben Ammi Ben-Israel）]的领导下，于1969年开始在以色列定居。虽然他们的犹太人身份不被任何犹太教派承认（他们的传统包括纯素食、在安息日禁食和一夫多妻制），但他们在2004年被授予了永久居留权，在2009年取得公民身份。许多人志愿在军队服役。

约2500名黑希伯来人生活在内盖夫迪莫诺（Dimona）的社区里。该社区因福音合唱团和歌手埃迪·巴特勒（Eddie Butler）而闻名，后者分别在1999年和2006年代表以色列参加过欧洲电视网歌唱大赛。

尽管犹太人口只占全世界的0.2%，但他们占据了诺贝尔化学、物理、医学和经济学奖得主的27%。

映出他们共同的礼仪传统和地理位置。

也门犹太人在1881年移居到奥斯曼巴勒斯坦。米兹拉希犹太人的人数在1948年后开始膨胀，为了躲避暴力和反犹太人法令，60万犹太人从阿拉伯城市移居到以色列。而近些年，米兹拉希犹太人团体已经开始组织起来，要求赔偿个人及公共财产的损失。

在阿什肯纳兹犹太人的掌控下，以色列的米兹拉希犹太人受到了很长时间的歧视，1948年以后，很多米兹拉希犹太人在安置营地生活了多年，或被遣送至内盖夫、加利利等偏远的"建设中的城镇"。近几年，米兹拉希犹太人、塞法迪犹太人和阿什肯纳兹犹太人之间的通婚已经变得很正常。虽然谈论起米兹拉希犹太人（尤其是摩洛哥移民的后代）时，人们的普遍印象仍旧是监狱里的人较多而有学识的人很少，但以色列现在流行的文化已经更为包容了。极端正统派沙斯党（Shas）得到了几乎所有虔诚的传统米兹拉希犹太人的支持。

几个世纪以来，米兹拉希犹太人使用了多种独特的语言，包括马格里布犹太-阿拉伯语（Maghrebi Judeo-Arabic）、伊拉克犹太阿拉伯语（Yahudi）以及犹太-塔特语（Juhuri，阿塞拜疆的高加索犹太人使用的一种波斯语）。

埃塞俄比亚犹太人

埃塞俄比亚犹太人也被称为贝塔以色列人（Beta Israel）和多少有些贬义的法拉沙人（Falashas，意为流亡者或陌生人）。埃塞俄比亚犹太人的起源可以追溯到所罗门王和示巴女王（Sheba，《列王纪上》10:1-13）时代。尽管他们的其他习俗表明他们有可能在2000年前受到也门-犹太商人的影响而皈依犹太教，但没有人确定犹太人是如何以及何时进入埃塞俄比亚的。

第一批埃塞俄比亚犹太人在20世纪60年代进入以色列，但直到两次营救行动（1984~1985年的摩西行动和1991年的所罗门行动）后，才形成了大规模的移民。今天，大约121,000名埃塞俄比亚犹太人生活在以色列，占以色列犹太人口的2%。

对埃塞俄比亚犹太人来说，到以色列生活非常困难，他们是这个国家最贫困的群体，文化水平普遍较低。知名的埃塞俄比亚以色列人包括模特埃斯蒂·马莫（Esti Mamo，曾上过《世界时装之苑》和*Vogue*杂志）和伊提什·蒂蒂·艾瑙(Yityish Titi Aynaw, 2013年的以色列小姐)。以色列国会里有6名埃塞俄比亚犹太人。

穆斯林

逊尼派穆斯林占以色列人口的17.4%,而在约旦河西岸的阿拉伯人中占97%,在加沙的人口比例超过99%。以色列阿拉伯人中90%是穆斯林,加利利的穆斯林占到了总人口的38%。拿撒勒是以色列最大的穆斯林人口占多数的城市(人口66,000人)。耶路撒冷的三分之一居民是穆斯林。

长久以来,巴勒斯坦的穆斯林一直温和地遵循他们的信仰和习俗。巴勒斯坦人中的伊斯兰激进主义兴起于20世纪70年代,在加沙和部分约旦河西岸地区(如希伯伦)尤为明显。伊斯兰激进主义的兴起归因于多个因素,其中包括:1979年在伊朗的伊斯兰革命;对亚西尔·阿拉法特的法塔赫等世俗的巴勒斯坦组织感到幻灭,部分因为其腐败;以及伊斯兰组织在整个阿拉伯世界和伊斯兰世界越来越大的影响力。控制加沙地带的哈马斯(伊斯兰运动组织)是埃及穆斯林兄弟会的巴勒斯坦分支。在以色列,穆斯林兄弟会导致了伊斯兰运动,该运动有一个强硬的"北方"分支和温和的"南方"分支(支持"奥斯陆协议"),后者在以色列议会中占有几个席位。

无论是在以色列还是在巴勒斯坦,穆斯林都把自己视为伊斯兰教第三圣地(耶路撒冷的阿克萨清真寺)和其他圣地(如希伯伦的易卜拉欣清真寺)的守护者。穆斯林的圣地,包括耶路撒冷的圣殿山,都由被称为"waqfs"的穆斯林宗教基金会独立运作管理。

与基督教相比,伊斯兰教和犹太教之间有更多的共同点(宗教仪式、礼拜仪式和法律体系):

- 穆斯林每天祈祷五次,而犹太人传统上每天祈祷三次。
- 在哪些动物可以食用以及屠宰方式方面,伊斯兰清真法与犹太教的犹太洁食法之间有很多相似之处(因而很多穆斯林认为符合犹太教规的肉也是清真的)。
- 萨哈达(Shahada,伊斯兰清真言)的第一部分是"除真主外,绝无应受崇拜的",这与犹太施玛篇中的"以色列啊,你要听,耶和华我们的神是独一的主"很相似,两者都强调神的绝对性与统一性。
- 在阿拉伯语和希伯来语单词中,上帝、真主和神都源于同一个闪语词根。

几乎所有以色列和巴勒斯坦的阿拉伯人都是逊尼派,但以色列还有一个阿拉维派(Alawite, Alawi)村庄盖杰尔(Ghajar),位于梅图拉(Metula)以东4公里处,它的土地一半处于黎巴嫩境内,而另一小半和相邻的戈兰高地一起被以色列占领(1967年)。

贝都因人

大约六分之一的以色列阿拉伯人是贝都因人(Bedouin),也就是讲阿拉伯语的逊尼派穆斯林游牧部落的后裔。长久以来,他们在阿拉伯世界的沙漠地区放牧绵羊和山羊。约22万贝都因人住在内盖夫的7个由政府兴建的乡镇和约45个不知名的村庄里,其他6万贝都因人则住在加利利的村庄里。虽然以色列国防军不在贝都因人中征兵,但仍有许多人志愿参军,通常作为追踪者服役。

很长时间以来,内盖夫的贝都因人和以色列政府之间的关系一直较为紧张,因为后者效仿之前的英国和奥斯曼帝国统治者,试图结束贝都因人的游牧生活方式,让他们永久定居。

部分贝都因人不顾以色列法律的禁止,仍然实行一夫多妻制。

大约2000名艾哈迈迪耶穆斯林(Ahmadiyya, 19世纪后期成立于印度的著名开放教派的成员)居住在海法卡梅尔山的Kababir社区。为了改善与其犹太邻居的关系,他们在1987年出版了意第绪语版的《古兰经》。

以色列的越南人社区建立于1977年，有大约200人，当时的总理梅纳赫姆·贝京为了迎接在中国南海被以色列商船救起的越南船民而建立了该社区。

切尔克斯人

在19世纪中期，由于俄罗斯扩展到北高加索（黑海和里海之间的地区），成千上万的切尔克斯人（Circassians，高加索的逊尼派穆斯林）被迫离开家园。许多人来到奥斯曼帝国避难，部分人到达现在的以色列。

今天，约4000名切尔克斯人生活于两个加利利村庄——卡夫尔卡马（Kfar Kama）和Rehaniye。切尔克斯男人是唯一需要在以色列军队义务服兵役的穆斯林。

基督徒

1920年，在如今以色列和巴勒斯坦所在的地区，约有10%的人为基督徒；而今天的基督徒在以色列人口中最多占2%左右，在巴勒斯坦人口中占0.8%。这种数量的急剧下降，部分是由于犹太人和穆斯林人口的增长，但主要原因是大多数基督徒选择移民到欧洲、北美洲和南美洲的基督教国家。近年来，使基督徒从约旦河西岸和加沙地带向外移民的主要原因是伊斯兰激进主义的兴起。

在以色列，80%的基督徒是阿拉伯人，其余大部分都是来自苏联的移民。以色列较大的基督教教派是东仪天主教（Eastern-Rite，Melkite，占53%）、希腊正教（Greek Orthodox，占27%）、拉丁礼天主教（Latin-Rite Catholic，占10%）和马龙派天主教（Maronite Catholics，占7.5%）。在以色列的宗教团体中（包括犹太人），基督徒拥有最高的高中毕业率和大学入学率。在过去的几年中，越来越多的以色列阿拉伯基督徒自愿在以色列国防军中服兵役。

主要的基督教中心包括：拿撒勒，它的基督徒人口比例从1949年的60%下降到今天已经不到30%；伯利恒，在20世纪40年代有80%的人信奉基督教，但现在只有不到四分之一的基督徒了。其他有规模较大的基督教社区的城市包括耶路撒冷、海法和拿撒勒。

德鲁兹人

德鲁兹人（Druze）讲阿拉伯语，但大多数人并不认为自己是阿拉伯人，他们信奉独一的神，并信奉很多与伊斯兰教相同的先知，但他们并不是穆斯林——事实上，自从其信仰（伊斯兰教的一个分支）于11世纪初在开罗创建之后，正统穆斯林有时还会将他们视为异教徒而进行迫害。

为了逃避迫害，大约1000年前，德鲁兹人在黎巴嫩南部的深山建立了自己的据点；同时为了防止被指控为异教，他们保护着自己的理念（如轮回）和文本，不仅不为外界所知，也不向德鲁兹世俗人士（juhhal）透露，只展示给团体中的知秘人（uqqal，男女智者）。只有知秘人才可以参加周四晚上的宗教仪式。自11世纪中叶，德鲁兹教派不允许信徒改信其他宗教，也不允许其他人通过宗教皈依而获得德鲁兹身份。

以色列的德鲁兹人主要生活在卡梅尔山地区[如达里亚特卡尔梅尔（Daliyat Al Karmel）]、加利利村庄和以色列控制下的戈兰高地。其中最大的德鲁兹村庄是马吉达勒沙姆斯（Majdal Shams，但其中大部分居民至少在名义上是叙利亚人）。传统文化使德鲁兹人忠于所居住的国家，因此以色列的德鲁兹人常被征入国防军，许多人在军队中任职或担任边境警

最近几年，大约6万非洲人，大部分来自厄立特里亚和苏丹，越过埃及边境到以色列寻求庇护。2014年，以色列开始将厄立特里亚和苏丹国民转移到霍洛特（Holot）沙漠监狱，并在某些情况下付钱让他们迁往乌干达或卢旺达。

察。在2014年的巴以冲突中，一名德鲁兹上校就曾指挥以色列国防军的精锐戈兰步兵旅作战。

经常在德鲁兹村中看到的横条纹的德鲁兹旗帜（就像德鲁兹五色星）有五种颜色：绿色（理智）、红色（灵魂）、黄色（神与肉体之间的中介）、蓝色（可能的意愿与领域）和白色（已显现的意愿）。

撒玛利亚人

撒玛利亚教是古以色列时代犹太教的一个分支。撒玛利亚人（Samaritans）有五卷律法（以希伯来文书写），但它在很多地方都不同于犹太律法。例如，鉴于神嘱咐"选一个地方建立一个可供奉的祭坛"，古犹太人在耶路撒冷建立了圣殿，而撒玛利亚人在俯瞰纳布卢斯的基利心山建立了自己的圣殿。

在罗马时代，撒玛利亚人是犹太人强有力的宗教和政治对手，这就是为什么新约全书中关于"善良的撒玛利亚人"的寓言（《路加福音》10:25-37）里十分尖锐地指责耶路撒冷的犹太教祭司。

今天只有760名撒玛利亚人，他们虽不被视为犹太人，但又不完全是非犹太人。他们的宗教和历史与犹太人密不可分，因此有资格根据回归法获得以色列国籍。但在以色列，他们（自认为和被拉比认为）是一个独立的宗教社群。

今日的撒玛利亚人（见www.thesamaritanupdate.com）生活在两个社区：一个是基利心山上的Kiryat Luza，它靠近约旦河西岸的城市纳布卢斯；另一个在以色列特拉维夫的郊区霍隆（Holon）。当以色列的撒马利亚人被征入以色列国防军时，他们在Kiryat Luza的同胞却是巴勒斯坦公民。但每年逾越节，整个团体还是会聚集一起，在基利心山上准备献祭用的羊。在1967年之前，当撒玛利亚的两个社区分别由约旦和以色列统治时，他们就是这样聚到一起的；而今，尽管以色列人和巴勒斯坦人的关系复杂，他们依然这样聚到一起。

地区美食

从传统的中东和地中海美食到法国-以色列融合菜，以色列是美食爱好者的乐土，其苍蝇馆子、时髦的法式小馆和高端餐厅在任何欧洲城市都能赚到钱。餐厅供应种类繁多的美味佳肴，其中有一些在其他地区是很难找到的，更有不少是素食。所有食物，包括那些融合了创新元素的美味，都能刺激你的味蕾。

吃什么

极品鹰嘴豆泥

Ali Caravan（特拉维夫）

Hummus Said（阿卡）

Abu Shukri（耶路撒冷）

Felafel HaZkenim（海法）

➡ **鹰嘴豆泥（Hummus）**用煮熟的鹰嘴豆制成的糊状食品，人们对它的喜爱超越了宗教、政治和文化的界限。它由热的蚕豆（fuul）、煮好的鹰嘴豆或芝麻糊（tahina）一起调制而成，然后用新鲜出炉的皮塔饼蘸着吃；阿拉伯人则有时将它跟肉馅搭配食用。有一点不同的是：犹太人一日三餐都可以吃鹰嘴豆泥，而阿拉伯人传统上只在上午或下午的早些时候吃热的鹰嘴豆泥。

➡ **橄榄** 在早餐和晚餐中特别常见，且种类繁多。这里的橄榄和希腊、意大利或西班牙的橄榄相比有很大不同。在市场和超市能找到一种名为surim d' fukim的橄榄（提尔碎橄榄），这种橄榄非常美味，放在大桶里售卖。

➡ **炸豆丸子（Falafel）**用磨碎的鹰嘴豆做成的炸丸子，吃的时候最好趁热。人们通常是将其塞入皮塔饼或卷在薄饼（lafa）中，然后佐以鹰嘴豆泥或芝麻酱、番茄、黄瓜、咸菜片，再撒上热腾腾的调味品，如也门s' chug，有时还会加点儿泡菜。

➡ **萨比哈（Sabih）**炸豆丸子的竞争对手，原料包括炸茄子、煮土豆、鸡蛋、黄瓜、番茄、碎欧芹和芝麻酱，塞入皮塔饼中食用。依照传统，伊拉克的犹太人会在安息日的早晨吃它。

➡ **沙威玛（Shwarma）**将鸡肉、火鸡肉或烤羊肉切成大块或切片，然后塞进皮塔饼里，一种极品街头美食就做好了。

➡ **烤肉** 在阳光明媚的周末，你会在公园里看到三三两两的家庭聚在一个火盆（mangal）周围，一边吃着鹰嘴豆泥和皮塔饼，一边用炭烤肉。不少犹太人和阿拉伯人都经营专门的烤肉店，比较有特色的食物有：kabab（肉丸子串）、shishlik（羊肉或鸡肉串）、me' urav yerushalmi（"耶路撒冷串烧"：鸡心、肝、脾等部位放在一起烤），除此之外还有烤鹅肝。

吃早餐时经常会被问及一个问题：你是要单面煎鸡蛋（betzei ayin）、炒鸡蛋（beitzim mekushkashot）、煎蛋卷（chavita）还是煮鸡蛋（beitza kasha）？

➡ **浓缩酸奶（Labneh）**一种奶油状、带酸味的乳酪，一般是配皮塔饼或者薄饼吃。在吃之前，饼要先在橄榄油里浸泡，然后再撒上zaatar（一种当地的香料，混合了牛膝草、漆树粉和芝麻）。

➡ **Bourekas** 香气四溢的巴尔干薄片点心，通常为三角形，里面塞满了咸味的保加利亚奶酪、土豆泥、蘑菇或菠菜。

➡ **番茄炖蛋（Shakshuka）**一种由鸡蛋和番茄做成的辣味炖菜，通常当作早餐。

素食天堂

很少有国家在提供素食方面比以色列做得更好。街头食品包括炸豆丸子、萨比哈和boureka。几乎所有餐馆都提供分量十足且通常富有创意的沙拉，甚至是烤肉店和主打肉食的阿拉伯及黎凡特风格的小饭馆也会提供便宜的素菜。

➡ **Kibbeh** 以羊肉或牛肉为馅包成的橄榄球形小麦丸子。伊拉克和库尔德犹太人会把Kibbeh泡在一种味道刺激的汤里一起吃。

➡ **Jachnun** 卷起黄油面团放在锅中慢慢烘烤，然后佐以碎番茄和热的s' chug酱。传统上说，也门的犹太人会在安息日的早晨吃Jachnun。

➡ **枣** 品种包括黄色半透明的dekel nur（deglet nur）和个头很大的椰枣medjoul。到了秋天，你会看到体型丰满但尚未完全熟透的黄枣已经被摆出来售卖。不过为了防止内部营养消耗而导致表面起皱，它们都会被短暂冷冻起来。

"Im hareef v' amba?"这个正忙着做炸豆丸子的小贩问道，他是在问顾客想把s' chug（味道辛辣的也门辣酱）和amba（伊拉克风味的芒果酸辣酱）抹在里面还是滴在外面。除非你是个老手或者受虐狂，那么最稳妥的回答是"ktzat"（只要一点点）。

犹太洁食和清真食品

犹太人和穆斯林的传统饮食规定有惊人的相似之处，前者被称为犹太洁食（kosher, kasher），后者被称为清真食品（halal）。两种宗教都只允许食用特定种类的动物，猪均被认为是最不洁净的动物。二者的屠宰规则基本相同：屠宰时必须诵经且必须在动物意识完全清醒的情况下进行宰杀；要用锋利的刀割破动物的喉咙，不能使用锯齿刀。

此外，犹太洁食还包括：

➡ 避免食用不反刍的非偶蹄哺乳动物（牛、绵羊和山羊可食用）、海鲜（虾、龙虾、鱿鱼等）、两栖动物、爬行动物和昆虫（蝗虫除外），以及除鸭和鹅以外的大多数鸟类、少数没有鳍或鳞的鱼（如鳗鱼和鲶鱼）。

➡ 肉类和奶制品不得混合食用（没错，汉堡和意大利辣味香肠比萨也在此列）。

既非奶制品也非肉类的食品，如蔬菜和鱼，被称为中性食品（parveh, parve），可以同牛奶或肉类一起食用。符合极端严格标准的食品被称为kasher l' mehadrin。标有"glatt kosher"的肉类来自其肺部已被认证为"平滑"的哺乳动物，如没有黏膜的。

以色列法律不要求餐馆符合犹太教规，由店主自行安排（和付费）当地的犹太法学机构为其认证。符合犹太教规的餐厅几乎都是basari（意第绪语为fleyshig，即"肉"）或chalavi（意第绪语为milchig，即"奶制品"，还有素食和鱼），安息日和其他犹太节日必须关门歇业。在特拉维夫，符合犹太教规的餐厅较少；而在西耶路撒冷，在安息日很难找到一个吃饭的地方。

与犹太教不同，伊斯兰教严禁饮酒，即使食物含有微量的酒精或者在准备过程中使用了酒精（如香草精），也会被禁止。

在以色列，最受欢迎的奶酪是gvina Bulgarit（保加利亚奶酪，与菲达奶酪类似）、gvina Tsfatit（一种软奶酪，源自采法特）、gvinat emek（一种黄奶酪），还有美味的奶油干酪。奶酪在以色列太受欢迎了，以致几年前的价格上涨导致了消费者抗议和议会质询。

安息日食物

以色列家庭的宗教信仰各不相同，不过他们都保留了在安息日前夕聚餐的古老传统。在周五晚上，父母、孩子和孙子聚在一起参加节日宴会，通常姻亲们都会争着来招待已婚的孩子。在许多家庭，甚至是世俗家庭，在点亮安息日蜡烛之后就是祈福仪式，饮用祝福的葡萄酒。传统上，阿什肯

在以色列吃早餐

酒店、家庭旅馆甚至青年旅舍的早餐都十分丰盛。大多数都是自助餐形式，食物包括鸡蛋、马提亚鲱鱼、腌鲱鱼、软奶酪和硬奶酪、以色列风味的沙拉、绿橄榄、果酱、面包、早餐谷物和热饮。

根据集体农场的餐饮传统，吃早饭前人们还会在寒意未退的田间劳作几小时。如今，以色列式早餐已成了当地宾馆最受欢迎的元素，咖啡馆和餐馆也提供种类丰富的早餐。

巴勒斯坦阿拉伯人、贝都因人和德鲁兹人用泥灶（taboun）烤面包、比萨和boureka（带馅的巴尔干薄片点心）。

纳兹犹太人的主菜中包括鸡肉，来自北非的犹太家庭的主菜则主要是古斯米（couscous）。

安息日禁止烹饪，因此传统上周六午餐唯一能吃到的热食——我们说的是电热锅发明之前的时代——就是在安息日前夜已经放在火上慢慢炖煮的菜肴了。这便是世界各地的犹太人为何能发明出hamin（意第绪语意为tsholent）的原因，这是一种用土豆、肉、豆子、大麦、鹰嘴豆和煮鸡蛋等做成的油腻丰盛的炖汤。

节庆食物

犹太教

食物永远是各种犹太节日和庆祝活动的中心，不论它是无处不见（如逾越节和婚礼）还是缺席（赎罪日禁食期间）。

在犹太节日的前几周，你就能在店铺和市场里看见各种特色美食。

➡ **犹太新年** 以色列人通过享用苹果蘸蜂蜜、蜂蜜蛋糕、甜的圆面包和石榴等美食庆祝他们的新年。塞法迪犹太人和米兹拉希犹太人也会吃韭菜、南瓜、甜菜、油煎饼和鱼头等食物，因为这些食物都和一些祝福语相关。

➡ **赎罪日** 菜单上……什么都没有。无论是宗教人士还是世俗人士，约有三分之二的以色列犹太人会长达25小时不吃不喝，然后聚在一起打破禁食大吃一顿。

➡ **住棚节** 住棚节是为了纪念以色列人离开埃及后在沙漠里流浪的40年。在住棚节的8天假期里，更值得关注的不是吃什么，而是在哪里吃。如果天气允许的话，犹太人会在棚舍（一个用树枝搭建的平屋顶的长方形小屋）里就餐，一般在提供犹太洁食的酒店或餐厅都能找到这样的小屋。

➡ **光明节** 在光明节，人们会吃淋上酸奶油或苹果酱的levivot（意第绪语为latkes，即油炸土豆煎饼），以及sufganiot（果冻甜甜圈）。

➡ **犹太植树节** 在这一天，大人和小孩会吃干果和坚果并植树。

➡ **普林节** Oznei haman（“哈曼之耳”，意第绪语为hamantashen）是一种包着罂粟籽、李子干或者红枣馅的三角形糕点，它是以普林节故事里的大反派哈曼来命名的。

➡ **逾越节** 欧芹、盐水、苦草（通常是山葵或者莴苣叶）、charoset（碎苹果、碎胡桃、甜葡萄酒和碎枣制成的甜酱）、羊腿骨和烤煮蛋，这些食物象征着出埃及记的故事。在这一天禁止食用面包等发酵食物，只能吃无酵饼（matzah），这是一种配料仅为面粉和水的非发酵饼干（以色列法律禁止逾越节期间在犹太人定居区域售卖面包）。在阿什肯纳兹犹太人社区，其他的节日食物还包括放了无酵饼球（意第绪语为kneydlakh，是用碎无酵饼、鸡蛋和鸡油做成的饺子）的鸡汤和鱼饼冻（煮鳕鱼或鲤鱼丸）。

本地酿造

- *Goldstar，黑啤*
- *Maccabee，淡啤*
- *Taybeh，巴勒斯坦啤酒*
- *Bazelet Amber Ale，产自戈兰高地*
- *Alexander，精品麦芽酒*
- *Dancing Camel，来自特拉维夫的精酿啤酒*
- *Shapiro，产自贝特谢梅什的麦芽酒和烈性黑啤*
- *Negev，南方酿造*

➡ **五旬节** 犹太教最素的节日，在这一天主要是吃奶制品。流行的奶制品食物包括薄饼卷（卷着馅料的薄饼），通常上面要浇酸奶油。

伊斯兰教

斋月期间，虔诚的穆斯林在白天不吃不喝（也不吸烟或发生性行为）。但是在此前后，特别是之后，禁食反而将斋月变成了一个美食节——实际上斋月过后，很多穆斯林的体重都会增加！禁食者们一般在日出前进食，因为直到开斋的黄昏前他们都不能吃喝。在一些地方，如以色列的海滨小镇吉斯尔阿扎尔卡（Jisr Az Zarka），有些组织会邀请非穆斯林客人吃开斋饭。最著名的斋月食物是qatayif，一种撒上碎坚果或小堆奶酪并浇上糖浆的煎饼。

在古尔邦节，穆斯林会献祭动物，以感谢仁慈的真主，祭品通常是羊，所以不要惊讶最后羊肉会出现在餐桌上。

当婴儿出生时，亲属会准备mughly，这是一种撒上香料的大米布丁，据说它能够促进哺乳。在服丧期间，人们会用苦涩的阿拉伯咖啡替代加糖的饮料。

在重大节日和庆祝活动上，甜点随处可见。推荐尝尝maamoul（用黄油和粗麦粉做成的谷物饼干，一般是用枣泥或坚果做馅）和放了蜂蜜的甜点，包括果仁蜜饼（baklava），人们一般把它装在盘子里拿到亲戚朋友家分享。

黎巴嫩和巴勒斯坦的特色菜包括“三个M”：majadra（米饭和小扁豆配炸洋葱）、mansaf（手抓饭，酸奶煮羊肉配米饭）和makloubeh（用鸡肉或羊肉、米饭和蔬菜做成的炖菜，上桌前要将它整个扣过来）。

去哪儿吃喝

特拉维夫与邻近的雅法已经成为具有国际水准的餐饮胜地，在这里能找到各种价位的就餐选择，包括众多高端啤酒馆和mis' adot shef（这些餐厅的装饰和菜肴都反映了主厨的个人风格，大厨们对此非常看重）。耶路撒冷也有很多就餐选择，不过没什么令人惊喜的地方，而且水准也远远低于特拉维夫。在这两个国家的其他地方，也有值得一试的美食，包括阿卡的海鲜、海法和加利利的阿拉伯传统美食、戈兰高地出产的牛排以及上加利利的莫沙夫阿姆拉姆（Moshav Amirim）不错的素食菜肴。

耶路撒冷的大多数犹太餐厅是符合犹太教规的，这意味着除了酒店，它们会在安息日关门。在以色列的其他地方，餐饮场所绝大多数都不是符合犹太教规的，所以一周7天均开放，可能同时提供牛奶和肉类，还有海鲜甚至“白肉”（猪肉在以色列的委婉说法）。

餐厅和酒吧清单

www.restaurants-in-israel.co.il

www.restaurants.co.il

约旦河西岸的大多数经济型和中档餐厅主要供应黎凡特阿拉伯菜，如shish tawoq（腌制烤鸡肉串）和kofta（羊肉串），以及各种美味的小吃盘，包括鹰嘴豆泥和muttabal（茄子酱与芝麻酱、酸奶、橄榄油混合而成）、沙拉、kibbeh（肉馅碎麦饼）和炸奶酪。

在约旦河西岸（特别是伯利恒），许多餐厅提供传统的巴勒斯坦菜，如手抓饭（mansaf，在米饭上放上碎鸡肉或羊肉，搭配浓郁的肉汤）和makloubeh（米饭下边扣着鸡肉，与坚果和香料一起烹制）。此外，去约旦河西岸旅行一定要尝尝库纳法（kunafeh），这是一种以小麦和奶酪为基础的甜点，是北部城市纳布卢斯的特色。

日常生活

参观古迹、国家公园和博物馆能够大大增进你对一个国家的了解。然而，要想真正了解是什么让一个地方保持运转，唯一的途径便是贴近当地人及其价值观念、偏好和生活方式。

以色列人

以色列是一个西化的自由民主国家，以高科技为特色的经济蓬勃发展。但与此同时，各民族、宗教信仰、语言和家族故事令人难以置信地拼凑在一起，造就了人们复杂的世界观、个人偏好和生活方式。

价值观念和生活方式

在特拉维夫，同性恋者可以公开生活在一起，如果他们愿意，甚至可以过得很高调。但是在保守一些的耶路撒冷，则见不到那么多同性恋者，因为他们更加低调谨慎。

一个世纪以前，以色列是本着社会主义原则建立的，基布兹（集体农场）的公社集体生活便是例证（但是，即使在基布兹运动的鼎盛时期也仅有3%的犹太人生活在那里）。如今，绝大多数以色列人的人生观发生了转变，带有明显的资本主义和个人主义倾向。人们开始萌生类似环游世界的想法，而这些想法的实现很大程度上取决于能否找到满足中产阶级薪资水平的工作。

在特拉维夫市中心，世俗犹太人、相对占少数的现代正统派犹太人和以色列阿拉伯人，都充满激情地工作、购物、就餐、娱乐以及从事艺术创作，与硅谷、柏林和东亚新兴城市有许多相似之处。同时，在极端正统派（Haredi）社区，如耶路撒冷的梅阿谢阿里姆，居民们力求保持（或重建）18世纪东欧的生活方式。尽管以色列大多数基布兹都已经"私有化"，公寓属于公社成员，收入取决于个人赚钱能力，但仍然有大约70个"公社式"基布兹，那里的居民还遵循着20世纪50年代追求社会主义平等的典型生活方式。

希伯来文化和艺术无比重要，因此，阅读文学作品、欣赏音乐会、去剧院和电影院是许多以色列犹太人生活中不可或缺的一部分。对户外运动的持久热爱让以色列人永远迸发活力：徒步、骑自行车、风帆冲浪、背包出游、露营等休闲活动都广受欢迎。

家庭几乎对所有以色列人来说都意义重大。年轻的犹太人可能会在年满18岁时离家参军，然后背包游历东南亚。但即便是那些最世俗化的人，无论性别，都一直面临着——有人说是无休止的——寻找伴侣和生儿育女的压力。

兵役

自以色列建国以来，军队就一直是人们日常生活的一部分。对于多数年轻的以色列犹太人，应征入伍是件人生大事。男性服兵役的时间为3年，

犹太教的角色

作为一种宗教、一种民族认同和一种文明，犹太教深深影响着所有以色列犹太人的日常生活。正统派，特别是极端正统派犹太人的一举一动，几乎都受到哈拉卡（Halacha，犹太律法）的制约——按照过去2000多年间的判例诠释。世俗犹太人不怎么注意遵守犹太教的日常戒律，但每周雷打不动的安息日和每年循环往复的犹太节日仍然定义着他们的生活。许多以色列犹太人将自己定义为“传统的”而非“世俗的”（即意识形态上的世俗论者），比如，年轻人可能会先和家人一同享用安息日（周六）午餐，然后再出发去看足球赛。

极端正统派团体的增长引发了各种各样的摩擦。比如，在一些本来世俗化的居住区，新入住的极端正统派居民要求在安息日封闭道路以及在游泳池实行性别隔离。

大多数由极端正统派教徒开办的学校只教授宗教课程，不提供任何有关科学、数学、历史、文学或英语的教育。从这些学校毕业的年轻人几乎不具备职业技能。绝大多数极端正统派的男人从不工作，他们在神学院（yeshivot）和已婚男子神学院（kollelim）学习，靠政府补贴过活。由于极端正统派不强制要求女性时时刻刻学习宗教，越来越多的极端正统派女性进入就业市场，并常常是家庭的唯一经济来源——尽管与此同时她们还要照料6个、8个甚至更多的孩子。

女性为2年。德鲁兹人和切尔克斯人也要强制在以色列国防军服役，部分贝都因人和阿拉伯基督徒会志愿服役。令很多人不满的是，极端正统派犹太教徒中的绝大多数男性和全部女性，以及正统派犹太教徒中的多数女性都可免服兵役。

每隔一两年，预备役军人会被召集起来参加集训（尽管多数人不会）。通常，男性40岁前、女性24岁（或第一个孩子出生）前，都需要服预备役。

当被问及公共空间有许多军人携带自动武器这一问题时，部分以色列人会说，尽管全副武装并非最理想的选择，却一定可以避免祖辈的遭遇——在俄罗斯的哥萨克人或在伊拉克的反犹太暴徒面前躲躲藏藏。

女性

以色列女性享有可与欧洲女性媲美的个人自由、社会地位和就业机会，并且在经济和政治（比如果尔达·梅厄）中扮演着重要的角色。然而，如同在奥斯曼时代一样，犹太人结婚和离婚还是受到正统派首席拉比院（Chief Rabbinate）的控制。首席拉比院由正统派犹太人主导，宗教法官均为男性，比起女性权利，他们更倾向于维护传统的男性特权。

以色列犹太人中有42%将自己定义为“世俗的”，38%为（某种程度上）“传统的”，12%为现代正统派，8%为极端正统派。以上数据来自以色列中央统计局在2009年的一次调查。

近年来，有种现象值得注意：一些以色列极端正统派团体变得越来越关注（或者说痴迷于）“妇道”，试图通过越发严苛的教条将男女区别对待。他们希望在公共交通工具甚至人行道上实行性别隔离（女性要被赶到公共汽车后排），并禁止女性形象出现在广告牌上。这些尝试遭到了抗议，法律也严禁将女性和女性形象排除在公共领域之外。

在耶路撒冷，还有一场关于西墙（哭墙）男女隔离的辩论正在进行，那里自1967年以来一直实行隔离（但在1948年前一直是混合祈祷区）。自1988年以来，女权主义团体“西墙妇女”（Women of the Wall）一直在为结束对女性在该场所祈祷的限制（禁止女性大声朗读《律法书》和穿戴祈祷披巾）进行游说。2017年，由于政府中极端正统派党派的抗议，内塔尼亚胡废弃了一项2016年的协议，根据协议，墙边本来要设立混合祈祷区。

巴勒斯坦人

巴勒斯坦的日常生活千差万别，各个城市甚至各个街道都不一样。但无论是保守的希伯伦穆斯林区，还是自由奔放的拉马拉的基督教社区，巴勒斯坦城市的典型特征都是拥挤的人行道、熙熙攘攘的市场和交通拥堵的街道。在乡下，连绵起伏的山丘和橄榄园的生活节奏较慢。

数十万极端正统派以色列人使用“符合犹太教规”的手机。这种手机会屏蔽“不适当”的内容，而且没有摄像头和短信功能，因为这些功能可能会被用于不正当的调情。一些机型采用意第绪语界面和哈西德派（Hasidic）铃音。

价值观念和生活方式

巴勒斯坦的日常生活很大程度上随着安全和经济状况的变化而波动。由于以色列和埃及对加沙实施封锁——埃及关闭了数百条走私隧道（2013~2014年），再加上哈马斯不时与以色列发生冲突，加沙陷入尤为严峻的困境。

在约旦河西岸，以色列近年来已经撤销了大多数检查站，使得巴勒斯坦人能够更方便地往来于家和工作场所或学校之间，但日常生活仍然令人沮丧，居民们永远不知道自己什么时候会与以色列安全部队或定居者发生冲突——这不仅浪费时间，有时还会招致羞辱。

尽管如此，巴勒斯坦人还是决心在逆境中生存。家庭纽带牢不可破，并经常通过家族内部合伙做生意变得更加稳固。很多大家庭都把收入集中在一起，建一座大住宅，所有人生活在同一个屋檐下，各个小家庭居住在各自的单间里。巴勒斯坦男人闲暇时常去当地咖啡馆坐坐，老年人会在那里玩西洋双陆棋。

在加沙，生活受到伊斯兰激进主义戒律的严格控制。但约旦河西岸大部分地区仍保持着温和的氛围，特别是拉马拉，展现出现代西方生活的一些标志，如豪车、健身俱乐部和营业到深夜的酒吧。足球和篮球都是流行运动，无论是在约旦河西岸还是加沙，都有巴勒斯坦年轻人在临时球场上踢足球、打篮球。

巴勒斯坦人都坚定不移地心系故土，并对那里的橄榄树丛有特别的情愫。每到10月和11月的农忙时节，很多居住在城市的巴勒斯坦人都会回到家乡的村庄，帮忙采收农作物。

工作和收入

根据联合国开发计划署的评估，2016年，以色列的人类发展指数在187个国家中排名第19，巴勒斯坦排名第114。

巴勒斯坦人的收入仍远低于以色列人（巴勒斯坦人的平均年收入仅为3200美元，而以色列人为36,190美元）。此外，就业机会（特别是对年轻人而言）的短缺严重打击了巴勒斯坦人的自信心，约旦河西岸的失业率为27%，加沙的失业率高达42%。而巴勒斯坦又是世界上出生率最高的地区之一（巴勒斯坦穆斯林妇女平均育有7个孩子，和以色列的极端正统派犹太妇女一样），导致巴勒斯坦普通家庭人满为患，穷困潦倒。

女性

传统上，巴勒斯坦女性扮演着家庭主妇的角色，但近年来，更多的女性开始接受高等教育，外出工作。除了在激进主义地区，女性已开始缓慢地在巴勒斯坦政坛取得了成绩，如2005~2012年的拉马拉女市长珍妮特·迈克尔（Janet Michael）和以能言善辩著称的巴勒斯坦权益发言人哈南·阿什拉维（Hannan Ashrawi）。

政府和政治

政治在以色列人和巴勒斯坦人的生活中影响尤其重大，因为长达一个世纪的对抗会周而复始地将每个人卷入无法预知、有时甚至充满暴力的事件中。

以色列政体

由于在以色列国家认同的最基本方面（如宗教地位）长期存在分歧，以色列人至今未能就宪法达成一致。以色列议会将一系列具备宪法效力的法律拼凑起来作为替代，统称为基本法，其中包括部分《权利法案》的内容。高等法院有权对议会通过的法律进行司法审查，根据该法律与基本法的兼容性来判断其是否符合宪法。

果尔达·梅厄（1898~1978年）是世界上第三位女性总理（1969~1974年在任），出生于基辅，在密尔沃基和丹佛长大，并在丹佛成为一名社会主义犹太复国主义者，1921年迁居巴勒斯坦。

立法机构和总统

以色列是个议会制民主国家，议会为一院制立法机构，设有120个席位（MKs）。议会选举四年一次，采用比例代表制，但如果联合政府在不信任投票中失败，选举就可能提前举行（每届以色列政府平均持续两年多一点儿）。

由于以色列社会在宗教、意识形态、种族和语言方面具有分散性，再加上任何政党只需获得3.25%的选票即可赢得议会席位，以色列议会通常包括十几个甚至更多的政党。要获得议会的多数席位（61票），就需要组成联盟，这意味着有些党派虽小，却常常掌握着重要的权力。

所有年满18周岁的以色列公民均享有投票权。缺席投票被视为无效（除外交和商船人员外），因此居住在海外的以色列人除非选举当天本人在场，否则不能投票。选民直接将选票投给自己支持的政党，而非特定的候选人。举例来说，如果一个政党在全国普选中获得10%的选票，其候选人名单上的前12名都将进入议会。

以色列的国家元首是总统，职能基本上是礼仪性的。但是在选举后，总统可以决定哪些政党领袖有机会组建联合政府，而且解散议会必须经过总统同意。总统的另一个特权是特赦。总统由议会选举产生，任期7年。

行政机构

内阁（政府）由总理主持，内阁成员（部长）某种程度上基于各自党派的选举力量由总理挑选，但任命必须经以色列议会批准。大多数内阁成员同时担任政府部门的行政负责人，还有少数是“不管部长”（ministers-without-portfolio）。

内阁对总理的安全、外交和内政政策进行投票。在“部长负责制”的原则下，各部长必须支持经过内阁批准的政策，即使他们为该政策投了反对票。内阁会议于每周日召开，一般都会见诸新闻报道。

一些内阁成员还兼任安全内阁成员。安全内阁颇有影响力，由总理领导，其成员包括国防部长、外交部长、国内安全部长、内政部长和财政部长，他们负责就国防和外交政策紧急事件做出决议。

右翼政党利库德集团的以色列总统鲁温·瑞夫林在2014年就职接替西蒙·佩雷斯，反对领土妥协。但他也有很好的民权记录，作为总统，他强烈反对针对以色列阿拉伯公民的歧视和政治煽动。

司法系统

以色列拥有独立的司法系统，法院分三级：基层法院进行普通刑事及民事审判；地区法院用于上诉；最高法院为最高上诉法院，开庭时作为高等法院（一般使用首字母缩写Bagatz）针对政府行为的合法性做出决策。

此外，以色列还有犹太教、伊斯兰教和基督教的宗教法院，审判范围为个人状况（主要是结婚和离婚）。以色列法律中没有关于公证结婚（即世俗婚礼）的条款，而且各宗教法院均不能公证跨宗教通婚，因此宗教背景不同的情侣只能去其他国家（如塞浦路斯）结婚。在国外进行的公证结婚，包括同性婚姻在内，在以色列都是被承认的。

以色列政党简介

你是否还搞不清新闻里提到的以色列各政党？下面总结了2015年选出的第20届以色列议会中的10个政党：

利库德集团（Likud）以色列总理内塔尼亚胡所属的中右翼政党，也包含极右和民粹主义成分。2015年的大选很大程度上被视为针对领导者内塔尼亚胡的全民公决。无论在国内还是国际上，他都是一个极富争议性的人物。在激烈的角逐之后，利库德集团以决定性优势赢得了2015年选举。该党在安全问题上采取强硬路线，拒绝向巴勒斯坦人让步。

工党（Labor Party）商人阿维·加佰（Avi Gabbay）在2017年的领导人选举中出人意料地获胜，这让工党的支持者怀疑曾经主导以色列政治的政党能否最终摆脱利库德集团的阴影。关键议题包括与巴勒斯坦人谈判和解决以色列经济不平等的问题。

巴勒斯坦政治派别概览

巴勒斯坦解放组织（Palestine Liberation Organisation，简称PLO）1964年成立的巴勒斯坦派系联盟。1974年，联合国大会承认巴勒斯坦解放组织为“巴勒斯坦人民的代表”。2012年，巴勒斯坦解放组织在联合国获得了“观察员”的地位。

法塔赫（Fatah）法塔赫（意为“征服”）是一个定位为世俗主义者和民族主义者的政党，1959年由亚西尔·阿拉法特（1929~2004年）和几名年轻的巴勒斯坦难民建立，长期以来在巴勒斯坦解放组织中占主导地位。20世纪70年代到80年代，法塔赫参与了国际恐怖主义活动，但于1988年宣布不再使用暴力手段，1993年承认“以色列国享有和平和安全的权利”。“奥斯陆协议”签署后，阿拉法特领导的法塔赫因腐败和不民主、不透明而声誉下降。

哈马斯（Hamas）哈马斯既是一种激进运动，又是一个政党，目前统治着加沙。哈马斯主张通过“武装斗争”的方式毁灭以色列，并在目前的以色列领土、加沙地带和约旦河西岸建立一个巴勒斯坦伊斯兰国家。

伊斯兰“圣战”组织（Islamic Jihad）加沙地带的伊斯兰武装组织，也是哈马斯的竞争对手，被以色列和大多数西方国家视为恐怖组织。

共同阿拉伯名单(Joint Arab List)由以色列共产党(Hadash)、巴拉德党(Balad)、联合阿拉伯名单(United Arab List)和塔阿勒党(Ta' al)组成的联盟,选举之后成为议会第三大党,承诺代表阿拉伯少数群体的利益。该党包含不同的意识形态。

"未来"党(Yesh Atid)亚伊尔·拉皮德(Yair Lapid)领导的中间党派,于2012年成立,倡导自由市场,代表世俗中产阶级。

全民党(Kulanu)摩西·卡隆(Moshe Kahlon)领导的中间偏右政党,具有影响力,着力解决以色列生活成本高的问题。

"犹太家园"党(Jewish Home)软件企业家纳夫塔利·本内特(Naftali Bennet)领导的极右党派,代表全国的正统派犹太复国主义者和约旦河西岸定居者。

沙斯党(Shas)米兹拉希犹太人和塞法迪犹太人的极端正统派政党,旨在反击对非阿什肯纳兹犹太人的歧视,得到很多来自北非的"传统"犹太人的支持。

"我们的家园以色列"党(Yisra' el Beitenu)世俗民族主义右翼政党,由出生于苏联的阿维格多·利伯曼(Avigdor Lieberman)领导,受到很多讲俄语的移民支持。

圣经犹太教联盟(United Torah Judaism)由两个相互竞争的阿什肯纳兹犹太人极端正统派政党"摩西五经旗帜"党(Degel HaTorah,属于立陶宛犹太人)和"以色列联盟"党(Agudat Yisrael,属于哈西德派犹太人)组成的联盟。关注的重点是为极端正统教派筹集资金。

梅雷兹党(Meretz)社会民主主义背景深厚的左翼政党,主要支持者为中上层阶级的阿什肯纳兹犹太人。

巴勒斯坦权力机构

巴勒斯坦民族权力机构(Palestinian National Authority,简称PA或PNA)是1994年成立的过渡性政府机构。根据"奥斯陆协议",巴勒斯坦民族权力机构将管理约旦河西岸的部分地区和加沙地带5年,直至巴勒斯坦国家建立。然而,最后阶段谈判一拖再拖,巴勒斯坦民族权力机构的管理期限也随之延长。

作为奥斯陆和平进程的一部分,巴勒斯坦民族权力机构接管了约旦河西岸主要城市的民政和安全事务。这些地方统称为"A区",约占约旦河西岸地区总面积的3%。约旦河西岸地区总面积的另外25%(多为建筑物密集的村庄)统称为"B区",那里的民政事务由巴勒斯坦民族权力机构管理,安全事务由以色列负责。约旦河西岸剩余的部分(约占总面积的72%)称为"C区",民政和安全事务由以色列全权负责。在约旦河西岸,大约有30万巴勒斯坦人居住在C区,而C区的以色列定居点、军事基地和公路将巴勒斯坦民族权力机构控制的区域分割得支离破碎。

保拉·卡里迪(Paola Caridi)所著的《哈马斯:从抵抗到政府》(*Hamas: From Resistance to Government*)于2012年出版,书中描述了哈马斯组织错综复杂的历史。

2007年,哈马斯通过武力夺取加沙控制权,自此约旦河西岸和加沙由不同的政府统治。由法塔赫控制的巴勒斯坦民族权力机构获得了国际认可和资助,继续在约旦河西岸大部分地区行使管辖权,而加沙落入哈马斯政府的统治下。以色列、埃及、美国以及许多阿拉伯和欧洲国家一直力图孤立哈马斯政府。

巴勒斯坦立法委员会(Palestinian Legislative Council,简称PLC)又名巴勒斯坦议会,由从约旦河西岸和加沙地带共16个选区中选出的132名成员组成。最近一次选举于2006年举行,哈马斯胜出。

巴勒斯坦民族权力机构领导人为执行主席,通过直接选举产生(起码理论上是这样的),选举4年一次。1994年亚西尔·阿拉法特任执行主席,

法塔赫与哈马斯的和解

在2006年的巴勒斯坦立法委员会选举中，哈马斯赢得了76个席位，法塔赫赢得了43个席位。在此之后，法塔赫的军事指挥官拒绝听从其对手的指挥，导致哈马斯和法塔赫无法就权力分配达成一致。双方随后陷入互相绑架、攻击和暗杀中。2007年，在一场血腥的交锋中，哈马斯武装力量将法塔赫逐出加沙，其间不仅发生了多起激烈的巷战，还有效忠自己党派的人被对方党派处决。法塔赫还通过镇压哈马斯在约旦河西岸的活动进行反击。自此，构成巴勒斯坦的两个不接壤的区域由两个敌对的政府管辖。

新的和解努力始于2017年年底，但此前的几次尝试由于意识形态分歧、对过去的暴力事件的怨恨和深深的不信任而失败。在与以色列的谈判中，巴勒斯坦人陷入困境。一方面，以色列辩称，除非巴勒斯坦人采取统一的立场，否则谈判无法达成和平协议；另一方面，以色列拒绝与哈马斯打交道（反之亦然），排除让伊斯兰集团加入谈判小组。

但无论发生什么，对哈马斯在约旦河西岸和加沙地带的支持都无法被忽视。该组织在2006年赢得了选举，因为它代表了法塔赫之外的选择，而法塔赫被一些巴勒斯坦人认为既腐败又无能。随着加沙的人道主义局势恶化（最后一座发电厂于2017年关闭，使这片地区陷入黑暗），这种支持正在减弱，但这只会助长加沙地带和西岸更极端的宗教分子。

直至2004年去世。2005年1月，马哈茂德·阿巴斯（又名Abu Mazen）当选巴勒斯坦民族权力机构主席并任职至今，其间没有举行选举。巴勒斯坦自治政府总理由主席提名，但须经巴勒斯坦立法委员会批准。

巴勒斯坦立法委员会很难运作，一方面是因为以色列对其成员（特别是来自哈马斯的成员）的限制，另一方面是因为2007年法塔赫和哈马斯的分裂。

哈马斯是什么？

1987年，加沙的伊斯兰领导者成立了埃及穆斯林兄弟会（Muslim Brotherhood）在巴勒斯坦的分支，并将其命名为Harakat Al Muqawama Al Islamiya（伊斯兰抵抗运动），该名称的首字母缩写“Hamas”更加广为人知。作为一个伊斯兰组织，哈马斯主张在目前的以色列、约旦河西岸和加沙地带建立一个巴勒斯坦伊斯兰国家。由于哈马斯拒绝放弃针对以色列平民的暴力行动（如自杀式爆炸和火箭弹袭击），以色列、美国、英国和欧盟等将哈马斯归类为“恐怖组织”。

到了20世纪90年代初期，先后由海湾国家和伊朗资助的哈马斯开始逐渐被巴勒斯坦人承认。这不仅是因为哈马斯毫不妥协地反对以色列，还因为哈马斯在贫困的居民区开办了青年俱乐部、医疗诊所和学校。在人们看来，阿拉法特领导的法塔赫腐败透顶，而哈马斯却虔诚、正直。

2005年，哈马斯同意阿拉法特的继任者马哈茂德·阿巴斯参与巴勒斯坦议会政治。在2006年1月的巴勒斯坦自治政府选举中，哈马斯出人意料地赢得了巴勒斯坦立法委员会（巴勒斯坦自治政府的议会）的大多数选票，这很大程度上是因为法塔赫不仅腐败，而且未能实现巴勒斯坦人的民族愿望，让选民感到厌恶。

走马上任的哈马斯政府拒绝按照西方国家的要求承认以色列、放弃使用武力并接受以色列和巴勒斯坦自治政府签署的条约，结果遭到孤立。此外，哈马斯还面临内部不愿放弃非伊斯兰民族主义、特权和权力的法塔赫成员的反对。2007年，在一场血腥的政变中，哈马斯将法塔赫赶出加沙，打压反对声浪，并发起了一系列针对以色列城镇和村庄的导弹袭击。作为回应，以色列对加沙实行了局部封锁（埃及也出于自身原因采取了这一措施）。此后数年中，哈马斯和以色列之间共发生了3起血腥冲突，分别在2009年新年前后、2012年年底和2014年夏。

受到“基地”组织（Al-Qaida）、“伊斯兰国”（Isis）以及伊斯兰“圣战”组织（Islamic Jihad）等更为极端的党派影响的激进团体也挑战着哈马斯在加沙地带的领导。

宗教

以色列和巴勒斯坦是三大一神论宗教中犹太教和基督教的发源地。而第三大一神教伊斯兰教，将耶路撒冷作为其第三座圣城。另外一个世界宗教巴哈伊教的圣城位于海法和阿卡。宗教在以色列和巴勒斯坦上同政治一样无处不在，不是为宗教目的来到这里的游客会发现宗教在他们的旅途中仍然有重要影响。

犹太教

作为现存最古老的宗教之一，犹太教的基础是犹太人和上帝之间的圣约关系。犹太神学的简明扼要和犹太教的严格一神论体现在施玛篇（Shema）祷词里，例如“以色列啊，你要听，耶和华我们的神是独一的主”。

在大屠杀之前，世界上大约有1800万犹太人，而现在仅剩下1300万人，其中以色列和美国各有约600万人。

根据《律法书》（*Torah*，希伯来圣经的前五卷），上帝和犹太子民之间的契约是从第一位一神论者亚伯拉罕（Abraham；公元前19世纪）开始的，亚伯拉罕也是犹太人和穆斯林的祖先。这一点后来（公元前13世纪）在西奈山得到了证实和说明，以色列人在那里接受了十诫，并且从一个游牧部落变成了一个民族。该契约是犹太人永恒的约束，它意味着上帝的选择，人民不仅要服从上帝的戒律，而且还要通过具体的行为向全世界展示上帝的唯一性真理。

犹太教认为上帝存在于历史和人类的行为之中。当人们故意忽视上帝的旨意时，恶就随之产生；而当他们遵守上帝的规定时，善则由之而来。人类既有自由意志也有道德责任，他们可以选择屈从于自己的邪念或是追随人性中更加高尚的品质。

以公元70年耶路撒冷第二圣殿的毁灭为界，犹太教历史可以分为两个时期。在这重要的一年之前，犹太教的仪式和对上帝的追随侧重于在耶路撒冷的圣殿中由祭司[kohanim，牧师阶级的成员，犹太人中科恩（Cohen）姓氏的祖先]进行的动物祭祀。耶路撒冷毁灭后，动物祭祀终止了，犹太教转而将祷告、沉思和学习作为与上帝交流的方式。在这之后的几个世纪里，口传律法被写在了《密西拿》（*Mishna*）里，然后又在《塔木德》（*Talmud*）中做了详细说明。《塔木德》大部分是由阿拉姆语（Aramaic）写成的，读起来就像律法协议的速记草案。

在之后的1500年里，一代代圣人在古巴比伦（现伊拉克）、埃及、西班牙、采法特（加利利）和立陶宛等不同地方颁布律法、进行宣教，他们对犹太教神学和犹太律法中的613条戒律展开争辩并进行完善。犹太教各分支中最保守的正统派犹太教认为上帝在西奈山上赐予的口传律法是完整的，而改革派、保守派和重建派认为犹太教一直以来都是动态的和积极的，应面对新环境和思潮做出一代代的变化和发展。

犹太男子头饰

如果你看到一位男士头戴一顶又小又圆的凸面无檐帽，他很可能就是一名犹太教徒（除非他是罗马教皇）。

没有具体法令规定犹太教徒要遮住他们的头部，所以，戴小圆帽基帕（kippa，意第绪语为yarmulke，英语为skullcap）仅仅是一种传统，但这种传统根深蒂固。所有进入犹太教圣地的男性都被要求遮住头部——戴上小圆帽或其他帽子。

通过犹太教徒所戴的帽子，通常很容易推测出他的背景、宗教倾向甚至是政治信仰。犹太复国主义正统派犹太教徒，包括约旦河西岸的定居者，经常戴一种边缘有图案的钩针编织的小帽；而极端正统派犹太教徒[又分为哈西德派（Hasidic）和利特瓦克派（Litvak）]常戴中等尺码的黑色天鹅绒或黑布小圆帽。中亚地区的布哈拉（Bukharian）犹太教徒戴装饰有刺绣的筒状帽子。还有一种特大号的针织圆帽，佩戴者要么是布拉斯拉夫哈西德运动（Braslav Hassidic movement）的追随者，要么是弥赛亚犹太教徒中的约旦河西岸定居者。（不要把基帕和那种到麦加朝圣过的穆斯林戴的白色针织无檐帽弄混了。）

如今，极端正统派（哈西德派）拉比——其中很多人都不是犹太复国主义者（最多不过是对以色列国家在犹太教历史上的角色持有矛盾的态度）——通过首席拉比院，对国家支持的犹太教事务有绝对的控制，尽管他们的追随者仅仅是这个国家里犹太人中的一小部分。在离散犹太人中，大部分人都参与自由主义（进步的）运动或者不参与任何运动。

自从上帝在《律法书》中将以色列允诺给以色列子民后，耶路撒冷、锡安和以色列在犹太教中扮演了主要的角色。犹太人在祷告时面朝耶路撒冷，并且几乎在建造所有犹太会堂时，存放《律法书》的约柜也都是面朝这座圣城的。

基督教

拿撒勒的耶稣是一名犹太人，1世纪居住在犹太行省和加利利。基督教建立在耶稣的生平和教义的基础上。新约全书记载了耶稣被罗马人钉死在十字架上，以及三天后复活的经历。

起初，基督教是一场发生在犹太教内部的运动。耶稣的大多数追随者都是犹太人，被称作使徒（Apostles）。像那个年代的很多犹太人一样，耶稣对耶路撒冷统治阶级的堕落颓废和物质主义感到不满，对罗马当局心怀蔑视。但是在耶稣死后，他的追随者坚称他是弥赛亚，这让基督教和犹太教之间的分歧越来越大。在基督教遭到罗马帝国的迫害而陷入困境时，一些早期基督徒进行的反犹太主义文字论战对随后几个世纪产生了深远影响，基督教在欧洲获得了无上的权力。

> 1920年，10个巴勒斯坦阿拉伯人中就有1个是基督徒；而现在，75个巴勒斯坦居民中才有1个。1948年，伯利恒有85%的人是基督徒；而现在，超过四分之三的人是穆斯林。

根据新约全书，天使报喜时，天使加百列（Angel Gabriel）向拿撒勒的玛利亚（Mary）现身，告诉她她将怀孕并诞下上帝之子。耶稣在伯利恒降生（在基督教术语和艺术作品中，耶稣的降生被称作“圣诞”），但是在拿撒勒长大，后来还在那里布道。他的大多数活动，还有《圣经》中很多著名的神迹，都发生在加利利海附近的迦百农（Capernaum）、苛辣匝因（Korazim）、贝特赛达（Bethsaida）和古尔西（Kursi）等地。耶稣的登山宝训（Sermon on the Mount）就发生在迦百农的八福山（Mount of the Beatitudes）上，主显圣容则发生在塔博尔山（Mt Tabor）上。被认为与这只有大约1400名基督徒仍然居住在加沙。自从哈马斯占领加沙后，伊斯兰强硬派声称加沙城基督教书店的老板改变信仰而将其杀害（2007年），炸毁了加沙城基督教青年会（Young Men's Christian Association，YMCA，2008年），并袭击了好几座教堂。

些事件相对应的地点都可参观。

到了33岁左右，耶稣的影响力与日俱增，引发了犹太人和罗马当局的恐慌。犹太行省的罗马长官本丢·彼拉多（Pontius Pilate）指控耶稣散播煽动性言论，并判处其死刑。基督教徒普遍认为，希伯来圣经预言了耶稣的受难。据新约全书记载，最后的晚餐后，耶稣在客西马尼（Gethsemane）被捕，受到古犹太最高法院（Sanhedrin）、本丢·彼拉多甚至大希律王（罗马任命的犹太国王）本人的审判并被判死刑。随后耶稣被带往各各他（Golgotha，Calvary），被钉死在十字架上，路上还遭到罗马士兵的嘲笑。新约全书中还说，在耶稣下葬三天后，人们发现坟墓里没有他的遗体，这证明耶稣复活了。

耶稣的追随者从此被称为基督徒（“Christ”是个源于希腊语的头衔，意为“受膏者”），他们相信耶稣是上帝的儿子，是弥赛亚（英语为messiah，源自希伯来语中的mashiach，意思也是“受膏者”）。而犹太人过去不接受、现在仍不接受“耶稣是弥赛亚，是上帝的儿子”这一说法，这是基督教和犹太教在神学上的决定性分歧。伊斯兰教认为耶稣是上帝的信使，是先知，但不相信他被钉死在十字架上，也不相信他为世人赎罪的说法。

325年左右，圣海伦娜（St Helena，君士坦丁大帝的母亲）确认了她相信是耶稣受难以及被埋葬的地方，并标出了这个位置，这就是如今圣墓教堂所在地。基督徒发起第一次十字军东征（1095~1099年）的部分原因就是要确保他们能够到达这个地点。

长期以来，以色列和巴勒斯坦诸多圣地的所有权是各个基督教派争论的主题。在耶路撒冷和伯利恒的很多圣地，事务往来仍在奥斯曼时期拟定的“现状协议”的管辖之下。基督教圣地最大的教派是希腊正教，几乎所有的当地成员都是讲阿拉伯语的巴勒斯坦人。希腊正教会对耶路撒冷的圣墓教堂拥有超过一半的管辖权，对伯利恒的主诞教堂拥有大部分管辖权。

伊斯兰教

关于伊斯兰教信仰的优秀著作包括约翰·米勒（John Miller）和亚伦·凯奈迪（Aaron Kenedi）编写的《认识伊斯兰》（2002年）以及凯伦·阿姆斯特朗（Karen Armstrong）的《伊斯兰教简史》（2000年）。雷扎·阿斯兰（Reza Aslan）的《万物非主，唯有真主：伊斯兰教的起源、演变和未来》（2005年）因对伊斯兰教的自由阐释而好评如潮。

伊斯兰教的创始人是当时生活在今沙特阿拉伯地区的先知穆罕默德（570~632年）。伊斯兰教的基础是信仰绝对唯一的真主安拉和他最后的先知穆罕默德的启示。在阿拉伯语中，“伊斯兰”意为“绝对顺从”真主及其指示。

大约在610年，穆罕默德开始向麦加的群众布道，呼吁他们摒弃多神教信仰，改信唯一的神，并为末日审判做准备：到那时，所有人都要为他们的行为负责。

伊斯兰教的宗教圣典是《古兰经》，内容是真主历时20多年向穆罕默德陆续传达的指示。穆斯林认为《古兰经》绝无谬误。全书共114章，以古典阿拉伯语写成，语言高度复杂而富有诗意。根据《古兰经》的描述，真主是无所不在的造物主、世界的维持者，拥有无限的智慧和力量。先知穆罕默德的言行被称为圣训（hadith），人们认为它阐释了正确的穆斯林行为和信仰。

伊斯兰教和犹太教有共同的根源，穆斯林认为亚当、诺亚、亚伯拉罕、以撒、雅各、约瑟和摩西都是先知。因此，犹太人和穆斯林有很多共同的

伊斯兰教的五功

➡ **念清真言（Shahadah）** 伊斯兰教的信仰宣言，概括了伊斯兰教认为真主的绝对唯一和穆罕默德预言的终极性。沙特阿拉伯的国旗上就有清真言。任何人若公开诵读清真言三次，则表示归信。

➡ **礼拜（Salat）** 不借助任何中介，每天向真主祷告五次（分别在日出、正午、下午、日落和晚上进行）的义务。礼拜时要朝向麦加。平时的礼拜可以在任何地方进行，而周五正午必须到清真寺参加集体礼拜。

➡ **纳天课（Zakat）** 穆斯林需要将其收入的四十分之一拿出来施舍贫困者。在约旦河西岸和加沙，大约有80个纳天课委员会，对慈善捐款的分配进行监督。

➡ **斋戒（Sawm）** 在斋月（伊斯兰历的九月）期间，在太阳出现的时段内，任何东西都不可入口（食物、香烟或饮料），也不可发生性行为。

➡ **朝觐（Hajj）** 指穆斯林到麦加朝圣，每一位有能力的穆斯林一生中至少要朝圣一次。

圣地，包括位于耶路撒冷的圣殿山和位于希伯伦的易卜拉欣清真寺/麦比拉洞穴（列祖之墓）。由于在经书上的联系非常紧密，穆斯林认为犹太人和基督徒都是“有经人”（ahl al Kitab）。犹太教一直将伊斯兰教视为同属一神信仰的宗教（因为三位一体的关系，犹太教圣人对基督教的看法并不总是十分确定的）。

1993年，当时还在世的约旦国王侯赛因捐资翻修了耶路撒冷岩石圆顶清真寺的金顶。现在，圆顶外部覆盖着重达80公斤的24K金箔。

穆斯林认为穆罕默德在“夜行登霄”时造访了耶路撒冷。其间，穆罕默德乘神兽布拉克（Buraq）一夜之间从麦加赶到了耶路撒冷，然后从登霄石上登上天堂（后来在登霄石附近建起了岩石圆顶清真寺），并带回了真主对信徒的指示。在一段短暂的时期内，穆罕默德吩咐穆斯林要向着耶路撒冷祷告。

几乎所有的巴勒斯坦穆斯林和绝大多数埃及人、约旦人和叙利亚人都属于逊尼派——伊斯兰教迄今为止最大的分支，黎巴嫩真主党及其支持者伊朗属于什叶派。叙利亚的精英统治阶层则属于阿拉维派（Alawite，Alawi）——伊斯兰教什叶派的一个非正统分支。

艺术

把以色列当作祖国的有各种各样的人——有阿拉伯人和德鲁兹人，也有米兹拉希犹太人和阿什肯纳兹犹太人，他们总是在文学、音乐、电影或视觉艺术中表达感情。游客在大多数城镇都能找到小画廊，那里非常适合了解最新的以色列艺术。谈到音乐，近年来，枪炮与玫瑰、滚石乐队等大牌都在以色列演出过。约旦河西岸的艺术界欣欣向荣，各大城市的文化中心往往同时举办临时和永久展览，主要展出当地艺术家的作品。在伯利恒附近隔离墙上巴勒斯坦的那一面，有海内外艺术家（是的，其中包括班克西）留下的大片街头艺术作品。

文学

以色列文学

希伯来书周（Hebrew Book Week; www.sfarim.org.il）可谓是印刷读物的狂欢，在6月中旬的这一周，以色列许多城市的公共广场会涌现出大量出版商的书摊，届时书摊和书店会有较大的折扣。

跨越政治派系，希伯来语的复兴和现代希伯来文学的诞生被以色列人视为这个国家最辉煌的文化成就。下面一些名字特别值得关注（他们的主要作品都有英文译本）：

萨缪尔·约瑟夫·阿格农（Shmuel Yosef Agnon，1888~1970年）诺贝尔奖获得者，他的作品探讨了传统的犹太文化和现代生活方式的交融。

耶胡达·阿米亥（Yehuda Amichai，1924~2000年）他用希伯来口语创作诗歌，用惊人的想象力对日常生活进行温和的讽刺。

埃弗赖姆·基雄（Ephraim Kishon，1924~2005年）这位匈牙利出生的讽刺作家，善于通过描写人性的弱点来展现整个以色列社会的众生百态。

阿哈龙·阿佩尔菲尔德（Aharon Appelfeld，1932~2018年）他在《巴登海姆1939》（*Badenheim 1939*，1978年）等小说中，细致真实地描写了针对犹太人的大屠杀。

亚伯拉罕·耶霍舒亚（AB Yehoshua，生于1936年）他笔下的角色总是在欲念和行动之间挣扎，并总是努力摆脱随之而来的孤独。

阿摩司·奥兹（Amos Oz，1939~2018年）他的作品描绘了一幅引人注目却透着凄凉的画卷，为人们展现以色列不为外人所知的一面。

梅厄·沙莱夫（Meir Shalev，生于1948年）沙莱夫几部备受好评的小说通常将故事设置在以色列近期的历史，重点展现复仇和英雄主义这两大主题。

大卫·格罗斯曼（David Grossman，生于1954年）这位作家通过小说《黄风》（*The Yellow Wind*，1987年）在文坛建立了声望，这部作品对以色列占领巴勒斯坦进行了触目惊心的描写，视角极具预见性。

茨鲁娅·沙莱夫（Zeruya Shalev，生于1959年）她通过描写人物的内心活动，探讨了家庭关系、渴望、妥协和往事的影响。

奥利·卡斯托尔-布鲁姆（Orly Castel-Bloom，生于1960年）以后现代主义的敏感性和讽刺性著称，擅长描写在虚无和归属感之间摇摆不定的角色。

埃特加·凯雷特（Etgar Keret，生于1967年）幽默的后现代短篇小说、剧本和插画小说为他赢得了“为一代人发声”的美誉。

朵莉·拉宾雅(Dorit Rabinyan, 生于1972年)这位以色列作家富有争议的小说《爱的边境》(*All the Rivers*)因描写了阿拉伯人与犹太人的恋情而被以色列教育部禁止。

萨义德·卡书亚(Sayed Kashua, 生于1975年)阿拉伯裔以色列籍幽默作家, 他擅长以一种半开玩笑半认真的笔触描写阿拉伯裔以色列人的生活和劳作。

巴勒斯坦文学

在巴勒斯坦, 诗歌一直是最常见的文学表现形式, 最负盛名的诗人是马哈茂德·达尔维什(Mahmoud Darwish, 1941~2008年)。他的抒情诗集以遗失和放逐为主题, 其中包括《为何你将马儿独自抛下》(*Why Did You Leave the Horse Alone*, 1995年)及《不幸的是, 那里是天堂》(*Unfortunately, It Was Paradise*, 2003年)。陶菲格·齐亚德(Tawfiq Ziad, Zayyad, 1929~1994年)的诗歌主题包括自由、团结以及巴勒斯坦人对土地的眷恋。

直到20世纪60年代, 叙事小说才出现在巴勒斯坦文坛。埃米尔·哈比比(Emile Habibi, 1922~1996年)和齐亚德一样, 也是以色列社会党(Israeli Community Party)的国会议员, 他创作了7部小说, 包括《萨义德的秘密生活》(*Secret Life of Saeed the Pesoptimist*, 1974年), 这是一部杰出的悲喜剧, 讲述了巴勒斯坦人在1948年成为以色列公民之后所遇到的种种困难。

格桑·卡纳法尼(Ghassan Kanafani, 1936~1972年)令人赞叹的处女作是《阳光下的人们》(*Men in the Sun*, 1963年)。这部作品包括一个中篇故事和一系列短篇故事, 深入描写了巴勒斯坦人的生活、希望和破灭的梦想。萨哈尔·哈里费(Sahar Khalifeh, 生于1942年)出生于纳布卢斯, 他的作品《继承》(*The Inheritance*, 2005年)冷静地审视了海内外巴勒斯坦妇女的生活。

在奇数年举办的耶路撒冷国际书展(www.jerusalembookfair.com)规模巨大, 自1963年以来已经举办了多届, 每届都会吸引来自30个国家的600多家出版商参展。在书展上还会颁发著名的耶路撒冷文学奖。

音乐

以色列音乐

以色列音乐兼蓄传统的东西方音乐, 包含了丰富的模式、音阶和声乐风格。

传统和现代舞蹈

以色列有几个世界知名的专业舞蹈团。著名的Bat Sheva舞蹈团(www.batsheva.co.il)由玛莎·格雷厄姆(Martha Graham)于1964年创立, 总部设在特拉维夫的苏珊·德拉尔中心(Suzanne Dellal Centre; 见128页), 在1990~2017年由著名的编舞奥哈德·那哈林(Ohad Naharin, 生于1952年)领导。基布兹当代舞蹈团(Kibbutz Contemporary Dance Company; www.kcdc.co.il)在全国各地都有演出。

在民族舞方面, 由19世纪罗马尼亚移民带来的霍拉舞(Hora)非常著名。欣赏民族舞最好的时间是卡米尔舞蹈节(Karmiel Dance Festival; www.karmielfestival.co.il), 一般是7月上旬在加利利中部举行3天。

巴勒斯坦最受欢迎的民族舞是一种叫作狄布开步(dabke)的排舞。巴勒斯坦最好的舞蹈团是位于约旦河西岸阿尔布哈(Al Bireh)的埃尔弗农舞蹈团(El Funnon; www.el-funoun.org)。

以色列的音乐活动包括每年两次的阿布高希声乐节(Abu Gosh Vocal Music; www.agfestival.co.il)、埃拉特的红海爵士音乐节(Red Sea Jazz Festival; https://en.redseajazz.co.il)和在特拉维夫举行的一年一度、以舞蹈音乐为主题的爱的游行(Love Parade)。

所有年龄段的以色列人都会听过去几十年的老歌，毫不在意别人说他们“复古”。也门出生的歌手肖莎娜·达玛瑞(Shoshana Damari, 1923~2006年)是一位直到20世纪中期仍受欢迎的巨星，她因对喉音字母“ayn”无与伦比的发音而著称。拿俄米·舍莫尔(Naomi Shemer, 1930~2004年)为以色列20世纪60年代、70年代和80年代的许多音乐谱过曲，这其中就包括标志性的——虽然现在已经很少听到了——《金色的耶路撒冷》(*Jerusalem of Gold*, 1967年)。

尽管以色列文化审查部门1965年封禁了披头士乐队的巡演，不过，在Poogy(Kaveret)、Mashina、Teapacks(以Tipp-Ex命名，意为涂改液)和Benzin等乐队的努力下，摇滚很快就与本地音乐结合起来。摇滚激发了很多以色列传统流行音乐人的灵感，包括Shlomo Artzi、Arik Einstein、Matti Caspi、Shalom Hanoch、Yehudit Ravitz、Assaf Amdursky和Aviv Geffen。不仅如此，Idan Raichel还将埃塞俄比亚风格的旋律介绍给了以色列的主流听众。

在以色列的嘻哈音乐界活跃着Shabak Samech、HaDag Nachash、Subliminal和极右翼说唱歌手“阴影”(The Shadow)等艺术家和团体。舞曲界创作精力最旺盛的当属Dana International(www.danainternational.co.il)，作为一名拥有一半也门血统的变性人，她赢得了1998年欧洲歌唱大赛的冠军。

米兹拉希(东方风格)音乐，包括其中东和地中海风格的音阶和节奏，都源自北非[尤其是乌姆·库勒苏姆(Umm Kulthum)时代的埃及和中世纪的摩洛哥]、伊拉克和也门。许多现代音乐作品的风格灵感来源于地中海地区，特别是土耳其和希腊。几十年来，米兹拉希音乐被禁止在广播中播放，因为犹太文化精英们担心出现“黎凡特现象”(Levantinisation)。所以如果你想找到如Zohar Argov(1955~1987年)和Haim Moshe(生于1956年)等艺术家的作品，那就只能去位于特拉维夫(老)中央车站那脏兮兮的磁带商店了。

在以色列寻找有创意的犹太文物(Judaica，意为犹太人的祭祀物品)的最好去处是耶路撒冷(如Yoel Moshe Salomon St)、采法特(犹太会堂区和艺术区)和特拉维夫的纳哈拉特·本雅明手艺品市场(周二和周五)。

如今，米兹拉希音乐可能是以色列最受欢迎的音乐了。乐坛前辈什洛莫·巴尔(Shlomo Bar; www.shlomobar.com)和亚尔·达拉尔(Yair Dalal; www.yairdalal.com)分别从摩洛哥和伊拉克的传统犹太音乐中汲取灵感，他们至今仍活跃在舞台上。不仅如此，超级巨星、被誉为“以色列小甜甜布兰妮”的莎利特·哈达(Sarit Hadad; www.sarit-hadad.com)和歌手阿米尔·贝纳永(Amir Benayoun)也加入了他们的创作队伍。贝纳永擅长融合风格鲜明的爱情歌曲和中世纪犹太礼拜仪式诗歌，他的歌曲中洋溢着强烈的民族主义情绪。摩西·佩雷茨(Moshe Peretz)则十分享受在米兹拉希音乐和主流音乐之间来回穿梭。

以色列音乐的另一个热门趋势是使用犹太教词汇和音效来表达潜在的宗教情怀。在过去的几年中，Etti Ankri、Ehud Banai、David D' Or、Kobi Oz、Berry Sakharof和Gilad Segev等表演者转而向传统的(主要是塞法迪和米兹拉希风格)礼拜式诗歌和旋律寻求灵感来创造迎合主流听众的超人气作品。

与米兹拉希音乐一直分庭抗礼的传统阿什肯纳兹犹太音乐克莱兹默(Klezmer)，就没有那么流行了。这种音乐源自东欧的犹太聚居区，音乐中飘荡的犹太“灵魂”能让你迅速从狂喜跌落至绝望的深渊。如果你想进一步了解它，可以参加采法特克莱兹默音乐节。

以色列有深厚的西方古典音乐传统，这得益于从纳粹魔爪下逃脱来此的犹太难民以及苏联解体后到来的俄国移民。举世闻名的以色列爱乐乐团（Israel Philharmonic Orchestra; www.ipo.co.il）的第一场音乐会于1936年由阿图罗·托斯卡尼尼（Arturo Toscanini）指挥完成。

巴勒斯坦音乐

除了来自贝鲁特和开罗的朗朗上口的阿拉伯流行音乐，游客在以色列约旦河西岸和阿拉伯地区还会听到有传统民间音乐特点的乌得琴（oud；一种弦乐器，形状像半个梨）、手鼓（daf）和长笛（ney）演奏出的声音。

想要一些完全不一样的东西的话，可以听听穆罕默德·阿萨夫（Mohammed Assaf）吟唱的情歌民谣和歌颂民族主义者的赞美诗。作为一个加沙人，他赢得了《阿拉伯偶像》（*Arab Idol*）第二季的冠军。

至于另类音乐，与巴勒斯坦关系最密切的流派是嘻哈音乐，由活跃在Lod的说唱歌手DAM和之后的Palestinian Rapperz（来自加沙）以及Ramallah Underground领头。约旦河西岸的演出很少（在以色列更常见），但如果你幸运地赶上了一场，那将是一次难忘的经历。

如果想听一些真正的巴勒斯坦民间音乐，可以访问www.barghouti.com/folklore/voice。许多歌曲都是在巴勒斯坦婚礼现场录制的，这种艺术形式特别引人称赞。居住在英国的里姆·盖拉尼（Reem Kelani）也是一位著名的巴基斯坦民谣歌手。

戏剧

以色列戏剧

以色列人比其他人更喜欢去剧院。特拉维夫、雅法、耶路撒冷和

班克西在约旦河西岸

布里斯托尔艺术家班克西（Banksy）与巴勒斯坦的联系可以追溯至2005年，这位神秘的英国人在刚完工的隔离墙附近创作了他的第一件艺术作品，隔离墙自第二次巴勒斯坦大起义（2000~2005年）后将伯利恒与耶路撒冷隔开。

那一年，班克西在西岸创作了9件作品，包括一只穿着防弹衣的鸽子，齿间插着橄榄枝；一名被年轻女子搜身的以色列国防军士兵；以及一个拿着一串气球飞到隔离墙顶部的女孩。

班克西曾说，他受到了一名以色列士兵的威胁，并被一名巴勒斯坦老人批评说用艺术来装饰这堵墙是错的。

2015年，班克西通过埃及边境下的非法隧道偷渡进入加沙，在加沙地带留下多件作品，并通过其网站发布了一部突出2014年战争造成的破坏的伪纪录片。

两年后，班克西开了Walled Off Hotel（见282页），酒店距离隔离墙只有几米远，建造了14个月。除了他自己的艺术作品外，那里还展示海内外艺术家的作品，并试图突出巴勒斯坦人的困境。

自从班克西第一次开始在巴勒斯坦创作以来，新闻报道便声称部分巴勒斯坦人觉得他的作品贬低了他们与以色列人民的斗争，但在伯利恒当地很难找到这种观点。

大部分巴勒斯坦人认为，Walled Off Hotel和班克西的作品（其中大部分仍然可见）大体上有助于为伯利恒吸引注意力和旅游收入，为出租车司机、餐厅和无数提供班克西艺术品导览游的导游带来更多的资金。

班克西与海内外的艺术家一起，也激发了伯利恒和约旦河西岸其他地方的街头艺术圈，确保了至少以色列高耸的隔离墙及其巨大影响每年都会出现在数以万计的节日快照中。

伯利恒的每个出租车司机都会喊着要开车送你去市内各处班克西艺术品的所在地，但如果想参加更有组织性的团队游，请去Walled Off Hotel或隔壁的班克西商店（Banksy Shop）咨询。

海法有大量的演出团、大型和小型的场馆以及艺术节。每年秋天，Acco Festival of Alternative Istaeli Theatre（www.accofestival.co.il）戏剧节都会给阿卡带来新意十足的边缘作品。

大部分演出是希伯来语的，但你也可以找到阿拉伯语、俄语和意第绪语的剧目。一些公司每周至少提供一次带英文字幕的演出。

以色列最大的表演艺术节以色列艺术节（Israel Festival; www.israel-festival.org.il）每年5月和6月在耶路撒冷举行。

许多当代以色列戏剧触及了当今的政治和社会问题。近年来，大屠杀、移民被拒者、占领约旦河西岸、自杀，以及同性恋与正统犹太教价值观之间的冲突等主题都被搬上了舞台。在这方面值得关注的剧作家有哈诺赫·莱文（Hanoch Levin，1942~1999年），他的几个剧本因为太具挑战性而在20世纪70年代遭到审查。剧作家还包括尼斯·阿罗尼（Nissim Aloni，1926~1998年）、约书亚·索伯（Yehoshua Sobol，生于1939年）、西莱尔·米特尔朋克特（Hillel Mittelpunkt，生于1952年）和什木尔·哈斯发里（Shmuel Hasfari，生于1954年）。

意第绪语剧团Yiddishpiel（www.yiddishpiel.co.il）表演的戏剧能够带观众快速领略大屠杀前的华沙，不过它们的主题是沉重的乡愁，字幕是希伯来语和俄语而非英语。

如果想了解一些不寻常且令人同情的表演，可以去雅法的Nalaga’at Centre（见154页），那里有世界上唯一的盲聋剧团。

巴勒斯坦戏剧

长久以来，巴勒斯坦民族主义是巴勒斯坦戏剧的一个重要主题。巴勒

反映巴以冲突的电影

巴勒斯坦和以色列均涌现出了一系列优秀且备受赞誉的反映巴以冲突的纪录片，有些纪录片甚至是双方合作拍摄的：

- 《阿娜的孩子》（*Arna's Children*，朱利亚诺·麦-哈麦斯，2003年）讲述杰宁儿童剧团的故事。
- 《加沙与死亡》[*Death in Gaza*，詹姆斯·米勒（James Miller），2004年]反映巴勒斯坦儿童悲惨命运的电影，导演在拍摄过程中被一名以色列国防军士兵开枪射死。
- 《五日和平谈判》[*5 Days*，尤阿夫·夏米尔（Yoav Shamir），2005年]反映以色列2005年从加沙地带撤军的电影。
- 《珍贵人生》[*Precious Life*，什洛米·埃尔达尔（Shlomi Eldar），2010年]探讨加沙的孩子在以色列进行医疗救助的过程中与各方形成的关系。
- 《这些地区的法律》[*Law in These Parts*，拉安南·亚历山德洛维茨（Ra’anan Alexandrowicz），2011年]关于以色列在约旦河西岸的军事法律制度。
- 《5台破相机》[*5 Broken Cameras*，艾马德·布尔纳特（Emad Burnat），2011年]关于发生在比林的（Bil'in）的反隔离墙抗议。
- 《看门人》[*The Gatekeepers*，德罗尔·摩利（Dror Moreh），2012年]基于以色列安全机构辛贝特（Shin Bet）的6位前领导的访谈拍摄而成。

如果看完这些紧张的电影想缓一缓，可以看看阿里·桑德尔（Ari Sandel）滑稽的《西岸故事》（*West Bank Story*，2005年；www.westbankstory.com），这部片子恶搞了音乐剧《西区故事》（*West Side Story*）。

斯坦的剧院时常被英国审查，被以色列镇压和骚扰，还曾受到冲突和关闭的打击，最近更是遭到了伊斯兰激进分子的袭击。

尽管如此，巴勒斯坦的演员和导演仍旧勇敢地进行艺术创作。朱利亚诺·麦-哈麦斯（Juliano Mer-Khamis, 1958~2011年）是以色列籍巴勒斯坦人，也是杰宁的自由剧院（见300页）的创始人，于2011年在杰宁被蒙面枪手杀害，但剧院一直在市内的难民营里运营至今。

视觉艺术

以色列的视觉艺术

耶路撒冷的比撒列艺术与设计学院（Bezalel Academy of Arts & Design; www.bezalel.ac.il）成立于1906年，在这里接受培训的既有受过欧洲教育的艺术家，也有传统的也门工匠，该学院结合《圣经》主题和新艺术（Jugendstil）中弯曲婀娜的线条发展出一种与众不同的艺术风格。如今，它依然是以色列艺术领域一股不可忽视的力量。

在20世纪30年代，为了逃离纳粹而来此的德国犹太艺术家带来了德国表现主义这种大胆的艺术表现形式。新视野（New Horizons）团体同1948年后兴起于欧洲的运动一起创造了视觉艺术，直到20世纪60年代仍然占主导地位。罗马尼亚出生的马塞尔·扬科（Marcel Janco）是达达文化运动的创始人之一，于1941年移民巴勒斯坦，在此之后建立了艾因霍德（Ein Hod）艺术家之村，那里有一座关于其作品的博物馆。

在以色列的城市中，你可以欣赏到许多现代雕塑作品，有的极富挑衅性，有的则十分异想天开。

以色列著名的艺术博物馆有耶路撒冷的以色列博物馆（见89页）和特拉维夫艺术博物馆（见123页），永久收藏了不少精美的艺术品，还经常展出当代以色列艺术家的作品。关于以该国众多博物馆的详情见www.ilmuseums.com。

Shashat（www.shashat.org）是一个巴勒斯坦非政府组织，专门关注电影中的女性，每年秋天都会举行巴勒斯坦妇女电影节。

巴勒斯坦的视觉艺术

当代巴勒斯坦艺术形成于20世纪60年代，它不同于以工艺品为基础的传统艺术。在约旦河西岸，欣赏视觉艺术最好的地方是位于拉马拉的Khalil Sakakini Centre（见289页）和伯利恒国际中心（见280页）。

电影

以色列电影

以色列电影从奥斯曼时代末期的默片开始已经走了很长一段路，其中还经历了20世纪三四十年代的英雄纪录片，以及70年代占据大屏幕的borekas喜剧电影（以巴尔干油酥糕点boreka命名）。近年来，以色列的故事片和纪录片（其中许多对以色列的社会和政策进行了严厉批判）已在戛纳、柏林、多伦多和圣丹斯等各大电影节获奖。以色列还有10部电影获得了奥斯卡提名，包括：埃弗赖姆·基雄（Ephraim Kishon）的《萨利赫》（*Sallah*, 1964年），这是一部讲述20世纪50年代一座临时难民营里米兹拉希犹太移民的喜剧；还有阿里·弗罗曼（Ari Folman）的《和巴什尔跳华尔兹》（*Waltz with Bashir*, 2008年），这是一部关于以色列在1982年发动第一次黎巴嫩战争的出色的动画纪录片。

每年秋天，以色列影视学院（www.israelfilmacademy.co.il）都会为奥菲尔奖（Ophir Awards）的得主颁奖，它在以色列的地位相当于奥斯卡奖。

以色列全国第一家电影院Eden于1914年在特拉维夫的尼维泽德克（Neve Tzedek）开业。今天，海法（www.haifacin.org.il）、耶路撒冷（www.jer-cin.org.il）和特拉维夫（www.cinema.co.il）都有热闹的实验电影院。

以色列"第七种艺术"的庆典包括：

特拉维夫纪录片电影节（Docaviv International Documentary Film Festival；www.docaviv.co.il）在特拉维夫举行。

海法国际电影节（Haifa International Film Festival；www.haifaff.co.il）

特拉维夫国际学生电影节（Tel Aviv International Student Film Festival；www.taufilmfest.com）

耶路撒冷电影节（Jerusalem Film Festival；www.jff.org.il）

另一个以色列电影节（Other Israel Film Festival；www.otherisrael.org）主要关注在以色列的少数民族，包括阿拉伯公民。

特拉维夫国际LGBT电影节（Tel Aviv International LGBT Film Festival；www.tlvfest.com）

访问位于曼哈顿的以色列电影中心（Israel Film Center）的网站www.israelfilmcenter.org，可以看到完整的以色列电影数据库。

巴勒斯坦电影

在巴勒斯坦，由于电影学校、其他资源和资金的缺乏，再加上伊斯兰激进分子的威胁，电影的发展受到了很大限制。

巴勒斯坦第一部获得奥斯卡提名的电影是《天堂此时》（*Paradise Now*，2005年），由出生在拿撒勒的荷兰籍导演汉尼·阿布-阿萨德（Hany Abu Assad）执导，这部电影展现了巴勒斯坦自杀式炸弹袭击者人性的一面。

伊利亚·苏雷曼（Elia Suleiman）的《神的介入》（*Divine Intervention*，2002年）讲述了一对分别来自耶路撒冷和拉马拉的恋人的故事，他们必须通过检查站来安排秘密约会。

《奥马尔》（*Omar*）也是汉尼·阿布-阿萨德执导的电影，是一部关于信任和背叛的政治惊悚片，获得了2014年奥斯卡提名。

遗憾的是，约旦河西岸的两座电影院——拉马拉的Al-Kasaba Theater & Cinematheque和由国际支持的杰宁电影院（Cinema Jenin）在2017年全都关闭了，后者为了给一家商场腾地方而被拆掉了。

环 境

以色列和巴勒斯坦位于亚非两大洲的交会处，并且非常接近欧洲，拥有地球上独一无二的环境。出没于亚洲的哺乳动物（如印度豪猪）就生活在非洲的热带哺乳动物（如蹄兔）周围。加利利的地中海森林令人想起圣经时代的地貌，而内盖夫的贫瘠沙漠通常生活着与非洲相关的物种。

栖息地和动物

历史上，人类始终对以色列和巴勒斯坦的环境和动植物产生着影响，但过去几个世纪以来的创新使得负面影响变得格外严重。在19世纪，火器的引入导致整个地区的大型哺乳动物和鸟类受到极大伤害——猎豹、熊、鸵鸟和鳄鱼只是该地区因狩猎而灭绝的诸多物种中的几个典型例子。自20世纪50年代以来，以色列生态学家一直致力于保护该国仅存的生物多样性，甚至重新引入了几种哺乳动物。

包括两种濒危蝙蝠在内的许多种蝙蝠，在约旦河沿岸以色列国防军废弃的碉堡里找到了凉爽、隐蔽且温暖的季节性避难所。这些碉堡自1994年约旦和以色列签署和平条约以来就再未使用过。

曾经有许多水草茂盛（但疟疾横行）的湿地覆盖了以色列中部和北部的大片区域。然而到了20世纪，这些湿地逐渐干涸，哺乳动物和（特别是）鸟类的重要栖息地也因此被毁灭殆尽。如今，胡拉自然保护区（Hula Nature Reserve）、阿噶蒙哈胡拉（Agamon HaHula）和艾因阿菲克自然保护区（En Afek Nature Reserve，海法北部）等小型保护区保留了一些原始的沼泽栖息地，为迁徙的鸟类提供了重要的休息觅食的地方。和全国各地的许多其他景点一样，它们都是世界级的观鸟地。

以色列目前幸存的本土哺乳动物共有128种，其中大部分能幸存下来都得归功于限制狩猎的规定、完善的自然保护区系统和保护区的建立（占以色列国土面积的25%）。然而，保护区并不是应对生物多样性丧失的万能药方。许多保护区都规模较小并且孤立，因此只能为濒危物种提供有限的保护。此外，许多南方的保护区也被用于军事演习。有时，出于这种军事需求，游客参观游览的时间被限定在周末和假期，对自然起到了一定的保护作用，但士兵、坦克和飞机对保护区内的生物，特别是哺乳动物，造成了极大破坏。

以色列自然和公园管理局（www.parks.org.il）负责管理以色列大部分国家公园和自然保护区。想省钱的话，可以购买一张110NIS的"绿卡"游览6个公园，或是买一张150NIS的通票在所有公园畅行无阻，二者的有效期均为14天。

野花

在1月到3月（在海拔较高的地方，如赫尔蒙山，花期会延后），以色列和巴勒斯坦的山坡铺满了黄色、橙色、红色、粉色、紫色和白色的野花。在内盖夫北部的贝尔森林（Be' eri Forest）和拿撒勒附近的Beit Keshet Forest里生长着光彩夺目的银莲花和仙客来。在基利波山（Mt Gilboa）上可以看到鸢尾花，在耶路撒冷山中则生长着野生兰花。

20世纪60年代，以色列的第一次环境运动就成功说服政府将采摘野

《圣经》里的动物

自1968年以来，一项名为海-巴尔（Hai-Bar，字面意思是“野生动物”）的计划，正在积极重新引入在《圣经》中曾经出现但后来在圣地灭绝的动物。

海-巴尔计划从该地区的其他区域聚集少量动物，将它们圈养起来直到其后代能够逐渐回归自然栖息地。在类似的计划中，因为受到农药的破坏而数量大规模减少的猛禽，也已逐渐繁殖起来并返回野生栖息地。

尽管仍有动物学家质疑一些被选中的哺乳动物的历史准确性，但海-巴尔计划很大程度上是成功的。从亚洲野驴这种以赛亚（Isaiah）的预言中曾出现过的动物开始，各种濒危动物已经慢慢地重新引入该国。1978年，一小群波斯黇鹿被以色列航空（El Al）在霍梅尼革命（Khomeini’s revolution）前最后一班飞离德黑兰的航班秘密运离伊朗，这些易受惊吓的动物随后在阿赫泽夫（Akhziv）的加利利保护区和耶路撒冷以西的丘陵地带继续生活下去。阿拉伯羚羊也同样被引入，因为它的两只角是平行的，所以当年的十字军从侧面看去误认为它们是独角兽。

海-巴尔计划内有两个中心负责哺育动物并帮助它们重新适应环境，一个在阿拉瓦（Arava）的约巴他（Yotvata），另一个在海法附近的卡梅尔山（Mt Carmel）。因为已经完成了计划中大部分物种的重新引入工作，目前两个中心的规模正在缩小，不过它们仍然值得中东哺乳动物爱好者们去参观拜访。

花认定为非法行为，并加以禁止。

水，所有生命的源头

在《圣经中的自然史》（*The Natural History of the Bible*，2007年）一书中，世界著名的土壤物理学家和水利专家丹尼尔·希勒尔（Daniel Hillel，他是滴灌技术的发明者之一）考察了当地的生态环境对《圣经》中的人和世界的影响。

在干旱的中东地区，没有比水更珍贵的资源了，没有了它，人、动物和植物都无法生存。这就是为什么西希家王（King Hezekiah，公元前8世纪）竭尽全力建造了一条运河，从而确保耶路撒冷在被围困的情况下能正常用水；以色列人在特拉哈特佐尔（Tel Hatzor，公元前9世纪）也采用了类似的手段保证供水。如今，这两个地方都对外开放。在巴以和平谈判中，大多数情况下，剩下3个最棘手的问题就是：耶路撒冷、巴勒斯坦难民的命运，还有……水。

自从以色列宣布独立以来，从加利利调水的计划就开始了。相对于干旱的南部地区，加利利降雨充沛。到了20世纪60年代，由于水库、水道和绵延130公里的国家输水系统（National Water Carrier）的修建（开车穿过下加利利，你会看到运河），大量的水被输送到了以色列中部和内盖夫沙漠地区。

但是，水仍然供不应求。目前，降雨储水量只能满足大约一半以色列人的需求。这是一个长期性的短缺问题，同时也激励以色列研究人员发明了现代滴灌技术（如今这种技术已普遍应用于世界各地），并促进了基础设施的建设。如今，以色列几乎90%的废水都会被回收再利用于农业。

自2005年以来，以色列已在地中海沿岸建成了5个巨大的反渗透脱盐工厂，目前这种海水淡化技术只消耗国家10%的电力，就供应了以色列55%的国内用水和80%的民生用水。水资源的使用不再是一场此消彼长的零和游戏，这在中东历史上还是第一次。在20世纪60年代中期，以色列和叙利亚因为水的使用权几乎爆发了战争，以色列与约旦也在约旦河的使用权上产生了分歧，巴勒斯坦也指责以色列占用了属于约旦河西岸的大部分水资源。大量淡化后的海水——每1000升约0.6美元——不仅可以帮助人们摆脱对不靠谱的降雨和饱受海水渗透威胁的蓄水层的依赖（加沙的地下水已经受到高盐度、肥料和污水的严重污染），还可能是缓和地区紧张局势的钥匙，甚至会创造阿拉伯与以色列政治经济合作的机会。

以色列科学家也试图寻找成本更低的方法最大限度地利用水资源。古人——尤其是纳巴泰人——发达成熟的技术能够引流并利用罕见的沙漠暴雨，这使得农业耕种即使在干旱的内盖夫中部也能成为可能。在阿伏达特遗迹附近，艾文-阿里研究站（Even-Ari Research Station）的研究人员从20世纪60年代开始，就致力于重新探索纳巴泰人的梯田建设和储水技术。

太阳花塔（Solar Flower Tower）是以色列的第一座太阳能发电站，由一座30米高的塔和30个跟踪太阳光线的反射镜组成。它位于埃拉特以北34公里处的撒玛基布兹（Kibbutz Samar），能够为50个家庭提供足够的电力。

湿地保护

20世纪50年代是一个因为技术进步而让人类对“发展”信心高涨的年代。加利利东北的胡拉湿地被抽干了水改造成农田，这种行为破坏了鸟类重要的栖息地以及加利利海流域关键的营养蓄积地。因为要用作农业、工业和家庭用水，春水和冬季径流被迫改道，致使以色列和巴勒斯坦的许多溪水和河流的水域环境退化，而约旦及约旦河西岸巴勒斯坦城市的污水排放使该状况进一步恶化。

然而，并不是所有的以色列湿地都是荒凉的。胡拉湿地已经部分恢复了生机。凯撒利亚（Caesarea）以南13公里处的亚历山大河（Alexander River; www.restorationplanning.com/alex.html）也都已被清理和修复，这条河的治理项目在2003年赢得了著名的蒂斯国际河流大奖（Thiess International Riverprize），该奖项是由澳大利亚的国际河流基金会（International River Foundation; www.riverfoundation.org.au）授予的。

迁徙：每年十亿只鸟

每年会有两次鸟类大迁徙经过以色列和巴勒斯坦，这场大迁徙规模大得令人难以置信，总共有283种、5亿只鸟参与其中。秋天，鸟儿从欧洲和亚洲西北部向南飞到非洲的越冬地；到了来年春天，它们又会飞回自己的夏季繁殖地。

大多数候鸟喜欢飞过大陆，这样可以获得热量以节省体力。因此，地中海和里海最终把大量鸟类吸引到了以色列的地中海沿岸和约旦河谷（叙利亚东非大裂谷），后者更是成为世界上最大的鸟类空中大道，一些人把它描述为鸟类的“高速公路”。

如此多的鸟在以色列和巴勒斯坦的东部边缘沿着一条狭窄的走廊飞行，这也为人类创造了一些世界上最棒的观鸟地点。值得一看的网站有：

以色列观鸟门户（Israel Birding Portal; www.birds.org.il）有以色列6个主要观鸟中心的详细信息。

阿噶蒙哈胡拉（www.agamon-hula.co.il）这是一片上加利利地带重新复原的湿地，因迁徙的鹤会在此过冬而出名。

罗腾自然与鸟类保护区（Lotan Nature & Bird Reserve; www.kibbutzlotan.com）阿拉瓦沙漠深处的罗腾基布兹为候鸟们提供了草木丰茂的避难所。

国际野鸟观察和研究中心（International Birding & Research Center; www.eilat-birds.org）埃拉特附近的旧垃圾场已经变成了一个盐沼泽，供精疲力尽的鸟儿休息。

死海真的快“死”了吗？

每年从约旦河及其支流以及被以色列、约旦和叙利亚三国环绕的加利利海流入死海的水量是10亿立方米（超过每年流入总量的90%），少于它所需的自然补给水量。因此，蒸发正在引起水面快速收缩，随着水位每年下降约1.2米，现在死海的面积只有20年前的70%。成千上万的落水洞出现在海岸线附近，对农业和旅游景点均构成了安全隐患和威胁。

用周围的海水来补给死海的建议已经提出了许多年。一个想法是把地中海的水通过“地中海—死海水道”引入死海，而另一个想法是通过“红海—死海水道”将水引入。同时可以利用海拔高度差（400多米）来产生水电并生产淡化水。

2013年，以色列、巴勒斯坦民族权力机构和约旦三方签署了一项协议，将建立一条长达110公里、途经约旦的运河，它可以运输1亿立方米的水到死海，并在亚喀巴的工厂淡化总量大致相当的水。环保人士十分担心向死海中引入携带着不同种类矿物以及生物的海水会对它造成影响。

特拉维夫在引导城市居民骑车出行方面已取得了显著成效，这都得益于由以色列自行车协会（Israel Bicycle Association；www.bike.org.il）坚持了20年的草根行动。这个城市现在有120条自行车专用道。

发展这把双刃剑

自1948年以来，以色列和巴勒斯坦的人口每10年就会增长200多万人，今天的人口大约是70多年前的7倍多。在同一时期，以色列由最初一个

环境资源网络信息

想了解更多以色列和巴勒斯坦的环境状况以及过去发生的环境变化，可以访问下列环境组织的网站：

Adam Teva v' Din（www.adamteva.org.il）以色列顶级的环保宣传组织，经常态度强硬地向法院起诉污染者以及不作为的政府机构。

耶路撒冷应用研究所（Applied Research Institute of Jerusalem；www.arij.org）一个独立的巴勒斯坦研究和宣传机构。

阿拉瓦环境研究所（Arava Institute for Environmental Studies；www.arava.org）一个教学和研究中心，它吸引着以色列人、巴勒斯坦人和约旦人来到埃拉特附近的克图拉基布兹（Kibbutz Ketura）。

中东地球之友（Friends of the Earth Middle East；www.foeme.org）促进以色列、巴勒斯坦和约旦的环保主义者共同合作。

以色列环境保护部（Israeli Ministry of Environmental Protection；www.sviva.gov.il）一个日益强大的政府部门，负责环境监管和执法。

生命与环境——非政府组织的以色列环保联盟（Life & Environment–The Israeli Union of Environmental NGOs；www.sviva.net）为130多个以色列环保组织提供保护。

巴勒斯坦野生动物学会（Palestine Wildlife Society；www.wildlife-pal.org）关注自然保护方面的教育和研究的非政府组织。

巴勒斯坦环境事务部（Palestinian Ministry of Environmental Affairs；www.mena.gov.ps）负责环境监管和教育。

以色列自然保护协会（Society for the Protection of Nature in Israel；www.natureisrael.org）以色列历史最悠久、规模最大的环保组织。

贫穷的发展中国家发展为一个繁荣的西方经济体。因国家的工业化、建设的热潮和对高速公路建设的热情而产生的污染和扩张程度已经与西方国家相当，但由于以色列面积小，对环境的影响往往更加显著。虽然以色列在水资源管理方面一直处于世界领先地位，但在其他领域却落后于人。

以色列和巴勒斯坦许多城市的空气污染几乎比欧洲的任何地方都要严重，甚至曾经达到危险水平。在太阳能方面，自从20世纪70年代的建筑法规要求以色列所有的公寓和家庭安装太阳能电池板之后，就再没有任何改善了。当地对废弃物的管理出奇落后，回收率远低于西欧。尽管现有的房地产储备正在减少，在廉价的市政垃圾填埋场进行垃圾掩埋仍然是首选。（也许决策者只是想对未来的考古学家更慷慨一些吧……）

随着富裕程度的提高，出现了低效率的土地利用模式，这使扩张也成了一个严重的问题。过去，大多数以色列人住在公寓楼里，但他们“向高”和“向外”（单户住宅）住的愿望和“一个家庭两辆车”的生活模式使得社区密度普遍较低。开放空间已经让位给道路和郊区。环保主义者曾努力阻止这一趋势，但只取得了局部的成功。不过，一场旨在遏制在海滩附近开发房地产的运动，已经产生了令人瞩目的结果：现行的法律保护海岸线，禁止大部分建筑工程在水边300米以内施工，并保障公众使用所有海滩的权利。

与以色列的冲突、燃料短缺和巴勒斯坦内部的政治斗争导致加沙污水处理系统关闭。因此，加沙的一些街道充斥着人类的排泄物，每天有10万立方米的污水排入地中海。

近年来，以色列的环保运动越来越勇敢，影响力也越发强大。在地方政府层面，“绿色”党派已经开始行动，寻求选民支持。

生存指南

旅行安全 438

出行指南 441

签证 441
保险 442
货币 443
税费和退税 443
折扣卡 443
电源 444
使领馆 444
海关条例 444
旅游信息 444
节假日 445
住宿 446
饮食 447
地图 448
邮政 448
电话 448
上网 449
时间 449
危险和麻烦 449
法律事务 449
礼仪 449
残障旅行者 449
同性恋旅行者 450
女性旅行者 450
志愿服务 450
工作 451

交通指南 452

到达和离开 452
飞机 452
陆路 453
海路 453
当地交通 453
飞机 453
自行车 453
长途汽车 453
小汽车和摩托车 454
搭便车 455
合乘出租车 455
当地交通工具 456
团队游 456
火车 456

健康指南 457
语言 460
幕后 468
索引 469
地图图例 477
我们的作者 478

旅行安全

那边安全吗？当你宣布你要前往以色列或巴勒斯坦旅行时，这很可能是你的家人和朋友都会问到的一个问题。答案总是取决于当前的局势，而且它在未来还会发生变化。唯一可以肯定的是，听从本国外交部的建议总不会出错。动身之前，你还应该考虑自己在那里是否有可以联系上的人。

旅游建议和实用信息

以下政府网站提供关于当前热点的旅游资讯和信息：

中国外交部（www.fmprc.gov.cn）

澳大利亚外交部（www.smartraveller.gov.au）

英国外交部（www.gov.uk/foreign-travel-advice）

加拿大外交部（http://travel.gc.ca）

美国国务院（http://travel.state.gov）

英语新闻

在这一地区旅行时，你应该定期关注媒体发布的关于安全风险的相关新闻。

《国土报》（*Haaretz*；www.haaretz.com）这一以色列左翼报纸的英文版在大多数报摊有售。

以色列广播局（Israeli Public Broadcasting Corporation；www.kan.org.il）在主要城市的每天20:00~21:00有英语广播。

《耶路撒冷邮报》（*Jerusalem Post*；www.jpost.com）右翼报纸，很容易买到。

《耶路撒冷报告》（*Jerusalem Report*；www.jpost.com/Jerusalem-Report）双周刊，侧重分析时事。

Yediot Aharonot（www.ynetnews.com）有个英语新闻网站。

以色列的安全措施

以色列有世界上最严格的安全政策。情报部门可以封锁街道、公路、市场和公共设施（例如针对可能的自杀性爆炸事件），拆弹机器人则负责引爆废弃的购物袋、背包和包裹。士兵有权让汽车靠边并进行武器或逃犯检查，特别是在检查站附近。近年来，以色列境内的恐怖袭击事件的数量有所下降，但是当局对可疑人员或包裹仍保持高度警惕，特别是使用公共交通工具时。

当进入汽车站、火车站、商场、超市等公共场所时，你的包可能会被搜查或扫描，也可能会有人拿金属探测仪对你进行检查或问你“Yesh lecha neshek?”（“你有枪吗？”）。你适应这一点的速度之快一定会令人吃惊。

2011年，以色列国防军首次部署了“铁穹”（Iron Dome）移动式防空系统，用于保护人口稠密的地区，特别是阿什杜德、阿什克伦、贝尔谢巴、特拉维夫和耶路撒冷等城市，该系统可以拦截和摧毁发射距离从4公里（2.5英里）到70公里（43英里）的短程火箭和炮弹。它已被证明非常有效，因此被广泛部署。2014年，它成功地在以色列与哈马斯的冲突中拦截735枚从加沙发射的火箭弹并使之失效，其中90%的导弹目标锁定在人口稠密地区。

在巴勒斯坦的旅行安全

在约旦河西岸旅行一般很安全。因为阿拉伯人好客的传统，巴勒斯坦人十分欢迎外国人。像其他旅游尚未普及的地区一样，游客在这里常常是当地人好奇围观的对象，但目前还没听说游客在约旦河西岸遇到过不友善的行为。

即便如此，约旦河西岸毕竟是在军事占领下，以色列军队和巴勒斯坦青年在检查站和一些不大安宁的城市常有冲突，特别是在周五及一些重大事件之后，如巴勒斯坦葬礼。

尽可能避开抗议游行队伍或者经常爆发抗议游行的地方——包括希伯伦山以色列定居点附近的一些村庄以及Qalandia检查站。在旅行前最好询问一下你住的宾馆或者青年旅舍。

需要注意的是，虽然参加旅行团是游览约旦河西岸的一种很好的方式，但应该拒绝其提供的前往Bilin的每周一次抗议（或任何示威）的机会。

这里有几条在约旦河西岸安全旅行的建议：

➡ 总是随身携带护照。进入约旦河西岸时用不到护照，但是离开时会需要它，当然还有活页的以色列签证。

➡ 不要独自去难民营。要跟着当地导游走。

➡ 如果你穿着任何带有犹太教标记的衣服，你可能会被误认为是以色列定居者（大多数巴勒斯坦人十分憎恨这些定居者）。

➡ 永远要避开正在举行抗议示威游行的地方。无论何时何地，都不要在未经对方同意的情况下拍摄巴勒斯坦抗议者（或者以色列士兵）。

➡ 只在白天游览。糟糕的路牌、路障和检查站使旅客即使在白天游览都相当吃力，天黑后只会徒增混乱。

➡ 接近路障和检查站时一定要小心。以色列士兵保持着高度警惕，如果引起他们不必要的焦虑，会导致各种各样的问题和冲突。记住：他们可不知道你只是一个好奇的游客。

政治抗议

以色列是一个民主国家，政治抗议是受法律保护的权利。但是，在以色列军队（即军事统治下）管理下的约旦河西岸居民并不享有这些权利。这意味着军队常采用严厉的措施——包括警棍、催泪弹和橡胶子弹——来对付巴勒斯坦示威者和有时加入他们、支持他们的以色列人。

要保持警惕，如果你出现在一个抗议集会上，甚至只是为了观看，你也不再是一个无辜的局外人，而成了一个冲突的参与者。

示威活动可能会失控。特别是极端正统派在耶路撒冷的梅阿谢阿里姆（Mea She'arim）附近或贝特谢梅什（Beit Shemesh）经常同警察爆发正面冲突。也有极右翼团体的成员在支持领土妥协或反对以色列定居点的游行中攻击左翼人士。

耶路撒冷旧城的圣殿山是示威的主要导火索。虽然约旦对这个圣地有行政控制权，但是以色列人负责安保工作，

遭遇火箭弹袭击时该怎么办

如果你在以色列听到空袭警报（声调忽高忽低），你应该立即前往最近的防空洞（钢筋混凝土结构的空间）或常规的避难室，并且关闭所有的门窗。你至少会有10秒的时间为接下来的冲击波做准备——取决于发射基地在加沙、黎巴嫩南部还是叙利亚，也取决于它是什么类型的导弹。例如，在特拉维夫，留给从加沙发射的导弹的警报时间为90秒。

如果你在一个没有防空设施的地方（只有1991年第一次海湾战争后的建筑中才有），去离威胁方向最远并且窗户、外墙最少的地方（在埃拉特，威胁来自西奈；在特拉维夫，威胁来自加沙；而在北方，威胁通常来自黎巴嫩）。另一种选择是躲到尽量远离门窗的室内楼梯或走廊里。如果你在顶层，那么往下走2层，但千万不要走到底层去。

如果你是在户外或车内，进入离你最近的建筑，并遵循上述指示。如果你在露天区域，赶紧从车上下来，双手抱头，趴在地上。

如果没有听到额外的指示（如收音机），你可以在空袭10分钟后离开避难所或进入车内。

这条建议不仅适用于冲突时期，而且是全年适用的。针对火箭弹、导弹、化学或生物武器攻击，以色列后方司令部（www.oref.org.il）有详细的建议、培训视频以及预警警报地图。

当他们判断安全形势不稳定时，就会拒绝45岁以下的穆斯林男子进入这片区域（因此也不能进入阿克萨清真寺）。这会导致东耶路撒冷大马士革门附近穆斯林旧城区的暴力示威活动，特别是在周五下午。在政治局势紧张时，最好避开这些区域。

非穆斯林禁止在这片区域祈祷，这给了极端民族主义犹太人以口实，并导致了安全部队和示威者之间的暴力冲突。

巴勒斯坦人的一些纪念日往往伴随着抗议活动，如今有时会有来自（来自双方的）暴力破坏，因此建议旅行者在约旦河西岸或附近保持警惕。

国土日（Land day）抗议以色列从1976年开始扩建定居点的一天。在阿拉伯语中称为"Yom Al Ard"，在希伯来语中称为"Yom HaAdama"，为3月30日。

巴勒斯坦囚犯日（Palestinian Prisoners Day）巴勒斯坦人在4月17日缅怀被关押在以色列监狱中的同胞。

浩劫日（Nakba Day）5月15日，以色列独立日后的第二天，是巴勒斯坦人纪念浩劫的日子。

挫败日（Naksa Day）6月5日是纪念巴勒斯坦人在1967年六日战争中失败的日子。

雷区

部分以色列和巴勒斯坦控制的地区（特别是约旦边境附近以及戈兰高地外围）仍布满防步兵地雷。幸运的是，已知雷区在地形图上已用粉红色标记，并用铁丝网围了起来，铁丝网上悬挂着红色（或铁锈色）三角形或红黄相间的"Danger Mines!"（地雷危险）标志。

徒步旅行时，不要偏离有标记的小径，也不要攀爬或穿过铁丝网。在约旦河谷和阿拉瓦（Arava），洪水有时会把老地雷冲到已知雷区之外，所以无论你在哪里，都永远不要碰任何看起来像是老炮弹、手榴弹或者地雷的东西。

如果发现自己身处雷区，在你能清楚看到自己足迹的情况下沿原路返回。如果不能，待在原地求救。如果有人在雷区受伤，即使他们大声呼救，也不要急于跑进去救援，而是要找那些知道如何安全进入雷区的人。

偷盗

偷盗在以色列和巴勒斯坦的发生概率与在其他地方差不多，所以采取通常的预防措施就行。不要把贵重物品放在汽车或酒店房间里，要把重要文件和现金放在腰包里。在青年旅舍中，把最值钱的东西和文件放在前台的保险箱里。在城际大巴上，可以把大袋子放在行李箱里，但要随身携带贵重物品。众所周知，扒手潜伏在拥挤的旅游景点和繁忙的市场中，所以要保持警惕，时刻注意周围发生的事情。自行车盗窃非常猖獗，所以要使用大型的加固钢链锁（而不是钢丝锁），永远不要把一辆昂贵的自行车留在大街上过夜。

交通事故

近年来，以色列交通事故的死亡人数有所下降（2017年共有362人死于交通事故，而20世纪90年代的平均死亡人数超过600人），根据人口计算死亡率的百分比的话，以色列比其他许多国家（以色列死亡率是万分之3.3，澳大利亚是万分之5.2，美国是万分之11.6）还要低许多。即便如此，在这里驾驶也还是有危险的，特别是在农村道路和公路上，司机经常超速和冒险超车。所以请保持在限速范围内驾驶，小心谨慎。

出行指南

签证

以色列

以色列不再向游客的护照上盖章(不过保留这样做的权利)。作为替代,游客会得到一张小的活页入境卡。卡片很容易弄丢,但是请好好保管,因为这是你手中合法留在以色列的唯一证据(比如它是住酒店时免付增值税以及经过往来约旦河西岸的路障时的凭证)。

我们了解到,在艾伦比/侯赛因国王大桥和本-古里安机场有以色列官方颁发的"仅限巴勒斯坦"(Palestinian Authority Only)的入境许可证文件,针对在约旦河西岸有家人或人脉关系的游客,这样就很难或不可能通过以色列国防军(IDF)的管控路段从约旦河西岸进入以色列,包括耶路撒冷。

学生需要学生签证(A/2),基布兹志愿者必须要有相应组织机构提供的志愿者签证(B/4)。

除北京大使馆外,以色列在上海、香港、广州和成都设有领事馆或签证中心。中国公民可以通过**以色列北京签证中心**(☎010-8532 0500;北京市朝阳区东大桥路8号尚都SOHO北塔B座3层2321室)、**以色列驻上海签证中心**(☎021-6010 2500;上海市静安区恒丰路329号隆宇国际商务广场3层308室)、**以色列驻广州总签证中心**(☎020-8513 0500;广州市天河区珠江东路16号,高德置地冬广场G座2906室)和**以色列驻成都总领事馆**(☎028-6871 9500;成都市锦江区东大街99号平安金融中心17楼)申请旅游签证。需要准备:有效期至少6个月的护照;用英文或希伯来文填写完整并签字的签证申请表格一份;2张5cmX5cm照片;旅行行程单、酒店预订单以及确认的往返以色列的飞机票;申请人最近6个月银行流水对账单;申请人工作单位证明原件;申请人本人的有详细回邮地址的EMS快递单。签证有效期3个月,可停留30天,签证费用人民币160元,通过当地中信银行授权网点缴纳并提交缴费凭证。详情可登录http://embassies.gov.il/beijing查询。

签证申请人按所属领区申请签证。以色列北京签证中心接收除上海签证中心(管辖上海、安徽、浙江及江苏领区)、广州签证中心(管辖广东、广西、福建及海南领区)和成都领事馆(管辖四川、云南、贵州、重庆领区)管辖区域以外的签证咨询及申请。

以色列自2016年11月11日起为因商务或个人旅游赴以、持普通护照的中国公民发放10年多次入境签证,签证类型B/2。10年签证有效期从签证颁发之日起至护照过期前6个月为止,最长为10年。更换新护照时,旧护照上的10年签证也一并失效,需要重新申请。持有效以色列多次入境访问签证者每年可在以色列累计停留不超过180天,单次停留不超过90天。如需延长签证,须向以色列内务部提交申请办理。

中国公民若前往巴勒斯坦,须向以色列驻华大使馆申请相应种类的以色列签证,并取得往来以色列以及巴勒斯坦的通行证。具体信息可向**巴勒斯坦驻华大使馆**(☎010-6532 3327;北京市三里屯东三街2号)咨询。

落地签

一般来说,到达以色列和巴勒斯坦的西方游客可以获得落地签(B/2)。欲了解更多详细信息,请访问www.mfa.gov.il(点击"Consular Services",然后选"Visas")。你的护照必须从入境之日起有至少6个月的有效期。官方可能要求查看现金充足的证明和返程机票，不过这种情况很少。

落地签有效期通常为90天。但部分旅客，比如从埃及或约旦经陆路入境的旅客，可能只有30天甚至两周的时间——这取决于边境管制官员的决定。如果有任何迹象表明，你是来参加亲巴勒斯坦的抗议活动、计划从事传教活动或正在寻找非法工作的话，你可能会发现自己坐上了下一班回家的飞机。目前以色列并未向中国公民开放落地签。

签证延期

如要延长旅游签证（B/2），你需要满足以下条件：

- 去一下埃及、约旦或海外再回来。这可能会让你延长3个月——或者只是1个月。询问其他旅客最新的情况。
- 申请签证延期（90NIS）。签证延期由内政部下属的人口和移民管理局（Population & Immigration Authority；www.piba.gov.il）办理，其在耶路撒冷、特拉维夫和埃拉特都设有办事机构。携带护照（申请延期期限到期后至少还有6个月有效期）、一张近照、一封解释为何要延期的信件（以及证明文件）、延期期间的充足资金证明。在小城镇通常更容易办理，速度也更快。

根据以色列的回归法，如果你有资格获得移民（oleh）签证——也就是说你至少有一个犹太祖父母或已转换为信仰犹太教，并有文件证明这一点，可以很容易地延长旅游签证，只要你想，你甚至可以成为以色列公民。

逾期居留会被罚款。短短几天的逾期居留可能没有麻烦或罚款，但最好不要去冒这个险。

约旦

来自多数西方国家的游客会在以色列和约旦的3个口岸获得单次的3个月以色列签证。

从以色列去约旦的话，只有位于加利利海以南30公里处的约旦河/谢赫侯赛因边境口岸提供落地签。

自2017年起，位于埃拉特和亚喀巴以北几公里处的伊扎克·拉宾/阿拉伯谷边境口岸和艾伦比/侯赛因国王大桥边境口岸均不办理落地签。

中国公民可在约旦各入境口岸（除与巴勒斯坦接壤的口岸外）申请落地签，需准备有效期为6个月的护照、落地签申请表、离境机票/车票/船票行程单打印件。费用为JD40，可停留30天。约旦不颁发过境签证，购买联程机票经约旦前往第三国的旅行者，转机时间为6~48小时，可通过航空公司凭过境卡安排就近饭店住宿，超过48小时则需办理签证。

如果有以下情况，可以联系约旦大使馆或领事馆（在特拉维夫附近的拉马特甘或海外）：

- 你想从艾伦比/侯赛因国王大桥进入约旦。
- 你需要多次往返的签证。
- 你的国籍使你无法直接在边境获得签证。

单次/2次/多次签证的有效期分别为2/3/6个月，费用分别是JD40/60/120。

注意：如果你从艾伦比/侯赛因国王大桥进入约旦河西岸或以色列，并且从这里返回，就不需要申请新的约旦签证，只要你的签证还在有效期之内。一定要保存好出境章，在返回时出示。

海外巴勒斯坦人和以色列人

美国国务院称，以色列政府将在外国出生的以色列人当成以色列公民，因此要求他们进出以色列时使用以色列护照，并遵守国家的军事法律草案；将出生在约旦河西岸和加沙的巴勒斯坦人——在某些情况下还有他们的孩子和孙子——当成是巴勒斯坦公民，不管他们是否持有外国护照，进出都必须使用巴勒斯坦护照。详细信息请参阅www.travel.state.gov中“Learn About Your Destination”下的“Israel”，然后点击“Entry, Exit & Visa Requirements”。

除非获得了特别授权，否则被以色列当作巴勒斯坦公民的游客必须从艾伦比/侯赛因国王大桥进出以色列，而不能走别的地方，如本-古里安机场。反之，被认为是以色列公民的游客可以通过艾伦比/侯赛因国王大桥以外的任何以色列机场或陆路口岸进出。

保险

出发之前最好了解一下旅游保险政策。除了生病（急救/住院的费用可能很高）和失窃这些常规项目之外，还要确保能涵盖你的特殊需求。比如你计划水肺潜水、跳伞或滑雪的话，一定要确认你的保险涵盖这些活动。几乎所有的保险都不包含由“战争行为”引起的结果。

在www.lonelyplanet.com/travel-insurance网站上可以查到有关世界旅行的政策。

以色列有完备的全民医疗体系，但对非本国公民治疗费用昂贵，并且是先付费后治疗。医院、诊所均有提供24小时英语服务的医务人员。建议来以色列旅游时可按天购买医疗保险，可以登录www.egertcohen.co.il/health了解付费标准及有关办理方式。作为游客，如果要在以色列至少待3~6个月，可以通过以色列优秀的健保组织以合理的价格买一份完整的医疗保险。更多信息可查看以下网站：

Maccabi Healthcare Services（www.maccabi4u.co.il）查看关于Well-Come项目的信息。

Me'uchedet（www.meuhedet.co.il）为其外国成员计划提供服务。

货币

自动柜员机

自动柜员机分布广泛，维萨卡（Visa）、万事达卡（MasterCard）以及越来越多的美国运通卡（American Express）和大莱卡（Diners）几乎随处可以使用。大多数（但不是全部）的自动柜员机可以用维萨卡和万事达卡取现。

以色列自动柜员机一般只有4位密码，且提现手续费较高，建议短期旅游可携带美元现金兑换成谢克尔使用。仅有银联标志的银行卡在以色列暂时无法使用，但是可以在约旦河西岸城市拉马拉的汇丰银行自动柜员机上取现。

注意：在约旦和埃及的边境口岸没有自动柜员机。

讨价还价

大多数的讨价还价都发生在集市、跳蚤市场或出租车上，尽管法律要求出租车必须使用计价器，但司机们很少会错失从游客身上多抢几谢克尔的机会。就像在世界各地讨价还价一样，最好保持冷静（特别是买纪念品时）。记住：作为买家，最终决定权在于你。

现金

1NIS等于100agorot。硬币的面值有10agorot、50agorot、1NIS、2NIS和5NIS，纸币面值有10NIS、20NIS、50NIS、100NIS和200NIS。

2017年年末发行的新币采用了女性文学人物的形象。女诗人瑞秋（Rachel Bluwstein；1890~1931年）出现在20NIS上，而利娅·戈尔德贝格（Leah Goldberg；1911~1970年）出现在100NIS上。

货币兑换

银行收取高额的佣金，所以最好去能够处理外币的邮局分局或者独立的外汇管理局兑换货币，它都不会收取佣金。

小费

在大多数情况下都不用给小费。然而，在以色列和约旦河西岸的旅游胜地，小费正变得越来越普遍。

餐厅 服务员期待收小费，10%~15%比较合适。

酒吧 吧台通常有小费罐，给消费额的10%~15%比较合适。

导游 给导游付小费通常是个不错的主意。向其他游客征求一下意见，每人10~20NIS比较合适。

酒店 每晚给客房服务10~20NIS的小费比较好。

出租车 司机不期待小费，不过你可以给车费凑个整。

税费和退税

以色列的所有消费都包含了17%的增值税。以色列公民在入住酒店时必须缴纳增值税，但游客可以免税。

增值税退税

外国游客在特定店铺购买至少400NIS的商品才可以享受退税（找一下贴着“tax refund for tourists”标签的窗口）。购买的物品必须为透明的塑料包装并有退税发票（一张标准的收据是不够的）。当你乘飞机或从陆路离开时申请退款——手续费最高为15%。在本-古里安机场，办理登机的大厅有退税柜台，税务人员必须在你通过安检前查看你购买的产品，以便办理退税手续。

折扣卡

持国际青年旅舍会员卡在官方的青年旅舍可以享受优惠。持国际学生证不像以前那样能享受优惠了，比如在公共交通上已不适用。

有的博物馆和景点会给年长的公民提供优惠，但要同时满足“年长”和“公民”这两个条件。

如果你想参观由以色列自然和公园管理局（www.parks.

org.il)管理的国家公园和历史遗迹，可以办一张绿卡，有效期为14天，可在所有的此类景点使用，仅需150NIS（含6个公园的版本为110NIS）。如果你是以色列保护自然协会（www.natureisrael.org）的会员，可以在教学与科研基地住宿和游览时享受优惠。

电源

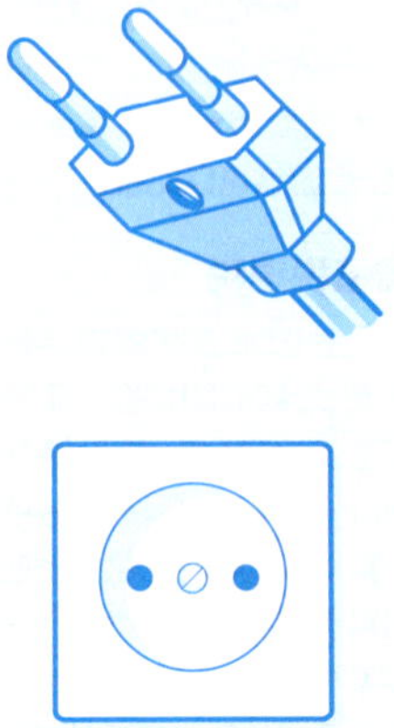

Type C
220V/50Hz

Type H
230V/50Hz

使领馆

尽管以色列宣称耶路撒冷才是其首都，但由于尚未解决的政治问题，大多数国家驻以色列大使馆都位于特拉维夫及其附近。少数国家在耶路撒冷、海法和埃拉特设有领事馆。

中国驻以色列大使馆（特拉维夫）（☎03-5467277；il.china-embassy.org；222 Ben Yehuda St，Telaviv；⊙周日至周四 9:00~15:30）

中国驻巴勒斯坦国办事处（拉马拉）[☎00970-2-2951222；www.pschinaoffice.org/chn/；Tira Street，Ramallah；⊙周日至周四（节假日除外）8:30~12:30，14:30~16:30]

埃及大使馆（☎03-546-4151；www.egyptembassy.net）还有一个领事馆位于**埃拉特**（见346页地图；☎08-637-6882；68 Efroni St；⊙周日至周四 9:30至正午）。

约旦大使馆（☎03-751 7722；10楼，14 Abba Hillel St，Ramat Gan；⊙周日至周四 9:30~15:00）

荷兰大使馆（☎03-754 -0777；www.netherlandsworldwide.nl/countries/israel；13楼，14 Abba Hillel St，Ramat Gan；⊙周一至周四 9:00~16:00，周五 至13:00）

土耳其大使馆（见130页地图；☎03-524-1101；202 HaYarkon St；⊙周一至周五 9:00至正午）在耶路撒冷还有一个**领事馆**[☎02-591-0555；http://jerusalem.cg.mfa.gov.tr；87 Derekh Shchem（Nablus）Rd，Sheikh Jarrah；⊙周一至周五 8:00~17:00]。

美国大使馆（见130页地图；☎03-519-7475；https://il.usembassy.gov；71 HaYarkon St；⊙周一至周五 8:00至正午，仅限预约）在**海法**（☎04-853-1470；26 Ben-Gurion Ave，German Colony）和**耶路撒冷**[America House；☎02-622-7230；https://jru.usconsulate.gov；18 Derekh Shchem（Nablus）Rd，East Jerusalem]还有领事馆。

海关条例

以色列允许年满18岁的游客入境（包括去约旦河西岸）时携带1升烈酒和2升葡萄酒、250毫升香水、250克烟草制品（200根香烟）和价值不超过US$200的礼品。宠物可以被带入以色列，但需要提前向农业部申请。

禁止携带毒品、吸毒器具、自卫催泪喷雾、激光干扰器（可干扰警用激光枪）、生肉和色情制品。

旅游信息

以色列几乎每个主要城市都有旅游局，可以提供所需的手册和地图，有的还组织城市步行游。

雅法门（☎02-627-1422；www.itraveljerusalem.com；Jaffa Gate；⊙周六至周四 8:30~17:00，周五 至13:30）位于耶路撒冷，很有帮助。

Free Tours Haifa（☎058 604-8428；www.facebook.com/freetourshaifa；⊙大多数周三 10:30）非常适合从这里开始游览海法。

可供参考的网站：

➡ visitisrael.cn/goisrael：以色列旅游局的中文网站。

➡ www.igoogledisrael.com：关于在以色列旅游和生活的提示。

➡ www.parks.org.il：以色列自然和公园管理局。

➡ www.travelujah.com：为基督徒游客提供相当全面的信息。

约旦河西岸的大多数城市现在都设有旅游局，其中一些质量很高，包括杰宁、杰里科和伯利恒的旅游局。酒店和青年旅舍有许多关于活动和景点的信息。

节假日

以色列

有无数的犹太人和穆斯林节日和圣日（无论是正式的还是非正式的），人们常常会觉得日历上很少有哪天不是某种全国性的节日。

请记住，在逾越节等犹太节日期间，耶路撒冷和其他宗教地区的大多数餐馆、酒吧甚至超市都将关闭，而赎罪日在该国任何地方通过公路出行都几乎是不可能的事。

除了宗教节日外，还有一些全国性的节日会对你的停留产生影响。

大屠杀纪念日（Holocaust Memorial Day）Yom Hasho' ah是对600万犹太人的庄严哀悼，其中包括150万在大屠杀中丧生的儿童。届时娱乐场所关闭。10:00，警笛声响起，以色列人会起立默哀（2020年4月20日至21日、2021年4月8日至9日，2022年4月26日至4月27日）。

国殇日（Memorial Day）纪念为以色列牺牲的士兵和恐怖主义的受害者。娱乐场所关闭。警报声在11:00和20:00响起，以色列人会起立默哀。在以色列独立日前一天（2020年4月27日至28日、2021年4月14日至15日，2022年5月3日至5月4日）。

以色列独立日（Israel Independence Day）Ha' Atzma' ut是庆祝以色列在1948年宣布独立的日子，有官方仪式和现场音乐、野餐与远足等公共庆祝活动（2020年4月28日至29日、2021年4月15日至16日，2022年5月4日至5月5日）。

赎罪日（Yom Kippur）在犹太赎罪日，人们会庄严地反省和禁食——以及在空旷的道路上骑自行车。在犹太人地区，所有商业场所都会关闭，交通（包括私家车）完全停止运营，以色列的机场和陆地口岸关闭（2020年9月27日至28日、2021年9月16日至17日，2022年10月4日至10月5日）。

光明节（Hanukkah）在犹太光明节的第一天和最后一天会出现类似安息日的停业。一些以色列

安息日哪里开门

犹太人的安息日在希伯来语中称为Shabbat，从周五日落前18分钟（在耶路撒冷为36分钟）开始，持续到周六日落之后1小时。

犹太法律禁止企业在安息日营业，但在以色列许多犹太人占多数的地区，包括西耶路撒冷和特拉维夫，"status quo"协议允许餐馆、娱乐场所（剧院、电影院、舞厅、酒吧）、博物馆和小杂货店——但不包括零售店和大型超市——在安息日营业。

在基布兹（如Kibbutz Shefayim）和部分特拉维夫地区（如港口区），精品店和商店在安息日会营业，他们雇用非犹太人的工作人员以避免劳动和社会事务部罚款，而后者为避免犹太人在安息日工作，只派出非犹太人（通常是德鲁兹人）检查员。

在一般情况下，以色列的公共交通在周五的午后（具体时间取决于日落时间）至周六下午或晚上停运，但也有例外：有多种宗教的海法的某些公交线路从英国托管时期已经是一周7天运营；一些长途城际公交，如到埃拉特的；还有主要服务于非犹太城镇的公交路线。许多提供城际服务的小巴出租车在安息日也会运营，普通出租车也是。

在以穆斯林为主的地区（东耶路撒冷、阿卡旧城、雅法、约旦河西岸和加沙地带的部分地区），许多商业活动在周五停止，但周六会重新开始。在主要是基督徒的地区（如海法的瓦迪尼萨斯、拿撒勒、伯利恒以及耶路撒冷的亚美尼亚区和旧城的基督徒区），商业活动通常在周日停止。

在以色列，国家公园、自然保护区和大多数博物馆每周开放7天，但在周五下午提前1小时或更早关门。基督教的宗教场所周日上午可能会关闭，而清真寺周五通常不向游客开放。

人去度假，因此住宿稀缺，房价上涨（2020年12月10日至18日、2021年11月28日至12月6日）。

巴勒斯坦

主要的伊斯兰节日日期不定，具体取决于月相。

伊斯兰新年（Islamic New Year）穆哈兰姆月（Muharram）第一天。

圣纪节（Prophet's Birthday）赖比尔·敖外鲁月（Rabi' Al Awal）12日。

登霄节（Lailat Al Miraj）纪念先知穆罕默德的从麦加到耶路撒冷再到天堂的"夜行登霄"。这是伊斯兰教最神圣的日子之一，成千上万的人会涌向耶路撒冷的岩石圆顶清真寺。

斋月（Ramadan）穆斯林在黎明至黄昏期间斋戒的神圣月份。东耶路撒冷（包括老城）、约旦河西岸和以色列的阿拉伯城镇的许多商店和餐厅在白天关门，但穆斯林在日落外出就餐时气氛会活跃起来。

开斋节（Eid Al Fitr）标志着斋月的结束，届时亲友们会在一起庆祝1~3天。阿拉伯地区的大多数店铺和服务场所将关闭。

古尔邦节（Eid Al Adha）纪念真主阻止易卜拉欣（《圣经》中的亚伯拉罕）献祭儿子伊斯玛仪。这一天也标志着朝觐的结束。

住宿

酒店

以色列和巴勒斯坦提供不同预算和不同风格的住宿选择。以色列的住宿费用总体来看与西欧接近，近年来有越来越多的小型时尚精品酒店开业。约旦河西岸地区会稍微便宜一些，不少最好的住宿选择集中在拉马拉和伯利恒。

以色列酒店以慷慨大方的自助早餐著称。虽然大多数酒店餐厅只提供符合犹太教规的食品，但它们在安息日和犹太假日依然营业。

基布兹客栈

许多善于利用美丽乡村风景的基布兹（kibbutzim）都有中等标准的客栈。这些客栈大多建于基布兹的社会主义时期，但经过了显著的升级，提供基布兹设施（包括游泳池）、惬意的氛围和新鲜的基布兹风格早餐。价格有时可低至两人350NIS，不含早餐。更多细节和预订可咨询基布兹酒店连锁（Kibbutz Hotels Chain; www.kibbutz.org.il）。

民宿

在上加利利和戈兰高地，最常见的住宿形式是民宿（tzimmer或zimmer）。虽然没人真正知道这个德语中意思为"房间"的单词如何成了以色列国内所有田园风格小屋的代名词，但可能是受到了在德国客栈你经常能看到的"Zimmer frei"（有空房）标志的启发。价格通常处于中上游水平。晚上较晚的话，有时不能办理入住。

民宿往往是指乡村里采用橡树清漆家具装饰、充满乡土风格的房间或小屋，屋里配有卫星电视和厨房，更豪华的配有按摩浴室。有的民宿会提供早餐，但其他的只提供住宿。

要寻找民宿，可留意街上的标志，或在以下几个网站中搜索：

- ➡ www.zimmeril.com
- ➡ www.israeltours.co
- ➡ www.weekend.co.il（希伯来语）
- ➡ www.zimmer.co.il（希伯来语）

青年旅舍和教学与科研基地

以色列青年旅舍联盟（Israel Hostels; www.hostels-israel.com）旗下有30多家独立的青年旅舍和客栈，为会员提供100NIS的宿舍床铺、超值的双人间和与其他旅行者交流的好机会。

以色列19家官方的国际青年旅舍（HI）在以往便宜的宿舍和计时的公共淋浴方面进行了大幅升级，现在提供非常适合家庭居住的干净整洁的房间以及丰富的早餐。更多信息可查询以色列青年旅舍协会（Israel Youth Hostels Association）网站www.iyha.org.il。

以色列自然保护协会（Society for the Protection of Nature in Israel，简称SPNI; www.natureisrael.org）拥有位于生态价值较高区域的9个教学与科研基地（beit sefer sadeh）。这些基地提供基本的住宿条件，非常受学生和家庭旅客的欢迎。需要尽早预订，尤其是学校放假期间。

网上订房

可在http://lonelyplanet.com/hotels/上阅读Lonely Planet作者对更多酒店的评价。这个网站上有独立评论和对最佳住处的推荐。最妙的是，你能直接在网上订房。

住宿价格范围

以色列：以下是含早餐的双人间在周末和旺季的价格范围。特拉维夫比以色列其他地方的房价要稍微高一些。

$ 低于350NIS

$$ 350~600NIS

$$$ 高于600NIS

巴勒斯坦：以下是旺季周末配早餐的双人间的价格范围。

$ 低于200NIS

$$ 200~400NIS

$$$ 高于400NIS

由宗教组织运营的朝圣者旅馆主要面向宗教旅行者，但也对外开放。当然，如你所想，这里没有其他独立运营的旅舍的派对氛围，但是比较实惠。

露营

如果你的预算比较紧张，那住在帐篷里（或至少有个睡袋）是节省开支的好方法。

以色列的自然保护区内禁止露营，但各种公共机构或私人机构在全国范围内运营有100多处价格比较便宜的营地（www.campingil.org.il），其中以色列自然和公园管理局（Israel Nature & Parks Authority；www.parks.org.il）运营的22个营地紧邻自然保护区。有的营地有顶棚（所以你不需要帐篷）、照明设备、厕所、淋浴和烧烤炉。在希伯来语中称为“chenyon laila”或者“orchanlaila”。

在加利利海海滨，露营尤其受欢迎。一些有组织的海滩会提供厕所、完善的淋浴室和安保——按人数收取门票，但其他地方向步行游客免费开放（驾车的游客需要按车辆数目交车费）。

出于安全考虑，请避免在巴勒斯坦露营。

不同季节的价格

以色列

住宿费会根据季节和一周的不同时间而大幅变动。

工作日价格的适用时间通常是从周六或周日晚上到周三或周四晚上。周末价格适用于周五，有时包括周四（许多以色列人周五不工作）和周六晚上。

旺季是7月和8月，以色列大部分地区的住宿费很高。特别炎热的地区是例外，如死海和加利利海。

住宿费在犹太节日期间最高，如犹太新年、五旬节以及为期一周的逾越节和住棚节，尤其是在加利利、戈兰高地和埃拉特这些热门地区。在这些时间请预订。

以新谢克尔为单位的住宿价格中包含了以色列的增值税（17%），外国游客无须支付这种税，所以大多数地方（不过一些民宿除外）针对非以色列人的价格要低于他们的谢克尔价格。

以美元标出的价格以及在酒店网站预订的价格不包含增值税，因此以色列人在结账的时候会增加17%的税费。

巴勒斯坦

除了伯利恒在圣诞节和复活节期间的住宿价格会上涨外，其他地区的住宿价格全年基本保持稳定。如果你计划这些时间段来的话，最好尽早预订。

饮食

关于以色列和巴勒斯坦的饮食，详见408页。

就餐价格范围

以色列：以下是一道主菜的价格范围。特拉维夫的价格略高于以色列其他地区。

$ 低于35NIS

$$ 35~70NIS

$$$ 高于70NIS

巴勒斯坦：以下为一道主菜的价格范围。

$ 低于35NIS

$$ 35~55NIS

$$$ 高于55NIS

地图

旅游局的地图虽然有用，但往往是最基本的。高质量的道路地图由特拉维夫的Mapa（www.mapa.co.il/maps）出版，以色列所有书店都销售；其网站上有全国范围内详细的希伯来语地图。这里的谷歌地图所使用的数据源和GPS导航设备没有大多数西方国家发达。

对徒步旅行者来说，在希伯来语中被称为HaChe-vral' Haganat HaTeva的以色列保护自然协会（www.natureisrael.org）出版了一系列比例尺为1:50,000的顶级地形路线图（mapot simun shvilim），共20张，不过只有希伯来语版本的。这些地图中不仅标出了自然保护区（用绿色表示，其名称为紫色）和所有带标志的徒步路线，而且还标明了以色列国防军的5个训练基地（shitcheiesh；粉色）和旧的雷区位置（sdot mokshim；带有红色三角形边的粉色标记）。可以直接从保护自然协会（如教学与科研基地）购买地图，也可以在书店购买，还有防水版。

邮政

通过以色列邮政（www.israelpost.co.il）发送信件和明信片到北美和澳大利亚需要7~10天，到欧洲的时间会短一些。接收来自欧洲的邮件需要3天或4天，来自其他地方的邮件需要1周左右；包裹会慢得多。从以色列寄回中国国内的明信片需要15~30天到达，邮资约人民币5元。明信片在大部分景点可买到，需要人民币4~8元。

快递服务可选择DHL（www.dhl.co.il）和UPS（www.ups.com）。以色列邮政的EMS价格较低，但速度慢且不太可靠。

约旦河西岸的主要城市大多都有邮局，不过在你的酒店或青年旅舍咨询一下比较保险。

电话

在以色列用座机给国内座机打电话很便宜，但是根据所用公司和呼叫方式，用座机打给手机或者用手机打给手机每分钟至少要花0.80NIS。你在酒店房间使用电话时要小心，酒店的话费往往过高。

在大型商场、加油站、公交站、主要街道均有公用电话，可从邮局或货币兑换点购买电话卡。如需查询电话号码，可拨打144，有英语服务。

手机

虽然国内三大电信运营商的手机和智能手机在这边都可以使用（支持900/1800MHz的设备），但漫游费很高。幸运的是，以色列的各手机运营商，包括Orange（www.orange.co.il）、Pelefone（www.pelephone.co.il）、Cellcom（www.cellcom.co.il）、Hot Mobile（www.hotmobile.co.il）和Golan Telecom（www.golantelecom.co.il），都提供预付费SIM卡，还有便宜的包月套餐和可选的数据流量。许多网络公司出售以色列国际SIM卡。

手机号码以05外加一个数字开头。用移动电话拨打本地固话时，一定要加区号。

如果你靠近以色列边境（特别以色列和约旦边境），可能会发现手机已经切换到了约旦的网络。要手动切换回以色列网络，否则你得支付昂贵的漫游费。

在巴勒斯坦，从两大巴勒斯坦运营商Jawwal和Wataniya购买SIM卡很容易，电话卡可在解锁电话中使用。

电话区号

以色列的国家代码为972，巴勒斯坦使用972和970。从国外主叫，拨打国际接入码、当地的区号或手机区号（去掉0），再加上对方号码。

例如，从中国致电中国驻以色列使馆领事部，可拨打00-972-3-6023191。在以色列国内打电话直接拨打区号+电话号码，特拉维夫区号为03，海法为04，如在以色列致电中国驻以色列使馆领事部，可拨打03-6023191。巴勒斯坦国际区号为970/972，如从中国致电中国驻巴勒斯坦办事处领事部，可拨打00970-2-2951223。在巴勒斯坦国内打电话直接拨打区号+电话号码。

而在以色列和巴勒斯坦拨打中国的电话号码，拨打座机为0086+区号（忽略区号的首位0）+号码，拨打手机为0086+手机号码。

在以色列，几家相互竞争的电信公司都有自己的3位国际码，可以拨打越洋电话。国际直拨电话的费用可能高达每分钟3.80NIS，但如果你提前购买套餐，话费可以相当低廉（低至每分钟0.05NIS）。这些公司有012 Smile（www.012.net）、Netvision（netvision.cellcom.co.il）、Golan Telcom（www.golantelecom.co.il）和Hot Mobile（www.hotmobile.co.il）。

电话卡

本地和国际电话预付卡可以在邮局、彩票亭和报摊购买。

上网

以色列全境的不少地方都有Wi-Fi热点（其中包括大多数咖啡馆和餐厅）。许多城际长途汽车和火车上也有Wi-Fi，虽然网速相当慢。特拉维夫在全城几十个公共空间提供免费的Wi-Fi。国际青年旅舍和许多好的酒店会对Wi-Fi或电脑上网收费；在以色列青年旅舍、民宿及中等价位的酒店里，Wi-Fi通常是免费的。

以色列和巴勒斯坦的SIM卡可以在约旦河西岸使用，但前者只能在靠近以色列定居点或边界的地区使用。在主要城市可以便宜地买到SIM卡（你需要护照），上网费与欧洲比相对较低。整个约旦河西岸的咖啡馆、餐馆、酒吧和酒店普遍提供Wi-Fi。

时间

以色列和巴勒斯坦的时间比格林尼治时间早2小时（夏令时期间早3小时），比北京晚6小时，比纽约早7小时，比洛杉矶早10小时，比墨尔本晚8或9小时。以色列和欧洲几乎同时开始和结束夏令时——分别在3月底和10月底，届时比北京时间晚5小时。

危险和麻烦

以色列总体上是一个非常安全的旅游地点，针对游客的暴力犯罪极为罕见。不过该国有一些独特的挑战，游客应该注意。

➡ 在游览边境地区时要小心，特别是那些靠近叙利亚和黎巴嫩或以色列和约旦河西岸之间的地区。

➡ 留意新闻，不要怕麻烦而不在酒店或青年旅舍寻求建议。

➡ 躲开示威活动，特别是在耶路撒冷，因为示威很快就会演变成暴乱。

➡ 如果你被问到有关政治局势的问题，要注意对方的情绪可能会高涨，讨论很快就会变得很激烈。

➡ 有条件的话要使用酒店保险箱。不要让贵重物品无人看管，尤其是在海滩上。

➡ 在约旦河西岸，当地人对游客的敌意几乎闻所未闻。然而，游客应谨慎行事，因为该地区处于军事占领之下，而且以色列军队和巴勒斯坦青年之间的冲突（例如在检查站和一些比较不稳定的城市）很常见，特别是在周五和巴勒斯坦葬礼等重大活动之后。避开示威活动，并尽可能避开抗议活动普遍存在的地区。

➡ 吸烟在约旦河西岸很常见，酒吧和餐馆的禁烟区非常罕见。尽管如此，越来越多的酒店和旅馆已经禁止在房间甚至在公共区域吸烟。

法律事务

虽然官方的政策比较宽松，但有人已经因吸食微量毒品被以色列警察逮捕。

游客（不同于以色列公民）不允许宣教。宗教是个敏感问题，所以如果你过于热情地分享你的信仰中的“福音”，可能会引起当地人的愤怒和警方的干涉。

巴勒斯坦警察不可以逮捕游客，但在将他们交给以色列安全部队之前可以将其扣押。

一旦你被逮捕，除了派低级别的外交官去看看你之外，大使馆能起的作用很小，因为一切都要依法处理。

礼仪

在礼仪方面，以色列和巴勒斯坦有时有点儿像雷区，但有些规则可以帮助你避免冒犯当地人的感情。

➡ **避开政治** 除非你很了解某人，否则通常要避免对冲突发表意见——或者至少在这样做时考虑到你的听众。亲以色列的立场在约旦河西岸不受欢迎，最好保持缄默。

➡ **保持礼貌** 即便感觉别人都不礼貌！以色列人以直率著称（几乎以此为傲），所以如果别人跟你的互动没那么彬彬有礼也不要感到惊讶。

➡ **穿着得体** 在正统派犹太教和传统穆斯林社区以及所有的宗教场所，必须穿着朴素，尤其是妇女。不过在特拉维夫和许多其他以色列城市穿什么都可以。

残障旅行者

以色列为残障人士（包

括轮椅使用者）提供了公共设施，已接近西欧和北美的水平。几乎所有的酒店和青年旅舍都为轮椅使用者准备了一间或多间专门的房间。许多旅游景点，包括博物馆、考古遗址和海滩，都设有无障碍通道。不少自然保护区提供专用的轮椅小径（见www.parks.org.il和www.kkl.org.il），并且每年都会增加新的。餐厅则参差不齐，因为很少有完全适合轮椅使用者的洗手间。路缘轮椅坡道非常常见。

关于无障碍设施的详细信息见Access Israel的网站www.aisrael.org。Yad Sarah Organisation（www.yadsarah.org）提供轮椅、拐杖和其他免费的辅助移动设备（需要支付押金）。

巴勒斯坦的设施没有以色列的那么完善，以色列国防军设的检查站使得在附近旅行更加困难，这些地方往往需要步行通过，有时还需要绕开障碍物。

在http://lptravel.to/AccessibleTravel可以下载Lonely Planet免费的残障人士旅行指南。

同性恋旅行者

以色列有非常热闹的同性恋活动。特拉维夫有许多彩虹旗、大规模的同性恋游行和众多的活动场所。海法和耶路撒冷有较小的同性恋社区。虽然度假胜地埃拉特的游客大多是以色列人，但这里对同性恋很友好。大多数提供支持、信息、通信录和活动的地方组织的总部设在特拉维夫和耶路撒冷。

正统派犹太教、伊斯兰教和几乎所有的圣地基督教教堂都坚决反对同性恋，所以在宗教社区需要小心。以色列没有反对同性恋的法律，也没有同性婚姻，不过承认在国外办理的同性婚姻。

在拉马拉以外，约旦河西岸十分保守，同性恋和同性恋文化基本是禁忌。即使是在拉马拉和伯利恒，也没有同性恋夜生活可言。就像阿拉伯世界的其他地方一样，同性间公开表达爱意肯定会让人皱眉——而且可能相当危险。

女性旅行者

女性旅行者通常会感觉和在任何一个西方国家一样安全自在，不过你需要跟在家里一样采取明智的防范措施。在一些海滩，外国妇女可能会引起不必要的注意。

当你计划行程时，要记住当地人对低调服饰的期望。虽然紧身服装在城市中心（如特拉维夫）很常见，但它们不适于比较保守的地区，还可能会在极端正统派犹太街区遭到公开的敌视。在造访保守地区和（犹太教、伊斯兰教、基督教、德鲁兹教派和巴哈伊教的）宗教场所时，穿盖住膝盖和肩膀的衣服。在伊斯兰教和基督教区域，穿长裤没有问题，但在一些犹太教地区以及犹太教圣地，只有长裙才可被接受。

随身携带一条披肩或围巾是个好主意：在拜访伊斯兰教圣地（清真寺、陵墓和圣殿山）时，你需要用它遮住自己的头和肩膀。而且如果某个宗教景点的看门人不满意你的着装，它也可以派上用场。

在公共汽车和小巴出租车上，一名妇女坐在一位极端正统派犹太男性旁边，可能会让他不舒服。虽然这可能是他的问题或是当地的敏感性，但你应该表示尊重。

志愿服务

以色列有很多参与志愿服务的机会。志愿服务通常是在考古发掘现场、ILH的青年旅舍或环保组织工作。可以看一下以色列志愿服务全国委员会（The National Council for Volunteering in Israel; www.ivolunteer.org.il）和以色列青年旅舍（www.hostelsisrael.com/volunteer-ina-hostel）的网站。

如果你是18~35岁，还可以去以色列传统的基布兹志愿劳动。对这种集体农场生活方式感兴趣的志愿者可以花2~6个月的时间在这里帮忙，进行各种体力劳动，如照料花园、洗涤餐具或挤牛奶。这里提供食宿，有时还有一小笔每周发放的津贴。更多信息请登录www.kibbutz.org.il/eng，或在www.kibbutzvolunteer.com上阅读一位英国志愿者的经历。

在巴勒斯坦，志愿者通常要帮助很多非政府组织工作，改善巴勒斯坦人的日常生活，比如巴勒斯坦医疗援助（Medical Aid for Palestinians; www.map-uk.org）组织。欢迎志愿者的团队有以下这些：

Al Rowwad Centre（www.alrowwad.org）

Freedom Theatre（www.the

freedomtheatre.org)

Hope Flowers School(www.hopeflowersschool.org)

Ibdaa Cultural Centre(http://en.ibdaa1948.org)

Palestinian Circus School(www.palcircus.ps)

Tent of Nations(www.tentofnations.org)

去约旦河西岸当志愿者一定要做好调查，有些机构比其他机构的声誉更好。

工作

在以色列合法工作需要内政部的许可证，就像在北美和西欧一样，这些都不容易得到。不过有个例外，如果根据法律你有资格获得移民签证，办理工作签证就相对容易。

由于巴勒斯坦的被占领状态，在约旦河西岸找到工作的人既需要以色列的工作许可，也需要巴勒斯坦权力机构的许可。众所周知，以色列拒绝向计划为巴勒斯坦非政府组织工作的外国人发放工作许可证，因此，一些工人选择持旅游签证进入以色列，跨境前往约旦河西岸，每3个月离开以色列以便给签证续签。如果当局怀疑某个人在没有签证的情况下工作，以色列就会禁止其入境。

交通指南

到达和离开

以色列和埃及以及约旦签订了和平协议，所以将佩特拉和西奈半岛的红海海岸结合起来游览是很容易的事。出于安全方面的考虑，西方国家政府建议公民不要前往西奈半岛北部旅行。

可登录网站www.lonelyplanet.com/bookings在线预订机票、汽车和团队游。

飞机

以色列的主要门户是**本-古里安国际机场**（Ben Gurion International Airport; TLV; www.iaa.gov.il），位于耶路撒冷西北方向52公里、特拉维夫市中心西南方向18公里处。机场每年的吞吐客流量约为2000万人次。关于到达和出发的最新详情，见机场的英文网站。

拉蒙国际机场（Ramon International Airport; www.iaa.gov.il）位于埃拉特以北18公里处的阿拉瓦谷（Arava Valley），于2019年1月作为以色列第二个国际机场开放。它取代了埃拉特市中心的机场（不再有涡轮螺旋桨在北滩上空低空俯冲），供以前使用**奥华特**（Ovda, Uvda; ☎08-367-5387; www.iaa.gov.il）空军基地的低成本航班使用。拉蒙国际机场也将被飞往本-古里安的航班所用，这些航班因为导弹威胁等原因必须改道。

以色列有直飞往返北京（每周3班）、香港（每周6班）和广州（每周3班）的航班，此外深圳（每周2班）和成都（每周2班）也有直飞特拉维夫的航班。如果不是从上述城市出发，可能需要在欧洲或东南亚城市中转后到达以色列。

以色列机场安检非常严格，所以不论是飞抵还是飞离以色列，国际旅客应至少提前3小时办理登机手续。

以色列的私营航空公司以色列航空（El Al; www.elal.co.il）有飞往美国、加拿大、南非、印度、泰国和中国等国家的几十个城市的直飞航班。

以色列航空以其严格的安全措施而知名。像其他以色列航空公司一样，据说它的飞机上也配备了阻隔热辐射的技术，这样是为了躲避导弹。

仅有几个中东城市有直飞特拉维夫的航班，分别是：安曼，由约旦皇家航空公司（Royal Jordanian; www.rj.com）提供航班；开罗，由西奈航空（Air Sinai，一家低调但价格昂贵的航空公司，

气候变化及旅行

任何使用碳基燃料的交通工具都会产生二氧化碳，这是人为导致气候变化的主要原因。空中旅行耗费的燃料以每公里人均计算或许比汽车少，但其行驶的距离却远很多。飞机在高空所排放的气体（包括二氧化碳）和颗粒同样对气候变化造成影响。许多网站提供“碳排量计算器”，以便人们估算个人旅行所产生的碳排量，并鼓励人们参与减缓全球变暖的旅行计划，以抵消个人旅行对环境所造成的影响。Lonely Planet会抵消其所有员工和作者旅行所产生的碳排放影响。

离境税

乘飞机离开以色列不收离境税，只有以色列与埃及和约旦的陆地口岸收取离境税。

是埃及航空的子公司）提供航班；伊斯坦布尔，土耳其航空（Turkish Airlines; www.turkishairlines.com）提供航班。

巴勒斯坦没有机场，因此乘飞机前往约旦河西岸的唯一途径是通过以色列或约旦。

陆路

来往约旦和埃及的详细信息见37页。

约旦河西岸有一个通过艾伦比大桥与约旦接壤的陆地口岸，但这是一个被以色列完全占领的地区，因此实际上就像越过边界进入以色列一样。

海路

除非你有自己的游艇，不然不可能走海路进入以色列。

当地交通

飞机

每天都有从本-古里安机场的国内航站楼飞往埃拉特的航班。Arkia（www.arkia.com）和Israir（www.israirairlines.com）的网站上有机票出售。Arkia也有航班飞往海法。

可在线购买机票，往返本-古里安国际机场的单程票价有时会低至US$25——相当于长途汽车的价钱！

自行车

骑自行车是游览以色列的绝佳方式。城市、村庄、自然保护区和考古遗址之间的距离相对较短，许多公路有宽阔的路肩（虽然司机们的开车方式“不太稳定”，并且一些主要的城际公路上是禁止骑自行车的），越野自行车车道和风景道越来越多。骑自行车游览还可以认识不同的人，以这样一种接地气的方式体验这个国家再好不过了。最重要的是，骑自行车既免费又环保。

骑自行车的主要缺点是天气炎热，这比被撞的危险更大。所以最好尽早出发，带足水。谨慎地选择路线：沿海平原相当平坦，上加利利、戈兰高地和死海地区有很多陡峭的山坡，内盖夫沙漠和约旦河谷极度炎热。最好的自行车一日游是环加利利海骑行（可以在太巴列租自行车）。

自行车可以免费带上城际长途车和所有的火车，包括那些开往本-古里安机场的火车。不过，周日至周四和周六晚上的高峰时间（6:00~9:00和15:00~19:00）除外（周五和犹太节日的前夕没有高峰期，所有火车都允许带自行车）。折叠自行车可以带上公交和所有火车。

一些自行车商店可以按周出租自行车。如果你从他们店里买新车，他们还可以从你手上以一个合理的价格回购。在特拉维夫（比如HaHashmona' im St沿街）、耶路撒冷、海法和其他城市，你会找到很多自行车商店，两个最大的连锁店是Rosen & Meents（www.rosen-meents.co.il）和Matzman & Merutz（www.matzman-merutz.co.il）。

有些航空公司在收取一笔比较合理的费用后会允许你把自行车带上飞机，有些则会收不少钱，所以订票前一定要看仔细。

自行车道的数量在以色列的所有城市都在增长，不过发展最好的自行车网络在特拉维夫，它有一个市立自行车出租项目O-Fun（http://ofun.co.il）。

巴勒斯坦的道路不是为骑自行车而设计的，自行车在约旦河西岸比较少见。但越来越多的旅行团迎合骑行者，其中包括Bike Palestine（www.bikepalestine.com）。

长途汽车

长途汽车开往以色列的每个角落和主要城市的每个区域，不过如果你不懂希伯来文，弄清楚公交线路会是个挑战。可以试试询问当地人或过路的司机。

几乎每个以色列的城镇、村庄和基布兹每天都有几趟长途汽车。不过，从周五午后到周六傍晚或晚上，绝大多数城际线路都不运行（去埃拉特和马吉达勒沙姆斯的线路除外）。

在长途汽车站售票窗口和汽车司机处均可买到车票，你不需要准备零钱。有几条线路（比如去往埃拉特的）可以买往返车票，比两张单程票加起来要便宜15%。

你得有一张可充值的

Rav-Kav智能卡才能享受大部分优惠，这种卡有两种版本：一种是记名卡（ishi），上面有你的照片，需要填写申请；另外一种匿名卡（anonimi）由车站（5NIS）或司机（10NIS）出售，可转让，但享受的折扣有限。好消息是两种卡都能为你省下所有票价的20%；坏消息是目前为止，你需要为每个客运公司准备一个单独的Rav-Kav账户（一张卡可容纳8个账户）。

以色列不再是Egged和Dan合作的双头垄断市场，如今全国大约有20家不同的客运公司，包括Egged和Dan在内，共同竞争交通部提供的路线。**公共交通信息中心**（Public Transportation Info Center；www.bus.co.il）提供所有客运公司的路线、时间表和价格（英语），网站上还提供可供安卓和iPhone手机使用的App。如果想通过短信来获取信息，发送一个以单词otobus开头的问题（用希伯来文）到4949。

你可能会用到的长途汽车公司：

Afikim（www.afikim-t.co.il）

Dan（www.dan.co.il）

Egged（www.egged.co.il）

Kavim（www.kavim-t.co.il）

Metropoline（www.metropoline.com）

Nateev Express（www.nateevexpress.com）

Nazareth Tourism & Transport（www.ntt-buses.com）

Rama（www.golanbus.co.il）

唯一需要（或可以）预订的是抵离埃拉特的车票，可以通过网站www.egged.co.il、App或电话（拨打2800或者03-694 8888）提前14天预订。注意：该系统可能只接受以色列信用卡，可能也接受PayPal。

在东耶路撒冷和约旦河西岸，有一些阿拉伯人运营的公交公司。与以色列的同行不同，他们在周末也照样运营。

小汽车和摩托车

要自己驾车，你只需要自己的普通驾驶执照（不需要国际驾照）。以色列的汽车协会是Memsi（www.memsi.co.il）。

在约旦河西岸，连接犹太定居点的高速公路通常现代且高速，但其他道路上通常会有驴车、交通拥堵和军队检查站。

租车

开车可以让你按照自己的节奏前进，沿途住在民宿，享受在偏僻小路上迷路，如果必要的话，还能在很短的时间游览很多地方。在耶路撒冷或特拉维夫自驾并没多大意义，因为停车超级麻烦，但在加利利、戈兰高地和内盖夫自驾是个好主意，那里的很多村镇每天只有很少的长途汽车。

大型租车公司集中在特拉维夫的HaYarkon St（距离海滩一个街区），但大多数公司在全国都有分店，包括：

Avis（www.avis.co.il）

Budget（www.budget.co.il）

Cal Auto（www.calauto.co.il）

Eldan（www.eldan.co.il）唯一一个在谢莫纳城有租车点的公司。

Green Peace（www.greenpeace.co.il）在东耶路撒冷，可以在艾伦比大桥取车。

Hertz（www.hertz.co.il）唯一一个在死海有租车点的公司。

租车（带保险，不计里程数）的费用低至每天140NIS、每周US$200或每月US$600（网上广告里低廉到难以置信的价格不包含保险费）。与游客不同的是，以色列人必须支付增值税/营业税（18%）。网上有很大折扣，例如那些出售飞机票的网站。油价约为每升US$2、每加仑US$7.60。

去机场提车需要收附加费。如果你有停车或交通罚单，租车公司可能把罚单转发给你，包括60NIS的手续费。一些公司要求租车人必须年满25岁。

仔细阅读保险合同的细则，特别是起赔额和免赔额，这一部分可以高达US$400或更多——虽然作为附加费用（如US$18），你可以不交。有些信用卡给予持卡人车辆碰撞险（CDW），但你仍需要购买第三方责任险——这一点需要跟你的信用卡发卡机构进行确认。即使是租车公司提供的保险，通常也不包括汽车底盘和轮胎的损害险。

需要注意的是，租车公司不允许你把车开到约旦河西岸在“奥斯陆协议”中被定义为A区和B区的地方，Dallah（www.dallahrentacar.com）和Goodluck（www.goodluckcars.com）是例外。沿Rte 1从耶路撒冷开车去死海或沿Rte 90从死海到加利利海，则没有问题。

在特拉维夫及其郊区，

Car2Go（www.car2go.co.il）提供按小时出租汽车的服务，费用是每年会员费140NIS外加每小时20NIS（每天180NIS）和每公里2NIS（前50公里过后，每公里1NIS）。

路况

以色列的道路路况都很好，但是根据最新的安全标准建造的道路才是最安全的。以色列的少数司机开车横冲直撞，所以开车要时刻小心。

南北向的公路是用偶数标记的，而东西向的公路是用奇数标记的。一般来说，由南向北、由西向东，数字会越来越大。因此，Rte 2沿地中海海岸，而Rte 90则靠近同约旦的边界；以色列最北端的道路是Rte 99，几乎与黎巴嫩的边界重合。Rte 1是特例，它连接特拉维夫与耶路撒冷和死海。

以色列有3条收费公路：

Rte 6（Kvish Shesh；www.kvish6.co.il）从以色列的中心向南绵延140公里。账单最高可达33NIS，会根据全国车牌数据库送到车主手上。一些租车公司为支付这些费用收取额外费用，有些甚至高达60NIS。避免这种情况的唯一方法是通过网站自己交钱。

卡梅尔隧道（Carmel Tunnels；www.carmeltunnels.co.il；一段/两段 7.50/14.90NIS）它在海法以南的卡梅尔山下，可以用现金或信用卡支付。

快车道（Nativ Mahir；www.fastlane.co.il）从本-古里安机场到特拉维夫的一条长13公里的快车道，费用根据交通状况而定，路况越糟糕，你付的就越多。

在安息日驾驶

根据犹太律法的解释，驾驶机动车亵渎了安息日的神圣性，部分原因是违反了生火和行路超过2000腕尺的禁令。因此，在正统派和极端正统派犹太人占多数的街道、社区和村庄，这天同其他许多犹太节日一样，从周五日落到周六日落后1小时会封闭交通。如果你在街道上遇到路障，不要开车乱转，否则你会发现当地人正对你怒目相向，甚至拿石头扔你。

传统上（虽然不是法律规定），没有人会在赎罪日那天在犹太社区开车出行——除了急救车。

交通规则

汽车靠右行驶，任何时候都必须系上安全带。除非你戴了免提耳机，否则开车时打电话是违法的，会被处以1000NIS的罚款。

路标使用英文、希伯来文和（通常有）阿拉伯文，对一些古怪的音译最好做好心理准备。最好的路线图是由MAPA（www.mapa.co.il/maps）出版的，在所有书店均可买到。

从11月到次年3月，在城际公路上开车时，必须打开前灯。

警车总是闪着蓝色（有时是红蓝相间）的灯，所以当你从后视镜里看到警车的灯在闪烁，并不意味着你有麻烦了（如果真有，他们会打开扬声器）。

搭便车

虽然搭便车曾经是出行的常见方式，但是最近包括绑架在内的暴力犯罪报告说明这是一项有风险的举动，因此我们不建议搭便车。在当地，请求搭便车很简单，在路上竖起食指即可。搭便车的行为在上加利利和戈兰高地最常见。

合乘出租车

以色列人称之为sheruts（发音是sheh-roots），而巴勒斯坦人叫它servees（发音是ser-vees），是一种很有用的交通工具。这些机动车常常是13座面包车，以固定价格沿固定路线行驶，有些像长途汽车，但没有固定车站。如果你不知道票价，可以问问其他乘客。

合乘出租车（希伯来语的复数形式为moni'ot Sherut，sherutim的字面意思是“浴室”）一般来说比大巴快。他们以出租车的要求来规范自己的运营，只在客满时发车，所以你可能要在车上等一段时间，不过等待时间很少超过20分钟。你可以在任何你喜欢的地方下车，但是可能仍需要支付达到最终目的地的全额票价。许多合乘出租车一周7天、每天24小时运营，是以色列在安息日和犹太节日期间唯一的公共交通工具，比如往来于特拉维夫和耶路撒冷。除了安息日价格略有上涨，它的票价跟长途汽车相同或略低一些。

当地交通工具

出租车

搭乘私人(speshel)出租车是很方便的,但有时候也会很麻烦,因为一些不法司机会趁机宰客。避免被敲竹杠的最好方法就是像一个自信的老手一样告诉司机你要去的地址,甚至具体到某个十字路口。打表几乎总是对你有好处的(根据法律,只要你要求,出租车司机必须打表),上车的时候要确保计价器调到初始价格。

在以色列,出租车起步价是12.30NIS(在埃拉特是10.50NIS)。21:00至次日5:30以及安息日和犹太节日期间实行的是收费标准2(比收费标准1贵25%)。出租车等待时收费是每小时94NIS。合法的附加费包括:

- 在本-古里安机场上车:5NIS
- 全尺寸行李:4.4NIS
- 第3位和第4位乘客:每人4.9NIS
- 电话预订:5.20NIS

现在许多以色列人使用手机应用GetTaxi(www.gettaxi.co.il)在以色列各地(除了埃拉特)预订出租车和支付费用。该应用有安卓和iPhone两个版本。优步(Uber)也在2014年进入以色列。

可以不给司机小费,但为了避免被敲竹杠,可以给出租车司机1~2NIS。

团队游

如果你时间有限(比如你想去佩特拉快速游览一圈),或者有特别的兴趣,参加团队游是个极好的选择。

以色列自然保护协会(Society for the Protection of Nature in Israel; http://natureisrael.org)十分推崇阖家出行、一起亲近自然的旅游方式(例如去看看春天的野花),他们服务的对象主要是以色列人,所以导游主要是说希伯来语。以色列自然保护协会提供的短途旅行是认识当地人的好机会。目前只有希伯来语网站列出了行程。

Abraham Hostel(www.abrahamtours.com)经营以下地区的完美一日游:耶路撒冷、约旦河西岸[包括伯利恒、纳布卢斯和希伯伦的"双重叙事之旅"(dual-narrative tour)]、死海、梅察达、海法、加利利和戈兰高地以及佩特拉。

Bein Harim Tours(www.beinharimtours.com)可以定制前往约旦佩特拉的团队游和旅程。

Touring Israel(www.touringisrael.com)定制高端的团队游。

United Tours(www.unitedtours.co.il)提供以色列国内一日或两日游的大型旅行社。

有许多公司提供约旦河西岸的团队游(见275页)。

火车

以色列铁路公司(Israel Railways; www.rail.co.il)运营舒适、便捷且沿途风景优美的客运铁路系统,列车时刻表可以查询公共交通信息中心(www.bus.co.il)。周五下午至周六日落火车停运。往返车票比两张单程票要便宜10%,5~10岁的儿童可以获得20%的优惠。与公交不同的是,以色列的火车允许带轮椅上车。

以色列最老的铁路始建于1892年,现在已经是著名的观光线路了,它连接特拉维夫车站和耶路撒冷南部(23.50NIS,1.5小时)。这条铁路大部分路段都在海边,至少每小时2班,沿途能欣赏地中海的美景。在去往特拉维夫途中,它会经过以下站点:

阿卡(41.50NIS,1.5小时)

海法(32NIS,1小时)

纳哈里亚(46.50NIS,1.5小时)

从特拉维夫出发的有用的线路:

贝尔谢巴(31.50NIS,1.5小时,每小时1班)

本-古里安机场(16NIS,18分钟,至少每小时1班,安息日除外)

2018年4月开放的一条新铁路线将特拉维夫和耶路撒冷之间的路程缩短到了28分钟,这多亏了一条价值20亿美元的高速铁路,这条铁路线还经过本-古里安机场。一条连接了海法和贝特谢安的铁路线在2016年开放。

约旦河西岸自从20世纪40年代起就没有铁路服务了。

健康指南

在旅途中生病或者受伤显然不是一件让人开心的事，但当你知道以色列有世界一流的医疗设施时，内心还是会稍有宽慰。

虽然以色列的医疗水平很高，但还是有一些当地特定状况需要旅客注意，特别是脱水、中暑和晒伤。

行前准备

推荐疫苗

以色列不要求游客在抵达前接种任何疫苗。

健康保险

健康保险可能不覆盖前往与加沙和黎巴嫩接壤的边境地区的旅行（不过戈兰高地通常被包括在内）。

请注意，以色列的健康保险一般不覆盖巴勒斯坦，但一些保险公司提供覆盖了两国的保险。

网络资源

通常情况下，出发之前最好咨询一下本国政府的医疗健康网站。

中国（cs.mfa.gov.cn）中国领事服务网上有关于以色列的医疗健康信息。

澳大利亚（www.smartraveller.gov.au）

加拿大（www.hc-sc.gc.ca/hl-vs/travel-voyage/index-eng.php）

英国（www.doh.gov.uk）

美国（wwwnc.cdc.gov/travel）搜索手册*Health Information for International Travel*（"黄皮书"）。

世界卫生组织（www.who.int/ith/en）你可以下载电子书*International Travel & Health*。

MD Travel Health（www.triphealth.org）按国家提供旅行健康建议。

在以色列和巴勒斯坦

医疗保健能力和成本

以色列国内拥有世界一流的公立医院，还拥有大量私立医院和私人诊所。如果你需要一张医院清单，请登录网站www.science.co.il/hospitals.asp查询。

药房（beit merkachat）在以色列城市的街头随处可见，药剂师讲英语，并可以通过你描述的症状给你一些医疗方面的建议。在市区，至少有一家药店是随时待命的（叫beit merkachat toran），可以拨打电话106（当地市政热线）进行咨询，或者查看网站www.onlineisrael.info/search-internet/health/city（希伯来语）。有些大药房的连锁店是24小时营业的。在巴勒斯坦，有些药品是过期的，因此使用之前一定要检查一下生产日期。

如果你需要处方药，最好在旅行前从家里带够，并携带一份详细的处方，以防出现药品不足的情况。注意：在以色列药店买处方药必须有以色列医生开具的处方。

私人牙科诊所无论在郊区街头还是市中心几乎随处可见。这里的口腔保健水平很高，但是要注意你的旅行保险通常只包含在紧急情况下的牙科治疗费用。

尽管巴勒斯坦的医疗设施不如以色列那么先进，但你可以放心，在紧急情况下，从巴勒斯坦前往以色列的医院并不会太远。巴勒斯坦的医院绝不像阿拉伯世界的某些地方那么糟糕，但作为一个外国人，你需要预先支付现金，并要求保险赔偿。

传染疾病

利什曼病

利什曼病是这片地区特有的疾病，通过被感染的白蛉叮咬传染，会导致慢性皮肤肿块或溃疡，可能会发展成严重威胁生命的发热，经常还伴随贫血或体重减轻。被感染的狗和其他动物（如蹄兔）都可以携带并传播这种疾病。在任何情况下都要避免被白蛉叮咬。

中东呼吸综合征

自2012年起，中东呼吸综合征在阿拉伯半岛、约旦和黎巴嫩被确诊，但目前还没有在这里暴发。中东呼吸综合征的症状包括发烧、咳嗽和呼吸急促，这种疾病通过亲密接触传播，因此大多数人并没有被感染的危险。大约有三分之一的中东呼吸综合征确诊病人死亡，不过确诊病人中的大多数所拥有的医疗条件是低于平均医疗水平的。想了解更详细的信息，请登录www.cdc.gov/coronavirus/mers。

狂犬病

狂犬病并不多见，但时有发生，因此应避免接触流浪狗以及野生动物，如狐狸。

狂犬病通过带病动物舔咬皮肤破损处传播，是一种致死疾病。接触动物的人应该接种疫苗，旅行者若前往那些被咬后24小时内找不到可靠疫苗的偏远地区也应该接种。1个月内要注射3次。如果没有接种疫苗，被咬后要在24小时内尽快接种第一针，全程需注射5次。

疫苗并不能帮你免疫，只能为你延长时间寻找适当的治疗。

旅行腹泻

旅行者简单的饮食改变可能就会引起腹泻，因此即使食物和饮用水非常卫生，你也可能会感觉胃部不适，因为你的身体还没有适应这些新食物——这通常需要几天的时间来适应。夏天，户外食物很容易变质，因此应该尽量避免在简陋的地方吃沙威玛和炸豆丸子，因为鹰嘴豆泥很容易变质（在室内餐厅吃鹰嘴豆泥可能会安全些）。

如果发生腹泻，一定要多补充液体，最好是喝含有盐和糖的口服补液。轻微腹泻不用治疗，不过如果每天腹泻超过四五次，就应该服用抗生素（一般是喹诺酮类药）和止泻药（如洛哌丁胺）。如果便中有血，并且持续超过72小时，或者伴有发热、寒战或严重腹痛，应该寻求医疗救助。

环境危害

中暑

轻度中暑是一种常见的疾病。大量出汗和过度体液流失之后，液体和盐分补充不足会导致中暑虚脱。在没有完全适应环境之前就在炎热的天气下进行不熟悉的运动很容易中暑，其症状包括头痛、眩晕和疲倦。当你感觉到口渴的时候，身体已经出现脱水了——口渴是在提醒你多喝水来稀释尿液。治疗轻度中暑的方法包括用水或果汁来补充体液，并用冷水或扇子降温。解决盐分缺失可摄入含盐的液体（例如汤），食物中可比平时稍微增加食盐用量。

真正的中暑要严重得多，

如果你需要医疗服务

在以色列如果遇到紧急情况需要叫救护车去医院或者紧急转移，可以使用任何电话拨打101呼叫全国紧急医疗服务Magen David Adom。其医务站同时提供非工作时间的急救服务。

对于不是特别紧急的状况，你可以按照以下步骤处理：

- 向你所住的酒店咨询附近医生的办公地点。
- 登录以色列医疗中心和医院网站（http://science.co.il/hospitals.asp），查找附近的医院名单。
- 在耶路撒冷地区，联系Terem Emergency Medical Centers（www.terem.com）或者Family Medical Center-Wolfson（http://fmcwolfson.com）。
- 在特拉维夫，联系**特拉维夫诊所**（见130页地图；☎054 94 1 4243，免费电话 1-800-201-999；www.telaviv-doctor.com；46 Basel St，Basel Sq附近）。

如果你的病情很严重，最好联系自己国家的大使馆或者领事馆。

它发生于身体的热调节机制崩溃之时。体温过度升高会导致排汗停止，还会出现不合理和过度活跃的行为，最终失去意识而死亡。用水喷湿身体或用扇子迅速降温是理想的治疗方法。一般也需要通过静脉注射来紧急补充体液和电解质。

昆虫叮咬和刺蜇

蚊子可能不携带疟疾病毒，但会带来刺激性和传染性的叮咬。使用以避蚊胺为基础成分的驱蚊剂可以防止蚊虫叮咬。蚊子还可能传播登革热。

蜜蜂和黄蜂只可能对那些严重过敏症患者造成危害。如果对蜜蜂或黄蜂的刺蜇严重过敏，应该携带肾上腺素或类似的注射剂。

白蛉生活在地中海沿岸的海滩上。白蛉叮咬通常只会引起严重发痒，但它们会导致一种罕见的皮肤病——利什曼病。使用以避蚊胺为基础成分的驱蚊剂可以防止叮咬。

近些年，地中海地区由于过度捕鱼，水母数量持续增长（鱼类捕食水母，在缺乏捕食者的情况下，水母数量迅速增长）。被水母蜇伤非常疼，但这种症状多数会在10~15分钟后消失。如果被蜇伤得很严重（如在面部或者生殖器），就需要医生来评估情况了。

干旱气候下经常会发现蝎子。被它们刺伤很痛苦，但很少危及生命。

青年旅舍和廉价酒店中经常有臭虫。被它们叮咬会导致瘙痒、起包。用适当的杀虫剂喷洒在床垫上能有效起到抑制作用。

在廉价住处经常会患上疥癣。那些小小的螨虫寄居在皮肤中，尤其是手指之间。它们会导致严重的瘙痒和皮疹。疥癣用药房买的洗液就能轻松处理。接触到你皮肤的人也同样需要治疗，因为他们很有可能成为没有症状的携带者。

蛇咬伤

绝大多数蛇是无毒的，但是也有毒蛇，例如巴勒斯坦山蝰（tzefa）。不要赤脚走路，也不要把手伸进洞口或缝隙中。

如果被蛇咬伤，不要惊慌。被毒蛇咬伤的人半数实际上都没有被注入毒液。用夹板（例如棍棒）将被咬伤的肢体固定住，然后用绷带用力裹紧被咬处，就类似用绷带缠裹扭伤处一样。不要用止血带，也不要切割或吮吸伤口。尽快接受医疗救助，这样才能在必要时注射抗蛇毒血清。

饮用水

以色列的自来水是可以安全饮用的，但是有时候会有些难闻的气味（在某些地方，自来水会带有少量盐分），因此很多以色列人都在家里使用净水器或者饮水机。在以色列各处都能买到瓶装水。旅行时，不要饮用河水或者湖水，因为这些水中可能含有细菌和病毒，会引起腹泻或者呕吐。

旅游健康书籍

建议参考的书籍包括：理查德·达乌德医生（Dr Richard Dawood）编辑的《旅行者健康》（*Traveller's Health*；牛津大学出版社）；泰德·兰克斯特（Ted Lankester）的《旅行者健康指南》（*The Travellers' Good Health Guide*；谢尔顿出版社），这本指南对志愿者以及在中东长期工作的外国人都非常实用。

语言

希伯来语

希伯来语是以色列的官方语言，全世界的使用人口有七八百万。书写方向为从右到左。

绝大多数希伯来语发音在英语中都能找到对应，按照我们的发音指南读，别人就能听懂了。a的发音为“ah”，ai参照“aisle”中的“ai”，e参照“bet”中的“e”，i参照“heat”中的“ea”，o参照“oh”中的“o”，u参照“boot”中的“oo”。kh参照苏格兰语“loch”中的“ch”，r（参照法语中的“r”）是喉音，发音部位在喉底。撇号（'）表示喉塞音（参照“uh-oh”一词中的停顿）。重音以斜体标示。

基本用语

你好。	.שלום	sha·*lom*
再见。	.להתראות	le·hit·ra·*ot*
是的。	.כן	ken
不是。	.לא	lo
请。	.בבקשה	be·va·ka·*sha*
谢谢。	.תודה	to·*da*
对不起。	.סליחה	sli·*kha*

想知道更多？

如果想要深入了解更多的语言信息和常用短语，请查阅Lonely Planet的*Middle East Phrasebook*。你可以在**shop.lonelyplanet.com**找到这本书，也可通过苹果应用程序商店（Apple App Store）购买Lonely Planet的iPhone短语手册。

你好吗？

?מה נשמע — ma nish·*ma*

我很好，谢谢。你呢？

.טוב, תודה — tov to·*da*

?ואתה/ואת — ve·a·*ta*/ve·*at* (m/f)

你叫什么名字？

?איך קוראים לך — ekh kor·*im* le·*kha*/lakh (m/f)

我的名字是……

...שמי — shmi...

你会说英语吗？

?אתה מדבר אנגלית — a·*ta* me·da·*ber* ang·*lit* (m)

?את מדברת אנגלית — at me·da·*be*·ret ang·*lit* (f)

我不明白。

.אני לא מבין/מבינה — a·*ni* lo me·*vin*/me·vi·*na* (m/f)

住宿

哪里有……？	?...איפה	e·fo ...
露营地	אתר הקמפינג	a·*tar* ha·*kemp*·ing
客栈	בית ההרחה	bet ha·'a·ra·*kha*
酒店	בית המלון	bet ma·*lon*
青年旅舍	נוער אכסניית	akh·sa·ni·*yat* no·*ar*
你们有……房间吗	יש לך ?... חדר	yesh le·*kha*/lakh *khe*·der... (m/f)
单人	ליחיד	le·ya·*khid*
双人	זוגי	zu·*gi*
多少钱	כמה זה	*ka*·ma ze

每……?	?...עולה ל	o·*le* le...
晚	לילה	*lai*·la
人	אדם	a·*dam*

餐饮

你能	אתה יכול	a·*ta* ya·*khol*
推荐	?...להמליץ על	le·ham·*lits* al... (m)
一家……吗?		
	את יכולה	at ye·cho·*la*
	?...להמליץ על	le·ham·*lits* al... (f)
咖啡馆	בית קפה	bet ka·*fe*
餐厅	מסעדה	mis·a·*da*

你会推荐什么?

?מה אתה ממליץ — ma a·ta mam·*lits* (m)

?מה את ממליצה — ma at mam·li·*tsa* (f)

当地特色菜是什么?

?מה המאכל המקומי — ma ha·ma·'a·*khal* ha·me·ko·*mi*

你们有素食吗?

יש לכם אוכל — yesh la·*khem* o·khel

?צמחוני — tsim·kho·*ni*

我想要	/אני צריך	a·*ni* tsa·*rikh*/
……谢谢。	צריכה את	tsri·*kha* et
	...,בבקשה.	...be·va·ka·*sha* (m/f)
账单	החשבון	ha·khesh·*bon*
菜单	התפריט	ha·taf·*rit*

紧急情况

救命!	!הצילו	ha·*tsi*·lu
走开!	!לך מפה	lekh mi·*po*

快叫……!	!...תתקשר ל	tit·ka·*sher* le...
医生	רופא	ro·*fe*/ro·*fa* (m/f)
警察	משטרה	mish·ta·*ra*

我迷路了。

.אני אבוד — a·*ni* a·*vud* (m)

.אני אבודה — a·*ni* a·vu·*da* (f)

哪里有厕所?

?איפה השירותים — e·fo ha·she·ru·*tim*

希伯来语数字

1	אחת	a·*khat*
2	שתיים	*shta*·yim
3	שלוש	sha·*losh*
4	ארבע	*ar*·ba
5	חמש	kha·*mesh*
6	שש	shesh
7	שבע	*she*·va
8	שמונה	*shmo*·ne
9	תשע	*te*·sha
10	עשר	*e*·ser
100	מאה	*me*·a
1000	אלף	*e*·lef

注意：英语数词在现代希伯来语中也有使用。

我生病了。

.אני חולה — a·*ni* kho·*le*/kho·*la* (m/f)

购物和服务

我想找……

... אני מחפש — a·*ni* me·kha·*pes*... (m)

...אני מחפשת — a·*ni* me·kha·*pe*·set... (f)

我能看看吗?

אפשר להסתכל — ef·*shar* le·his·ta·*kel*

?על זה — al ze

还有其他的吗?

?יש לך אחרים — yesh le·*kha*/lakh a·khe·*rim* (m/f)

多少钱?

?כמה זה עולה — *ka*·ma ze o·*le*

太贵了。

.זה יקר מדי — ze ya·*kar* mi·*dai*

账单有问题。

.יש טעות בחשבון — yesh ta·*ut* ba·khesh·*bon*

哪里有自动柜员机?

?איפה יש כספומט — *e*·fo yesh kas·po·*mat*

交通和方位

这是	/האם זה	ha·*im* ze/
去（海法）	... זאת ה	zot ha...

的……吗?	ל(חיפה)?	le·(khai·*fa*) (m/f)
船	אוניה	o·ni·*ya* (f)
长途汽车	אוטובוס	*o*·to·bus (m)
飞机	מטוס	ma·*tos* (m)
火车	רכבת	ra·*ke*·vet (f)

什么时间开……长途汽车?	באיזו שעה	be·e·zo sha·*a*
	האוטובוס	ha·o·to·bus
	ה ...?	ha...
首班	ראשון	ri·*shon*
末班	אחרון	a·kha·*ron*

一张……票，谢谢。	כרטיס	kar·*tis*
	אחד...	e·*khad*...
	בבקשה.	be·va·ka·*sha*
单程	לכיוון אחד	le·ki·*vun* e·*khad*
往返	הלוך ושוב	ha·*lokh* va·shov

去……多少钱?
כמה זה ל ...? *ka*·ma ze le...

请送我到（这个地址）。
תיקח/תיקחי אותי ti·*kakh*/tik·*khi* o·*ti*
ל(כתובת הזאת) (lak·to·*vet* ha·*zot*)
בבקשה. be·va·ka·*sha* (m/f)

哪里有（市场）?
איפה ה (שוק)? e·fo ha (shuk)

希伯来语标志

入口	כניסה
出口	יציאה
开放	פתוח
关闭	סגור
信息	מודיעין
禁止	אסור
厕所	שירותים
男	גברים
女	נשים

你能（在地图上）帮我指出来吗?
אתה/את a·*ta*/at
יכול/יכולה להראות ya·*khol*/ye·kho·*la* le·har·*ot*
לי (על המפה)? li (al ha·ma·*pa*) (m/f)

地址是什么?
מה הכתובת? ma hak·*to*·vet

阿拉伯语

巴勒斯坦使用的阿拉伯语被称为黎凡特阿拉伯语，这种通俗语和现代标准阿拉伯语有显著差异。在阿拉伯世界，现代标准阿拉伯语是官方的书面语言，用于学校、政府和媒体。阿拉伯语字母的书写方向为从右到左。

在我们的发音指南中，a的发音参照“act”一词中“a”的发音，aa参照“father”中的“a”，ae参照“air”中的“ai”，aw参照“law”中的“aw”，ay参照“say”中的“ay”，e参照“bet”中的“e”，ee参照“see”中的“ee”，i参照“hit”中的“i”，oo参照“zoo”中的“oo”，u参照“put”中的“u”，gh为喉音（发音参照法语里的“r”），r是卷舌音，dh参照“that”中的“th”，th参照“thin”中的“th”，kh参照“loch”中的“ch”。撇号（’）表示喉塞音（参照“uh-oh”中间的停顿）。

基本用语

你好。	مرحبا.	mar·ha·*ba*
再见。	خاطرَك.	*khaa*·trak (m)
	خاطرِك.	*khaa*·trik (f)
是的。	ايه.	’eeh
不是。	لا.	laa
请。	اذا بتريد.	'i·za bit·*reed* (m)
	اذا بتريدي.	'i·za bit·*ree*·dee (f)
谢谢。	شكراً.	*shuk*·ran
请原谅。	عفواً.	*'af*·wan
对不起。	آسف.	*'aa*·sif (m)
	آسفة.	*'aas*·fe (f)

你好吗?
كيفك؟/كيفِك؟ *ki*·fak/*ki*·fik (m/f)

我很好，谢谢。你呢?
منيح./منيحة. mneeh/*mnee*·ha (m/f)
وأنت/أنتي؟ oo ’ent/'*en*·tee (m/f)

阿拉伯语数字

1	١	واحد	waa·hed
2	٢	اثنين	'it·nayn
3	٣	ثلاثة	ta·laa·te
4	٤	اربع	'ar·ba'
5	٥	خمسة	kham·se
6	٦	ستة	sit·te
7	٧	سبعة	sab·'a
8	٨	ثمانية	ta·maa·ne
9	٩	تسعة	tis·'a
10	١٠	عشرة	'ash·ra
100	١٠٠	مية	mi·'e
1000	١٠٠٠	الف	'elf

注意：阿拉伯数字的书写方向是从左向右，有别于阿拉伯字母的书写方向。

你叫什么名字？

شو اسمَك؟ shoo 'es·mak (m)

شو اسمِك؟ shoo 'es·mik (f)

我的名字是……

اسمي... 'es·mee...

你会说英语吗？

بتحكي إنكليزي؟ btah·kee ing·lee·zee

我不明白。

ما فهمتْ. maa fa·he·met

住宿

哪里有……？	وين...؟	wen...
露营地	مخيّم	mu·khay·yam
客栈	بيت الضيوف	bayt id·du·yoof
酒店	فندق	fun·du'
青年旅舍	فندق شباب	fun·du' sha·baab

你们有	في عندكن	fee 'ind·kun
一个……房间吗？		
	غرفة...؟	ghur·fe...
单人	بتخت	bi·takht
	منفرد	mun·fa·rid
双人	بتخت	bi·takht
	مزدوّج	muz·daw·wej

多少钱	قديش هقه؟	'ad·deesh li·
每……？		
晚	ليلة	lay·le
人	شخص	shakhs

餐饮

你能	بتوصي	bit·waa·see
推荐	بـ...؟	bi·
一家……吗？		
咖啡馆	مقهى	ma'·ha
餐厅	مطعم	mat·am

你会推荐什么？

بشو بتوصي؟ bi·shoo btoo·see

当地特色菜是什么？

شو الوجبة الخاصة؟ shoo il·waj·be il·khaa·se

你们有素食吗？

في عندكن fee 'ind·kun

طعام نباتي؟ ta·'aam na·baa·tee

我想要	بدي ....،	bid·dee...
……谢谢。	لو سمحت.	law sa·maht

阿拉伯语标志

入口	مدخل
出口	مخرج
开放	مفتوح
关闭	مغلق
信息	معلومات
禁止	ممنوع
厕所	دوراتُ المياه
男	الرجال
女	النساء

账单	الحساب	il·hi·saab
菜单	قائمة الطعام	'ae·' i·met it·ta·'aam

紧急情况

救命!	!ساعدني	saa·' id·nee (m)
	!ساعديني	saa·'i·dee·nee (f)
走开!(对男人/女人)	روح! / روحي!	rooh/ roo·hee
快叫……!	!...اتصل بـ	'it·ta·sil bi·...
医生	دكتور	duk·toor
警察	الشرطة	ish·shur·ta

我迷路了。

.أنا ضائع	'a·na daa·'i' (m)
.أنا ضائعة	'a·na daa·'i·'e (f)

哪里有厕所?

وين الحمامات؟	wen il·ham·maa·maat

我生病了。

.أنا مريض	'a·na ma·reed (m)
.أنا مريضة	'a·na ma·ree·de (f)

购物和服务

我在找……

...بدور عن	bi·daw·wer 'an...

我能看看吗?

ورجني ياه؟	war·ji·nee yaah (m)
ورجيني ياه؟	war·jee·nee yaah (f)

还有其他的吗?

في عندكن غيره؟	fee 'ind·kun ghay·ru

多少钱?

قديش هيهقه؟	'ad·deesh ha' ·'u

太贵了。

.هيدا غالي اكتير	ha·da ghaa·lee 'ik·teer

账单有问题。

.في خطأ بالحساب	fee kha·ta' bil·hi·saab

哪里有自动柜员机?

وين جهاز الصرافة؟	wen je·haez is·sa·raa·fe

交通和方位

这是去	...هدا الـ	ha·da il·...
(佩特拉)的……吗?	لـ (بيترا) ؟	la·(bee·tra)
船	سفينة	sfee·ne
长途汽车	باص	baas
飞机	طائرة	taa·' i·re
火车	قطار	' i·taar

什么时候开……长途汽车?	أمتى الباص...؟	'em·ta il·baas il·...
首班	اول	'aw·wel
末班	اخر	'aa·khir

一张……票,谢谢。	...تذكرة اذا بتريد.	taz·ki·re... 'i·za bit·reed
单程	ذهاب	za·haab
往返	ذهاب واياب	za·haab oo ' ee·yaab

去……多少钱?

قديش الاجرة لـ...؟	'ad·deesh il·'uj·re la...

请送我到(这个地址)。

اوصلني عند (هيدا العنوان).	'oo·sal·nee 'ind (ha·da il·'un·waan)

哪里有(市场)?

وين الـ (سوق) ؟	wen il·(soo')

你能(在地图上)帮我指出来吗?

بتورجني (عالخريطة) ؟	btwar·ji·nee ('al·kha·ree·te)

地址是什么?

شو العنوان؟	shoo il·'un·waan

术语表

非英语起源的词语在括号中进行了标注：希伯来语标为“H”，阿拉伯语标为“A”。单数和复数表示为“s”和“pl”，阳性和阴性词语表示为“mas”和“fem”。

ablaq（A）——建筑中，一排亮色石头和一排暗色石头相间的样子

abu（A）——（……的）父亲，经常用作名字的一部分；另见umm

agorot（H）——以色列货币中最小的单位，1NIS=100agorot

ain（A）——泉水或水源；也作ein

al（A）——定冠词，相当于英语单词“the”；也拼作“el-”，或被其后的字母取代其中的“l”，例如ash-sharif

aliya（H）——以色列移民（字面意思是“向上”）

b'seder（H）——好的

bab（A）——门

bakashot（H）——在冬季安息日的清晨，按照塞法迪犹太人（如来自叙利亚阿勒颇的）仪式，在犹太会堂吟唱一轮祈祷歌

be'er（H）——井

beit knesset（H）——犹太会堂

beit merkachat（H）——药房

beit/beth（H）——住宅

bimah（H）——犹太会堂中央的讲台

bir（A）——井

burj（A）——要塞或塔

caravanserai（A）——见khan

daf（A）——小手鼓

derekh（H）——街道或道路

ein（H）——泉水

Eretz Yisra'el（H）——以色列的土地

Eretz Yisra'el HaShlema（H）——含义更广泛的以色列的土地，一个曾经被犹太定居者运动使用的词，意指他们所认为的上帝赐予以色列人的领土（包括约旦河西岸和戈兰高地，对一些人来说也包括加沙）

gadol（H）——大

gan（H）——花园或公园

Haganah（H）——哈嘎那，字面意思是“防卫”，英国托管时期的犹太地下军队，现代以色列国防军（IDF）的前身

hajj（A）——穆斯林去麦加朝圣

Hamas（A）——哈马斯，伊斯兰组织，目的是在1948年之前属于巴勒斯坦的领土上建立一个伊斯兰国家

hammam（A）——公共浴室

har（H）——山

haraam（A）——字面意思是“禁止”，指圣所

Hared/Harediya/Haredim/Harediyot（H, mas s/fem s/mas pl/fem pl）——极端正统派犹太人，既指哈西德派成员，又指反对哈西德派的团体中的成员，分别称为“Litvaks”（立陶宛派）/“Misnagdim”（反对派）

Hasid/Hasidim（H, mas s/mas pl）——有神秘主义倾向的极端正统派，该教派由Ba'al Shem Tov于18世纪在波兰创立

hazzanut（H）——犹太教仪式歌唱

Hebrew Bible——旧约

Hezbollah（A）——黎巴嫩真主党，与伊朗关系密切的黎巴嫩什叶派政党和武装组织

hof（H）——海滩

hurva（H）——遗迹

IDF——以色列国防军；国家军队

iftar（A）——斋月期间每日黄昏后的开斋饭

intifada（A）——字面意思为“摆脱”，指巴勒斯坦人反对以色列的起义；第一次巴勒斯坦大起义从1987年持续到1990年，第二次巴勒斯坦大起义从2001年持续到2005年

Islam（A）——伊斯兰教，字面意思为“顺从神（真主）的旨意”，绝大多数巴勒斯坦人信奉的宗教

israa'（A）——先知穆罕默德从麦加到耶路撒冷的“夜行登霄”

juhhal（A）——字面意思为“无知”，指德鲁兹派中没有成为核心成员的人

kafr（A）——村庄

kashrut（H）——宗教饮食规定，即犹太洁食的规定

katan（H）——小的

keffiyeh（A）——巴勒斯坦阿

拉伯人戴的黑白格子头巾
ketuba（H）——犹太婚礼契约
kfar——村庄
khan（A）——针对旅行者的客栈，一般建在主要贸易路线上，围绕中央庭院而建，楼上住宿，楼下为马厩和仓库
khirbet（A）——（……的）遗迹
kibbutz/kibbutzim（H，s/pl）——基布兹，由成员共同经营的集体农场，曾经完全基于农业，现在涵盖各个行业；另见moshav
kibbutznik（H）——基布兹成员
kikar（H）——广场，环岛
kippa/kippot（H，s/pl）——虔诚的犹太男人（及改革和保守派犹太教徒，有时为女性）戴的无檐便帽，在意第绪语中被称为“yarmulke”（圆顶小帽）
Klezmer（H）——东欧犹太人的传统音乐，通常被称为传统的犹太灵魂音乐
Knesset（H）——以色列议会
Koran（A）——见Quran
kosher（H）——犹太洁食；另见kashrut

ma'ayan（H）——泉水，池
madrassa（A）——神学院，尤其是那些与清真寺相关的
majdal（A）——塔
makhtesh（H）——冰川侵蚀
matkot（H）——以色列沙滩网球
menorah（H）——七枝大烛台，用于装饰古代耶路撒冷神庙，从那时起成为犹太人的象征，现在是以色列国家象征
mi'raj（A）——先知穆罕默德从耶路撒冷“夜行登霄”
midrahov（H）——步行街
mihrab（A）——清真寺中指示麦加方向的圣龛
mikveh（H）——犹太仪式浸浴
minaret（A）——清真寺的宣礼塔；在此处，宣礼员用传统的歌唱形式来召唤信徒祷告
mitzvah（H）——命令或义务；一件善事
Mizrahi/Mizrahim（H，s/pl）——来自中东犹太人社区的犹太人，如来自摩洛哥、也门和伊拉克等伊斯兰国家；这个词语通常与“Sephardi”（塞法迪犹太人）互换，尽管严格来说，只有被逐出西班牙的犹太人后裔才能称作塞法迪犹太人
moshav/moshavim（H，s/pl）——集体耕作制，公私混合的住宅及经济活动；另见kibbutz
moshavnik（H）——moshav的成员
muqarna（A）——枕梁；类似悬吊的钟乳石的建筑装饰元素

nahal（H）——河流
Naqba（A）——字面意思为“灾难”，巴勒斯坦人口中的1948年阿以战争
nargileh（A）——水管；另见sheesha
ney（A）——奈伊笛

oleh/olah/olim/olot（H，s mas/s fem/pl mas/pl fem）——移民

PA——巴勒斯坦权力机构
PFLP——解放巴勒斯坦人民阵线
PLO——巴勒斯坦解放组织
PNC——巴勒斯坦全国委员会，是巴勒斯坦解放组织的管理机构

Quran（A）——《古兰经》

ras（A）——海岬
refusenik（H）——原指一个苏联犹太人被拒绝移民至以色列，如今有时指代那些拒绝在约旦河西岸的以色列国防军服役的以色列人
rehov（H）——街道
ribat（A，H）——朝圣者旅舍或招待所

sabil（A）——公共饮水机
sabra（H）——字面意思为“仙人球”，指土生土长的以色列人
servees（A）——巴勒斯坦的小型公共汽车或小巴出租车，另见sherut
settler——定居者，指在1967年的六日战争期间占领的约旦、埃及和叙利亚领土上开拓新社区的以色列人，希伯来语中的定居者为“mitnachel”
sha'ar（H）——门
shabab（A）——字面意思为“年轻人”，指作为对抗以色列国防军和投掷石块主力的巴勒斯坦青年
Shabbat（H）——犹太安息日，从周五晚上日落开始，在周六日落后1小时结束
shalom（H）——和平；你好；再见
Shari'a（A）——伊斯兰律法
Shechina（H）——神示
sheikh（A）——博学的人或长者
shekel/sh'kalim（H，s/

pl）——谢克尔，以色列货币单位

Shema（H）——施玛篇，论述犹太神学和一神论

sherut（H）——小巴出租车；以色列路线固定的市内或城际的小型客车；另见servees

shisha（A）——水管（在埃及使用的词语）；另见nargileh

shiva（H）——为一级亲属举办的为期一周的哀悼仪式

shofar（H）——在传统犹太教的新年和赎罪日吹奏的公羊角

shtetl（H）——东欧传统的小规模犹太村庄

sukkah/sukkot（H，s/pl）——住棚节时建的小型住处

taboun（H）——黏土烤箱

tel（H）——山；考古学中指因为在同一地点不断地兴建和摧毁城市而形成的高地

Torah（H）——摩西五经，即希伯来圣经（旧约）的前五册，也称作Pentateuch

Tzahal（H）——希伯来语中以色列国防军的缩写

tzimmer（H）——德语的字面意思为“房间”，指民宿或假日小屋，也拼作“zimmer”

tzitzit（H）——正统派犹太男人佩戴的白流苏，附于衬衣四角；或指披肩上打结的流苏

ulpan/ulpanim（H，s/pl）——语言学校

umm（A）——（……的）母亲；abu的阴性词

UNRWA——联合国巴勒斯坦难民救济和工程处

uqqal（A）——智者；德鲁兹派内部的核心成员；另见juhhal

wadi（A）——干涸的河道，除非大雨倾盆

WZO——世界犹太复国主义组织

ya'ar（H）——森林

yad（H）——手；纪念

yeshiva/yeshivot（H，s/pl）——犹太教神学院或学校

zimmer（H）——另见tzimmer

幕后

说出你的想法

我们很重视旅行者的反馈——你的评价将鼓励我们前行，把书做得更好。我们同样热爱旅行的团队会认真阅读你的来信，无论是表扬还是批评都非常欢迎。虽然很难一一回复，但我们保证将你的反馈信息及时交到相关作者手中，使下一版更完美。我们也会在下一版特别鸣谢来信读者。

请把你的想法发送到**china@lonelyplanet.com.au**，谢谢！

请注意：我们可能会将你的意见编辑、复制并整合到Lonely Planet的系列产品中，例如旅行指南、网站和数字产品。如果不希望书中出现自己的意见或不希望提及你的名字，请提前告知。请访问lonelyplanet.com/privacy了解我们的隐私政策。

声明

58~59页的立体插图由Javier Martinez Zarracina绘制，366~367页的立体插图由Michael Weldon绘制。

封面图片：死海，vvvita/Shutterstock©。

本书部分地图由中国地图出版社提供，其他为原书地图，审图号GS（2019）5006号。

关于本书

这是Lonely Planet《以色列和巴勒斯坦》的第9版。本书的作者为丹尼尔·罗宾逊、奥兰多·克劳克罗夫特、阿妮塔·伊萨尔斯卡、丹·萨弗里·拉兹和珍妮·沃克，上一版的作者为丹尼尔·罗宾逊、奥兰多·克劳克罗夫特、弗吉尼亚·麦克斯维尔和珍妮·沃克。

本书为中文第二版，由以下人员制作完成：

项目负责 关媛媛

项目执行 丁立松

翻译统筹 肖斌斌 李昱臻

翻　　译 国 蓓 姜 珊 陈星晓 徐黄兆

内容策划 周伯源（本土化） 徐 璐 李 昕

视觉设计 庹桢珍 李小棠

协调调度 沈竹颖

责任编辑 叶思婧

编　　辑 戴 舒

地图编辑 田 越

制　　图 张晓棠

终　　审 杨 帆

流　　程 孙经纬

排　　版 北京梧桐影电脑科技有限公司

感谢洪良、薛平、向阳、肖潇、刘蓓蕾为本书提供的帮助。

索 引

A

Abu Ghosh 阿布高希 115
Acre, see Akko 阿卡, 见Akko
Agamon HaHula 阿噶蒙哈胡拉 256
Akko (Acre) 阿卡 14, 195~202, **198**, 14
Al Aqsa Mosque 阿克萨清真寺 63
Al Beidha (Petra) 阿尔贝德哈（佩特拉）364
Al Haram Ash Sharif 圣殿山 55~63, **58~59**
Alexander Stream National Park 亚历山大溪国家公园 162
Ancient City (Petra) 古城（佩特拉）355~358
Apollonia National Park 阿波罗尼亚国家公园 160~161
Arava, the 阿拉瓦 339~342
Arbel National Park 亚伯山国家公园 230
Atlit 阿特利特 188~189
Avdat 阿伏达特 330

B

Baha' i Gardens (Akko) 巴哈伊花园（阿卡）199
Baha' i Gardens (Haifa) 巴哈伊花园（海法）12, 168~169, 12, 370
Basilica of the Annunciation 天使报喜堂 207~209, 22
Be' er Sheva 贝尔谢巴 326~329, **327**
Beit Alpha Synagogue 贝特阿尔法犹太会堂 221
Beit Guvrin-Maresha National Park 古伯林玛利沙国家公园 118
Beit She' an 贝特谢安 15, 219~220, 15
Beit She' an Valley 贝特谢安山谷 219~223
Beit She' arim 贝特沙瑞姆 185
Bethlehem 伯利恒 16, 276~285, **278**, 5, 16
Bethsaida 贝特赛达 233
Bio-Ramon 拉蒙自然保护区 334~335

C

Caesarea 凯撒利亚 13, 192~195, **193**, 13
Caesarea National Park 凯撒利亚国家公园 194, 370
Capernaum 迦百农 15, 232, 15
Caro Synagogue 卡罗犹太会堂 243~244
City of David 大卫城 79~81
Coral Beach Nature Reserve 珊瑚海滩自然保护区 344

D

Damascus Gate 大马士革门 72~73
Dead Sea 死海 9, 45, 307~323, **308**, 9, 380~381
Dome of the Ascension 升天堂 82
Dome of the Rock 岩石圆顶清真寺 9, 62~63, 8~9, 374

E

Eilat 埃拉特 342~352, **344**, **346~347**
Ein Bokek 隐波给 319~321
Ein Gedi 恩盖迪 310~314
Ein Gedi Nature Reserve 恩盖迪自然保护区 311~312, 381
Ein Hod 艾因霍德 186~188
Elijah' s Cave 以利亚洞穴 175
En Avdat National Park 阿伏达特国家公园 330~331, 22

G

Galilee, Lower 下加利利 44, 206~238, **208**
Galilee, Upper 上加利利 44, 239~270, **240**
Gan-Garoo Australian Park 澳大利亚甘加若公园 221
Gaza Strip 加沙地带 44, 302~306
Golan Heights 戈兰高地 261~270
Gordon Beach 戈登海滩 129, 368~369
Greek Orthodox Church of the Annunciation 希腊正教报喜

000 地图页码
000 图片页码

堂 211

H

Hai-Bar Yotvata Nature Reserve 约巴他自然保护区 339
Haifa 海法 43, 166~184, **168**, **170~171**
Hamat Gader 哈马特加德尔泉 235~236
Hamat Tveriya National Park 哈玛特特夫利亚国家公园 226
Har Hazikaron 纪念山 91~93
Hebron 希伯伦 293~296, **379**
Hecht Museum 赫克特博物馆 175~176
Herodium 希律堡 282
Herzliya 海尔兹利亚 160~161
Hisham' s Palace 希沙姆宫 291
Holon 霍隆 161~162
Hula Valley 胡拉山谷 255~257

I

Incense Route 香料之路 330~331
Israel Museum 以色列博物馆 17, 89~91, **17**
Israel National Trail 以色列国家步道 217

J

Jaffa (Yafo) 雅法 43, 136~139, **136**
Jaffa Gate 雅法门 63
Jenin 杰宁 299~301
Jericho 杰里科 12, 290~293, **12**, **375**
Jerusalem 耶路撒冷 43, 48~115, **50~51**
Jesus Trail 耶稣朝圣之路 212
Jish 吉什 252~254

K

Kafr Kana 法尔卡纳 216
Katzrin 卡茨林 262~264
Kidron Valley 汲沦谷 79~81
Kiryat Shmona 谢莫纳城 259~260
Kursi National Park 古尔西国家公园 235

L

Last Supper, Room of the 最后的晚餐厅 77~78
Latrun 拉特伦 116~117
Lot' s Wife 罗得的妻子 321
Lower Galilee下加利利，见 Galilee, Lower

M

Mahane Yehuda Market 马哈耐耶胡达市场 85, **30**, **60**
Majdal Shams 马吉达勒沙姆斯 269~270
Majrase Nature Reserve 马佳萨自然保护区 235
Makhtesh Ramon 拉蒙凹地 16, 334, **16**
Mamshit 马姆希特 331
Mar Saba Monastery 马萨巴修道院 281~282, **378~379**
Masada 梅察达 12, 315~319, **12**
Masada National Park 梅察达国家公园 316
Mea She' arim 梅阿谢阿里姆 90
Merom Golan 梅莫戈兰 266~267
Metula 梅图拉 260~261
Mitzpe Ramon 密兹比拉蒙 332~339, **334**
Montfort Castle 蒙福尔城堡 203
Mount of Olives 橄榄山 81~83
Mount of Temptation 试探山 291
Mount of the Beatitudes 八福山 232
Mt Gilboa 基利波山 222~223
Mt Hermon 赫尔蒙山 270
Mt Meron 梅龙山区 250~254
Mt Sodom 索多玛山 322
Mt Tabor 塔博尔山 217~218
Mt Zion 锡安山 75~79

N

Nablus 纳布卢斯 17, 296~299, **297**, **17**
Nazareth 拿撒勒 14, 207~216, 210~211, **15**, **372**
Negev 内盖夫 45, 324~352, **325**
Negev Highlands 内盖夫高地 329~332
Neot HaKikar 诺特哈奇卡 322~323
Netanya 内坦亚 162~163
Nimrod 宁录 268~269
Nimrod Fortress 宁录要塞 268

O

Odem 奥德姆 267
Our Lady of the Ark of the Covenant 约柜圣母堂 115

P

Palestinian Heritage Museum 巴勒斯坦历史博物馆 84
Petra 佩特拉 45, 353~365, **354**, **366~367**
Pool of Al Anazia 阿尔-安扎大池 164
Pool of Bethesda 毕士大池 74

Q

Qasr Al Yahud 犹太人城堡 292, **375**
Qumran National Park 昆兰国家公园 314~315

000 地图页码
000 图片页码

索引 G-Q

R

Rabin Square 拉宾广场 122~123
Ramallah 拉马拉 10, 285~289, **286**, **10**
Ramla 拉姆拉 163~164, **164**
Rosh HaNikra Grottoes 罗斯哈尼卡拉石窟 204, **370**
Rosh Pina 罗什平纳 254~255

S

Safed, see Tsfat 赛弗德，见采法特
Sea of Galilee 加利利海 15, 44, 229~238, **208**, **372~373**
Shivta 席伏塔 331
Shrine of Abu Ibrahim 阿布·易卜拉欣神殿 186
Shrine of the Báb 巴孛陵寝 169
Siq 西克峡谷 355
Siq Al Barid 小佩特拉峡谷 364~365
Sodom 索多玛 321~322
Soreq Cave 所雷克洞穴 117
Stella Maris Carmelite Monastery 圣母修道院 174~175

T

Tabgha 塔布加 230
Taybeh 塔伊比赫 289~290
Tel Al Sultan 杰里科古城 291
Tel Aviv 特拉维夫 17, 43, 119~159, **120**, **17**, **368~369**
Tel Aviv Museum of Art 特拉维夫艺术博物馆 123~124
Tel Dan Stele 但丘石碑 258
Tell Balata Archaelogical Park 巴拉他丘考古公园 296~297
Templars' Tunnel 圣殿骑士隧道 197
Temple Mount/Al Haram Ash Sharif 圣殿山 55~62, **58~59**
Tiberias 太巴列 223~229, **224**
Tower of David 大卫塔博物馆 63~64
Tsfat 采法特 13, 241~250, **242**, **13**
Tzipori 齐波里 216~217, **373**

V

Valley of Jehoshaphat 约沙法山谷 81
Via Dolorosa 十字架苦路 64, **67**, **374~375**

W

Wadi David 大卫河道 312
Wadi Musa 瓦迪穆萨 358~364, **360**
West Bank 约旦河西岸 44, 271~301, **272**
Western Wall 西墙（哭墙） 10, 69~70, **11**, **374**
Western Wall Tunnels 西墙隧道 70~71

Y

Yad Vashem 犹太大屠杀纪念馆 91~93
Yasser Arafat Museum 亚西尔·阿拉法特博物馆 285~286
Yehudiya Nature Reserve 耶胡迪亚自然保护区 264
Yitzhak Rabin Centre 伊扎克·拉宾中心 135

Z

Zichron Ya'akov 济赫龙雅各布 190~192
Zion Gate 锡安门 75~79

地图图例

景点

- 海滩
- 鸟类保护区
- 佛教场所
- 城堡
- 基督教场所
- 孔庙
- 印度教场所
- 伊斯兰教场所
- 耆那教场所
- 犹太教场所
- 温泉
- 神道教场所
- 锡克教场所
- 道教场所
- 纪念碑
- 博物馆/美术馆/历史建筑
- 历史遗址
- 酒庄/葡萄园
- 动物园
- 其他景点

活动、课程和团队游

- 人体冲浪
- 潜水/浮潜
- 潜水
- 皮划艇
- 滑雪
- 冲浪
- 游泳/游泳池
- 徒步
- 帆板
- 其他活动

住宿

- 住宿场所
- 露营地

就餐

- 餐馆

饮品

- 酒吧
- 咖啡馆

娱乐

- 娱乐场所

购物

- 购物场所

实用信息

- 银行
- 使领馆
- 医院/医疗机构
- 网吧
- 警察局
- 邮局
- 电话
- 公厕
- 旅游信息
- 其他信息

地理

- 棚屋/栖身所
- 灯塔
- 瞭望台
- 山峰/火山
- 绿洲
- 公园
- 关隘
- 野餐区
- 瀑布

人口

- 首都、首府
- 一级行政中心
- 城市/大型城镇
- 镇/村

交通

- 机场
- 过境处
- 公共汽车
- 缆车/索道
- 自行车路线
- 轮渡
- 地铁
- 单轨铁路
- 停车场
- 加油站
- 出租车
- 铁路/火车站
- 有轨电车
- 其他交通方式

路线

- 收费公路
- 高速公路
- 一级公路
- 二级公路
- 三级公路
- 小路
- 未封闭道路
- 广场
- 台阶
- 隧道
- 步行天桥
- 步行游览路
- 步行游览支路
- 小路

境界

- 国界
- 一级政区界
- 未定国界
- 地区界
- 军事分界线
- 海洋公园
- 悬崖
- 墙

水文

- 河流、小溪
- 间歇河
- 沼泽/红树林
- 暗礁
- 运河
- 水域
- 干/盐/间歇湖
- 冰川
- 珊瑚礁

地区特征

- 海滩/沙漠
- 基督教墓地
- 其他墓地
- 公园/森林
- 运动场
- 一般景点(建筑物)
- 重要景点(建筑物)

注：并非所有图例都在此显示。

我们的故事

一辆破旧的老汽车，一点点钱，一份冒险的感觉——1972年，当托尼（Tony Wheeler）和莫琳（Maureen Wheeler）夫妇踏上那趟决定他们人生的旅程时，这就是全部的行头。他们穿越欧亚大陆，历时数月到达澳大利亚。旅途结束时，风尘仆仆的两人灵机一闪，在厨房的餐桌上制作完成了他们的第一本旅行指南——《便宜走亚洲》(*Across Asia on the Cheap*)。仅仅一周时间，销量就达到了1500本。Lonely Planet 从此诞生。

现在，Lonely Planet在都柏林、富兰克林、伦敦、墨尔本、奥克兰、北京和德里都设有公司，有超过600名员工和作者。在中国，Lonely Planet被称为“孤独星球”。我们恪守托尼的信条：“一本好的旅行指南应该做好三件事：有用、有意义和有趣。”

我们的作者

丹尼尔·罗宾逊(Daniel Robinson)

下加利利和加利利海、上加利利及周边、死海、内盖夫 丹尼尔在旧金山附近和芝加哥长大，不过他童年时代曾在耶路撒冷短暂地生活过，少年时代在洛坦基布兹度过一段时间，然后在特拉维夫生活了多年，在那里他获得了奥斯曼帝国晚期历史博士学位，为美联社报道过自杀式炸弹袭击，同时帮助并领导当地的自行车组织Critical Mass为改变自行车道设计而组织的活动。自1989年成为Lonely Planet的作者以来，他先后获得普林斯顿大学近东研究学士学位和特拉维夫大学犹太历史硕士学位。他最喜欢的活动包括在特拉维夫那些历史悠久的道路上漫步，在恩盖迪的干谷中徒步，在胡拉山谷和阿拉瓦山谷观鸟。

奥兰多·克劳克罗夫特(Orlando Crowcroft)

约旦河西岸、加沙地带 奥兰多·克劳克罗夫特是《新闻周刊》(*News Week*)的高级编辑、作家和前驻外记者，于2012年首次前往巴勒斯坦，报道一场足球比赛。从那时起，他一直定期从以色列、约旦河西岸和加沙发回报道。2014年开始为Lonely Planet撰稿时，他正在特拉维夫为《卫报》(*Guardian*)担任特约记者。2017年，他出版了自己的第一本书：*Rock in a Hard Place: Music and Mayhem in the Middle East*。他热衷于品尝当地的烈酒和公路旅行（理想情况下二者不是同时进行的），没有一家廉价酒吧是他不喜欢的。

阿妮塔·伊萨尔斯卡(Anita Isalska)

耶路撒冷及周边、海法和北部海岸 安妮塔是一名旅行记者、编辑和文案撰稿人，为Lonely Planet工作把她从希腊的海滨城镇带到了马来西亚的丛林，以及两者之间的许多地方。阿妮塔作为一名在家工作的编辑和作家快乐地工作了几年，其中一些工作是在Lonely Planet的伦敦办公室完成的，现在她在英国、澳大利亚和巴尔干任何一家拥有良好Wi-Fi的宾馆里自由工作。阿妮塔为许多网站和杂志撰写有关旅游、食品和文化的文章。可以在www.anitisalska.com上阅读她的文章。

丹·萨弗里·拉兹（Dan Savery Raz）

特拉维夫－雅法 丹·萨弗里·拉兹是一名来自英国埃塞克斯的记者和编辑。自2008年以来，丹一直与妻子在特拉维夫生活，并与人合著了各种版本的《以色列和巴勒斯坦》。他为许多Lonely Planet的书籍做出了贡献，其中包括*Best in Travel*、*Happy*、*Street Food*、*Global Beer Tour*和*Great Escapes*，并为BBC.com、《BBC历史杂志》、《国土报》、*Time Out*、*EasyJet Traveller*和《耶路撒冷报告》撰稿。在英国，丹是*Flybe*杂志的副编辑，也是第四频道（Channel 4）的*A Place in the Sun*的高级撰稿人。更多信息见www.danscribe.com。

珍妮·沃克（Jenny Walker）

佩特拉 从墨西哥到蒙古，从拉脱维亚到莱索托，尽管珍妮·沃克曾去过120多个国家，但她的主要兴趣还是在中东。在过去8年里，她一直担任马斯喀特加里东工程学院副院长（PD）。珍妮是英国旅游作家协会以及户外作家和摄影师协会的成员，10多年来，她在中东为Lonely Planet撰写了大量文章。

以色列和巴勒斯坦

中文第二版

书名原文：*Israel & the Palestinian Territories*
（9th edition，Jul 2018）

本中文版由中国地图出版社出版

图书在版编目（CIP）数据

以色列和巴勒斯坦 / 澳大利亚 Lonely Planet 公司编；国蓓等译 . -- 2 版 . -- 北京：中国地图出版社，2019.11

书名原文：Israel & the Palestinian Territories

ISBN 978-7-5204-1383-1

Ⅰ . ①以… Ⅱ . ①澳… ②国… Ⅲ . ①旅游指南－以色列 ②旅游指南－巴勒斯坦 Ⅳ . ① K938.29 ② K938.19

中国版本图书馆 CIP 数据核字 (2019) 第 230872 号

出版发行	中国地图出版社
社　　址	北京市白纸坊西街 3 号
邮政编码	100054
网　　址	www.sinomaps.com
印　　刷	北京华联印刷有限公司
经　　销	新华书店
成品规格	197mm×128mm
印　　张	15.5
字　　数	816 千字
版　　次	2019 年 11 月第 2 版
印　　次	2019 年 11 月北京第 4 次印刷
定　　价	99.00 元
书　　号	ISBN 978-7-5204-1383-1
审 图 号	GS（2019）5006 号
图　　字	01-2016-0317

如有印装质量问题，请与我社发行部（010-83543956）联系